God has ordained and that you to be part of. Don't see the proof of what Hear me as a testifying to you from the fondness for you "Still and see the Salvat Lord." Don't go back on the I know you wouldn't but if you leave the place Christ has set you in and heartache will be the God impressed my mind in every prayer in the earl before making a take Please hear my counsel give with a heart full of love

Yours in Him
Pastor James Jones

CB036119

JIM J

MASSACRE EM JONESTOWN

JEFF
GUINN

ONES

PROFILE
profile

CRIME SCENE®
DARKSIDE

THE ROAD TO JONESTOWN:
JIM JONES AND PEOPLES TEMPLE
Portuguese Language Translation
Copyright © 2022 by DarkSide® Books
Copyright © 2017 by 24Words LLC
All Rights Reserved.

Published by arrangement with the original publisher, Simon & Schuster, Inc.

Tradução para a língua portuguesa
© Lucas Magdiel, 2022
© Mayra Vieira Borges, 2022

Diretor Editorial
Christiano Menezes

Diretor Comercial
Chico de Assis

Gerente Comercial
Giselle Leitão

Gerente de Marketing Digital
Mike Ribera

Gerentes Editoriais
Bruno Dorigatti
Marcia Heloisa

Editores
Lielson Zeni
Raquel Moritz

Editora Assistente
Talita Grass

Capa e Projeto Gráfico
Retina 78

Coord. de Arte
Arthur Moraes

Coord. de Diagramação
Sergio Chaves

Finalização
Sandro Tagliamento

Preparação
Alexandre Boide
Fabrício Ferreira

Revisão
Isadora Torres
Maximo Ribera
Retina Conteúdo

Impressão e Acabamento
Ipsis Gráfica

DADOS INTERNACIONAIS DE CATALOGAÇÃO NA PUBLICAÇÃO (CIP)
Jéssica de Oliveira Molinari - CRB-8/9852

Guinn, Jeff
  Jim Jones profile : massacre em Jonestown / Jeff Guinn ;
tradução de Lucas Magdiel e Mayra Vieira Borges
— Rio de Janeiro : DarkSide Books, 2022.
  544 p.

  ISBN: 978-65-5598-203-9
  Título original: The Road to Jonestown: Jim Jones and Peoples Temple

  1. Jones, Jim, 1931-1978 2. Suicídio - Jonestown, Guiana, 1978.
  I. Título II. Magdiel, Lucas III. Borges, Mayra Vieira

22-2705   CDD 289.9

Índices para catálogo sistemático:
  1. Jones, Jim, 1931-1978

[2022]
Todos os direitos desta edição reservados à
DarkSide® *Entretenimento LTDA.*
Rua General Roca, 935/504 — Tijuca
20521-071 — Rio de Janeiro — RJ — Brasil
www.darksidebooks.com

JEFF GUINN
JIM JONES
MASSACRE EM JONESTOWN

TRADUZIDO POR
LUCAS MAGDIEL
MAYRA VIEIRA BORGES

DARKSIDE

Para Bob Bender e Johanna Li

JIM JONES

SUMÁRIO

PRÓLOGO 1978:
Guiana, 18 e 19 de novembro

PARTE I — INDIANA
01 | Lynetta e Jim .021
02 | Lynn .028
03 | Jimmy .035
04 | Juventude .042
05 | Richmond .054
06 | Marceline .058
07 | Jim e Marceline .062
08 | Primeiros passos .071
09 | A igreja da recompensa imediata .077
10 | Templo Popular .084
11 | Conquistando influência .092
12 | Pai Divino .097
13 | "Todas as raças unidas" .103
14 | Um homem de respeito .111
15 | Colapso .117
16 | Brasil .126
17 | Rumo ao Oeste .133

PARTE II — CALIFÓRNIA
18 | O Vale dos Jecas .147
19 | Sem saída .154
20 | Ressurreição .166
21 | Carolyn .176
22 | Exemplo socialista .185
23 | Dinheiro .194
24 | Abelhas operárias .200
25 | Na estrada .209
26 | Fracassos .216
27 | Drogas .224
28 | Sexo .233
29 | Família .241
30 | Comissão de Planejamento .249
31 | Los Angeles .255
32 | San Francisco .261
33 | Deslizes .266
34 | Novos laços .277
35 | A Turma dos Oito .285
36 | Aqui se faz, aqui se paga .291
37 | A Terra Prometida .301
38 | Kimo .312
39 | Política municipal .325
40 | Mais dinheiro .331
41 | Dissidências .335
42 | "O ano da nossa ascensão" .342
43 | New West .351

PARTE III — GUIANA
44 | Jonestown .367
45 | Parentes Preocupados e a primeira "noite branca" .381
46 | A morte será indolor .390
47 | Traições .403
48 | Fechando o cerco .423
49 | Últimos dias .434
50 | "Um lugar sem esperança" .441
51 | O que aconteceu? .464
52 | Desdobramentos .474

Fotos .485
Notas .504
Lista de entrevistados .523
Bibliografia .524
Índice remissivo .527
Sobre o autor .543

PRÓLOGO

GUIANA, 18 E 19 DE NOVEMBRO

No fim da tarde de 18 de novembro de 1978, um sábado, mensagens desconexas começaram a chegar por rádio a Georgetown, capital da Guiana, na costa atlântica da América do Sul. Eram relatos apavorados de um suposto acidente de avião na mata fechada que se estendia do entorno da cidade até a fronteira com a Venezuela, a noroeste. Os operadores do Aeroporto de Ogle, em Georgetown, transmitiam as mensagens ao Quartel-General da Força de Defesa da Guiana (GDF, na sigla em inglês), que reunia as esparsas e mal equipadas tropas militares do país. Não havia voos militares programados; portanto, se alguma aeronave tinha caído, não pertencia à GDF.

Por volta das 18h, um Cessna pousou em Ogle, um campo de aviação secundário, de uso quase sempre militar. Além do piloto, havia dois passageiros: o piloto de um outro avião, que foi abandonado, e uma mulher chamada Monica Bagby, que estava ferida. Pessoalmente, os dois pilotos se mostravam tão desorientados quanto sugeriam suas mensagens de rádio anteriores. Tratava-se, na realidade, não de um acidente de avião, mas de um ataque em uma pista de pouso em um local remoto. Naquela mesma tarde, o Cessna e outra aeronave — um bimotor Otter operado pela Guyana Airways — haviam partido rumo à cidadezinha de Porto Kaituma para buscar um grupo numeroso de passageiros, formado por um parlamentar norte-americano, sua comitiva e mais alguns acompanhantes. Ao todo, 33 pessoas aguardavam na estreita pista aberta no meio da selva — muito mais gente do que cabia nos aviões, que juntos tinham capacidade para 24 passageiros. Enquanto decidiam quem embarcaria primeiro, foram atacados por homens armados com fuzis e espingardas. Foi um massacre. O Otter foi metralhado e teve os pneus arriados e um dos motores destruído. Sem ter como reagir aos tiros, e no ímpeto de salvar a própria vida, o piloto do Cessna taxiou pela pista para desviar da carnificina e decolou, levando com ele o piloto do Otter e uma mulher ferida no tiroteio quando embarcava no avião.

Depois de aterrissar em Ogle, os três descreveram a cena grotesca que tinham presenciado em Porto Kaituma. Sabia-se que o parlamentar estava entre os mortos, e também alguns repórteres que o acompanhavam. Havia vítimas em estado grave. As que sofreram ferimentos leves ou pareciam ilesas fugiram para a mata. As testemunhas que chegaram a Georgetown não sabiam se o ataque já tinha terminado. Havia muitos homens armados, corpos no chão e poças de sangue.

O relato foi imediatamente encaminhado ao gabinete do primeiro-ministro da Guiana, Forbes Burnham. Embora os detalhes dos relatos fossem imprecisos, já era possível identificar onde ocorrera a chacina: *Jonestown*.

Cerca de quatro anos antes, membros de um grupo religioso norte-americano chamado "Templo Popular" fundaram uma comunidade agrícola de pouco mais de mil hectares no coração de uma floresta quase impenetrável, a cerca de 10 km de Porto Kaituma. O assentamento fora batizado em homenagem a seu líder, Jim Jones. De início, os forasteiros foram bem recebidos pelo governo da Guiana. Uma colônia de norte-americanos no Distrito Noroeste da Guiana era uma barreira bastante conveniente às investidas da Venezuela, que reivindicava boa parte da região e por vezes já fizera ameaças de invasão. Mas Jones e seus seguidores logo se tornaram uma dor de cabeça. Abriram escolas e até uma clínica médica sem respeitar a legislação do novo país em que residiam, e se recusavam a colaborar com as autoridades guianenses. Jones tinha problemas com a justiça dos Estados Unidos, e já estava começando a se complicar com a da Guiana. Para piorar, familiares de moradores de Jonestown afirmavam que aquelas pessoas estavam sendo retidas por lá contra sua vontade. Leo Ryan, congressista norte-americano eleito pela região da baía de San Francisco, na Califórnia, importunava as autoridades guianenses com sua insistência em visitar Jonestown para apurar o caso. Alguns dias antes, Ryan aterrissara na Guiana com uma equipe de televisão e repórteres da imprensa escrita, além de alguns integrantes do grupo que alimentava as denúncias, os autointitulados "Parentes Preocupados". A visita foi desastrosa desde o início. Jones avisou que não deixaria Ryan, nem a imprensa, nem os Parentes Preocupados entrarem em Jonestown. O parlamentar deixou claro que faria a viagem mesmo assim e que exigiria que o deixassem entrar. A cena registrada pelos jornalistas correria o mundo, retratando a Guiana como um país medíocre e atrasado. Depois de muita negociação, Jones, contrariado, permitiu que Ryan e mais algumas pessoas entrassem. Haviam saído de avião de Georgetown em 17 de novembro, uma sexta-feira, acompanhados de um funcionário da embaixada norte-americana, que informou estar tudo bem naquela noite. E pouco depois acontecia aquilo.

A comunicação direta via rádio entre Georgetown e Porto Kaituma era difícil. Com exceção do relato quase incongruente dos três sobreviventes do ataque, não havia mais informações disponíveis em Georgetown. Era possível apenas tentar deduzir o que ocorrera. Mas uma coisa era certa: o governo dos Estados Unidos ficaria furioso.

A Guiana era um país socialista com orgulho, apesar da penúria econômica. Contudo, a proximidade geográfica e o reconhecimento pragmático e relutante da hegemonia norte-americana significavam que era necessário manter boas relações com os Estados Unidos. A morte de um congressista norte-americano em território nacional poderia provocar uma intervenção militar, e o governo guianense não queria arriscar tamanha violação de sua soberania. Seria um vexame internacional. Por volta das 19h de sábado, o primeiro-ministro Burnham convocou uma reunião de gabinete com o embaixador dos Estados Unidos, John Burke. Também foram convocados ministros da cúpula do governo e militares da GDF e do Serviço Nacional, que treinava jovens soldados em um acampamento no meio da selva, a cerca de 65 km de Jonestown.

Burnham contou a Burke o pouco que sabia. O primeiro-ministro disse que não havia muito o que fazer de imediato. Era quase impossível aterrissar em Porto Kaituma depois que escurecia: a estreita pista de pouso desaparecia em meio à mata fechada, e não havia luzes de sinalização. Também não se sabia quantos homens armados participaram do ataque, ou se tinham outras intenções além de assassinar o deputado Ryan e os demais integrantes de sua comitiva, que parecia incluir alguns desertores de Jonestown.

Fazia alguns meses que Desmond Roberts, um dos militares guianenses presentes à reunião, vinha advertindo o primeiro-ministro e seu gabinete da possibilidade de o Templo Popular estar contrabandeando armas para Jonestown, mas Burnham se recusou a abrir uma investigação. Durante as conversas naquela noite, Roberts observou que os seguidores de Jones deviam ter acumulado um arsenal considerável. Quantos atiradores poderiam estar guardando a pista de Porto Kaituma, ou atocaiados na floresta que margeava Jonestown, à espera dos próximos alvos? Talvez fosse mais que uma simples emboscada. Podia ser uma grande insurreição. A devoção dos moradores de Jonestown a Jim Jones parecia beirar o fanatismo. Se Jones instigasse uma revolta, certamente seria atendido.

Todos aqueles anos, as autoridades de imigração da Guiana vinham registrando a entrada de cidadãos norte-americanos que chegavam para se juntar ao Templo Popular. Estudando a lista de moradores de Jonestown, estimaram que, entre as cerca de novecentas pessoas que viviam na colônia, cem eram homens com idade para se tornar combatentes. Muitos poderiam ser veteranos da Guerra do Vietnã, com preparo para enfrentamentos armados na selva. A GDF não podia brincar em serviço. Era preciso agir com cautela.

O embaixador exigiu que a GDF fizesse de tudo para entrar no local o mais rápido possível. Sua maior preocupação eram os feridos em Porto Kaituma. Aquelas pessoas precisavam de proteção e atendimento médico imediatos. Burke também fez questão de deixar claro que o governo guianense deveria prender e levar a julgamento os responsáveis pela atrocidade. Era o mínimo que os Estados Unidos exigiriam.

Burnham prometeu que faria o que pudesse. Tropas da GDF seriam transferidas de pronto para uma pista de aviação em Matthews Ridge, uma comunidade de 25 mil habitantes a cerca de 50 km da pequena Porto Kaituma. De lá, fariam parte do caminho de trem, depois andariam pela mata madrugada adentro. Chegariam a Porto Kaituma ao raiar do dia. Em seguida, avaliariam a situação e tomariam as devidas providências. Burnham pediu ao embaixador que transmitisse ao governo norte-americano suas profundas condolências pelo incidente. O primeiro-ministro pediu para que fosse ressaltado que o governo da Guiana havia feito todo o possível para viabilizar a visita do deputado Ryan. E assim a reunião foi encerrada. Eram quase 21h. Se restavam sobreviventes em Porto Kaituma, fazia pelo menos quatro horas que estavam desassistidos.

Roberts reuniu uma tropa. Não era grande; uns cem soldados, talvez. Foram levados de avião a Matthews Ridge. Ao desembarcar, pegaram um trem e viajaram pela noite em direção a Porto Kaituma. Desembarcaram no meio do caminho. Para seu grande desgosto, Roberts recebera ordens de parar no acampamento do Serviço Nacional e arregimentar alguns jovens para a tropa. Para ele, era uma péssima ideia: a batalha que tinham pela frente era uma incógnita, e a presença de adolescentes armados apenas acrescentava riscos desnecessários à missão. Mesmo assim, obedeceu aos superiores. Àquela altura, o grupo já contava com cerca de 120 pessoas.

Seguiram a pé. Precisariam tomar cuidado para não chamar atenção, já que os rebeldes armados de Jonestown poderiam estar em qualquer lugar. Se andar pela selva já era difícil durante o dia, à noite era quase impossível. A floresta na região noroeste da Guiana é uma das mais densas do mundo, infestada de cobras venenosas e insetos agressivos. Na tarde anterior, caíra um temporal na região, e a cada passo os soldados afundavam as botas na lama espessa e pegajosa. Era uma caminhada difícil, mas eles continuaram avançando e chegaram a Porto Kaituma perto do amanhecer. Não encontraram sinais de resistência, armada ou não. Alguns soldados ficaram para vigiar a pista de pouso e avisar à equipe de Georgetown, via rádio, que podiam mandar aviões para evacuar os feridos e retirar os corpos. Foi confirmado que Ryan estava entre os cinco mortos. Havia muitos feridos, vários em estado grave, precisando de atendimento médico urgente. A maioria dos soldados prosseguiu com cautela pela estrada de terra vermelha que saía de Porto Kaituma e enveredava pela mata. Depois de caminhar por uns 6 km, chegaram até a trilha estreita que levava a Jonestown. A colônia do Templo Popular ficava a pouco mais de 3 km dali. Os soldados não tinham muita experiência em combate. Avançaram devagar, certos do conflito iminente. Podiam ser alvejados a qualquer momento. Mas não houve ataque.

Com o nascer do sol, o ar ficou abafado. Quando inspirado, queimava as narinas e os pulmões. A mata ainda estava encharcada do temporal do dia anterior. Já perto de Jonestown, nuvens de vapor se elevavam do chão, turvando a visão dos soldados. Ao redor, a mata se enchia de sons: o grasnar das aves, o guincho dos macacos, o ruído de animais invisíveis rastejando nos arbustos. Dentro do perímetro do assentamento, tudo estava calmo de um jeito estranho. A situação se assemelhava à de uma emboscada, com um provável esquadrão bem armado de milicianos de Jonestown que, escondidos na mata, aguardavam em silêncio o momento certo para atacar os invasores. Em razão da névoa espessa, mal se enxergava um metro à frente. Alguns soldados não viam sequer os próprios pés; estavam com as botas encobertas pela cerração da manhã.

Aos sussurros, os oficiais ordenaram que os soldados se espalhassem e cercassem a área central do assentamento. Pelas outras visitas de militares e autoridades do governo guianense, sabia-se que havia um grande pavilhão no local. Parecia um bom ponto de convergência para a tropa.

O cerco se fechou. Os soldados aguardavam os inevitáveis tiros que marcariam o início do confronto com os rebeldes armados de Jonestown. Mas não houve nenhum barulho. A tensão aumentou. Os militares começaram a tropeçar em alguma coisa, talvez toras de madeira colocadas pelos adversários para barrar o caminho. Quando olharam para baixo e afastaram a névoa rente ao chão, alguns gritaram, outros correram urrando para a floresta. Os oficiais se aproximaram, viram o que havia no chão e também sentiram vontade de gritar. Embora trêmulos de pavor, mantiveram a compostura e fizeram o possível para reagrupar a tropa. O pavilhão era visível um pouco adiante, e eles queriam chegar lá, mas o caminho estava bloqueado em todas as direções. Quando o nevoeiro levantou e a visibilidade melhorou, acionaram o rádio e informaram a Georgetown que uma coisa terrível havia acontecido em Jonestown — pior que uma revolta armada ou o ataque em Porto Kaituma. Era difícil encontrar palavras. O que encontraram em Jonestown naquela manhã era indescritível, quase inimaginável.

Havia corpos por todos os lados, mais do que podiam contar, pilhas e mais pilhas de cadáveres.

Sunday Chronicle

SUNDAY NOVEMBER 26, 1978 — 25 CENTS

914 PERSONS DIE IN JONESTOWN DISASTER

BY COURTNEY GIBSON

A TOTAL of 914 members of the People's Temple died in the November 18 Jonestown tragedy, an official government source announced yesterday.

The announcement was made shortly after the dispatch of bodies from the Jonestown Agricultural Settlement which were flown out to the U.S. by the U.S. personnel who were recovering and processing the bodies of their citizens to be taken back to the States.

Late last night, a number of the bodies had been placed in caskets waiting to be flown to the U.S. before being taken back to the Georgetown mortuary.

Sources indicated that the bodies were likely to be sent aboard a transport aircraft sometime today.

TRAGEDY

In the tragedy in which the leader, Rev. Jim Jones, and his followers are said to have committed mass suicide, officials had stated that there were well over 909 at Jonestown.

After the original estimated death toll was placed...

Jonestown Agricultural Mission. This was discovered from the information on their passports and their last names were given as "Garcia" and "Brittenbach".

LIVESTOCK

In the meantime, an official government spokesman last night disclosed that in another day or two an administration will be sent to the Jonestown settlement to make a detailed assessment of the facilities there. At present members of the Guyana Defence Force are said to be tending the livestock there.

It was also announced last night that Police Commissioner Lloyd Barker had sent a special team of policemen into the area yesterday to establish a fully equipped police station which was scheduled to go into operation at 2:00 p.m. No unauthorised persons will be allowed to enter the area, it was explained.

And, commenting on the future of Jonestown, the official government spokesman made it clear that Government has no intentions of allowing the People's Temple to continue operating in the area. In addition, the government does not intend to lease the lands in the area to any foreign group, the official explained.

ESCAPED

To date, it is known that there are some 84 members of the People's Temple who escaped the November 18 tragedy. These include, 46 members who were at the Temple's City Headquarters at the time of the tragedy, 32 survivors who were found either within the Jonestown Settlement or in the nearby forested area, and six members who were found...

The accused being escorted to court

Ex-marine charged with four murders

BY JULIAN MENDES

Forty-three year old Charles Edward Beikman, who has been a member of People's Temple for the past 20 years stood accused yesterday at the Georgetown Magistrate's Court of four murders, and one of attempted murder.

Beikman, an ex-Marine of Indiana, Indianapolis, in the United States is charged with... and armed policemen.

Mr. McKay, who entered appearance for Beikman said that he was only allowed an...

The lawyer observed that to his mind the accused's rights under the Constitution of Guyana had been violated... charges of attempted murder.

Beikman will appear in court again on January 15 at Matthew's Ridge, the magisterial district where the murders were allegedly...

PARTE I
INDIANA

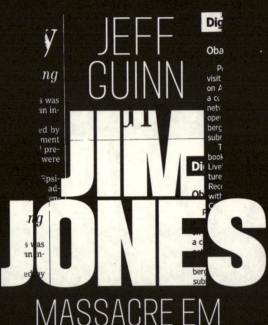

JEFF GUINN

JIM JONES

MASSACRE EM JONESTOWN

1
LYNETTA E JIM

De acordo com suas próprias lembranças, Lynetta Putnam Jones começou a vida em circunstâncias privilegiadas, casou apenas uma vez, com um inválido de guerra, sofreu nas mãos dele e de sua família cruel, teve um filho após uma visão mística à beira da morte, enfrentou banqueiros em plena Grande Depressão, desafiou o charlatanismo religioso do interior, reformou um sistema penitenciário estadual, sindicalizou operários explorados e educou o melhor homem do mundo, que na verdade era mais divino que humano quase que exclusivamente graças aos cuidados constantes da devotada mãe.

Nada disso era verdade, a começar pelo nome dela.

Lunett Putnam nasceu no dia 16 de abril de 1902 ou 1904, filha de Jesse e Mary Putnam. Não há registros localizáveis de seu nascimento; ao longo da vida, ela mencionaria ambos os anos (e às vezes 1908 também). Nem o local de nascimento é conhecido ao certo. O mais provável é que tenha sido Princeton, no sudoeste do estado de Indiana, mas alguns pesquisadores acreditam que ela tenha nascido em Mount Carmel, cidadezinha de Ohio na região metropolitana de Cincinnati. Sejam quais forem as informações corretas sobre o lugar e o ano em que veio ao mundo, o fato é que seu nome foi alterado algumas vezes: primeiro para Lunette, depois Lynette, nome que aparece em vários recenseamentos e documentos oficiais e, por fim, Lynetta.

No final da vida, recordando a infância, Lynetta se descreveria como uma criança "bela como a alvorada... e forte como uma tigresa". Por sua pele morena, muitos pensavam que fosse uma indígena (depois de adulta, se dizia descendente de indígenas, embora não haja registros). Seus pais esperavam que fosse uma "bonequinha de porcelana", mas, para desgosto deles, se embrenhava no mato para "estudar os animais".[1] Se isso é verdade, foi um exemplo precoce de algo que a marcaria pela vida: a rebeldia.

Nas memórias narradas em Jonestown, Lynetta descreveu Lewis Parker, seu suposto avô paterno de criação, como um poderoso madeireiro de Indiana. Dizia que Parker "controlava tudo que acontecia no sul de Indiana". De acordo com Lynetta, o avô era famoso pela generosidade com os numerosos empregados. Pagava bons salários e tentava melhorar as condições de trabalho. Sempre tinha emprego para quem precisava. Mas o declínio da indústria madeireira e a forma com que zelava pelo bem-estar dos funcionários afetaram os negócios.

Lynetta era dada a exageros, o que tornava suspeita sua narrativa. Porém, é certo que passou dificuldades financeiras na adolescência. Inteligente e com uma ambição que beirava o fanatismo, nesse período se apoiou na crença em espíritos e na reencarnação — ela garantia que havia sido importante em vidas passadas, e que voltaria a ser naquela. Mas espiritualidade não pagava conta. A saída para uma jovem bonita naquela situação era bem óbvia: em 1920, Lynetta seguiu um caminho tradicional de sobrevivência feminina e casou-se com Cecil Dickson. Tinha 16 ou 18 anos de idade. O matrimônio durou cerca de dois anos. Lynetta matriculou-se na Escola Agrícola de Jonesboro, no estado de Arkansas, mas largou o curso após o divórcio. Persistente, casou-se com Elmer Stephens um ano depois. A nova união durou três dias (de 12 a 14 de março de 1923), mas a separação só saiu em agosto. Nada se sabe sobre Dickson ou Stephens. Lynetta chegou a procurar um curso de administração, mas, sem um marido para sustentá-la, viu-se obrigada a trabalhar. Embora se julgasse "boa em matemática, redação, essas coisas", o melhor que conseguiu foi trabalhar em uma fábrica — que, no Meio-Oeste dos anos 1920, pagava cerca de 1 dólar por dia.[2]

O pai de Lynetta era falecido; ela nunca falou muito da causa ou a data da morte. A mãe, Mary, morou com ela durante o casamento com Dickson. Adoeceu, ao que tudo indica, de tuberculose, pouco depois do segundo divórcio de Lynetta, teve de se virar sozinha e morreu em dezembro de 1925.

Um ano depois, Lynetta casou-se de novo. Esse terceiro matrimônio foi encarado de forma pragmática. Ela ainda almejava ser uma dama da alta sociedade, mas trabalhava em uma empresa em Evansville, Indiana. Como de costume, gabou-se de que havia "começado como secretária e um ano depois já ocupava um alto cargo na empresa".[3] A verdade, porém, era que estava estagnada em outro emprego mal remunerado e sem futuro. Sua saúde também ia mal. Tempos depois, admitiria ter "uma doença pulmonar". A historiadora Joyce Overman Bowman encontrou indícios de sua passagem por um sanatório de Illinois, provavelmente para se tratar de tuberculose.[4] Lynetta queria segurança, uma vida tranquila o suficiente para que pudesse desenvolver todo o seu potencial e exercer seus dons espirituais e intelectuais. O caminho mais óbvio era o casamento com um bom partido, que viesse de família abastada e pudesse dar a ela não apenas o mínimo necessário para sobreviver, mas uma vida de conforto. Em 1926, Lynetta acreditou ter encontrado o homem que procurava.[5]

John Henry Jones era um homem importante no condado de Randolph, Indiana, tanto por suas vastas propriedades rurais como por sua ideologia política. Tinha orgulho em se declarar democrata em uma região onde quase todo mundo era republicano fervoroso. Quacre devoto, era chefe de uma grande família: teve treze filhos de dois casamentos. Esperava que os filhos se tornassem alguém na vida, e a maioria conseguiu. Quase todos, tanto as mulheres como os homens, concluíram o ensino superior — John Henry pagava os estudos vendendo terras ociosas.[6] Vários deles acabaram se estabelecendo na mesma região em que cresceram. Randolph ficava quase na divisa com o estado de Ohio. Os filhos de Jones se tornaram gestores de ferrovias, produtores rurais, professores ou donos e administradores de empreendimentos da região (entre os quais um posto de gasolina e bar ao ar livre). Um deles foi diretor de um abrigo municipal para órfãos. Apenas dois filhos não prosperaram. Billy andou em más companhias e se viciou em jogo e bebida. Apesar do desgosto, o pai não o deserdou. E ainda havia Jim, nascido em outubro de 1887 e batizado James Thurman Jones, que foi para a guerra e voltou com graves sequelas físicas.

Jim foi desde sempre uma grande decepção para o pai exigente. Até podia ser bonzinho, mas faltava-lhe ambição. Conseguiu concluir o ensino fundamental, mas não se interessou em continuar os estudos. Como o pai e os irmãos, levava jeito para trabalhar com ferramentas e todo tipo de equipamento, e acabou arrumando trabalho em obras rodoviárias.

Como os automóveis estavam começando a se popularizar, serviço não faltava em todo o estado. O emprego era estável, ainda que pouco estimulante, o que combinava com o jeito pacato de Jim.

O fato de Jim ainda estar solteiro também causava espanto. No condado, a maioria dos homens de sua geração se casava cedo, muitos ainda na escola, e constituíam família. Mas Jim não — talvez porque fosse acometido na vida afetiva da mesma falta de ambição que demonstrava nos demais aspectos da vida. Contava já trinta anos na primeira vez em que mostrou alguma iniciativa. Quando os Estados Unidos entraram na Primeira Guerra Mundial, alistou-se no exército e foi mandado para a linha de frente na França. Lá, foi atingido por gases tóxicos durante um ataque alemão, e ao inalar os vapores nocivos sofreu graves queimaduras nos pulmões. Quando foi despachado de volta para casa, não era nem sombra do homem que costumava ser. Sofria de falta de fôlego, e seu aparelho respiratório continuaria a se deteriorar pelo resto da vida. Sua voz se tornou fraca e rouca. Não falava muito, e quando se manifestava, era difícil entendê-lo.

Como veterano incapacitado pela guerra, e um dos cerca de 70 mil norte-americanos vítimas de ataques a gás na Primeira Guerra Mundial, Jim tinha direito a uma pensão militar, que não passava de 30 dólares por mês.[7] O dinheiro não era suficiente, o que levou Jim a retomar a vida civil e voltar a trabalhar nas estradas. Dava o melhor de si, mas já não podia fazer muito esforço. Sofria ainda de reumatismo e, de tempos em tempos, tinha de ficar de repouso. Solteiro, em constante desconforto e se aproximando rápido da meia-idade, levava uma vida solitária. Até que, durante o trabalho em uma estrada próxima a Evansville, conheceu uma mulher extrovertida chamada Lynette, que também se apresentava como Lynetta, quinze ou dezessete anos mais jovem. Para espanto da família do noivo, que já imaginava que Jim terminaria solteiro, os dois se casaram no dia 20 de dezembro de 1926, quase um ano depois da morte da mãe da noiva.

Embora presa a um marido incapacitado e com idade para ser seu pai, Lynetta estava feliz por casar com um homem de família abastada. Pretendia ter uma vida mais digna, talvez alguns luxos.

Ledo engano.

O casal precisava de um lugar para morar, no que foram ajudados pelo novo sogro de Lynetta: John Henry Jones deu entrada em um pequeno sítio em Crete, poucos quilômetros ao norte de Lynn, onde morava a maior parte da família Jones. Isso foi tudo o que lhes ofereceu, embora tivesse condições de quitar o imóvel. Por iniciativa sua, o filho e a nora tinham um pedaço de chão e uma chance de construir a vida. O resto era com eles.

A vida do casal foi atribulada desde o começo. Havia milho e soja para plantar e cuidar, além de porcos para criar, abater e vender. Lynetta, que se vangloriava de ter passado a infância no meio do mato capturando bichos, não entendia nada de animais de corte, muito menos de lavoura. Jim, seu marido, estava mais acostumado à lida diária na roça, mas se ausentava com frequência. Precisavam de dinheiro para comprar sementes, ferramentas e ração, por isso Jim volta e meia arranjava serviço em obras rodoviárias. Viajava por todo o estado e chegava a ficar fora durante dias ou até semanas, deixando Lynetta sozinha.[8] Não que o trabalho não pudesse ser feito com ajuda de maquinários agrícolas mais modernos, mas ela e Jim não tinham dinheiro para tanto.

Quando Jim estava em casa e tentava ajudar com as intermináveis tarefas no campo, cansava-se rápido e logo precisava sentar ou ir para a cama. Lynetta não conseguia manter uma conversa com o marido por muito tempo. Os problemas respiratórios dele não permitiam. Fosse em outro lugar, poderia ter feito amizade com os vizinhos, mas ali não havia muitos. Crete se limitava a meia dúzia de propriedades rurais e um silo. A população era de 28 pessoas. O trem passava quatro vezes por dia; duas apitando e levando passageiros, sem parar por lá, e as outras duas parando para buscar cereais que os produtores da região mandavam todos os dias para o silo.[9] O que se dizia na região era que Crete não era um vilarejo, e sim um "ponto de parada".[10] Os trens de carga também transportavam carvão e, assim que partiam, os moradores de Crete largavam o que estivessem fazendo e corriam para catar os pedaços que caíam dos vagões. Lynn ficava ali perto, e contava com mercearias e outros tipos de comércio, mas os moradores de Crete procuravam viver do que a terra dava, plantando o que comiam e complementando a alimentação com morangos e framboesas que colhiam dos pés perto da estrada de ferro. A isso chamavam "bem viver".[11] Jim não estava em condições de apanhar frutos, e Lynetta, sempre cansada, ficava indisposta. As refeições eram esparsas e sem apelo. Qualquer coisa que fosse além da comida simples do dia a dia exigiria uma energia e uma disponibilidade que ela não demonstrava. As outras poucas famílias de Crete se compadeciam deles — afinal, Jim era um veterano de guerra incapacitado em combate —, mas o casal tinha tudo de que precisava para se virar sozinho. Todos mostravam desconfiança em relação a Lynetta, que não tinha o recato que se esperava das mulheres na sociedade da época: fumava em público e falava palavrão quando lhe dava na telha, sem se preocupar se a ouviam.[12] Lynetta gostava de chocar. Se não era feliz, pelo menos podia ser diferente.

Quando a família Jones se reunia em Lynn nos fins de semana, em vez de aproveitar a oportunidade para se entrosar, Lynetta se mordia de inveja daquelas mulheres com belas casas e coisas finas. Odiava a vida que levava no sítio em Crete e sonhava com "formas mais proveitosas de concretizar minhas ambiciosas metas de vida".[13]

Se as coisas já estavam difíceis no início, ficaram piores com o passar dos anos. Cada vez mais debilitado, Jim foi obrigado a largar as obras rodoviárias, desfalcando bastante a renda familiar. Já não havia muito o que pudesse fazer para ajudar Lynetta com as obrigações no sítio, e, quando tentava, em geral não era de grande valia. Lynetta perdeu o pouco respeito que ainda tinha pelo marido: "O homem [não entendia] nada de criação de animais nem de lavoura". Não havia mais dinheiro para comprar sementes, muito menos para contratar ajudantes. As contas só se acumulavam. Pagar a hipoteca da propriedade era um sacrifício. Lynetta só pensava em sair daquela vida que, para ela, era "uma espécie de escravidão".[14] Mas não tinha para onde ir.

Pelo menos no sítio os dois tinham o que comer. Entretanto, a menos que acontecesse um milagre, a propriedade também não duraria muito. A fonte mais óbvia de socorro ainda era o sogro de Lynetta, John Henry, que também sofrera reveses financeiros com a crise de 1929 e passava uma parte do tempo com a família de um dos filhos em Lynn e outra nas terras que ainda lhe restavam em Crete. No entanto, ainda estava bem de vida, assim como o resto da família. Talvez acolhessem Jim caso perdesse o sítio, mas Lynetta tinha a certeza de que acabaria na rua da amargura se dependesse deles. Ela achava que a família de Jim não gostava dela, o que não era verdade. Sua excentricidade podia ser inconveniente, porém a maior parte dos parentes do marido admirava tanta ousadia.[15] Deixar Lynetta e Jim ganharem a vida sozinhos era sinal de respeito. Lynetta não enxergava isso. Pensava em dar um jeito de amolecer o coração deles, a fim de torná-los mais inclinados a ajudar.

Lynetta não levava o menor jeito para ser mãe. Nunca lhe passou pela cabeça ter filhos. Mais tarde, inventaria uma história de que adoecera e tivera uma visão em que se aproximava do "rio egípcio da morte". Quando estava prestes a fazer a travessia, apareceu o espírito de sua mãe, dizendo que ela não podia morrer, porque precisava cumprir seu destino: dar à luz um grande homem.[16]

Destino ou desespero, o fato é que, em meados de 1930, Lynetta anunciou que estava grávida. James Warren Jones nasceu no sítio de Crete em 13 de maio de 1931. Além do fato de ser mais uma responsabilidade para Lynetta, a chegada do bebê não mudou nada.

Jim, o pai do bebê, nunca expressava a frustração que decerto sentia pelo agravamento de seus problemas físicos, tolhido por uma esposa infeliz que vivia criticando a ele e sua família. No entanto, logo após o nascimento do filho, teve um esgotamento nervoso e precisou passar alguns meses internado em Oxford, Ohio. O médico que o atendeu descreveu o estado de Jim como "nervoso, emotivo, irascível; sistema nervoso e condições gerais de saúde piores que o normal".[17] Mesmo depois de receber alta, Jim precisava de acompanhamento médico periódico e tratamento. Não tinha mais cabeça para problemas que passaram a ser de responsabilidade da esposa, como conservar a propriedade. Lynetta não se comovia: que espécie de homem era aquele que se entregava a um ataque de nervos? Mais tarde, em Jonestown, ela chegou a escrever, com desprezo: "Meu marido chorou de desgosto, depois enfiou o rabo entre as pernas e deixou o banco tomar nosso sítio".

Lynetta narrou como, em 1934, enfrentou um representante do banco que, segundo ela, recebera ordens de enxotar a família da casa e das terras. Segundo seu relato, ela se recusou a sair até ter garantia de uma casa em Lynn: "Meu filho vai ter um teto para morar, aconteça o que acontecer... [Diga ao seu patrão que] não tenho vocação para covarde, e não vai ser agora que vou mudar".[18] Na verdade, foi a família de Jones que interveio, arranjando uma casa em Lynn. Não era muito bonita, mas tinha tudo o que a pequena família precisava. Ficava na Grant Street, onde já moravam dois irmãos de Jim. A pensão militar de Jim ajudaria a pagar o aluguel, e ele completaria o restante com o dinheiro de serviços eventuais que faria, se sua saúde permitisse. O pai e os irmãos de Jim ajudariam com o que faltasse.[19] Isso não era problema para Lynetta, mas a família também impôs condições. Enquanto o menino fosse pequeno, a mãe podia ficar em casa para cuidar dele. Mas, assim que o pequeno Jimmy Warren — como chamavam o caçula— entrasse para a escola, só manteriam a ajuda financeira se ela arrumasse um emprego e ganhasse o suficiente para pagar o grosso das despesas do lar.[20]

Ela não tinha escolha. Assim sendo, Jim, Lynetta e Jimmy Warren foram morar em Lynn.

2
LYNN

Lynn, no estado de Indiana, era uma cidadezinha no meio de uma encruzilhada: localizada no ponto de interseção entre duas rodovias estaduais, a 27 e a 36, também era cortada pelas ferrovias New York Central e Pennsylvania Railroad. A maior parte da população, cerca de 950 pessoas, provinha de famílias que moravam havia gerações no condado de Randolph e seu entorno. Todos se conheciam. Era quase impossível guardar segredos. Havia uma regra velada de que, para viver lá, era preciso dançar conforme a música. Assim faziam os cidadãos de bem. Em parte, a função de Lynn era atender aos agricultores da região. Aos sábados, os habitantes da zona rural iam à cidade para trocar produtos como leite, manteiga, ovos, carne bovina *in natura* e aves por bens e serviços que não podiam plantar ou produzir. Em Lynn havia médicos, dentistas e veterinários, que muitas vezes eram pagos com galinhas ou tortas caseiras.[21]

A cidade tinha algumas mercearias, uma barbearia, um ou dois cafés, uma farmácia, um jornal diário, um salão de bilhar e várias igrejas — a religião era um dos pilares da cultura local. Reinava o protestantismo evangélico, como no resto do estado, tradicionalmente conservador. Lynn contava com pequenas igrejas cristãs de diversas denominações, como a metodista, a nazarena, a Discípulos de Cristo e a quacre, mas nenhuma católica. Se havia católicos por lá, eram discretos em sua fé e frequentavam a missa em outro lugar.

Lynn era um lugar bastante acolhedor, e os moradores se esforçavam para manter essa imagem. Os mais abastados não ostentavam. Todos se vestiam de forma parecida — bem-arrumados, mas sem extravagâncias. Os pais ficavam de olho nos próprios filhos e nos dos outros também. Não era costume trancar as portas ao sair: as pessoas sentiam-se seguras sabendo que ninguém em Lynn roubava, e que os vizinhos estavam sempre atentos à presença de suspeitos. Havia na cidade um senso reconfortante de rotina compartilhada: nas noites de quarta-feira, quando o tempo estava agradável, as pessoas se reuniam no centro da cidade para assistir às sessões de cinema ao ar livre, com projeções na parede lateral de um prédio. Os filmes de bangue-bangue, cheios de histórias de mocinho e bandido, eram os que mais faziam sucesso.[22]

Sábado era dia de fazer compras. Domingo era dia de igreja. A cidade toda ia. Não havia rixa entre pastores ou congregações. Quase sempre, em feriados importantes, os pastores de Lynn reuniam os rebanhos de fiéis para fazer mutirões. Toda sexta-feira, no último horário de aula, os estudantes do ensino médio se reuniam no ginásio da escola, onde os pastores se alternavam durante horas em palestras sobre virtude e a importância de conservar a pureza.[23]

Os homens de Lynn frequentavam sociedades secretas — os Odd Fellows e os Red Men tinham muitos adeptos; nos anos 1930, os maçons eram os mais proeminentes, embora a Ku Klux Klan tivesse ocupado lugar de destaque nas duas décadas anteriores.[24] A zona de influência da KKK havia se deslocado mais para o norte de Indiana, e a Klan se tornara a maior organização de qualquer espécie em todo o estado. Em apenas um ano, entre julho de 1922 e 1923, o número de membros em Indiana explodiu de 445 para quase 118 mil. Ao contrário da orientação que adotava no Sul, a KKK em Indiana pouco se dedicava a promover o racismo. Embora temas como a supremacia branca e a pureza racial nunca deixassem de fazer parte da agenda da organização, a porcentagem de negros no estado não era tão expressiva (menos de 3%). Assim, a KKK em Indiana priorizava a melhoria do ensino público e o reforço à Lei Seca, ambas causas importantes em todo o estado, principalmente na zona rural. Através de seus líderes, o grupo se infiltrava de maneira ardilosa nas cidades interioranas, promovendo piqueniques comunitários e desfiles, pagando todas as despesas dos eventos e criando uma imagem de que também eram pessoas direitas, com os mesmos valores cristãos.[25]

A Lei Seca dos Estados Unidos foi instituída em 1920, após a aprovação de uma emenda constitucional, e revogada em 1933 — o que não fez a menor diferença no condado de Randolph e em Lynn, que já eram proibicionistas e se orgulhavam disso. Os pastores de Lynn vociferavam contra o consumo de álcool. Naquela área urbana tão pequena e isolada, era impossível beber escondido. Até para conseguir bebida era preciso pegar um ônibus e atravessar a divisa com Ohio. Os poucos fornecedores clandestinos da região nem chegavam perto de Lynn. Nem mesmo o salão de bilhar da cidade, considerado por alguns um antro de pecado por causa dos jogos de azar, servia bebida alcoólica. Até hoje, moradores da região se queixam da existência de lojas de bebidas em cidades vizinhas, pois se sentem maculados por sua mera proximidade.

A educação pública de Lynn se destacava da melhor maneira possível. Durante décadas, as crianças da zona rural de Indiana frequentaram escolas bem precárias, onde alunos de todas as idades eram colocados na mesma turma e muitos professores não tinham sequer o ensino médio completo. Até que, por volta de 1910, a administração do condado de Randolph contratou o dr. Lee Driver para reformular seu sistema educacional. Trabalhador diligente, Driver organizou todas as turmas, que até então eram formadas por alunos de idades variadas, em colégios propriamente ditos sediados no perímetro urbano, e um deles ficava em Lynn. Também providenciou transporte escolar. Em vez de caminhar longas distâncias, as crianças da zona rural passaram a contar com ônibus para ir à escola e voltar para casa — e assim podiam frequentar as aulas. Driver fez questão de adotar um currículo bem estruturado e usou subsídios governamentais para contratar professores qualificados. O índice de conclusão do ensino médio saltou para 70%. Os alunos saíam preparados para conseguir um bom emprego ou até para ingressar em uma faculdade.[26] Driver foi contratado pelo governo da Pensilvânia para operar o mesmo milagre na educação pública de lá; as escolas de Randolph ficaram tão conhecidas que começaram a atrair delegações do Canadá, da China e de outros estados norte-americanos que queriam conhecer de perto o sistema educacional local e levar ideias para aplicar em suas regiões. Os estudantes de Randolph estavam bem atendidos, principalmente em Lynn, onde se ensinavam vários idiomas (inclusive latim), matemática avançada e ciências. Pela primeira vez desde que se tinha lembrança, aqueles estudantes tinham a chance de fazer outra coisa da vida que não trabalhar no campo ou na indústria. Alguns se tornaram arquitetos, médicos ou até professores.

A Crise de 1929 mudou o perfil demográfico da população de Lynn, que ficou mais jovem. Antes, a maioria dos moradores era mais velha, pessoas que ao se casarem iam morar em propriedades rurais, onde constituíam família. Por volta dos 60 anos, quando não tinham mais saúde para o trabalho pesado na lavoura, passavam as terras para os filhos e iam morar na cidade. Porém, no início dos anos 1930, a crise econômica obrigou muitos casais mais jovens a deixar suas terras e ir morar em Lynn com os filhos. Por sorte, muitos tinham parentes ou amigos na cidade. Os maridos recém-chegados foram trabalhar em fábricas em Winchester ou Richmond, as cidades grandes mais próximas. As jovens mães cuidavam da casa e dos filhos.[27] Os novos habitantes não tiveram dificuldades em se ambientar. Assim se esperava que seria com Jim, Lynetta e Jimmy Warren Jones, do respeitado clã dos Jones.

Mas não foi.

Lynetta Jones, o marido e o filho tinham tudo para ser bem recebidos em Lynn. Jim era conhecido na cidade; fora lá, além de Crete, que havia passado a juventude. Era benquisto, e todos demonstravam compaixão e respeito por sua invalidez de guerra. A maioria dos moradores de Lynn revelava uma descrença em relação ao governo, mas não ao país. Patriotas que eram, todos admiravam Jim por ter servido na guerra e fariam o possível para ajudá-lo. Arrumaram para ele um trabalho de meio período em uma companhia ferroviária — serviço trivial de escritório, já que Jim não tinha mais condições de fazer esforço físico.[28]

Os familiares e vizinhos generosos ajudaram a família Jones a se estabelecer na nova casa na Grant Street. Para os padrões da cidade, não era o que havia de melhor, mas também não estava caindo aos pedaços. Era uma casa comum, com uma varanda agradável, onde Jim gostava de se sentar à noite. O imóvel incluía também uma garagem. Jim e Lynetta eram donos de um carro usado que pertencera a um dos irmãos dele e ainda dava para o gasto. Muitas famílias em Lynn nem carro tinham, e dependiam de ônibus para chegar aonde não podiam ir a pé. Em cima da garagem havia um sótão, que podia servir de depósito. Mas Jim e Lynetta não tinham muita coisa para guardar. Os móveis eram poucos, mas em bom estado, apesar de usados: alguns foram trazidos de caminhão da fazenda em Crete e outros doados por parentes de Jim. A família dispunha do necessário: mesa de jantar, algumas cadeiras, uma cama para Jim e Lynetta e um berço para o pequeno Jimmy.[29] Muita coisa podia ser feita para deixar a casa mais simpática, porém isso era tarefa da esposa, e Lynetta não tinha jeito nem gosto para decoração.

Mas, a princípio, a dona de casa não era julgada pelos demais habitantes de Lynn pela falta de capricho. Naquela comunidade onde nada era segredo, todos sabiam que o casal estava sendo sustentado pela família de Jim. Talvez o que estivesse por trás da falta de mobília, aconchego e refeições tradicionais fosse orgulho. Jim e Lynetta provavelmente não queriam receber nem mais um centavo dos parentes além do mínimo necessário.

Lynetta, porém, sonhava com um modo de vida mais refinado. Gostava de se imaginar escritora, e acreditava ter sido uma em vidas passadas. Queria falar de coisas elevadas, como reencarnação e progressismo político, não de cortinas e receitas de bolo. Por isso, esnobava convites para visitar outras mulheres da cidade e nunca as convidava para sua casa. Mesmo na rua, quando ia às compras ou à sessão comunitária de cinema nas noites de quarta-feira, quase nunca conversava com as pessoas e, quando interagia com alguém, dizia o mínimo possível. Muitos a achavam muito metida a besta para uma mulher que sequer conseguia manter uma casa ajeitada. Mas a verdade era que ela não tinha assunto com ninguém, nem uma base sobre a qual pudesse construir amizades.

A convivência com a família do marido era inevitável. Sem eles, Lynetta e Jim estariam falidos. Mas Lynetta ficava magoada com tudo que diziam; vivia na defensiva, à espera de alguma ofensa. O que mais a tirava do sério era que sempre a chamavam de "Lynette", e não de "Lynetta". Na época em que a conheceram, muitas vezes ainda se apresentava como Lynette, e assim se acostumaram a chamá-la. Não faziam por mal, e ela com certeza seria atendida se pedisse que a chamassem de Lynetta. Mas não pedia: preferia se fazer de ofendida. Sempre frustrada, sem nenhuma esperança concreta de realizar sua ambição de ser uma mulher fina, Lynetta passava seus dias tristes alimentando rancores e tendo discussões imaginárias em que vencia os inimigos com astúcia e coragem. Mais tarde, viria a contar histórias mirabolantes sobre essas fantasias, pintando suas ilusões de grandeza como se fossem verdades.[30] Nos primeiros anos que passou em Lynn, no entanto, tinha apenas o filho pequeno como plateia. E as duas lições mais precoces e mais duradouras que Jimmy aprendeu com a mãe foram: os *outros* sempre tentariam puxar seu tapete, e a realidade era aquilo que *você* acreditava ser.

Mesmo depois da mudança para Lynn, a saúde de Jim continuou precária. Os problemas físicos e emocionais eram recorrentes. Além das consultas periódicas na clínica de Oxford, em Ohio, às vezes um dos irmãos o levava a um hospital em Dayton, na Virgínia, para tratamentos de emergência.[31] Jim tossia muito — o tabagismo compulsivo só agravava os problemas respiratórios. Estava sempre com um cigarro na boca. Com o passar do tempo, Jim foi ficando envergado, e acabou abandonando os trabalhos esporádicos na empresa ferroviária.[32] De manhã, arrastava-se para a varanda e às vezes ficava lá o dia inteiro. Sentiam pena dele. As pessoas que passavam lhe dirigiam acenos e cumprimentos, e Jim fazia o possível para retribuir.

Alguns dias, conseguia falar melhor; outros, nem tanto. Mas era sempre amável. As crianças gostavam dele, porque, ao contrário de muitos adultos, Jim as chamava pelo nome.[33] De perto, sua aparência era chocante. Embora ainda estivesse com quarenta e poucos anos, o rosto estava cheio de rugas e pelancas. Se antes era conhecido como "Grande Jim", para diferenciá-lo do filho Jimmy, muitos já passavam a chamá-lo de "Velho Jim".[34]

Lynetta continuava evitando contato com as pessoas. E, quando ia ao centro da cidade, chamava atenção porque fumava e usava calça comprida. As pessoas ficavam olhando, e ela encarava de volta. Quando falava com alguém (o dono da mercearia, o vendedor de uma loja ou uma pessoa com quem cruzasse na rua e não tivesse como não cumprimentar), entremeava a conversa com palavrões. Em Lynn, "droga" e "inferno" não eram coisa que uma moça dissesse. Lynetta praguejava o tempo todo, e vez ou outra soltava um "merda".[35] Não entendia por que as pessoas ficavam tão escandalizadas — eram palavras, nada mais. Achava graça quando alguém se incomodava.

Até certo ponto, todos aceitavam essa excentricidade. Mas Jim e Lynetta destoavam do resto de Lynn em um aspecto crítico: a cidade inteira ia à igreja aos domingos, menos os dois.[36] Por conta disso, os mais devotos poderiam inclusive tê-los condenado ao ostracismo. Se não o fizeram, foi sobretudo por respeito aos outros Jones, que todo domingo iam ao culto quacre, e também em consideração aos serviços de guerra prestados pelo Velho Jim. Mas era um comportamento incômodo, sem dúvida.

No segundo semestre de 1936, enfim chegou o momento de Jimmy começar a frequentar a escola. Lynetta teria que arrumar um emprego. As fábricas da região estavam contratando. Ela poderia quase escolher onde trabalhar. Mais tarde, Lynetta se diria perseguida pela família do marido. Por ora, pensava apenas que a invejavam por despertar tanto interesse nas empresas. Alegava inclusive que não queriam que ela trabalhasse: "[A família do meu marido achava] que trabalhar fora maculava o caráter de uma dona de casa, sobretudo se ela fosse tão capacitada e requisitada como eu".[37]

Lynetta arranjou emprego em uma fábrica de vidros em Winchester. Toda manhã, levantava e tomava o ônibus para o trabalho. Antes de sair, entregava um sanduíche a Jimmy e o despachava para a escola. Já o marido era deixado por conta própria. Para passar o tempo, o Velho Jim arrastava-se até o salão de bilhar da cidade. Era isso ou ficar sozinho naquela casa deprimente. No salão, jogava baralho e bebia café ou refrigerante — o dono do estabelecimento seguia os costumes de Lynn e não servia bebidas alcoólicas.[38]

À noite e nos finais de semana, quando estavam os três em casa, recebiam poucas visitas, quase sempre familiares que vinham trazer comida, já que Lynetta quase sempre estava cansada ou nervosa demais para cozinhar, ou crianças da vizinhança que vinham brincar com Jimmy, mas logo iam embora, afugentadas pelo clima hostil. Todos ali pareciam mudos, a não ser a sra. Jones, que sempre reclamava mais que conversava. Ela gritava com o sr. Jones e com Jimmy, ou metia o pau nos babacas do trabalho que arrancavam seu couro sem um pingo de pudor. Não se importava que a ouvissem. Nenhuma mulher em Lynn ralava tanto como ela, nenhum marido permitiria.

Mesmo assim, depois de dois anos e meio, os moradores de Lynn já estavam acostumados com Lynetta e o Velho Jim. Eram um casal excêntrico, não havia dúvida. Mas então, pela primeira vez, o pequeno Jimmy Jones passava a andar livremente pelas ruas da cidade, e logo ficou claro que, comparados com ele, seus pais eram quase normais.

3

JIMMY

Certa manhã, em um fim de semana, Max Knight, um garoto de 12 anos, e seu pai foram de carro para o centro de Lynn. O pai de Max tomava conta de um pequeno aeroporto perto da cidade. Sempre havia trabalho aos finais de semana, e Max gostava de acompanhá-lo. Achava divertido ver os aviões, a maioria pulverizadores de pesticidas agrícolas, pousando e decolando.

Perto do centro, Max viu um menino bem mais novo — devia ter uns 6 anos — andando pela rua, seguido por um beagle que se parecia muito com Queenie, sua cachorra. O pai concordou que a semelhança era impressionante e encostou o carro para que Max saísse e olhasse mais de perto. O menininho saiu correndo na mesma hora, com o beagle em seu encalço. Max não queria assustá-lo e correu atrás dele, gritando para que parasse. Correram cerca de um quarteirão e meio, até que o garoto tentou se esconder atrás de uma árvore. Max percebeu e se aproximou. Para seu espanto, o outro tremia. Quase oitenta anos depois, Max lembraria que ele parecia "apavorado com alguma coisa, morto de medo". Max se apresentou. O menino disse que se chamava Jimmy. Max declarou: "Tenho um cachorro igual a esse". Jimmy deve ter achado que estava sendo acusado de roubo, pois respondeu, na defensiva: "Esse cachorro não é meu. É de um vizinho e veio atrás de mim".

Max se sentiu mal. Não queria ofender ninguém, apenas ver mais de perto aquele beagle tão parecido com Queenie. Mudando de assunto, contou que estava dando uma volta com o pai, que tomava conta do aeroporto. Com os olhos brilhando, Jimmy disse que adorava aviões. Max o chamou para ir até lá qualquer dia, para vê-los de perto.

Não demorou muito, e lá estava Jimmy no aeroporto, todo final de semana. Vivia grudado em Max e dizia ao sr. Knight que queria ser piloto um dia. O pai de Max ficava contente em ouvir isso. Muitas crianças da região gostavam de ficar nos arredores do aeroporto vendo os pousos e as decolagens, mas Jimmy o impressionou tanto que até conseguiu regalias. Podia chegar perto dos aviões, tocar neles e conversar com os pilotos enquanto preparavam as aeronaves. Para o sr. Knight, não havia dúvidas: Jimmy Jones adorava aviões mais que tudo na vida, e falava sério ao dizer que, graças ao sr. Knight, seria piloto quando crescesse. Max começou a ver Jimmy como um irmão mais novo. Só não eram mais próximos por causa da diferença de idade, mas, sempre que ia ao centro de Lynn, Max fazia questão de visitar o novo amigo, ver como ele estava. Jimmy dava a entender que as coisas em casa não iam bem, principalmente por causa de um pai cruel, de quem morria de medo. Jimmy parecia tão carente que conquistou a afeição e despertou o instinto de proteção de Max.[39]

Antes de entrar para a escola, Jimmy Jones já conhecia bem as ruas de Lynn. Não havia nada incomum nisso: mal aprendiam a andar, os meninos da cidade corriam para todo lado. Fazia parte do ciclo natural do desenvolvimento. De início, não passavam de um ou dois quarteirões ao redor de casa; depois, iam enveredando pelo bairro e por fim, já em idade escolar, iam para a escola e voltavam a pé. Dali, passavam para os campos e bosques do entorno, sempre a pé, até que completavam 10 ou 11 anos e ganhavam uma bicicleta, o que ampliava bastante seu raio de ação. Os pais não se preocupavam muito, certos de que todos os adultos da cidade vigiavam os garotos. Já as meninas não iam tão longe. Enquanto os meninos eram incentivados a sair para brincar, o que se esperava das garotas, desde a mais tenra idade, era que ficassem por perto e ajudassem a mãe a cozinhar e a cuidar da casa. Aonde quer que as crianças fossem, sempre havia alguém de olho. Além do mais, a presença de estranhos nunca passava despercebida. As crianças estavam seguras.[40]

O curioso sobre a fase pré-escolar de Jimmy era que seus pais, ao contrário dos demais, não eram nada vigilantes. Mesmo assim, desde suas primeiras andanças, não faltava quem zelasse por ele. Dois casais de tios também moravam na Grant Street: as tias faziam o papel de mãe quando Lynetta se trancava em casa — ou seja, quase sempre. Serviam lanches ao menino se tinha fome e faziam curativo se esfolava o cotovelo ou o joelho. As primeiras crianças com quem Jimmy brincou foram os primos. Havia dezenas de crianças na família Jones, que moravam em Lynn ou em propriedades rurais das redondezas. Como a faixa etária de Jimmy era intermediária, ele sempre tinha companhia. E, assim como as outras crianças, voltava para casa antes de escurecer.[41]

Porém, as coisas mudaram no primeiro ano de escola. A mãe de Jimmy trabalhava o dia todo, e o pai continuava frequentando o salão de bilhar. Desde que começara a trabalhar na fábrica de vidros em Winchester, Lynetta estabeleceu uma regra: Jimmy só podia entrar em casa depois que ela chegasse. A cidade inteira logo ficou sabendo da imposição. Ninguém entendia o motivo, nem tinha intimidade com ela para perguntar, mas todos se solidarizavam com o menino, e os parentes estavam sempre de portas abertas para recebê-lo.[42]

Acontece que Jimmy quase nunca os procurava: preferia perambular pelas ruas de Lynn, parecendo solitário e indefeso. O abandono do menino era evidente, e senhoras de toda a cidade, que nem eram da família, faziam o mesmo que qualquer boa alma em seu lugar: convidavam-no para lanchar ou até jantar, quando ele dizia estar com muita fome. Jimmy jurava para todas elas que era a comida mais gostosa que já tinha provado. Era um menino muito educado, que demonstrava gratidão pelas menores gentilezas. As senhoras acabavam criando elos com Jimmy, que descobria afinidades com cada uma, como um interesse comum por flores, animais ou artesanato.[43] Foi assim com Myrtle Kennedy.

Myrtle era esquálida, media 1,88 m e tinha vergonha da sua altura. Em uma cidade já religiosa, levava sua fé ao extremo. O marido, Orville, era pastor na Igreja do Nazareno de Lynn. Os nazarenos seguiam um código social bastante conservador: não era permitido dançar, beber, nem falar palavrão. As mulheres nazarenas nunca usavam vestidos curtos ou sem manga, para não despertar a luxúria nos homens. Em Lynn, não era costume tentar atrair fiéis de outras igrejas, mas Myrtle era exceção. Para ela, quem não se convertesse à Igreja do Nazareno estava condenado ao inferno. Não havia alternativa. Nas tardes de domingo, era conhecida por interpelar as pessoas na rua para saber se haviam ido à igreja naquele dia, pois no culto nazareno não estavam. Sua maior alegria era testemunhar o batismo de um convertido no rio próximo à cidade.[44]

As pessoas perdoavam o fanatismo porque, de resto, Myrtle era um doce de pessoa. Não havia em Lynn alguém mais generoso com os necessitados. Por causa do trem e das duas rodovias que cortavam a cidade, a crise dos anos 1930 levou muitos andarilhos à cidade, todos atentamente vigiados pelos moradores. Os mais suspeitos eram enxotados por onde passavam, mas os inofensivos e desvalidos quase sempre ganhavam comida. Ninguém era mais caridoso com os pedintes que Myrtle. Tinha fama de assar dezenas de tortas e deixar pedaços quentinhos na janela, para quem quisesse pegar. Junto do alimento vinha o sermão de Myrtle sobre a fé nazarena. Ela dizia que entrar para a igreja traria glória na outra vida, se não naquela. Uma prova de sua bondade era que ela continuava a deixar as tortas na janela, mesmo sem nunca ter convertido ninguém.

Mas Myrtle via potencial no pequeno Jimmy Jones. Afinal, o menino não frequentava igreja nenhuma. Seus pais nunca o levaram ao culto de domingo. Estava crescendo sem Deus. Além do mais, era uma linda criança, que herdara da mãe os cabelos e olhos escuros, mas não o comportamento arredio. Myrtle e o marido também moravam na Grant Street. Eram os vizinhos da frente dos Jones. Todos os dias, Myrtle via o pobre Jimmy vagando pela rua. Era natural que o convidasse e o enchesse de torta quando tinha fome — ou seja, sempre. Supostamente, a mãe lhe dava um sanduíche para enganar a fome durante o dia, mas, sempre que Myrtle perguntava se tinha comido alguma coisa, Jimmy dizia que não, e um menininho de ouro como aquele jamais mentiria.

Terminada a torta, Myrtle aproveitava para dividir com Jimmy a Palavra de Deus, e falar que Ele gostaria que todos fossem nazarenos. Os menos esclarecidos achavam as regras da Igreja do Nazareno muito repressoras, mas a ideia era apenas para garantir que todos se adequassem aos padrões de conduta estabelecidos na Bíblia. Myrtle fazia leituras das Sagradas Escrituras para Jimmy, que ouvia atento cada palavra. Em pouco tempo começou a recitar o Evangelho. Era emocionante.

O passo seguinte de Myrtle foi levar Jimmy à igreja aos domingos. Lynetta não se importava. Estava sempre exausta pelo trabalho da semana. Se a enxerida da vizinha queria ficar com Jimmy pela manhã, era uma coisa a menos com que se preocupar em seu dia de descanso. Assim, todo domingo, Jimmy ia à Igreja do Nazareno com a sra. Kennedy e ouvia o sr. Kennedy falar do Senhor e de tudo que não era da vontade d'Ele.

Com o tempo, Jimmy começou a passar algumas noites na casa da família Kennedy, o que tampouco incomodava sua mãe, que nutria nada além de desprezo por quem acreditava em um Deus celestial que, mais dia, menos dia, despachava todo mundo para o céu ou para o inferno, a depender das circunstâncias. A espiritualidade de Lynetta era muito mais profunda; envolvia reencarnação, uma vida após a outra, *destino*. Às vezes, o destino grandioso de uma pessoa, em uma de suas tantas vidas, era frustrado pelos que não sabiam lhe dar valor ou invejavam sua superioridade. Era o que estava acontecendo com ela. Mas seu filho seria um grande homem naquela encarnação, isso era certeza. E grandeza nada tinha a ver com a baboseira de Myrtle Kennedy. Lynetta provavelmente dizia isso a Jimmy de vez em quando, só para se certificar de que o garoto não estava se deixando levar. Fora isso, que andasse com a senhora Kennedy, que fosse à igreja com ela. Era até bom, assim largava da barra de sua saia. Além do mais, achava que, em um contexto cósmico mais amplo, isso não faria a menor diferença.

Mas quando Myrtle levou Jimmy para a igreja, o menino adorou. O pequeno demonstrou uma incrível aptidão para lembrar tudo que ouvia, em especial as leituras bíblicas. Em questão de semanas, já conseguia repetir longas passagens da Bíblia. Mal aguentava esperar o domingo para ir à igreja com a sra. Kennedy. Quando estavam a sós, passou a chamá-la de "mãe". Myrtle estava em êxtase. Havia salvado uma alma para Jesus. Já podia colher a recompensa merecida, vendo o menino crescer na graça de Deus, de acordo com a Bíblia e a Igreja do Nazareno.

Foi então que as coisas tomaram um rumo inesperado. Jimmy gostava do culto da Igreja do Nazareno, mas também tinha curiosidade de como eram as outras igrejas da cidade. Começou a frequentar encontros de avivamento que aconteciam na região. Todas as igrejas da cidade organizavam tais encontros, e havia também os promovidos por pastores sem denominação. Depois disso, em alguns domingos, Jimmy passou a ir à Igreja Metodista de Lynn, ou a se juntar aos quacres ou aos Discípulos de Cristo. Nos anos que se seguiram, aderiu a todas as igrejas, foi batizado nas que exigiam, e jurou lealdade às que não impunham esse pré-requisito. Jimmy estudava de tudo. Havia domingos em que passava parte da manhã no culto de uma igreja, depois corria para pegar o finalzinho do sermão de outra. Esse hábito chamou a atenção de toda a cidade. Pelo jeito, o filho dos Jones era tão excêntrico quanto os pais — ainda que de uma forma positiva. Em algum momento, haveria de sossegar e escolher uma igreja. Até lá, pelo menos ia ao culto, ao contrário dos pais.[45]

Com a mãe, Jimmy só aprendeu o distanciamento. A arte de fazer os outros acreditarem que compartilhavam as mesmas crenças e esperanças era um dom só seu. Ainda pequeno, usava a lábia para justificar atitudes que pareciam contradizer seu discurso. Esse talento ficou claro em sua relação com Myrtle Kennedy depois que começou a frequentar outras igrejas. Se fosse qualquer outra pessoa, Myrtle ficaria magoada, encararia o fato até como uma traição. Havia colocado o menino no caminho certo, e ele se desvirtuara. Mas, de alguma forma, Jimmy não perdeu a afeição de Myrtle. O que quer que tenha dito a ela — que, por exemplo, só frequentava outras igrejas para ver de perto como expressavam sua fé da maneira errada — funcionou. Myrtle continuou a adorá-lo da mesma forma.[46]

Tempos depois, Jim Jones viria a ser acusado de usar as pessoas de modo inescrupuloso, manipulando-as friamente para conseguir o que queria, e de não se importar com ninguém, nem com os que mais o apoiaram. Em muitos casos, havia várias provas disso, mas não no de Myrtle Kennedy. Mesmo depois que Jimmy foi embora de Lynn e de todas as guinadas que deu na vida, nunca perdeu o contato com a nazarena que o acolhera. Fosse na cidade grande, em Indianápolis; na Califórnia, onde conquistou fama; ou até na selva da Guiana, a cada semana ou quinzena de sua vida adulta, Jim Jones se sentava e escrevia para Myrtle Kennedy, contando-lhe versões abrandadas do que andava fazendo e desejando tudo de bom para ela. O gesto não guardava intenções ocultas: Jones queria apenas que Myrtle soubesse que ele nunca a esquecera e que era muito grato por sua bondade.[47]

Em setembro de 1977, Jim Jones diria em uma entrevista, planejada como parte do registro de suas memórias, que nunca acreditara de verdade em Deus. A religião era vista por ele como uma oportunidade de se "infiltrar" na igreja e arrebanhar cristãos para o socialismo.[48] Talvez fosse verdade. Não há como sondar a mente de uma pessoa para saber em que acredita de verdade. Algumas demonstram uma devoção fervorosa na infância, perdem a fé depois de adultas e dizem que nunca acreditaram. Mas não há dúvida de que Jimmy se sentiu atraído pela religião desde muito cedo. Para uma criança que, como o próprio Jones admitiria mais tarde, "tinha tanta necessidade de aprovação", a igreja permitia aspirar à perfeição.[49]

Max Knight morava na vizinha Spartanburg, mas, sempre que estava em Lynn, passava na casa de Jimmy para ver como estava o amigo mais novo. Certa vez, quando bateu à porta e não encontrou ninguém, foi procurá-lo na casa da sra. Kennedy, do outro lado da rua. Pensava que ela fosse avó de Jimmy, porque ele vivia por lá, e o carinho que havia entre os dois era evidente. A sra. Kennedy disse que Jimmy devia estar brincando no bosque ali perto. Como estava com tempo, Max foi até lá. Procurou, procurou, até que ouviu uma voz alta vinda das árvores. Foi andando na direção dela, até que deparou com Jimmy. O menino não percebeu sua presença porque estava de costas. De pé em um toco de árvore, com a mão no coração, fazia um sermão — Max guardou a cena como "um espetáculo, uma história cheia de 'Jesus te ama', que dizia o quanto você precisava crer n'Ele para ser salvo e ir para o Céu". Max gritou: "Ei!". Jimmy virou depressa e deu de cara com ele, quase caiu do tronco e começou a chorar, como no dia em que Max o vira pela primeira vez, andando com o beagle. Max não entendeu direito — já fazia um tempo que se conheciam, não era nenhum estranho. Jimmy deveria estar assim porque se sentiu desmascarado — vivia dizendo a ele e ao sr. Knight que queria ser piloto quando crescesse, e agora era pego fazendo *aquilo*.

Max, no entanto, não se zangou. "Se quer ser pastor, tudo bem. Vai em frente, se te faz feliz." Nos meses seguintes, Max flagrou "a mesma cena no bosque mais duas ou três vezes". Jimmy confessou que queria ser pastor, mas tinha medo de virar alvo de chacota, ou que dissessem que não podia. Max respondeu: "'Faça o que tiver vontade. Não deixe ninguém te impedir. Seja dono do seu nariz.' Depois, quando nos encontramos novamente, já adultos, Jim me lembrou disso. Disse que era uma criança medrosa e me agradeceu pelo apoio".[50]

4
JUVENTUDE

Assim como os pais, talvez até mais, as crianças de Lynn eram conformistas. Acreditavam nas mesmas regras, respeitavam os pais e professores acima de tudo. Era assim em todo o estado. Segundo o historiador James H. Madison, "a temperança faz parte do jeito de ser de Indiana, uma moderação alicerçada no respeito à tradição. Entre as revoluções que não aconteceram em Indiana, uma delas é a revolta de gerações".[51]

Em Lynn, as crianças dividiam os brinquedos e o lanche. As meninas aprendiam a cozinhar e a cuidar da casa. Os meninos praticavam esportes, andavam pelos bosques e campos e não faziam corpo mole. Quase sempre seguiam os passos dos pais, e se contentavam com isso.

Em certa medida, Jimmy Jones se encaixava no padrão, pelo menos de início. Brincava na rua como todo garoto, gostava de melancia e não perdia a sessão de cinema de quarta-feira. Também levava jeito com animais, e era seguido por vira-latas por onde andava. Quando ia brincar na casa de alguém, a mãe do colega invariavelmente comentava que ele era um rapazinho educado.[52]

Jimmy sempre teve brinquedos ótimos. Todos sabiam que Lynetta precisava trabalhar, já que o marido não podia, e que os três dependiam da ajuda financeira da família. Mesmo assim, o menino tinha muitas coisas. Uma delas era um miniprojetor de cinema. Ele se gabava de poder exibir filmes na parede de casa, como na sessão de quarta-feira no centro da cidade. Todo mundo queria ver o brinquedo, mas Lynetta proibira Jimmy de entrar em casa na ausência dos pais. Levar amigos então, nem pensar. Mas Chuck e Johnny Willmore estavam muito curiosos. Um dia, depois da escola, Jimmy entrou escondido com eles em casa — o pai estava no bilhar, como de costume —, fechou as persianas para deixar a sala escura e projetou o filme na parede. Foi uma festa, até que Lynetta chegou de repente. De cinta na mão, saiu correndo atrás de Jimmy e lhe deu uma surra. Ele gritava "foi sem querer, foi sem querer", o que não fazia sentido. Johnny e Chuck foram embora correndo e contaram para os outros meninos. Todos ficaram com pena de Jimmy.[53]

Era visível também que o clima não era bom entre Jimmy e o pai. Em Lynn, não era com longas conversas e abraços que um menino criava vínculos com o pai: era acompanhando seus afazeres, observando e aprendendo a fazer reparos em casa, a mexer no carro e a realizar outras tarefas corriqueiras que precisavam dominar para ter êxito na vida. O Velho Jim não podia fazer nada disso. Jimmy não parecia ter muito respeito por ele. A única interação que se via entre os dois era quando Jimmy aparecia no salão de bilhar para pedir uns trocados. Era triste.[54]

Mas a compaixão das pessoas tinha limite. Ainda que pudesse merecer um desconto pela mãe cruel e o pai doente, em alguns aspectos ficava evidente que Jimmy era um garoto estranho. Ele chorava muito — o que não era coisa de menino — e praguejava o tempo todo. Os outros garotos queriam saber onde tinha aprendido a falar daquele jeito. Ele não dizia. Só dava um sorrisinho e se divertia com o constrangimento que seu palavreado causava nas pessoas. Os outros meninos eram meio brigões, às vezes ficavam de cabeça quente e distribuíam socos ou pontapés. Era normal aparecerem com o nariz sangrando ou um corte no lábio de vez em quando. Mas Jimmy não. Tinha medo de brigar e fugia toda vez que a brincadeira ficava um pouco mais violenta.

Ele também mostrava uma verdadeira obsessão por chocolate, uma cobiçada iguaria. Jimmy toda hora comia uma barrinha, que surrupiava das prateleiras do comércio local quando tinha vontade. Os comerciantes deixavam, porque todo sábado Lynetta Jones ia lá e acertava a conta com eles.[55] Se fosse qualquer outra mãe, daria uns bons cascudos no filho pelo atrevimento, mas Lynetta se orgulhava da ousadia do menino. Como ela, Jimmy encontrava formas de desafiar as convenções.

Mas era no âmbito religioso que ele mais destoava dos demais. Todas as crianças de Lynn acreditavam em Deus e iam à igreja todo domingo. Era parte da vida. Mas Jimmy se superava. Frequentar todas as igrejas da cidade nem era o que mais chamava a atenção.

Jimmy tinha um jeito estranho de expressar sua religiosidade, a começar pelas coisas que dizia. Certo dia, estava brincando com os irmãos Willmore no sótão que ficava em cima da garagem. Havia uma série de vigas próximas ao telhado. Os meninos inventaram de andar sobre elas, como se fossem equilibristas. O risco de queda era grande. Eram uns três metros até o chão. Chuck e Johnny Willmore foram na frente, um atrás do outro, porque as vigas eram bem estreitas. Jimmy estava logo atrás. Passado cerca de um minuto, Johnny ficou apreensivo, com medo de cair. Queria voltar, mas ficou imóvel, no meio do caminho, bloqueando a passagem. Johnny gritou: "Pode voltar". Com uma expressão estranha no rosto, Jimmy disparou: "Não consigo me mexer, o Anjo da Morte está me segurando!". Os três bambearam na viga, até que Jimmy, por fim, disse que o Anjo o havia soltado. Chuck Willmore lembrou mais tarde: "Mesmo com uns 6 anos, achei aquilo muito doido".[56]

Uma fábrica de caixões mantinha um depósito em Lynn. Jimmy falava muito sobre a morte e seu caráter inevitável. As pessoas que cuidavam do depósito, como todo mundo em Lynn, nunca trancavam a porta. Certa noite, Jimmy levou uma turma de garotos para lá e mandou que deitassem nos caixões; assim saberiam como era estar morto e teriam uma ideia do que acontecia depois. As crianças ficavam com medo ou, depois de algum tempo, acabavam entediadas. Jimmy voltou outras vezes, mas era difícil achar quem topasse a brincadeira.[57]

Jimmy chegou a afirmar por um tempo que tinha poderes especiais conferidos pelo Todo-Poderoso. Quando pediram provas, arranjou uma capa, provavelmente uma toalha, e subiu no telhado da garagem. Todos se reuniram para vê-lo voar. As outras crianças não acreditavam que seria capaz de pular, mas ele fez isso. Não voou: bateu no chão com força e quebrou o braço.[58] O episódio não o intimidou. Jimmy ainda parecia convicto dos novos poderes, embora ninguém mais lhe desse ouvidos. Porém nunca mais falou a respeito.

Na mesma época, vieram os enterros de animais.

Era possível encontrar todos os tipos de animais mortos na vizinhança: esquilos e coelhos atropelados; camundongos capturados em ratoeiras; alguns gatos e cachorros; e muitos pássaros. Essas coisas eram encaradas com naturalidade, como as folhas caindo no outono. Quase sempre, os bichos ficavam lá até se decompor ou eram recolhidos e jogados no lixo. Mas Jimmy Jones quis fazer diferente. Com ar solene, começou a recolher os restos mortais, reunir as crianças e celebrar elaborados funerais. Orava diante das carcaças e pregava sobre o amor de Deus a todas as suas criaturas. Enterrava os animais em caixas de fósforos ou de papelão, conforme o tamanho. No início era até divertido, mas logo perdeu a graça, e os colegas da idade de Jimmy não quiseram mais participar. Ele não desanimou. Começou a chamar crianças menores; muitas, inclusive, acharam o máximo poder brincar com alguém mais velho. Porém, ao descobrirem que precisavam obedecer e mostrar reverência, não queriam mais participar. Jimmy as forçava a ficar. E, quando não conseguia juntar um grupo, fazia o funeral sozinho, por vezes durante o recreio, no pátio da escola. Mesmo que não quisessem participar, as outras crianças não tinham muita escolha senão assistir.[59]

A entrada dos Estados Unidos na Segunda Guerra Mundial deu a Jimmy, então com 10 anos, uma nova obsessão. Em Lynn, só se falava no conflito. Era uma cidade patriótica. Quando não estavam na escola ou na igreja, os meninos só queriam saber de brincar de guerra. Invariavelmente, faziam o papel de soldados, marinheiros ou fuzileiros navais norte-americanos, que sempre se saíam vitoriosos das batalhas contra as potências do Eixo.

Com Jimmy Jones, porém, foi diferente. Desde o princípio, demonstrou fascínio pelos nazistas, deslumbrado com a pompa dos desfiles, hipnotizado pelas obedientes hordas de soldados marchando em passo de ganso. Sem falar no carismático líder — Jimmy observava Adolf Hitler com atenção, admirava sua capacidade de prender a atenção de multidões de adoradores por horas a fio, alegando possuir todo tipo de poder, sempre envolvendo a plateia com seu ritmo: ora gritava, ora falava baixo, então voltava ao tom normal, e ia aumentando até um final retumbante. Hitler e seus fervorosos seguidores estampavam todos os noticiários e jornais dos Estados Unidos. Material de estudo para Jimmy não faltava. O líder nazista era um menino pobre que ascendera ao poder como governante de uma poderosa nação graças a sua determinação e seu carisma. O mundo inteiro conhecia seu nome, milhões o seguiam, e multidões vibravam diante dele. Conquistara o poder derrotando inimigos poderosos, que o desdenharam por suas origens humildes e convicções polêmicas. Era inspirador.

Enquanto os outros garotos faziam de conta que eram heróis de guerra norte-americanos, Jimmy queria imitar Hitler. Como não conseguiria convencer os colegas de Lynn a brincar de tropa de assalto nazista, foi buscar recrutas em outro lugar. Para sua sorte, fazia parte de uma família grande com uma porção de primos pequenos que ele podia facilmente obrigar a interpretar qualquer papel. Levou-os até um campo e ordenou que marchassem em passo de ganso sob seu comando. Eles não conseguiram entender muito bem o que era para fazer. Jimmy ficou furioso. Pegou um graveto e começou a bater nas pernas dos primos se não marchassem como ele queria. Alguns voltaram para casa machucados. Quando as mães descobriram, Jimmy se viu encrencado com as tias. Perdeu sua tropa nazista de mentirinha, mas não seu fascínio por Hitler. O suicídio do líder nazista em abril de 1945, para fugir dos inimigos que queriam capturá-lo e humilhá-lo, deixou o garoto bastante impressionado.[60]

Mas nem a obsessão por Hitler e os nazistas arrefeceu a devoção religiosa de Jimmy. Myrtle Kennedy e o marido foram morar em Richmond no verão de 1942. Ninguém lembra por quê; já no outono voltaram para Lynn. Mas, durante essa estada em Richmond, época das férias escolares em Lynn, Jimmy foi morar com eles. Lynetta achou ótimo não ter que se preocupar com o filho por uns meses. Myrtle e o marido alugaram parte de um casarão onde também moravam outras famílias, inclusive crianças da idade de Jimmy — em particular um menino de 10 anos chamado Lester Wise. Jimmy e Lester ficaram amigos, e faziam tudo juntos antes de se afastarem no outono. O grande interesse dos dois era religião. Havia uma igreja pentecostal em Richmond, e eles frequentavam a escola bíblica três ou quatro vezes por semana. No culto de domingo, o pastor sempre exortava os pecadores a se aproximar para serem salvos. Na primeira semana, Jimmy se apresentou e se redimiu dos pecados. No domingo seguinte, repetiu a dose, e assim fez todos os domingos, pelo resto do verão. Segundo Lester, "não era normal fazer isso. A pessoa era salva uma vez e pronto. Podia até subir de novo se fizesse alguma coisa muito ruim; mas Jimmy não, ele ia toda vez que o pastor chamava. Subia lá e ajoelhava. Eu achava aquilo meio diferente, mas ele nunca se explicava. Ia lá e pronto".[61]

Jimmy voltou naquele outono com uma nova mania. Em Lynn, todas as crianças vinham da zona rural e aprendiam as primeiras lições sobre sexo logo que começavam a andar. Os animais se reproduziam — as grandes ninhadas de filhotes de cachorros e gatos vira-latas eram só mais um sinal claro de acasalamento, e a maior parte das casas da cidade eram pequenas e não tinham isolamento acústico, em uma época em que nasciam muitos bebês. O sexo era onipresente, apenas não era assunto para gente direita.

Como sempre, Jimmy Jones fugia à regra. Falava abertamente de sexo com os primos mais novos, até que ficassem enojados. Convidava outras crianças da vizinhança para ficar em sua varanda, ouvindo tudo sobre "relações sexuais". Onde havia aprendido aquilo tudo, ele não dizia. As tias ficaram sabendo do novo assunto predileto de Jimmy e o mandaram parar. Caso tenham pedido que Lynetta interviesse, ela não cooperou. O garoto continuava falando sobre o assunto proibido. Mas naquela época, e mesmo depois, ainda em Lynn, Jimmy era muito de falar e bem pouco de agir. Os colegas lembram que ele nunca havia "feito nada". Se alguma coisa tivesse acontecido, todos logo ficariam sabendo.[62]

Quando começou o ensino médio, Jimmy Jones era marginalizado entre os adolescentes de Lynn. Só não era um pária completo porque era bom de papo. Mesmo quem não gostava dele ficava fascinado por tudo que dizia; religião e sexo eram seus dois assuntos prediletos. Jimmy ainda sabia despertar compaixão. Durante anos, os pais de outras crianças tiveram pena dele e até perdoaram seus excessos por conta da família desestruturada. A princípio, Lynetta era quem mais levava a culpa: quem teria uma infância saudável com uma mãe que fumava, falava palavrão e não ia à igreja? Mas, quando Jimmy chegou à puberdade, surgiu um novo rumor: o Velho Jim era um tremendo beberrão, e passava o dia embriagado. Em Lynn, qualquer pilequinho era motivo de escândalo. O Velho Jim sempre foi visto como digno de pena em razão das terríveis sequelas dos ferimentos de guerra e da esposa excêntrica que tinha, mas então seus hábitos passaram a levantar suspeitas. Todos os dias, era visto cambaleando pela rua a caminho do salão de bilhar. Todo mundo já o vira tropeçando, quase caindo — em alguns dias, mal conseguia se equilibrar. Às vezes, também sumia por uns tempos. A causa poderia muito bem ser a bebedeira.[63]

Com exceção da mulher, do filho e da família, ninguém sabia sobre o colapso que o Velho Jim tivera em 1932, nem das viagens que fazia para se tratar. Quando os boatos sobre o alcoolismo começaram a correr, não apareceu ninguém para desmenti-los. Naquela época e lugar, transtornos psiquiátricos eram considerados ainda mais deploráveis que o alcoolismo. Era melhor que o Velho Jim fosse visto como bebum do que como louco. A bem da verdade, não era nem uma coisa, nem outra. Com o corpo debilitado e os pulmões avariados, muitas vezes mal conseguia levantar da cama.[64]

Mas os boatos perduraram. Para Jimmy, a verdade jamais era um empecilho às suas ambições. Ele gostava de ser visto como alguém que superava obstáculos e que merecia todo apoio e reconhecimento.

Jimmy mudou o jeito de se vestir. No colégio, os jovens costumavam usar calça jeans e camisa de botão, enquanto na igreja, aos domingos, a roupa mais adequada era calça social e camisa branca. Jimmy usava roupas de ir à igreja quase todo dia. O cabelo volumoso, quase preto, e os penetrantes olhos escuros já chamavam atenção. Lynetta às vezes ainda se dizia descendente de indígenas, e o garoto passou a repetir isso. Sua aparência e maneira de se vestir o distinguiam.[65]

O comportamento na escola também. Nos corredores, entre uma aula e outra, Jimmy adquiriu o estranho hábito de nunca responder quando alguém puxava assunto. Só participava de conversas que tinha começado. Caso contrário, ficava encostado em uma parede perto da porta da sala de aula até tocar o sinal e ia direto para sua carteira, sempre no fundo da sala.[66] Era bastante dramático. Às vezes, contestava o que os professores diziam. Em qualquer outra escola rural de Indiana, correria o risco de ser expulso, mas em Lynn os professores gostavam de ver que os alunos sabiam pensar, e estimulavam as discussões. Jimmy parecia gostar de debater, mas nunca admitia estar errado. Tirava notas boas; alguns A, muitos B, mas não era considerado acima da média.[67]

Na escola, ele nunca foi um líder, mas, nos fins de semana e durante o verão, tentava ser. Não gostava de fazer parte de times, mantinha distância dos jogos de basquete e das corridas de bicicleta. Os outros rapazes pensavam que era porque não gostava de perder. Além disso, não jogava bem, e muitas vezes era o último a ser escolhido. Às vezes, montava seu próprio time e desafiava outro a enfrentá-lo. Nem nesses times ele jogava; ficava só no papel de treinador. Na maioria das vezes, os jogadores do time de Jimmy eram mais novos e ficavam lisonjeados por alguém mais velho prestar atenção neles.

Alguns moradores mais antigos de Lynn se lembram bem do verão de 1945, quando Jimmy Jones, então com 14 anos, não só montou um time de beisebol na cidade como organizou um campeonato com equipes da região. Seria uma tarefa hercúlea até para adultos. O rapaz cuidou de tudo sozinho. Conseguiu patrocínio de comerciantes para os tacos e as bolas, e tratou de recrutar garotos que quisessem jogar e estivessem dispostos a seguir um calendário oficial de jogos. Ninguém por lá estava acostumado com aquilo. Jimmy comandava o time de Lynn. Todos os garotos da cidade e dos arredores torciam para o Cincinnati Reds, mas só o time de Lynn podia usar o nome "Reds", por determinação de Jimmy.

Embora não tivesse idade para dirigir, Jimmy levava sua equipe para os jogos no velho Ford Modelo A da família. O carro tinha um assento extra na parte traseira, onde os garotos precisavam se espremer para caber. Os meninos de Lynn jogavam bem e, para motivar a equipe, Jimmy elaborava estatísticas detalhadas — não só placares de jogos, mas também números individuais, organizados em colunas longas e alinhadas; os meninos adoravam analisá-las. Nunca haviam imaginado nada tão elaborado — foi a maneira que Jimmy encontrou para convencê-los de que só tinham a ganhar por aceitá-lo como líder.

Contudo, o clima azedou no fim do verão. O time se reunia no sótão de Jimmy. Os jogadores se sentavam e ouviam enquanto ele falava sobre os jogos anteriores e as estratégias para os seguintes. Estavam sempre rodeados de animais. Jimmy recolhia bichos abandonados o tempo todo. Ao que parecia, amava animais, mas um dia alguns meninos o viram atrair um cachorrinho até a portinha do sótão que dava para o andar de baixo e deixá-lo cair no chão de propósito. Depois disso, não quiseram mais participar do time de beisebol. O campeonato desandou.[68]

O episódio do sótão foi um dos raros exemplos de crueldade de Jimmy com os animais. Talvez estivesse chateado com alguma situação familiar — algo realmente traumático, ainda mais para um adolescente —, e por isso descontou no cachorro.

Lynetta Jones ficava mais infeliz a cada ano. Estava cada vez mais claro que o resto do mundo jamais enxergaria como ela era especial. Mudou de emprego algumas vezes e, por fim, foi trabalhar em uma fábrica de autopeças em Richmond. Lá, como nas outras empresas por onde havia passado, Lynetta se achava mais inteligente que seus chefes, e acreditava que era ela quem devia dar as cartas. Mas continuava a ser uma funcionária como outra qualquer: pegava ônibus todo os dias, e ainda tinha de aguentar um marido que lhe dava nos nervos com sua doença debilitante e seus problemas respiratórios. A relação com a família do Velho Jim continuava estremecida, pelo menos na visão de Lynetta. Sua suspeita era que estivessem induzindo outros moradores da cidade a criticar a forma como ela criava o filho. Jimmy — ou "Jimba", como o chamava —, ora era o orgulho da mãe, ora mais um desgosto. Por um lado, ainda acreditava firmemente que o menino fora escolhido pelos espíritos para ser especial. Se ela própria não podia ser famosa, pelo menos um dia poderia brilhar indiretamente por meio da glória do filho. Em muitos dias, porém, Jimba era apenas mais um fardo. Lynetta cuidava muito pouco dele. Às vezes estava sempre por perto, falando de suas crenças espirituais, lembrando-o do dom especial que herdara de seu lado da família. Na maior parte do tempo, contudo, sequer lhe dava atenção, e achava bom que outras pessoas se incumbissem de cuidar dele. Quando dirigia a palavra ao filho, era para ralhar com ele por alguma desobediência, real ou imaginária.

Lynetta também gritava com o Velho Jim. Aos seus olhos, o marido era fraco e desprezível. Além do mais, era incapaz de satisfazer a esposa tão sofrida, que às vezes queria um pouco de prazer no leito conjugal. O sexo era importante para Lynetta e, na época em que Jimba entrou para o colegial, ela arranjou um amante. O caso durou anos. Os dois eram até bem discretos, mas ainda assim algumas pessoas ficaram sabendo, inclusive na família do Velho Jim. As opiniões a respeito eram divididas. Os homens consideravam o comportamento de Lynetta indecente, mas algumas mulheres se compadeciam; afinal, tinha uma vida sacrificada, com um marido doente daquele jeito. Embora ninguém a acusasse diretamente de adultério, Lynetta tinha consciência de que todos sabiam. Passara vinte anos acreditando ser desprezada pelos parentes de Jim. Dessa vez era verdade.[69]

Jimmy também sabia que a mãe tinha um namorado. Era daqueles adolescentes que captam tudo. Àquela altura, já havia colocado na cabeça que, se tivesse de escolher um lado, seria a mãe, e não o pai, quem apoiaria. O velho bem que merecia.

Assim como Lynetta vivia sua aventura amorosa, Jimmy queria encontrar alguém. Como era de se esperar, não paquerava como os outros adolescentes. Tinha uma técnica própria que continuaria usando na vida adulta. Em Lynn, namoro de colégio era coisa séria. A maioria dos adolescentes começava a namorar cedo, casava logo que acabava os estudos, formava família e ficava com a mesma pessoa até a velhice. Muitos dos amigos de Jimmy Jones ainda vivos estão perto de comemorar 65 ou setenta anos de casados.

Nos tempos de ensino médio de Jimmy, a menina dos seus sonhos era Sara Lou Harlan, a filha do dentista. Além de linda, era doce. A maioria dos meninos gostava dela, mas respeitava seu namoro com Dick Grubbs, também aluno do colégio. A comunidade escolar era tão unida quanto a própria cidade. Roubar a namorada dos outros era impensável.

Um dia, Jimmy grudou em Sara Lou. Ele a seguia pela escola inteira e, quando acabava a aula, fazia questão de acompanhá-la até em casa. Estava sendo inconveniente. Sarah Lou pediu a Dick que desse um jeito naquele garoto ridículo. Dick chamou Jimmy para uma conversa em particular e pediu que a deixasse em paz, "mas ele não deu a mínima, não adiantou nada. Na cabeça dele, se a queria, iria conquistá-la. Era direito dele e ninguém deveria falar nada, nem mesmo Sara Lou". Com a insistência de Jimmy, Dick poderia se achar no direito de levá-lo para os fundos da escola e lhe dar uma surra. Mas não. Estava claro para Dick que nada faria Jimmy mudar de ideia. Talvez os pais de Sara Lou pudessem ter uma conversa com ele.

Foi o que aconteceu. Um dia, ao voltar da escola, Sara Lou levou um susto: Jimmy Jones estava em sua casa, conversando com sua mãe e seu pai como se fossem velhos amigos. Os pais elogiaram os bons modos de Jimmy — não era uma *graça* de rapaz? Convidaram-no para ir à igreja com a família no domingo. Ele foi e ficou até o final do culto. A ideia de levar os pais de Sara Lou na conversa não adiantou muita coisa. Ela não largaria Dick para ficar com Jimmy. Dick recorda que "levou um bom tempo para ele largar o osso, até que um dia começou a agir como se nada tivesse acontecido".[70]

Quando Jimmy por fim entendeu que nunca ficaria com Sara, mudou seu foco para Phyllis Willmore. Se Sara Lou era a mais bonita da escola, Phyllis era a menina-prodígio da cidade. Com ela, Jimmy teve mais sorte. Os outros garotos achavam estranha a relação dos dois, porque ficavam lendo juntos na varanda da casa dela. De vez em quando, eram vistos de mãos dadas. Como lembra Phyllis, era mais uma primeira tentativa desajeitada de dois adolescentes de emplacar um namoro do que propriamente um romance. Iam juntos à igreja — Jimmy a levava para o culto nazareno e ia com ela à Igreja de Cristo — e foram uma vez ao cinema de Richmond. A mãe de Phyllis os levou; o casalzinho foi no banco de trás do carro. A sra. Willmore ficou para ver o filme. No cinema, Jimmy fez questão de arranjar um bom lugar para ela antes de ir se sentar com Phyllis, a algumas fileiras de distância.

O namoro de Jimmy e Phyllis nunca passou do estágio quase platônico. O relacionamento murchou, mas a amizade sobreviveu. Mais tarde, Phyllis teve pouquíssimas oportunidades de falar com Jimmy. O rapaz estava ocupado com outras coisas.

Alguns anos antes, chegou a Lynn uma nova igreja, radicalmente diferente das que já haviam se estabelecido na cidade. Um tal de sr. McFarland comprou uma velha loja na Rodovia 36, em frente a uma mercearia, e anunciou a abertura de uma igreja apostólica. Colou panfletos por toda a cidade, prometendo que quem fosse ao culto falaria em línguas. Os pastores de Lynn não gostaram. Aqueles apostólicos, que alguns chamavam de pentecostais, tentavam descaradamente *arrebanhar* seus fiéis. Por um tempo, funcionou. Nunca se vira nada igual em Lynn: as pessoas se jogavam no chão e rolavam de um lado para o outro, balbuciando coisas incompreensíveis. Era uma atração imperdível. Os moradores da cidade iam uma ou duas vezes, ficavam olhando, pasmados, depois voltavam para as igrejas que frequentavam. A congregação que a recém-chegada Igreja Apostólica conseguiu manter era quase toda de fora da cidade, em geral sulistas que haviam se mudado para Indiana e estavam acostumados com esse tipo de culto. Era impossível negar que ofereciam um grande espetáculo, não só aos domingos, mas também em algumas noites durante a semana e aos sábados. Os produtores rurais iam à cidade fazer comércio com a mercearia da Rodovia 36, depois postavam-se em frente à igreja do outro lado da rua, sacudiam a cabeça e observavam com um misto de divertimento e assombro aqueles crentes fanáticos que se contorciam, pulavam e gritavam em frenesi no culto de sábado à noite.

Muitas vezes, Jimmy Jones estava lá, no meio dos apostólicos, assistindo com atenção, assimilando tudo. Aquele pastor tinha muito mais liberdade que os das outras igrejas. Não ficava engessado em uma fórmula pronta. Pelo contrário, pulava e gritava, ou até mesmo uivava, movido pelo Espírito Santo. As reações dos fiéis eram igualmente incríveis. Também gritavam, cantavam e dançavam, transformando as reuniões em celebrações esfuziantes.[71]

Jimmy ainda passava os domingos entrando e saindo de todas as igrejas de Lynn, mas os apostólicos eram especiais. Passou a frequentar os avivamentos que promoviam na zona rural. Lynetta ficou sabendo, e não gostou. Até ela achava aquelas pessoas *estranhas*. Tempos depois, descreveu uma cena dramática, quando bateu de frente com a líder da congregação dos apostólicos: exigiu que a mulher deixasse seu filho em paz, porque as coisas horrendas que Jimmy ouvia dela durante os cultos estavam lhe dando pesadelos horríveis. Aquela víbora, na verdade, colocava Jimba para pregar, porque, quando ele pregava, a oferta era maior. Como a maioria das lembranças de Lynetta, isso não era verdade. O sr. Stump, que durante a semana trabalhava como encanador, era quem celebrava os cultos apostólicos. Ninguém se lembra de Jimmy ministrando a palavra em nenhum culto. Mas ele começou, sim, a pregar em outro lugar, e sobre um tema dos mais espinhosos.[72]

Na região rural de Indiana, o condado de Randolph era um lugar único, e não só pelas escolas públicas de primeira linha. Às vezes, os brancos da região passavam anos sem ver uma pessoa negra sequer, e muito menos ter algum contato com uma. Havia três enclaves de negros em Randolph, aglomerados de casas precárias que eram muito pequenos para serem promovidos a municípios. Mesmo assim, havia centenas de afro-americanos no condado, principalmente trabalhadores rurais que iam a Winchester e Lynn nos fins de semana para fazer compras e vender mercadorias. Não eram tratados como iguais. Seus filhos não frequentavam a excelente escola de Lynn. Nem passaria pela cabeça das mães brancas convidar crianças "de cor" para brincar com os filhos. Em Lynn, porém, os brancos viam negros, compartilhavam a mesma fila nas lojas da cidade e até batiam papo com eles na saída da mercearia ou do veterinário.[73]

Como os demais filhos de brancos em Lynn, Jimmy Jones estava habituado a conviver com pessoas negras. E, ao contrário de outros brancos, demonstrava interesse sincero na vida delas, indo além das fronteiras sociais veladas da cidade. Quando ia a Richmond, a "cidade grande" mais próxima, com seus cerca de 30 mil habitantes, ficava indignado com a forma como os negros eram tratados — ouviam insultos e recebiam ordens como se fossem cachorros. Havia um bocado de negros pobres que moravam em Richmond — já que a cidade oferecia empregos na indústria —, fora os que passavam por lá com alguma frequência. O condado de Wayne, onde ficava Richmond, era chamado pejorativamente em todo o estado de "pequena África". E assim, ainda no ensino médio, Jimmy às vezes acordava no sábado de manhã, vestia sua melhor roupa e viajava 27 km de ônibus até Richmond. Ao chegar, ia a pé da rodoviária até a região mais pobre da cidade, margeando a estrada de ferro. Era lá que os negros mais destituídos se reuniam. Jimmy encontrava um lugar que servisse de palanque e começava a pregar. O tema era sempre a igualdade de todos aos olhos de Deus e o fato de ser errado menosprezar o próximo, principalmente pela cor da pele. O rapaz branco prometia aos negros desamparados que, se perseverassem, veriam tempos melhores. Ninguém sabe as palavras exatas que usou, porém os moradores mais antigos de Richmond se lembram de ter ouvido falar a respeito.[74]

De volta a Lynn, Jimmy fazia de tudo para mostrar sua fé. Começou a andar com a Bíblia para todo lado, uma ostentação que divertia mais do que impressionava os outros adolescentes. Todos tinham certeza de que o destino de Jimmy Jones era ser pastor, o que lhe valeu certo reconhecimento na escola.[75] Quando os Lynn Bulldogs enfrentaram uma escola rival em um evento esportivo importante, e pediram que Jimmy fizesse um enterro simbólico do adversário na concentração. Ele adorou a ideia, e alguns ficaram chocados com o fervor com que despachou a equipe adversária para a cova. Um colega recordou: "Ele tinha um talento natural para o teatro".[76]

A cena do enterro no preparativo para o evento foi o último momento marcante da adolescência de Jimmy em Lynn. Em 1948, nas férias de verão antes de seu último ano na escola, ele se mudou com a mãe para Richmond.

5

RICHMOND

Durante 22 anos, Lynetta mais aguentou do que desfrutou o casamento com o Velho Jim Jones. O caso extraconjugal era seu único consolo e, quando o amante foi embora da cidade, a vida em Lynn se tornou insuportável.[77] Ela já trabalhava em Richmond, onde havia cafés, cinemas e um belo parque. Por que não se mudar para lá de vez e ficar livre do marido inútil e sua família maldosa e implicante?

Jimmy em breve começaria o último ano do ensino médio, mas também estava disposto a partir. Não tinha amigos próximos em Lynn e, embora não se incomodasse de continuar morando com o pai, nutria por ele igual ou até maior desprezo que a mãe. Pouco tempo antes, começara a insinuar que ele às vezes ficava agressivo e batia na esposa e no filho. A história não colou muito em Lynn — as pessoas até conseguiam conceber que o Velho Jim fosse um beberrão, mas como um homem que mal se aguentava nas próprias pernas teria forças para agredir a família? Além do mais, se o pai de Jimmy batia nele, onde estavam os hematomas? Seu amigo de infância, Max Knight, lembrou que Jimmy chegava a chorar ao falar da suposta agressividade do pai.[78]

O Velho Jim não desprezava a esposa e o filho. Mais que palavras, foram suas atitudes que demonstraram a dor pela súbita partida dos dois. Depois que foram embora, ele não conseguiu conviver com a solidão na casa da Grant Street. Alugou um quarto de hotel em Lynn. A família lhe dava o dinheiro de que precisava para complementar a pensão do exército. Seu estado de saúde, já debilitado, continuou a se deteriorar. James Thurman Jones morreu de doença respiratória em maio de 1951. Tinha 63 anos, mas aparentava noventa.[79] Seu amor duradouro por Lynetta ficou marcado em uma lápide dupla no cemitério Mount Zion, que traz o nome e as datas de nascimento e falecimento do Velho Jim gravadas de um lado, e o nome e data de nascimento de Lynetta do outro. Sob os nomes, lê-se uma breve inscrição: "Todo mundo é meu amigo".[80] Ninguém viu Lynetta e Jimmy no funeral. Pouco depois, no entanto, Lynetta entrou na justiça para ter direito à pensão militar do falecido marido.

No segundo semestre de 1948, Jimmy matriculou-se em uma escola de ensino médio em Richmond. Dessa vez, não chamava atenção pelas roupas. Os adolescentes da cidade grande andavam mais bem-vestidos que os de Randolph (nada de camisa e calça remendada ou botina). O garoto não perdeu a velha mania de só conversar quando quisesse puxar assunto. Seus colegas daquela época têm no máximo uma vaga lembrança de Jimmy — recordam, em geral, dos cabelos negros e espessos e dos olhos marcantes. A técnica de paquera de Jimmy continuava simplória. Uma aluna ficou bastante ofendida quando ele, um completo desconhecido, aproximou-se dela no corredor e pegou sua mão. Esperava-se que os meninos de Richmond fossem educados. Ela tirou a mão e queixou-se do episódio a outras garotas.[81]

Mas Jimmy fez alguns amigos, todos membros da Sociedade da Juventude Cristã da escola. Era chamado por eles de "Jonesy", e convidado para longos debates noturnos regados a donuts, onde discutiam a respeito da melhor forma de levar uma vida de virtude cristã. Chegaram a um consenso que chamaram de "comunismo cristão", pois acreditavam que a máxima "de cada qual, segundo sua capacidade; a cada qual, segundo suas necessidades" era a melhor abordagem para a igreja. Não compartilharam essa conclusão com ninguém de fora do grupo. A Juventude Cristã do Richmond High não defendia um *governo* comunista, em que o Estado tivesse a propriedade de tudo e ditasse as regras. Eles só queriam que suas igrejas adotassem uma filosofia baseada na compaixão e no tratamento igualitário para todos. Mas estavam em plena Guerra Fria, e qualquer forma de comunismo era sacrilégio para a maioria dos norte-americanos. Os jovens mantinham suas crenças em segredo.[82]

Jimmy tirou de letra o currículo da nova escola. Sua formação em Lynn o deixou tão preparado academicamente que ele conseguiu dispensa de algumas aulas e se formou um semestre antes dos colegas do último ano.

Isso veio a calhar, porque era preciso conciliar o colégio com um emprego noturno. O salário de Lynetta na Perfect Circle, fábrica de anéis de pistão em Richmond, não era suficiente para as despesas dela e do filho. Embora tenha dito, mais tarde, que ocupava um cargo importante e foi responsável por sindicalizar os empregados da empresa a despeito das ameaças dos escalões superiores, a verdade era que não passava de uma funcionária da linha de produção.[83] A família do marido ajudava financeiramente em Lynn, mas, como Lynetta abandonara o Velho Jim, não veria mais a cor do dinheiro deles. Não havia escolha: em Richmond, Jimmy precisaria trabalhar, e não tardou a encontrar trabalho no maior empregador da cidade.

O hospital Reid Memorial foi inaugurado em 1905. Foi um presente do industrial Daniel G. Reid à comunidade. O filantropo fez questão de que a instituição, cujo nome homenageava a falecida esposa e o filho, tivesse as melhores instalações possíveis. O hospital proporcionava a pacientes de todo o Meio-Oeste serviços de saúde de primeira categoria. A equipe do hospital era de alto nível. Pagava-se bem, mas os administradores não eram muito de elogios, e não pensavam duas vezes antes de se livrar de pessoas indesejáveis.

Jimmy, então com 17 anos, foi contratado como ajudante geral noturno, o nível mais baixo da hierarquia do hospital. O serviço era pesado, e incluía tarefas que iam de limpar vômito a ajudar a remover cadáveres de pacientes ou realizar o descarte de membros amputados. Trabalhar à noite já era cansativo; para um garoto que precisava conciliar o trabalho com a maratona de aulas e lições de casa, o impacto era ainda maior. Mas Jimmy dava conta do recado.

O jovem logo mostrou que conseguia aguentar o tranco com poucas horas de sono, às vezes até sem dormir. Assim que acabava a última aula da tarde, corria para fazer a lição de casa e já batia ponto no hospital. Realizava com disposição as tarefas mais desagradáveis, que os outros ajudantes gerais evitavam a todo custo, como lidar com pacientes rabugentos ou pobres coitados em estado terminal, que literalmente exalavam podridão e desespero. Jimmy Jones sempre conseguia conquistá-los com sorrisos, gracejos e empatia. Pacientes de todas as origens e suas famílias sentiam-se compreendidos por ele. Tinha uma memória impressionante: sabia como se chamavam todos os enfermos— além de se lembrar do nome dos pais, cônjuges, filhos e até primos. Alguns pacientes demandavam cuidados de natureza íntima, como trocas de fraldas ou banhos de esponja. Esses momentos, que tinham tudo para ser constrangedores, ficavam quase divertidos, graças às conversas animadas e ao otimismo de Jimmy.

O esmero do rapaz não passou despercebido pela administração do hospital. Os ajudantes gerais eram avaliados regularmente e recebiam críticas sobre seu desempenho, mas o trabalho de Jimmy Jones era impecável. Como não tinha idade para supervisionar outros empregados que executavam a mesma função, foi designado para trabalhar com os médicos e enfermeiros envolvidos nos tratamentos mais delicados.[84]

Quando Jimmy concluiu os estudos no Richmond High, em dezembro de 1948, tinha dúvidas sobre a profissão que escolheria. Sua intenção inicial era tornar-se pastor. Àquela altura, porém, estava pensando em seguir carreira na medicina. Os pastores guiavam vidas, mas os médicos as salvavam. Ambas as áreas pareciam interessantes. Pouco depois de se formar, Jimmy fez uma breve viagem a Lynn e conversou sobre o assunto com a ex-namorada, Phyllis Willmore, segundo a qual Jimmy chegou inclusive a falar em assumir a direção de um hospital e gerenciar o trabalho dos médicos.[85]

Para ser pastor não era preciso fazer faculdade, mas médicos e diretores de hospital precisavam de diplomas de ensino superior. Jimmy estava disposto a encarar o desafio. Claro, precisaria ter dinheiro para pagar por sua formação e se manter, mas não tinha medo de conciliar estudo e trabalho. Assim como a mãe, Jimmy acreditava que estava predestinado a ser grande. Ele *merecia* a grandeza. E, ao contrário de Lynetta, tinha boas perspectivas de conquistar o sucesso que tanto ansiava — principalmente depois de conhecer uma jovem igualmente ambiciosa.

6
MARCELINE

Richmond visava ser mais que uma insípida cidade fabril. Era uma questão de orgulho cívico enfatizar, além das oportunidades de emprego, a qualidade de vida de que gozavam seus habitantes. Mesmo os operários das fábricas e suas famílias tinham acesso a escolas públicas decentes, um parque imenso, uma faculdade de ciências humanas e um centro comercial com lojas, teatros e cafés. Também podiam contar com os serviços de saúde do hospital Reid Memorial e, claro, com toda uma variedade de igrejas, quase todas protestantes.

A população afro-americana da cidade, que englobava uns 15% dos moradores, era valorizada de acordo com a mais pura tradição do Meio-Oeste. Os negros eram necessários para preencher postos pouco qualificados na linha de montagem, e para executar serviços domésticos e de jardinagem para os brancos endinheirados. Como seria de esperar, fora do local de trabalho, os negros de Richmond eram discretos. Caso deparassem com gente branca, eram respeitosos. Quando os brancos de Richmond falando entre si, usavam a palavra "crioulo", consideravam-na mais descritiva que depreciativa.

Os homens ricos de Richmond, como Daniel G. Reid, viviam muito ocupados com seus prósperos negócios para se dedicar aos aspectos práticos da vida cívica. Preferiam fazer sua parte por meio da filantropia. Para comandar Richmond e promover melhorias públicas como a expansão da faculdade local, a cidade dependia da classe média alta, em que se encontravam indivíduos dedicados e sempre prontos a contribuir para o bem comum. Walter Baldwin encarnava tais características melhor do que ninguém.

Cristão refinado, Walter já havia flertado com o sacerdócio. Tinha dom para a música e trouxe esse talento para a causa cristã, encantando congregações com suas canções e seu jeito gentil e amoroso de ser. Mas a espiritualidade em algum momento teria de ser moderada pelo senso prático. Assim, conheceu e se apaixonou por uma vigorosa mulher chamada Charlotte. Quando se casaram, Walter precisava de remuneração melhor, e acabou como gerente na International Harvester, fabricante de máquinas agrícolas.[86]

Os Baldwin foram morar em um charmoso sobrado. O jardim da frente, segundo lembram os vizinhos, era maior que o das outras casas, e Walter e Charlotte mantinham-no muito bem cuidado.[87] Ao longo dos anos, trouxeram ao mundo três lindas filhas, que amavam mais que tudo: Marceline, Eloise e Sharon. Sharon foi o resultado de uma gestação tardia — era onze anos mais jovem que Marceline e nove anos mais nova que Eloise. Os Baldwin eram membros ativos da Igreja Metodista Trinity de Richmond. Quando os republicanos da cidade precisaram de um candidato sério e confiável para vereador, recorreram a Walter, que cumpriu o mandato com excelência, sempre disposto a ajudar o próximo sem atrair demasiada atenção para si mesmo.

Charlotte Baldwin era a companheira perfeita para Walter, tanto em ocasiões públicas e formais como em reuniões familiares. Devota, acreditava que o Senhor às vezes lhe transmitia mensagens em sonhos.[88] Também tinha um rígido código de conduta — esperava que todos, inclusive sua família, agissem com retidão o tempo todo. Sempre que, em sua opinião, alguém não o fazia, recebia uma dura reprimenda.

Em geral, as filhas acatavam as regras de bom grado. Honravam e respeitavam os pais, e quase nunca os questionavam. Apenas Marceline, a mais velha, nascida em 1927, mostrava leves traços de rebeldia. Charlotte decretara que as cortinas de casa deviam estar sempre fechadas, a fim de protegê-los dos olhares curiosos dos transeuntes. Às vezes, porém, Marceline as abria, dizendo à mãe que ali dentro não acontecia nada que o resto do mundo não pudesse ver.[89] Walter Baldwin, por sua vez, sediava conclaves políticos em casa; ele e os amigos abraçavam o partido republicano com quase o mesmo fervor que seguiam a Cristo. Certa vez, Marceline chocou os convidados ao comentar de forma casual que gostaria de votar apenas em candidatos do Partido Democrata em uma determinada eleição.[90]

De resto, Marceline era uma filha modelo. A caçula, Sharon, tinha problemas de saúde, e Marceline lhe dedicava toda a atenção. Vivia preocupada com o conforto da pequena, mesmo nas épocas em que sua própria artrite reumatoide a deixava prostrada com dores nas costas. Na escola, Marceline era uma aluna dedicada e acima da média, que depois da aula gostava de receber as amigas em casa, pois acreditava que morava no lugar mais feliz do mundo.

Marceline herdou os talentos musicais do pai. Tinha uma voz doce, e não raro cantava solos na igreja aos domingos. Junto da irmã Eloise e uma amiga da Juventude Cristã, Janice, formou um ministério de louvor, que se apresentava no hospital Reid e em asilos. Eloise e Janice gostavam de fazer palhaçadas durante os ensaios. Marceline então as mandava trabalhar, dizendo que não era hora para brincadeira. Ministrar aos necessitados era dever de todo cristão, ressaltava. Para isso, era preciso dar sempre o melhor de si.[91] Ainda assim, a fé de Marceline nunca era opressora. Como lembra a prima Avelyn Chilcoate: "Se tivesse que formar uma boa ou má opinião sobre alguém, [Marceline] pendia para a boa. Dá para dizer que ela era uma pessoa realmente positiva".[92]

Embora todos admirassem a devoção de Marceline, havia um aspecto crucial de sua personalidade que causava perplexidade entre os amigos. Enquanto outras adolescentes andavam obcecadas por meninos, Marceline pouco se interessava por eles. Não que lhe faltassem oportunidades para ter os namorados que quisesse, porque era uma jovem atraente e cativante. Porém, os meninos, que a rondavam como abelhas no mel, só a distrairiam de suas responsabilidades com a escola, a igreja e seu ministério de louvor aos necessitados. Namorar tomaria seu tempo, que ela dividia de forma cuidadosa a fim de assumir obrigações mais importantes.[93]

Prestes a concluir o ensino médio, Marceline precisava tomar decisões sobre o futuro. Tinha notas para entrar para a faculdade, mas havia outra opção. Marceline estava decidida a passar a vida ajudando os outros — que melhor maneira de seguir sua vocação do que a enfermagem? Desde pequena, gostava de visitar o Reid Memorial. Levava flores e lembrancinhas para os doentes, e às vezes ganhava permissão para acompanhar as enfermeiras enquanto trabalhavam. Um programa do governo federal possibilitou que ingressasse no curso de enfermagem a custo zero; o alojamento ficava no campus do hospital. No treinamento, Marceline foi logo colocada em contato diário com os pacientes, para consolá-los e prevê-los de todo o necessário para aliviar o sofrimento. Ela adorava cada segundo.[94]

A essa altura, Marceline já não gostava tanto de Richmond. Sua prima Avelyn também trabalhava no Reid, e as duas às vezes especulavam sobre como seria viver em outro lugar, onde o inverno não fosse tão rigoroso. A determinação de Marceline de viver a serviço de Cristo em nada havia fraquejado. Ainda amava a família de todo o coração, mas o mundo era grande, e as jovens não conheciam quase nada fora de Richmond. Conforme lembra Avelyn, "[Marceline] queria mais aventura".[95]

As primas começaram a examinar mapas. Consideraram como possíveis destinos Atlanta e Flórida, mas sempre voltavam a falar de Kentucky: "A ideia até que era interessante!". Entraram em contato com as câmaras de comércio das maiores cidades do estado a respeito dos hospitais da região. Como sempre, Marceline era metódica, queria descobrir tudo o que podia antes de se decidir. Quando chegasse a hora de contar aos pais, fazia questão de provar que se mudar para longe de casa não era uma decisão impulsiva, e não prejudicaria de forma nenhuma a imagem da família.

Na época das festas de fim de ano de 1948, os planos estavam a ponto de se tornar realidade. Avelyn e Marceline restringiram as opções de mudança para o estado de Kentucky (Avelyn, hoje na casa dos 90 anos, não se recorda de quais seriam as cidades). Estavam decididas a partir em breve. Depois que tomava uma decisão, Marceline Mae Baldwin nunca voltava atrás. Foi por isso que, pouco antes do Natal, Avelyn ficou chocada ao saber que Marceline não iria mais para Kentucky.

"Ela contou que havia conhecido um garoto e que estava apaixonada", contou Avelyn, franzindo a testa ao lembrar. "Nunca tinha falado nada sobre ele antes, nem uma menção sequer. Quando me disse que era Jim [Jones], não acreditei, até porque ela era bem mais velha que ele. Mas, depois disso, ela parecia não pensar em outra coisa."[96]

7
JIM E MARCELINE

Marceline Baldwin estava no último ano de enfermagem no Reid quando, certa noite, no final de 1948, teve que preparar um cadáver para ser recolhido pela funerária. Era uma tarefa complicada, e Marceline pediu a ajuda de um ajudante geral do hospital. O funcionário em questão era Jim Jones, um rapaz de 17 anos famoso no Reid por estar sempre de bom humor. Porém, enquanto lavava e vestia o cadáver — uma jovem mulher grávida que morrera de triquinose —, Jim não se mostrou nada sorridente. Agiu de forma solene e respeitosa enquanto ajudava a bela enfermeira e, quando terminaram, Marceline ficou maravilhada ao ver que Jim fez questão de confortar a família da morta. Estava, como ela lembraria mais tarde, "visivelmente comovido com o sofrimento [deles]".[97]

Depois disso, Jim estava sempre por perto quando Marceline fazia os intervalos. Ele gostava de falar, e ela era boa ouvinte. Jim contava histórias comoventes da infância terrível em Lynn, discorria das muitas vezes que passou fome e sofreu nas mãos do pai alcoólatra e violento. Mas, em vez de desanimá-lo, dizia, esses maus-tratos o inspiraram a dedicar a vida aos menos favorecidos — só não sabia como. Em breve terminaria o ensino médio e entraria na faculdade. Então, realizaria tudo quanto seu incansável esforço e sua fé no Senhor permitissem. Marceline não duvidava de sua sinceridade.

Para qualquer outro jovem casal, uma diferença de idade de três anos e meio podia frustrar as esperanças de um romance sério, mas Marceline não resistiu: Jim a cobria de atenção o tempo todo. Certa vez, chegou a brincar com Jim, dizendo que havia se casado - para tentar livrar-se dele. O decoro com que fora criada, cercada de jovens que seguiam as devidas convenções sociais, não a preparou para um pretendente que não cortejasse uma mulher da forma tradicional. Como recorda uma amiga de infância: "Marceline sempre foi muito inteligente, mas tinha pouquíssima *vivência*".[98] Jim a envolvia com palavras. Cada história que contava o retratava como o único que estendia a mão aos que eram privados de seus direitos. Ficou impressionada quando Jim revelou que já tinha sido um astro muito celebrado do basquete, jogando pelo Lynn Bulldogs, mas que abandonou o time porque o treinador disse impropérios sobre os negros. Certa vez, segundo contou a Marceline, saiu de uma barbearia com o cabelo cortado só de um lado porque o barbeiro fez comentários racistas. Somos todos iguais, insistia Jim. Quem era solidário de verdade tinha a responsabilidade de dedicar a vida a ajudar os outros, certo?

Marceline concordava. Era natural, quase uma predestinação divina, que se juntasse a Jim nessa empreitada. Quando Jim começou a sugerir o casamento, a moça se mostrou favorável à ideia, embora se conhecessem havia poucos meses. Jim falava da vida conjugal como uma grande aventura. Os dois iriam para onde houvesse oprimidos e necessitados. Marceline achou ótimo, e decidiu apresentar Jim aos pais.[99]

Walter e Charlotte Baldwin eram pessoas de bom coração. Sem dúvida estavam dispostos a receber um jovem ambicioso que buscava seu lugar no mundo. Os modos do rapaz eram um tanto rudes, verdade, mas Marceline os advertira sobre a péssima criação que tivera. Os Baldwin se ofereceram para ajudá-lo a adotar modos mais refinados, porém ficaram pasmados ao descobrir que o garoto esperava que, em vez disso, eles se conformassem com o jeito dele de ser. Conversas casuais sobre política o inflamavam. Jim tinha concepções arraigadas desde a infância, quando ouvia da mãe o quanto os ricos exploravam os pobres e os poderosos não davam chance a ninguém. Os Baldwin retrucavam que sabiam por experiência própria que não era verdade. O próprio Walter tinha ajudado todo tipo de gente enquanto servia no Conselho Municipal de Richmond. Décadas de experiência e de serviços à comunidade o credenciavam a dar opiniões abalizadas. No entanto, aquele garoto, mal saído dos bancos escolares, insistia que sabia mais que os adultos. A impressão que tiveram foi que era socialista, talvez comunista.[100]

Mas Marceline estava claramente apaixonada, e, sendo ela uma garota tão responsável, decerto confiava que as boas qualidades e o potencial de Jim superavam seus desvarios. Os Baldwin preferiam que Marceline tivesse escolhido alguém mais tradicional, mas, por amor à filha mais velha, aceitaram Jim, mesmo com todos seus defeitos.

As amigas de Marceline ficaram contentes ao saber que a moça finalmente tinha encontrado alguém, mas não esperavam que o namorado fosse tão mais jovem e um tanto imaturo. Marceline confidenciou que achava que Jim se tornaria pastor e, tal como lembra Janet L. Beach, para a maioria delas, isso explicava tudo: "Como era perfeito! Era daquele jeito que tinha que ser. Marceline adoraria ser esposa de pastor".

Era pouco provável que Lynetta, tendo vivenciado ela própria uma união conjugal precoce, ainda que frustrada, fizesse alguma objeção ao filho se casar tão jovem. Ela e Marceline não se tornaram próximas de cara, mas conseguiram estabelecer uma convivência pacífica. Jim chegou a levar Marceline a Lynn para conhecer sua família paterna, e a impressão que a moça causou, previsivelmente, foi boa até demais. "A primeira impressão foi que ela era angelical e radiante. Tinha um brilho único, como uma princesa de conto de fadas. Óbvio que era uma garota muito especial", lembrou Jeanne Jones Luther, que na época estava com 16 anos. "Eu me perguntava: o que será que ela viu *nele*?"

Jim era um jovem afobado. Em janeiro de 1949, demitiu-se do hospital, mudou-se para Bloomington e se matriculou na Universidade de Indiana. As disciplinas em que se inscreveu — Língua Inglesa, Redação, Introdução aos Negócios, Introdução à Psicologia, Oratória, além de Educação Física e Técnicas de Estudo e Leitura — refletiam a indecisão a respeito de uma futura carreira. Como arcava com as próprias despesas, trabalhava de noite, e nos fins de semana tomava o ônibus de volta a Richmond para ver Marceline. Parecia se ajustar bem à agenda atribulada, já que suas notas no primeiro semestre foram todas A e B, com exceção de um B- em Redação.[101] Naquela época, Jim Jones já mostrava mais aptidão para a fala que para a escrita.

Na tarde de 12 de junho de 1949, James Warren Jones casou-se com Marceline Mae Baldwin na Igreja Metodista Trinity de Richmond. Foi um casamento duplo — a irmã de Marceline, Eloise, casava-se com Dale Klingman. A cerimônia foi rigorosamente tradicional. As noivas subiram ao altar com vestidos combinando, "organza rosa-gris sobre tafetá rosa--gris". O casamento foi noticiado em uma longa reportagem, observando que o sr. e a sra. Jones residiriam em Bloomington. O casal, porém, ainda não tinha condições financeiras para isso. Jim retornou à faculdade durante o verão, onde teve aulas de História da Economia e Oratória Avançada. Marceline ficou morando com os pais, enquanto trabalhava no Reid e guardava dinheiro para se mudarem para Bloomington no segundo semestre daquele ano. Jim também morava na casa dos sogros nos finais de semana, e os problemas não tardaram a surgir.

Charlotte Baldwin achava que podia dizer o que bem quisesse dentro da própria casa. Em um fim de semana logo após o casamento, comentou que, em sua opinião, não era próprio do cristianismo que pessoas de raças diferentes se casassem. Vinte e sete anos mais tarde, em depoimentos separados que deram durante uma série de entrevistas para um livro que seria publicado pelo Templo Popular, Jim e Marceline narraram suas versões do que aconteceu em seguida. Segundo ele, Charlotte comparou os negros — a quem chamava de "crioulos" — a comunistas, e censurou o genro por suas convicções socialistas. O rapaz retrucou: "Estou farto da sua hipocrisia religiosa, não aguento mais você. [...] Não se preocupe, enquanto eu viver, nunca mais me sentarei a sua mesa e você nunca mais vai me ver". Por fim, disse: "Eu dei o fora daquela maldita casa, e falei para Marcie: 'Você vai ter que escolher, ou eu ou aquela vaca'".[102]

A versão de Marceline era menos vulgar: "Minha mãe comentou que não era de bom-tom para um cristão se casar com alguém de outra raça. Então, Jim começou a jogar nossas coisas em bolsas e malas, entramos no carro e [meus pais] ficaram um bom tempo sem saber do nosso paradeiro. Quando voltávamos para Richmond, ficávamos na casa da mãe [de Jim]. Se meus pais entrassem pela porta da frente [da casa dela], [Jim] saía pelos fundos. Ficou assim por um tempo [...] até que finalmente [meus pais] tiveram que ceder. Ele não dava o braço a torcer".[103]

Naquele outono, em Bloomington, Marceline descobriu que Jim tampouco fazia concessões na vida conjugal. Casara-se entendendo que, como ela, seu marido também acreditava no Deus bíblico e confiava em Sua sabedoria. Mas os recém-casados mal tinham se instalado no minúsculo apartamento perto da universidade quando Jim confidenciou à esposa que não acreditava de forma nenhuma no Deus *dela*, pois um Deus justo e amoroso jamais permitiria tamanho sofrimento humano. Mais tarde, já em Jonestown, diria: "Eu comecei a detonar [Deus], destroci aquele filho da puta e depois o enterrei. [...] A gente brigava, e ela chorava. Um dia, lavando a louça, ela falou: 'Eu te amo, mas não diga mais nem uma palavra sobre o Senhor'. Mandei o Senhor se foder [...] acabamos brigando feio e ela atirou um copo em mim".

Em outra ocasião, os dois discutiram enquanto viajavam de carro por uma estrada no interior; Marceline estava ao volante. Jim questionava a bondade de Deus. Segundo Jim, sua mulher atribuía o desprezo aparentemente injustificável com que ele se referia ao Senhor a suas convicções socialistas. "Ela disse: 'Não aguento mais. Ou você muda de ideologia ou desce do carro'. Estávamos no meio do nada. Eu falei: 'Para o carro'. [...] Quando desci, pensei comigo: 'Este casamento já era. Não vou abrir mão da minha ideologia, nem por ela, nem por ninguém'." Jim "caminhou por várias horas" até que "ela finalmente voltou. Foi ela quem teve que ceder, porque minha determinação era inquebrantável".[104]

Dali em diante, Marceline passou a evitar discussões sobre assuntos de fé com o marido. Ela admitiu: "Ele sugou boa parte das minhas forças".[105] Para a mãe, os irmãos e a prima Avelyn, Marceline reconhecia que cogitava o divórcio. Pela primeira de muitas vezes, Charlotte Baldwin recomendou paciência. Se por um lado dizia que Marceline seria sempre bem-vinda em casa, por outro insinuava que Jim não era tão ruim. Para Avelyn, Charlotte agia por motivos egoístas: "As mulheres da família Baldwin não se divorciavam. Era impensável. Seria uma vergonha para a Charlotte".[106] Anos mais tarde, quando a irmã mais nova de Marceline, Sharon, se divorciou, Walter e Charlotte Baldwin acolheram a filha e os netos, e deram-lhes toda a ajuda de que precisariam para seguir em frente. Marceline, porém, deu ouvidos à mãe. Talvez, dizia, Jim estivesse apenas inseguro porque ainda não tinha se decidido por uma carreira específica. As coisas entre eles com certeza melhorariam depois que ele se resolvesse.[107]

O segundo ano de Jim na faculdade não foi tão bem-sucedido. Abandonou diversas disciplinas e tirou notas medianas nas que concluiu. Ainda almejava grandes feitos, mas não sabia como concretizá-los. Começou a falar em estudar para ser advogado. Marceline, abalada pelas declarações do marido sobre Deus, conseguiu persuadi-lo a acompanhá-la aos cultos dominicais da Igreja Metodista. Esperava que a aversão de Jim ao Senhor ainda cederia lugar ao conforto da fé incondicional. Além disso, trouxe Jim de volta ao seio da família Baldwin. Walter e Charlotte fizeram de tudo para que se sentisse bem-vindo. Jim mostrou-se receptivo. Era particularmente próximo da avó de Marceline. Vivia paparicando a velha senhora. Todos concordaram que era bonito ver um homem tão jovem demonstrando interesse pelos idosos.

Outro parente de Marceline a ganhar a atenção de Jim foi seu primo Ronnie, de 9 anos. O menino levava uma vida difícil. O pai morrera quando ele tinha 4 anos. A mãe, de índole instável, pulava de relacionamento em relacionamento, sempre com homens incompatíveis, e não raro enviava Ronnie e os dois irmãos mais velhos para morar com parentes ou em lares adotivos. Os meninos ficavam sempre separados. Ronnie sentia-se solitário e desprezado.

Em junho de 1950, Ronnie morava com uma família adotiva quando sentiu dores na barriga e não conseguia mais levantar direito. Os pais adotivos acharam que estava se fazendo de doente para faltar à escola. Naquele fim de semana, Walter e Charlotte recebiam familiares em casa. Ronnie não estava presente, mas seu irmão Charles sim, e contou a Marceline sobre as queixas do menino. Marceline desconfiou que poderia ser um rompimento do apêndice. Ela e Jim correram para a casa da família adotiva e levaram Ronnie para o hospital. O diagnóstico foi mesmo apêndice rompido. Não fosse por Marceline, o garoto provavelmente teria morrido.

Quando se recuperou, Ronnie foi entregue a outra família adotiva. Mas Marceline e Jim mantiveram contato, e um ano depois surpreenderam Ronnie e o resto dos Baldwin ao chamá-lo para ir morar com eles. Era um grande sacrifício para o casal. Os dois haviam se mudado recentemente para Indianápolis para que Jim pudesse frequentar as aulas do curso preparatório de Direito, no campus local da Universidade de Indiana. Ele trabalhava meio período para pagar a matrícula e os livros. Marceline tinha um emprego noturno como enfermeira em um hospital pediátrico. Moravam em um pequeno apartamento de dois quartos. Mesmo assim, acolheram Ronnie. O menino, então com 10 anos, ganhou um quarto só seu, e pouco depois uma bicicleta nova.

Apesar de sobrecarregados com o trabalho e os estudos, Jim e Marceline ainda achavam tempo para levar Ronnie ao cinema (programa que Jim adorava), e para fazer viagens de fim de semana às Cataratas do Niágara e ao Canadá. Chegaram a propor que Ronnie os tratasse por "mãe" e "pai", mas o menino não se sentia à vontade.

Algumas vezes, à noite, Jim chamava Ronnie e se estendia em longas e explícitas palestras sobre sexo. Queria que o garoto tivesse conhecimento de cada detalhe. Em uma entrevista de 2014, Ronnie falou em tom de brincadeira que, se Marceline topasse, Jim poderia muito bem ter se oferecido para uma demonstração. O menino deslumbrava os colegas com o conhecimento adquirido. Admitiam que Ronnie sabia mais de sexo que qualquer outro garoto da escola.

Outras vezes, Jim falava sobre a mãe de Ronnie. Dizia ao menino que era uma puta porque dormia com um homem com quem não era casada. Jim exigia que aceitasse a ele e Marceline como seus novos pais. Ronnie não concordava. Sua esperança era que a mãe desse um jeito de colocar a vida em ordem e o levasse para morar com ela e os irmãos de novo. Mas não disse isso ao pai postiço. Concluiu que Jim tinha duas caras: uma amigável e simpática que mostrava em público, e outra bem diferente em casa.[108]

Jim fez duas disciplinas da Universidade de Indiana em 1952, e ficou com nota B em ambas. Mas concluir a faculdade já não era sua principal preocupação. Finalmente sabia o que queria fazer da vida. Tudo começava com um compromisso renovado com o socialismo, ainda que em sua forma mais extrema — o comunismo.

Embora a grande maioria dos americanos encarasse o comunismo como uma ameaça, em Indianápolis, alguns eventos públicos ainda reuniam esporadicamente comunistas e simpatizantes declarados. Jim começou a frequentá-los, e muitas vezes levava Marceline e Ronnie junto.[109] Para ela, boa parte do que ouvia era uma revelação — seria possível que o sistema de governo dos Estados Unidos fosse responsável pelos problemas que enfrentavam os pobres? Nunca tinha ouvido nada parecido na infância e adolescência em Richmond. Era perturbador.

Jim sentia-se em casa. Ouvia atentamente cada discurso, estudando a modulação da fala e os trejeitos dos oradores mais eficazes. Não fazia esforço para esconder seu entusiasmo, mesmo diante dos sempre presentes agentes do governo, que ficavam plantados nas proximidades dos locais de encontro vigiando e tomando nota de maneira ostensiva sobre todos que iam e vinham. Aqueles homens inquietavam muita gente. Jim, porém, costumava ir até eles e se apresentar formalmente, para depois se afastar com um sorriso no rosto. Não se sentia intimidado. Na verdade, Jim se deliciava com toda aquela atenção.

Na mesma época, o incentivo de que Jim precisava para promover sua própria agenda socialista veio de uma fonte inesperada. Ocasionalmente, Marceline ainda arrastava o marido para os cultos dominicais da Igreja Metodista. E ele continuava a desdenhar dos metodistas, e do cristianismo em geral, por pregarem tolices sobre um paraíso após a morte sem moverem um dedo pelos necessitados. Contudo, no início de 1952, Jim foi pego de surpresa por uma nova orientação no metodismo. A direção da igreja estava adotando um novo credo social, que defendia "a luta contra a pobreza, o direito à negociação participativa, a liberdade de expressão, a reforma prisional, o pleno emprego e a integração racial".[110] Jim não sabia, e não faria diferença para ele, que essa nova plataforma metodista estava sendo gestada havia anos. À semelhança de várias outras denominações protestantes, os líderes metodistas sempre incentivaram o ativismo social como expressão de fé, principalmente durante a Grande Depressão. Agora, no início dos anos 1950, o drama dos negros norte-americanos era motivo de especial preocupação. A Bíblia mandava que todos fossem amados da mesma forma, e isso passava por alimentar e vestir os necessitados. A Igreja Metodista reforçava, portanto, o compromisso com as Escrituras. Eram pregações que exortavam os fiéis a praticar de fato tais princípios.[111] Jim informou então a Marceline e aos sogros que queria se tornar pastor metodista, já que a igreja estava agora empenhada em exercer o *verdadeiro* socialismo. Marceline ficou contentíssima. Suas preces tinham sido atendidas. Jim começou a buscar uma Igreja Metodista que o aceitasse como aprendiz de pastor. O que Marceline não percebeu, ou optou por ignorar, como os outros membros da família Baldwin, era que aquilo não significava que Jim estava se retratando de seu desprezo anterior pelo cristianismo tradicional. Não estava retornando à igreja como um filho pródigo arrependido; na visão de Jim, era a igreja que estava vindo até *ele*.

Enquanto buscava uma igreja, Jim também explorava outras maneiras de expressar sua fé. Em alguns domingos e noites de semana, levava Marceline e Ronnie às igrejas negras de Indianápolis, onde eram quase sempre a única família branca presente. Ronnie ficava aturdido com o caráter participativo desses cultos, tão diferente do comportamento muito mais sisudo dos brancos. Ali as pessoas pulavam, cantavam, dançavam e reagiam em voz alta à pregação do pastor. Ao que parecia, igrejas negras não seguiam um cronograma rígido nem observavam limites de tempo. Os cultos se estendiam por horas, e os fiéis não se importavam. A impressão era que estavam se divertindo. Não era como se cumprissem uma obrigação. Todos *gostavam* de estar na igreja. Marceline curtia a música, e Ronnie, de forma desajeitada, tentava engrossar o coro de palmas e aleluias. Jim, por sua vez, amava aquilo tudo. Vibrava, batia o pé empolgado e abraçava todo mundo. Nesses cultos, parecia se sentir mais em casa que em qualquer outro lugar. Muito disso se devia à receptividade das congregações. Todos eram bem-vindos, inclusive os brancos. Ninguém perguntava o motivo da visita; apenas se alegravam com a presença dos visitantes. Sempre que iam a uma igreja negra, Jim fazia novos amigos. Os Jones sempre gostaram de companhia, e passaram a receber em casa tantos ou mais convidados negros do que brancos. Jim era um anfitrião curioso. Queria saber tudo sobre a vida dos novos amigos, inclusive como eram tratados por empresas de serviços públicos, funcionários municipais e lojistas brancos. Como o preconceito afetava até os aspectos mais mundanos do dia a dia? Na companhia de Ronnie, Jim já não discorria tanto sobre sexo, e passou a usar cada minuto disponível para enfatizar que os negros não eram inferiores aos brancos.[112]

No verão de 1952, Jim foi contratado como aprendiz de pastor pela Igreja Metodista de Somerset, cujos membros provinham de famílias brancas de baixa renda em Indianápolis. Não era uma congregação grande ou conhecida, mas isso não fazia a menor diferença para ele. Seu primeiro sermão exaltou a "crença vivida" e as virtudes de praticar a fé. Aos 21 anos, Jim parecia ter encontrado a vocação de sua vida.[113]

8
PRIMEIROS PASSOS

Em 15 de março de 1953, o *Palladium-Item*, jornal diário de Richmond, publicou uma longa reportagem de capa sobre um garoto da região que venceu na vida. O repórter William B. Treml narrava com entusiasmo as realizações de "um jovem aprendiz de pastor da Igreja Metodista de Somerset, em Indiana". O ministro, de apenas 21 anos, respeitosamente identificado como "reverendo Jones", havia acabado de lançar uma campanha para construir um centro recreativo para crianças pobres na zona sul de Indianápolis. Seria deslumbrante: "um edifício com custo estimado de 20 mil dólares, [com] quadras de basquete e vôlei, instalações de tênis e equipamentos de cozinha". O mais incrível, porém, era que o centro seria "dirigido por um conselho integrado por todas as denominações religiosas da comunidade que tivessem interesse em participar do projeto. [...] O rev. Jones criou em Somerset um programa sem precedentes, pautado pelas mais estritas regras doutrinárias [aprovadas] pela maior parte dos grupos religiosos. [Neste] programa, Jones não prega nenhuma doutrina, apenas se atém a lições de moral retiradas da Bíblia".

O texto assinala que o reverendo, cujo nome figurava no quadro de honra do colégio Richmond High, estudava na Universidade de Indiana e também fazia um curso por correspondência "para conseguir um posto na associação da igreja metodista". Após se graduar, "onde quer que acolha uma paróquia, [...] espera dar continuidade aos programas que criou para ajudar aos que precisam, dentro e fora da igreja".[114]

Ao mesmo tempo em que o *Palladium-Item* rasgava elogios a Jim e destacava seu futuro promissor na igreja, porém, no mundo real as coisas degringolavam. Em um ano, Jim Jones abandonaria totalmente o metodismo.

Para Jones, sua nova posição em Somerset era a oportunidade perfeita para liderar com ímpeto a congregação, rejeitando o sectarismo e unindo forças com quem estivesse disposto a acudir os desfavorecidos. Para os membros da igreja, Jones era um aprendiz de pastor que estava ali para auxiliar os pastores titulares; a hierarquia deveria ser respeitada e cumprida. Jones podia falar o quanto quisesse sobre a criação de centros ecumênicos de recreação para crianças da comunidade, mas a verdade era que não havia nenhum registro, além das páginas do *Palladium-Item*, de que tais projetos existissem fora de sua imaginação. Jones era um voluntário. Não integrava o quadro oficial da igreja. Não tinha autoridade para além das responsabilidades que outras pessoas lhe atribuíam — como ajudar nas tarefas de rotina da igreja e proferir um ou outro sermão, e só depois de obter a aprovação de um pastor *legítimo* de Somerset.

Na visão de Jones, os cultos eram frustrantes. Tudo era decidido com antecedência. Havia sempre uma ordem a seguir, dentro de um rígido cronograma, para que os fiéis pudessem desfrutar as tardes de domingo em casa. Era o oposto do louvor espontâneo, alegre e irrestrito que Jones vivenciava de forma tão natural nas igrejas afro-americanas.

Fora de Somerset, havia outros problemas. Apesar das declarações que fizera ao repórter, Jones já não frequentava a faculdade. Embora Marceline trabalhasse em tempo integral, o dinheiro não era suficiente, e o cargo de aprendiz de pastor não era remunerado. Ele fazia uma série de bicos, principalmente em fábricas e lojas, mas ainda assim era difícil fechar as contas no final do mês. Para piorar, em agosto de 1952, Jones sofreria um forte abalo por causa de uma suposta traição pessoal.

Ronnie Baldwin morava com Jim e Marceline havia mais de um ano. O casal adorava o garoto, e acreditava que a afeição era recíproca. Fazia planos de adotá-lo formalmente, mas só foi consultá-lo quando a documentação já tinha sido redigida e faltavam apenas o seu consentimento e a assinatura da mãe biológica. Por mais grato que fosse aos Jones pela acolhida, Ronnie não concordou. Ainda desejava, em algum momento, unir-se novamente à mãe e aos irmãos.

Marceline ficou magoada. Jones, por sua vez, ficou enfurecido. Em tom de advertência, voltou a dizer ao rapaz que a mãe dele era uma pecadora impenitente, e que Ronnie logo se arrependeria de abrir mão do amor e da segurança que ele e Marceline lhe proporcionavam. Ronnie não cedeu. Jones parecia acreditar que, quando fazia alguma coisa por alguém, daquele momento em diante a pessoa *pertencia* a ele, e perdia para sempre o direito de discordar ou ir embora. Enquanto Marceline se trancava em outro cômodo, Jones alugou os ouvidos do garoto a noite toda, até o amanhecer. Depois, despachou o menino de volta para a mãe em Richmond.

Ronnie deu o assunto por encerrado. Sua mãe estava melhor, e matriculou o filho em uma escola local. Alguns dias depois, na sala de aula, Ronnie foi chamado à sala do diretor; havia uma ligação urgente para ele. Era Jones. Ligava de Indianápolis para dizer que Marceline estava desconsolada. Por que não voltava e deixava que o adotassem? Não tinha sido bem tratado? Não tinham cuidado dele quando estava sozinho no mundo? Mais uma vez, o menino recusou.

No final de setembro, os Baldwin reuniram a família em Richmond. Quando Ronnie chegou, Jim e Marceline estavam lá. Ao deparar com Jones, o garoto virou e saiu correndo, certo de que o homem nunca o deixaria em paz. Como lembra Ronnie: "Eu fugi... Ele entrou no carro e me perseguiu por toda a zona oeste de Richmond. Atravessei casas, quintais, tudo". Jim encurralou Ronnie na frente de casa. Foi quando Dean, o irmão mais velho do garoto, confrontou Jones, pedindo que fosse embora e o deixasse em paz. Desde esse dia, Jones não quis mais saber de Ronnie.[115]

Talvez de forma inconsciente, Jones e Marceline desviaram a atenção para outra criança, uma órfã de 11 anos que conheceram durante o ministério de Jones como aprendiz. As origens da menina são um mistério. Sabe-se, porém, que poucos meses depois de perder Ronnie os Jones adotaram de maneira formal a garotinha, que se chamava Agnes.

A energia e a ambição de Jones não cabiam em sua função como aprendiz de pastor. Precisava de alguma via de escape adicional, e a encontrou no circuito evangélico da região. Quando menino, em Lynn, Jones frequentava encontros de avivamento em que os pregadores professavam sua fé pessoal. Muitos não tinham denominação específica — apenas sentiam o chamado para ministrar a Palavra de Deus tal como a compreendiam. Os avivamentos, os encontros de oração e as cerimônias de cura tinham dimensões variadas, indo desde pregadores itinerantes que, empoleirados em bancos de parques, bradavam aos transeuntes, até eventos organizadíssimos que reuniam milhares em um grande espaço público urbano. O sucesso do pregador era proporcional a sua capacidade de prender a atenção do público e cativá-lo. Quem se saía bem nesse aspecto costumava receber em troca muito mais do que a alegria de difundir o Evangelho: na hora da oferta, a generosidade de uma multidão cativada era garantida. Os oradores mais bem-sucedidos tinham carros deslumbrantes e vestiam ternos sob medida. A maioria, porém, vivia de trocados e dependia da boa vontade alheia para conseguir comida e um teto para dormir.

Jones ainda tinha funções na Igreja Metodista de Somerset, na maior parte dos domingos e sempre que sua ajuda se fazia necessária. Porém, nas noites de semana, aos sábados e em alguns domingos após suas obrigações, passou a tentar a sorte nos avivamentos. Foi sensato, não começou por conta própria. Em vez disso, participou de encontros de oração e cura em tendas e campos nos arredores de cidadezinhas em Indiana, Ohio, Illinois e Michigan — lugares que, para quem saía de Indianápolis, ficavam a uma distância não muito grande de carro. Em muitos desses eventos, os pastores pregavam um atrás do outro. Jones prestava minuciosa atenção. O que dava certo, e o que não era bem recebido? Que frases bíblicas e referências suscitavam as reações mais fortes? O que valia na hora de defender convicções e interpretações pessoais da Bíblia? Acima de tudo, Jones estudava as curas. Expulsar demônios, fazer regredir um câncer e outras doenças, fazer o coxo andar e o cego enxergar, por imposição de mãos ou rogando em voz alta ao Senhor — operar tais milagres com sucesso e estilo era garantia não só de fama e dinheiro, mas também de admiradores leais entre os espectadores. Portanto, primeiro em ambientes menores e mais simples, Jones começou a realizar curas. Conforme lembraria mais tarde, pensou que "se aqueles filhos da puta conseguem, eu também consigo. Tentei então meu primeiro ato de cura. Não lembro como foi. Não deu muito certo. Mas continuei observando os milagreiros. [...] Queria achar um jeito de fazer aquilo sempre que quisesse, para atrair a multidão, arrumar um dinheiro e fazer algo de bom com ele."[116]

Jones maravilhou as primeiras plateias valendo-se não de milagres, mas da memória. Antes de falar, misturava-se furtivamente à multidão e registrava fragmentos de conversas entreouvidas: "Comecei a tomar notas". Muitos frequentavam avivamentos e sessões de cura na esperança de receber algum sinal milagroso de que Deus tinha ciência e se compadecia de suas tribulações. Graças a seu levantamento prévio, Jones conseguia oferecer o que os fiéis queriam. Durante a pregação, mencionava o nome de integrantes da plateia, fazendo referência a coisas pessoais que não teria como saber, e assegurava que Deus interviria em suas vidas. Os ouvintes ficavam boquiabertos, inclusive Marceline, que declarou: "Minha reação foi de espanto [...] era como se eu estivesse flutuando, não sentia meus pés no chão, e era difícil até falar".[117]

A notícia se espalhou, e logo todos comentavam sobre o jovem pregador que lia pensamentos e fazia profecias. Mais e mais pessoas apareciam para testemunhar os propalados dons divinos de Jim Jones. Mas ainda faltavam as *curas*, até que veio um momento crítico durante um avivamento em Columbus, Indiana. Segundo relata Jones, uma velhinha vestida de branco chamou-o e disse: "Vejo que você é um profeta. [...]Logo será conhecido em todo o mundo, e hoje terá início seu ministério". Depois de subir ao púlpito, conta Jones, "fechei os olhos e tinha um furacão na minha cabeça [...] comecei a gritar o nome das pessoas e elas eram curadas de tudo" — ou pelo menos acreditavam temporariamente nisso. Mesmo Jones se mostrava cético: "Não sei nem começar a explicar como essa gente era curada de tanta coisa. Ou era o que parecia. Por quanto tempo, eu não sei".

Jones sempre foi um *showman*. Suas curas carregadas de drama atraíam multidões, que só não eram maiores porque se restringiam ao circuito do avivamento. Porém, conforme ganhava confiança, expressava suas convicções pessoais com mais franqueza, usando as curas para chamar a atenção para o que de fato tinha a dizer: "Prego a favor da integração, contra a guerra, com uma pitada de [...]filosofia". Promover a integração racial em avivamentos na frente de cristãos brancos e conservadores era arriscado, e Jones sempre ganhava a antipatia de alguns ouvintes quando o fazia. Mas isso não o incomodava: "Uma congregação inclusiva: era essa minha preocupação número um".

Quanto mais sucesso fazia como pregador itinerante, mais frustrado Jones se sentia em Somerset, onde não era remunerado e não tinha liberdade para exercitar seu carisma. No metodismo, o aprendiz de pastor teria pela frente uma carreira rigidamente definida: mais funções institucionais e subalternas em várias igrejas e muitos anos de trabalho antes de poder enfim liderar uma congregação, sem dúvida pequena e branca. A maioria das congregações metodistas, inclusive Somerset, ainda era branca como a neve. Jones estava impaciente com a filosofia de mudança gradual. Queria começar de imediato. Abandonar Somerset e alçar voo solo era tentador. Mas seria um grande passo, talvez grande demais. Assim, por algum tempo, Jones hesitou. Tentou com esforço conciliar as duas identidades — ora no interior como pregador e milagreiro, ora na cidade como aprendiz de pastor. Até que, no início de 1954, Somerset decidiu por ele. Mais tarde, Jones e Marceline diriam que ele foi demitido porque se empenhava em trazer negros para a congregação. Isso é improvável — seria uma tarefa quase impossível recrutar afro-americanos para Somerset, uma vez que poucos negros moravam perto o bastante da igreja para frequentá-la regularmente. Um quarto de século depois, enquanto devassavam o passado de Jones, investigadores do FBI entrevistaram um antigo membro de Somerset, segundo o qual Jones foi convidado a sair quando membros da igreja "o acusaram de mentir e desviar fundos".[118] A imputação é igualmente duvidosa. Jones não tinha acesso aos cofres da igreja, e todo dinheiro que arrecadava como pregador itinerante pertencia a ele, e não à igreja. Contudo, parece claro que as coisas chegaram a um ponto em que uma ruptura era inevitável, e foi assim que Jim Jones deixou Somerset para fundar sua própria igreja.

9

A IGREJA DA RECOMPENSA IMEDIATA

Certa manhã, em 1954, Ron Haldeman estava em seu escritório, em um bairro pobre de Indianápolis. Haldeman dirigia programas sociais da igreja quacre, oferecendo roupas e outras formas de assistência à população negra e carente da cidade. Todas as principais denominações realizavam alguma ação em prol dos mais pobres, além de coordenar iniciativas conjuntas sempre que podiam. A casa onde Haldeman trabalhava pertencia aos Discípulos de Cristo. Com a autorização dos proprietários, transformou a minúscula cozinha em um escritório, ocupado por ele e uma secretária. Haldeman era responsável por supervisionar os serviços de assistência que a igreja prestava aos moradores idosos de baixa renda. O trabalho era árduo, e os motivos para satisfação, poucos: não importava quantos idosos ajudasse, sempre havia muitos outros em situação de desespero e privação. Mesmo assim, amava o que fazia e gostava da companhia de quem pensava como ele — gente que não se ofendia com sua crença declarada no socialismo.

Naquela manhã, o trabalho de Haldeman foi interrompido pela visita inesperada de um jovem com um brilho no olhar chamado Jim Jones. Animado, o rapaz se apresentou como pastor e explicou que tentava fundar uma igreja na região. O fato em si não era incomum. Muitos ministros autoproclamados abriam igrejas em espaços comerciais alugados. Em geral, não eram afiliadas a nenhuma denominação e quase sempre constituíam efêmeras tentativas de criar raízes no coração das comunidades. Mas Jones era puro entusiasmo.

Chamaria a igreja de "União Comunitária", já que nela todos seriam bem-vindos. Tinha encontrado um pequeno espaço para os cultos. Ele e a esposa fariam a panfletagem de porta em porta. O foco, enfatizou, seriam os bairros negros de baixa renda. Jones considerava abominável que as pessoas fossem tratadas de maneira desigual, e almejava que sua nova igreja fosse um meio para mudar essa realidade, pelo menos em Indianápolis. Haldeman ficou encantado: à sua frente estava um homem que compartilhava dos mesmos ideais. Indagado sobre suas origens, Haldeman revelou que era quacre. Jones alegrou-se com a coincidência: falou que também era um quacre de longa data, educado em escolas quacres e, por fim, manifestou o desejo de que a União Comunitária se juntasse em breve à igreja quacre.[119] Para Haldeman, foi o suficiente: estava convencido a ajudar. Convidou Jones, sem cobrar nada, a dividir com ele o escritório e os serviços da secretária. Teria assim uma base diária de operações, e seu trabalho assumiria um caráter mais oficial. Quando Jones se despediu naquela manhã, Ron Haldeman lhe desejava todo sucesso em seus planos para a União Comunitária. Contudo, apesar da fé inabalável do novo amigo, Haldeman ainda tinha dúvidas. Não que as intenções de Jim estivessem equivocadas ou mal orientadas. Mas aquela era uma cidade cujo racismo, em tese inofensivo, frustrava havia décadas todo esforço de integração. Sem a hostilidade explícita dos sulistas, a elite branca de Indianápolis mantinha os negros em posição de permanente inferioridade.

Em 1954, a vasta maioria dos negros de Indiana residia nas cidades industriais do estado. Durante e imediatamente após a Grande Depressão, registrou-se em Indianápolis um rápido aumento da população afro-americana. A oferta de trabalho nas fábricas e a ausência de políticas segregacionistas ainda vigentes nos estados sulistas vizinhos através das leis de Jim Crow tornavam a cidade uma boia de salvação para os afro-americanos que fugiam da herança escravagista do velho Sul conservador. Mais tarde, os negros chegaram a compor mais de 10% da população; um estudo estimou que havia 44 mil negros dentro dos limites da cidade.[120] A presença negra aterrorizava a classe baixa branca, que via seus empregos ameaçados por uma força de trabalho que aceitaria salários mais baixos. A classe média tradicional, por sua vez, antevendo a intrusão de negros em áreas residenciais e a consequente despencada nos valores dos imóveis, esboçou uma reação dissimulada, porém eficaz. Com influência nas contratações feitas pelas principais fábricas da cidade, a maioria dos sindicatos de Indianápolis votou pela não aceitação de negros como membros. Além disso, instituiu-se o que na superfície parecia a mais democrática das leis de moradia: ninguém podia adquirir uma casa em um bairro já estabelecido sem que a maioria dos moradores da região aprovasse a compra.

Espremidos em casas no mesmo bairro pobre, os adolescentes negros eram enviados para a Crispus Attucks High School, escola construída perto de um canal de esgoto, em uma área apelidada de "Ilha do Sapo". Por décadas, os Crispus Attucks Tigers, como eram conhecidos os atletas do time da escola, foram impedidos de competir com escolas brancas da cidade. Na década de 1950, quando leis nacionais forçaram a integração racial nos esportes escolares, os Tigers venceram sucessivos campeonatos estaduais de basquete. Apesar disso, aos campeões negros era negada uma importante honraria. Tradicionalmente, as equipes que ganhavam títulos estaduais eram aclamadas com um desfile no centro da cidade. As celebrações da Crispus Attucks, no entanto, eram limitadas pela prefeitura às ruas nas imediações da escola.[121]

Restava aos negros da cidade recorrer aos líderes de suas igrejas, que em 1943 foram vitais na criação do Conselho de Cidadania de Indianápolis. O propósito da organização era garantir a convivência harmônica entre negros e brancos. Os pastores afro-americanos ligavam para o prefeito, funcionários do alto escalão, diretorias escolares e outros líderes brancos influentes pedindo audiências para discutir suas reivindicações. Eram atendidos prontamente, e compareciam a dezenas de reuniões. Os brancos ouviam com atenção o que tinham a dizer e prometiam pensar no assunto. Depois, os dois lados trocavam cartas e às vezes formavam comissões. Cada vez que os pastores negros solicitavam novos encontros, eram recebidos de imediato. Mesmo que estivessem frustrados com a falta de ações instantâneas, jamais confrontavam os interlocutores brancos para cobrar uma posição. Em Indiana, nada se resolvia na base do confronto. Os moradores negros gostavam de ouvir dos porta-vozes que tinha acontecido uma nova reunião e que as coisas pareciam promissoras. Confundiam acesso com influência. E tudo continuava igual.[122]

Aprisionados na pobreza e confinados em áreas insalubres, onde os filhos eram educados em escolas decrépitas e mal equipadas, muitos afro-americanos encontravam na igreja a única fonte de consolo. Era um alívio passar longas horas ali, ouvindo sermões que mencionavam o amor de Deus e a promessa de vida eterna em uma Terra Prometida que emana leite e mel. As igrejas negras recomendavam compaixão em vida e prometiam tempos melhores em morte. Os pastores pouco faziam para ajudar os fiéis a superar os desafios imediatos de Indianápolis e o racismo aparentemente inexpugnável.

Foi preciso que um pregador branco lhes mostrasse o que fazer.

O desafio imediato da União Comunitária era oferecer aos negros pobres o que não encontravam nas igrejas. Ainda que duvidasse de um amoroso Deus celestial e da promessa do Paraíso, Jim Jones sabia que essas crenças estavam arraigadas no espírito daqueles que pretendia atrair. Atacar essa convicção não o levaria a lugar nenhum. Além disso, na hora de oferecer entretenimento aos fiéis — um espetáculo que os distraísse dos problemas —, seria difícil para Jones igualar a concorrência: pelo menos nos estágios iniciais, a União Comunitária não contaria com um coral capaz de elevar os ânimos da congregação com louvores cheios de entusiasmo. Até o estilo naturalmente bombástico de Jones no púlpito era semelhante ao de muitos pregadores negros. Leitura de pensamento e curas pela fé seriam grandes atrativos, mas, ao contrário das tendas e vastas áreas onde se realizavam os avivamentos, na apertada loja ocupada pela União Comunitária não haveria uma multidão na qual Jones pudesse se infiltrar sorrateiramente e colher informações de trechos de conversas entreouvidas.

Pouco depois de aceitar o convite de Haldeman para dividir o escritório, Jones se gabou para o quacre dizendo que os negros da comunidade tinham começado a frequentar a União Comunitária — não muitos, é verdade, mas já era um começo. Passadas algumas semanas, Jones foi contar, todo contente, que a congregação aumentara para algumas dezenas de membros, e que toda semana apareciam novos rostos. Haldeman ficou feliz, porém intrigado. Achava improvável. Certa manhã de domingo, decidiu visitar a igreja e ver com os próprios olhos.

Ao chegar, Haldeman sentou-se em uma cadeira dobrável. À sua volta, viu talvez 25 pessoas — a maioria mulheres negras e idosas. Havia também alguns brancos que saíram de Somerset com Jones e se juntaram à União Comunitária. Haldeman esperava um culto que seguisse a ordem tradicional: louvor, oração, palavra e oferta. Marceline Jones escreveu os títulos de vários hinos em um quadro-negro. Quando tudo indicava que convidaria a pequena congregação a cantar, Jim Jones entrou impetuosamente e, em vez de sinalizar o início do louvor, dirigiu-se aos presentes com a pergunta genérica: "O que preocupa vocês?". Alguém levantou a mão no fundo da igreja. Era uma senhora negra. De pé, queixou-se da empresa de energia elétrica. Havia um problema no fornecimento em sua residência e, apesar de reiteradas reclamações, a companhia não tomava uma providência a respeito. A conta, porém, continuava chegando todo mês e, quando a senhora avisou que só voltaria a pagar depois que o conserto fosse feito, os atendentes brancos com quem falava ameaçaram cortar a energia. Houve um murmúrio geral de concordância com a reclamação. A maioria dos presentes, e com certeza todos os negros, já tinha passado por situação similar. A mulher disse que não tinha escolha senão pagar a conta mesmo sem a execução dos reparos. Sua família, que incluía netos pequenos, não podia ficar no escuro. Ela não sabia mais o que fazer.

Jones sabia. Pediu a Marceline que buscasse papel e caneta. "Vamos escrever uma carta", avisou à senhora. Em seguida, com Marceline de secretária, ditou uma mensagem para a empresa de luz. Mencionou as várias vezes que a consumidora entrou em contato para solucionar o problema, e explicou que ela só queria receber o serviço pelo qual pagava. Pediu sugestões ao resto da congregação. O que mais deveria constar no comunicado? Recomendaram acrescentar alguns detalhes, e assim foi feito. A carta passou então de mão em mão, e todos a assinaram. Jones declarou que essa demonstração de união provava que eram uma família de verdade naquela igreja. Trabalhavam juntos para ajudar uns aos outros. No dia seguinte, prometeu ir pessoalmente à sede da empresa para fazer a entrega. Chegando lá, descobriria quem era a pessoa certa para discutir a questão cara a cara, e então explicaria que uma gentil senhora estava sendo tratada injustamente, e que o problema precisava ser — e seria — resolvido. Jones só deixou que Marceline puxasse o louvor depois de fazer essa promessa. Em seguida, pregou um longo sermão, bem ancorado nas Escrituras, que enfatizava a tolerância e o amor.

No domingo seguinte, Jones pediu à senhora que levantasse e contasse a todos o que tinha acontecido. Radiante, ela relatou que o problema com a companhia de eletricidade estava resolvido — um funcionário tinha vindo e consertado tudo. A mulher agradeceu a todos pela ajuda, principalmente ao pastor. Juntos, enfrentaram os atendentes brancos da empresa e venceram. Jones exclamou, satisfeito: "Viram? Aqui nesta igreja, a recompensa é *imediata*!". Exortou o pequeno rebanho a trazer mais familiares e a falar com os amigos. A União Comunitária prometia que os justos herdariam o reino dos céus, claro, mas não negligenciava os problemas desta vida. Não era o que as igrejas negras ofereciam — e a mensagem repercutiu. Certas semanas eram melhores que outras, mas todo domingo chegava gente nova. Alguns saíam depois de uma ou duas semanas, mas muitos ficavam. Aquele pregador branco chamado Jim Jones não era só de falar: ele fazia acontecer.[123]

Embora feliz com o sucesso inicial da União Comunitária, Marceline frustrava-se com seu papel na igreja. Sempre soube que Jim seria o centro das atenções, claro. De cima do púlpito, cabia a ele pregar o Evangelho e ajudar as pessoas a resolver os problemas do dia a dia. E era impressionante como conseguia. No entanto, Marceline esperava ter um papel importante na organização temática do culto. Toda semana, perguntava a Jim sobre seus planos para o próximo sermão; então escolhia na coletânea de hinos os que fossem perfeitos para a ocasião: queria que todos voltassem o pensamento para o que Jim e a Bíblia tinham a ensinar no domingo em questão. Dessa forma, conseguia ainda prever o tempo que o marido planejava pregar. Com base em sua própria experiência na igreja, em Richmond, Marceline acreditava que havia um momento em que as pessoas queriam ir embora para aproveitar o resto do dia. Por isso, escolheria um louvor inspirador para encerrar o culto, de modo que todos fossem para casa com o corpo leve e o espírito renovado.

Jim cooperava, ao menos durante a semana. Dizia à esposa o que pretendia para o sermão. Entretanto, por mais minucioso que fosse o plano, e não importava quantas vezes o repassasse com Jim antes do culto, no domingo ele nunca seguia o combinado. Perguntava às pessoas se tinham problemas e, quanto mais ele ajudava, com maior frequência lhe pediam para resolver outros. Em alguns domingos, a redação de cartas se estendia por uma hora ou mais. Na sequência, Jim não tinha pressa para concluir a pregação. Podia até se ater à programação inicial, porém o mais comum era que tivesse lido algo no jornal de manhã, um episódio de injustiça contra os mais fracos, e preferisse então falar do assunto. Passou a ser necessário que se estabelecessem dois ou três intervalos para que as pessoas fossem ao banheiro. O culto só acabava quando Jim não aguentava mais falar. Marceline temia que os fiéis ficassem tão entediados que parassem de frequentar a igreja, o que nunca acontecia. Eles valorizavam tamanha dedicação.[124]

Ainda assim, a maioria não tinha ideia do esforço que Jones fazia pela congregação. O aluguel da igreja não era barato, e as míseras ofertas que recolhia dos fiéis de baixa renda não bastavam. O salário que Marceline recebia, mesmo com um emprego de tempo integral, mal cobria as despesas básicas do núcleo familiar, e Jones também precisava trabalhar. Importava macacos-aranha de uma empresa sul-americana e os vendia de porta em porta por 29 dólares cada. (Em abril de 1954, o *Indianapolis Star* publicou uma matéria sobre sua recusa em aceitar uma remessa de macaquinhos porque estavam doentes.) Além disso, tinha outros trabalhos de meio período que lhe rendiam alguns dólares extras para a causa da União Comunitária. Era obrigado a dormir apenas quando podia.[125]

De acordo com os padrões convencionais, ninguém negaria que a nova igreja era um sucesso. Jones tinha fundado uma pequena, porém entusiasmada congregação. Oferecia inestimável ajuda à vida cotidiana dos membros, sem deixar de celebrar o culto tradicional, centrado na Bíblia, como os fiéis desejavam. Jones, porém, queria muito mais. Sim, a União Comunitária servia aos necessitados sem distinção de raça e condição financeira. Nesse sentido, ele praticava o socialismo. Mas o horizonte de realizações era limitado. O espaço que a igreja ocupava aos domingos já não comportava tanta gente. Jones precisava de um lugar maior e permanente. Não podia levantar fundos na comunidade para comprar um imóvel apropriado porque ninguém ali dispunha de recursos. Ajudar as pessoas a lidar com a empresa de luz ou com a escola dos filhos tinha seu valor, mas Jones sonhava com coisas maiores, que beneficiariam multidões. Pretendia, por exemplo, abrir um restaurante popular para servir não apenas aos moradores de rua, como era costume, mas a qualquer um que estivesse com fome e quisesse uma refeição gratuita. Também queria criar um centro de distribuição de roupas, onde se encontrasse de tudo sem custo; creches gratuitas para mães pobres que precisassem trabalhar e não tivessem com quem deixar os filhos; e um serviço para ajudar os desempregados a encontrar trabalho.[126] Eram iniciativas necessárias para a população negra de baixa renda. Não passava pela cabeça de Jones propor soluções que demandassem a participação de gente de fora, pois isso poderia ameaçar seu controle pessoal. Se quisesse concretizar todos os projetos, cabia a ele viabilizá-los, e o pastor acreditava que sabia o que fazer.

10
TEMPLO POPULAR

De volta aos avivamentos, Jim Jones tinha novas intenções. Na realidade, tudo que fizera até então não passava de um treinamento. Sob aquelas tendas de lona, aprendeu a atrair plateias formadas por completos desconhecidos e conquistá-las com uma mistura de pregação e cura pela fé. Agora, queria se firmar e ganhar prestígio como pregador itinerante, o que o colocaria em uma posição estratégica para levantar o dinheiro de que tanto precisava. Para começar, queria comprar — e não alugar — um edifício mais amplo para a União Comunitária, com espaço para continuar expandindo.

Jones organizava com cuidado as performances, sempre combinando o discurso bíblico com sessões de cura. Sabia a dose certa de milagres para prender a atenção do público. Em grande parte, ainda precisava ouvir as conversas antes para absorver as informações. Ao seu comando, dores de cabeça desapareciam, tosses cessavam e — em raríssimas ocasiões — coxos andavam. Claro, nem tudo saía sempre como Jones gostaria ou conforme o público esperava. Como não podia contar com a cooperação de estranhos, tinha o cuidado de não pedir demais. Poderia, por exemplo, instruir gentilmente uma mulher de cadeira de rodas a se levantar e dar um tímido passo à frente, em vez correr ou dançar no corredor. Assim, o menor sinal de progresso virava o primeiro passo de um processo de cura operado por Deus através de Jim Jones.[127]

A estratégia mostrou-se eficaz. Muitos dos que iam ouvir Jones pela primeira vez em eventos pequenos voltavam a prestigiá-lo em maiores. Em vastas tendas e auditórios com capacidade para plateias de tamanho considerável, Jones pregava e realizava curas enquanto a bandeja das ofertas ia passando. Muitas vezes, arrecadava centenas de dólares. Uma campanha de evangelização em setembro de 1954 foi apontada por ele e Marceline como um divisor de águas. Marceline descreve a cena em uma carta enviada a Lynneta Jones em Richmond:

> Querida mãe,
> Sinto que devo lhe escrever sobre os últimos acontecimentos na vida de seu amado filho. Apesar de todas as dificuldades e provações pelas quais passamos, sempre tive fé que Deus tinha um plano para Jimmy. Mas o que aconteceu vai além de nossos maiores sonhos. [...]Sábado à noite, em Cincinnati, tivemos um público de mais de mil pessoas, fora outras duzentas que não conseguiram lugar.[128]

Nas manhãs de domingo, Jones voltava ao púlpito da União Comunitária. Na pregação, exortava os fiéis a ajudar uns aos outros e a formar uma verdadeira família. Quase nunca pedia ajuda à congregação para redigir cartas e tinha pouco tempo para os problemas individuais. Apesar disso, a igreja — que crescia a olhos vistos — vivia um clima geral de empolgação. Jones e Marceline compartilhavam notícias e recortes de jornal sobre plateias lotadas em eventos externos. Para os fiéis, ter um pastor famoso era gratificante e fazia se sentirem importantes. Enquanto outras pessoas só podiam ouvir o pastor Jim de vez em quando, os membros da União Comunitária tinham o privilégio de vê-lo todo domingo. Mal sabiam que Jones considerava a igreja apenas o primeiro degrau de uma escada bem alta.

Apesar da boa reputação que construía, Jones sentia-se frustrado. Atraía milhares de pessoas, mas não conseguia pregar sobre os temas socialistas que formavam a base de sua verdadeira filosofia: "Eu conseguia reunir multidões, mas não conseguia politizá-las".[129] A necessidade de promover curas milagrosas em praticamente todos os cultos itinerantes colocava Jones sob uma tremenda pressão. Sem dúvida ele sabia que outros milagreiros, ao menos em algumas ocasiões, infiltravam cúmplices na plateia. Mas Jones não tinha comparsas. Viajava sem comitiva, acompanhado apenas da esposa, e tinha o cuidado de, pelo menos por ora, deixá-la acreditar que obtinha informações pessoais dos fiéis porque tinha desenvolvido o poder de ler pensamentos, e não porque espreitava conversas alheias. O pastor logo começou a mostrar sinais de estresse. De tanto ranger os dentes, desenvolveu problemas odontológicos graves e foi obrigado a se afastar do trabalho por algumas semanas. Pediu então a Ron Haldeman que presidisse os cultos dominicais durante sua ausência. O colega espantou-se ao ver como a congregação havia crescido nos poucos meses desde suas primeiras visitas. Centenas de pessoas se apinhavam no mesmo espaço que antes acomodava poucas dezenas.

Logo depois, Jones pediu a Haldeman um favor. Os dois haviam estreitado relações, tanto no âmbito pessoal como no profissional. Acompanhados das esposas, que também eram amigas, costumavam sair para jantar em lugares baratos. Jones tinha predileção por um restaurante mexicano chamado Acapulco Joe's, cujos pratos picantes ele adorava. Dessa vez, no entanto, Jones queria uma conversa reservada. Confidenciou a Haldeman que, embora fosse emocionante ver a União Comunitária crescer como uma igreja independente, ele desejava mais. Desde pequeno, reiterou, sempre foi um quacre engajado. Como a União Comunitária estava bem estabelecida, queria filiá-la formalmente à comunidade quacre. Sabia que a fase mais crítica da proposta de adesão era demonstrar em detalhes, por meio de solicitação escrita, como sua congregação era conduzida e como poderia ajudar a ampliar a filosofia quacre e seus objetivos.

Haldeman ficou satisfeito e se prontificou a ajudá-lo com a proposta. Jones insistiu: o amigo não poderia *redigi-la*? Afinal, Ron sabia melhor do que ninguém como convencer a banca examinadora. Jones conseguiria escrever tudo sozinho, claro, mas Ron faria isso muito melhor. Argumentou que, como a União Comunitária era composta por negros em quase sua totalidade, a afiliação à comunidade quacre promoveria uma completa integração racial na região. Não era justamente o que ele próprio queria? Haldeman ficou lisonjeado e, incapaz de recusar o pedido, arregaçou logo as mangas.[130]

Como ficaria provado mais tarde, Jim Jones nunca pretendeu entregar o controle de sua igreja a ninguém, muito menos a representantes de uma grande denominação. Mas a afiliação serviria para ganhar influência social e política. Para políticos e empresários, seria muito mais difícil ignorar um homem que em teoria representava dezenas de milhares de pessoas e uma importante denominação do que um pregador independente que liderava uma igreja de poucas centenas de moradores de bairros pobres. Além disso, havia questões tributárias. No estado de Indiana, apenas representantes de denominações estabelecidas contavam com isenções fiscais. As pregações no circuito de avivamento começavam a dar frutos, e Jones queria guardar o máximo de dinheiro, mas não para si: a maior parte seria destinada às obras da União Comunitária.[131]

Os quacres rejeitaram prontamente o pedido. Jones e Haldeman presumiram que a igreja, embora se declarasse solidária aos pobres, não queria gente negra entre os membros. Outra possibilidade era que, ao investigar Jim Jones, tivessem desconfiado de suas práticas financeiras quando era pastor aprendiz em Somerset, ou suspeitado que encenasse curas milagrosas. O jovem pastor retornou então ao circuito de avivamento, onde já era uma atração consagrada.

No final de 1954, Jones chamou a atenção de outros pregadores proeminentes do circuito. Representantes de programas de evangelismo global propuseram contratá-lo e enviá-lo pelo mundo como missionário. Seria bom tanto do ponto de vista financeiro como espiritual — ele, a esposa e a filha adotiva, Agnes, viveriam confortavelmente. Mas Jones recusou. A verdadeira mudança social, disse a Marceline, só poderia ser alcançada por um líder presente na comunidade, e ele já havia escolhido Indianápolis como campo de batalha.[132] Marceline orgulhava-se do marido, que por questão de princípios se recusava a galgar degraus mais altos. Acreditava que Jim não precisava de uma organização internacional para se tornar famoso. Podia usar os dons de Deus para enveredar pelo que Marceline chamava com desdém de "o atalho de Oral Roberts" para conquistar renome e acumular fortuna por meio de seu ministério independente. Mas Jim também não mostrava interesse nisso, o que Marceline considerava admirável. Algumas de suas crenças e atitudes pessoais a alarmavam, isso era inegável, porém não podia ignorar tudo que ele já tinha feito e as coisas que ainda pretendia realizar.

Marceline Jones era a primeira pessoa, mas estava longe de ser a última, a concluir que os planos e objetivos de Jim Jones mais do que compensavam suas falhas pessoais. Acreditava que, no conjunto, Jim era um grande homem, ainda que a convivência entre os dois fosse dificílima. Resolveu, portanto, encarar o desafio: seguiria naquele casamento e faria de tudo para ajudar o marido. Ela nunca mais voltou a tocar no assunto do divórcio com os pais.[133]

Jones teve uma participação marcante em um avivamento em Detroit. Entre os presentes estava Russell Winberg, pastor auxiliar do Tabernáculo de Laurel Street, em Indianápolis, igreja afiliada à Assembleia de Deus (pentecostal), de congregação majoritariamente branca. O pastor titular de Laurel Street era John L. Price, já idoso. Muitas vezes, a palavra de domingo era ministrada por pastores convidados, e Winberg providenciou que Jones também subisse ao púlpito. O jovem pastor foi um sucesso instantâneo. Após retornar várias vezes, Jones ficou com a impressão de que seria convidado a substituir Price quando se aposentasse — o que não deveria demorar. Era uma tremenda oportunidade. Seu objetivo final permanecia o mesmo: que os fiéis abraçassem o socialismo e dessem o exemplo por meio das próprias vidas e das ações comunitárias da igreja. Para dar o passo seguinte e enfrentar a discriminação em toda a cidade, e não apenas em bairros isolados, ainda seria necessária uma base de seguidores grande o suficiente para impressionar as lideranças de Indianápolis. Alguns viriam do gueto local, mas já havia igrejas negras com mil membros ou mais na cidade. O que a União Comunitária precisava era de uma congregação mista — negros e brancos unidos com um só propósito. Ao combinar, sob sua liderança, a União Comunitária e o Tabernáculo, Jones teria a mistura racial necessária.[134]

No entanto, quando tentou levar seus fiéis para Laurel Street, os líderes da igreja ficaram horrorizados. Queriam Jones, não sua congregação. Esclarecido esse ponto, Jones não teve alternativa senão romper relações com o Tabernáculo, não sem antes levar consigo dezenas de membros, todos brancos, mas também indignados com a atitude discriminatória de seus líderes. Entre os novos adeptos de Jones estavam Jack Beam, sua esposa Rheaviana e Edith Cordell, que estava convencida de que o pastor a curara de artrite. Jack Beam era um homem rude, habilidoso em todo tipo de manutenção de equipamentos e apaixonadamente leal àqueles em quem confiava. Tinha sido integrante do conselho de Laurel Street e sabia como mobilizar pessoas. Jack e Rheviana logo se mostraram indispensáveis nas esferas pública e privada do ministério de Jones. Edith Cordell convidou outros familiares para assistir aos cultos da União Comunitária, e alguns acabaram se juntando à congregação. Jones não tinha saído de mãos vazias.

Embora o flerte com Laurel Street lhe tivesse rendido alguns fiéis brancos, Jones sabia que não era o suficiente. O melhor lugar para recrutar novos seguidores estava longe de Indianápolis, no circuito de avivamento. Com seus sermões passionais, Jones com certeza arrebanharia alguns adeptos brancos, mas a principal forma de atraí-los para a União

Comunitária ainda eram as curas. A princípio, não importava se os recém-chegados não demonstravam interesse algum em reforma social. Jones tinha certeza de que, com o tempo, tornaria qualquer indivíduo um bom socialista, qualquer que fosse o motivo que o tivesse levado a aderir à igreja.

Não se sabe em que medida Jones conseguia criar ilusões convincentes ou se valia do expediente de infiltrar cúmplices na plateia, mas o fato é que convenceu muita gente nos avivamentos de que as curas milagrosas que realizava eram autênticas, principalmente se a pessoa curada fosse um amigo ou parente. Joe e Clara Phillips, um casal branco, se encheram de gratidão quando, durante um encontro fora da cidade, Jones declarou que havia curado o bebê deles, Danny, de uma disfunção cardíaca grave. Mais tarde, o casal levou Danny ao cardiologista, que examinou o menino e afirmou que seu coração estava normal. Joe e Clara descartaram a possibilidade de que outros médicos tivessem errado no diagnóstico. Acreditaram na palavra de Jones, que atribuía a si próprio o crédito por salvar a vida de Danny, e juraram segui-lo por toda a vida.[135] O mesmo aconteceu com dezenas de pessoas, a maioria brancas, que o ouviram em outros eventos. A estratégia de recrutamento de Jones, destinada a diversificar e incrementar sua congregação na cidade com gente de fora, foi um sucesso. Mas a história não terminava aí, nem poderia.

Depois que aqueles que acreditavam em seus poderes se juntaram à União Comunitária, Jones viu-se obrigado a realizar curas periódicas dentro da igreja. Enquanto não fossem totalmente doutrinados nos princípios socialistas, os recém-chegados esperavam milagres que demonstrassem os poderes impressionantes de seu novo pastor. Sob o risco de perdê-los, Jones precisava corresponder à expectativa. Porém, o que funcionava diante de estranhos em avivamentos seria ineficaz entre os fiéis habituais da igreja. Infiltrar um cúmplice na plateia — alguém que nunca tivesse ido a um culto da igreja antes, e que não voltaria nunca mais — só levantaria suspeitas. Antigos seguidores questionariam a autenticidade das curas. Por isso, Jones precisava envolver seus seguidores comuns, rostos familiares em quem todos confiavam. Precisaria revelar seu segredo a pelo menos alguns. Não se sabe quem Jones escolheu primeiro. É provável que tenha envolvido os Beam, e quem sabe até Marceline. De qualquer forma, passou a realizar curas ocasionais. Não eram extravagantes como nos avivamentos. Não fazia nenhum coxo andar, mas começou a operar outro tipo de milagre: a extração de tumores. Para isso, seguia um rígido protocolo. Primeiro, dizia o nome do enfermo, e em seguida designava alguém para escoltá-lo até o banheiro. Ambos faziam parte da encenação. Jones prometia que, enquanto estivessem no banheiro, invocaria seu poder do púlpito. Então, o doente "expelia" a massa cancerosa, que era recolhida pela outra pessoa. Após alguns minutos, de volta ao salão principal, o assistente designado por Jones brandia diante de todos um caroço sangrento e fétido embrulhado em pano branco ou guardanapo. "Aqui está o câncer!", anunciaria Jones. "Venham ver, mas não se aproximem muito, porque é muito contagioso." O assistente levava a massa nojenta embora, para descarte, ao mesmo tempo em que Jones proclamava o sucesso da cura, e o beneficiado dava glórias a Deus pela graça recebida. Os cúmplices de Jones, tanto naquele tempo como mais tarde, sabiam que os tumores removidos eram, na verdade, miúdos de frango apodrecidos. [136]

Com os Beam e outros, Jones começava a atrair fiéis que compreendiam e apoiavam uma abordagem flexível de recrutamento. Se às vezes usava métodos questionáveis ou mesmo claramente enganosos, tudo bem: estava disposto a fazer o que fosse necessário para tornar sua igreja poderosa e trazer igualdade para todos. Ron Haldeman, que ainda ia esporadicamente aos cultos, lembra que "[Jones] era um bom psicólogo. Eu era cético em relação à cura pela fé. Fui franco com ele sobre isso. Ele nunca tentou me convencer do contrário. Era como se soubesse que eu estava ciente de que ele fazia isso só para causar efeito, para influenciar a congregação a se envolver com as obras sociais da igreja".

Nem todas as curas na União Comunitária envolviam miúdos de frango se passando por tumores. Jones também praticava a imposição de mãos. Com as mãos erguidas sobre o enfermo, ordenava que dores, tremores e calafrios desaparecessem — e geralmente, mas nem sempre, o enfermo sentia alívio imediato. (Jones atribuía o insucesso à falta de fé por parte daqueles que tentava curar.) O pastor não poderia ter confabulado com toda essa gente para que confirmassem falsas curas. O mais provável, na maioria dos casos, era que a cura fosse uma resposta psicossomática — o fiel acreditava tanto em Jones que encontrava forças para afastar o desconforto. Contudo, algumas testemunhas hoje concordam que Jones realizava curas que desafiavam explicações racionais. Claro, tudo podia não passar de uma ótima encenação. Mas essas pessoas acreditam que Jim Jones de fato tinha algum tipo de dom de cura, que talvez funcionasse de maneira intermitente. [137]

Logo correu a notícia, na comunidade negra de Indianápolis, de que o pastor Jones praticava curas na União Comunitária. Muitos começaram a faltar aos cultos de suas igrejas para visitar a de Jones. Alguns eram movidos por curiosidade, já outros, como Christine Cobb, tinham esperança de que ele operasse algum milagre em favor de um ente querido. Christine tinha um filho de 7 anos, chamado Jim, que sofria vertigens por causa de uma doença no ouvido. Jones chamou o menino à frente da igreja, tocou sua orelha, e anunciou que estava curado. Cinco anos depois, Jim Cobb precisou operar o ouvido, mas a essa altura a mãe e outros integrantes da família já eram totalmente dedicados à seita.

Enquanto seu rebanho aumentava, Jones conseguiu adquirir o espaço de que tanto precisava para os cultos: comprou um edifício entre as ruas 10 e Delaware, com capacidade para abrigar setecentos fiéis. Além de ser espaçoso, o imóvel ainda ficava no centro de Indianápolis, região ocupada pelas classes populares. Opções de propriedades à venda não faltavam na vizinhança. A "fuga branca", como ficou conhecida a debandada dos norte-americanos de classe média para os subúrbios nos anos 1950, devido à presença crescente de minorias nas regiões centrais das cidades, afetou tanto organizações religiosas como famílias e empresas. Diversos cultos importantes deixaram o centro de Indianápolis; a União Comunitária comprou o prédio de uma antiga sinagoga por 50 mil dólares. Jones prometeu que levantaria o dinheiro para quitar a hipoteca em um ano. Graças às ofertas arrecadadas fora da cidade, cumpriu a promessa.[138]

A União Comunitária comemorou a nova casa com uma mudança de nome. Por um breve período, a igreja foi conhecida como "Asas da Libertação". Mas, como a palavra "Templo" estava entalhada em pedra na parte frontal do edifício, Jones decidiu que o nome da igreja deveria refletir sua filosofia, além do entalhe. Assim, rebatizou a igreja como *Peoples Temple*, e não "People's Temple" — o apóstrofo dá a ideia de posse, o que contraria um dos principais objetivos da seita: praticar o desapego de posses materiais.[139]

11
CONQUISTANDO INFLUÊNCIA

Depois de conquistar para sua igreja uma congregação de considerável tamanho e diversidade racial, Jim Jones estava pronto para confrontar o meio político de Indianápolis. De zoneamento urbano a manutenção de escolas e conservação de ruas, a comunidade negra da cidade estava desamparada. Jones pretendia mudar isso — mas suas limitações pessoais eram um entrave.

O poder de persuasão de Jim Jones residia, acima de tudo, na empatia. Ele mostrava uma capacidade incomum de, logo ao conhecer as pessoas, mapear seus maiores interesses e convencê-las de que tinham afinidades e podiam trabalhar juntas para realizar um objetivo comum. Esse talento lhe foi de grande valia na criação da União Comunitária. Jones sabia o que era ser pobre e desvalido, e o quanto significava ter alguém que ajudasse a alcançar mesmo as menores vitórias. No circuito de avivamento, Jones conseguia se conectar com fiéis à procura de uma combinação edificante de evangelho e espetáculo.

Contudo, Jones não tinha preparo para transitar na alta-roda política e empresarial. Não fazia ideia de como conseguir a atenção (e depois a cooperação) daquela gente tão importante e requisitada. Nos escalões mais baixos da administração, sua personalidade forte deu conta do recado. Tivera êxito em interceder pelos fiéis carentes de Indianápolis em empresas de serviços públicos e secretarias de escolas públicas. Agora, pretendia tratar diretamente com autoridades e executivos de alto escalão. Uma coisa que havia aprendido era que o acesso, por si só, não significava nada. Os pastores negros de Indianápolis haviam participado de reuniões supostamente importantes durante anos, sem produzir nada de concreto. Jones queria convencer gente graúda a tomar *atitudes*, mas não sabia como.

Felizmente, sua esposa sabia.

Marceline Jones andara descontente com seu papel inicial no ministério de Jones. Mas contava com a vivência e as qualidades essenciais que faltavam ao marido. Filha de ex-vereador, tinha pais atuantes em todo tipo de assunto público. Sabia que, com pessoas importantes, não se conseguia nada na base do grito. Era preciso fazer a lição de casa, inteirar-se de cada aspecto do problema e propor soluções que beneficiassem todos os envolvidos. Na prática, sempre que possível, era melhor chegar com a solução pronta. Assim, quando o problema fosse apontado, aqueles que podiam fazer alguma coisa escutariam e se disporiam a ajudar.[140]

Marceline começou a frequentar audiências públicas na prefeitura, realizadas nos setores administrativos de escolas e em residências de Indianápolis que as associações de bairro usavam como espaço de reunião. Jim Jones não tinha paciência para reuniões em que não fosse o principal orador. Marceline sempre escutava e quase nunca abria a boca, a não ser para se apresentar e para elogiar colocações alheias. Depois, escrevia longas anotações sobre quais das pessoas que acabara de conhecer pareciam mais competentes e bem relacionadas. Fazia questão de manter contato. Levava para casa informações sobre planos de investimento em educação e outros setores, e gastava seu tempo lendo linha por linha. Orientava Jones sobre os aspectos mais importantes de cada questão, alguns dos quais eram bastante obscuros para quem não dominava os meandros jurídicos das políticas públicas. Então, nas audiências públicas mais importantes, Jones acompanhava Marceline, e era quem levantava as observações mais surpreendentes e relevantes, para espanto dos membros da mesa organizadora, que imaginavam que ninguém examinasse a documentação tão a fundo. Não raro, fazia sugestões oportunas e bem objetivas: não seria o caso de incluir esse item no orçamento, ampliar aquele projeto? Jones logo ganhou fama de ser uma das poucas lideranças comunitárias (e provavelmente o único pastor) que de verdade entendiam como funcionavam essas coisas. Também não tardou a aprender as regras do jogo — em público, agia como se já soubesse desde sempre. Quando, pela primeira vez, as ruas de bairros negros foram incluídas em planos de investimento em benfeitorias, ou algumas das escolas mais carentes de

Indianápolis foram contempladas com equipamentos de lazer, Jim Jones, do Templo Popular, ficou com praticamente todos os louros, enquanto a esposa não recebeu nenhum crédito. Marceline nem ligou. Para ela, importante era que finalmente os dois passaram a ser uma *equipe*.[141]

Marceline também liderou os esforços para encontrar outra fonte de receita para o Templo Popular. Inevitavelmente, alguns fiéis em idade mais avançada — em geral mulheres negras — acabavam com a saúde tão debilitada que não tinham condições de se cuidar sozinhas e iam parar em abrigos públicos para idosos. Jones ia visitá-los periodicamente e se mostrava sempre bem à vontade, contando piadas e fazendo preces edificantes. Porém, ao chegar em casa, reclamava com a esposa das condições precárias do local. Marceline correu atrás dos trâmites burocráticos, e logo a própria casa de Jones e Marceline foi reformada de acordo com os requisitos para obter a certificação do governo do estado. Com a ajuda de Esther Mueller, a assistente contratada por eles — uma mulher branca de 55 anos —, acolheram vários pacientes residentes e passaram a receber dinheiro público para cuidar deles.[142] Não era nenhum tipo de fraude. Agentes do Departamento de Assistência Pública do Condado de Marion fiscalizavam regularmente a residência e saíam de lá impressionados, em especial com Marceline, a quem descreveram em um dos relatórios como "muito competente e generosa".[143] Animado pelo início promissor, o casal constituiu empresa e, nos anos seguintes, foi assumindo a gestão de vários asilos. Esses abrigos proporcionavam emprego para os fiéis do Templo Popular e rendiam dinheiro não apenas para arcar com projetos comunitários, mas até para divulgá-los. Jones comprou um espaço diário em uma rádio local (quinze minutos durante os dias de semana, a partir das 16h45). Era tempo suficiente para apresentar uma oração gravada, um pequeno sermão, e fazer uma reflexão sobre um tema pertinente ou anunciar um evento patrocinado pelo Templo.

O mais importante aconteceu em junho de 1955, quando Jones organizou um encontro religioso em Indianápolis com o reverendo William Branham, um dos evangelistas mais famosos do país. Jones era bem menos conhecido, mas atraiu uma parcela considerável do público, principalmente os negros. Uma das pessoas que ficaram impressionadas ao ouvi-lo foi Archie Ijames, um estudioso autodidata, de espírito independente, na casa dos 40 anos. Ijames já tinha perdido toda esperança de que alguma igreja combatesse de verdade o racismo, mas ficou tocado pela mensagem de igualdade de Jones, e acabou aparecendo no Templo Popular com a esposa e os filhos. A família gostou e passou a frequentar. Ijames era um líder nato, inteligente, dinâmico e dedicado.[144] Jones viu potencial nele.

Por outro lado, notou alguns pontos fracos — Ijames falava rápido, emendando as palavras, o que dificultava a compreensão. Jones também enxergou nele um estrategista, que procurava sempre reverter as situações a seu favor. Designou-o como pastor auxiliar, conferindo-lhe um cargo, mas pouca autoridade. Um assistente negro era bom para a imagem pública de Jones, e serviço para Archie não faltava. Ijames ficou encarregado de cuidar da rotina administrativa dos projetos sociais do Templo.[145]

Ainda graças à receita obtida com o asilo, a igreja abriu um pequeno restaurante, batizado com o pomposo nome de "O Restaurante Livre". Era aberto a quem não tinha condições de pagar para comer.[146] No primeiro dia de funcionamento, dezoito pessoas foram atendidas; no segundo dia, quase cem. Passado algum tempo, o restaurante já atendia a 2.800 pessoas por semana. Havia fila na porta o dia todo. Depois de saciados, os mais maltrapilhos eram convidados a escolher algumas peças de roupas, a maioria usadas. Algumas tinham remendos, mas estavam sempre limpas. Jones pedia doações no programa de rádio e em aparições públicas.[147] A Bíblia pregava que os seguidores de Jesus alimentassem os famintos e vestissem os despidos. O Templo Popular fazia as duas coisas, e de uma forma que demonstrava respeito a quem recebia.

Pela primeira vez, Jones estava à frente de uma congregação com dezenas de crianças. E queria que gostassem de frequentar a igreja, não que fossem obrigadas pelos adultos. Às vezes, durante o culto, Jones parava o sermão e falava para as crianças levantarem e esticarem as pernas. Certa vez, interrompeu seu próprio culto de Páscoa para perguntar a próxima música que os pequenos queriam cantar. Elas gritaram: "Canta a do coelhinho da Páscoa!", e toda a congregação cantou; a voz agradável de Jones era a mais alta.[148] Marceline adorava organizar qualquer coisa que envolvesse crianças. Sob sua orientação, o Templo Popular não tardou a montar coros juvenis e grupos de dança. Às vezes, esses grupos recebiam convites para se apresentar na televisão. Jones começou a enaltecer os programas juvenis para atrair os fiéis: não seria muito melhor para seus filhos participar de atividades saudáveis na igreja do que arriscar a vida nas ruas? Para alguns pais, especialmente as mães solteiras, isso já era um bom motivo para se juntar ao Templo Popular.[149]

A convite de Jones, os candidatos a cargos municipais ou regionais começaram a visitar os cultos dominicais. O Templo Popular representava um eleitorado considerável — tinha centenas de membros adultos, e Jones exortava todos a votar nas eleições. Não chegava a dizer abertamente aos fiéis quem deveriam eleger, mas declarava sem cerimônia suas preferências. Mesmo em uma cidade grande como Indianápolis, trezentos ou quatrocentos votos poderiam ser decisivos. Jones fazia questão de lembrar isso. Ele e seus seguidores gostavam de ouvir os candidatos, a maioria homens brancos que nunca viram a pobreza de perto e passaram a pedir os votos dos fiéis para apoiar os projetos sociais do Templo Popular.

Jim Jones ganhou influência em Indianápolis. O Templo Popular, aberto a todos, distribuía comida e roupas para os mais necessitados — era o socialismo na mais pura forma. Estavam sempre precisando de dinheiro, mas o que ganhavam com as aparições externas de Jones e asilos sustentava as obras beneficentes. Jones e o Templo Popular não deviam favores a ninguém.

No entanto, ainda havia chão pela frente. Jones ficou sabendo que alguém estava fazendo o mesmo trabalho, só que melhor e em maior escala. Àquela altura, ainda tinha o que aprender em seu ministério, e descobriu que havia alguém com muito a lhe ensinar. Jones se aproximou desse outro pastor, que dizia ser o Senhor — e os fiéis acreditavam. Nos cultos de louvor, cantavam: "Deus está aqui na terra hoje, Pai Divino é Seu nome".[150]

12
PAI DIVINO

Os mistérios acerca do homem que convenceu multidões de que era Deus começam já pelo seu nascimento. A maioria dos historiadores e biógrafos acredita que se tratava do filho de uma antiga escravizada e que nasceu por volta de 1880 em Rockville, estado de Maryland. Seu nome de batismo seria George Baker. Ainda jovem, trabalhou como jardineiro, mas o fascínio pelo cristianismo o levou a seguir uma série de evangelistas, cada um dos quais com seu próprio — e único — caminho para a salvação. Alguns afirmavam ter poderes conferidos por Deus para sua missão de profetas sagrados.

Baker observava atentamente os mentores, escolhendo a dedo as características da pregação que melhor se encaixavam em seu estilo. "Acho que todos eles têm qualidades. Procuro ser como uma abelha, que tira algo de bom de cada semente, de cada flor", recorda. Por volta de 1912, passou a usar o nome "Mensageiro", e saiu em uma cruzada solitária para provar que "é possível pregar o Evangelho sem dinheiro e sem preço". Onde quer que pregasse, a essência de seus ensinamentos era que o Paraíso se encontrava somente na terra, e não em algum lugar indefinido do céu. Os hinos compostos pelos brancos na verdade eram "cantos de morte", feitos para convencer negros de que deveriam sofrer em vida para conseguir um lugar no paraíso. O Mensageiro prometia que Deus proveria já nesta vida, por meio de avanços sociais, econômicos e políticos, se as pessoas fossem amáveis e bondosas umas com as outras. Ele se revelou como Deus na terra, afirmou ter o poder da cura, e começou a conquistar seguidores fiéis — sobretudo mulheres negras.

A princípio, o Mensageiro se estabeleceu no Sul dos Estados Unidos, mas, após vários problemas com policiais brancos, mudou-se para o Harlem, em Nova York. Lá, colocou seus seguidores morando juntos em apartamentos. Era proibido fumar, falar palavrão, consumir bebidas alcoólicas e ter relações sexuais — homens e mulheres só podiam se juntar para adorar ao Senhor e realizar outras atividades em convivência fraterna. Eram abertos a novos adeptos, desde que estivessem dispostos a acatar sua rígida disciplina. Até o líder obedecia: casou-se com uma mulher chamada Penniniah, mas jurava que a união era espiritual e nunca se consumara na carne.

Depois, o Mensageiro organizou seus fiéis em um coletivo de trabalho. Arranjou-lhes emprego, e o salário que ganhavam era compartilhado para bancar as despesas do grupo. Lugar para morar, roupas, comida — tudo se conseguia por intermédio dele. O grupo cresceu muito. Muitas pessoas que o procuravam estavam física ou emocionalmente debilitadas. Ele ampliou o projeto com fisioterapia e programas de capacitação profissional para que seus seguidores se saíssem bem nos empregos que ele arranjava. Muitos juravam que suas vidas haviam sido totalmente transformadas pelo líder religioso, e com razão. Juntos, formavam uma grande família, e o Mensageiro os estimulava a chamá-lo de Pai e sua esposa de Mãe. Mais tarde, o líder adotou outro nome: Reverendo Maior Zeloso Divino — "Maior" para indicar superioridade hierárquica, e "Zeloso" em referência à passagem bíblica sobre o Deus zeloso. Para os fiéis, e também para a imprensa, que se interessava cada vez mais pela excêntrica figura, ele era o Pai Divino.

No final dos anos 1910, o Harlem viveu um renascimento das artes e da música popular. O Pai Divino não queria que seus seguidores fossem corrompidos por coisas tão mundanas, e levou o rebanho para Sayville, um vilarejo em Long Island. Seus seguidores já se contavam aos milhares, e alguns eram brancos. Sua filosofia — aproveitar a vida na terra compartilhando e trabalhando em grupo — transcendia raças.

O Pai Divino expandiu seu território comunitário em Sayville. Todos moravam juntos e trabalhavam em empregos arranjados por ele. O próprio Divino começou a estudar livros sobre a formação de impérios econômicos. Sua ambição ia além de uma simples colônia isolada e a partilha de salários de proletários. Quando sua presença em Sayville se tornou indesejável — os moradores se sentiram incomodados com tantos brancos vivendo no meio de negros —, o Pai Divino retornou ao circuito de avivamento e passou a se ausentar durante boa parte do tempo. Embora sua popularidade entre os vizinhos caísse, no resto do país ele pregava para grandes plateias. Em 1932, contava com um público estimado de 12 mil pessoas. O Pai Divino se vangloriava de haver conquistado um rebanho de mais de 3 milhões de almas, que "acreditavam em mim e vinham a mim". Alguns seguidores formaram ramificações da comuna de Sayville — eram as chamadas Missões de Paz. Divino passou a falar publicamente de política e problemas sociais. Para combater o racismo, insistia na integração total dos fiéis, a ponto de determinar que negros e brancos se sentassem intercalados à mesa e nos deslocamentos de carro.

Inevitavelmente, alguns discípulos desiludidos abandonavam as Missões de Paz, e quando saíam faziam denúncias às autoridades por maus-tratos. O Pai Divino também era desancado por outros pastores, ultrajados por sua pretensão em se apresentar como Deus. Embora jurasse que as acusações eram intriga de seus inimigos, em 1932 o Pai Divino foi condenado a um ano de prisão por vários tipos de fraude. Mesmo detido, não entregou os pontos: entrou na penitenciária dizendo "o que não me mata me fortalece; toda crítica é um elogio". Divino cumpriu apenas algumas semanas de pena e foi solto sob fiança. Depois disso, o Movimento de Paz deslanchou; seu líder passou a se envolver com questões mais mundanas. Divino tomou a frente na abertura de dezenas de empresas ligadas ao Movimento, inclusive hotéis e restaurantes. Vários de seus seguidores moravam nos hotéis; os quartos vagos eram alugados por um dólar a diária. Nos restaurantes do Movimento, o freguês pagava o preço que achava justo. O lucro das outras empresas fomentava a expansão. Nos anos 1930, o Movimento comprou uma grande porção de terra no condado de Ulster, no estado de Nova York, e batizou-a como a Terra Prometida. A maior parte da produção agrícola servia para alimentar quem vivia nas comunas da Missão de Paz. O Pai Divino almejava que seu povo fosse autossuficiente.

No final dos anos 1930, os problemas voltaram a surgir. Colaboradores próximos saíram do Movimento e acusaram o Pai Divino de manter seguidores em regime de semiescravidão. Também afirmaram que, embora o sexo fosse proibido dentro do Movimento, Divino e alguns integrantes costumavam promover orgias. Divino foi acusado de estelionato por uma ex-integrante, em um processo judicial de grande repercussão. Seu argumento era que o líder havia trapaceado para lhe tomar bens e dinheiro. Ao fim de uma batalha judicial que se arrastou por anos, um juiz de Nova York por fim condenou Divino, ao que ele respondeu: "Há muito tenho dito que vou abalar a criação". Em 1942, mudou a sede do Movimento para a Filadélfia.

As polêmicas continuaram. Penniniah ficou doente e, apesar da promessa do marido de curá-la, faleceu em 1943. Três anos depois, Divino casou-se com uma jovem branca de 21 anos, proclamando que o espírito de Penniniah havia decidido trocar o corpo velho por aquele jovem. Não havia, portanto, falhado em sua promessa de salvar a esposa. Foi quando seus sermões começaram a pregar a reencarnação. A segunda Mãe Divina era bem mais atuante no ministério do esposo que a primeira.

Em 1953, o Pai Divino e a Mãe Divina se instalaram em uma vasta mansão em Gladwyne, rico subúrbio da Filadélfia. A propriedade, de quase trinta hectares, contava com quadras de tênis e piscina. O líder do Movimento, já um senhor de idade, era venerado como se fosse Deus por centenas de milhares de pessoas, controlava praticamente todos os aspectos da vida de seus seguidores e gostava de uma boa polêmica. As acusações de pessoas de fora do Movimento ou de antigos seguidores descontentes só fortalecia a lealdade dos verdadeiros fiéis. Nos suntuosos arredores da mansão ou nos jardins e bosques contíguos, ele às vezes recebia e orientava jovens pregadores que desejavam promover a igualdade social através de seus próprios ministérios.

No final de 1956 ou começo de 1957, Jim Jones solicitou uma audiência com o Pai Divino em Woodmont. A grande igreja multirracial que Jones liderava em uma importante cidade dos Estados Unidos bastou para convencer Divino. Essa primeira visita à mansão foi uma revelação para Jones, que ficou impressionado com a equipe de mulheres devotas que o líder tinha à sua inteira disposição. Ali estava alguém *querido*. Jones sem dúvida contou a Divino sobre as obras sociais do Templo Popular, como a distribuição de comida e roupas e asilos bem cuidados. Mas estava lá para aprender, não para contar vantagem. Como muitos homens mais velhos e bem-sucedidos, o Pai Divino gostava de narrar suas conquistas para o astro em ascensão, que por sua vez ouvia atentamente cada palavra. Jones queria saber como funcionava aquela experiência de convívio coletivo e como as empresas do Movimento conseguiam oferecer emprego para os seguidores. Outro objeto de curiosidade era a colônia agrícola Terra Prometida: a ideia de um ministério social autossustentável era fascinante. Divino ficou lisonjeado; a visita durou o dia inteiro.[151]

Seria a primeira de muitas. Nos anos seguintes, Jones volta e meia dava uma escapada de Indianápolis para passar o dia com o Pai Divino na Filadélfia, regressando só à noite. Até pegou algumas manias do novo mentor. Os membros do Templo Popular foram incentivados a chamá-lo de Pai e a Marceline de Mãe.[152] O Pai Divino andava sempre de terno bem cortado; fazia questão de enfatizar que passar uma imagem de sucesso era fundamental. Na infância em Lynn, Jones sempre se vestia um pouco melhor que os outros meninos. A preocupação com o visual já não era tanta em Indianápolis, mas Jones resolveu renovar o guarda-roupa. Seu amigo de infância, Max Knight, que na época trabalhava como repórter do jornal diário de Richmond, deu de cara com Jones na rua e ficou impressionado com sua aparência: "O cabelo dele estava todo lambido para trás, atrás da orelha, e ele usava umas roupas bem chiques. [...]Estava com um par de óculos escuros na cabeça, fazendo tipo. Não era o Jones que eu conhecia. Eu falei: 'Jim, o que é isso? E esse terno que você está usando, por que esses óculos no meio da cabeça?' Ele chegou bem perto e falou: 'Max, se você quer subir na vida, tem que vestir o personagem'".[153]

O Pai Divino era um dos assuntos favoritos de Jones em cafés e almoços com Ron Haldeman. Seu foco não era tanto o que Divino fazia, e sim como fazia. O segredo, segundo Jones, era atrair pessoas do mesmo grupo que compunha a maior parte dos seguidores mais fervorosos de Divino — "os pobres e os excluídos". Jones falava muito do controle que Divino exercia sobre todos os aspectos da vida de seus seguidores. Em banquetes coletivos na mansão de Woodmont, comida quente e farta ia chegando à mesa, mas ninguém dava uma garfada — mesmo que estivesse morrendo de fome — enquanto Divino não terminasse de abençoar cada panela. Esses rituais eram cruciais, acreditava Jones, porque reforçavam a autoridade do líder.

Haldeman foi percebendo que Jones pretendia não apenas imitar o ministério de Divino, mas também herdar seus fiéis quando ele morresse. Seria complicado — Divino pregava que era imortal. Mas, como ele mesmo dizia, o espírito da antiga Mãe Divina havia passado voluntariamente para o corpo de uma mulher mais jovem. Quem sabe Jones não podia se valer da mesma estratégia e um dia se apresentar aos fiéis da Missão de Paz como o Pai Divino renascido em um novo corpo?[154]

Para preparar seus fiéis do Templo Popular para uma possível fusão com a Missão de Paz, Jones publicou e distribuiu um delirante panfleto intitulado "Pastor Jones encontra o rev. M. Z. Divino".[155] No subtítulo, lia-se: "Como um pastor de uma grande congregação pentecostal foi mais consagrado a Jesus Cristo pelo contato com o movimento Missão de Paz do rev. M. Z. Divino". Declarando que "é meu dever para com meus inúmeros companheiros em Cristo dar um testemunho verdadeiro, imparcial e objetivo de minhas experiências com esse grupo nos últimos três anos", Jones admitiu sua relutância inicial em visitar a igreja do Pai Divino. Ouvira dizer que era "um harém comandado por uma pessoa imoral, possuída pelo demônio", porém, ao chegar lá, "o espírito da verdade me estimulou". Embora Jones deixasse claro, inclusive para Divino e seus seguidores, que não acreditava que o líder fosse Deus, "um mero instrumento que realizou boas obras", eles ainda o recebiam de portas abertas e compartilhavam sua formidável filosofia, baseada no Evangelho: "De cada qual, segundo sua capacidade; a cada qual, segundo suas necessidades". Graças aos rendimentos de suas próprias empresas, a igreja de Divino não dependia de ofertas nos cultos. Jones prometeu a mesma conquista. Chegou até a aderir — em parte — às admoestações de Divino contra o sexo. Graças ao exemplo de Divino, "posso dizer que consigo me libertar de pensamentos sexuais por vários dias seguidos", escreveu Jones.

As últimas páginas não diziam respeito a Divino, mas a um de seus ensinamentos, que Jones seguiria durante todo o resto de sua trajetória como pastor. Divino desafiava abertamente os críticos. Jones agora fazia o mesmo:

> Há alguns meses, meus adversários ferrenhos afirmaram que a glória do Senhor havia nos deixado por causa de nossa obra. Mas informo a todos — não por despeito, mas para esclarecimento — que o mover de Deus tem se manifestado de forma muito mais poderosa desde que fundei o Templo Popular. Centenas de pessoas vão ao culto toda semana em nossas congregações, e não se passa um culto sem que alguém seja curado, convertido ou tocado pelo Espírito Santo. Nossos arquivos estão cheios de nomes e endereços de pessoas que foram totalmente curadas nos últimos dias. Teremos prazer em fornecer esses testemunhos, mediante pedido, a quem se interessar. [...] Observem o futuro com o pensamento puro, e verão o mistério de nosso ministério se revelar diante de seus olhos, e dirão em coro com cada cristão verdadeiro: "só pode ser obra do Senhor".

Nessa época, Jones não saberia citar um adversário específico porque não tinha nenhum, exceto a economia capitalista dos Estados Unidos e o sistema social em geral. Nenhuma organização de Indianápolis ou de qualquer outro lugar havia atacado Jones ou o Templo Popular. Sua fama não chegava a tanto. Mas, enquanto esperava o Pai Divino morrer, Jim Jones tratou de dar um jeito nisso, aumentando sua visibilidade por meios que fatalmente provocariam oposição vigorosa. Se tinha aprendido algo com o Pai Divino era que ter inimigos, reais ou imaginários, era uma forma certeira de recrutar e conservar fiéis.

13

"TODAS AS RAÇAS UNIDAS"

Nos Estados Unidos dos anos 1950, os negros não precisavam inventar inimigos. Seus algozes eram bem reais. Os linchamentos e a queima de cruzes já deixavam suas chagas antes mesmo de 1954, quando uma decisão da Suprema Corte provocou uma nova onda de conflitos raciais. A repercussão do caso *Brown contra o Conselho de Educação* iria muito além do veredito de inconstitucionalidade da segregação racial nas escolas — que determinava que crianças brancas e negras estudassem em escolas "separadas, mas iguais". Por unanimidade, o tribunal revogou uma decisão judicial tomada em 1896 no caso *Plessy contra Ferguson*, que havia estabelecido a doutrina "separados, mas iguais" como base jurídica para todas as formas de segregação. A Suprema Corte já estava inclinada a dar ganho de causa a outras batalhas judiciais em favor da população afro-americana — para a ira dos racistas, alguns dos quais reagiram com violência.[156]

No dia 1º de dezembro de 1955, Rosa Parks recusou-se a ceder seu assento no ônibus em Montgomery, no Alabama, e foi presa. O episódio desencadeou um boicote ao transporte público na cidade. As autoridades acabaram abolindo a segregação racial nos ônibus em 1956. O acontecido alçou o pregador negro Martin Luther King Jr. à vanguarda do movimento pelos direitos civis. Por todo o país, sobretudo no chamado Sul Profundo, começaram a eclodir grandes manifestações nas ruas, que muitas vezes terminavam em confronto. Algumas comunidades, que não aceitavam a integração nas escolas, se recusaram a cumprir a determinação e pressionaram o governo federal a intervir. No segundo semestre de 1957, o presidente Dwight D. Eisenhower enviou as tropas da Guarda Nacional para acabar com a segregação na escola Central High School, de Little Rock, Arkansas. A tensão aumentou em todo o país.

No entanto, a decisão da Suprema Corte no caso *Brown* não mudou as coisas em Indianápolis. Os jovens negros tinham que frequentar a escola de seu bairro, Crispus Attucks. Até poderiam estudar em outros distritos se fossem moradores, mas, pela política habitacional que ainda vigorava no município, os negros estavam impedidos de morar nos outros bairros. A segregação afetava também o comércio da cidade. E ninguém protestava nas ruas — não era do feitio dos habitantes de Indiana. As lideranças brancas ainda recebiam os pastores negros para ouvir suas reivindicações, mas depois continuava tudo igual — a não ser quando Jim Jones entrava no meio. Se ele não podia mover a montanha do racismo, pelo menos aplainava o terreno. As autoridades brancas iam ao Templo Popular e cumpriam algumas promessas feitas aos fiéis, como providenciar o conserto de buracos na rua ou a adoção de livros didáticos mais atualizados. Não era muito, mas, se comparado ao insucesso absoluto dos pastores negros em arrancar qualquer coisa dos governantes, já era um avanço significativo. O sucesso de Jones não passou despercebido pela comunidade negra da cidade. Tanto que a edição de 4 de janeiro de 1957 do *Indianapolis Recorder*, importante jornal negro, incluiu Jones no "rol de honra das relações humanas".[157]

A honraria garantiu a Jones a incansável lealdade dos fiéis negros do Templo. Longe de causar desconfiança, sua cor era vista como vantagem: tratava-se de um homem que pregava como negro e resolvia as coisas como um branco — uma combinação única. Os fiéis negros carregavam a certeza de que a maioria branca, fosse em Indianápolis ou em qualquer outro lugar, estava determinada a privá-los de seus direitos mais fundamentais. O pastor Jones, àquela altura já "Pai Jones" para muitos, sem sombra de dúvidas estava do lado deles e contra a opressão. A transformação em suas vidas era concreta. Jones renovava a esperança deles. Por isso, confrontar Jones significava estar contra eles também.

Mas, com a chegada de antigos membros do Tabernáculo de Laurel Street, e também graças à facilidade com que Jones recrutava adeptos no circuito de avivamento, a proporção de brancos no Templo Popular aumentou. O que movia os novos fiéis não era integração racial, tampouco o socialismo: era o dom de cura de Jones e sua pregação baseada na Bíblia. A maioria dos frequentadores brancos do Templo Popular vinha da mesma classe trabalhadora que se opunha ao movimento pelos direitos civis. Era verdade que alguns, como Jack e Rheaviana Beam, até apoiavam o discurso progressista de Jones, mas, enquanto ele não convencia os outros discípulos brancos a lutar pela mesma causa, teria que cativá-los com sua criatividade no púlpito e liderança pelo exemplo.[158]

O pastor começou pela Bíblia, que tanto advertia que Satanás estava sempre à espreita, tentando arruinar as obras do Senhor. Todos os membros da congregação, sem distinção de raça, acreditavam nisso. E, se Satanás era o inimigo comum, era crucial que todos se unissem para combatê-lo, em todas as frentes possíveis. Satanás adorava ver as pessoas discriminando umas às outras pelo jeito de falar, de se vestir ou pela cor da pele. Para enfrentá-lo, então, era preciso passar por cima das diferenças e aceitar todos na igreja como se fossem da própria família. Rick Cordell, um adolescente branco, lembrou mais tarde: "A mensagem dele era muito clara [...] irmandade, todas as raças juntas. As pessoas eram aceitas do jeito que eram, não eram julgadas pela aparência, nem pelo nível de escolaridade, nem pela condição financeira".[159]

Fora da igreja, Jones organizava atividades para todos: piqueniques, shows de talentos e excursões aos zoológicos da região, com todos juntos, compartilhando seus carros, sem distinção de raça. Sua residência era aberta a todos os membros da congregação. A família Jones vivia com simplicidade. Dentro de casa, misturavam-se móveis usados herdados dos Baldwin e os comprados em bazares. A única peça que destoava era uma imensa mesa de jantar. Era preciso espaço para acomodar pelo menos umas dez ou doze pessoas ao mesmo tempo, porque Jones convidava praticamente todo mundo que encontrava para almoçar ou jantar.[160] Sua mania de aparecer com visitas a qualquer hora dava muito trabalho para Marceline. Sua mãe lhe ensinara que as donas de casa precisavam deixar tudo sempre um brinco para receber visitas. Uma festa do pijama para as crianças do Templo deixou o imóvel infestado de percevejos. Marceline implorou que Jim parasse de levar visitas enquanto a praga não fosse erradicada. No culto do domingo seguinte, Jones anunciou: "Podem aparecer lá em casa quando quiserem; já nos livramos dos percevejos". Depois disso, "aprendi a não me preocupar mais com a opinião das pessoas", contou Marceline.[161]

Por volta de 1957, Lynetta mudou-se de Richmond para Indianápolis. Jimba, seu filho, estava se tornando uma espécie de celebridade, e ela queria acompanhar tudo de perto. Foi morar com Jim e Marceline. Como o dinheiro era apertado, precisou trabalhar para ajudar a pagar as contas. Foi contratada como agente penitenciária em um presídio feminino da região. Previsivelmente, diria mais tarde que era da administração e batia de frente com seus superiores para reformar o sistema. Não era fácil ter uma sogra tão geniosa dentro de casa, mas Marceline logo encontrou uma ótima maneira de desviar sua atenção do azedume de Lynetta.

Agnes estava longe de ser a filha perfeita para os Jones. Havia superado uma gagueira, mas nada mudava seu temperamento rebelde e instável. A imagem pública de Jones passava, entre outras coisas, pela imagem de um núcleo familiar feliz, e Agnes não se encaixava nesse estereótipo. Jim e Marceline não cogitavam devolvê-la à adoção, mas decidiram aumentar a família. Os dois adoravam crianças. Marceline, que tinha problemas de saúde, mesmo se conseguisse levar a termo uma eventual gestação, certamente passaria por uma gravidez de risco. O casal acabou optando por uma nova adoção.[162]

A ideia da "família arco-íris" partiu de Marceline. Por que não adotar várias crianças de raças diferentes? Que ela e Jim as amariam e se esforçariam para ser ótimos pais era óbvio, mas além disso a família Jones poderia ser um exemplo claro e constante de tolerância racial. O marido se empolgou com a ideia. A escolha mais óbvia era um bebê negro, mas o feito seria inédito em toda a história de Indiana. O casal ainda cogitava essa possibilidade, mas optou por começar adotando uma criança oriental. Como não havia nenhuma para adoção no estado, os dois viajaram para a Califórnia, onde conheceram e adotaram dois órfãos coreanos, uma menina de 4 anos, a quem deram o nome de Stephanie, e um menino de 2 anos, que rebatizaram como Lew. Os pequenos se adaptaram muito bem ao novo lar. Tornaram-se o xodó dos pais adotivos, e da congregação do Templo Popular também. Da avó Lynetta, nem tanto: ela continuava pouco afeita a crianças.[163]

Quase na mesma época em que Stephanie e Lew chegaram, Marceline descobriu que estava grávida. Ela já adorava crianças, e a ideia de gestar uma em seu próprio ventre era emocionante. A gravidez foi penosa desde o início, mas Marceline era enfermeira formada e sabia se cuidar. À medida que se aproximava do fim da gestação, foi diminuindo o ritmo de atividades fora de casa e passando mais tempo deitada. As mulheres do Templo ajudavam de bom grado a tomar conta de Agnes, Stephanie e Lew. A igreja continuava a envolver as crianças em todo tipo de atividade e, em maio de 1959, organizou um passeio ao zoológico de Cincinnati. Jones estava à frente do grupo, que incluía seus filhos, mas não a mãe, que, já nas últimas semanas de gravidez, ficou de repouso em casa.

O fim de semana foi de chuva. Caiu uma tempestade na região, mas a excursão do Templo a Cincinnati seguiu dentro dos planos. Saíram vários carros. Todos se divertiram apesar da chuva e, na volta, Stephanie Jones foi no carro de um dos membros do Templo. No meio do caminho, o veículo foi atingido em cheio por um motorista embriagado. Stephanie morreu na hora.[164]

Os trâmites para o enterro reservavam aos pais enlutados um desgosto ainda maior: os cemitérios de Indianápolis se recusaram a enterrar o corpo de Stephanie, que era coreana, junto dos brancos. Somente um agente funerário negro se dispôs a preparar o corpo para o enterro. A família Jones foi encaminhada aos "setores dos negros do cemitério", que ficavam nos piores lugares. Ainda caía um temporal quando o corpo de Stephanie foi sepultado. A cova estava com água pela metade. Aos prantos, Jones viu o caixão de Stephanie descer até a lama. Como diria posteriormente, "foi uma puta de uma crueldade". Três semanas depois, Marceline deu à luz um menino. Os pais o batizaram Stephan, com "an" em vez do mais comum, "en", em homenagem à falecida irmã. Mas não parou por aí. Marceline Jones nunca foi de ter visões proféticas; isso era coisa do marido. De acordo com ela, a única mensagem misteriosa que recebeu foi na noite em que a pequena Stephanie morreu.

Enquanto Jim e as crianças estavam em Cincinnati, Marceline repousava na cama. Na chuvosa noite do acidente, cansada demais para esperá-los, acabou caindo no sono. Foi acordada por Stephanie na varanda, chamando: "Mamãe, me deixa entrar". Marceline levantou, botou a menina para dentro e perguntou: "Onde está seu pai?". Stephanie respondeu: "O-boke precisa de uma mamãe e de um papai". Marceline não entendeu. Como estava muito cansada para estender a conversa, pôs a menina na cama e voltou a dormir.

Jim Jones passou a fatídica noite identificando o corpo da filha e providenciando o transporte de seus restos mortais para Indianápolis. Estava com o coração apertado por precisar dar a notícia para Marceline. Ao chegar em casa, de madrugada, acordou a esposa e, com delicadeza, explicou que Stephanie havia morrido em um acidente de carro. Marceline se recusava a acreditar. Stephanie tinha voltado para casa no meio da noite e estava dormindo no quarto. Jim levou a esposa para olhar: a cama estava arrumada, e não havia sinal de Stephanie. Marceline contou sobre a visão que tivera, inclusive a parte em que Stephanie falava em "O-boke".

Passado o choque do enterro e o nascimento de Stephan, Jim e Marceline continuavam intrigados com aquela história de "O-boke". Entraram em contato com a agência de adoção da Califórnia e descobriram que

Stephanie tinha uma irmã de 6 anos chamada Oboki, que ainda estava em um orfanato para coreanos. O casal entendeu a visão como um sinal e adotou Oboki, dando-lhe um novo nome: Suzanne.[165]

A visão de Marceline pode ter várias explicações: sonho profético; uma reação posterior à tragédia, que ela entendia como visão sobrenatural; ou até mentira, que, de tanto repetir, ela acabou se convencendo que era verdade. Mas era uma história que ela continuaria a contar pelo resto da vida, com grande convicção.

A família arco-íris de Jim e Marceline não parou na adoção de Suzanne. Em 1961, os dois desafiaram as convenções de Indiana e adotaram um bebê negro. Em uma atitude que revelava as convicções do casal, batizaram-no de James Warren Jones Jr.

No final dos anos 1950, o Templo arrebanhou várias pessoas que, com o passar do tempo, se tornariam os colaboradores mais próximos de Jones. O primeiro foi Russell Winberg, pastor auxiliar do Tabernáculo de Laurel Street, que apresentara Jones àquela igreja. Winberg havia sido preterido na condução do tabernáculo. Acabou saindo para se juntar ao Templo Popular. Foi uma grande vitória para Jones. Era prova de que indivíduos bem instruídos, ordenados em igrejas mais estabelecidas, estariam dispostos a deixá-las para se juntar ao seu ministério.

Embora o Templo Popular estivesse em franco crescimento, Jones continuava a se apresentar no circuito de avivamento. Montou uma agenda de palestras regulares em Indiana, Michigan e Ohio. Sempre preocupado em cortar despesas — precisava poupar cada centavo para os projetos do Templo —, começou a designar "coordenadores estaduais", frequentadores de seus programas que eram encarregados de encontrar quem estivesse disposto a fornecer alimentação e hospedagem a Jones e sua comitiva. Em South Charleston, Ohio, Jones conheceu Patty Cartmell, uma mulher branca e obesa, obcecada pela ideia do fim do mundo. Arrastava o marido e os filhos para todo tipo de evento religioso, até decidir que Jim Jones, com seu misto de espiritualidade e socialismo, era o profeta que buscava. Cartmell ficou lisonjeada ao ser escolhida como coordenadora e, de tempos em tempos, ficava hospedada com sua família na casa de Jones em Indianápolis. Com sua chegada, Jones ganhou uma devotada cúmplice, que obedecia sem pestanejar todas as suas instruções, mesmo as mais questionáveis. E, o mais importante, Cartmell tornou-se os olhos e ouvidos de Jones em seus cultos fora de Indianápolis. Ele não precisava mais se misturar à multidão antes de suas apresentações a fim de obter informações para curas e revelações.

Um jovem pastor chamado Ross Case estava decidido a acabar com a segregação em sua Igreja Cristã Discípulos de Cristo em Mason City, Illinois. Ouviu falar de Jim Jones e do Templo Popular em um encontro religioso em Indiana. Assim como Jones, que havia procurado o Pai Divino, Case mal podia esperar para conhecer o homem que teria alcançado objetivos semelhantes aos seus. Jones topou se encontrar com ele em Indianápolis, e os dois se deram bem. Jones até o convidou a se juntar ao Templo Popular, e Case ficou de pensar. Só fez uma sugestão a Jones: afiliar o Templo aos Discípulos de Cristo.[166] A denominação, uma das maiores do Meio-Oeste, com cerca de 2 milhões de fiéis, era a favor de que as congregações individuais fizessem mais trabalho comunitário, ou seja, que de fato realizassem a obra de Deus, além de pregá-la na igreja. O Templo Popular parecia um ótimo modelo. Para os líderes denominacionais dos Discípulos de Cristo, Jones e sua igreja seriam um exemplo constante daquilo que todas as igrejas afiliadas deviam fazer. E o Templo Popular também sairia ganhando: transmitiria mais credibilidade do que como igreja independente. Isso sem falar nas isenções fiscais.[167] Mas a maior vantagem, olhando pelo lado de Jones, era que os Discípulos de Cristo davam autonomia quase total às congregações. Não havia sequer um processo formal para desvincular igrejas que não cumprissem as regras da denominação.[168]

Jones lembrava-se muito bem do fracasso de sua atabalhoada tentativa de se afiliar aos quacres. Dessa vez foi mais cuidadoso e conversou durante vários domingos com seu rebanho do Templo Popular a respeito da ideia de se afiliar aos Discípulos de Cristo. Não escondeu que esperava que a decisão final fosse uma aprovação esmagadora da afiliação, o que de fato aconteceu. Assim, com auxílio de Case, Jones deu entrada no processo formal de afiliação. O histórico do Templo Popular de doação de alimentos, roupas e atendimento geriátrico aos mais carentes contou muito. O grande número de fiéis negros também. Os Discípulos de Cristo eram a favor da integração racial. A afiliação foi aceita. Só havia um problema: Jones precisaria de um diploma de nível superior para poder se ordenar como pastor na nova denominação. Matriculou-se na Universidade Butler, em Indianápolis, levando todos os créditos que conseguiu aproveitar da Universidade de Indiana e frequentando aulas à noite para cumprir os que faltavam para concluir o curso. Enquanto isso, obteve permissão para continuar no púlpito do Templo Popular, e Ross Case saiu de sua igreja em Mason City para ser pastor assistente de Jones.

Jim Jones havia avançando um bocado desde 1952, quando a leitura da nova doutrina social da Igreja Metodista o convencera de que a carreira religiosa o ajudaria a fundar o socialismo nos Estados Unidos. Já tinha uma igreja multirracial, recém-afiliada a uma renomada denominação, e bastante influência política e cultural na maior cidade de Indiana. Mesmo que não conseguisse mais nada, Jim Jones já podia se considerar um homem de sucesso. Foi quando surgiu uma nova oportunidade.

Em Indianápolis havia uma Comissão de Direitos Humanos. O cargo de diretor, que pagava 7 mil dólares por ano, vagou. Foi nomeada uma banca de seleção e aberta uma chamada para preencher a vaga. O diretor podia conciliar a função com outro emprego; era um cargo essencialmente honorário. O trabalho não ia muito além de conduzir reuniões esporádicas em que muito se discutia e nada se fazia. Era uma posição tão desvalorizada que só apareceu um candidato.[169]

Em 1961, o prefeito apresentou Jim Jones como diretor da Comissão de Direitos Humanos de Indianápolis. Logo depois, para surpresa de todos, exceto do novo diretor, as coisas começaram a mudar de forma acelerada e radical naquela cidade pacata, onde a regra era empurrar tudo com a barriga e evitar conflitos.

14
UM HOMEM DE RESPEITO

Em 1961, Indianápolis não era bem um foco de conflitos raciais. Nunca foi palco das dramáticas marchas contra o racismo e em defesa dos direitos civis, com cobertura em rede nacional de cenas da polícia com jatos d'água e cães ferozes contra os corajosos manifestantes negros. A hostilidade era velada. Como no resto dos Estados Unidos, os brancos em empregos de nível médio em Indianápolis tinham certos benefícios incomuns para pessoas de sua geração: casas em bairros bons, salários que garantiam o básico e um pouco mais e escolas boas para os filhos, que tinham a chance de se formar na faculdade um dia e seguir carreiras prestigiadas que nunca estiveram ao alcance de seus pais. Muita gente se sentia ameaçada pela integração racial, principalmente ao ser imposta pelo governo. Quando *eles* chegassem aos bairros, fábricas e escolas brancas de Indianápolis, o passo seguinte seriam leis nacionais que dariam mais vantagens aos negros à custa dos brancos.[170] Por mais de uma década, ganhavam espaço as teorias de que o governo federal estava sendo dominado por simpatizantes do comunismo. Muitos norte-americanos acreditavam que os comunistas haviam engendrado o movimento dos direitos civis para acabar com o núcleo branco da sociedade.[171] Quando Robert Welch fundou o grupo ultraconservador John Birch Society em dezembro de 1958, o anúncio foi feito em Indianápolis.[172]

Portanto, além da falta de autoridade do cargo, o novo diretor da Comissão de Direitos Humanos da cidade, Jim Jones, ainda tinha mais um obstáculo a superar: pretendia acabar com a segregação de negros em Indianápolis em todos os âmbitos, e era defensor ferrenho de políticas sociais que, para a maioria dos brancos conservadores que precisaria convencer, eram sinônimo de comunismo. Quando partiu em sua cruzada aparentemente inútil, havia um fio de esperança. Na época de sua nomeação, a Assembleia Geral de Indiana aprovou leis que obrigavam o governo estadual a oferecer oportunidades iguais de emprego no setor público e democratizar o acesso a instalações públicas. Era a primeira vez que Indiana adotava políticas tão progressistas. As novas leis, entretanto, não chegavam às empresas privadas.[173]

Àquela altura da vida, Jones sonhava alto, mas com os pés no chão. A segregação econômica estava profundamente arraigada em Indianápolis, e a mudança teria de começar de baixo. A maior parte do setor empresarial era insensível a apelos de qualquer natureza. Jones não tinha muito poder de pressão política e econômica sobre os grandes empresários, e sua capacidade de gerar empatia não funcionava porque não tinha afinidade com aquelas pessoas. Mas com os pequenos empreendedores, que tocavam empresas familiares, era diferente. Ele compreendia o orgulho que sentiam de serem donos do próprio negócio e o medo de perder tudo que tinham conquistado com tanto suor.

Assim sendo, a cruzada de Jones começou com pequenos cafés e restaurantes de brancos. A maioria não aceitava fregueses negros, mas, em vez de assumir abertamente a política discriminatória, agiam de forma dissimulada: quando um negro chegava e pedia uma mesa, mesmo que houvesse muitos lugares vazios, diziam-lhe que era necessário reservar com antecedência. Se pedisse para fazer a reserva, a resposta era que todas as mesas já estariam ocupadas naquele horário.

Jones e Marceline frequentavam restaurantes não muito caros, mas nem tão baratos, onde geralmente jantavam a dois ou na companhia dos Haldeman, que eram brancos. Passaram então a levar amigos negros e, ao ouvirem que era preciso fazer reserva, respondiam com educação, mas também firmeza, que não era assim que as coisas funcionavam antes. Quando não havia mesas livres, esperavam desocupar. Vez ou outra até conseguiam lugar, mas o atendimento e a comida eram sempre ruins. Na maioria das vezes, ficavam aguardando em pé, até o restaurante fechar. Para Jones, ambas as situações serviam. No dia seguinte, voltava sozinho e pedia para falar com o proprietário. Retornava quantas vezes precisasse, até encontrá-lo no restaurante. Então, em tom moderado, pedia que o local passasse a aceitar acompanhantes negros e oferecesse o mesmo padrão de atendimento e qualidade que dispensava aos brancos. De início, a resposta era sempre negativa, e o proprietário lhe dizia para não se intrometer. Jones instava que reconsiderasse, e ficava de voltar. Na nova visita, tentava chegar a um denominador comum. Tivera uma infância humilde, sabia o trabalho que dava abrir um negócio, e mais ainda mantê-lo funcionando. Não estava insistindo na integração racial para criar caso; estava sugerindo algo que poderia, de fato, aumentar a clientela e, por conseguinte, o lucro. Seria bom para todos. Naturalmente, se houvesse resistência à integração, ele apareceria de novo, dessa vez com uma multidão de brancos e negros, não para comer, mas para protestar. Não queria que as coisas precisassem chegar a tal ponto e, claro, o protesto seria pacífico. Mesmo assim, os clientes do restaurante teriam de passar no meio de manifestantes que lhes pediriam com toda a educação para boicotar o estabelecimento enquanto não atendesse fregueses de todas as raças. Seria constrangedor e traria prejuízo.

Era evidente que Jones falava sério. Ninguém queria pagar para ver. Quando os donos dos primeiros restaurantes começaram a ceder, Jones retribuía levando novos clientes, a maioria membros do Templo. Era esperto: chegava nos horários em que o restaurante estava mais vazio; assim, contribuía para aumentar o movimento sem incomodar nem espantar os demais fregueses. Pagava a conta com o caixa do Templo, um agrado para os fiéis menos favorecidos.

Jones não parava por aí. O Templo costumava distribuir panfletos e jornaizinhos anunciando vários projetos e passeios da igreja. Quando um restaurante familiar começava a aceitar negros a pedido de Jones, o Templo Popular distribuía panfletos anunciando os últimos avanços na luta contra a segregação em Indianápolis. Às vezes, elogiava um estabelecimento específico e incentivava as pessoas a frequentá-lo. Muitas vezes, os erros de gramática e ortografia eram crassos: Jones achava mais importante demonstrar que confiava plenamente nos fiéis do que fazer uma revisão no material que escreviam, por mínima que fosse. Mesmo aqueles panfletos tão mal escritos eram propaganda gratuita para os restaurantes.[174] A notícia se espalhou: quem cooperasse com Jim Jones teria nele e na comunidade da igreja os melhores amigos com quem um pequeno empreendedor poderia contar. Não demorou para que as conversas de Jones com os proprietários de cafés ou restaurantes se tornassem mais amenas. Eram poucos os que não cediam aos seus apelos. A campanha de Jones deu tão certo que ele nem chegou a convocar protestos. A mera possibilidade já bastava. Além disso, Jones entendia que manifestações na porta dos restaurantes não faziam muito o gênero das lideranças da cidade, pouco dadas ao confronto aberto, mas que, de resto, não se opunham à sua luta pela integração.

Confiante, Jones partiu para outros tipos de empresas, usando a mesma tática. Nunca gritava, jamais respondia de forma desagradável, mesmo se fosse tratado com hostilidade. Era sempre a voz da razão. Quando o dono do estabelecimento mostrava resistência, Jones falava de outros que haviam abandonado a política de segregação. A clientela aumentava a patamares inéditos. Quem duvidasse poderia perguntar a eles. Como sempre, a abordagem não era infalível. Mas o sucesso era impressionante.

Nos estratos econômicos mais altos de Indianápolis também havia segregacionistas convictos. Quando viram que Jones estava conseguindo reverter a segregação nos pequenos estabelecimentos, tentaram detê-lo com suborno. Sem dúvida o pastor precisava de dinheiro. O pagamento que recebia como diretor da comissão era de apenas 7 mil dólares anuais, e, pelo visto, os fiéis da igreja não tinham condições de oferecer muita coisa ao líder da congregação. Jones recebeu uma proposta de emprego para largar a Comissão de Direitos Humanos. O salário seria de 25 mil dólares por ano. Mais tarde, Marceline lembraria que o cargo era na Câmara de Comércio da cidade.[175]

De fato, Jones precisava de remuneração melhor. Ele e Marceline tinham quatro filhos e o dinheiro era curto. Jones ficava com 55% de tudo que era arrecadado nos cultos do Templo Popular, mas não era muito. O que recebia com os eventos paralelos ia para os projetos da igreja, não para ele. Com o respaldo da esposa, Jones recusou a proposta. Seus princípios valiam mais que o dinheiro.[176]

À medida que as empresas passaram a aceitar clientes negros, Jones começou a pressioná-las para empregar trabalhadores negros também. Por meio do Templo Popular, montou um serviço de colocação profissional nos moldes daquele operado pelo Pai Divino e o Movimento de Paz. Os membros da igreja e outras pessoas pobres e em situação precária eram contratadas para as posições mais subalternas por empresas que jamais teriam cogitado empregá-los antes de Jones se tornar diretor da Comissão de Direitos Humanos. Não se tratava de uma tentativa de empurrar trabalhadores incompetentes para as empresas em nome da integração racial. Muito pelo contrário — Jones acreditava que esses novos empregados se sobressairiam. Antes do primeiro dia de trabalho, dizia-lhes que estava arriscando a própria reputação e que levaria a culpa se fracassassem, o que complicaria sua luta pela integração racial. Era o pescoço de Jones que estava em jogo, assim como o dos trabalhadores. A maioria deu conta do recado e expressou sua gratidão a Jones (e as empresas que os contrataram também). O prestígio e a confiança dele aumentaram.[177]

Jones também procurou assegurar à elite de poderosos de Indianápolis que não era um radical perigoso, mas que buscava uma forma sensata de mudar as coisas. Os chamados muçulmanos negros da Nação do Islã, sediados não muito longe dali, em Chicago, eram tidos como uma ameaça pela maioria dos liberais brancos. Jones foi procurá-los para propor que unissem esforços pela integração racial. A proposta foi recusada.[178] Era justamente o que Jones queria, e tratou de alardear: era uma prova de que não estava mancomunado com negros perigosos, que não queriam nada com ele. Estava do lado das pessoas de bem.

Além disso, colocava-se como escudo contra a ala branca radical. O Partido Nazista Americano vivia se insurgindo contra a integração, sob a alegação de que levaria à miscigenação, comprometendo a pureza da raça branca. Jones escreveu para as lideranças do partido em Arlington, na Virgínia, solicitando uma reunião para tratar do assunto; afinal, Deus amava a todos, como os nazistas certamente haveriam de concordar. Imaginava que o pedido seria rechaçado, o que de fato aconteceu. Em uma carta, Dan Burros, representante do Partido Nazista, declarou: "Não me surpreende que um integracionista tente derrotar seus adversários pelo amor. O problema de todas as suas crenças é que elas não são naturais. As leis naturais mais do que requerem, impõem luta. Suas doutrinas de fraqueza não se sustentam. [...] Somos muito diferentes, nunca haveremos de nos entender. Heil Hitler!". Cópias da carta foram repassadas à prefeitura de Indianápolis.[179] Perto do sectarismo irritante dos nazistas e negros muçulmanos, os esforços positivos de Jim Jones para conquistar a integração racial pareciam mais do que apropriados, chegavam a ser um alento.

Mesmo com tanto engajamento como diretor da comissão, Jones não descuidou do Templo Popular. A exemplo do Pai Divino, cobrava rigorosamente a integração racial na congregação — até mesmo os assentos deveriam ser intercalados durante o culto. A cobrança se estendia à família de Jones. Marceline muitas vezes se separava dos filhos ao entrar no templo. Preocupada, como toda mãe, com o comportamento das crianças na igreja, tentava suborná-las com chiclete. Antes do culto, separava um para cada uma e partia pela metade. Cada criança ganhava meio chiclete antes do culto, e a outra metade só em caso de bom comportamento.[180]

Jones chegou ao ponto de usar um problema de saúde em prol da causa. No segundo semestre de 1961, foi levado às pressas para um hospital com forte desconforto abdominal, e colocado em um quarto na ala reservada para os brancos. Bateu o pé, dizendo que só ficaria se houvesse integração imediata. Quando chegou seu médico particular, que era negro, a coisa se complicou. A direção do hospital, que conhecia a fama de Jones como diretor da Comissão de Direitos Humanos da cidade, prometeu abrir todas as alas a todas as raças. Jones não se deu por satisfeito. Morrendo de dor — o diagnóstico, no final, era de úlcera hemorrágica —, ele se recusou a ser atendido enquanto não viu com os próprios olhos que a integração estava acontecendo. Só depois de muitos pacientes negros garantirem que haviam sido transferidos para os quartos das alas exclusivas para brancos, ele finalmente aceitou receber atendimento.[181]

No final de 1961, havia bem mais integração racial em Indianápolis do que doze meses antes, graças quase exclusivamente a Jim Jones. Ele havia conseguido isso sem se indispor com as lideranças brancas da cidade, de cuja ajuda precisaria para continuar promovendo avanços. Jones era reverenciado na comunidade negra. Até quem não era do Templo Popular sabia o que o pastor havia conquistado. E, apesar de ter tantos outros compromissos, Jones tinha acabado de se formar na Universidade Butler e por fim podia ser ordenado na influente denominação dos Discípulos de Cristo. Foi um ano de vitórias e, ao que parecia, outras tantas estavam por vir. O menino pobre da zona rural, que queria tanto ser alguém na vida, crescera e se tornara um líder na cidade grande — ou, como se costuma dizer, um homem de respeito. Jones havia usado seus pontos mais fortes: seu compromisso inquebrantável com a justiça social, sua disposição ilimitada, sua obstinação. Mas, se tinha tantas virtudes, os defeitos não ficavam atrás, e já ameaçavam sobrepujar as qualidades, colocando a perder todas aquelas conquistas.

15
COLAPSO

Em 1961, no auge do sucesso em Indianápolis, Jim Jones foi almoçar com o amigo de infância Max Knight. Contou que conseguira acabar com a segregação em várias empresas da cidade e relembrou o apoio que recebera do amigo para tornar-se pastor, ainda em Lynn. Max o parabenizou por todas as conquistas e quis saber quais seriam os próximos planos, imaginando que girariam em torno do avanço da integração racial em Indianápolis. A resposta provocou um choque: Jones disse que pretendia levar seu ministério para fora da cidade — Indianápolis, com sua cultura de cordialidade e polidez, "não era totalmente aberta". Não havia muito mais que pudesse realizar por lá. A Costa Oeste era onde "igrejas com obras sociais são necessárias. Na Califórnia, não haveria limites". Em Indianápolis, tentar fazer as coisas acontecerem era garantia de frustração, além de ser física e psicologicamente desgastante.[182] Em 1961, Jones madrugava e trabalhava o dia inteiro e a maior parte da noite. Às vezes, chamava Ron Haldeman para almoçar e desligar a cabeça de toda aquela pressão. Entre um e outro prato da comida picante de que tanto gostava, falava sem parar sobre coisas que precisavam ser transformadas em Indianápolis e como pretendia fazer isso. Jones nunca tirava sequer uma tarde de folga, pelo menos que Haldeman soubesse.[183]

O trabalho era muito pesado para uma pessoa só, mas Jones não gostava de delegar. Marceline continuava a ser seu braço direito nos bastidores dos projetos comunitários do Templo, e Walter e Charlotte Baldwin saíram de Richmond para ajudar a tocar os abrigos para idosos em Indianápolis. Jones ainda aparecia por lá todos os dias, conversava com cada morador, prometia cuidar pessoalmente dos problemas. Contava com uma equipe seleta de pastores auxiliares (Russell Winberg, Ross Case, Archie Ijames), mas não confiava neles para assumir os cultos do Templo em sua ausência. Quando não tinha como comparecer aos domingos, invariavelmente passava o bastão para Ron Haldeman. Segundo Ron, "Jim desconfiava que estivessem agindo como ele agia em relação ao Pai Divino, esperando o líder morrer ou ir embora para assumir o poder".[184]

A paranoia de Jones se estendia à congregação do Templo. Em qualquer igreja em expansão, ainda mais com um líder polêmico e sem papas na língua como Jones, era inevitável que alguns fiéis, após algum tempo, decidissem ir embora. Outros pastores aceitavam essas baixas com naturalidade, mas Jones não. Fazia questão de conhecer cada membro e procurava cultivar laços pessoais com todos. O Pai Jim estava aberto a todos que o procurassem para pedir ajuda ou orientação, a qualquer hora. Mas também esperava que os fiéis do Templo Popular fizessem sua parte: fossem a todos os cultos de domingo, sem falta, e participassem de todas as atividades extracurriculares do Templo, além de trabalhar como voluntários nos projetos sociais da igreja. Nesses aspectos, e em todos os âmbitos de sua vida pessoal, os fiéis deviam seguir os ideais socialistas pregados por Jones, evitando a arrogância e o materialismo. Também eram orientados a vigiar uns aos outros e denunciar eventuais transgressões. Periodicamente, Jones realizava sessões de "correção fraterna", em que fiéis ficavam em pé diante de todos e recebiam críticas por seus passos em falso. Todo mundo sempre tinha o que melhorar.[185]

Alguns consideravam tudo aquilo excessivo e paravam de frequentar o Templo. Pensavam que o rompimento era definitivo, até que Jones os enchia de cartas e telefonemas, implorando que voltassem. O pastor enfatizava que não era só por ele: a permanência na congregação era um desígnio de Deus. Mesmo quando o pastor exigia alguma coisa que eles não entendiam, os fiéis não deveriam questionar; Deus também não gostava disso. Questionar Jim Jones era desafiar o Senhor, e Ele responderia à altura.

Em uma carta manuscrita a Earl Jackson, sem data, em papel timbrado do Asilo Popular, Jones declarou:

Amado irmão em Cristo, passei a noite acordado, orando por você! Serei sincero e direto. Você foi enviado por Deus ao Templo Popular, e não deve se furtar ao compromisso com Ele. Sei que há aspectos da Mensagem que você consegue não ver, mas ela vem de Deus. Enquanto amarmos Jesus, teremos unidade e compreensão para compensar todas as pequenas coisas em que você e eu poderíamos discordar. Earl, você cometerá um grande erro se sair do nosso Templo, que Deus ungiu e do qual determinou que você fizesse parte. Não duvide do que digo. Ouça minha voz chamando você do fundo do amor e afeição que lhe tenho. "Aquietai-vos e vede o livramento do Senhor." Não abandone o caminho da luz! Sei que você não faria isso por mal, mas sair do lugar que Jesus lhe reservou só lhe trará remorso e sofrimento. Em minhas orações na madrugada, antes de raiar o dia, recebi de Deus uma forte revelação: você cometerá um erro terrível se sair. Ouça meu conselho. É com o coração cheio de amor que lhe digo. Fique com Deus, pastor James Jones.

P.S.: Liguei ontem à noite, mas você estava dormindo. Falo com você em breve, pessoalmente ou por telefone. Fique com meu amor e minhas orações![186]

Como se não bastasse a paranoia sobre a lealdade de alguns fiéis do Templo, Jones ainda tinha que aturar a supervisão constante e as críticas da denominação à qual havia se afiliado. As duas coisas que mais o atraíam nos Discípulos de Cristo eram o compromisso com a igualdade racial e econômica e a liberdade que davam às igrejas afiliadas.[187] Mas ainda havia certo grau de controle. Emissários da divisão regional dos Discípulos assistiram a alguns cultos de domingo no Templo e depois disseram a Jones que ele falava muito sobre problemas sociais e "não pregava o suficiente sobre Jesus". Jones ficou furioso e retrucou que "Jesus pregava o que precisava ser dito". Os fiéis do Templo, segundo ele, se sentiam oprimidos. Eram essas as pessoas que queria levar para a congregação, e sabia muito bem o que elas precisavam ouvir. Passagens bíblicas sobre a história de Jesus não eram nada perto de Seus mandamentos de amor e justiça para todos. Jones pregava a "palavra de Jesus" no contexto dos problemas sociais modernos, porque correspondiam à realidade dos fiéis.[188]

A resposta esfriou as críticas aos sermões. No entanto, havia um problema mais grave. A denominação exigia que todas as igrejas afiliadas enviassem balanços anuais informando o tamanho da congregação, a arrecadação e a porcentagem destinada aos projetos denominacionais. Na época, e também depois, Jones controlava com mão de ferro cada centavo arrecadado pelo Templo Popular, tanto das contribuições dos membros como de doações de outras organizações e doadores externos, e não gostava nem um pouco da ideia de repartir parte desse dinheiro com os Discípulos. Os relatórios do Templo Popular muitas vezes chegavam com o número de membros e arrecadação adulterados.[189] O número de pessoas que frequentava os cultos dominicais chegava a setecentos. O balanço anual informava 264 membros em 1960 e 233 em 1961. Assim como o número de membros era declarado abaixo do real, o mesmo acontecia com a arrecadação. As outras igrejas afiliadas à denominação costumavam destinar no mínimo 10 ou 15% da arrecadação aos Discípulos de Cristo, e algumas chegavam a repassar metade. O Templo Popular contribuía com 3%, o que correspondia a poucas centenas de dólares, e Jones ainda achava ruim.

A divisão regional dos Discípulos tinha poderes para auditar a contabilidade das igrejas afiliadas. Seria fácil demonstrar que a congregação do Templo era muito maior do que indicavam os relatórios. Mas o Templo Popular era de extrema importância para a denominação: suas obras sociais exemplificavam o que os Discípulos queriam das outras igrejas. A pertinência dos sermões e a autenticidade dos balanços anuais eram questões secundárias.

Jones precisava vender aos seguidores a imagem de que trabalhava sem descanso para melhorar a vida deles, mesmo à custa de sua própria segurança. Era a melhor forma de conquistar a lealdade dos fiéis. Para os ativistas brancos, militar contra a segregação racial, especialmente no Sul Profundo, era sinônimo de perigo. Não havia histórico de agressões a integracionistas em Indianápolis, até que Jim Jones começou a ligar para a polícia com denúncias de tentativas de agressão. As primeiras eram de casos mais simples: andavam atirando pedras em sua casa. Em uma ocasião, os suspeitos foram pegos. No fim das contas, eram adolescentes negros quebrando vidraças ao acaso — nada pessoal contra Jones. Mesmo assim, o pastor ficou injuriado, e disse-lhes que era a última pessoa que deveriam importunar, depois de tudo que fizera por sua gente.

À medida que se espalhava a fama de Jones, subia o tom dos atentados que denunciava. À polícia, o pastor afirmou que havia ameaças anônimas de violência armada contra ele e sua família — e comprou armas para defender seus entes queridos. Não muito tempo depois, ouviu-se um tiro no meio da noite do lado de fora da casa de Jones. Ele estava na cozinha, e todos os outros estavam dormindo. Jones disse à família que era tentativa de assassinato. Haviam atirado nele, mas erraram o alvo. A bala não entrou pela janela. Por insistência de Jones, saíram para ver onde o tiro havia pegado e, de fato, havia uma perfuração de bala em dos pilares da varanda. A polícia foi chamada. A família tinha três cachorros, e os investigadores estranharam que nenhum deles tivesse latido quando o atirador se aproximou da casa e começou a atirar. O ângulo da marca de bala na coluna também era inusitado: parecia que arma apontava para fora da casa, e não na direção de seu interior. No primeiro sermão de Jones depois desse episódio, e em vários outros cultos de domingo, Jones contou a história à congregação. Vinha sendo visado por causa do que fazia pelo Templo Popular e pelos oprimidos. Só estava vivo porque Deus o protegera.

À família e alguns amigos, Jones confidenciou que a pressão estava ficando insuportável. Além de viver em perigo constante, todo mundo que encontrava queria alguma coisa dele. Pelo menos em particular, começou a se mostrar cada vez mais dividido entre a religião bíblica que ainda pregava e o que realmente acreditava. Jim Jones falava de reencarnação — não só de sua crença a respeito, mas da certeza de que ele próprio era nada menos que a manifestação no plano físico de um espírito que já animara os corpos terrenos de outros grandes homens, todos dedicados à igualdade e à justiça. As pessoas mais próximas, de acordo com sua visão, haviam sido seus ajudantes e confidentes em outras vidas. Estavam todos juntos de novo para ajudar a humanidade a evoluir. A paixão de Jones por história lhe permitia apresentar detalhes com certa desenvoltura. Joe Phillips, que tinha se tornado um fiel devoto após Jones supostamente curar seu filho de uma doença cardíaca, seria a reencarnação de Asoka, um ilustre imperador da Índia e fervoroso discípulo de Buda. Jones, claro, tinha sido o próprio Buda naquela vida. Agora, Phillips estava lá para auxiliar Jones novamente. O fiel acreditou na história, assim como acreditava no poder de cura do pastor. Afinal, Jim não mentia.[190]

Na segunda quinzena de outubro de 1961, Jones começou a falar aos pastores auxiliares sobre uma terrível visão profética. Dizia ter recebido a revelação de que, em breve, os Estados Unidos sofreriam um ataque nuclear que destruiria Indianápolis e toda a população da cidade.

Naquele ano, muitos norte-americanos, entre eles Jim Jones, viviam com medo de um holocausto nuclear, um sentimento que já vinha desde novembro de 1955, quando a Rússia testou com sucesso uma bomba termonuclear. Com o acirramento da Guerra Fria, avanços na ciência deram origem a armamentos nucleares cujo poder de destruição chegava a ser 750 vezes maior que o das bombas atômicas com que os Estados Unidos atacaram o Japão no final da Segunda Guerra Mundial. O clima de paranoia tomou conta do país.[191] Depois de sua eleição, em novembro de 1960, o presidente John F. Kennedy sugeriu que os porões das escolas públicas seriam a melhor opção como abrigos em caso de guerra nuclear.[192] Em junho de 1961, em resposta às últimas ameaças soviéticas, o presidente fez um pronunciamento pela televisão no qual exortou os norte-americanos a se prepararem: "Em caso de ataque [nuclear], as famílias que não forem atingidas pelas explosões ainda terão uma chance de sobreviver se conseguirem encontrar abrigos disponíveis a tempo".[193]

Os colaboradores do Templo estavam predispostos a aceitar qualquer profecia do pastor, mas aquela, com toda a obsessão que havia pela guerra nuclear, era um prato cheio. Jones chegava a dar detalhes: o ataque, que ao que tudo indicava partiria da União Soviética, atingiria várias cidades importantes dos Estados Unidos, inclusive Chicago. Indianápolis seria arrasada pela precipitação radioativa da explosão no estado vizinho. A hecatombe ocorreria no dia 16 de algum mês, talvez de setembro — Jones não tinha certeza. Também não sabia em qual ano, mas seria às 3h09 da manhã ou da tarde, a visão não deixava claro. O fato era que, para garantir a segurança de seus membros, o Templo Popular deveria ser transferido para longe dos alvos mais prováveis de um ataque atômico. Jones usaria o período de licença médica para encontrar o lugar ideal. Como ficaria afastado por um bom tempo, designou formalmente Russell Winberg para assumir o Templo até sua volta. Ross Case, Archie Ijames e Jack Beam ficariam para auxiliá-lo.[194]

Assim, Jones saiu de Indianápolis. Sua única viagem ao exterior havia sido para Cuba, depois da revolução de 1959 liderada por Fidel Castro, e antes de o governo dos Estados Unidos proibir os cidadãos norte-americanos de viajar para lá. Jones acreditava que poderia arregimentar cubanos para o Templo, latinos simpatizantes do socialismo que deveriam estar ávidos para se juntar ao seu rebanho de brancos e negros em Indianápolis. O aparente desinteresse do novo governo revolucionário foi um balde de água fria.[195]

Jones foi então à Guiana Inglesa, na costa nordeste da América do Sul. Ficou bastante interessado no país, que estava em processo de desligamento formal do Império Britânico. A maior parte da população ficava no litoral, que passava por um lento e gradual processo de erosão; somente indígenas viviam na mata densa que cobria o resto do país. Ao que parecia, a população era majoritariamente negra, e o idioma oficial era o inglês. Quando se tornasse uma nação independente, com um governo estável e quem sabe socialista, seria talvez um lugar a considerar. Mas ainda era cedo.[196]

Seu destino seguinte foi o Havaí. Levou a família toda junto, exceto Lynetta. Jones preferiu deixar a mãe em Indianápolis para cuidar dos asilos. Ele e Marceline gostaram tanto das exuberantes ilhas que, em dezembro de 1961, Jones se candidatou a um cargo não especificado na Igreja da Encruzilhada de Honolulu, famosa no meio evangélico pela grande congregação multirracial e pelos projetos comunitários. Sem dúvida, Jones esperava levar o rebanho do Templo lá, e então assumir a liderança de ambas as igrejas. A reverenda Katharine Kent ficou interessada no perfil de Jones, a ponto de procurar as referências fornecidas por ele em Indianápolis. Audrey E. Howard, secretária da Comissão de Direitos Humanos, derreteu-se em elogios:

> [Jim Jones] é uma das pessoas mais dedicadas que já conheci na vida. Sua ampla experiência com grupos étnicos certamente o habilitam a atuar em qualquer organização. Além disso, dedica-se a todas as causas que contribuem para o bem da humanidade com uma abnegação que nunca vi em homem nenhum. Sua ética, sua capacidade de realização — exemplificada pelos dois asilos e a igreja interdenominacional, primeira igreja local a abolir a segregação — seriam um diferencial em qualquer função. [...] Tenho certeza de que ele corresponderá à confiança que depositamos nele, aonde quer que vá.[197]

Apesar da recomendação cheia de entusiasmo, Jones não conseguiu a vaga. Voltou com a família para Indianápolis, onde continuou insistindo na iminência do holocausto nuclear. Os pastores assistentes esperavam uma atitude de sua parte. Os membros comuns do Templo, que ouviram boatos sobre a visão de Jones, também. Sugestões de possíveis locais de refúgio chegaram de onde menos se esperava: da revista *Esquire*, voltada para um público que buscava informações fundamentadas sobre assuntos internacionais, política, esporte, literatura e moda. Jim Jones era leitor voraz da publicação e, para ele, a edição de janeiro de 1962 (que já estava nas bancas em dezembro de 1961) não podia ter chegado em melhor hora. Uma matéria de capa, cujo título era "Nove lugares do mundo para se esconder", trazia uma lista de cidades e regiões cujos habitantes teriam mais chances de sobreviver após uma guerra nuclear. A repórter Caroline Bird sentenciou em tom dramático: "Está havendo uma mudança de pensamento no mundo: a guerra vai destruir boa parte da vida neste planeta, mas não tudo. E o que isso significa, se for verdade, é que sua segurança não depende tanto de quem você é ou em que acredita, nem de que tipo de abrigo constrói, mas de onde você mora". Com base em projeções de ventos, fatores climáticos e peculiaridades geográficas, Bird identificou nove lugares onde a sobrevivência depois da guerra nuclear era considerada mais provável por muitos cientistas e lideranças militares especializadas: Eureka (Califórnia), Cork (Irlanda), Guadalajara (México), Vale Central (Chile), Mendoza (Argentina), Belo Horizonte (Brasil), Antananarivo (Madagascar), Melbourne (Austrália) e Christchurch (Nova Zelândia).[198]

Jones ainda acalentava a ideia de ir para a Califórnia, porém os governos estrangeiros pareciam mais propensos a recebê-lo e fomentar o crescimento de uma igreja de inspiração socialista. A mudança para outro país também aumentaria o controle de Jones sobre os seguidores, pois estariam isolados de familiares e amigos de fora da igreja que pudessem afastá-los dos cultos e das atividades do Templo. A América do Sul parecia o lugar mais provável e, das opções aventadas pela *Esquire*, o Brasil parecia ser o mais promissor, com mais comodidades que o Vale Central do Chile e um governo que parecia menos ditatorial que o da Argentina. A maioria dos membros do Templo vinha de ambientes urbanos dos Estados Unidos. Belo Horizonte ficava no centro de um polo agrícola e minerador no estado de Minas Gerais. Os missionários norte-americanos radicados na região encontravam um grande número de potenciais adeptos entre os brasileiros em geral e entre os pobres que abarrotavam a cidade. Jones já reclamara com Max Knight que Indianápolis não era aberta o suficiente. Até a população do gueto era limitada. Belo Horizonte era o oposto. Lá, parecia não haver limites para alguém com disposição e visão para transformar sonhos socialistas em realidade. O que poderia dar errado?

Jones providenciou tudo às pressas. Russell Winberg continuaria em seu lugar como pastor interino do Templo Popular. Lynetta Jones e os pais de Marceline administrariam os asilos do Templo. Mandariam dinheiro regularmente para financiar novos projetos em Belo Horizonte. Quando Jones já estivesse bem estabelecido, os membros da igreja começariam a emigrar, e seria fundado um novo Templo Popular na cidade. Por fim, Jones entregou o cargo de diretor da Comissão de Direitos Humanos. Apostando alto, levou a esposa e os filhos para o Brasil.

16
BRASIL

Jones começou a viagem com o pé esquerdo. Em vez de ir logo para Belo Horizonte, fez uma parada no México, e Archie Ijames foi encontrá-lo lá. Contou que Russell Winberg já estava modificando os cultos do Templo Popular. Jones falava muito de problemas sociais; Winberg estava fazendo a pregação bíblica convencional. Andava convidando outros evangelistas para dar o sermão, apesar de Jones preferir restringir influências externas. Ijames expressou seu temor de que Winberg estivesse tramando tomar o controle do Templo. Jones precisava voltar para Indianápolis o quanto antes.

A paranoia de Jones se reacendia à menor suspeita de trapaça. A queixa de Ijames tirou seu sossego. Porém, a ameaça de um apocalipse nuclear iminente o impedia de voltar ao púlpito do Templo tão cedo. Jones precisava mostrar aos seguidores que estava mais preocupado em salvá-los do que em tirá-los das garras de um possível usurpador. Só lhe restou pedir para Ijames continuar de olho em Winberg e comunicar eventuais problemas.[199]

Na frente da família, Jones não se deixava abalar. Na saída do aeroporto, já no Brasil, Marceline teve um choque ao se deparar com o atraso e a pobreza generalizada. Ao perceber seu desalento, Jones a abraçou e, juntos, cantaram "I'll Be Loving You Always", música que tocara no casamento dos dois.[200]

Usando o dinheiro contado que trazia dos Estados Unidos, a família Jones alugou uma casa de três dormitórios com pouquíssima mobília em Belo Horizonte. Com cerca de 1 milhão de habitantes, a nova cidade da família, esparramada entre morros, era intimidadora. Ninguém falava inglês. A paisagem ao redor era exuberante — fazendo jus ao nome da cidade —, mas as ruas estavam cheias de pedintes, muitos dos quais eram crianças à beira da inanição. Os orfanatos da cidade só tinham capacidade para atender uma pequena parte dessas crianças. Em Indianápolis, o gueto negro era um lugar natural para Jones estabelecer um ministério. Em Belo Horizonte, havia opções até demais.[201] Foi difícil para Jones e Marceline aprenderem a se virar sozinhos — até uma tarefa aparentemente banal, como enviar correspondência para casa, era complicado, porque nenhum dos atendentes do correio sabia inglês.

Foi em uma agência do correio de Belo Horizonte que Jones travou contato com seu primeiro conhecido no Brasil. Um homem baixinho foi chamado por um funcionário para servir de intérprete. Apresentou-se a Jones como Ed Malmin, missionário que estava no Brasil havia três anos e falava português fluentemente. Cordial, convidou Jones e sua família para jantar. Os Jones eram uma companhia agradável. Jim falou de sua visão profética, da relativa segurança que Belo Horizonte oferecia contra a radiação nuclear e de sua intenção de estudá-la como possível destino para transferir o Templo Popular. Malmin, que havia frequentado o seminário da famosa evangelista Aimee Semple McPherson em Los Angeles, se solidarizou e se ofereceu para apresentar Jones às autoridades locais, além de dar todo o suporte à família durante o processo de adaptação.

Ao final do jantar, Jones e Marceline já tinham mais uma nova amiga. A filha de Malmin, Bonnie, de 16 anos, havia brigado com os pais por causa do namorado brasileiro. A família desaprovava o namoro com um rapaz negro. Para Jones e Marceline, com sua família arco-íris, não havia nada de mais. Bonnie logo passou a frequentar a casa dos Jones, a ajudar Marceline com os afazeres e a servir como intérprete. Não tardou a se mudar para lá, com a bênção dos pais, e achou a vida muito mais agradável na nova casa. A exemplo de Marceline, começou a usar menos maquiagem e fazer rabo de cavalo, em lugar dos penteados mais elaborados de que tanto gostava. Adorou os filhos de Jones, principalmente Jim Jr. Para ela, o pastor parecia ter um amor sincero a todas as criaturas. Quando a família ganhou um pato vivo para o jantar, Jones não teve coragem de matá-lo, mas fez questão de adotá-lo como bicho de estimação. Também falava abertamente de sexo com Bonnie, inclusive sobre usar camisinha. Até lhe deu uma para carregar na bolsa quando saísse com o namorado. Ensinou ela a se defender de homens agressivos com uma joelhada na virilha. Bonnie não ficava constrangida de conversar esses assuntos com Jim; achava o jeito dele paternal. Mas havia outras coisas que a incomodavam. Jim Jones estava em Belo Horizonte como missionário, mas não tinha Bíblia em casa. Também não rezava antes de comer. Bonnie pediu permissão para fazê-lo, e Jones e Marceline aceitaram. Pelo jeito, não tinham nada contra rezar antes das refeições; apenas não cultivavam esse hábito.[202]

Jones logo começou a ficar frustrado em Belo Horizonte. Era recebido por várias autoridades, mas não tinha como influenciá-las. Era só mais um entre muitos missionários norte-americanos. Talvez, se distribuísse comida e roupas aos pobres, poderia se sobressair, como acontecera em Indianápolis, mas não tinha dinheiro. Contava receber estipêndios regulares do Templo Popular, mas não recebia nada. E as coisas não iam nada bem em Indianápolis.

O Templo Popular já não era uma igreja estritamente de bairro e frequentada pelos moradores das proximidades apenas por ser conveniente. A maioria dos fiéis era atraída pelos ideais socialistas e o trabalho comunitário da igreja, ou acreditava em Jim Jones e em seus poderes e queria fazer parte de sua igreja. Com a ida de Jones para o Brasil e o retorno ao culto bíblico mais convencional de Russell Winberg, os dois fatores perderam a razão de ser. As pessoas estavam saindo em números muito maiores que a média de uma ou duas por mês que tanto afligira Jones quando ainda estava no comando. A evasão de fiéis provocou uma queda brusca na arrecadação de ofertas durante os cultos dominicais, que se somou à perda das receitas oriundas das participações de Jones no circuito de avivamento. A receita dos asilos mantidos pelo Templo não bastava. Os pacientes residentes eram admitidos conforme a necessidade e só pagavam o que podiam.[203] Portanto, Archie Ijames, que cuidava interinamente das finanças do Templo, não tinha dinheiro para mandar para Belo Horizonte. Jones e sua família tiveram de viver com o que ele conseguia ganhar com empregos de meio período e modestas doações eventuais de cristãos brasileiros comovidos com sua dedicação à causa. Jones e Marceline seguravam as pontas. Os jantares em família eram simples, e continham só o essencial: arroz, pão, verduras e legumes. Marceline fazia arroz em uma caçarola de cinco litros. Depois que a família se servia, distribuía o resto em tigelinhas e deixava na varanda para as crianças de rua.[204]

Jones passava boa parte do tempo tentando manter o Templo Popular em pé, mesmo à distância. Bombardeava os pastores auxiliares com cartas de encorajamento. Eles tinham visto como Jones recrutava e segurava os membros da igreja; com certeza ainda poderiam estancar a evasão. Com Winberg, no entanto, era necessário ainda mais tato. Se o criticasse muito, ele poderia se insurgir e se apoderar do que ainda sobrava da congregação. Restava a Jones apoiar seu jeito de tocar as coisas. E, como sempre, implorar por dinheiro. Para fundar uma nova sede do Templo Popular em Belo Horizonte, Jones precisaria dar o mesmo exemplo progressista que fizera sua fama em Indianápolis, de alguém que sabia trabalhar para dar condições de igualdade a todos e se tornar, outra vez, um homem de respeito. Então, quando os seguidores do Templo chegassem à nova casa, passariam imediatamente a fazer parte de uma igreja importante, exemplo vivo de seu projeto socialista.

Jones também estava sempre em contato com os fiéis do Templo. Todos eram incentivados a escrever para seu verdadeiro pastor e perguntar o que quisessem. Alguns, como Patty Cartmell, escreviam quase todos os dias. Perguntavam o que o pastor gostaria que fizessem em Indiana e quando pretendia chamá-los para o novo lar, protegido da radiação. Jones os incentivava a continuar acreditando nele e apoiando os projetos sociais que começara em Indianápolis. Descrevia não apenas os encantos do Brasil, mas também a grande necessidade que o país tinha da visão e solidariedade que só Jim Jones e o Templo Popular eram capazes de oferecer. E, claro, também queria saber dos fiéis o que estava acontecendo na sua ausência. Quem estava se desviando da orientação do pastor? Quem podia estar agindo por interesse, e não com altruísmo?

Os acontecimentos nos Estados Unidos e no resto do mundo colaboraram para que Jones conseguisse conservar a lealdade dos seguidores. As marchas pela liberdade e os direitos civis promovidas por militantes negros e brancos no Sul Profundo não raro acabavam em confronto. Em outubro de 1962, fotos tiradas por aviões do serviço secreto norte-americano indicavam que os soviéticos estavam montando uma base de lançamento de mísseis em Cuba, o que os deixaria próximos de alvos nos Estados Unidos em caso de guerra nuclear. O presidente Kennedy exigiu a retirada imediata da base e ordenou um bloqueio naval à ilha. Cargueiros soviéticos continuaram avançando. Durante treze dias, o mundo esteve à beira de uma catástrofe, até que os russos aceitaram abandonar a base em Cuba, em troca da retirada dos mísseis norte-americanos na Turquia. Havia sido por pouco. A profecia apocalíptica de Jones ganhou ainda mais credibilidade entre os membros do Templo em Indianápolis, que desejavam saber se o pastor os levaria em breve para Belo Horizonte. Em vez disso, ele se preparava para ir embora.

Jones não conseguia fazer progresso em Belo Horizonte. Sem dinheiro, não tinha como ganhar a simpatia das autoridades municipais com projetos sociais e preparar o terreno para a transferência do Templo Popular. Jack e Rheaviana Beam foram passar um tempo com a família Jones em Belo Horizonte. Lá, puderam relatar pessoalmente os problemas do Templo. Depois de Marceline, Jack Beam havia se tornado o principal assessor de Jones. Seu forte senso de humor ajudava a amenizar a obsessão do pastor, mas nem por isso deixava de estar comprometido com o socialismo. As perspectivas em Belo Horizonte também o desanimaram. Embora fosse versátil e tivesse facilidade para dominar rapidamente qualquer habilidade mecânica, não conseguiu arranjar um emprego fixo na cidade. No começo de 1963, os Beam voltaram para Indianápolis.[205]

Jones ainda não havia desistido do Brasil. Mudou-se para o Rio de Janeiro com a família e foi contratado por uma escola norte-americana como professor de inglês. Finalmente tinha salário fixo. Com isso, Jones e Marceline passaram a pregar para os pobres. Trabalhavam também como voluntários, em especial nos orfanatos da cidade. Jones tentou, sem muito sucesso, angariar dinheiro para as instituições. Assim como ocorrera em Belo Horizonte, ele era apenas mais um entre vários missionários cristãos, e alguns deles representavam organizações sólidas em termos financeiros, com capacidade de fornecer amplos recursos. Jones, que no passado recusara convites para integrar iniciativas missionárias globais, agora queria um emprego assim, com acesso a dinheiro. Atendendo a um pedido de Jones, em maio de 1963, Ed Malmin escreveu uma carta genérica, endereçada "a quem pudesse interessar", recomendando Jones a qualquer grupo missionário disposto a empregá-lo. Um trecho dizia:

> O rev. Jones e eu já participamos de encontros e oramos juntos. Tenho total confiança no sr. Jones e acredito que seja homem honrado e de grande caráter. Posso recomendá-lo sem reservas a qualquer função de confiança.[206]

A carta não ajudou. Nenhum grupo missionário contratou Jones, que continuou lecionando inglês na escola norte-americana.

Foi na época de sua passagem pelo Rio de Janeiro que Jones afirmou ter encontrado um jeito inusitado de angariar dinheiro para um orfanato muito carente. Na versão da história que contaria aos fiéis — e voltaria a contar várias vezes ao longo dos anos —, ele havia chamado a atenção da esposa de um importante diplomata, que ofereceu uma doação de 5 mil dólares para o orfanato se o pastor fizesse sexo com ela. Jones dizia que muitas mulheres já o haviam abordado antes, atraídas por sua beleza e seu carisma, e ele sempre recusava. Dessa vez, porém, era diferente: o dinheiro serviria para alimentar e vestir crianças necessitadas. Jones ficou desnorteado. Fazer sexo por dinheiro era prostituição. Mas, caso se recusasse, seria egoísmo: estaria deixando de dar uma vida melhor aos órfãos por uma questão de dignidade pessoal. Depois de refletir muito, conversou com Marceline e pediu sua permissão para dormir com a tal mulher. Marceline engoliu o ciúme e assentiu. Na narrativa de Jones, suas qualidades na cama levaram a mulher do diplomata à loucura, e ela honrou sua parte do trato: o orfanato recebeu o dinheiro. Jones declarou que seu sacrifício era exemplo de dedicação genuína ao socialismo.[207] A lição que ficava para os seguidores de Jones era a de que um fim louvável justificava qualquer meio escuso.

Para azar das crianças do orfanato, não havia outras mulheres ricas com propostas similares em vista. As realizações de Jones no Rio de Janeiro foram tão pífias quanto em Belo Horizonte. Além do mais, as notícias que chegavam de Indiana não eram nada animadoras. Russell Winberg estava consolidando seu controle antiquado sobre a igreja, e os membros que ainda restavam estavam divididos: uma parte apoiava Winberg e outra se mantinha ao lado de Jones. Jim precisava tomar uma atitude, mas não confiava em Ross Case nem em Archie Ijames o suficiente para destituir Winberg e promover um deles para ficar em seu lugar. A solução foi Ed Malmin, que resolveu se licenciar de seu ministério no Brasil e passar um tempo nos Estados Unidos. Jones pediu-lhe para assumir o Templo Popular, e ele aceitou. A ida de Malmin seria temporária: era só o tempo de Jones pensar em outra saída.[208]

Quando Malmin apareceu para assumir o Templo em Indianápolis, descobriu que Jones não havia anunciado sua ida. Winberg ficou furioso e saiu pouco tempo depois, levando algumas dezenas de membros que haviam se afeiçoado ao seu estilo mais tradicional. Malmin ficou para ministrar para cerca de duzentos fiéis, mas logo ficou claro que ele também era o oposto de Jones no púlpito. Assim como Winberg, era um tradicionalista que tomava cada palavra da Bíblia como verdade imutável. Quando isso chegou aos ouvidos de Jones no Brasil, ele percebeu que, em vez de lhe ganhar tempo, trocar Malmin por Winberg só havia piorado as coisas. Também não podia tirar Malmin arbitrariamente, porque desconfiava que Ijames e Case podiam querer seu lugar. Se havia uma chance de o Templo Popular continuar sendo o principal instrumento do ministério de Jim Jones, só ele tinha condições de liderá-lo da maneira certa.[209]

Jones foi para o Brasil com a intenção de preparar o terreno para migrar o Templo em massa para lá. Depois de dois anos, estava claro que não daria certo. Jim Jones não deslanchou no país — nem em Belo Horizonte, nem no Rio de Janeiro. A grande extensão territorial brasileira, aliada à pobreza generalizada, eram um entrave aos seus esforços para se tornar uma figura relevante. Mesmo que levasse para lá seus fiéis ainda leais — os últimos remanescentes de uma congregação outrora expressiva —, eles não o veriam mais como um grande homem capaz de promover transformações sociais significativas, porque, no Brasil, ele não passava de um pastor qualquer, igualzinho aos líderes religiosos negros de Indianápolis dos quais Jones zombara por se reunirem de vez em quando com pessoas importantes sem nunca conseguir nada. O Templo Popular havia sido construído com as conquistas orquestradas por Jim Jones. Ele não podia dar um passo atrás e aceitar menos do que isso.

Jones precisava de motivos plausíveis para voltar, e ofereceu vários para os membros remanescentes do Templo. O assassinato de John F. Kennedy, em novembro de 1963, era mais uma prova de que os Estados Unidos estavam desmoronando. Seu rebanho de fiéis em Indianápolis precisava da presença *concreta* e reconfortante de seu pastor. O governo brasileiro não era tão liberal quanto ele esperava. O país, e principalmente Belo Horizonte, podia até servir de refúgio contra a hecatombe nuclear, mas seus líderes políticos eram malignos e jamais aceitariam uma igreja comprometida com causas sociais e que exigia igualdade para todos. Jones não chegara a se comprometer a migrar o Templo Popular para o Brasil. Sua temporada de dois anos no país era apenas para averiguação e, de acordo com suas descobertas, seria necessário procurar abrigo em outro lugar.

Mas aquilo era assunto para depois. Naquele momento, Jones estava preocupado em salvar o que ainda restava do Templo em Indianápolis. Tinha certeza de que, quando voltasse, restabeleceria sem demora seu prestígio e sua congregação. Já havia conseguido antes, e daria certo de novo.

Mas não deu.

17
RUMO AO OESTE

A família Jones foi recebida no aeroporto de Indianápolis por pouco mais de trinta membros do Templo Popular. Não foi o suficiente para tranquilizar Jim. Antes de partir para o Brasil, conseguia atrair centenas de pessoas para os eventos mais insignificantes. Estava claro que a motivação e o número de fiéis do Templo haviam minguado. Era preciso tomar uma atitude, e depressa.

O problema mais urgente estava no púlpito. Ed Malmin havia sido o mentor de Jim Jones quando estavam no Brasil. Mas, depois de voltar, Jones queria retomar seu posto de líder e, ao assumir os trabalhos, foi deixando Malmin de escanteio. Nas reuniões, era Jones quem liderava, e ninguém pedia a opinião de Malmin. O missionário, que não era nenhum novato, sabia muito bem o que estava acontecendo e não ofereceu resistência. Seu período sabático nos Estados Unidos logo chegaria ao fim, e ele retomaria o trabalho missionário no Brasil. Enquanto não chegava a hora, ajudaria Jones da melhor forma que pudesse, de acordo com a margem de manobra que o ex-protegido lhe dava.[210]

Jones tinha tempo de sobra para cuidar dos problemas do Templo. Naqueles dois anos em que estivera fora, os governos estadual e municipal deram grandes passos em direção à integração racial em caráter quase universal. A Assembleia Geral de Indiana havia montado uma Comissão de Direitos Civis e, dessa vez, elaborado leis efetivas. Na educação, no mercado de trabalho e no acesso e uso de instalações públicas, a discriminação estava terminantemente proibida dentro do estado. As autoridades eram obrigadas a buscar a conciliação com os transgressores, mas, se não tivessem sucesso, a justiça os forçava a cumprir as determinações legais. Os ativistas pelos direitos civis condenaram o legislativo estadual por não estender as novas leis à política habitacional, mas o Conselho Municipal de Indianápolis se antecipou ao estado e, em 1963, já com dois vereadores negros, elaborou uma lei proibindo a discriminação na venda ou aluguel de imóveis na cidade. A Comissão de Direitos Humanos ganhou poderes para emitir intimações e denunciar infratores.[211] Os serviços prestados por Jim Jones como diretor da comissão certamente haviam aberto caminho para esses avanços. Mas o fato era que já fazia dois anos que ele entregara o cargo, e as coisas caminharam sem ele. Jones não era mais um agente indispensável no processo de integração de Indianápolis.

Ainda havia terreno a conquistar em termos de igualdade racial em Indianápolis. Uma coisa era os negros terem o direito de escolher onde morar; outra, bem diferente, era que tivessem acesso a moradia a preços acessíveis. Até as lojas e restaurantes mais elitizados já eram obrigados a atender clientes de todas as raças — tirando os brancos, entretanto, não havia muita gente na cidade com dinheiro para gastar. Proporcionar oportunidades iguais de trabalho a brancos e negros era uma forma de atenuar a disparidade social entre eles, mas, mesmo que funcionasse, o processo levaria anos, talvez gerações. Em outras regiões do país, os negros se recusavam a esperar. As marchas pelos direitos civis continuavam. Logo eclodiram grandes conflitos raciais nos guetos das grandes cidades. Se o mesmo clima de tensão fosse criado em Indianápolis, Jones poderia ter ressurgido como o grande porta-voz da luta pelos direitos civis na cidade, liderando protestos ou aparecendo nas ruas em chamas para clamar por justiça pelos grupos que continuavam oprimidos.

Mas essas coisas jamais aconteceriam por lá. Os negros de Indianápolis, no fundo, não negavam suas origens: os *hoosiers*, como se chamavam os habitantes de Indiana, não eram muito de bater de frente. Já tinham conseguido mais direitos civis que os negros de outras grandes cidades norte-americanas com a eleição de um número inédito de políticos liberais nas esferas estadual e municipal. Dentro de poucos anos, o conservadorismo tradicional do eleitorado majoritariamente branco de Indiana voltaria a prevalecer, e a maior parte dos direitos civis conquistados entre 1962 e 1963 seriam negados. Mas, por ora, esses avanços tiravam de Jim Jones qualquer chance de reaver seu protagonismo na cidade. Era duro, e não só porque

Indianápolis estava conquistando a integração sem ele. Em outros tempos, a forma mais eficiente de arrebanhar fiéis para a igreja entre os cidadãos negros era a expectativa de que o Templo poderia ajudá-los a conquistar coisas tanto em vida como após a morte. O pastor Jones intercedia pelos fiéis junto a autoridades municipais, empresas de serviços públicos, bancos e comerciantes. A essa altura, porém, Jones já não era o único caminho, nem sequer o mais viável. A Comissão de Direitos Humanos contava com todo o respaldo legal de que precisava para defender os cidadãos. Jones não era a única opção dos potenciais adeptos do Templo.[212]

E houve ainda mais humilhações. Jones teve de transferir o Templo para um imóvel menor, porque o antigo de repente parecia imenso e vazio: em alguns domingos menos de cem pessoas apareciam no culto.[213] O movimento cada vez menor abalou a reputação de Jones e sua imagem de *poder*. Ele precisava lembrar às pessoas de como era importante. Sua revolta e frustração vieram à tona de diversas formas.

Jones manteve seu programa de rádio, que ia ao ar das 16h45 às 17h na estação WIBC de Indianápolis. Archie Ijames cobriu sua ausência no programa durante a missão ao Brasil, mas logo Jones reassumiu o microfone. Se antes citava passagens bíblicas e exortava os ouvintes a amar o próximo, ao voltar passou a despejar impropérios contra a Bíblia, chamando-a de peça de propaganda e insinuando-se como profeta contemporâneo. Aquilo passava longe da palavra de conforto que a estação e os ouvintes esperavam ouvir. Jones foi advertido a mudar de tom e, como não se emendou, a WIBC tirou-o do ar.[214]

Ainda determinado a cativar outros públicos fora do Templo, voltou ao circuito de avivamento, onde a mudança de discurso também era perceptível. Com o apoio de sua hábil cúmplice, Patty Cartmell, Jones ainda maravilhava a plateia com profecias e telepatias miraculosas. Porém, seus sermões já pouco falavam da Bíblia. Em vez disso, pregavam o socialismo, ainda que sem citá-lo nominalmente. O discurso de Jones era claro: somente a igualdade plena e irrestrita era aceitável. Para os contingentes de oprimidos, que não paravam de aumentar, quem discordasse disso se tornava inimigo. A transformação era inevitável. Era melhor aceitá-la do que resistir.

Nos cultos de domingo, em reuniões com os pastores auxiliares e outros de seus membros mais fiéis, Jones ia mais longe. Quanto menos reconhecido e valorizado se sentia fora do Templo, mais se enaltecia perante os seguidores que conservava. Alguns se indignaram com ele por falar mal da Bíblia e citá-la como "a raiz de todos os nossos problemas atuais. Nela se ensina racismo e opressão".

E ainda havia mais. Antes, Jones só costumava falar de sua crença na reencarnação com alguns confidentes discretos. Embora dissesse ter sido um grande homem em vidas passadas, nunca tinha declarado sua verdadeira identidade. Isso também mudou. Ao retornar ao púlpito do Templo, Jones enterrou de uma vez por todas o conceito de um "Deus celestial" que prometia a vida eterna em troca da fé, mas ignorava os doentes e os infelizes. O verdadeiro Jesus ou Deus, pregava Jones, existia como consciência ou espírito que podia escolher um corpo para habitar, e assim conceder graças imediatas aos vivos.

Jones não chegava a dizer que era Deus. Mas, dessa época em diante, passou a induzir a congregação para que concluíssem isso por conta própria. O exemplo máximo disso foi um sermão de 1975: "A mente que esteve em Cristo Jesus está em mim agora. Porque um homem é o que são seus pensamentos. Se vocês acham que veem um homem, sou um homem. Mas, se acham que veem Deus, Deus está aqui. O que importa é: quem eu sou para vocês?".[215]

Não há como saber se Jones foi aos poucos se convencendo de que era o receptáculo de Deus na Terra ou se chegou a essa conveniente conclusão no momento em que sua carreira entrou em crise. De todo modo, se Jones já acreditava que havia encarnado Buda e outras personalidades extraordinárias, era até natural que, mais cedo ou mais tarde, a ambição o levasse a ostentar sua identidade ao maior dos pedestais. Incentivado desde pequeno pela mãe, que acreditava em reencarnação e transmigração de almas, Jones sempre se sentira especial, predestinado a uma vida de glória, mesmo antes de nascer. Já adulto, teve o exemplo do Pai Divino, que dizia ser Deus em forma de homem e era adorado por milhares de seguidores. Para Jones, o Pai Divino estava equivocado — o que afirmou no panfleto que escreveu sobre o Movimento de Paz: "Rev. Divino [é] um mero instrumento que realizou boas obras". Mas Jones também queria ser adorado, e a ideia de reencarnação e sua recém-proclamada divindade caíam como uma luva. No caso do Pai Divino, tratava-se de grandiloquência e autoengano, mas não para Jones: para ele, era apenas a constatação da verdade. Jim Jones era Deus ou o Cristo na Terra, o que significava que sua vontade era sábia e deveria ser cumprida. Jones ainda acreditava nas virtudes do socialismo e queria estender a mão aos oprimidos. Mas perdera a capacidade de aprender com os próprios erros, já que, como um ser tão elevado, não se acreditava passível de cometê-los. No futuro, tudo que não saísse exatamente do jeito que Jones queria seria culpa de seguidores imperfeitos ou de inimigos implacáveis — e, a cada dia que passava, ele tinha mais certeza de ter inimigos por todos os lados.

Jones ainda mantinha certa cautela. Fora do Templo, evitava afirmações de divindade, mas esperava que os colaboradores mais próximos reconhecessem seu caráter divino. Alguns não gostavam nada disso, principalmente Ross Case e Archie Ijames. Ijames precisou de um tempo para aceitar a ideia, mas Case nunca se convenceu.[216] Os demais seguidores acreditavam sem pestanejar — já o tinham visto mostrar poderes inexplicáveis — ou então, a exemplo de Jack Beam, ignoravam esse disparate: o que interessava eram os princípios socialistas que Jones compartilhava com seus fiéis. Marceline não comentava o assunto. Mesmo que não acreditasse na divindade do marido, via nele um homem especial, com uma missão divina, e nunca deixou de apoiá-lo publicamente.

O momento era crítico. Os dias de Jones em Indianápolis estavam contados. Ele mesmo reconhecia isso. O Pai Divino havia levado seu rebanho de Nova York para a Filadélfia, e a mudança o fortaleceu. O Templo Popular precisava encontrar um lugar onde Jones tivesse como recuperar sua influência social e política e preservar os seguidores mais leais, cerca de cem ao todo. O que pesou na escolha do local não foi tanto a falta de perspectivas em Indiana, nem a crença de Jones de que, sendo Deus, seu povo prosperaria aonde quer que o levasse.

A maioria dos que conviveram com Jones nos últimos anos da seita e sobreviveram para contar a história tinha dúvidas sobre sua honestidade. Seus exageros e mentiras eram tantos que era bem possível que houvesse mentido o tempo todo. O lugar que Jones acabou escolhendo para se restabelecer, porém, indica que, pelo menos algumas vezes, ele falava a verdade. Seu medo de um holocausto nuclear era genuíno. O Deus encarnado não acreditava ser imune à morte por explosão ou radiação nuclear. Se só quisesse levar o Templo para um lugar onde pudesse ganhar mais fama e poder, as opções seriam óbvias. Graças às suas participações no circuito de avivamento, Jones já dispunha de capital político em várias cidades do Meio-Oeste onde se acirravam os conflitos raciais. Mudar-se para lá não seria tão difícil. Jones sabia se envolver em polêmicas, explorar a insatisfação dos negros e enfrentar a resistência dos brancos. De certa forma, estava de mãos atadas em Indianápolis. Em Chicago ou Detroit, poderia defender sua causa a plenos pulmões.

Em vez disso, voltou a pensar na lista de locais seguros contra um ataque atômico. De Belo Horizonte já havia desistido, pelo menos por ora. Das nove cidades e regiões citadas na matéria da *Esquire*, apenas uma ficava nos Estados Unidos:

> O lugar mais seguro dos Estados Unidos é Eureka, na Califórnia, cidade portuária escondida atrás de um braço de terra com uma população de quase 30 mil pessoas, 455 km ao norte de San Francisco e mais de 160 km ao norte do alvo [de ataque nuclear] mais próximo. Eureka é a principal cidade naquele trecho seco e pouco povoado do litoral da Califórnia. É menos suscetível a estragos provocados por ataques militares porque fica a oeste das serras e a barlavento de todos os alvos nos Estados Unidos. [...]Eureka fica na região mais segura da Costa Oeste.

Em uma cidade grande, Jones teria mais chances de conquistar adeptos e alcançar projeção nacional. Na Califórnia, o lugar que oferecia as melhores oportunidades para se unir à vanguarda dos conflitos raciais de grande repercussão no país era Los Angeles. O gueto de Watts estava prestes a se tornar palco de revoltas. San Francisco era uma opção menos óbvia, mas ainda propícia para adquirir e exercer protagonismo na luta pelos direitos civis. Um a um, os bairros habitados pelas minorias estavam sendo deliberadamente erradicados pelo planejamento urbano da prefeitura local. Eureka, com 30 mil habitantes e poucas minorias, não oferecia tantas possibilidades. Mas ficava na Califórnia e, segundo constava, estava a salvo da precipitação radioativa.

Jones enviou pessoas para explorar a região. Jack e Rheaviana Beam mudaram-se para Hayward, um subúrbio de Oakland, na região da Baía de San Francisco — que ainda tinha seu apelo, e não estava fora de cogitação. Ross Case foi morar 240 km ao norte de Hayward, em Ukiah, sede do condado de Mendocino. Ukiah ficava no meio do caminho entre Eureka e San Francisco, mas ainda fora da hipotética zona de precipitação.[217]

Enquanto aguardava notícias, Jones tratou de resolver uma pendência profissional. Embora o Templo Popular fosse afiliado aos Discípulos de Cristo desde 1959, o pastor ainda não havia sido ordenado na denominação. Já tinha o diploma de nível superior de que precisava, mas viajou para o Brasil logo depois de se graduar. Ele queria a certificação dos Discípulos, uma credencial que poderia ajudá-lo a recomeçar na Califórnia. Sendo assim, apresentou um requerimento formal à denominação, que deu início ao processo de avaliação.[218]

O fator fundamental para a qualificação de Jones foi um Conselho de Ordenação composto por oito pessoas, designado para investigar seus antecedentes. Quatro dessas pessoas eram ligadas aos Discípulos, e as outras quatro representavam a visão secular. Apesar do ministério irregular de Jones, os Discípulos de Cristo desejavam que ele fosse aprovado.

Sob sua liderança, o Templo Popular era um modelo de igreja baseado em serviços sociais, um exemplo a ser seguido por todas as congregações da denominação. Reprovar Jones seria rejeitar as importantes conquistas obtidas pelo Templo Popular. Portanto, as cartas já estavam marcadas desde o início. Os quatro membros de fora da denominação eram Archie Ijames, pastor auxiliar do Templo (a igreja era afiliada aos Discípulos, mas Ijames não era ordenado pela denominação); Walter Baldwin, sogro de Jones; Harold Cordell Jr., que era de uma das famílias mais leais ao Templo; e Ed Malmin, o missionário veterano que havia se tornado amigo e mentor de Jones no Brasil. O parecer favorável da banca foi mera formalidade.[219] Em um culto no Templo, realizado em 16 de fevereiro de 1964, às 20h, Jim Jones foi ordenado em caráter oficial como pastor dos Discípulos de Cristo. Nos cultos que celebrou no Templo nas três semanas seguintes, Jones tecnicamente seguiu as diretrizes dos Discípulos, mas com um toque pessoal. Na hora da comunhão, os fiéis do Templo recebiam café e rosquinha, em lugar de vinho e hóstia. O recém-ordenado reverendo Jones, então, lembrava-lhes que a verdadeira comunhão era a assembleia, e não a ceia. Se os líderes regionais dos Discípulos de Cristo souberam disso, fizeram de conta que não.[220]

Jones começou a fazer visitas de prospecção à Califórnia, às vezes acompanhado de seus escudeiros do Templo, e levou a família junto ao menos uma vez. Todos adoraram San Francisco, mas Jones não conseguiu dissipar o medo de que a cidade em pouco tempo desaparecesse debaixo uma nuvem atômica.[221] Ukiah era mais promissora: ficava um pouco mais para o interior do condado de Mendocino, cercada de morros e montanhas que a protegiam até do menor vento marítimo. Joe Phillips, que tinha experiência na lavoura, observou que a região era bem fértil. Se o Templo conseguisse terras, poderia plantar alimentos que proveriam boa parte de sua subsistência. Jones ficou bastante interessado; já se impressionara antes com as fazendas da Terra Prometida, do Movimento de Paz.

O acordo foi selado em uma auspiciosa reunião no restaurante do Palace Hotel de Ukiah. Jones, Phillips e Jack Beam entreouviram a conversa de um pequeno grupo de homens e mulheres sentados à mesa ao lado. Eram do conselho da Igreja de Cristo da Regra Áurea, grupo dissidente de uma organização maior e que professava as ideias do evangelho social. Viviam em uma colônia de 6.500 hectares localizada nos morros ao norte de Ukiah. Jones, e os outros dois membros do Templo foram se apresentar. Durante a conversa, os presbíteros da Regra Áurea convidaram os novos amigos a visitar a comunidade. Os três ficaram bastante impressionados: as pessoas ali viviam a fé à sua maneira, eram quase autossuficientes e não estavam subordinadas a nenhuma outra organização. Jones considerou o encontro providencial e propôs uma fusão com o Templo Popular. A maioria dos membros do grupo de Ukiah era mais velha. Em razão da idade e de outros fatores, o número de fiéis havia caído para cerca de duzentos. A chegada de jovens fiéis de Indianápolis sem dúvida seria uma injeção de ânimo para propagar a fé assistencial que os dois grupos professavam. Chegaram a um acordo: se Jones levasse seus seguidores para Ukiah, eles poderiam praticar sua fé na colônia da Regra Áurea como grupo religioso independente. Com o tempo, se demonstrassem afinidade, o grupo anfitrião discutiria a fusão. De qualquer forma, os membros do Templo não poderiam se instalar de imediato na colônia da Regra Áurea. Antes, teriam de morar em Ukiah ou outra cidade da região e arranjar emprego na comunidade.[222]

Mais que satisfeito, Jones ficou empolgado. Prometeu manter contato com os presbíteros da Regra Áurea e disse que a mudança se daria em breve. Só não revelou que sua intenção, na verdade, era unificar os dois grupos sob sua liderança. Naquela primeira negociação, e em diversas ocasiões nos meses seguintes, Jones garantiu aos novos amigos da Regra Áurea que teria prazer em servir como o mais humilde membro. Mas, para seus assessores mais próximos, revelou o que realmente pretendia: tornar-se o líder. Era seu destino, seu direito.

Ross Case andava bastante preocupado com a conivência dos demais membros em relação não apenas às ambições de Jones, mas também às suas pretensões divinas. Em março de 1965, depois que o líder voltou a Indiana para organizar a mudança para a Califórnia, Case escreveu-lhe dizendo que não tinha mais como segui-lo: não podia, em sã consciência cristã, "entregar-me de cabeça à vontade de Jimmy". Ainda ajudaria nas obras sociais do Templo, porém como amigo, não mais como membro. "Não posso trabalhar sob uma premissa religiosa se não for para servir em nome de Jesus, para Sua glória." Case imaginava que sua saída seria tranquila e amistosa. Continuaria a morar e trabalhar em Ukiah e a conviver com os membros do Templo na cidade. Jones entendeu a decisão de Case como traição e fez outros planos para ele.[223]

Mas isso ficaria para depois. Por ora, o problema de Jones era convencer os membros remanescentes do Templo a segui-lo para os rincões da Califórnia. Muitos nunca tinham viajado para além do Meio-Oeste, ou sequer para fora de Indiana. Para eles, Ukiah era como uma cidadezinha em um país estrangeiro. Embora dezenas de seguidores estivessem dispostos a ir — acreditaram no líder quando disse que era o melhor a fazer —, outros mostravam relutância. Jones prometera à Regra Áurea que levaria um grupo numeroso de potenciais novos membros, e estava decidido a cumprir essa promessa. Para isso, no entanto, teria de se valer de todo o seu poder de persuasão.

Mesmo quando o número de membros do Templo estava no auge, Jones fazia questão de se relacionar com cada seguidor. Lembrava-se de cada confidência, de cada medo secreto, de cada aspiração ou pecado confessado. No segundo semestre de 1964, restavam apenas os membros mais antigos e os que haviam entrado depois de ver as curas milagrosas de Jones nos avivamentos. Eram esses os seguidores que o pastor conhecia melhor, e se aproveitou disso. Jones havia ajudado a maioria deles, fosse intercedendo junto a empresas de serviços públicos ou atendendo gratuitamente um familiar idoso e sem recursos em um dos asilos do Templo. De início, essas bondades tomavam a feição de mera obrigação cristã. Mas Jones mantinha um cuidadoso registro de todos os favores que fazia. Ele passou a lembrar esses fiéis de que ir à igreja por interesses pessoais era egoísmo, que também deveriam retribuir. Jim Jones e o Templo Popular haviam estendido a mão quando necessitaram; agora, eles precisavam estar dispostos a fazer o sacrifício de se mudar para um lugar desconhecido para o qual não queriam ir. Jones prometeu que a vida dos fiéis mudaria para melhor na Califórnia; trabalhariam todos juntos para conquistar uma igualdade que serviria de inspiração para o resto do mundo. Estava na hora de recompensar o que o Templo Popular e Jim Jones haviam feito por eles com tanta abnegação.

Nos demais casos, Jones sabia escolher as estratégias de persuasão que funcionariam com cada pessoa. Para os membros mais idosos, que penavam com o inverno rigoroso e os verões escaldantes de Indiana, dizia que o clima em Ukiah era paradisíaco. Aos defensores das causas sociais, lembrava o espírito de apatia e acomodação que permeava a cultura de cordialidade de Indianápolis. Na Califórnia, havia mais espaço para lutar por mudanças progressistas. Às mulheres que tentavam sair de relacionamentos abusivos e salvar seus filhos dessas relações, garantia que a distância facilitaria as coisas. As pessoas estavam cansadas de se espremer no gueto e não conseguir sair daquela vida porque o custo de moradia em outras partes de Indianápolis era proibitivo? Ali estava a chance de uma vida bucólica no campo. Para todos os males, segundo a promessa de Jones, a oportunidade de mudança estava no condado de Mendocino, na Califórnia.

A maior entre todas as armas de persuasão ainda era a iminente guerra nuclear. A destruição de Indianápolis era líquida e certa. Quem não saísse da cidade estava fadado a uma morte horrível. Em 1961, Jones relatara uma visão de que o ataque aconteceria no dia 16, só não sabia de que mês e ano. O momento da certeza, porém, havia chegado: a Rússia lançaria um ataque nuclear em julho de 1967. As opções eram ir com Jones para o norte da Califórnia e sobreviver ou ficar em Indianápolis e morrer.[224]

Cerca de noventa dos membros que ainda estavam no Templo compraram a ideia. No começo do segundo semestre de 1965, Jones celebrou o último culto do Templo Popular em Indianápolis, avisando que ele e seu povo estavam indo embora para a Califórnia para escapar da perseguição. Algum dia, iriam mais longe, para um lugar onde todos pudessem ser felizes. A maioria das pessoas entendeu que o pastor se referia ao paraíso. Não se disse nada sobre um holocausto nuclear iminente.[225]

Terminado o culto, Jones e seus seguidores partiram em caravana para o novo lar na Califórnia. A viagem foi bem animada. Paravam em supermercados nas cidades pelas quais passavam e compravam pães e frios, depois faziam agradáveis piqueniques em locais sombreados à margem da estrada. As paradas nos postos de gasolina eram demoradas, e as filas do banheiro, numerosas. Mas estavam todos animados, e o entusiasmo do líder era contagiante.[226]

Então chegaram a Ukiah, e a animação geral logo esfriou. Jones havia se preparado para tudo, menos para uma recepção hostil.[227]

Sunday Chronicle

SUNDAY NOVEMBER 26, 1978 — 25 CENTS

914 PERSONS DIE IN JONESTOWN DISASTER

BY COURTNEY GIBSON

A total of 914 members of the People's Temple died in the Jonestown tragedy, an official government spokesman announced.

The announcement came shortly after the removal of bodies from the Jonestown Settlement was flown out to the U.S. by personnel who are recovering and assisting the citizens to get back to the U.S.

And last night, a number of the bodies had been placed in caskets were lying at an awaiting to be flown in caskets or boxes before being taken back to the U.S. for assignment.

Sources say that the bodies were likely to be carried aboard a cargo Aircraft some time today.

DEATHS

As the tragedy in its leader, Rev Jim Jones followers said to have been a mass suicide after the original report stated

HARD —

being offered assistance of those who can give information on the discovery of persons from the area.

Well over 900 at Jonestown, after the original count the death

Jonestown Agricultural Mission. This was discovered from the information on their passports and their last names were given as "Garcia" and "Breidenbach"

LIVESTOCK

In the meantime, an official government spokesman last night disclosed that in another day or two an administrator will be sent to the Jonestown settlement to make a detailed assessment of the facilities there. At present members of the Guyana Defence Force are said to be tending the livestock there.

It was also announced last night that Police Commissioner Lloyd Barker had sent a special team of policemen into the area yesterday to establish a fully equipped police station which was scheduled to go into operation at 2.00 p.m. No unauthorised persons will be allowed to enter the area, it was explained.

And, commenting on the future of Jonestown, the official government spokesman made it clear that the Government has no intentions of allowing the People's Temple to continue operating in the area. In addition, the government does not intend to lease the lands in the area to any foreign group, the official explained.

83 ESCAPED

To date, it is known that there are some 84 members of the People's Temple who escaped the November 18 tragedy. These include, 46 members who were at the Temple's City Headquarters at the time of the tragedy, 33 survivors who were found either within the Jonestown Settlement or in the nearby forested area, and six members who were found

Forty-three year old Charles Edward Beikman, who has been a member of People's Temple for the past 20 years stood accused yesterday at the Georgetown Magistrate's Court of four murders, and one of attempted murder.

Beikman, an ex-Marine of Indiana, Indianapolis, in the United States is charged with

The accused being escorted to court

Ex-marine charged with four murders

BY JULIAN MENDES

and armed policemen.

Mr. McKay, who entered appearance for Beikman said that he was only allowed an

The lawyer observed that to his mind the accused's rights under the Constitution of Guyana had been violated

charges of attempted murder.

Beikman will appear in court again on January 15 at Matthew's Ridge, the magisterial district where the murders were allegedly

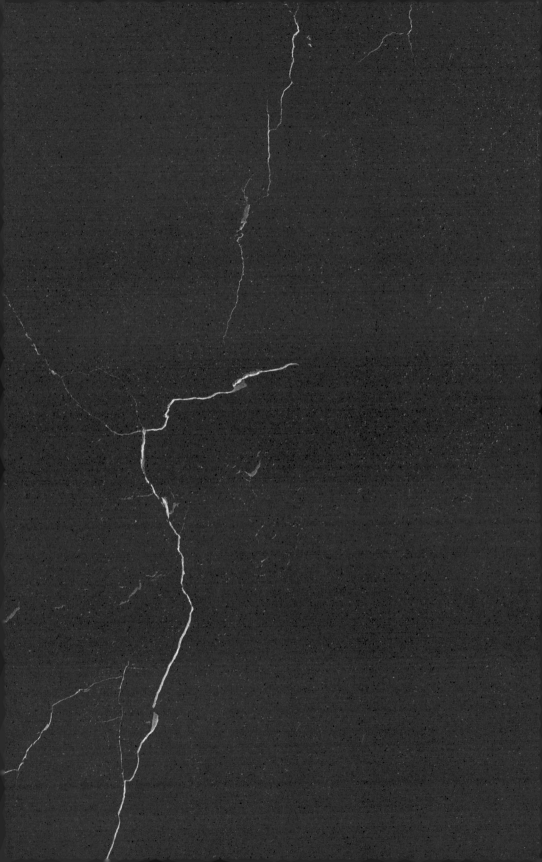

PARTE II
CALIFORNIA

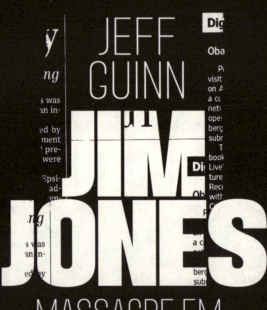

18
O VALE DOS JECAS

No início, Ukiah e o vale de Redwood pareciam o paraíso prometido por Jones. Tranquila e relativamente afastada do deslumbrante litoral do condado de Mendocino, a região quase não recebia turistas. Mesmo assim, tinha seus encantos naturais, como colinas e alguns lagos.

O Templo Popular não chegou de mãos abanando. Para espanto de um banqueiro local, Marceline Jones fez um depósito de 100 mil dólares.[228] Como a igreja havia praticamente fechado as portas em Indianápolis, seria necessário cuidar bem desse dinheiro. Depois de arranjarem emprego, os membros do Templo precisariam doar cada centavo que tivessem no bolso. Até Jones foi trabalhar em uma escola local como professor de História dos Estados Unidos e Educação Cívica. Marceline conseguiu uma vaga no setor público, como inspetora de hospitais e asilos. Lynetta conseguiu se encaixar na Cruz Vermelha.

Em julho de 1965, Jones deu entrada na papelada para registrar o "Templo Popular dos Discípulos de Cristo" como pessoa jurídica. A missão da organização, segundo o estatuto social, era "promover o Reino de Deus difundindo o Evangelho". Alguns meses depois, o Templo foi oficialmente reconhecido pela junta fiscal do estado da Califórnia como entidade sem fins lucrativos: "Contribuições à entidade poderão ser abatidas do imposto de renda pelo doador", observados os devidos procedimentos para a declaração. Jim, Marceline e Archie Ijames foram identificados como os dirigentes do Templo.[229]

Membros em Indiana que ainda resistiam à ideia de se mudar para a Califórnia começaram a receber notícias: "Venham para cá, é um paraíso. O Pai bem que disse". Mais uns cinquenta ou sessenta se renderam. Quando chegaram, foram recebidos com festa e felicitados por se salvarem da destruição nuclear. Era impossível não se impressionar com os cultos do Pai na fazenda da Regra Áurea. Nos últimos meses em Indianápolis, seu discurso vinha sendo ameaçador. No interior da Califórnia, porém, mostrava-se mais otimista que alarmista. A vida prometia *melhorar*.

Até que apareceu uma nuvem negra. Dan McKee, editor local do *Ukiah Daily Journal*, instruiu os repórteres a investigar a nova igreja e seus membros. Sua presença perturbaria o sossego daquela comunidade provinciana? Os jornalistas começaram a fazer perguntas, e Jones logo ficou sabendo. Passados alguns dias das primeiras apurações, lembra McKee, Jones "irrompeu" na sede do jornal e teve uma longa conversa a portas fechadas com o proprietário e o editor executivo da publicação. Depois, os patrões comunicaram a McKee que as investigações sobre o Templo Popular e Jim Jones estavam canceladas. Em vez disso, os próprios dirigentes do Templo passariam a enviar informes sobre a igreja e suas atividades ao jornal, que deveriam ser publicados na íntegra assim que chegassem.[230] Em Indianápolis, Jones havia aprendido a lidar com a imprensa da cidade grande. Ganhar a simpatia dos donos de um jornal interiorano não era nenhum desafio.

Já o racismo da cidadezinha de interior seria uma barreira difícil de transpor. Cerca de 15 mil pessoas moravam em Ukiah e em comunidades rurais nas colinas ao redor; quase todas eram brancas, da classe trabalhadora e moravam longe dos centros urbanos por opção. No início do segundo semestre de 1965, muitas cidades importantes dos Estados Unidos estavam em polvorosa com os protestos pelos direitos civis ou com a rejeição crescente à Guerra do Vietnã. Embora a maioria dos residentes de Ukiah e do vale de Redwood tivesse um pé atrás com o governo, não deixava de mostrar certo ufanismo. Para eles, quem protestava contra a guerra era traidor e comunista — os dois termos eram equivalentes. Os negros indignados não passavam de crioulos ingratos que não davam valor ao que tinham e cuja propensão genética à violência era uma ameaça aos brancos de bem. A Igreja da Regra Áurea não era problema para os locais. Os membros eram brancos e ficavam na deles, nas colinas. O Templo Popular era diferente. As pessoas estavam se instalando aos bandos em bairros que até então eram agradáveis e tranquilos. Alguns daqueles forasteiros eram *negros*.

Quando as primeiras caravanas do Templo Popular chegaram, ainda não era assim. A primeira leva tinha poucos negros, dentre eles Archie Ijames e sua família. No entanto, entre os que foram convencidos a ir mais tarde, havia mais uma dúzia de negros, que chamavam bastante atenção em Ukiah — "feito mosca em prato de leite", como se dizia por lá. Os brancos de Ukiah sabiam o que significava a chegada de negros. Mesmo que não fossem perigosos, as famílias brancas "de bem" queriam distância deles. A presença de negros era desvalorização imobiliária na certa. Mas Jim Jones, o líder daquela gente do Templo Popular, saía alugando casas pela cidade e botando os seguidores para morar nelas, inclusive negros, sem se importar com os moradores nem pedir licença. A segunda leva de membros teve uma recepção hostil na cidade. Crianças e adolescentes do Templo eram isolados pelos colegas de escola. Não eram convidados para brincar na casa de ninguém, nem para aniversários ou bailinhos. Nas lojas e nos cafés, seus pais eram atendidos com frieza e pouca cordialidade. Não demorou para os membros do Templo apelidarem o novo lar de "Vale dos Jecas".* Havia um risco palpável de muitos decidirem voltar para Indiana.[231]

Isso obrigou Jones a desenterrar a história da guerra nuclear iminente. De acordo com sua visão, faltavam menos de dois anos. Quem voltasse para Indianápolis estava fadado a morrer em um cenário apocalíptico. Ele os havia levado a Mendocino para salvá-los daquele destino. E anunciou que havia feito ainda mais. Juntamente com outros líderes do Templo, havia explorado os morros ao norte da cidade e descoberto, graças a seus dons, uma caverna incrível, profunda o suficiente para fornecer proteção contra a precipitação nuclear e com espaço suficiente para abrigar todos os membros do Templo e os mantimentos de que precisariam até a dissipação do perigo. Quando saíssem de lá, não apenas sobreviveriam, mas prosperariam no mundo pós-apocalíptico. O plano obrigava Jones a desmentir sua afirmação anterior de que Ukiah estava longe da zona de perigo e que bastava se mudar para lá para se salvar. Havia o risco de que as bombas russas caíssem mais ao norte de San Francisco ou que os ventos que em tese protegeriam Mendocino acabassem mudando. Quando viesse a guerra, a caverna seria um lugar totalmente seguro. E em Indianápolis não havia cavernas.

---

* Em inglês, "Redneck Valley", um trocadilho com o nome da região, Redwood Valley. [NT]

Jones dava detalhes do local, mas nunca levava os fiéis para vê-lo. Dizia que a caverna era isolada e de difícil acesso. Quando chegasse a hora, o Pai, Archie Ijames e os outros poucos que sabiam a localização os levariam até lá. Enquanto isso, tratariam de abastecê-la com mantimentos.

Mais tarde, alguns antigos membros do Templo concluíram que Jones mentia sobre a caverna. Na verdade, ela existia, embora só tivesse espaço para poucas dezenas de pessoas e ficava no fundo dos morros ao norte da cidade. Havia sido encontrada e explorada por Jones, Ijames, Joe Phillips, Jack Beam, Mike Cartmell (o filho adolescente de Patty Cartmell) e mais alguns. Jones havia exagerado os fatos, como sempre. Dificilmente alguém o desafiaria a provar a existência do local, mas, caso acontecesse, ele poderia levar alguns mais céticos para ver a entrada. Para entrar na caverna era preciso descer de rapel. Jones usaria o pretexto de poupá-los disso.[232]

Mesmo assim, a caverna e a guerra nuclear iminente eram meros subterfúgios. Jones havia profetizado que mísseis russos atingiriam os Estados Unidos em julho de 1967. Se não acontecesse, os fiéis ficariam decepcionados e não teriam mais motivo para continuar em Ukiah ou no vale de Redwood. Jones não era de planejar: em 2013, em palestra na Universidade Bucknell, Stephan, seu filho, declarou: "[Atribuía-se] ao meu pai um nível de calculismo, premeditação e intenção diabólica" que ele não merece.[233] Jones falava e agia por impulso, e depois se virava para arranjar uma justificativa convincente.

Não se sabe se Jones acreditava nas visões e profecias que alardeava. O fato é que profetizava com frequência, e muitas de suas previsões não se realizavam. Ainda assim, sua facilidade em improvisar —e, se necessário, despistar os seguidores com nova missão social ou ameaça externa — sustentava a imagem de infalível de que gozava entre os fiéis. O próprio Jones logo se deu conta de que transferir o Templo para o vale de Redwood foi um erro. Sem alarde, no círculo mais próximo, começou a falar em mudar de cidade. As opções eram Vancouver, no Canadá, e Guadalajara, no México; a primeira pela notória postura liberal, e a outra porque, assim como Eureka, no norte da Califórnia, foi mencionada na lista da *Esquire* como zona livre da ameaça nuclear. Jones determinou que ele e Joe Phillips explorariam pessoalmente as duas cidades. De início, os demais membros do Templo não foram informados da possível nova mudança. Nos cultos, Jones insistia na necessidade de se protegerem da precipitação radioativa, descrevia os horrores da contaminação por radiação e garantia que a caverna que haviam encontrado era segura.

Ao mesmo tempo, o pastor tentava conquistar a simpatia da população local pelo Templo. Se não fosse possível acabar de vez com a hostilidade, poderia ao menos tentar abrandá-la. Começou fazendo doações para as entidades filantrópicas da região. Depois, se empenhou para marcar audiências com políticos. Sempre que conseguia, enfatizava a intenção da igreja de contribuir de todas as maneiras com a comunidade. O Templo era formado por pessoas honestas e trabalhadoras, que só queriam ser aceitas.

Em Indianápolis, com sua profusão de repartições municipais e regionais e centenas de funcionários públicos, não fazia mal ter pouco contato com certas instâncias, desde que Jones e o Templo se dessem bem com a maioria. Mas em Mendocino, um condado com população escassa, toda autoridade tinha sua importância, e conquistar o apoio de cada uma era essencial. Tratados com indiferença, Jones e seus seguidores tentaram quebrar o gelo com gestos de gratidão. Elaboraram listas de lideranças importantes da região, que continha todas as informações que conseguiram levantar, além das fofocas que ouviram nos corredores de fóruns e prefeituras. Alguns membros foram então incumbidos de escrever cartas. Toda vez que um diretor de escola inaugurava alguma coisa ou um representante da lei falava em público, recebia uma carta de agradecimento — no mínimo uma ou duas, às vezes mais de dez, dependendo do valor que Jones lhe atribuía.[234] A simples reputação por ideias políticas ou sociais já valia uma carta escrita à mão, contendo um elogio ao destinatário e uma observação de que o Templo Popular e seu pastor pensavam da mesma maneira:

> Caro juiz Broaddus,
> Venho manifestar minha gratidão pelo trabalho que Vossa Excelência vem desempenhando no combate às drogas.
> Eu, rev. James W. Jones, pastor da Igreja Cristã Templo Popular dos Discípulos de Cristo do vale de Redwood, Califórnia, ouvi falar muito bem do seu trabalho nessa área. Nosso programa, que presta assistência financeira às famílias de policiais assassinados e busca conscientizar a população, só tem a ganhar com líderes como Vossa Excelência, que se preocupa com as necessidades de nossa comunidade.
> Obrigado por se dedicar a buscar soluções para os problemas que causam a criminalidade, mesmo em meio a uma intensa agenda de trabalho.

Cada carta passava pela revisão de Jones ou de outro líder do Templo antes de ir para o correio. Após o primeiro contato chegavam outras mensagens, e depois, talvez em um aniversário ou outra data comemorativa, a autoridade recebia um bolo acompanhado de um cartão expressando a admiração da "Sociedade das Irmãs da Igreja Cristã do Templo Popular". Essa correspondência acabou gerando uma competição: um juiz se gabava de que havia recebido dois bolos do Templo Popular nos seis meses anteriores, enquanto o colega magistrado recebera apenas um. Os líderes do Templo se referiam a essa estratégia de "diplomacia do bolo" e comemoravam as respostas que recebiam, como a mensagem da esposa do vereador de Ukiah, Sterling Norgard, agradecendo "pela gentil carta ao meu marido. É gratificante saber que o trabalho de alguém, seja qual for, é reconhecido. Também agradecemos muito pelo bolo, que estava delicioso. [...]Espero ter o prazer de conhecer o pastor, sua esposa e família — e, quem sabe, em breve, assistir a um culto".[235]

Quando o contato se tornava mais informal e cordial, Jones ligava para a pessoa, estreitava laços, discorria sobre algum problema importante para ambos — melhorias no currículo escolar, o entorno de um lago que precisava de limpeza — e oferecia a ajuda do Templo se o novo amigo da igreja viesse a precisar. Depois de desligar, Jones sorria e se vangloriava para os auxiliares: "Eu nunca joguei xadrez, mas para mim, isso tudo é que nem o xadrez. É só mexer as peças."

O Templo também dava trabalho para os carteiros, enchendo-os de correspondências para serem entregues a cidadãos comuns. Nascimentos, casamentos e formaturas recebiam mensagens de felicitações. Conforme o caso, mensagens de solidariedade também. Até quem se opunha abertamente ao Templo e aos membros era contatado. Colleen Rickabaugh, que morou por lá a vida toda, recorda: "É duro admitir, mas meu pai não queria viver perto de negros. Morávamos em uma rua sem saída [em Ukiah] e Jones comprou uma casa antiga lá. Os novos moradores eram negros. Não tínhamos nenhuma ligação com eles, nem com o Templo. Até que minha mãe faleceu, e recebemos cartas de pêsames dos membros da igreja [de Jones], colocando-se à disposição para ajudar naquele momento difícil, e dizendo que, se precisássemos de alguma coisa, era só pedir".[236]

Jones sabia que não podia mudar a mentalidade dos moradores locais. Mas era importante abrandar ao máximo a animosidade enquanto procurava um lugar mais acolhedor para o Templo. Já estavam alguns meses no norte da Califórnia, e passado o desconforto inicial, era hora de pensar em expandir a congregação. Não dava para ficar estagnado, muito menos perder fiéis. Em Indiana, o Templo Popular havia se tornado uma potência, e sua missão era promover o progresso social. Mais adeptos significava mais influência e, claro, mais dinheiro para investir em projetos comunitários. Os métodos para recrutar novos membros com o perfil desejado, que fossem comprometidos com a causa e a pessoa de Jones, não eram tão óbvios como em Indianápolis. Ukiah e o vale de Redwood não tinham guetos cheios de negros oprimidos. Os brancos, com sua visão política mais conservadora, pareciam pouco propensos a se converter. O trabalho de professor, adicionado às atividades do Templo nas horas vagas e nos fins de semana, não deixavam tempo para Jones pregar no circuito de avivamento da Costa Oeste e, assim, atrair novos fiéis de fora do condado de Mendocino com suas profecias e milagres.

Mas ainda havia saídas, e Jim Jones daria um jeito.

19
SEM SAÍDA

Garry Lambrev era como muitos dos jovens brancos e idealistas espalhados pelos Estados Unidos em meados da década de 1960. Criado por pais liberais, considerava a cultura nacional racista e belicista. Além disso, tinha um lado espiritual forte e acreditava ter visões. Em uma delas, "Jesus voltava como uma pessoa comum. Depois, sonhei com a guerra nuclear e um líder dizendo 'Vamos para dentro de uma caverna'". Começou a frequentar protestos contra a guerra e, movido pelo desejo de melhorar a vida dos excluídos, tornou-se assistente social e passou um tempo sem rumo antes de conseguir um emprego na área em Ukiah. Para ele, a cidade onde foi morar era "uma roça. Logo vi que eu ia me sentir um peixe fora d'água."

Era março de 1966, e em uma manhã de quarta-feira Lambrev estava a caminho do fórum de Ukiah quando "uma mulher grandona passou de carro" e deixou cair um pacote de panfletos na rua. Lambrev recolheu os papéis e devolveu. A mulher se apresentou como Patty Cartmell e contou que ela e a congregação de sua igreja eram novos na região, e que havia perdido os panfletos durante a prova para tirar carteira de motorista. O pastor havia profetizado que ela passaria na prova — o que aconteceu —, mas aconteceria alguma coisa no meio do exame. Deviam ser os panfletos. Conversa vai, conversa vem, Cartmell convidou-o para uma reunião de amigos na sexta à noite. Lambrev não ficou muito animado; encarava com desconfiança a maioria das igrejas. Mas, como não tinha outros programas para sexta-feira, prometeu aparecer.

Eram poucas pessoas presentes: Lambrev; Cartmell e o filho adolescente, Mike; Joyce Beam, de 19 anos; Archie Ijames e Joe Phillips. Disseram a Lambrev que a igreja havia se mudado para Ukiah por causa da perseguição em Indiana, "aquele reduto de fundamentalismo provinciano". Perguntaram muito sobre ele e em que acreditava; só depois Garry percebeu que estava sendo avaliado. Achou incrível que tivesse tantas afinidades com aquelas pessoas, também preocupadas com o racismo e com uma guerra injustificável. Passado um tempo, uma pessoa sugeriu que se juntassem a um grupo maior, com outros membros da igreja. Templo Popular, era esse o nome. Disseram a Lambrev que era uma festa para os jovens da congregação. As crianças dançavam e os adultos tomavam conta. Quando viu, Lambrev estava conversando com outro homem e, em questão de minutos, já considerava aquela "a conversa mais incrível que já tive na vida. Eu falava alguma coisa, e *pá!*, ele dava a resposta perfeita, como se me conhecesse a vida inteira, e em concordância com tudo em que eu acreditava. Perguntei então seu nome, e ele respondeu: Jim. Ele era o pastor".

Jim convidou Lambrev para o culto dominical e ensinou o caminho para a escola onde se reuniam, dentro da fazenda da Regra Áurea. Com modéstia, arrematou: "Somos apenas um grupo de pessoas simples. Você tem tudo a nos oferecer, e nós não temos nada a oferecer em troca". Lambrev foi ao culto. Pelas suas contas havia 82 pessoas lá, todas brancas, exceto a família de Ijames, vários dos filhos de Jim e Marceline, e mais alguns. Todos eram muito receptivos. Lambrev ficou impressionado ao constatar que aquela gente partilhava dos mesmos princípios que ele. Passou então a frequentar o Templo todos os domingos. As atividades dominicais se estendiam por todo o dia. A programação da manhã durava três ou quatro horas, e depois havia culto às 19h, que ia até 22h30 ou 23h. Jones falava de igualdade para todos e alertava contra os males do racismo e da guerra, era emocionante. Como Lambrev lembrou mais tarde: "Ele era dinâmico e estava muito empenhado em transformar a sociedade. Irradiava energia. Aquilo parecia outro mundo. Era como se [Jones] tivesse poderes e uma incomensurável compreensão dos males do mundo e da necessidade de dar o exemplo para que ninguém se deixasse influenciar por eles. Nunca tinha visto ninguém como ele, e nada como o Templo Popular".[237]

Em meados da década de 1960, muitos jovens desiludidos saíram das grandes cidades nos Estados Unidos e foram morar em comunidades rurais, onde, segundo imaginavam, não haveria tanta corrupção e racismo: foi o chamado "retorno à terra". Idealistas, buscavam uma forma de se envolver e transformar os Estados Unidos em um país mais evoluído, comprometido com a igualdade racial e o repúdio à guerra. O condado de Mendocino, que ficava a uma boa distância de San Francisco, atraiu vários desses jovens. Eles foram trabalhar nas fábricas e hospitais da região, mas a maioria logo se sentiu isolada em termos ideológicos, assim como Garry Lambrev. Jones e seus seguidores identificavam essas pessoas, visando sempre as mais idealistas, e lhes estendiam a mão. Quanto maior a frustração com a mentalidade provinciana da região, melhor. Uma vez cooptados, os novos membros ajudavam a atrair os poucos na cidade que pensavam como eles, em especial os colegas de trabalho nos hospitais e serviços de assistência social.

Linda Amos, da secretaria de assistência social do condado, era uma das fiéis convertidas mais fervorosas, assim como Larry Layton, que, por princípio, se recusou a lutar na guerra e, em vez do serviço militar, foi trabalhar no hospital psiquiátrico do condado. Sua esposa, Carolyn, era professora de segundo grau, e também entrou para o Templo. Qualquer encontro casual era oportunidade de arrebanhar novos membros. A família Jones conheceu Larry e Carolyn Layton em um passeio de fim de semana. Passaram de carro pelos dois, que caminhavam por uma rua de pouco movimento, e ofereceram carona.[238]

Jones também cooptava alunos para o Templo. Ainda empregado como professor de ensino fundamental e médio, começou a dar aulas noturnas em uma escola para adultos. Muitos dos alunos eram adolescentes que enfrentavam problemas na família ou com as drogas e não estavam muito empolgados com os estudos. Porém, ao contrário dos outros professores, que ficavam presos a livros chatos e falatórios que não saíam da mesmice, Jones dava aulas dinâmicas, incentivava o debate e fazia questão de se aproximar de cada um dos estudantes. Alguns, que cortaram relações com os familiares ou estavam impossibilitados de morar com os pais, foram convidados a morar por um tempo com as famílias do Templo. A vida da adolescente Christine Lucientes virou de cabeça para baixo quando seu pai foi pego vendendo maconha para um policial à paisana. Depois do incidente, a cidade inteira passou a evitar a família. Jones se solidarizou. Consolava Christine, mas sem se intrometer muito. Por fim, disse que não falaria mais daqueles problemas, porque via que era doloroso para ela. Christine ficou comovida com a sensibilidade dele. Pouco tempo depois, entrou para o Templo Popular — e convenceu sua amiga Janice Wilsey a fazer o mesmo.

Uma vez que se tornavam membros, Jones monopolizava a vida dos adolescentes. Durante a semana, cobrava um comportamento exemplar na escola, pois a reputação da igreja também estava em jogo. Fora da aula, desencorajava-os de se enturmar com outros jovens da cidade. Em vez disso, podiam se divertir com os amigos da igreja. Nas noites de sexta e sábado, havia festas dançantes e outras atividades sociais. O consumo de drogas e álcool era proibido. Mesmo que não gostassem do Templo, os pais desses adolescentes, antes em desespero pelos filhos, ficavam impressionados.

Os jovens membros também assumiam responsabilidades, entre elas a obrigação de cuidar dos mais velhos no caso de um desastre nuclear. Mike Cartmell foi encarregado de liderar um batalhão protomilitar de jovens. A igreja era contrária à guerra, mas não abria mão de se defender. Vinte jovens do Templo foram selecionados para passar por um treinamento especial. Aprenderam a ler bússolas e receberam balestras; em caso de bombardeio, levariam os mais velhos do Templo para as colinas e, se necessário, garantiriam sua proteção no caminho para a caverna. Era surreal, mas divertido. Os adolescentes se sentiam importantes. Além do mais, armar jovens com balestras dificilmente seria motivo de escândalo, já que o condado era afeito à caça, e muitos moradores possuíam arcos e armas de fogo.[239]

No final do primeiro semestre 1966, a congregação do Templo já contava 150 pessoas. Jones anunciou que a igreja faria uma passeata em Ukiah contra o crescente envolvimento dos Estados Unidos na Guerra do Vietnã. A marcha passaria pelas principais ruas da cidade e terminaria no Palácio da Justiça, e certamente desagradaria muitos moradores da região. Alguns seguidores de Jones perguntaram se valia a pena. Haviam se esforçado muito para serem aceitos, por que botar tudo a perder? Jones deu de ombros: "Já que estamos aqui, precisamos mostrar a que viemos". O pastor encarregou os recém-chegados Garry Lambrev e Bonnie Hildebrand de organizar e liderar uma manifestação em uma sexta-feira. Depois, anunciou que ele e Joe Phillips estariam em Guadalajara no dia do protesto. Algumas pessoas ficaram preocupadas com a ausência deliberada de Jones na marcha, principalmente Lambrev e Hildebrand. O Pai Jones era o líder da igreja, um escudo contra o mundo hostil lá fora. Os dois não chegaram a questionar a decisão do pastor de viajar naquele dia; Jim Jones não errava nunca. Mas ficaram apreensivos em fazer o protesto sem ele.

Jones e Phillips partiram na quinta-feira. Pouco depois, Jones ligou para Marceline com uma mensagem importante: enquanto dirigia para o México, tivera uma visão de que alguém poderia tentar agredir Lambrev durante o protesto; ele precisava tomar cuidado. Quando souberam, Lambrev e Hildebrand não conseguiram mais tirar da cabeça que a passeata seria sabotada e que poderiam morrer encabeçando o protesto. Mas seus ideais antibelicistas e sua devoção a Jones eram tão grandes que os dois foram em frente.

Na sexta-feira, os membros do Templo saíram às ruas como programado, atraindo olhares da população por todo o trajeto. Algumas pessoas caçoavam. Quando a marcha chegou ao fórum, Lambrev subiu na escada e começou a discursar, visivelmente nervoso. Foi então que viu um homem subindo a escada em sua direção, concluiu que se tratava do homem de que Jones falara — estava mesmo prestes a ser atacado. Na mesma hora, viu que Jim Jones vinha caminhando a passos largos em direção ao Palácio da Justiça. "De repente, era como se houvesse uma redoma de vidro à minha volta, Jones estava me protegendo daquele homem", recordou Lambrev. "E o homem olhou para Jim, virou, desceu os degraus e desapareceu para sempre." Mais tarde, Jones lhe disse que a visão que tivera na estrada havia sido tão real que ele insistiu com Joe Phillips que deveriam voltar correndo para Ukiah — foi assim que chegou bem a tempo de salvar a vida de Garry. Depois daquele salvamento, Lambrev teve certeza de que seu líder era sobre-humano. "Era Deus que estava aqui, a encarnação da divindade."[240]

Lambrev não foi o único a ficar impressionado. Robert Winslow, presidente do Tribunal de Justiça de Mendocino, acompanhou o ato do lado de fora do fórum e ficou comovido com aquele pastor e seus seguidores, dando a cara a tapa para defender aquilo em que acreditavam. Winslow, que se elegera para o cargo apesar de suas inclinações progressistas, encontrou-se com Jones mais tarde e o nomeou presidente do júri em sua jurisdição. Jones valorizava o título mais pela impressão que dava aos fiéis de que ganhava prestígio político do que pelo limitado grau de autoridade que lhe conferia. Eles haviam feito o que o Pai pedira e conquistaram uma importante vitória.

Nos sermões dos domingos seguintes, Jones começou a falar mais de suas visões, sempre catastróficas e vagas. Em agosto de 1966, anunciou que o Templo Popular estava se aproximando de uma "fase de acidentes", que duraria até o dia 16 de setembro. Se todos fossem cuidadosos, e se acreditassem em Jim Jones, a congregação poderia atravessar a crise sem nenhuma fatalidade. Deveriam sobretudo dirigir com cuidado. O aviso foi reiterado por várias semanas. Quando a data limite se aproximou sem que nada tivesse acontecido, parecia que todos escapariam ilesos.[241]

A estrada que levava de Ukiah à fazenda da Regra Áurea era cheia de curvas e se estendia por vários quilômetros ao longo de encostas íngremes. Havia despenhadeiros de mais de trinta metros. No escuro, ficava ainda mais difícil dirigir.

O dia 11 de setembro, um domingo, foi péssimo para Marion Freestone, o "Whitey". De tempos em tempos, Jones repreendia os membros do Templo que tivessem de alguma forma ofendido os preceitos da igreja. Freestone era alvo frequente de críticas por falta de compromisso com o socialismo ou por ser arrogante com outros fiéis. Ninguém mais percebia as transgressões — Whitey parecia um sujeito legal —, porém, se o Pai dizia, só podia ser verdade. Como sempre, Freestone pediu desculpas pelos erros e prometeu melhorar. Já de noite, depois de um culto, Whitey, a esposa, que se chamava Opal, e os dois filhos entraram no carro para voltar a Ukiah. Outros membros foram logo atrás, entre eles Jones, em um carro conduzido por Patty Cartmell. Perto da curva mais íngreme da estrada, avistaram colegas do Templo fazendo sinal para eles pararem e dizendo que o carro de Whitey Freestone havia caído do alto de uma ribanceira. Jones desceu e foi até a beirada do precipício. Estava tão escuro, e a encosta era tão íngreme, que não dava para ver o que havia acontecido com a família Freestone, mas Jones gritou: "Preciso descer!". Segurando uma lanterna, desceu pela parede do barranco e acabou escorregando. Machucou-se bastante na queda. O adolescente Mike Cartmell o seguia de perto. Iluminaram a mata em volta com a lanterna, mas não encontraram a família Freestone, nem o carro.

Chamaram o resgate, e logo vieram caminhões do corpo de bombeiros de Ukiah. Com cordas, os bombeiros desceram a encosta. Acabaram encontrando o carro parcialmente esmagado e, dentro dele, três pessoas presas às ferragens e sem condições de se mexer ou emitir qualquer som devido aos ferimentos — o filho mais velho de Freestone havia conseguido sair engatinhando. Jones viu os pais e a filha mais nova serem içados para a estrada e seguiu as ambulâncias até o pronto-socorro em Ukiah. Também não estava nada bem, mas fez questão de ficar ao lado de seus fiéis gravemente feridos. Outros membros do Templo também ficaram por perto, e às vezes conseguiam ver de relance as três vítimas do acidente, que pareciam ter sido "destroçadas". Jones saiu uma vez à sala de espera e contou que a caçula estava desenganada pelos médicos, mas prometeu que Whitey e Opal ficariam bem. A sobrevivência dos dois foi atribuída aos miraculosos poderes de cura de Jim Jones, que além dos louros recolheu, em nome do Templo, os 1.300 dólares que os Freestone receberam da seguradora pela perda total do automóvel.

Não satisfeito em mencionar constantemente visões recebidas de "mensageiros" misteriosos que apareciam e falavam com ele, mas não com seus ávidos seguidores, Jones também mudou o foco dos longos e divagantes sermões. Quando estava em Indianápolis, falava não apenas *sobre* as vítimas da repressão social e governamental, mas *para* elas, que eram negros pobres privados de direitos fundamentais. Naquela época, a tônica dos sermões eram as leis que precisavam mudar, o que, não raro, era justificado com passagens bíblicas. Em Mendocino, os membros do Templo eram quase todos brancos; se solidarizavam com as vítimas de racismo, mas nunca tinham sofrido preconceito. Jones começou a criticar o governo; por trás das leis injustas, estavam as ideias racistas de parlamentares arrogantes, decididos a preservar sua riqueza e poder à custa dos oprimidos. Segundo o pastor, os Estados Unidos tinham dois governos. Um, de fachada, era até certo ponto impotente. Já o governo de verdade, por baixo dos panos, era comandado por brancos empenhados em acabar com o socialismo, que usavam o FBI e a CIA para atacar ilegalmente organizações como o Templo Popular. Boa parte da congregação do Templo era então formada por jovens brancos que tiveram uma infância confortável e passaram a se sentir culpados por isso. Jones explorava esse sentimento, dizendo que deveriam compensar, com trabalho duro, os privilégios injustos de que usufruíram na infância.

Uma das principais diferenças entre as reuniões do Templo em Indianápolis e no condado de Mendocino era a ausência quase absoluta de curas milagrosas nas últimas. Os fiéis que Jones havia arrebanhado na Califórnia, em sua maioria mais escolarizados, não estavam habituados às extravagâncias dos tradicionais rituais de cura pela fé, e provavelmente veriam com ceticismo a extração milagrosa de tumores. Por outro lado, os seguidores que Jones granjeou no circuito evangelista de Indiana e que foram com ele para a Costa Oeste já acreditavam em seu dom de cura. No vale de Redwood, portanto, a melhor forma de continuar inspirando admiração e reverência nos seguidores era com as profecias. Decerto exigiriam uma boa dose de psicologia, mas o verdadeiro dom de Jones era captar de forma instintiva o que funcionava melhor com cada público e ir adaptando a abordagem conforme necessário.

Jones praticamente parou de profetizar o apocalipse nuclear. Ainda que falasse de vez em quando da caverna, era apenas para exemplificar como estava sempre pronto para proteger seu rebanho. A Rússia já não estava mais a ponto de usar seu arsenal nuclear para exterminar os norte-americanos. Jones passou a retratar o Estado soviético como um paraíso socialista cujos líderes às vezes eram obrigados a tomar uma atitude mais ofensiva diante das agressões econômicas e militares gratuitas dos Estados Unidos. Algumas vezes, o pastor dizia ter sido Lênin em outra vida. Também chegou a dizer que Mike Cartmell era a reencarnação de Trótski, talvez como recompensa ao jovem por tê-lo acompanhado ao precipício depois do acidente de carro com a família Freestone.

160

Jones citava bastante a Bíblia nos sermões, mas começou também a denunciar as declarações abomináveis contidas nas escrituras. A Bíblia afirmava que a mulher era inferior e que a escravidão era aceitável. Na verdade, segundo a interpretação de Jones, a escravidão só fora possível porque a Bíblia aprovava aquela prática hedionda, o que, por sua vez, levava às injustiças raciais da atualidade. Jones ainda reconhecia Jesus como mais que humano. Foram os homens que, em sua imperfeição, escreveram um livro igualmente imperfeito sobre Ele.

Em 1967, Jones estava certo de que havia conseguido, mais uma vez, reunir um núcleo suficientemente numeroso de seguidores leais para ganhar influência na região. Mas ainda não acreditava que o Templo ficaria no condado de Mendocino para sempre. Em outubro, Jones interrompeu a palavra de domingo à tarde para anunciar que os mensageiros espirituais que só ele conseguia ver e ouvir haviam-no orientado a convocar uma reunião emergencial. Archie Ijames, Jack Beam, Joe Phillips, Mike Cartmell, Garry Lambrev e algumas outras pessoas foram com Jones para uma salinha. O pastor fez questão de conferir se não havia microfones escondidos na sala, porque espiões do governo poderiam estar monitorando suas atividades. Não encontraram nada, mas Jones disse que os fascistas estavam "fechando o cerco". Dizia ouvir o som dos coturnos: "Como vamos sair desta cilada em que nos metemos antes que seja tarde?". Pediu que pensassem no assunto; voltariam a se reunir para "encontrar saídas".[242]

Nas reuniões seguintes, Jones afirmou que o Templo deveria se mudar para a Rússia e perguntou o que todos achavam da ideia. Todos concordaram, menos Joe Phillips, que não entendia o motivo para a decisão tão afobada. Não precisariam se informar melhor sobre a qual lugar ir dentro da Rússia? O que fariam quando chegassem? O governo soviético dificilmente admitiria que o Templo continuasse a funcionar com autonomia. O que Jones tinha a dizer sobre isso? E como poderiam se mudar para lá se nenhum membro do Templo sequer falava russo? Com certeza havia muito a averiguar antes que tivessem condições de decidir.

Jones ficou furioso. Embora apenas Phillips tivesse discordado abertamente — vários outros engoliram suas dúvidas —, Jones vociferou contra o grupo todo antes de encerrar a conversa. A ideia de se mudar para a Rússia foi descartada, pelo menos a princípio — mas, por via das dúvidas, Lynetta Jones resolveu tirar o primeiro passaporte. Ao ter o pedido recusado, porque estava sem certidão de nascimento, Lynetta entrou em contato com o serviço de registro civil em Washington para pedir uma segunda via da certidão. Com seu jeito irreverente e ranzinza, escreveu: "Estou de saco cheio de não ter nascido e não existir. Que droga!".

Não houve nada de bem-humorado na forma como Jones deu o troco em Joe Phillips por questionar seus planos. Logo depois do encontro em que provocara a ira de Jones, Phillips ficou tentado a começar um caso extraconjugal com outra fiel. Foi conversar com Jones e obteve seu consentimento para ser infiel à esposa, Clara. Até que, durante um culto em janeiro de 1968, Jones repreendeu Phillips na frente de todos, acusando-o de infidelidade. Phillips respondeu que o caso "havia sido autorizado". Qual não foi sua surpresa quando Clara e a amante, ao que tudo indica sob orientação de Jones, fizeram coro às acusações. Humilhado, Joe Phillips foi embora do Templo Popular e se mudou de Ukiah, devidamente excomungado pelo pecado da discordância.

Uma desavença em 1968 pôs um ponto-final também à relação entre o Templo Popular e a Igreja da Regra Áurea, que não permitia que os membros frequentassem o culto de outras organizações religiosas. Porém, como o Templo realizava suas reuniões na colônia da Regra Áurea, as visitas de fiéis da igreja anfitriã eram inevitáveis. Uma delas foi Carol Stahl, uma jovem cuja vocação gerencial já lhe valera um lugar no Conselho de Presbíteros da Regra Áurea. O pai e a madrasta de Carol também eram da igreja; ela não tinha a menor intenção de sair da congregação. Carol, no entanto, fez amizade com alguns seguidores de Jim Jones e acabou se apaixonando por um deles. Ela e o jovem pretendiam se casar e, pelo menos inicialmente, continuar afiliados às suas respectivas igrejas. Ainda se falava em uma eventual fusão. Stahl acreditava que o casamento com um membro do Templo poderia "ser um empurrãozinho". Jones era a favor do casamento, mas os presbíteros mais antigos proibiram — entre alguns líderes já corriam suspeitas plausíveis de que Jones queria assumir o controle da igreja resultante. A proposta de casamento podia ser parte de um complô. Assim, ficou decidido que, caso o matrimônio acontecesse, os jovens teriam de escolher uma das igrejas. Carol Stahl recebeu um ultimato: ou aceitava a imposição, ou saía da Regra Áurea.

Jones solicitou uma reunião formal com os presbíteros da Regra Áurea e intercedeu pelo casal. Disse que o Templo Popular não via como problemático o casamento entre membros de igrejas diferentes. O matrimônio poderia até fortalecer os vínculos de amizade entre os dois grupos. Os presbíteros fincaram pé, e Jones perdeu a paciência. Havia ido à reunião com vários membros do Templo. Declarando que não queria mais nada com aquela gente tão quadrada, Jones retirou-se dramaticamente com seus seguidores. Carol Stahl abandonou Regra Áurea na mesma noite, entrou para o Templo Popular e casou com o noivo pouco tempo depois, em uma cerimônia celebrada por Jones.[243]

O Templo Popular ficou sem lugar para os cultos. Jones não estava mais disposto a usar um imóvel emprestado ou alugado. Os membros do Templo passaram um tempo se reunindo na casa dos fiéis, enquanto uma sede era construída ao lado do sobrado onde Jones morava, no vale de Redwood. Não era o primeiro projeto de sede para o Templo naquele terreno. Depois que muitos fiéis se queixaram de que haviam sido hostilizados por moradores nos lagos da região, Jones mandou construir uma piscina de uso privativo do Templo a algumas centenas de metros de sua casa. Um edifício inteiro então foi construído no local, e a piscina, incorporada a uma estrutura coberta. Os membros da igreja se encarregaram da maior parte da obra. O prédio e o estacionamento ficavam perto de uma estrada rural bem pavimentada, com fácil acesso a qualquer lugar do condado. Havia um auditório com capacidade para quinhentas pessoas ou mais, e um gramado perfeito para os piqueniques da igreja. O único problema era que a mesma estrada que permitia o acesso dos membros também era uma verdadeira mão na roda para seus detratores. Os fiéis se acostumaram a ouvir vaias vindas de caminhões ou carros que passavam pelo local. Às vezes, as pessoas atiravam lixo ou gritavam insultos. A polícia não fazia muita coisa. Como Jones vivia dizendo, era o Templo contra um mundo hostil. Não seria assim para sempre, o pastor prometia. Um dia, o exemplo do Templo Popular seria uma inspiração para o resto do país. Podia não haver muitos membros ainda — cerca de duzentos —, porém logo chegariam mais. Até lá, os fiéis deveriam aproveitar enquanto podiam conviver de perto com o pastor. "Vocês estão recebendo o melhor que tenho a oferecer. Daqui a quatro ou cinco anos, quando eu estiver rodeado de multidões, minhas falas vão ser mais simplórias. Vou ter de mastigar mais a mensagem para o público."[244]

Durante 1968, não apareceu nenhuma multidão. Alguns antigos membros da Regra Áurea migraram para o Templo Popular, a exemplo de Carol Stahl. A inauguração do novo prédio do Templo foi bastante festejada, e alguns moradores curiosos que foram informados do culto comemorativo passaram para conferir e ficaram tão intrigados que acabaram aderindo à igreja, como por exemplo Don e Neva Sly e Sylvia e Tom Grubbs. Os dois casais ficaram impressionados com o primeiro sermão de Jones na nova sede: ele enfatizava a criação dos filhos e a importância do engajamento pessoal na criação de uma cultura igualitária. Os serviços de assistência social do condado, já repletos de membros do Templo, às vezes ajudavam a levar novos moradores para a congregação — sempre passavam por lá pessoas que haviam acabado de se mudar para a região e ainda não haviam se entrosado em lugar nenhum. As aulas noturnas de Jones ainda rendiam novos seguidores de vez em quando. Mas, em geral, não havia grandes perspectivas de crescimento expressivo para o Templo em Mendocino.

Fora do condado, as notícias também não eram muito animadoras. Os Estados Unidos estavam cada vez mais envolvidos militarmente no Vietnã. Nas grandes cidades, as ruas estavam tomadas por protestos contra a guerra. Os conflitos raciais haviam se acirrado, em especial depois do assassinato de Martin Luther King Jr., em abril. Apenas dois meses depois, em 4 de junho, Robert Kennedy, irmão do falecido presidente Kennedy, também foi assassinado, logo depois de vencer as primárias presidenciais do Partido Democrata na Califórnia. E, ainda por cima, o juiz Robert Winslow havia sido o último colocado dos três candidatos das primárias na região.[245] Seu sucessor no Tribunal de Justiça de Mendocino, que seria eleito em novembro, certamente seria mais conservador e tiraria Jones da presidência do júri. "O desânimo era geral", recorda Garry Lambrev. "Tanto esforço e agora parecia ir tudo por água abaixo."

Jones fez um balanço da situação. Para o Templo Popular, o horizonte parecia bastante limitado. Poderiam se mudar para outro lugar e tentar recomeçar, ou ficar onde estavam como um reduto de socialistas e pacifistas, isolados em um fim de mundo, cercados de vizinhos hostis e desdenhados por um governo local antagônico. Além do lugar para onde iriam, havia um dilema maior, ainda que não declarado. Qual era exatamente o motivo para que o Templo Popular continuasse existindo? Somente Jones era capaz de responder isso. Ele tinha opções. Podia acabar com o Templo Popular e ir embora com a família para começar uma nova missão do zero — uma igreja na área pobre de uma grande cidade, cheia de tensões raciais — ou viajar de novo pelo circuito de evangelismo e atrair seguidores nas cidades, e depois em toda região. Já havia feito as duas coisas antes, poderia fazer de novo. Seu poder de manipulação e sua oratória continuavam intactos. Seria possível até levar consigo um pequeno grupo de apoiadores mais próximos: os Beam, os Cordell, Archie Ijames, Patty Cartmell. Certamente eles jamais o deixariam na mão.

Mas começar de novo daria a entender que Jones estava errado, primeiro em sair de Indianápolis para ir ao Brasil, e depois para Mendocino; e em prometer que as coisas melhorariam para o Templo no vale de Redwood. E Jones nunca admitia seus erros. Só podia ser gente de fora mentindo para ele, ou alguém de confiança o apunhalando pelas costas. A culpa nunca era sua. Ao mesmo tempo, continuava confiando na própria capacidade de virar o jogo e, mesmo sem uma luz no final do túnel, acreditava que sua hora chegaria. Seu grande objetivo era mais glorioso que nunca: liderar uma adesão dos Estados Unidos ao socialismo pregado e praticado por Jim Jones e seu Templo Popular. Ele era Deus na Terra, e sabia distribuir bênçãos aqui e agora, coisa que o Deus do Céu não conseguia. Jones tinha certeza de que, de alguma forma, a oportunidade apareceria. Quando isso acontecesse, saberia aproveitá-la ao máximo.

Sendo Deus ou não, Jones estava certo.

20
RESSURREIÇÃO

Jim Jones ainda tirava um tempo do dia para ler jornais e revistas. Procurava reportagens que descrevessem o suplício dos oprimidos e pudessem servir de material para os sermões dominicais. O *New York Times* ainda era uma de suas publicações prediletas, mas no vale de Redwood também assinava os dois principais jornais de San Francisco e algumas publicações de editores negros na região. Um evento que aconteceria em San Francisco chamou sua atenção. A Igreja Batista Macedônia, uma das principais congregações negras da cidade, anunciou um culto memorial dedicado a Martin Luther King Jr., com a participação de outras igrejas negras. A homenagem seria aberta ao público.

Jones exigiu que todos os membros do Templo Popular fossem com ele, mesmo que já tivessem compromisso. Na manhã do evento, uma colorida caravana partiu do condado de Mendocino na viagem de 160 km rumo a San Francisco. Como Jones condenava o materialismo, a carreata era formada basicamente por calhambeques, peruas surradas e algumas caminhonetes. Jones não deu indicações precisas sobre como chegar à igreja. Ao entrar em San Francisco, muitos motoristas se perderam nas labirínticas ruas da cidade, e foi por milagre que as cerca de 150 pessoas do grupo conseguiram se reunir no estacionamento a tempo de fazer uma entrada dramática. Os membros das igrejas anfitriãs ficaram espantados ao ver tantos brancos procurando lugar para sentar. O local, que já estava bem cheio, logo ficou lotado, com muita gente de pé. Os membros do Templo se misturaram com o público negro local, murmurando palavras de pesar. Sua solidariedade parecia sincera, e de fato era. Havia um sentimento compartilhado de perda. Quem estava no Templo naquela fase difícil de fato acreditava na igualdade racial e na grandeza de Martin Luther King, que havia dedicado — e por fim sacrificado — a própria vida pelos mesmos ideais.

Os pastores afro-americanos que celebravam a cerimônia ficaram igualmente surpresos e impressionados, em especial quando souberam que os membros do Templo vinham de tão longe. Em um gesto de reconhecimento ao reverendo Jones, que havia trazido aquelas pessoas tão gentis, convidaram-no a dizer algumas palavras. O discurso começou humilde. Jones elogiou a vida e o legado de Martin Luther King e declarou: "Devemos nos unir. Seguir o exemplo dele". Os negros que assistiam reagiram com entusiasmo. Uma profusão de "améns" ecoou pela igreja. Aquele era o tipo de pregação a que estavam acostumados e de que gostavam — e era um branco que estava no púlpito. As poucas palavras desdobraram-se em longos comentários, embora não a ponto de dominar o restante do culto. Jones não queria roubar a cena, mas falou sobre os projetos comunitários que o Templo Popular pretendia iniciar no vale de Redwood, e sobre o trabalho que sua congregação fazia para promover a paz racial e a igualdade social. Jones declarou que o espírito de Martin Luther King estava sendo honrado, alimentado, *eternizado* no condado de Mendocino, bem no meio de um enclave de racistas interioranos. Gostariam de ver de perto? (*"Sim!"*) Pois bem, o Templo Popular estava planejando um grande culto comunitário dali a algumas semanas, contou Jones, e seria uma honra receber os irmãos e irmãs que haviam acabado de conhecer em San Francisco. Todos iriam? Que honra para o Templo Popular, ser abençoado pela presença de novos amigos e dar sua humilde contribuição para difundir a Palavra de Deus e o exemplo de Martin Luther King Jr. Aleluia.

Os membros do Templo ficaram tão surpresos quanto o resto da congregação de San Francisco. Não estavam sabendo de nenhum plano de realizar um culto especial para toda a comunidade em Mendocino. Jones devia ter inventado aquilo na hora, mas logo depois, sob seu comando, começaram os preparativos. O Templo ainda tinha dinheiro guardado no banco em Ukiah, para usar em caso de emergência. O evento foi tratado como uma. Fundos foram sacados para alugar o centro de convenções do condado por um final de semana. Havia ali uma arena, a única estrutura grande o suficiente para comportar as milhares de pessoas que Jones esperava receber. Ele manteve contato com os pastores negros de

San Francisco, prometendo um evento inesquecível. Valia a pena ir. Certamente Martin Luther King Jr. iria gostar de ver o esforço — brancos e negros se unindo por uma boa causa. Se não viessem, os membros do Templo Popular ficariam arrasados, e o que isso diria sobre as igrejas de San Francisco e a memória sagrada do dr. King?[246]

A programação do evento foi planejada para agradar em cheio aos visitantes negros. Primeiro porque seria um enfático apelo por justiça, como exemplificado pela própria vida e trajetória de Martin Luther King. E também porque seria um culto de verdade — nada daquele louvor sem sal das igrejas brancas. A presença de Deus precisava ser sentida de forma prazerosa, e Jones sabia como montar um espetáculo. Era hora de reativar as curas, e a ocasião pedia mais que a imposição de mãos ou as profecias a que Jones se limitara desde a mudança do Templo para o vale de Redwood. Para isso, o pastor contava com velhos ajudantes, sobretudo Patty Cartmell e outros veteranos de Indianápolis que compreendiam o que precisava ser feito. Sim, eles se valeriam de alguns truques. Mas os cúmplices de Jim acreditavam que o pastor estava fazendo o que era preciso para garantir a sobrevivência do Templo Popular.

Por isso, não uma nem duas vezes, mas durante todo o culto, Jones não apenas removia tumores, como os mostrava à multidão. O truque era simples. Cúmplices infiltrados na plateia pediam ao Pai Jim que os curasse da doença maligna. Em seguida, eram escoltados até o banheiro por outros membros que também faziam parte da encenação. Lá, abriam embrulhos contendo miúdos podres de frango que tinham levado escondido, e voltavam ao salão principal dizendo que o enfermo tinha "expelido" o tumor graças à intervenção do pastor. Para criar mais efeito dramático, alguns membros que não participavam do plano andavam pelos corredores exibindo os caroços fétidos e repulsivos como prova da cura milagrosa. Apenas os seguidores mais ingênuos recebiam essa incumbência. Jones os instruía a não deixar os visitantes examinarem de perto — e muito menos tocarem — os falsos tumores. Se alguém se aproximasse demais, avisou o pastor, o portador devia engoli-los prontamente, já que eram tão contagiosos que provavelmente causariam infecção imediata. Os voluntários escolhidos por Jones empalideciam. Eles também não pegariam câncer manipulando os tumores? Jones prometia que usaria seus poderes para protegê-los.[247]

No grande dia, os membros do Templo aguardavam no centro de convenções, sem saber se alguém apareceria. A manhã foi passando, até que ouviram o som de um ônibus entrando no estacionamento do centro de convenções, depois outro, e mais outro. Era ônibus atrás de ônibus.

Cada um que descia dos veículos era recebido com um abraço caloroso. Foram servidos lanches leves — as mulheres do Templo haviam ficado na cozinha até de madrugada —, e depois todos foram levados ao local do culto. Como não poderia deixar de ser, os pastores visitantes foram convidados a tecer algumas considerações e, contagiados pelo clima de festa, sem ninguém apressando ou interrompendo, desandaram a falar. Não havia limite de tempo. A plateia branca do Templo Popular era a que gritava "amém" mais alto. Então, quando enfim chegou a vez de Jim Jones, ele deu um show. Embora raramente citasse a Bíblia nos sermões no vale de Redwood com outro objetivo que não fosse tecer críticas, naquela ocasião mencionou as escrituras de forma ampla e positiva. Os membros do Templo compreenderam a necessidade de tamanha incongruência. O Pai, como bom anfitrião, só queria deixar os fiéis à vontade.

Depois de pregar o Evangelho, Jones passou às curas: andando pela arena, escolheu pessoas aparentemente ao acaso. Os truques teatrais funcionaram de forma impecável. As expressões de aversão dos voluntários ao brandir os "tumores" sangrentos deixaram tudo ainda mais impactante. Talvez uns poucos duvidassem, mas Jones foi rodeado de admiradores maravilhados com seus poderes.

Ao final do culto, estavam todos exaustos depois de tantas emoções. Era hora de socializar. Vários seguidores do Templo queriam manter contato com os novos amigos e pegaram endereços e telefones. O próprio Jones passou horas rodeado de pastores de San Francisco, fazendo planos de trabalharem juntos e agradecendo efusivamente pela honra de receber a visita deles em sua pequena e humilde igreja. Como recordou Garry Lambrev: "Mal sabiam aqueles pastores negros que a ruína deles estava bem ali no meio, na pessoa de Jim Jones".[248]

O tom dos telefonemas e das cartas dos membros do Templo para os novos amigos era sempre cordial e despretensioso. Os pastores negros, se sabiam das conversas, não se sentiam ameaçados. Jim Jones e o Templo Popular estavam a 160 km de distância. E, a princípio, poucos visitantes de San Francisco aceitaram o convite para voltar. Os que apareciam adoravam ser paparicados antes e depois do culto. Eram ouvidos com muito interesse. E os cultos — o Templo Popular os chamava de encontros, mas não passavam de cultos — eram animados, com muita música, algumas curas, e o pastor Jones falando sobre como as coisas poderiam ser resolvidas aqui e agora, na vida terrena, se um grande grupo de pessoas desejasse. Durante e depois dos cultos, os membros do Templo davam testemunho de como a igreja havia ajudado a resolver um problema com o sistema de seguridade social, ou tirado um filho das ruas, ou uma filha das drogas.

Assim como em Indianápolis na década de 1950, os membros das igrejas negras de San Francisco no fim dos anos 1960 enfrentavam muitas frustrações cotidianas. As leis segregacionistas haviam sido derrubadas, mas, na opinião de muitos brancos, o governo continuava a dar vantagens indevidas aos negros, de cotas nas universidades e no mercado de trabalho a um sistema de assistência social que sugava até o último centavo da segurança financeira dos brancos que trabalhavam duro e obedeciam às leis. Eram crenças diametralmente opostas ao que os negros norte-americanos viviam no dia a dia, condenados à pobreza extrema e à moradia precária. Longe de mamar nas tetas do governo e partir para a violência mediante a menor provocação, eles penavam com a burocracia assistencial e jurídica. O processo para conseguir benefícios sociais e previdenciários e pensões por invalidez era complicadíssimo e por vezes tortuoso. As gangues e as drogas dominavam a paisagem nos bairros mais pobres. A porcentagem de homens negros de baixa renda na cadeia ou em vias de serem presos era desproporcional. O número de mulheres negras obrigadas a sustentar famílias numerosas sem uma figura masculina adulta ou apoio financeiro era absurda. E, como sempre, havia uma sensação desesperadora de que as coisas não iam melhorar. O movimento pelos direitos civis da década de 1950 havia culminado na legislação de direitos civis da década de 1960, mas a vida deles continuava na mesma.

A abordagem dos pastores em muitas igrejas negras continuava igual. Eles pediam paciência nos cultos de domingo, pregando resignação cristã com as injustiças da vida, para herdar a Terra Prometida mais tarde. Era assim em San Francisco, onde havia pouca participação dos negros nas decisões que de fato afetavam a população. Aos crentes negros da cidade, só restava ter paciência, até que os primeiros visitantes dos cultos dominicais do Templo Popular no vale de Redwood começaram a contar suas experiências. Lá, eles tinham aberto o coração e relatado seus problemas, e os anfitriões tinham feito mais que ouvir: ofereciam ajuda para preencher a complicada papelada exigida pelo governo para a concessão de benefícios sociais ou pensões por invalidez, ou explicavam como colocar um familiar senil em uma boa clínica de repouso. Era muito mais do que alguns minutinhos de assistência depois do culto. Aquelas pessoas do Templo, que pelo visto conheciam bem todos os intrincados meandros da burocracia, se prontificavam para redigir cartas, fazer telefonemas ou até viajar 160 km para resolver o que fosse necessário. E faziam tudo de boa vontade, como se prestar auxílio fosse uma benção tão grande quanto receber ajuda. Bastava dividir os problemas com eles, e as coisas se resolviam.[249]

O Templo no vale de Redwood começou a receber cada vez mais crentes negros de San Francisco. Eram dezenas todo domingo e, embora os ocasionais comentários depreciativos do pastor sobre a Bíblia afugentassem alguns visitantes, a maioria se rendia à ideia de uma igreja que resolvia os problemas da vida terrena. Quem decidia se mudar para o condado Mendocino e se juntar à igreja recebia ajuda para encontrar emprego e lugar para morar. O Templo tornava a transição mais fácil, recebendo os novos membros de braços abertos na família da igreja. Alguns fiéis trabalhavam na área de serviço social, e eram profissionais preparados para prestar o tipo de ajuda pragmática que as igrejas negras de San Francisco não podiam prestar. Não era bem o que Jones tinha planejado, mas ele soube como se aproveitar da situação.[250]

A chegada de uma nova leva de negros à comunidade branca e conservadora de Ukiah desagradou muita gente, mas Jones conseguiu usar isso a seu favor também. O ódio que vinha de fora unia os membros do Templo ainda mais. Para os jovens brancos que entraram para a igreja em parte porque se sentiam culpados pela vida privilegiada que tiveram, era a primeira chance de conviver com um grande número de pessoas negras todos os dias. Isso fortalecia sua dedicação ao Templo. Era essa a cultura igualitária e inter-racial que tanto desejavam.[251]

Jones jogava os membros da igreja contra o resto da cidade, acusando os moradores de um racismo ainda mais agressivo do que de fato manifestavam. Certo dia, Jimmy Jr. voltou para casa confuso. Disse que havia sido chamado de "crioulo" na escola, e perguntou ao pai o que significava aquela palavra.[252] O menino estava mais curioso do que chateado, mas Jones aumentou a história em um sermão dominical ainda mais exaltado do que de costume.

> Eles [mandaram Jimmy] chorando para casa depois que cuspiram nele [e usaram] aquela palavra, "crioulo". [...] Se te chamam de "crioulo", querem dizer que você não é digno de respeito, mas todos sabemos que indígenas, negros e brancos pobres merecem respeito, sim, não é mesmo? Só que [Jimmy] ficou magoado com aquela palavra, então eu peguei e mudei a palavra lá em casa, e transformei num elogio para os escolhidos. Eu disse: "Sim, somos crioulos, com muito orgulho". E agora usamos essa palavra e nossos filhos não ficam chateados. Da vez [seguinte] que o nosso Jim foi chamado de "crioulo", ele respondeu: "Pode me chamar do que quiser, que eu não estou nem aí. Essa palavra aí é a melhor palavra do mundo".

Quando Jones afirmou que "é preciso ser muito burro para ser pobre nos Estados Unidos — seja branco, negro, pardo ou amarelo — e não admitir que é crioulo", todos se levantaram e aplaudiram.[253]

Com a chegada de novos membros, o Templo ganhava novas fontes de receita. Havia famílias com pessoas mais velhas, e idosos que queriam se mudar para o condado, mas não tinham quem cuidasse deles. Marceline Jones trabalhava como inspetora estadual de asilos. Como ex-donos e administradores de lares para idosos em Indianápolis, ela e o marido tinham experiência na área. Portanto, com uma parte do dinheiro trazido de Indiana, o Templo Popular comprou alguns imóveis residenciais em Ukiah e os transformou em asilos da igreja. Como em Indianápolis, membros do Templo cuidavam de tudo, da administração aos serviços. A qualidade do atendimento prestado sempre atendia ou excedia os requisitos do governo estadual. Marceline Jones se encarregava disso. O dinheiro das pensões por invalidez e da aposentadoria dos residentes era mais que suficiente para cobrir as despesas; o lucro ia para a igreja. Esses recursos eram usados para financiar programas comunitários, que por sua vez atraíam mais membros para o Templo.

À medida que os crentes negros da região da baía de San Francisco iam engrossando as fileiras e os cofres do Templo, Jones pôde começar a buscar adeptos em outros lugares. Em Indiana, nunca se dera ao trabalho de frequentar os congressos anuais e outros encontros dos líderes e ministros dos Discípulos de Cristo. Depois de se mudar para Califórnia, comparecia sempre que possível e ainda dava palestras sobre o Templo Popular, nas quais falava sobre os novos programas da igreja em Mendocino, como um que reabilitava jovens dependentes químicos e outro que prestava aconselhamento matrimonial. Também convidava pastores de outras igrejas dos Discípulos de Cristo a visitar o Templo. Quando aceitavam o convite, os religiosos ficavam maravilhados com a congregação inter-racial do Templo e a ênfase de Jones no trabalho comunitário. Na presença dessas visitas, os sermões sempre se concentravam mais no serviço comunitário do que nos conflitos raciais. Muitos pastores ficavam tão impressionados que orientavam os fiéis com problemas a procurar o Templo Popular e seus projetos.[254] A recepção dos visitantes, que em geral apareciam para o culto matinal de domingo, era planejada nos mínimos detalhes. Assim que paravam os carros no estacionamento da igreja, todos eram cumprimentados pessoalmente por membros do Templo, que começavam a dar seu testemunho dos poderes e boas ações de Jim Jones. As descrições eram ricas em detalhes: tumores extraídos, pessoas ressuscitadas, dependentes químicos miraculosamente curados à beira da morte. Então, os recém-chegados eram conduzidos para dentro e acomodados em lugares reservados nas primeiras fileiras. Membros do Templo vinham bater papo por alguns minutos e distribuíam abraços antes de ceder espaço para que outros também fizessem uma visitinha. O coral adulto cantava, as crianças do Templo cantavam, e jovens negros e brancos caminhavam de mãos dadas, todos sorridentes.[255]

Quando Jones enfim aparecia, começavam os testemunhos de sua bondade e poder. Cada pessoa era avisada educadamente para limitar a fala a três minutos, porque eram muitas as que queriam louvar o Pai Jim. Depois disso, Jones anunciava um ou dois milagres, em geral alguma coisa que não podia ser desmentida: alguém estava fadado a morrer em um acidente de carro na manhã seguinte, mas, como tinha ido ao Templo Popular naquele dia e acreditado em tudo que ouviu lá, acabou se salvando. Era uma pessoa infiltrada na plateia, que levantava aos prantos, agradecendo Jones por salvar sua vida. Os visitantes mais céticos o pastor chamava pelo nome; quase sempre descrevia algum detalhe de sua vida particular — uma doença, um parente idoso, um carro que vivia enguiçando; enfim, algo que Jones não teria como saber. Poucos se davam conta de que os simpáticos membros do Templo com quem tinham conversado antes do culto, geralmente Patty Cartmell e outras pessoas habituadas a auxiliar Jones em eventos públicos, escreviam bilhetes com as informações obtidas e passavam para o pastor antes da pregação. Jones dizia que o problema na bexiga da avó ia passar logo, ou que o carro da família ia voltar a funcionar. E, se isso não acontecesse, que viessem falar com ele, porque todos no Templo eram solidários e estavam dispostos a ajudar.[256]

Os longos sermões de Jones eram uma surpresa para muitos convidados, em especial os visitantes brancos acostumados a mensagens dominicais mais breves. O culto da manhã se estendia até a tarde e, quando acabava, estavam todos famintos. Jones os levava para mesas dispostas nos fundos da igreja, onde as mulheres do Templo serviam uma farta refeição. Os membros se sentavam com os convidados, puxavam conversa, perguntavam o que acharam do culto. Mostravam-se ainda mais compreensivos e atenciosos quando alguém mencionava algo que o incomodava, como as críticas de Jones à Bíblia, a impressão de que o pastor parecia comunista ou sua mania de querer repartir tudo.

Depois de recolher os pratos, os anfitriões agradeciam a presença dos visitantes e os convidavam para o culto da noite, se quisessem. Exaustos pela maratona, poucos ficavam. Jones dizia algumas palavras de despedida, enfatizando que seriam sempre bem-vindos. Não se investigava muito o perfil dos novos fiéis. Depois de ver a congregação quase evaporar um ano antes, Jones estava mais preocupado com números do que com afinidades ideológicas.

Alguns dos visitantes não voltavam a ter contato com o Templo. Deixavam claro para os anfitriões que aquilo não era para eles. Mas os que mostravam o mínimo interesse recebiam telefonemas e cartas pedindo para voltarem. E presentes também: biscoitos caseiros ou outros mimos para lembrá-los de que a congregação do Templo se importava com eles e estava pronta para acolhê-los com todo o carinho no seio da igreja.

Quem voltava uma segunda vez em geral tinha uma conversa particular com Jones. O pastor, que antes do culto recebia dos cúmplices informações detalhadas sobre o entrevistado, sempre sabia exatamente o que dizer, como se adivinhasse as preocupações do interlocutor. Seu poder de persuasão ainda era extraordinário. No final de 1969, cerca de quinhentas pessoas frequentavam o Templo Popular, mais que o triplo que no ano anterior.

Durante um tempo, Jones se sentiu seguro o suficiente para deixar alguns membros desiludidos debandarem. Por meio de intermediários, até apoiava o desligamento. Garry Lambrev havia entrado para o Templo Popular acreditando que Jones era um ser elevado e que o Templo seria um exemplo de como o país deveria funcionar. Algumas maquinações de Jones o incomodavam bastante, e ele deixava isso bem claro. Jim Pugh, um dos mais ardorosos defensores de Jim, disse a Lambrev: "Garry, nós sabemos que você não está muito à vontade. Precisamos de pessoas dispostas a se comprometer de verdade". Lambrev saiu por uns tempos, mas manteve contato com os amigos do Templo. Alguns meses depois, estava de volta, dando início a uma série de idas e vindas que durou muitos anos. Apesar dos defeitos do líder, eram as boas obras do Templo que o faziam voltar.[257]

Por ora, esses defeitos não representavam ameaça para o Templo Popular, tampouco abalavam a certeza da maioria dos seguidores de que a conduta do pastor era impecável. Alguns dos aliados mais leais sabiam que as curas milagrosas eram armação. Alguns inclusive duvidavam da pretensa divindade de Jones. Quem tinha alguma proximidade com ele logo percebia que era controlador e não gostava de delegar poderes. O que era visto como mais importante, porém, eram todas as coisas boas que estavam sendo feitas sob a sua liderança. Era a visão de Jones e sua disposição aparentemente inesgotável que moviam o Templo — naquela época e lugar, um exemplo como o seu era tão improvável quanto necessário.

No entanto, se 1969 foi o ano em que o Templo renasceu, foi também quando as fraquezas pessoais e delírios de Jones — antes à margem de suas boas ações — começaram a se manifestar mais explicitamente e foram se exacerbando por quase uma década, até o levarem à ruína — junto do Templo Popular. Jones acabaria por trair todos que o seguiram. A começar pela própria esposa, a partir do início do segundo semestre daquele ano.

21
CAROLYN

Era 1969, e Jim Jones e Marceline já tinham completado 20 anos de casados. Em duas décadas de casamento, é natural que os cônjuges amadureçam e mudem. Porém, no caso de Jim e Marceline Jones, as mudanças foram drásticas. Aos 22 anos, Marceline não via a hora de saber como era a vida fora de sua cidade natal em Indiana, e as ambições de Jim Jones, de apenas dezoito, condiziam com suas crenças religiosas, firmemente ancoradas em uma abordagem proativa. Marceline não tinha paciência para o cristianismo passivo. Como lembra sua sobrinha, Janet L. Jackson: "Uma vez, ela e Stephan vieram visitar [Richmond], e fomos a um culto de avivamento. A pessoa que estava ministrando ficava falando de 'louvar a Jesus'. Tia Marceline chegou, pegou o microfone e falou: 'Olha, tudo bem louvar a Deus e tudo o mais, mas vocês também precisam sair e arregaçar as mangas. Não dá para ficar só sentado louvando Jesus'. E devolveu o microfone".[258]

Pouco a pouco, Jones conseguiu fazer a esposa aceitar ideias que antes consideraria radicais. Marceline jamais se considerou racista, mas entrou no casamento sem muita noção do que os negros sofriam nos Estados Unidos. Por meio do ministério do marido, engajou-se na causa da igualdade racial. Também assimilou outras de suas crenças, principalmente a reencarnação e as contradições da Bíblia. Conhecia Jim bem demais para considerar que fosse algum Deus ou o Cristo reencarnado, mas acreditava que ele tinha poderes extraordinários. Em algum momento, descobriu que a maioria dos milagres que ele realizava, se não todos, eram encenação. Mesmo assim, aceitou a farsa e chegou a dizer que havia sido curada de câncer pelo marido.

Na intimidade, Jones muitas vezes era grosso e egocêntrico, e com frequência tão insensível com a esposa quanto era atencioso com os oprimidos que procurava ajudar. Mas Marceline acreditava de verdade que o marido ainda era, em muitos aspectos, um homem santo, e que o mundo precisava desesperadamente de seus dons. Era ela quem mais poderia ajudá-lo, por ser quem mais o entendia. A instabilidade emocional de Jones não significava grande coisa perto do que eles conquistavam juntos. Ele precisava dela; os dois eram uma equipe. Para Marceline, era gratificante contribuir com a causa. Como lembra Avelyn Chilcoate: "A família toda de Marceline achava que ela e Jim haviam vencido na vida, e ela também estava feliz e orgulhosa".[259]

Só havia um problema, de ordem mais íntima. Desde a infância, Marceline sofria de dores crônicas na coluna, que os médicos algumas vezes tratavam com descompressão. Às vezes, quando fazia muita atividade física, Marceline ficava de cama. Procurava não deixar que esse problema a limitasse, e aguentava firme. Porém, a gestação e o parto de Stephan agravaram o problema e, como Marceline delicadamente descreveu para a mãe, ela e Jones ficaram um tempo sem conseguir "viver como marido e mulher". Também tiveram de aceitar a ideia de que Marceline nunca mais poderia engravidar. Por fim, acabaram voltando a ter uma vida sexual ativa, mas, ao que tudo indica, com muitos cuidados e restrições.[260]

Em Indianápolis, Marceline havia sido o principal elo entre o marido e as autoridades públicas. Ao contrário de Jones, ela sabia abordá-las e apresentar o Templo como um parceiro desejável, e não como um adversário impositivo e insensato. Mas ele aprendia rápido e sabia absorver tudo que lhe servia. Tinha pouco interesse naquilo que não fosse útil para seu ministério. Já na Califórnia, usando o que havia aprendido com a esposa em Indiana, Jones não dependia mais de conselhos políticos e ia sozinho a audiências com prefeitos, juízes e vereadores; ou até levava outros membros do Templo, mas não ela.

Marceline foi preenchendo o espaço que perdia como conselheira política do marido estreitando relações com os membros do Templo. Os pronunciamentos de Jones no púlpito não raro desagradavam alguns ouvintes, e as críticas exaltadas que fazia aos moradores da região só serviam para alimentar a paranoia coletiva. Marceline não discordava abertamente do marido; em muitos casos, achava que ele tinha razão, só estava se expressando mal. Seu novo papel, fundamental para o Templo, era de botar panos quentes, amenizar as preocupações ou irritações que Jones vivia provocando. Enquanto ele exigia obediência, Marceline agradecia aos membros pela participação, qualquer que fosse. Quando Jones percebia que alguma tarefa que havia delegado não havia sido feita direito, criticava a pessoa encarregada. Embora também esperasse que todos dessem o melhor de si, Marceline preferia explicar como o erro poderia ser corrigido, em vez de fazer reprimendas.[261]

Mesmo em todo o seu egoísmo, Jones reconhecia a importância de Marceline no ministério. Muitos membros do Templo o chamavam de "Pai" , e também se referiam a Marceline como "Mãe". Nos dias de desolação após o assassinato de Robert Kennedy e a derrota eleitoral do juiz Winslow, Jones declarou em um documento escrito à mão que, caso viesse a falecer, Marceline Jones seria sua "pastora sucessora, presidente da Organização Beneficente Templo Popular e líder espiritual do Templo Popular para todos os devidos fins". Os assuntos mundanos, a arrecadação de fundos, a aquisição de patrimônio e a criação de projetos comunitários ficariam a cargo do Conselho de Presbíteros do Templo. Mas a orientação de Jones era que "Marceline Jones seja consultada em todas as decisões da igreja, em virtude de sua integridade absoluta".[262] Tudo isso significava muito pouco, já que Jim Jones não tinha a menor intenção de ir a lugar nenhum, muito menos de morrer. Mesmo que isso acontecesse, havia deixado claro que a esposa não teria a mesma autonomia que ele.

O grande consolo de Marceline eram os filhos. Como qualquer família, a sua não era perfeita. Agnes, adotada aos 11 anos de idade em Indianápolis, era um espírito inquieto. Na adolescência, envolvia-se com um rapaz errado após o outro, dando muita dor de cabeça aos pais. Quando o resto da família se mudou para o Brasil, Agnes ficou em Indiana. Acabou indo sozinha para a Califórnia, onde manteve contato com os pais e entrou em outros relacionamentos ruins. Quem conhecia a situação pensava que Agnes queria agradar os pais, mas não conseguia porque sua personalidade rebelde e independente a impedia de atender às expectativas dos dois. Nunca aparecia em eventos, entrevistas e fotos com a "família arco-íris".[263]

Suzanne, que em 1969 estava com 17 anos, tinha um relacionamento complicado com a mãe. Marceline vivia viajando a trabalho, e sobrava para Suzanne a tarefa de ajudar a tomar conta dos irmãos mais novos e mantê-los na linha. Ela dava conta do recado — entre os filhos de Jones, ela quem mandava —, mas não gostava da responsabilidade. Lew, de 13 anos, era sociável, além de excelente atleta, mas não tinha muito espírito de liderança.[264] Stephan, de 10 anos, sofria uma pressão enorme por ser o único filho de sangue de Jim Jones. A congregação do Templo via nele o herdeiro legítimo do pastor — uma espécie de príncipe da família real. Inteligente e intuitivo, tinha consciência de sua posição e às vezes até abusava disso e se comportava mal. Jimmy, de 9 anos, era extrovertido e engraçado, o xodó de todos. Também era o filho que Jones mais exibia às pessoas de fora do Templo, para mostrar como se identificava com os negros.[265]

Marceline procurava sempre dar afeto e atenção aos filhos. Fazia de tudo para que se sentissem não apenas amados, mas também especiais para ela, cada um do seu jeito. Jim Jones Jr. recorda que certa vez, no vale de Redwood, tentou apelar para o racismo em uma discussão que teve com os pais. "Eu disse que eles não me amavam porque eu era negro e eles eram brancos. Tinha uma árvore lá fora, eu saí correndo de casa e subi na árvore. Minha mãe chegou lá chorando, com a cara toda pintada de fuligem. Ela perguntou: 'E agora, estou negra o suficiente para você me amar?'".

No verão de 1969, a coluna de Marceline sucumbiu de vez. Às vezes, ela precisava ficar imobilizada na cama. A dor e o tédio a deixavam impaciente, e acabava descontando a frustração no marido. Embora não houvesse muito que fazer pela esposa, Jones poderia ser mais atencioso para amenizar seu desconforto. Em vez disso, só se preocupava com a própria satisfação. Era louco por sexo desde criança. Adolescente, viu a mãe, de longe sua maior influência adulta na vida, manter abertamente um caso extraconjugal, quando o marido debilitado já não tinha condições de ter relações com ela. Em 1969, a fragilidade física de Marceline já tolhia os apetites sexuais de Jones havia uma década, e agora a esposa ficaria impossibilitada por muito tempo, talvez para sempre. Não havia indícios de que Jones já tivesse pulado a cerca antes, mas, rodeado de seguidoras que o adoravam, com muitas delas acreditando que ele era uma espécie de Deus na Terra, não demorou a arranjar uma amante. Poderia ter praticamente qualquer mulher do Templo que ele quisesse, mas escolheu a mais improvável.

Carolyn Moore Layton, de 24 anos, era pouco atraente em termos de atributos físicos: era muito magra, quase não abria a boca, e estava sempre com os cabelos escuros e compridos presos em um coque apertado. Para a maioria das pessoas, tinha um jeito tão austero quanto a aparência. Como escreveu uma antiga fiel do Templo, Laura Johnston Kohl: "Carolyn me lembrava aquela mulher do quadro de Grant Wood, *Gótico Americano* [...] aquela sisudez dos pentecostais". Mas, em muitos aspectos, o passado de

Carolyn a havia preparado para o Templo Popular. Seu pai, John V. Moore, era pastor e superintendente da igreja metodista no distrito, e havia ficado famoso pelo discurso liberal. O reverendo Moore, assim como Marceline Jones, acreditava em um cristianismo participativo. Junto da esposa, Barbara, criou as filhas, Carolyn, Rebecca e Annie, para serem conscientes das causas sociais e agirem de acordo com o que acreditavam. A família Moore participava de protestos contra a guerra, passeatas pelos direitos civis e boicotes em apoio aos direitos dos trabalhadores rurais, fazendo o possível para manter as filhas envolvidas com o povo oprimido pelo qual seu ministério lutava. Quando o reverendo Moore se tornou pastor de uma igreja em Youngstown, Ohio, Carolyn foi para uma creche onde era a única criança branca. Os compromissos de Moore acabaram levando a família para a Califórnia.

As três filhas de Moore tinham personalidades bem diferentes. A do meio, Rebecca, era intelectual. A caçula, Annie, era meiga. Carolyn, a mais velha, era organizada e independente. Não tinha interesse em namorados. Ainda no colégio, afirmou aos pais: "vou ficar solteira", e eles imaginavam que ficaria mesmo. Mas na faculdade, quando estudava para ser professora, Carolyn conheceu Larry Layton, um jovem afável com histórico familiar conturbado. As convicções dos dois eram bem parecidas, e eles se casaram em 1967. Pacifista, contrário à Guerra do Vietnã, Larry recusou o serviço militar por princípios e teve de trabalhar no serviço público em troca da dispensa. Arranjou emprego em um hospital psiquiátrico do condado de Mendocino. Carolyn dava aula em uma escola de ensino médio da região. Desde o início, lembra o reverendo Moore, "o casamento deles não era de igual para igual. Carolyn era quem dominava".[266]

Carolyn tomou a iniciativa de escolher uma igreja na nova cidade. Ela e o marido frequentaram cultos em vários lugares: em Mendocino, opção para a prática religiosa de domingo não faltava. Os dois ficaram pulando de igreja em igreja, até que, certa tarde, enquanto caminhavam, a família Jones passou por eles e ofereceu carona. Acabaram indo ao culto celebrado pelo simpático motorista, e Carolyn ficou maravilhada com tudo que viu e ouviu. Professando a missão de "cuidar dos menos afortunados entre nós", o Templo Popular se encaixava com perfeição nas crenças que Carolyn trazia da infância. Em 1968, ela e Larry se tornaram membros e, desde o início, acreditaram fervorosamente em Jones. Nenhum dos dois parecia predestinado a um lugar de destaque no novo grupo. Para quem o notava, Larry parecia quase um cachorrinho abanando o rabo, de tão servil. A sisudez de Carolyn não era muito convidativa. Mas, fora do Templo Popular, Carolyn era quem mais manifestava entusiasmo com o grupo — ou, em termos mais específicos, seu líder. Quando ligava ou visitava os pais, logo depois de se juntar ao Templo, segundo o reverendo Moore, "[ela] contava tudo sobre o novo pastor. Não falava de outra coisa".[267] Carolyn tinha certeza de que Jim Jones era um grande homem — uma encarnação incomparável do mais autêntico e caridoso compromisso social. John e Barbara Moore ficaram felizes em saber que a filha havia encontrado uma igreja, mas também preocupados com aquele afã todo de Carolyn, coisa que não estavam acostumados a ver.

Depois disso, Carolyn passou algumas semanas sem dar notícias. Preocupados, seus pais pegaram o carro e foram a Mendocino. A viagem não era longa; o condado ficava a cerca de 110 km de distância de Davis, na Califórnia, onde Moore era pastor de uma igreja. Carolyn contou aos pais que ela e Larry haviam se separado. Ele estava em Nevada tentando acelerar os trâmites do divórcio. Enquanto isso, queria que os pais conhecessem o novo pastor. Ligou para Jones, que veio na hora. Cheio de afetação, o pastor ficou proclamando sua dedicação à justiça social. Não causou boa impressão. Para os pais de Carolyn, Jones lembrava o personagem fictício Elmer Gantry, o histriônico vigarista que se fazia passar por evangelista. Então, para horror dos pais, "Carolyn disse que estava com ele".[268] John e Barbara logo deram um jeito de ir embora; Barbara chorou no caminho de volta. Depois de muita discussão, os dois decidiram que não criticariam nem questionariam a decisão de Carolyn, pois isso só os afastaria da filha. Mas esperavam que ela voltasse a si o quanto antes. O mais difícil de entender era como Jones tinha conseguido seduzi-la tão depressa. Por que para ele havia sido tão fácil?[269]

Na verdade, não foi.

Jones não se voltou para Carolyn Layton porque ela era fácil de manipular. Havia muitas mulheres no Templo que teriam ido para a cama com ele. Porém o Pai queria mais que isso. Embora muitos considerassem Carolyn fria e distante, Jones, com sua sensibilidade para captar a personalidade humana, percebeu que Carolyn tinha potencial para trazer muitas das qualidades de Marceline para um relacionamento. Ele precisava de alguém que conseguisse entender suas instruções por vezes intrincadas e, com força de vontade ou personalidade, impusesse obediência. Assim como Marceline, Carolyn era brilhante e, quando acreditava em alguém ou alguma coisa, era totalmente dedicada. Ao contrário de Marceline, Carolyn gozava de boa saúde e plena capacidade sexual. Poderia satisfazer as necessidades de Jones nesses dois quesitos fundamentais. Se conseguisse conquistar Carolyn, Jones teria uma nova parceira e amante.

Nada garantia que ele conseguiria convencê-la. Jones percebeu que o relacionamento de Carolyn com o marido estava abalado, mas ela havia sido criada em casa de pastor, e dificilmente aceitaria cometer adultério. Era arriscado abordá-la em uma conversa direta. E se ela ficasse ofendida ou se os outros seguidores de Jones, os que acreditavam em sua pureza de caráter, sua espiritualidade acima das tentações da carne, soubessem que o Pai estava tentando trair a Mãe? Sendo assim, Jones escolheu uma intermediária. Patty Cartmell levou Carolyn para um canto e explicou que Jim estava com um problema pessoal sério. Marceline estava incapacitada, tanto em termos físicos como psicológicos. O certo seria interná-la, mas Jim tinha o coração mole. Contudo, para manter os maravilhosos dons espirituais, o pastor precisava muito receber apoio emocional e extravasar suas necessidades carnais, e isso Marceline não tinha como proporcionar. Com sua intuição, Jim percebera que apenas Carolyn podia oferecer isso com a qualidade e a devoção necessárias. Um antigo adepto que sabia da situação se lembrou de ter visto Cartmell na frente do Templo, depois de um culto de domingo, sussurrando para Carolyn: "Jim *precisa* disso", e Carolyn com cara de dúvida e negando com a cabeça.[270] Depois de alguns dias, estava convencida a falar em particular com ele sobre o assunto, e o poder de persuasão de Jones fez o resto.

Jones disse a Marceline que não ia deixá-la. Para quase todos no Templo, e também para o mundo exterior, ele e Marceline continuariam a manter a fachada de casal apaixonado e monogâmico. Marceline manteria sua função na igreja. Não deveria arrumar encrenca. O novo relacionamento com Carolyn era consequência de sua incapacidade de satisfazê-lo fisicamente. Ele ainda a amava, contudo precisava de mais.

Esse foi, talvez, o maior risco que Jones correu. Se Marceline tornasse público o caso, se o deixasse e voltasse furiosa para Indiana, isso certamente seria um choque para o Templo e poderia até dividir a congregação de vez — sua mulher era bastante querida pelos membros. No entanto, Jones conhecia bem a esposa. O consentimento dela revelava algumas facetas de seu caráter. Jones era um homem complicado, mas Marceline não ficava atrás. Em primeiro lugar, quando se comprometia com alguém ou alguma coisa, sua lealdade era inabalável. Depois de tantos anos de devoção ao marido e ao Templo Popular, não seria do feitio dela virar as costas para tudo, mesmo em uma situação tão dolorosa. Ela acreditava na missão do Templo e no marido como líder da congregação e agente insubstituível da tão necessária transformação social. Marceline também tinha uma postura um tanto antiquada sobre o matrimônio, que remontava a sua criação em uma cidadezinha pequena e apegada às convenções sociais em Indiana. Casamento era para a vida toda. O marido, por ser homem, era falível por natureza. Era seu dever de esposa ser perfeita em tudo e satisfazer ao marido para que não cedesse aos baixos instintos. Quando o homem pulava a cerca, alguma culpa a mulher tinha. E, assim como a família Moore, ela nutria uma esperança de que o caso chegaria ao fim de forma natural, e quem sabe Jim se cansaria logo daquela garota estranha. Até lá, Marceline precisava ajudar as crianças a atravessar aquele período terrível e confuso. Jones, que sempre falava sem pudores com os filhos sobre os assuntos do corpo, contou que estava envolvido com Carolyn porque a mãe não o satisfazia mais sexualmente. Pediu para que vissem Carolyn como uma amiga especial. Stephan e Suzanne ficaram chateados, mas se conformaram, pelo menos na presença do pai. Lew e Jimmy, que eram tranquilos e loucos pelo pai, não questionaram a decisão. Agnes, como de costume, não foi consultada.[271]

Até Larry Layton aceitou bem a novidade. Depois de se divorciar da esposa em Nevada, voltou para o vale de Redwood e reassumiu seu lugar na igreja. Logo se casou com outra fiel, Karen Tow. A nova sra. Layton era muito mais atraente e animada que a anterior. Embora Jones tivesse tirado Carolyn de Larry, a devoção dele ao pastor aumentou. Ele aproveitava toda chance que surgia para provar a Jones que era um seguidor fiel e obediente.

Meses depois, Carolyn Layton escreveu com alegria para os pais sobre a nova situação amorosa. Morava na própria casinha, e Jones se revezava entre seu novo lar e o de sua "antiga" família:

> Não tenho palavras para expressar o quanto [Jim] satisfaz todas as minhas necessidades de companheirismo e romantismo. Ele só dorme duas ou três horas por noite e, assim, consegue estar sempre presente quando preciso. Ele passa muito tempo comigo. E também com os filhos, mesmo com tanta coisa para fazer. Ele dá atenção a eles todo dia, fazendo o que eles gostam e precisam. Só de pensar que ele atende com paciência as necessidades de Marcie [...] que pode ser um amor se está lúcida, mas, se não está, ela consegue esgotar um homem em pouco tempo. Nem acredito que ele sempre consegue ser amoroso e paciente. E ainda me dá quatro noites por semana. [...] Com três noites por semana ela já fica bem.

Em junho de 1970, Marceline escreveu um bilhete para Jones. Depois que ele começou a se relacionar com Carolyn e passar menos tempo com a esposa, Marceline se comunicava com frequência dessa forma com o marido.

Nosso 21º aniversário de casamento está chegando. Acho que é um bom momento para fazer um balanço da nossa vida juntos. Daqui a mais um ano, terei passado metade da vida ao seu lado. É a única parte da minha vida que conta. [...]Algumas vezes, não sei o que é melhor para você. Mas sei que você se importa comigo. E, independentemente de quem mais faça parte da sua vida, obrigada por me incluir. Desculpe pelas vezes que fiz você sentir que não era amado, na minha frustração de tentar fazer meu melhor, mas sem nunca conseguir de fato. [...] Obrigada por sua bondade e compreensão. Não sei o que será de amanhã, mas hoje agradeço pelos momentos que passo com você.[272]

Tudo saiu como Jones esperava. Ele estava com Carolyn sem perder Marceline e, para a maior parte dos seguidores, o Pai e a Mãe estavam juntos como sempre. Esse triunfo levou Jones a se achar ainda mais especial: claro que todos os seus desejos pessoais foram atendidos. Era assim que, mesmo com tantas demandas, ele conseguia ter a disposição e o poder de que precisava para seguir à frente do Templo.

Era a segunda vez que Jones e seus cúmplices haviam enganado os membros comuns do Templo, e agora de forma ainda mais nefasta. A primeira foi quando ele selecionou cúmplices para ajudar a encenar curas. Argumentou que a armação era necessária para conseguir atrair mais fiéis — podia parecer errado à primeira vista, mas eles deveriam não apenas aceitar, como participar da tramoia, porque era para um bem maior. Agora haviam ajudado Jones a acabar com o casamento de Layton e trair a própria esposa — que sempre foi tão leal. Tudo isso porque, como Patty disse a Carolyn, Jim precisava. Para eles, o líder e a causa — o bem maior — se tornaram uma coisa só.

22
EXEMPLO SOCIALISTA

Nos anos seguintes, Jim Jones seria comparado com frequência a demagogos assassinos como Adolf Hitler e Charles Manson. Tais comparações, além de completamente equivocadas, não refletem o que Jim Jones a princípio representava para os membros do Templo Popular. Jones atraiu seguidores apelando para suas boas intenções. O objetivo do Templo Popular era dar um exemplo convincente do que seria a igualdade racial e social e atrair quem desejasse viver daquela forma. O governo seria transformado, e não derrubado. Os membros da igreja podiam fazer protestos contra o racismo ou as guerras injustificáveis, mas nunca usar de violência para atingir seu objetivo de construir uma sociedade melhor. As pessoas não entravam para o Templo Popular com intenção de fazer o mal, nem de subjugar ninguém. Pelo contrário, gostavam de fazer o bem ao próximo.

Um dos pilares da igreja era uma pauta política que, no vale de Redwood, era mantida em sigilo porque o termo que a definia era mal compreendido. Para muitos norte-americanos, socialismo e comunismo eram a mesma coisa e, desde o fim da Segunda Guerra Mundial, o comunismo e seus adeptos eram considerados arqui-inimigos da democracia, principalmente em comunidades conservadoras como o vale de Redwood e a maior parte do condado de Mendocino. Na verdade, em sua forma mais simples, o socialismo era a crença em uma distribuição de riqueza mais igualitária, de forma que todos tivessem chance de ter uma vida próspera por esforço próprio, sem distinção de raça ou posição social. Uma nação poderia *optar* por seguir princípios socialistas. Comunismo, por sua vez, era sinônimo de controle rigoroso pelo Estado: ao povo, restava obedecer, e era o governo, e não as realizações pessoais de cada um, que determinava como deveriam viver. O socialismo do Templo Popular tinha por objetivo transformar consciências pelo exemplo, e não pela força.[273]

No final dos anos 1960, a maior parte dos que entravam para a igreja no vale de Redwood não tinha ideia de que estava se engajando em uma forma de socialismo. As pessoas sabiam apenas que a igreja se dedicava a melhorar a vida dos oprimidos — a quem Jones costumava se referir como "os menos afortunados entre nós". Para muitos negros e brancos, frequentar os cultos e eventos sociais do Templo era a primeira chance que tinham de conviver mais de perto com outras raças, e era emocionante aprender na prática que todos eram iguais, não importava a cor da pele. O dinheiro que tinham (ou não tinham), a roupa que usavam ou o carro que dirigiam — nada disso importava no Templo Popular. Os recém-chegados eram tomados pelo sentimento de comunhão, pela alegria de partilhar sem julgar. Se a pessoa estava desempregada, recebia ajuda para encontrar trabalho — Jones, ao que parecia, era influente entre vários empregadores da região. Se a pessoa tinha deficiência ou outra condição especial, os membros do Templo que trabalhavam no departamento de assistência social do condado estavam sempre prontos a oferecer auxílio, a qualquer hora, qualquer que fosse o problema.[274] Quando Elmer e Deanna Mertle entraram para o Templo e levaram a família para Mendocino, sentiram um cheiro desagradável saindo do gramado na frente da nova casa. Um fiscal do serviço de água e esgoto explicou que o sistema de escoamento da fossa estava entupido, e que era preciso fazer os reparos com urgência, o que custaria 500 dólares, um valor que eles não tinham como pagar. Falaram do problema aos membros do Templo e a resposta foi que não se preocupassem. No dia seguinte, quinze homens do Templo chegaram de madrugada e passaram o dia desenterrando a tubulação antiga, colocando uma nova e trocando a grama que havia sido destruída. Elmer e Deanna perguntaram quanto custaria o serviço e a resposta foi que era um prazer ajudar.[275]

O próprio Jones era uma presença constante e positiva na vida de cada um dos membros do Templo. Tinha uma memória impressionante para guardar nomes; tratava a todos com proximidade e fazia com que se sentissem especiais. Embora às vezes fizesse críticas e se exaltasse nos encontros — que era como os membros deviam chamar os cultos —, o pastor era a gentileza em pessoa quando conversava pessoalmente com os fiéis. Chamava a maioria das mulheres de "querida" e os homens mais jovens de "meu filho". Não havia dúvida de que levava a sério sua liderança. Fazia questão de dizer a todos que quase não dormia. Colocava-se à disposição dos seguidores, que podiam ligar no meio da noite se precisassem e, sempre que ligavam, Jones parecia mesmo estar acordado.

O clima de "um por todos, todos por um" foi formalmente verbalizado por Jones em uma noite de quarta-feira, em algum momento de 1970. Os encontros matinais e vespertinos de sábado e domingo eram abertos ao público, mas os de quarta à noite eram reservados aos membros do Templo. Nessas ocasiões, Jones falava mais de política. Naquela noite, segundo Neva Sly Hargrave, "Jim juntou [nossos sonhos]". Após descrever a sociedade igualitária que existiria um dia graças ao exemplo do Templo Popular, Jones anunciou em tom dramático: "Somos todos socialistas!". A congregação ficou toda de pé, diz ela, e "irrompeu em aplausos estrondosos".

Como socialistas, instruiu Jones, eles teriam uma vida tão exemplar e igualitária que quem os observasse ou interagisse com eles desejaria experimentar aquele mesmo sentimento de comunhão e satisfação. Mas não seria bom, pelo menos não ainda, sair por aí se autoproclamando socialista, porque isso poderia afugentar novos seguidores. Na medida do possível, explicou Jones, os assuntos do Templo deveriam ficar dentro do Templo. Que encantassem pelo exemplo, e as pessoas viriam até eles.

Posteriormente, acabaram os encontros "abertos". Recepcionistas, em sua maioria mulheres, ficavam na frente do Templo e interceptavam quem chegava para assistir ao culto pela primeira vez. Como relatou Laura Johnston Kohl: "Falávamos sobre o culto e tentávamos descobrir como as pessoas souberam do Templo e o que esperavam encontrar". Depois, faziam pequenas anotações sobre as impressões que tiveram de cada um e levavam para Jones. Era ele quem decidia, pessoalmente, quem podia e quem não podia entrar; estes últimos eram avisados de que não poderiam participar do encontro; em um outro dia, talvez. Tudo com muita delicadeza. Jones queria fazer seus seguidores acreditarem que a comunidade fora do Templo era um tanto hostil — a postura do "nós contra eles" ajudava a alimentar a lealdade dos seguidores —, mas sem chegar a criar um clima de animosidade. Manter algum equilíbrio era fundamental.[276]

Em grande medida, o esforço de Jones para manipular a opinião da comunidade funcionou. A cobertura favorável no *Ukiah Daily Journal* contribuiu. A direção do jornal continuava a cumprir a determinação de veicular os informes que chegavam do Templo, sem apurar nem mexer no texto. Nenhuma atividade ou pronunciamento de Jones era banal demais para não merecer espaço no jornal. Se Jones tirava vira-latas de uma movimentada rua de Ukiah, vinha a manchete: "Pastor arrisca a própria vida para salvar cães".[277]

Jones era considerado, com razão, um ótimo professor, principalmente pelas aulas noturnas que dava na escola para adultos. O Templo mantinha os projetos comunitários, e os serviços de assistência social, as escolas e as repartições do condado podiam contar com o motivado trabalho dos voluntários da congregação para obras de construção ou reforma na comunidade. Famílias com problemas de saúde ou em luto pela morte de um parente recebiam ajuda em seus afazeres. As autoridades públicas ainda ganhavam bolos. Em 1969, Jones chegou a ser convidado para discursar em uma formatura de ensino médio.

Mas houve também um passo em falso. Com o crescimento da congregação do Templo, Jones enxergou a oportunidade de aumentar sua influência nas eleições municipais e do condado. Os membros do Templo começaram a comparecer em peso aos debates. Sem disfarçar sua preferência, aclamavam tudo que o candidato que apoiavam dizia e se calavam o resto do tempo. Quando a escola para adultos promoveu um debate, no primeiro semestre de 1970, Jones chegou com um número considerável de seguidores, que aplaudiam um candidato e ignoravam os demais. O partidarismo descarado não era costume em Mendocino. As pessoas que apoiavam os outros candidatos foram reclamar com Billy Tatum, que era o diretor da escola e organizador do encontro. Indignado e constrangido, Tatum subiu à tribuna e acusou Jones de "manipular o debate". Jones, injuriado por ser confrontado daquele jeito na frente de seus seguidores, ameaçou se demitir do cargo de professor. Em pouco tempo já não integrava o corpo docente da escola. Segundo Tatum, foi demitido. Na versão de Jones, foi ele quem pediu as contas, e ainda largou o emprego no ensino regular. Nas eleições seguintes, os membros do Templo continuaram a marcar presença nos debates, fazendo ainda mais barulho para seu candidato e desprezando ainda mais os adversários. Não era uma boa estratégia para uma igreja secretamente socialista que estava tentando dar um exemplo, mas Jones não queria parecer suscetível a intimidações. Nenhum membro do Templo se opôs; eram as pessoas de fora que implicavam com o Pai que estavam erradas.

Havia várias outras formas de a igreja se destacar por meio do serviço comunitário. Para dar um exemplo, sua posição era contrária ao uso de drogas ilícitas — no que estava de acordo com a maioria dos pais da cidade. Tanto que criou um programa de reabilitação de dependentes químicos voltado quase exclusivamente para jovens. A maioria dos pacientes, que contava com atendimento gratuito, vinha de igrejas e guetos de negros em San Francisco, mas alguns eram do condado de Mendocino.

O processo que o Templo adotava para acabar com a dependência química era bem simples. Logo que o paciente entrava para o programa, ficava de quarentena em um abrigo criado especificamente para esse fim. Não havia desmame à base de metadona — a droga era retirada de uma vez só. Cuidadores do Templo acompanhavam o processo até o fim. Depois de todos os gritos, vômitos, espasmos e outros sintomas típicos de abstinência forçada, o paciente era levado para a casa de um membro do Templo. Lá, passava a fazer parte da família, enquanto terminava de se desintoxicar. Por fim, os convalescentes voltavam para casa ou eram absorvidos pela comunidade do Templo — neste caso, recebiam ajuda para arranjar emprego e se sustentar. Dos jovens dependentes que entravam para o programa do Templo, poucos desistiam. Quem conseguisse completá-lo e sair "limpo" era considerado prova viva do compromisso da igreja com práticas construtivas que beneficiavam a toda a comunidade. Era esse tipo de exemplo que o Templo queria dar.[278]

Mas as ambições de Jones iam muito além de Mendocino. Ele desejava retomar o ministério itinerante e, dessa vez, chegar muito mais longe e causar muito mais impacto que nos tempos de evangelismo de estrada pelo Meio-Oeste. Também queria estabelecer de vez o Templo em San Francisco, onde tinha como conquistar mais influência social e política. Alçar o exemplo socialista do Templo do nível municipal ou regional para o estadual ou mesmo nacional demandava ambição, carisma e disposição, coisas que Jones tinha de sobra, e também enormes quantias de dinheiro, o que não estava ao seu alcance. Assim, enquanto seus seguidores em Mendocino se regozijavam na comunhão e no sentimento elevado dos ideais socialistas, Jones se concentrava em financiar o próximo passo.

Para começar, assumiu o controle integral dos fundos da igreja. Pelo menos em tese, todas as despesas do Templo passavam pelo crivo do Conselho de Presbíteros. Porém, em um documento escrito à mão com data de 6 de abril de 1969, a congregação assinou um termo instruindo a tesoureira do Templo, Eva Pugh, "a transferir todos os fundos dos cofres da igreja a uma conta missionária a ser usada pelo nosso pastor James Jones, a seu critério".[279] A partir de então, ninguém podia gastar nem um centavo sem a aprovação de Jones, mas ele tinha poderes para usar o dinheiro do Templo do jeito que bem entendesse.

Porém, esses poderes não significavam que ele soubesse como acumular, investir e declarar rendimentos da maneira mais vantajosa ao Templo e continuar dentro da lei, ainda que no limiar da ilegalidade. Nenhuma grande entidade religiosa metida em política e reformas sociais escapava ao escrutínio do governo estadual e das autoridades tributárias, e precisaria de assessoria jurídica no caso de uma investigação. Era necessário tomar providências, mas nem Jim Jones, nem as pessoas de seu círculo próximo, nem os membros da congregação do Templo sabiam a quem recorrer. Jones queria um advogado de competência comprovada, mas que também estivesse comprometido com as mesmas causas sociais que a igreja.

E encontrou.[280]

Em 1967, Mendocino e o condado vizinho de Lake abriram uma Fundação de Assistência Jurídica conjunta para auxiliar moradores de baixa renda que não tinham condições de contratar advogados, ou sequer sabiam como procurar um. O diretor era Tim Stoen, um jovem de 29 anos que havia entrado para a promotoria pública de Mendocino depois de se formar em direito na Universidade de Stanford. Dono de uma inteligência e ambição assombrosas, Stoen se descrevia como "conservador na teologia e radical no social". Queria viver seus princípios na prática, e não só pregá-los.

Os escritórios onde a nova entidade ia funcionar estavam em péssimas condições, e Stoen precisava direcionar cada centavo de seu apertado orçamento ao serviço de assistência jurídica, portanto não tinha dinheiro para fazer melhorias. Entrou em contato com outros órgãos da região, pedindo doação de materiais e voluntários. Ninguém se ofereceu. Até que alguém sugeriu que procurasse uma igreja do vale de Redwood chamada Templo Popular, cujos membros eram engajados na comunidade e certamente estariam dispostos a contribuir para uma boa causa. Quando Stoen ligou para a administração do Templo, disseram que era só escolher a hora e o local. Stoen sugeriu terça-feira de manhã. Ao chegar naquele dia, conforme Stoen contou a um repórter em 2003, deparou com "vinte a trinta" membros do Templo, "negros e brancos", já no prédio, "carregando tintas, solventes, martelos e pregos. O que achei que levaria duas semanas eles fizeram em um dia. E ainda voltaram no dia seguinte, colocaram umas divisórias de compensado e sumiram sem fazer questão de ouvir um obrigado. [...]Foi assim que eu conheci o Templo Popular".

Stoen recorda que o pastor do Templo Popular fazia parte do conselho administrativo da fundação. Inclusive, chegou a conhecê-lo ao ser entrevistado para o cargo de diretor. Durante o breve encontro, Jones analisou Stoen e concluiu que o advogado seria de grande valia para o Templo. Antes de organizar o mutirão para reformar o escritório, Jones avisou que estavam assumindo uma tarefa importantíssima. Como lembrou Garry Lambrev, "era como se Jim estivesse cortejando [Tim]".

O namoro durou vários meses. Quando os clientes mais carentes precisavam de ajuda para resolver problemas domésticos, Stoen os orientava a procurar os programas gratuitos de aconselhamento matrimonial e de reabilitação de jovens dependentes químicos do Templo Popular. Nesses contatos, Stoen aprendia mais sobre a igreja e seu propósito declarado de estender a mão aos oprimidos e de viver o exemplo de generosidade em que ele mesmo tanto acreditava. Embora costumasse frequentar todo domingo uma igreja presbiteriana em Berkeley, foi desenvolvendo uma grande admiração pelo Templo Popular e seu pastor.

Apesar disso, Stoen acabou voltando para a região da baía por um tempo. Tinha planos de disputar uma eleição, e as perspectivas de carreira política eram melhores por lá. Colaborava com um escritório de advocacia que prestava assistência jurídica sobretudo a pessoas pobres e negras. Levava uma vida gratificante. Desde pequeno, gozava de uma situação financeira confortável, e sua atuação como advogado para clientes particulares dava um bom dinheiro. Alugava um apartamento bacana, usava roupas caras e até comprou um Porsche. Além do trabalho em Oakland, Stoen apaziguava a consciência participando de manifestações em defesa do meio ambiente e da justiça social. Mas ainda pensava no Templo Popular.

Certo domingo, em setembro de 1969, Stoen foi até o vale de Redwood para assistir a um culto do Templo pela primeira vez. Ficou impressionado com o clima do encontro, que se estendeu até o fim da tarde, e espantado ao saber que ainda haveria outro à noite. Não ficou para ver, mas voltou outros domingos.[281] Antes de cada visita, segundo Garry Lambrev, "Jim dizia algo como 'Tim Stoen vem na próxima semana, temos que nos preparar'". Quando Stoen estava presente, a palavra era sobre estender a mão e edificar. Comentários políticos, só o mínimo necessário; curas, idem. Como previa Jones, milagres não impressionavam Stoen tanto quanto a missão social do Templo. Em um encontro de véspera de Ano-Novo, Stoen comunicou a Jones que entraria para a igreja. Em março de 1970, deixou Oakland e retornou a Ukiah e também à promotoria pública do condado. Sua volta ao antigo emprego foi bastante comemorada; Stoen era tão bom profissional que naturalmente se destacava onde quer que trabalhasse. Jones, que não queria correr o risco de que Stoen mudasse de ideia no último minuto, mandou membros do Templo para ajudá-lo na mudança.

Em Ukiah, Stoen também passou a trabalhar para o Templo Popular como consultor voluntário. Era vantagem para Jones ter na igreja um membro que trabalhava no cargo de mais alto escalão do sistema judiciário do condado. Stoen não via motivo para explicitar sua afiliação ao Templo aos superiores ou colegas, embora às vezes mencionasse o fato. Com frequência, porém, depois do trabalho, durante a semana e aos finais de semana, Stoen mergulhava de cabeça nos assuntos do Templo, muitas vezes em exaustivas audiências particulares com Jones, que divagava sobre planos e esquemas grandiosos e esperava que o advogado encontrasse meios legais de concretizá-los. Stoen não achava que Jones fosse Deus, mas acreditava que o pastor devia ter sido escolhido para realizar feitos divinos. O que faltava de sofisticação, ele mais que compensava com carisma e comprometimento. Andar com Jim Jones dava forças. Ele tinha muita garra e disposição, e Stoen logo se deixou envolver. Como disse Jim Jones Jr.: "Tim Stoen *acreditava*, tanto ou mais que os outros. Ele adorava meu pai".

A recíproca parecia verdadeira. Os seguidores mais antigos de Jones reconheciam que a relação do jovem advogado com seu líder era diferente da que Jones mantinha com os outros membros. O Pai lhe pedia conselhos. Jones se esforçava para mostrar que valorizava a opinião dos mais próximos; que a proximidade era a paga por se colocarem a serviço dele. Mas com Stoen era diferente: sempre pareciam ter conversas profundas, e o Pai, pelo menos nesse caso, ouvia tanto quanto falava.[282] O ciúme era inevitável, mas o que os outros membros do Templo não percebiam era que não havia relação entre os dois: Jones e Stoen falavam de trabalho, não de confidências.[283] Antes de formalizar a entrada no Templo, Stoen havia concluído que Deus vinha demorando demais para fazer a humanidade melhorar o comportamento. O compromisso incansável de Jones com a prática, portanto, exercia sobre ele um apelo especial. A igreja tinha muito a conquistar; as demandas sobre os membros eram constantes, e Stoen aceitou de bom grado o desafio.[284]

Stoen voltou para Ukiah, entrou para o Templo e levou sua noiva junto. Grace Grech era muito mais nova, tinha apenas 19 anos, e era a bela filha de um açougueiro de San Francisco com uma costureira. Chamava atenção por ser naturalmente animada e bem-disposta. Depois da formatura no colégio, foi trabalhar como secretária enquanto fazia faculdade à noite no City College. Apesar da diferença de idade, Tim e Grace se davam bem. De formação católica, Grace concordou quando, certo domingo, o namorado a convidou para ir até o vale de Redwood para um culto diferente. A primeira impressão que teve de Jim Jones não foi boa.[285] Mesmo assim, em 1970, quando Tim comunicou que queria voltar para o condado de Mendocino, trabalhar na promotoria pública de lá e entrar para o Templo, Grace concordou, achando que a mudança seria apenas temporária. Em 27 de junho daquele ano, Grace e Tim casaram no Templo, em cerimônia celebrada por Jones. Pouco tempo depois, ela disse que não queria mais voltar para a igreja, para espanto do marido. Não gostava de Jim Jones. Porém, Marceline conversou com ela, e Grace acabou ficando.[286]

A vida dos recém-casados era quase toda ocupada pelo Templo. Tim tinha muito a oferecer a Jones e à igreja, claro, mas Jones também parecia bastante impressionado com sua esposa, e teimou que ela também poderia prestar serviços valiosos ao Templo. Apesar de o resto da congregação gostar bastante dela — muitos não se sentiam à vontade com Stoen, com seu intelecto tão intimidador, mas Grace era encantadora —, todos, inclusive a própria, ficaram estarrecidos quando Jones anunciou que ela seria parte de um seleto grupo responsável por aconselhar e orientar outros membros que estivessem passando por problemas pessoais. Grace achou que era muita responsabilidade, mas se saiu bem na nova função, graças principalmente a sua bondade natural: "Ela não tinha aquela aspereza comum aos outros líderes", lembrou Alan Swanson. "Era gentil, como Marceline. Parecia se preocupar muito com as pessoas."[287]

Sete anos depois, quando já eram inimigos, Jim Jones deu um depoimento no qual enfatizou a influência de Tim Stoen sobre o Templo Popular e até sobre sua vida:

> [ele] entrou para a minha igreja [...]e fiquei muito empolgado. Além de ganhar um membro sincero e comprometido, fiquei eufórico por ter essa ajuda porque a igreja não parava de crescer e eu precisava muito de um advogado responsável e dedicado. [...] Confiei totalmente nele e lhe deleguei mais responsabilidades que a qualquer outro membro da organização. [...]
>
> Ele era meu principal assessor jurídico e eu não fazia nada, fosse dentro da igreja ou na minha vida pessoal, sem consultá-lo antes e ter sua aprovação legal.[288]

Quando Stoen entrou em cena, em março de 1970, o Templo Popular era uma igreja em um fim de mundo, com uma congregação modesta e alguma influência regional. Sob inspiração de seu apaixonado e messiânico pastor, o Templo almejava objetivos ambiciosos, mas não tinha nem o dinheiro, nem o traquejo jurídico necessário para conquistá-los. No entanto, a partir de então, Jim Jones passou a contar com Tim Stoen como seu braço direito, e rapidamente tudo mudou.

23
DINHEIRO

Desde a mudança para o condado de Mendocino, o Templo Popular passara a depender em grande parte da contribuição financeira de seus fiéis. Nos cultos no vale de Redwood, as bandejas de oferta recebiam tanto contribuições de visitantes como de frequentadores regulares em potencial, mas o grosso da receita vinha dos dízimos que pagavam os membros ativos. O mínimo exigido era 10% da renda pessoal, mas todos eram incentivados a dar 15%, e era preferível que dessem 20%. Por fim, 25% se tornou a norma. Alguns faziam questão de dar 30%. Ninguém achava a cobrança injusta; muitas igrejas exigiam o dízimo.[289]

Porém, praticamente todos os membros assalariados do Templo tinham empregos mal remunerados — eram ajudantes gerais de hospital, auxiliares de escritório ou professores de escola pública. Alan Swanson entregava jornais. Mesmo que todos dessem metade do salário, o Templo Popular ainda seria relativamente pobre. As ofertas nos encontros agregavam pouco, embora Jones coagisse todos a fazer doações generosas — os membros até brincavam que, quando o fiel sentava, Jones já ficava de olho no cofrinho.[290] Em 1969 e 1970, mesmo com a igreja em plena expansão, a maioria dos adeptos que chegava ainda era de baixa renda. Jones idealizava um império empresarial nos moldes do Movimento de Paz do Pai Divino, mas os custos para abrir asilos, creches e outros empreendimentos beneficentes eram proibitivos. Como o dízimo não bastava, o pastor teve que buscar alternativas. Percebeu que os membros tinham mais a dar do que um salário de proletário. Já que o propósito declarado do Templo era a igualdade de oportunidades e o desprendimento dos bens pessoais, logo começou a circular um documento, que todos deviam preencher e assinar:

> Eu, [nome], membro da Igreja Cristã Templo Popular, conhecida como Templo Popular dos Discípulos de Cristo, declaro ter plena ciência da missão desta igreja e deposito total confiança na visão e no critério de seu pastor, Jim Jones. Por isso, e por minha fé nas obras humanitárias desta igreja, doei e continuarei a doar itens e verbas para o uso que a referida instituição e o dito pastor julgarem apropriado. Doei tais itens e verbas de livre e espontânea vontade, sem qualquer coerção. Não tenho a intenção de pedi-los ou recebê-los de volta.
>
> Se porventura eu vier a renunciar a minha condição de membro desta igreja, ou for por qualquer meio dela desligado, declaro por meio desta que jamais pedirei ou esperarei receber de volta qualquer um desses itens ou verbas. Eles foram doados como presentes, e não pertencem mais a mim nem aos meus herdeiros.[291]

Havia linhas para a assinatura do fiel e de duas testemunhas.

A partir de então, esperava-se dos membros que reduzissem ao mínimo seus bens pessoais. Roupas doadas tinham destino certo: casacos, suéteres, camisas, vestidos e sapatos eram todos fornecidos sem custo aos necessitados. Mas os membros também abriam mão de outras coisas: móveis, televisores, joias e qualquer objeto que Jones ou os líderes do Templo pudessem considerar supérfluo. Ninguém era obrigado a ceder nada, mas todos obedeciam — era uma forma de demonstrar comprometimento com a causa. Jones fazia questão de mostrar que dava o exemplo. No início de seu ministério, vestia-se em trajes elegantes para passar uma imagem de sucesso. No vale de Redwood, porém, usava apenas roupas de segunda mão e criticava o "estrelismo" dos pastores que andavam de carro do ano e terno de grife. Jones foi um dos primeiros a assinar o novo documento, e exaltou o nobre sacrifício daqueles que seguiram seu exemplo.

Os bens doados eram examinados, precificados, e vendidos em brechós do Templo.[292] A receita obtida, em geral centenas de dólares por semana, era investida em outros empreendimentos, sobretudo na aquisição de imóveis que pudessem ser convertidos em asilos, que eram quase sempre alugados e administrados por membros do Templo, com aluguéis anuais pagos à igreja, em geral na casa dos 15 mil dólares.[293] Além disso, o quadro de funcionários do estabelecimento era formado por membros do Templo, que doavam à igreja uma parte substancial dos salários. Os clientes pagavam pelos serviços com a pensão por invalidez ou a aposentadoria. A qualidade do atendimento prestado sempre atendia ou excedia os requisitos das leis estaduais. Todos saíam ganhando.

Em 1970, Jones deu um passo decisivo rumo à consolidação financeira do Templo. Desde sua ida, meses antes, ao culto em memória de Martin Luther King em San Francisco, Jones vinha ministrando esporadicamente como convidado na Igreja Missionária Macedônia, na Sutter Street. A igreja anfitriã se esforçava ao máximo para divulgar essas visitas, e chegou a comprar anúncios no jornal *San Francisco Chronicle*. Um deles, além de alardear a vinda de Jones, conclamava os leitores brancos a "louvar com a comunidade negra ".[294] A ideia de um público misto parecia se encaixar com perfeição nas aspirações do Templo.

Contudo, as participações de Jones nesses cultos contribuíam mais para promover a Igreja Macedônia que a sua própria e, agora que dispunha de mais recursos, o pastor começou a alugar espaço para eventos do Templo em uma escola na mesma região de San Francisco. Nesses encontros, Jones esbanjava carisma, denunciando o preconceito, conduzindo louvores vigorosos e realizando incontáveis curas. A repercussão era grande e, à medida que Jones foi ganhando renome na região da baía de San Francisco, o perfil do público ia mudando de quase todo negro e de baixa renda para racialmente misto. O espaço da escola acomodava bem cerca de quinhentas pessoas. Após alguns meses, Jones conseguiu lotação máxima, e já surgiam alguns interessados em se mudar para o condado de Mendocino e aderir ao Templo.

Além das generosas ofertas arrecadadas em San Francisco — não raro 3.500 dólares por culto —, o Templo também recebia um novo influxo de dízimos e propriedades graças à chegada de novos membros. Pela primeira vez, Jones atraía profissionais cujos salários eram, pelos padrões anteriores da igreja, astronômicos: professores universitários, advogados bem-sucedidos, empresários ou executivos, ao lado de operários de linha de montagem e trabalhadores que ganhavam salário mínimo.[295] Eram tempos turbulentos. Em todos os níveis socioeconômicos, os norte-americanos estavam descontentes com o acirramento dos conflitos raciais e a impopularidade crescente da Guerra do Vietnã. Jones desafiava os visitantes a parar de falar a respeito desses problemas e tomar uma atitude para melhorar o país — o Templo Popular era o caminho. Os mais entusiasmados e endinheirados tinham a chance de ajudar imediatamente, entregando as chaves de seus carrões com a documentação já assinada, ou um colar de diamantes ou par de brincos deixados por uma avó. Alguns hesitavam, mas a adesão era suficiente para que o Templo auferisse ganhos substanciais. Melhores ainda eram os crentes dispostos a passar a escritura de propriedades para o nome da igreja. Jones e seus assessores de confiança logo se especializaram na compra e venda de imóveis, com grande margem de lucro nas transações.[296]

Os negócios tocados pelo Templo começaram a proliferar pelo condado de Mendocino. Em pouco tempo, além de asilos, a igreja também administrava um sítio para crianças problemáticas, uma lavanderia e uma gráfica. Os novos negócios também ofereciam emprego para o contingente cada vez mais numeroso de fiéis. De forma involuntária, a legislatura estadual da Califórnia dava uma ajudinha e tanto quando fechava clínicas psiquiátricas públicas, incentivando a iniciativa privada a preencher a lacuna deixada no atendimento. O Templo não perdeu tempo. Marceline tinha experiência e conhecimento como profissional de saúde para estruturar os novos empreendimentos, e Tim Stoen dava o apoio jurídico necessário.[297]

Jones ampliou ainda mais seu ministério com cultos esporádicos em Los Angeles e Seattle. Encorajados pela grande afluência de público, começou a agendar eventos regularmente — uma vez por mês em Seattle, duas vezes por mês em San Francisco Francisco e Los Angeles. Antes e depois dos cultos, os membros da igreja se misturavam à plateia, transformando conversas aparentemente casuais e inofensivas em astuciosos interrogatórios, como já haviam feito tantas vezes. Mal retornavam ao vale de Redwood, enviavam cartas a todos que tinham conhecido, sempre mencionando alguma coisa especial a respeito do destinatário, garantindo que seria lembrado nas orações do pastor Jones. Pouco antes de mais um sermão de Jones em Seattle, Los Angeles ou San Francisco, enviavam outra carta à pessoa, recomendando enfaticamente que não deixasse de ir. Procuravam fazer com que cada indivíduo se sentisse valorizado.[298]

À medida que o público desses cultos itinerantes ia aumentando — Jones sempre exortava a plateia a trazer família e amigos na vez seguinte que fosse à cidade —, o Templo encontrava novas formas de faturar. As mulheres vendiam todo tipo de lanches — biscoitos, bolos e até guloseimas saudáveis, como couve temperada — em barraquinhas montadas dentro ou fora do local de culto.[299] Jones interrompia os próprios sermões para apregoar fotos suas por cinco dólares cada. As imagens — abençoadas, claro, pelo próprio Jones — conferiam ao portador proteção contra desastres como agressões, incêndios ou câncer. Como cada foto protegia apenas contra um tipo de desgraça, a ideia era comprar várias.[300] O magnetismo e a eloquência de Jones eram tamanhos que muitos faziam justamente isso. A venda de fotos em um único culto muitas vezes rendia entre 2 mil e 3 mil dólares.[301]

A lista de endereços da igreja, que engordava a cada dia, tornou-se uma poderosa ferramenta de vendas. As cartas começaram a oferecer proteções adicionais. Para se associar ao "Plano de Benção Apostólica", bastava uma doação de qualquer valor. Em troca, os doadores recebiam um certificado declarando que faziam parte das meditações diárias do pastor Jones: "Espere com a certeza de que a promessa de Deus será cumprida e as bênçãos começarão a fluir". Como o pastor Jones amava igualmente a todos os verdadeiros crentes, mesmo os que não podiam enviar alguns dólares para apoiar o Templo, havia também o "Centavo Abençoado" — Jones segurava uma moeda de um centavo na mão esquerda, abençoava e enviava a quem pedisse. Embora qualquer doação fosse bem-vinda, garantia-se aos destinatários que "não havia nenhuma cobrança pelas meditações do pastor Jones. Ele vai meditar sobre suas necessidades, quer você possa enviar uma oferta ou não".[302] O negócio prosperou tanto que o Templo precisou abrir um escritório só para lidar com a avalanche de cartas.

A nova agenda de viagens de Jones obrigava-o a ficar afastado do vale de Redwood em muitos fins de semana. Geralmente, conseguia celebrar ao menos um culto de domingo, e nos outros encontros quem ministrava era Marceline Jones ou Archie Ijames. Jim Jones ainda assim era a estrela. Uma grande foto sua ou uma túnica que costumava usar era exibida com destaque no palco, e fitas com os sermões gravados eram colocadas para tocar. Não era raro que telefonasse durante o culto e às vezes corresse para chegar no finalzinho, jurando que tinha arriscado a vida só para passar alguns minutos na companhia dos fiéis.[303]

Na congregação do vale de Redwood havia membros que escutavam atentamente cada palavra de Jones, e se deixavam levar por qualquer truque teatral. Outros, leais também à missão do Templo, além de seu líder, vacilavam diante do mercenarismo que parecia dominar a igreja. Uma coisa era defender o socialismo, outra era vender fotos milagrosas e enviar pelo correio moedas de um centavo abençoadas. Porém, nem os mais céticos podiam negar: o dinheiro arrecadado com essas práticas duvidosas permitia ajudar os necessitados como nunca antes. O Templo Popular dispunha de roupas e comida de sobra para distribuir em áreas pobres. Os asilos aceitavam até quem não podia pagar um centavo pelo tratamento. Ao que parecia, o Templo estava sempre arranjando novas maneiras de melhorar a vida dos oprimidos. Um dos programas mais impressionantes colocava alunos dedicados na faculdade, jovens que não teriam condições de pagar uma hora sequer de aula após o ensino médio. A igreja não só arcava com os livros e as mensalidades, como ainda comprava casas e as transformava em alojamentos estudantis, onde fornecia comida de graça. A maioria dos beneficiados era formada por filhos de membros do Templo, mas alguns vinham de fora, muitas vezes depois de completar com sucesso o programa de reabilitação de dependentes químicos da igreja. A instituição de ensino para a qual os jovens eram enviados era uma faculdade comunitária em Santa Rosa, mas ainda assim nada era barato — os fiéis admiravam o compromisso absoluto de Jones. Era um homem que fazia *de tudo* pela causa. Depois de ver os resultados, como poderiam fazer menos?[304]

Toda semana, dezenas de potenciais adeptos chegavam ao condado de Mendocino. Alguns vinham por causa do que o Templo poderia fazer por eles (como ofertas de moradia, formação profissional e emprego), outros porque a adesão ao Templo lhes permitiria fazer mais pelos outros. No intuito de deixar clara sua afiliação denominacional para o governo estadual e as autoridades fiscais federais, o Templo mantinha estreito contato com a sede regional dos Discípulos de Cristo. Muitos membros veteranos percebiam que a afiliação era de fachada, apenas mais um mal necessário em prol da causa socialista. "Todos sabíamos que o vínculo com os Discípulos de Cristo era só para abatimento de impostos, ninguém levava a sério, muito menos Jim", lembraria Alan Swanson, um ex-adepto da igreja. Para todos os efeitos, de ano em ano, o Templo renovava o registro de filiação e apresentava a declaração de rendimentos ao escritório denominacional. A documentação precisava estar em ordem — havia sempre o risco de uma auditoria. Em 1973, o Templo Popular declarou 2.570 membros, com apenas trinta deles listados como "não participantes" em cultos e projetos sociais da igreja. A receita anual do Templo era estimada em 300 mil dólares (que equivalem a cerca de 1,7 milhão de dólares em valores corrigidos); os gastos com os projetos comunitários eram tão altos que sobravam pouco mais de mil dólares para encaminhar aos Discípulos de Cristo como contribuição pelos custos operacionais e atividades da denominação.[305]

O Templo Popular enfim tinha conquistado uma base financeira sólida. Quanto mais a igreja ampliava suas atividades, mais Jones exigia de seus membros. Não satisfeito em se apossar do dinheiro e dos bens pessoais dos fiéis, passou a querer também seu *tempo*.

24
ABELHAS OPERÁRIAS

Em 1971, Terri Buford fugiu de casa na Pensilvânia depois que a mãe esquizofrênica tentou estrangulá-la com a coleira do cão da família. Não era a primeira vez que Terri, então com 19 anos, era agredida pela mãe, mas a garota decidiu que seria a última.

Pegou carona com um amigo que tinha um furgão e estava viajando para San Francisco. Ao chegarem lá, Terri não tinha para onde ir. Depois de perambular pelo sul do estado, acabou reencontrando o amigo da carona, que contou a ela sobre um pregador incrível que tinha conhecido no vale de Redwood: "Eu encontrei Deus. A gente levanta as mãos para o céu para sentir a energia d'Ele". Segundo o rapaz, Jim Jones, seu novo ídolo, tinha poderes sobrenaturais tão incríveis que conseguia até ressuscitar os mortos. Terri não acreditou muito, mas como não tinha nada que a prendesse em Los Angeles, resolveu ir de mochilão até o vale de Redwood e ver com os próprios olhos. Perto de Ukiah, descolou uma carona com um homem tagarela que dizia saber tudo sobre Jim Jones e sua igreja, que se chamava Templo Popular. Perguntou se a moça tinha onde dormir e ofereceu-se para deixá-la na casa de uns membros da igreja que ficariam felizes em ajudá-la. Ela aceitou. Elmer e Deanna Mertle de fato a receberam calorosamente, e lhe disseram que podia ficar mais um tempo, se quisesse.

Após alguns dias, o casal começou a falar do Templo Popular e sua missão de "alimentar os famintos e vestir os despidos", e também de como, através do exemplo socialista, queriam inspirar o resto do país a fazer o mesmo. A adolescente, que se considerava "uma socialista compassiva", identificou-se com a ideia e concordou em acompanhar os Mertle a um culto. As pessoas que conheceu lá eram tudo que ela poderia querer — muito amáveis e dispostas a aceitar de braços abertos uma recém-chegada sem-teto e maltrapilha. Mas a garota não se impressionou com Jim Jones. Quando viu o pastor subir ao púlpito vestido com uma túnica escura e óculos escuros, achou-o parecido com uma barata. Teve a impressão de que Jones passava a maior parte do tempo no púlpito se gabando dos poderes de cura ou enchendo o saco de todo mundo para dar dinheiro durante as frequentes pausas em que as bandejas de oferta eram passadas. Terri tinha cerca de 20 dólares quando chegou. Ao final do culto, sentindo-se desgastada e intimidada por Jones, já tinha doado tudo.

Apesar de desconcertada com o pastor, sentia-se grata pela hospitalidade dos Mertle e, ao ser convidada a ficar mais, aceitou. Sentindo-se acolhida e segura, chegou a escrever para a família, na Pensilvânia, para passar o endereço dos anfitriões e propor que mantivessem contato. Ficou decepcionada por não receber resposta.

Terri continuou a frequentar os cultos do Templo, em parte para desfrutar da companhia dos membros da igreja e em parte por se sentir em dívida com a família Mertle. Também mudou de opinião sobre Jim Jones. Depois de falar diversas vezes com ele, concluiu que o pastor realmente devia ter poderes. No mínimo, era capaz de ler mentes, porque demonstrava saber um monte de detalhes pessoais sobre ela e sua família problemática na Pensilvânia — coisas que não teria como saber, pois ela não tinha contado aos Mertle, nem a ninguém mais do Templo ou do vale de Redwood.

"Só muito mais tarde", contou ela, "fiquei sabendo que os Mertle estavam roubando as cartas que minha família mandava para mim. Foi assim que Jones obteve todas as informações e conseguiu me convencer a ficar. Era capaz de ler meus pensamentos, tinha poderes, e todos no Templo estavam trabalhando em prol do que eu acreditava. Por isso entrei para a igreja."

Terri foi recebida com entusiasmo no rebanho. Jones enfatizou como ela era especial, talentosa e importante para a igreja. O pastor prometeu que a moça não voltaria a ficar desamparada, e que ganharia um novo lar. Seria acomodada em uma das casas do Templo, onde dividiria um quarto com outros membros jovens e inteligentes. Tudo seria fornecido pelo Templo: comida, roupas e o que mais precisassem. Bastava preencher um formulário toda semana listando as necessidades. Como todo mundo gostava de tomar um refrigerante ou comer uma barrinha de chocolate de vez em quando, ela também receberia um auxílio semanal de dois dólares. Se quisesse, podia até retomar a faculdade em meio período, até se graduar — o Templo custearia seus estudos. Obviamente, Terri teria de fazer por merecer. Por isso, em contrapartida, dedicaria todo o seu tempo à igreja. Um dos membros mais importantes, Tim Stoen, precisava de uma secretária. Ela ocuparia essa função, além de ajudar em outras coisas quando necessário.

A nova casa de Terri ficava perto da igreja e da casa de Jones. Era apertada. Às vezes, uma dúzia de pessoas dormiam em um espaço que acomodava com conforto só metade disso. Mas eram todos amigos, e estavam empolgados em fazer parte do Templo. Sempre parecia haver uma ou duas tarefas extras todos os dias, que Jim ou outra pessoa precisava que fossem realizadas imediatamente, sempre após o trabalho. Por isso, eram muitas as noites em que dormiam pouco ou quase nada. Mas, como o reverendo sempre frisava, era uma honra trabalhar até o limite pela causa.[306]

A experiência de Terri Buford como nova integrante do Templo se destacava apenas no que dizia respeito ao trabalho com Tim Stoen. Quase todos os demais recebiam, pelo menos a princípio, tarefas maçantes e secundárias. Serviço desse tipo era o que não faltava. Havia toda uma estrutura para garantir que os novatos se adequassem depressa ao ritmo frenético do Templo. Cada aspecto de suas vidas era monitorado e controlado, até manipulado se necessário. Membros experientes como os Mertle não consideravam errado roubar correspondência. Como lembra Deanna Mertle: "Jim nos ensinava uma nova ética, em que os fins justificam os meios, que ele também chamava de 'ética situacional': faça o que Jim disser porque ele sabe o que é necessário para a causa — era assim que sua ética era transmitida aos membros. Sempre que sugeria alguma coisa que parecia um pouco desonesta, Jim carinhosamente nos lembrava da causa e nos dizia para não nos preocuparmos".[307]

No vale de Redwood, e pouco depois em San Francisco e Los Angeles, quando o Templo Popular abriu filiais nessas cidades, os poucos recém-chegados que revelavam potencial eram escolhidos para trabalhar para a igreja em tempo integral. Durante a semana, sempre havia o que fazer: levar membros idosos ao médico, pegar a balsa para acompanhar indigentes em entrevistas com entidades de assistência social, acompanhar a recuperação de dependentes químicos e visitar fiéis no hospital. Contudo, a maioria tinha emprego fixo e, portanto, disponibilidade limitada para cuidar dessas tarefas mundanas, embora importantes. A abordagem usada por Jones, ou às vezes por um subordinado, para convencer candidatos a trabalhar em período integral para o Templo era sempre a mesma: "Não tem salário, mas vamos cobrir todas as despesas".[308] E de fato faziam isso. Pagavam até financiamentos e seguros automotivos, presumindo, claro, que os veículos estariam sempre à disposição do Templo.[309]

O Templo adquiriu um edifício comprido e estreito na mesma rua da igreja. Uma das extremidades foi transformada em lavanderia, e o restante foi reformado para acomodar escritórios, que ficavam abertos 24 horas por dia, sete dias por semana, e serviam de base de operações para a maior parte dos negócios e projetos sociais da igreja. Havia também uma linha telefônica especial, cujo operador seguia rígidas diretrizes. A cada chamada, o telefone devia tocar exatamente quatro vezes, indicando que havia muitas outras pessoas a serem atendidas naquele momento. Entretanto, a demora não deveria ser tanta a ponto de fazer a pessoa desistir. Datas e horários de cultos no vale de Redwood eram fornecidos gratuitamente, bem como locais e datas dos próximos cultos em San Francisco, Los Angeles e outras cidades. Caso pedissem para falar com o pastor Jones, a orientação era dizer que ele tinha saído e perguntar se havia alguém mais que pudesse ajudar. Quase sempre, a pessoa era encaminhada para um dos projetos sociais do Templo. Alguns, porém, insistiam. Alegavam que era uma emergência, alguma coisa que só o pastor podia resolver — uma cura, por exemplo. Nesses casos, os operadores pediam mais informações e garantiam que tudo seria repassado a Jones. "Não há necessidade de falar diretamente com ele sobre o problema", garantiam. Um aviso colocado em um lugar de destaque lembrava a todos que, acima de tudo, precisavam ter educação e paciência, por mais insistente que fosse a pessoa do outro lado da linha: "LEMBRE-SE! Ao atender o telefone [do Pai], você está representando o mais alto posto na nossa igreja. Seja GENTIL e AMOROSO, como se fosse o próprio pastor!". Às vezes, às duas ou três da manhã, era difícil ter paciência com gente que falava de maneira desconexa, mas era essa a determinação de Jones.[310]

Várias casas foram compradas no condado de Mendocino. Muitas eram contíguas ao edifício principal da igreja. Outras foram sendo transformadas em habitações coletivas. Os fiéis eram encorajados a coletivizar os espaços sempre que pudessem. No vale de Redwood, cerca de 15% dos membros seguiam essa recomendação e viviam em casas compartilhadas. Como no caso de Terri Buford, todas as necessidades materiais do grupo eram contempladas. Quem tinha salário, pensão alimentícia ou qualquer outra fonte externa de renda repassava essas verbas para o Templo. A igreja, por sua vez, fazia render o dinheiro comprando alimentos, roupas e artigos pessoais no atacado, tudo do mais básico e barato. Por isso, muitos se vestiam com roupas compradas de baciada ou peças doadas por outros membros. Quem tivesse um emprego formal, por exemplo em um banco, um escritório de advocacia ou uma escola, podia usar roupas mais arrumadas. Jones vivia preocupado com a imagem do Templo perante o público. Não pegaria bem para a reputação da igreja que os membros em cargos públicos andassem maltrapilhos.[311]

O cardápio diário era simples e barato — farinha de aveia no café da manhã, sanduíche de manteiga de amendoim no almoço. Quem tinha sorte de morar com gente criativa na cozinha saía ganhando. Laurie Efrein era famosa por sua capacidade de transformar pão, alguns legumes e um pouco de queijo em deliciosos sanduíches grelhados. Para os que tinham sobrevivido à vida no gueto ou a períodos de fome na rua, essa comida que recebiam era a melhor que já haviam provado. À noite, três ou quatro pessoas se espremiam em um quarto, instaladas em catres estreitos ou em sacos de dormir. Privacidade no banheiro era uma regalia, se é que existia. Recato era afetação burguesa. As necessidades fisiológicas eram naturais, não havia motivo para vergonha. Verdadeiros socialistas compreendiam isso.

Alguns membros eram escalados como vigias noturnos, para proteger a igreja de possíveis ataques por parte de tipos violentos e racistas que, segundo Jones, estavam sempre à espreita. Havia, sim, ofensas e assédios esporádicos, como gente que atirava lixo ou passava de carro gritando insultos em frente ao estacionamento do Templo. Contudo, não havia registros de ameaça física real. Nenhum membro do Templo tinha sido agredido, nem dentro nem fora dos muros da igreja. Mas Jones assegurava que o risco era palpável. Alguma coisa ruim poderia acontecer a qualquer momento. Por isso, todas as noites havia seguranças guardando todo o perímetro, desarmados, porém alertas. Alguns, mesmo os que tinham emprego fixo durante o dia, montavam guarda até de manhã, trabalhando em turnos e tirando cochilos nos corredores da igreja sempre que podiam.[312]

A preocupação com a segurança se estendia aos cultos de quarta-feira, sábado e domingo. Por ordem de Jones, todos receberam uma carteirinha de membro, cuja apresentação era obrigatória para entrar no edifício. A carteirinha cumpria um duplo propósito. Primeiro, minimizava o risco da presença de agentes infiltrados. (Os fiéis eram constantemente alertados por Jones de que órgãos governamentais poderiam enviar espiões para saber mais sobre a missão socialista do Templo e sabotá-la.) Segundo, reforçava um senso de exclusividade que o pastor queria cultivar. Como repetia em praticamente todos os sermões, era uma questão de *nós* contra *eles*. A missão da igreja era não só mudar o país, mas o *mundo*. Conseguiriam isso através do exemplo, e não se misturando com os de fora nos termos inaceitáveis impostos por *eles*. Como todos que se juntaram ao Templo nutriam alguma antipatia pela cultura predominante, vista como racista e classista, a mensagem de Jones tinha um forte apelo na congregação. Como Stephan Jones lembraria décadas mais tarde: "Funcionava assim: se você não concordava com a gente, a gente te convencia. Se a gente não conseguia te convencer, você era nosso inimigo".[313]

Jones implicava até com quem dedicava seu tempo, uma horinha que fosse, a qualquer coisa não diretamente relacionada ao Templo. Ir ao cinema, a um café ou a um restaurante era proibido. Todo o tempo e dinheiro gastos seriam mais bem investidos em promover a causa. Interagir com gente de fora não era visto com bons olhos. Enquanto batiam papo com os vizinhos ou saíam para beber com os colegas de trabalho, os fiéis podiam deixar escapar alguma coisa que pudesse ser usada contra o Templo. Era melhor, portanto, dedicar cada minuto possível às tarefas dadas por Jones ou por seus assessores de confiança. Os membros da igreja também eram privados de outros prazeres mundanos. Era proibido consumir álcool, tabaco e drogas. Uma cervejinha, um trago, um tapinha no baseado — tudo isso, insista Jones, enfraquecia o espírito, além do corpo. Os relacionamentos amorosos também eram desencorajados; a dedicação a um parceiro ou parceira poderia suplantar o compromisso com o Templo. Casais que entravam juntos para a igreja podiam continuar a relação, mas o período de que dispunham para ficar a sós era drasticamente reduzido pelos afazeres do Templo.[314]

Mesmo os mais dedicados seguidores de Jones achavam que às vezes ele pedia demais. Debilitados pela falta de sono e ressentidos de não poder ir ao cinema ver o mais novo sucesso que todos comentavam no trabalho, eles volta e meia trocavam reclamações entre si. Porém, com raras exceções, faziam tudo o que lhes era pedido. Em parte porque acreditavam no Templo e em seus objetivos, mas também porque se inspiravam no exemplo do próprio Jim Jones, que parecia trabalhar com mais vontade e por mais tempo que qualquer um. Jones se ausentava da igreja ou de casa algumas vezes na semana, mas, não importava para onde tivesse ido, sem dúvida para cuidar de algum assunto importante, em geral voltava tarde da noite e continuava trabalhando. Exaustos depois de manusear fichas até as duas da manhã, muitos olhavam para a janela do escritório de Jones e viam as luzes ainda acesas. Os vigias que terminavam o turno de manhãzinha costumavam cruzar com o pastor no estacionamento, correndo para alguma reunião de trabalho no café da manhã. Às vezes, Jones se ausentava por mais tempo, duas semanas ou mais, e todos supunham que estivesse em alguma missão secreta e importantíssima. Pelo menos para quem olhava de fora, Jones também adotava a mesma conduta minimalista que pregava em relação aos bens pessoais. Vestia roupas de segunda mão, e Marceline usava a velha perua dos Jones como meio de transporte. Se precisasse de um carro, o pastor pegava emprestado de algum dos membros. Até as túnicas que usava durante os cultos eram remendadas e desbotadas.[315]

Jim Jones aparecia com frequência nos escritórios, em diferentes horários, e exortava todos a trabalhar só mais um pouquinho, lembrando que a ajuda deles era essencial para o Templo. Aos ociosos, dizia, com rispidez: "Se não tem nada para fazer, fale comigo, que eu te arranjo serviço".[316] A preguiça era motivo de vergonha. Fosse dia ou noite, ninguém nunca tinha visto o Pai tirar um descanso. Jones nem sempre era tão rígido. Com o grande crescimento do Templo em Mendocino, membros comuns já não tinham tanto tempo a sós com o pastor. Contudo, ele parecia perceber quando alguém estava realmente esgotado. Aparecia em um dos escritórios e puxava a pessoa para conversar. Não era conversa fiada; Jones sempre procurava criar um elo emocional com as pessoas. Tinha afinidades com todos os fiéis. Como muitos deles, havia suportado as humilhações da pobreza, lutado a vida toda contra o estigma de ser diferente dos outros, sentido a frustração de tentar, em vão, promover mudanças em vez de aceitar a injustiça social. Jones conseguia se relacionar inclusive com o grupo crescente de jovens brancos e instruídos que aderiam à igreja depois de terem vivido em circunstâncias confortáveis. Era tão bem informado como eles. Como lia de forma voraz jornais e revistas, estava familiarizado com uma ampla variedade de assuntos. Gostava de entrevistar quem havia tido a oportunidade de estudar e gozava de uma boa situação financeira antes de entrar para o Templo, em especial quando havia queixas a respeito do nível de cobrança. Eram pessoas que foram mimadas pelos privilégios que usufruíam às custas dos pobres, dizia Jones, e se achavam boas demais para o trabalho pesado. Se realmente acreditavam no socialismo, na igualdade para todos, era a hora de provar. Por que não encaravam as tarefas mais difíceis e as realizavam com capricho e um sorriso no rosto?

Geralmente, era o que faziam. Porém, os fiéis com grau de escolaridade elevado representavam um desafio a mais para Jones. Seus sermões muitas vezes deturpavam ou ignoravam certos fatos conforme a conveniência, em especial no que se referia à União Soviética. A maior parte dos fiéis aceitava o que ouvia; se o Pai dizia, devia ser verdade. Mas os poucos que tinham algum conhecimento histórico, ou pelo menos se mantinham atualizados do que acontecia pelo mundo, ficavam incomodados se Jones insistisse que todos no Templo deveriam honrar a memória de Stálin, cujas implacáveis perseguições haviam custado a vida de inúmeros inocentes. Durante um culto em San Francisco, Jones exaltou o governo soviético por "preservar a vida selvagem, as tribos e grupos étnicos da Sibéria", e Garry Lambrev não se conteve. Levantou-se e perguntou: "Jim, e os *gulags*, e as milhões de pessoas assassinadas?". Com o rosto vermelho feito um pimentão, Jones gritou: "Seu moleque arrogante, acha que sabe de tudo?". Em seguida, esbravejou por vários minutos, criticando Lambrev e os demais tipos presunçosos e metidos a intelectuais como ele. "Gritava tanto que a boca até espumava", lembra Lambrev. "Me senti humilhado."

Depois de perceber que tinha dado o recado não só a Lambrev, mas a qualquer outro que ousasse corrigi-lo no meio do sermão, Jones deu prosseguimento ao culto. Quando o culto finalmente terminou, Lambrev saiu em disparada. Encontrou o pastor à espera no corredor. Jones puxou-o para um canto e disse em voz baixa: "Garry, quero pedir desculpas pelo que acabei de fazer você passar. Mas preciso que você entenda: a maior parte da minha congregação é de gente simples. Só conseguem entender o preto no branco. O cinza não existe para essas pessoas. Então, para não complicar muito, tenho que fazer afirmações categóricas. Se você diz para elas que alguma coisa que estou falando não é verdade, faz com que duvidem de mim, e podem acabar duvidando da causa. "

"Ninguém aqui trabalha mais que eu", continuou Jones. "Não tenho tempo para ler todos os livros e me informar sobre todos os fatos. Autorizo que venha falar comigo em particular para me avisar sobre qualquer erro que eu tenha cometido em público. Pode fazer isso, mas nunca na frente da minha congregação. Eles não podem pensar que eu estou errado." Apesar de intimidado com a reprimenda, Lambrev se sentiu honrado por fazer parte do círculo de confiança de Jones, e resolveu que não iria mais contestá-lo em público. Nada era mais importante que a causa, nem mesmo os fatos.

Todos os membros do Templo viviam atarefados e, com o passar do tempo, muitos descobriam talentos desconhecidos até para si mesmos. Isso não apenas aumentava a autoestima deles, como também garantia sua dedicação contínua. Jones orgulhava-se da facilidade com que encontrava o trabalho certo para cada um: "Minha maior habilidade é descobrir talentos e usá-los para a causa".[317] Com a congregação crescendo e as obras da igreja prosperando, Jones lembrava aos fiéis que o trabalho, por mais cansativo que fosse, fazia a diferença. Vários deles, como Terri Buford, tinham muito a agradecer ao Templo por resgatá-los de uma vida miserável. Todos já tinham se sentido marginalizados de alguma forma. Receber elogios de Jones era como uma droga. Muitas vezes se via uma competição para ver quem conseguia trabalhar mais e dormir menos. Se alguém se gabasse de ter dormido apenas três horas, não era difícil que outro retrucasse que tinha descansado só duas.[318]

Os membros com alto nível de instrução imploravam para receber as tarefas menos importantes. Homens e mulheres que não tinham ensino médio completo, e que antes desempenhavam funções insignificantes em empregos sem futuro, agora supervisionavam pessoas que em outro contexto seriam seus chefes. A exaustão e a euforia caminhavam juntas. E, como seria de se esperar, a atmosfera de subserviência obrigatória incutia em muitos um sentimento de superioridade moral. Quanto menos dormissem e mais sacrificassem as posses materiais e o orgulho burguês, mais dignos se tornavam. Achavam que tinham uma conduta socialista irrepreensível, que suas vidas eram um exemplo a ser seguido pelas gerações atuais e futuras. Eram melhores que os outros porque haviam provado que todo mundo era igual. Nenhum deles tinha tempo livre nem disposição para pensar diferente.[319] Observando com satisfação aquilo que tinha se tornado um verdadeiro reino, Jones disse a Terri Buford: "É só mantê-los pobres e cansados, que nunca irão embora". Como entendia bem seus seguidores!

25
NA ESTRADA

Nem todo o dinheiro que o Templo Popular arrecadava era usado para comprar propriedades e subsidiar moradias comunitárias. A maior fonte de renda da igreja não estava no condado de Mendocino, nem sequer na Costa Oeste. Quinze anos antes, Jim Jones havia firmado uma boa base financeira para o ministério ao mergulhar de cabeça no circuito de avivamento do Meio-Oeste. Agora pretendia criar um novo marco em seu trabalho de evangelização, não em tendas abertas nos arredores de cidadezinhas interioranas, mas bem no coração das grandes cidades. Depois de cada nova excursão, retornava a Mendocino com vultosas somas de dinheiro e legiões de novos seguidores. Tudo começou com a logística de transporte.

Em suas primeiras campanhas em San Francisco, Los Angeles e Seattle, Jones costumava viajar acompanhado de algumas dúzias de fiéis, que ficavam encarregados de preparar o som, entrevistar os participantes e coletar informações pessoais, recolher ofertas e ajudar a encenar as curas. Em procissão informal, uma caravana de calhambeques e caminhonetes percorria o condado de norte a sul. Era inevitável que alguns motoristas ficassem para trás, fosse porque tinham se esquecido de abastecer, fosse porque precisavam fazer paradas para usar o banheiro, ou ainda porque se perdiam no confuso trânsito dos centros urbanos. Quanto mais público Jones atraía nas pregações itinerantes, maior a demanda por ajudantes e, como consequência, mais ineficiente se tornava o sistema da caravana.

A igreja resolveu então investir em ônibus capazes de transportar com eficiência o equipamento e a numerosa equipe que acompanhava o pastor nas viagens. Adquiriu uma frota de doze veículos de uma empresa local. Eram modelos mais antigos em vias de serem substituídos, e que por isso foram vendidos a um preço razoável. A maioria havia sido fabricada na primeira metade da década de 1950, e tinha capacidade para cerca de quarenta passageiros.[320] O Templo também adquiriu um ônibus amarelo de menor porte, destinado exclusivamente a levar o sistema de som. Sempre acompanhado por uma banda em seus espetáculos itinerantes, Jones queria evitar o risco de ter um som distorcido durante o louvor ou o sermão por conta de equipamentos locais de má qualidade.[321]

A nova frota do Templo precisava de espaço para ficar estacionada no vale de Redwood e, por serem velhos e rodados, os ônibus demandavam manutenção constante. Uma enorme garagem foi construída perto dos escritórios administrativos do Templo, e membros com conhecimentos de mecânica foram trabalhar lá.[322] Um dos ônibus, o nº 7, seria de uso pessoal de Jones. Os assentos foram removidos, liberando espaço para uma área privativa onde o Pai podia refletir ou conversar sossegado. Também foi instalada uma cama, além de uma pia e um refrigerador para bebidas e lanches.[323]

Assim que os ônibus ficaram prontos, os membros do Templo foram habilitados a conduzi-los. O programa de treinamento era o equivalente a ensinar a nadar empurrando a pessoa para a parte mais funda da piscina. Os aprendizes eram levados para a recém-inaugurada Interstate 5, colocados ao volante e instruídos a sair dirigindo. Quando já tinham prática suficiente, faziam exames de direção a fim de obter a licença estadual necessária para conduzir veículos comerciais. Os instrutores do Templo eram rigorosos, e todos passavam.[324]

De início, os ônibus foram testados em viagens a San Francisco e Los Angeles. Jones fazia questão de auditórios lotados, mas, como nunca podia ter certeza de que teria público suficiente entre os moradores locais, mandava encher todos os ônibus até a capacidade máxima — que, para o Templo, era muito maior que a recomendada pelo fabricante: os ônibus de quarenta lugares eram ocupados por sessenta passageiros, no mínimo; às vezes setenta ou mais. Os mais velhos tinham preferência nos assentos. Os demais adultos sentavam e dormiam nos corredores. As crianças acomodavam-se nos bagageiros perto do teto. Em cada ônibus, dois motoristas se revezavam em turnos de quatro horas. O que não estava dirigindo dormia em um colchão dentro do compartimento de bagagens, na parte inferior do veículo. As viagens eram planejadas com precisão militar. A frota mantinha uma velocidade constante e predeterminada. As paradas eram organizadas com antecedência — esperar quinhentas ou seiscentas pessoas usarem o banheiro em um posto de gasolina não era jogo rápido. Os ônibus tinham sempre uma reserva de frutas e sanduíches, e uma pessoa encarregada de distribuir alimentos e outros artigos, como fraldas, curativos e aspirinas. Tudo corria muito bem. Ninguém reclamava do aperto, dos sanduíches empapados, ou do ronco e da flatulência alheia — a atitude seria interpretada como egoísmo burguês. Ao chegar, todos tinham tarefas. Muitos se misturavam anonimamente à multidão e se posicionavam em pontos estratégicos para aplaudir, vibrar e soltar gritos de empolgação nos momentos certos.[325]

Depois do culto, pegavam a estrada de volta para casa. San Francisco ficava poucas horas ao sul do condado de Mendocino. Los Angeles, porém, ficava a oito, e Seattle, ainda mais longe. Os cultos de Jones na Costa Oeste ocorriam quase sempre nos fins de semana. Portanto, os fiéis que o acompanhavam nas viagens ainda precisavam trabalhar na segunda-feira de manhã, mesmo que tivessem chegado em casa poucas horas antes. Era dureza, mas valia a pena. Ao ver o Pai empolgar auditórios inteiros, cada membro exausto sabia que dera uma pequena contribuição para difundir o exemplo socialista do Templo a uma nova e grande audiência. No ônibus nº 7, Jones viajava acompanhado de alguns integrantes de seu círculo de confiança; Jack Beam e Patty Cartmell estavam quase sempre presentes.[326] O pequeno grupo contava as doações: às vezes havia mais de 10 mil dólares entre notas e moedas.[327]

A maior parte das viagens em 1971 se limitava à Costa Oeste, mas, à medida que a rotina na estrada era aprimorada, o itinerário foi mudando. Jones ainda fazia viagens de fim de semana, tanto para cidades ao sul, como Los Angeles e San Francisco, como para Seattle, ao norte. Aos poucos, porém, começou a planejar excursões mais longas, para cidades das regiões Meio-Oeste e Sul, como Houston, Chicago e Detroit. Em cada parada, Jones encontrava grande número de possíveis seguidores entre os negros e pobres, que ainda eram seu público-alvo. Até então, poucos tinham ouvido falar de Jim Jones ou do Templo Popular. Por isso, não bastava alugar um auditório, chegar com alguns ônibus lotados e esperar que grupos marginalizados da região preenchessem o restante do espaço. Não seria pregando para um auditório vazio que Jones ganharia dinheiro ou novos membros. O pastor, portanto, tomava providências para que isso não acontecesse.

Inicialmente, Jones usava contatos em igrejas negras de San Francisco para saber se seus líderes tinham colegas pastores com congregações similares. Quando surgia algum nome ou alguma igreja específica, a equipe de Jones enviava um material com informações sobre o Templo e seu líder, com recortes de jornal (a maioria do sempre simpatizante *Ukiah Daily Journal*) e panfletos produzidos pela gráfica do Templo. Estariam essas congregações dispostas a receber um grupo de membros do Templo, caso Jones fosse realizar projetos na cidade? Em troca, Jones geralmente oferecia um sermão na igreja como pastor convidado, além de convites para os eventos do Templo. Muitas igrejas não mostravam interesse, mas, sempre que uma delas dava abertura, Jones mandava alguém ao local para levantar mais informações. Havia um auditório ou outro espaço que pudesse ser alugado a um preço razoável? A imprensa local teria interesse em ajudar a divulgar o evento? Havia membros suficientes da igreja anfitriã dispostos a abrigar visitantes do Templo por uma noite ou duas? E entre os parentes dos membros do Templo? Havia alguém que morava na cidade e poderia receber hóspedes? A viagem só era agendada depois que essas questões essenciais eram respondidas.

Algumas semanas antes do evento, uma equipe de meia dúzia de membros do Templo viajava de carro ou van até a cidade. Jones insistia que sempre representassem a política de diversidade racial do Templo; até mesmo dentro do veículo, a integração deveria ser total.[328]

O grupo viajava com poucos pertences — apenas uma ou duas mudas de roupa e alguns artigos de higiene pessoal. A maior parte do espaço nos veículos era reservada aos panfletos, que não economizavam elogios a Jones e suas obras sociais. Um deles, além de mencionar a data, a hora e o local de um evento em Chicago, prometia "O Mais Milagroso Ministério de Cura Espiritual do País! O Reverendo Jones chama dezenas de pessoas da plateia, que são curadas de toda sorte de doenças! OS CEGOS ENXERGAM, OS SURDOS OUVEM E OS COXOS ANDAM!". Além de realizar curas, o reverendo Jones também ministraria um sermão: "OUÇA URGENTE SUA PALAVRA DE LIBERTAÇÃO PARA ESTE SÉCULO DE INIQUIDADES!". Por fim, havia a promessa de estar na presença de uma divindade: "VEJA OS MILAGRES, SINAIS E MARAVILHAS que Deus Está Manifestando Através do REV. JIM JONES!". Uma foto bem produzida do pastor dominava a parte superior do panfleto. Em letras menores, médicos atestavam que as curas de Jones eram "verdadeiras e permanentes". O Templo Popular era sempre apresentado como uma congregação de abrangência nacional, e não restrita à Costa Oeste. O material dizia que a igreja tinha filiais em dezessete cidades, inclusive "postos missionários no México e na África". A entrada era gratuita, mas haveria a oportunidade de comprar fotografias "milagrosas" do reverendo Jones por 5 dólares cada.[329]

Os integrantes da pequena equipe de reconhecimento se hospedavam com apoiadores locais ou membros da igreja anfitriã. Passavam o dia inteiro distribuindo panfletos em áreas habitadas por minorias, em geral complexos de moradias populares e bairros de baixa renda — chegavam a entregar 10 mil em um único dia. Também entravam em contato com veículos de imprensa locais, como jornais e estações de rádio dedicados à comunidade negra. O reverendo estava sempre disponível para uma entrevista por telefone antes de um evento.

Quando as portas eram abertas, mais ou menos uma hora antes de Jones subir ao púlpito, uma banda e um coral do Templo já estavam a todo vapor, tocando hinos inspiradores. A audiência era majoritariamente negra e pobre, mas também havia gente branca.[330]

As curas, que sempre foram um ponto alto do espetáculo, passaram a ser apresentadas de maneira ainda mais convincente. Além de utilizar seus próprios cúmplices, Jones passou a chamar um nome aleatório de uma ficha, anunciando que tal pessoa provavelmente não sabia que tinha câncer. Uma "enfermeira" do Templo entrava no meio da multidão para colher material da garganta do enfermo com cotonete antes de Jones entrar em ação. Por meio de um truque de mãos, miúdos de frango eram introduzidos na boca da pessoa, e o reflexo natural de vômito provocava tosse e a consequente expulsão da "massa cancerosa", que a enfermeira brandia triunfante diante do público. "Graças ao reverendo Jones, o câncer foi expelido!", exclamava. "Mais uma vida salva!". A banda do Templo soprava as trombetas, e Jones falava com eloquência sobre os poderes divinos que fluíam através dele. *Nada* era impossível para quem tinha fé.[331]

Depois de mais alguns louvores, Jones lia as Escrituras — fora das reuniões privadas com os membros, ele ainda citava a Bíblia — e transmitia sua mensagem final. Ao contrário da seleção de louvores e curas, essa mensagem quase nunca variava. Jones fazia menção a eventos atuais, fosse algum distúrbio racial recente, uma nova atrocidade militar no Vietnã, ou manifestantes pacifistas sendo atacados com gás lacrimogêneo ou espancados pela polícia. O país vivia um terrível clima de perigo, cada dia mais palpável, e Jones sabia se aproveitar disso. Como muitos, defendia uma visão extremista que só alimentava o desespero generalizado — ainda que justificado — das massas. Poderia, se quisesse, citar o senador Edmund Muskie, do Maine, que despontara como principal candidato para a indicação presidencial pelo Partido Democrata:

"Chegamos a um ponto em que os homens preferem morrer a viver mais um dia na América".[332] Jones lembrava ao público, composto principalmente de minorias pobres, como a nova escalada do racismo podia ameaçar o bem-estar de suas famílias. Esse racismo se manifestava de formas nefastas, ainda que sutis ou veladas, como na eleição de Richard Nixon, cuja campanha se valeu do tema "lei e ordem" (que o veterano repórter de política Jules Witcover descreveu como "a política de opressão, camuflada de patriotismo"[333]), ou na ascensão do ex-governador do Alabama George Wallace como expoente político dos brancos cheios de ódio. Os afro-americanos eram, mais que nunca, reféns em seu próprio país — e não eram os únicos. Em 4 de maio de 1970, quatro estudantes brancos que participavam de uma manifestação contra a guerra na Universidade Estadual de Kent, em Ohio, foram baleados e mortos por membros da Guarda Nacional. Até brancos mais politizados corriam risco imediato de vida caso se recusassem a acatar políticas racistas e belicistas. Jones sugeria que o pior estava por vir. Campos de concentração para negros e dissidentes de esquerda eram uma realidade não muito distante. Além disso, nada impedia que agências governamentais usassem meios letais para calar qualquer indivíduo suspeito de subversão. Ou alguém na plateia duvidava?

No entanto, havia uma saída. Naquele país cheio de violência, ódio e ganância, dizia Jones, pobres de todas as raças e origens deviam cuidar uns dos outros e se ajudar mutuamente, pois ninguém mais faria isso por eles, muito menos o governo. Deus ajuda àqueles que ajudam a si mesmos. Sozinhos, não somos nada. Juntos, com a graça e orientação divina, tudo é possível. Jones batia nessa mesma tecla por uma hora ou mais. Às vezes, se estivesse diante de um público receptivo, falava por até três horas. Deleitava a audiência com histórias de indivíduos que salvaram vidas perdidas e encontram refúgio e mais tarde a realização pessoal no Templo Popular. Muitos estavam presentes e davam de bom grado seu testemunho.

As ofertas eram recolhidas regularmente. Todos eram incentivados a contribuir e, embora Jones salientasse que não era vergonha estar de mãos vazias, também enfatizava a responsabilidade que todos tinham de doar o que pudessem, de um centavo a centenas de dólares. Os donativos seriam usados para cobrir os custos de trazer a energia do Templo até lá. Queriam que ele voltasse em breve? Doações generosas tornariam isso possível.

Jones concluía sua fala com a promessa de orar por todos os presentes. Recomendava que entrassem em contato com o Templo sempre que enfrentassem qualquer problema ou emergência. Seus novos amigos *se importavam*. Orações especiais seriam feitas e atendidas. Mesmo de longe, o reverendo tinha poderes. Jones pedia a todos que se abraçassem como irmãos, firmando uma união de pessoas com afinidades de ideias que acreditavam na justiça social e econômica e se comprometiam a estabelecê-la. A despeito de todos os horrores do mundo lá fora, eles tinham uns aos outros, e podiam sempre contar com o Templo Popular e com Jim Jones.

Pouco depois, a caravana retornava à estrada e seguia de volta para o vale de Redwood. Muitas vezes, uma equipe do Templo já se encontrava a centenas de quilômetros de distância, em outra direção, cuidando dos preparativos para o evento seguinte. No ônibus nº 7, Jones e sua comitiva bebericavam refrigerante e contavam o dinheiro arrecadado. Estavam fazendo sucesso em uma escala que alguns anos antes pareceria impossível.[334]

26
FRACASSOS

Apesar dos êxitos alcançados pelo Templo — adesão crescente, cofres cada vez mais cheios, uma reputação que se estendia para além do condado de Mendocino e até da Costa Oeste —, os anos que se seguiram após 1968 não foram só flores. Também houve escorregões, alguns bem feios. No afã de obter resultados, era inevitável que Jones também acumulasse fracassos.

Os problemas começavam com o recrutamento de fiéis. À medida que os departamentos e programas do Templo iam se expandindo, o pastor necessitava de um contingente cada vez maior de pessoas — dadas as exigências a serem cumpridas, era preciso que os novos membros aderissem de corpo e alma à causa do Templo e acreditassem cegamente na infalibilidade do pastor que os guiaria. Por isso, o processo de avaliação dos candidatos era rigoroso. Pouquíssimos eram aceitos logo nas primeiras visitas, mesmo que jurassem completa fidelidade. Além dessa promessa, Jones queria mais. Que bens ou posses poderiam disponibilizar para contribuir com a causa? Que habilidades poderiam dedicar às atividades do Templo? Mostravam potencial para se comprometer a longo prazo? A primeira exposição a um sermão de Jones ou a um programa do Templo às vezes causava um deslumbre que logo se dissipava. A ideia era acolher apenas aqueles que realmente quisessem ficar.

Portanto, a maioria das pessoas que visitavam o vale de Redwood ou eram atraídas pelos cultos itinerantes de Jones não chegava a entrar para o Templo. A proporção era, talvez, de um em cada dez. Gastava-se um bom tempo eliminando os indesejáveis, e mesmo assim sempre havia alguns que, embora sobrevivessem ao rigoroso escrutínio, não correspondiam às expectativas. Se não saíssem por iniciativa própria, Jones os dispensava. Alegava que careciam da verdadeira fé socialista. Nunca admitia que talvez fosse o Templo que não tinha o que aquelas pessoas buscavam.[335]

Jones esperava que os atuais membros praticassem o proselitismo com os parentes — algumas famílias tinham três gerações na comunidade do Templo. Larry Layton veio acompanhado da mãe, Lisa, e da irmã mais nova Debbie, que trouxe um amigo britânico chamado Phil Blakey. Phil também entrou para o Templo e, incentivados por Jones, ele e Debbie logo se casaram — um casamento de conveniência, para que Blakey pudesse permanecer nos Estados Unidos.[336] Carolyn Moore Layton queria que o pai e duas irmãs mais novas também fizessem parte da congregação — Jones teria especial satisfação em agregar a seu rebanho um proeminente ministro metodista como o reverendo John Moore. No entanto, Moore e sua esposa, Barbara, não aceitavam que os fiéis fossem mais devotados a Jones que a Deus. A irmã de Carolyn, Rebecca, também não quis entrar. Depois de chegar ao vale de Redwood, fez uma extensa visita guiada pelo centro de operações do Templo e conversou a sós com Jones. Em contraste com a imagem pública de homem extrovertido, Rebecca considerou Jim Jones "um tipo retraído, meio deprimente. Decidiu não se abrir para mim, não sei por quê". Rebecca nunca foi a um culto do Templo — tinha ouvido falar sobre a tendência de Jones de pregar por horas a fio. No final da visita, deixou claro que não estava interessada em fazer parte da igreja: "[Jones] afirmava trabalhar pelo fim do racismo, mas achei estranho que houvesse apenas um negro [Archie Ijames] na liderança do Templo. Eu já era politicamente ativa, não tinha tempo para aquela lorota". A caçula Annie, porém, ficou embevecida. Depois de terminar o ensino médio, entrou para o Templo e se matriculou na faculdade de enfermagem.[337]

Jones tampouco podia impedir que eventuais tragédias se abatessem sobre os membros, ainda que um dos benefícios oferecidos a quem se filiasse ao Templo fosse a proteção do Pai. De tempos em tempos, prenunciava "fases de acidentes", durante as quais era preciso ter cuidado redobrado. Se alguma coisa de ruim acontecesse com uma ovelha durante uma dessas fases, dizia que a profecia tinha se consumado. Se nada ocorresse, alegava que era porque tinha avisado a tempo. Às vezes, suas recomendações eram bem específicas. Para evitar acidentes de carro, por exemplo, devia-se andar duas vezes em volta do veículo antes de entrar. Jones pressionava uma foto sua contra a mão de um fiel antes de dizer que algo terrível estava prestes a acontecer —um acidente incapacitante ou mesmo fatal. Se tivesse a foto, a pessoa se salvava.

Ainda assim, certos acontecimentos pareciam contradizer a proteção que Jones dizia conferir aos fiéis. Depois de uma longa noite de reuniões sobre questões relacionadas ao Templo, Joyce Swinney saiu da igreja no vale de Redwood antes do amanhecer, de carro, e enquanto seguia rumo ao trabalho, em Ukiah, adormeceu ao volante, colidiu com outro veículo e morreu. Ao anunciar a morte à congregação consternada, Jones explicou que a culpa era da própria Swinney: na saída, o pastor a havia orientado a meditar por dois minutos antes de pegar a estrada. Swinney não deu ouvidos, por isso morreu. A história colou, mas Jones precisava estar sempre vigilante. Qualquer incidente além de seu controle envolvendo um membro constituía uma ameaça à sua credibilidade dentro da congregação.

Além disso, nem todas as expedições saíam como o planejado. Jones foi convidado a pregar em uma igreja batista de negros em Houston. A reputação do Templo havia se estendido para quase 3 mil km ao sul, e a congregação texana queria ouvir o que Jones tinha a dizer. Quando os ônibus do Templo chegaram, todo o grupo foi muito bem recebido. As boas-vindas foram tão calorosas que Jones não conseguiu decidir com a costumeira precisão qual era melhor abordagem para conquistar aquele público específico. Supondo que se dirigia a uma congregação pronta a aceitar seus posicionamentos mais extremos, deixou de lado as habituais referências bíblicas e despejou impropérios contra o governo dos Estados Unidos e um Deus celestial que era adorado por gente tola e iludida. Ao declarar que apenas o socialismo poderia evitar um desastre terreno e espiritual, os líderes da igreja se aproximaram do púlpito e mandaram-no embora com sua gente. Jones saiu sem fazer alarde, limitando-se a manifestar seu profundo respeito por todos os presentes. A frota partiu de volta para o Oeste, mas na primeira parada Jones reuniu os fiéis e comunicou que aqueles batistas haviam caído sob o controle da Ku Klux Klan.[338] Se o Pai estava dizendo, pensaram, só podia ser verdade.

Em outubro de 1971, Jones e os ônibus do Templo partiram para Indiana. A ideia de uma visita a Indianápolis era irresistível. O pastor regressaria triunfante à cidade onde teve início seu ministério; onde ele, pessoalmente, liderou a luta pela integração e derrubou tradições racistas. Jones nunca chegou a romper por completo com as raízes do Templo em Indianápolis. Mesmo depois de se mudar para a Califórnia, a igreja continuou a administrar asilos na cidade, e Jones ainda tinha alguns adeptos por lá.

Antes de chegar a Indianápolis, o grupo fez uma parada em Lynn. Os membros do Templo mal podiam acreditar que estavam visitando os lugares onde o Pai passara a infância; nos quais, como o pastor tanto mencionava, havia sofrido nas mãos do pai tirânico e da família racista. Nenhum dos parentes apareceu para recebê-lo, embora vários tios e primos ainda vivessem ali. Se sabiam que viria, não fizeram questão de vê-lo, e o desdém era mútuo. Jones então parou os ônibus em frente à casa de Myrtle Kennedy, a quem apresentou aos fiéis como sua segunda mãe. A primeira mãe de Jones, Lynetta, se não tivesse ficado na Califórnia, certamente teria ressentido por outra mulher levar esse crédito. Alguns velhos conhecidos de Jones vieram cumprimentá-lo. Ficaram espantados quando os ônibus seguiram até um posto de gasolina e Jones começou a distribuir pessoalmente rolos de papel higiênico aos fiéis que entravam para usar o banheiro. Uma moradora, impressionada com Jones e sua procissão, perguntou a um membro do Templo o que precisaria fazer para se juntar ao grupo. A resposta que recebeu, repetida em Lynn por várias semanas, foi: "Venha com a gente agora, e traga a escritura da sua casa". Ela não foi.[339]

Jones deixou Lynn convencido de que tinha causado a impressão que desejava, mas Indianápolis foi um balde de água fria. Esperava ser recebido como um herói conquistador que retornava à terra natal. Nos cultos da tarde e da noite, ao ver a aglomeração de fiéis, não se conteve e afirmou que tinha o poder de ressuscitar os mortos. Como queria que todas as curas fossem espetaculares, empregava apenas membros treinados. As curas durante a tarde correram bem, mas um repórter do *Indianapolis Star* esteve presente em ambos os cultos. Não chegou a acusar Jones de fraude, mas observou em sua matéria que "as pessoas que foram chamadas [para serem curadas] à noite tinham uma notável semelhança com algumas que foram chamadas mais cedo".

Acostumado à cobertura favorável no *Ukiah Daily Journal*, Jones ficou ofendido com as repercussões — a manchete dizia "Fiéis lotam igreja para ver 'curas' de homem que se diz 'Profeta de Deus'" — e se chateou ainda mais quando, com base na reportagem, o Conselho de Psicologia do Estado de Indiana anunciou que investigaria o suposto poder de cura do pastor. Aquele tipo de publicidade não era muito interessante para o Templo, por isso Jones retornou a Indianápolis em dezembro e pregou sobre os projetos comunitários da igreja e outras obras beneficentes. Após criticar os curandeiros que visavam o próprio lucro, Jones realizou outra cura: graças a seus poderes, uma mulher na plateia "expeliu" um tumor, que foi exibido diante do público. O pastor, então, fez um apelo a todos os presentes para que não "perdessem a fé na medicina".[340]

Não contentes, os críticos desafiaram Jones a enviar o "tumor" a um laboratório independente. Ele respondeu que não podia correr o risco que seus inimigos adulterassem os resultados. Jones voltou à Califórnia, e o Templo acabou se desvencilhando de todos os negócios e propriedades que ainda mantinha em Indianápolis. Mais tarde, Tim Stoen convenceu o Conselho de Psicologia a desistir da investigação. O episódio só não foi mais desastroso para Jones quanto seu orgulho ferido quando, mais ou menos na mesma época, tentou reivindicar o legado — bem como os discípulos, o dinheiro e as propriedades — do Pai Divino.

Nos anos seguintes a sua visita ao Pai Divino e à Missão de Paz na Pensilvânia, Jones continuou acompanhando o ministério de seu mentor com afinco. No final de 1963, enquanto Jones lutava para manter o Templo em pé depois de retornar do Brasil, o Pai Divino afastava-se dos holofotes. Um porta-voz da Missão de Paz alegou que o sumiço da vida pública nada tinha a ver com os males da idade: "[O Pai Divino] já disse tudo o que há a dizer sobre tudo". Dois anos depois, no dia 10 de setembro, veio outra declaração: embora não tivesse de fato morrido, o Pai Divino havia escolhido "renunciar ao corpo"; seguia "presente em espírito" e, cedo ou tarde, ressuscitaria em uma nova forma humana. Enquanto isso, sua amada esposa, a Mãe Divina, lideraria a Missão de Paz. Ela manteve a sede do movimento na luxuosa propriedade de Woodmont, nos arredores da Filadélfia. Os negócios da Missão de Paz, inclusive a cadeia de hotéis e restaurantes e a comunidade agrícola no estado de Nova York, continuariam operando como antes.[341]

No segundo semestre de 1965, Jim Jones estava ocupado demais em estabelecer as bases do Templo Popular no condado de Mendocino para sair brigando pelo império do Pai Divino país afora. Ao longo dos seis anos seguintes, continuou concentrado em expandir o próprio ministério. Até que as operações do Templo estivessem a pleno vapor, e que Jones tivesse firmado sua própria reputação como profeta inspirado por Deus, ou mesmo sua divindade, sabia que dificilmente seria aceito pelos fiéis do Pai Divino, e muito menos pela viúva do grande homem, como reencarnação de seu líder. Entretanto, o pastor estava sempre em contato com a Mãe Divina e membros da Missão de Paz, enviando-lhes boletins informativos do Templo que relatavam seus últimos triunfos, primeiro em Mendocino, depois ao longo da Costa Oeste e, por fim, no restante do país. Mas essa espera era insuportável. Se pudesse reivindicar e absorver a Missão de Paz, colocando-a sob seu controle, sua influência se estenderia de fato por todo o país, com o Templo Popular a Oeste e a Missão de Paz ao Leste. Convencer a Mãe Divina a aceitá-lo sem dúvida não seria fácil; ela ainda era uma mulher relativamente jovem, na casa dos 40 anos, e certamente gostava de exercer o poder absoluto em Woodmont. Mas, afinal, ainda era uma mulher, e bastante atraente, por sinal: certamente não resistiria ao seu charme.

O primeiro semestre de 1971 já chegava ao fim quando, com os negócios do Templo em plena expansão e já colhendo os frutos da bem-sucedida carreira de evangelista itinerante, Jones entrou em contato com a Mãe Divina e pediu permissão para visitá-la em Woodmont. Ela foi receptiva; em seu novo papel, como chefe da Missão de Paz, recebia visitantes com frequência.

Jones escolheu para acompanhá-lo cerca de duzentos de seus fiéis mais ativos e dedicados, e preparou-os com rigor antes da partida. Explicou que o Pai Divino havia fracassado; morrera antes de concluir sua obra. Caberia portanto a Jones conduzir o rebanho do Pai Divino pela seara socialista do Templo Popular. Os objetivos de ambos os movimentos eram os mesmos: conquistar a igualdade econômica e social. O Pai Divino não havia chegado lá, mas Jim Jones conseguiria. Enquanto isso, para ganhar a simpatia da Mãe Divina e dos membros da Missão de Paz, que ainda estavam atrás do Templo em termos de progresso socialista, era fundamental causar a impressão certa. Ao contrário de Jones, a Mãe Divina levava uma vida luxuosa, e não deveria ser criticada por isso na frente de seus seguidores. As mulheres do Templo foram instruídas a usar vestidos e saias durante a visita, já que as da Missão nunca vestiam calça, e a dizer "obrigada" mesmo pelas menores gentilezas. Aquela gente ainda se importava com essas frescuras burguesas. O objetivo da viagem era convencê-los a se filiar ao Templo. Se isso acontecesse, aprenderiam a se portar como verdadeiros socialistas.

Os ônibus do Templo levaram quase três dias para chegar, parando apenas para abastecer e para que os viajantes usassem o banheiro. Ao contrário das outras vezes, havia bastante espaço nos veículos para acomodar os membros da Missão de Paz que quisessem voltar com eles para a Califórnia. Quando chegaram à Filadélfia, os membros do Templo ficaram alojados em apartamentos da Missão de Paz. Era tudo limpo e confortável. Os anfitriões eram agradáveis e pareciam contentes em recebê-los. Os hóspedes anotaram o nome e o endereço de todos — era um procedimento padrão do Templo. Jones, por sua vez, instalou-se em Woodmont, e todos os convidados participaram de uma visita guiada pela propriedade, com uma longa parada em um aposento com uma porta de bronze, onde se encontrava o corpo do Pai Divino. Em seguida, foi servido um farto e requintado banquete, com uma mesa muito mais elegante que aquela a que os membros do Templo estavam habituados. Para sobremesa, sorvete em forma de pétalas de flores. Convidado pela Mãe Divina a dizer algumas palavras após a refeição, Jones elogiou o ministério do Pai Divino e chamou a atenção para as boas ações que praticava junto dos membros do Templo no condado de Mendocino. Foi uma noite agradável e construtiva.

Os visitantes decidiram estender a estada, mas, depois de passar o segundo dia conversando com a Mãe Divina, Jones não parecia satisfeito. De noite, todos se reuniram para o jantar. Era um churrasco. Jones foi convidado novamente a falar, e dessa vez seu tom foi crítico. A Missão de Paz tinha problemas, e o maior deles era o apego ao luxo. Afirmou que o Pai Divino havia lhe "passado o manto", que "o espírito dele viera repousar" em seu corpo, e que a partir daquele momento todos os fiéis da Missão de Paz deveriam segui-lo. Ofendida, a Mãe Divina escorraçou Jones e seus discípulos, que antes de irem embora passaram nos dormitórios para recolher seus pertences. Levaram junto mais ou menos uma dúzia de membros da Missão com quem tinham conversado mais a fundo. Como o Templo já tinha um evento agendado em Washington, a comitiva fez sua parada na capital norte-americana, e Jones deu o mesmo show de sempre.

A viagem de volta ao condado de Mendocino foi tensa. Quando chegaram, Jones reuniu todos que o acompanharam e explicou que não teve culpa pelo que acontecera em Woodmont. Segundo seu relato, a Mãe Divina estava tão empolgada com a fusão dos ministérios sob sua liderança que, depois de tramar para que ficassem a sós, abriu a blusa e se insinuou para ele. Jones recusou a investida — "não senti a menor tentação por aqueles peitos flácidos balançando na minha frente". E foi por isso, continuou Jones, que ela os expulsou de lá. O pastor exortou os fiéis a ajudar os desertores da Missão de Paz, em sua maioria, mulheres idosas, a se entrosar no Templo, e pediu o contato de outros membros que os haviam hospedado. Depois disso, não se falou mais sobre a Mãe Divina e seu ministério por um bom tempo.[342]

Mas Jones não tinha desistido. O escritório do Templo começou a enviar mensagens à Missão de Paz, descrevendo os mais recentes milagres operados por Jim Jones, que havia incorporado o espírito iluminado do Pai Divino. Simon Peter, um dos antigos membros da Missão, escreveu uma carta mordaz endereçada à Mãe Divina, na qual testemunhava que o pastor Jones manifestava, de muitas maneiras, "as obras de Cristo", o que só era possível porque ele era o real herdeiro espiritual do Pai Divino. Falava ainda dos males físicos de que padecera quando estava na Missão, enfatizando que, graças ao pastor Jones, estava em processo de cura. Por que negar ao homem o que lhe era de direito?

A resposta da Mãe Divina veio em uma longa carta. Os sofrimentos de Simon Peter, segundo ela, eram culpa dele mesmo: "Você poderia ter feito essa transformação em [nossa] jurisdição [...]se assim desejasse". Quanto a seu novo líder espiritual, "se o pastor Jones está manifestando as obras de Cristo, como você diz, eu só tenho a dizer GLÓRIA A DEUS! Ele não faz mais do que a obrigação de todo filho de Deus". Era preciso cuidado, porém, com as mentiras de que o Pai Divino havia retornado na pessoa de Jim Jones, "um indivíduo nascido no pecado e moldado na iniquidade". E concluiu: "Estou plenamente satisfeita com o PAI DIVINO e [...] permaneço firme em Minha Convicção de que somente ELE é DEUS".[343]

No início do segundo semestre de 1972, sentindo que um bom número de membros da Missão vacilava, Jones enviou-lhes uma nova e extensa carta, com os dizeres "ESTA PODE SER A ÚLTIMA CHANCE DA SUA VIDA!". Pretensamente escrita por membros do Templo, e não por seu líder, a correspondência anunciava que o "espírito que habita no corpo chamado Pai Divino está convocando seus Filhos [...] para que venham compartilhar com Ele toda a abundância que Seu grande amor tem proporcionado a todos os Filhos aqui em Redwood Valley. [...] O Pai retornou cem vezes mais forte. O trabalho e a missão d'Ele perpetuam-se no ministério de Jim Jones".[344] Os modernos ônibus com ar-condicionado que integravam a frota do Templo estariam preparados para recolher passageiros na escola Franklin High, na Filadélfia, às 18h do dia 16 de julho. Quem quisesse se mudar para o vale de Redwood poderia reservar sua vaga pelos telefones divulgados. O Templo ainda os buscaria em casa, se não tivessem como chegar até a escola.

O resto da carta reiterava os incríveis dons de Jones, e enumerava os mais recentes milagres operados por ele: havia interrompido uma tempestade no Canadá, ressuscitado trinta pessoas e, "como no tempo de Jesus, andado sobre as águas do Pacífico".

No dia e horário combinados, os ônibus do Templo estacionaram na escola. Apenas uns poucos desertores da Missão deram as caras. A maioria era gente idosa e, apesar da prometida imortalidade, faleceram na Califórnia em pouco tempo. Uma meia dúzia de membros de longa data era tudo o que Jones tinha conseguido com sua tentativa de usurpar o ministério do Pai Divino.[345] A Missão de Paz continuou. A Mãe Divina, pelo menos, desafiou a morte. Décadas mais tarde, ainda liderava um ministério bem reduzido em Woodmont, e em 2014 se manifestou por meio de um porta-voz dizendo que Jim Jones "usou o carisma para esconder sua fraqueza humana, violando as leis de Deus e ludibriando inocentes. Sem o espírito de Deus, é destrutivo e enganoso seguir ilusões espirituais".

Nas poucas ocasiões em que voltou a falar do Pai Divino, Jones quase sempre mencionava a fé absoluta que os seguidores da Missão de Paz tinham em seu líder, e se queixava de que poucos membros do Templo nutriam o mesmo sentimento por ele. "Era como se estivesse com ciúmes", lembra Juanell Smart, uma das sobreviventes do Templo.[346]

27
DROGAS

Jim Jones pisava em ovos para não cometer alguma gafe que não tivesse como explicar. Acreditava que, se começasse a perder credibilidade, a coisa viraria uma bola de neve. A solução para evitar eventuais tropeços era simples: não tentar nada novo. O Templo Popular já era sucesso absoluto. Tinha uma congregação respeitável, uma missão admirável e projetos sociais que funcionavam. Já havia melhorado a vida de muitas pessoas carentes, e ainda ajudava outras tantas. Embora o Templo pregasse que o orgulho como característica pessoal era ruim, os fiéis se orgulhavam da igreja e de tudo que tinha conquistado, e por gratidão ao homem que proporcionava aquilo tudo podiam relevar um tropeço ou outro. Jones, por sua vez, podia se contentar com o que já conquistara por meio do Templo, que aliás não era pouco.

Mas Jones não tinha limites. Havia puxado à mãe, Lynetta, que, nas raras vezes que tentava lhe dar atenção, ficava contando histórias de visões e reencarnação. Dizia que Jim estava predestinado a um futuro grandioso. Mesmo com o filho já adulto, Lynetta enfatizava que ele era especial desde que nasceu. E, se Jones era o "Pai" do Templo, ela se considerava a "Avó". Ficava repetindo a história da primeira visão — de que daria à luz um filho divino — para quem tinha paciência de ouvir e para quem não tinha. Também fazia relatos fantasiosos sobre pessoas que iam visitar o pequeno Jimba ainda em Lynn, Indiana, em busca de conselhos e consolo.[347] Do jeito que ela falava, parecia que a ascensão do filho como líder espiritual só fora possível graças à abnegação da mãe. Até deu para escrever e recitar poemas sobre o tema. Um de seus prediletos era "The Molder" [A Modeladora]:

> *I took a bit of plastic clay*
> *And idly fashioned it one day.*
> *And as my finger pressed it still,*
> *It molded, yielding to my will.*
>
> *I came again when days were past,*
> *The bit of clay was firm at last.*
> *The form I gave it, still it wore,*
> *And I could change that form no more.*
>
> *A far more precious thing than clay,*
> *I gently shaped from day to day,*
> *And molded with my fumbling art,*
> *A Young child's soft and yielding heart.*
>
> *I came again when years were gone,*
> *And it was a man I looked upon,*
> *Who such godlike nature bore*
> *That men could change it — NEVERMORE.***

Não há como saber se Jim Jones de fato acreditava ser Deus ou o espírito de Jesus que voltava a cada geração. Sem dúvida, sentia-se especial, dotado de dons divinos. Em geral, os milagres de cura que operava eram ilusionismo. Às vezes, porém, quando um paralítico andava ou um câncer sumia, ele se perguntava se não era porque os enfermos tinham fé nele — e, nesse caso, algum dom de cura ele devia ter. Se falava de sua divindade ao ministrar a palavra, inclusive, mais de uma vez no mesmo sermão, era porque, pelo menos em parte, até ele se sentia na obrigação de explicar algo tão grande e poderoso. E Deus, ou alguém que acredite ter ao menos um pouco de divindade, não *descansa*. A ambição de Jones só fazia crescer todos os dias, e era inevitável que a pressão sobre ele também crescesse.

---

*   *Um dia, peguei barro/ e distraído o modelei./ Com a massa na mão/ minha mente ia solta.// Olhei a obra, outro dia:/ estava seca e não mexia./ A forma que eu lhe dei/ estava firme Da mais preciosa alvenaria,/ moldei suavemente, dia a dia,/ com minha arte diletante/ um doce coração infante.// Depois de anos, hoje vejo/ um homem feito e benfazejo/ De feições divinas/ que não deformam NUNCA MAIS. (N. T.)*

Com seu estilo de liderança, Jones não podia dividir esse fardo com ninguém. Desde o início de suas atividades, em uma loja alugada em Indianápolis, o pastor sentia necessidade de controlar o ministério nos mínimos detalhes. Às vezes, montava comitês e conselhos, dando a entender que se importava com a opinião da congregação. Essas equipes, porém, acabavam cumprindo todos os desígnios do pastor.[348] Com o crescimento do Templo Popular, alguns membros foram formando uma panelinha em torno de Jones. Mas ele não confiava totalmente em ninguém. É consenso entre os sobreviventes da tragédia de Jonestown que até os mais próximos só sabiam o que era estritamente necessário para suas atividades. Jones estava determinado a ser o único a deter todas as informações. Na época em que estava mais próxima do marido, Marceline era a única que sabia alguma coisa sobre Jones antes de seu ministério, conhecia suas excentricidades e sabia lidar com seus defeitos tão humanos. Ele, por sua vez, nunca a considerou como sua igual no Templo. Depois do caso com Carolyn Layton, então, relegou a esposa ao mesmo papel de Jack Beam ou Archie Ijames: fazer o que ele mandasse, sem nenhum poder de decisão. Nem Carolyn conhecia os sentimentos mais íntimos de Jones. Além de parceira sexual, não passava de uma supervisora cuja única função era garantir que suas ordens fossem cumpridas. Não havia ninguém no Templo Popular capaz de se sobrepor a sua autoridade.

E, se Jones era a única pessoa que sabia e controlava tudo, precisava se ocupar de cada detalhe das atividades do Templo. Nada era tão secundário que pudesse ser totalmente delegado. As respostas dos atendentes da central telefônica do Templo, por exemplo, podiam ser redigidas por outra pessoa, mas só eram usadas depois de passar pelo crivo do pastor. Outro membro do Templo podia ir a uma reunião pública representando a igreja, mas, na volta, Jones precisava estar a par de tudo. Quais as autoridades mais importantes presentes? Qual a postura delas em relação ao Templo e suas obras? Quando um membro do Templo queria casar ou pedir o divórcio, ou mesmo trazer uma pessoa de fora para um encontro da congregação, precisava consultar Jones. Não se podia gastar um centavo sem autorização do pastor. Às vezes, os encontros eram longos e extenuantes, aborrecendo alguns membros da igreja. Jones ficava até o último minuto: se precisasse, urinava discretamente em uma bacia atrás do púlpito, mas não ia ao banheiro.[349]

Nas gravações que se pode recuperar, os sermões parecem intermináveis, não raro contraditórios. Porém, em uma análise mais minuciosa, percebe-se que eram menos espontâneos do que pareciam. Jones sabia que os seguidores o procuravam por razões diferentes. Alguns, em geral os mais recentes, acreditavam que ele fosse Deus; outros, também novatos, queriam confirmar sua crença de que todo mundo possui uma centelha divina. Os que vieram com ele de Indiana lembravam-se de tempos em que Jones não tinha pretensões divinas, apenas ideais sociais, e o amavam por isso. Outros tantos o seguiam por causa dos poderes que aparentava: na maioria dos encontros havia espaço para um ou dois milagres, pelo menos. Os membros mais velhos, que viviam de pensão por invalidez ou aposentadoria — de onde vinha o grosso da arrecadação do Templo —, costumavam ser mais apegados à Bíblia. Havia ainda agnósticos e ateus, atraídos pelos ideais socialistas e as constantes críticas ao racismo da Bíblia. Era preciso agradar a todos. Por isso os sermões eram deliberadamente prolixos. Como um grande compositor a criar uma sinfonia em vários movimentos, Jones alternava ritmos e tons. Ia de profeta do apocalipse a crítico social mordaz. Chegava a atirar uma Bíblia no chão e pisotear e, pouco depois, citar uma passagem bíblica para sustentar um argumento socialista. Dizia-se Deus, reencarnação de Jesus Cristo e de Lênin ao mesmo tempo. Nenhum dos ouvintes, nem mesmo os mais devotos, engolia tudo. Porém, sempre havia uma parte do sermão que reafirmava a razão pessoal que movia cada fiel a fazer parte do Templo Popular e acreditar em Jim Jones. Como observa Fielding McGehee, historiador de Jonestown: "A mensagem que ficava do sermão de Jones era diferente para cada pessoa".

Passar três ou quatro horas sentado no culto de sábado já era bem exaustivo. Aos domingos, então, eram dois cultos, mais outros encontros durante a semana, que se estendiam por boa parte da noite. O mais cansativo, porém, era comandar a maratona toda. Quem ouve uma gravação com um sermão de Jones não faz ideia da energia que ele gastava para ministrar a palavra. O pastor não parava quieto: gesticulava atrás do púlpito, andava de um lado para o outro no palco, depois pulava de lá e saía andando entre as fileiras de fiéis, distribuindo afagos, apertos de mão e abraços. Antes, durante e depois do culto, circulava entre os fiéis, para que todos sentissem que recebiam atenção individual do Pai. Enquanto os outros membros desfrutavam das refeições comunitárias de domingo, Jones costumava usar o alto-falante para dizer algumas palavras. Lembrava-os de celebrar a comunhão e depois se preparar para "alimentar os famintos e vestir os despidos" por mais uma semana. Além dos cultos do Templo, quando sua presença não era requisitada no vale de Redwood, Jones geralmente estava no ônibus nº 7, indo ou voltando de algum espetáculo mirabolante para milhares de pessoas. No caminho, cuidava de dezenas, centenas de assuntos, desde o destino seguinte de seus eventos itinerantes até o número de toalhas de mão a serem compradas para os banheiros da igreja no condado de Mendocino.

Havia outro fator de estresse, nem sempre reconhecido pelos que só enxergam sua sede de poder como motivação. Desde a infância, ele se preocupava de verdade com a pobreza e o racismo. Em todas as fases do Templo Popular, os programas assistenciais praticaram o que Jones pregava. Pessoas carentes recebiam ajuda. Os marginalizados de todos os cantos da comunidade eram recebidos calorosamente. E não importava quantas pessoas fossem alimentadas, vestidas, empregadas ou tiradas das drogas pelas obras do Templo: ele só pensava em quantas ainda precisavam de ajuda. Identificava-se tanto com pessoas como com multidões. Certa vez, logo antes de sair do vale de Redwood em caravana para mais uma excursão do Templo, convocou uma reunião de supervisores no ônibus nº 7, enquanto centenas de membros acomodavam a bagagem e entravam nos outros veículos. O objetivo da reunião era importante: passar orientações sobre um projeto a ser implantado durante sua ausência. A viagem seria longa, por isso não poderiam demorar para pegar a estrada. Enquanto falava, Jones não tirava os olhos da janela. De repente, apontou para uma senhora de idade, que sofria para carregar uma mala enorme, e gritou: "Alguém faça o favor de ir lá fora ajudar aquela irmã!". A reunião só continuou depois que a senhora foi acomodada no ônibus e sua mala devidamente guardada.[350]

Jones desejava de coração melhorar a vida dos oprimidos. Por isso não podia parar. Aonde quer que fosse, via sofrimento humano. Às vezes, seus dois ideais — poder e ministério — conviviam em harmonia. O que atendia a um servia aos dois. Com o crescimento do Templo, o ideal mais nobre de Jones foi sendo cada vez mais sublimado a favor do mais vil. Por fim, venceu a ambição pessoal. Mas, em 1971, o pastor ainda se esforçava para satisfazer a ambos. Para isso, era implacável nas exigências que fazia a seus seguidores, e mais ainda consigo mesmo.

Essa cobrança excessiva teve um preço. Jones se sentia tão esgotado quanto os fiéis, e seu desgaste emocional era ainda maior. Deus ou não, ficava mais exausto a cada dia. Havia tornado o bem-estar do Templo totalmente dependente do seu — o que, inclusive, justificava a crença, cada vez mais enraizada, de que tudo que fazia por si mesmo era bom para quem acreditava nele e para as pessoas que precisavam da ajuda do Templo. Por mais egoístas que pudessem parecer suas atitudes, nada daquilo era para Jones, mas para os outros.

Em 1971, Jones já se permitia alguns luxos, que eram mantidos em segredo. Para os fiéis em geral, ir ao cinema não era bem-visto. Mas o pastor às vezes ia, em alguns fins de semana, no intervalo dos encontros, principalmente em San Francisco e Los Angeles. Jones adorava filmes policiais e de ação: *Chinatown* e *M*A*S*H* eram dois de seus favoritos.[351] Além disso, dizia que só usava roupa de segunda mão ou de lojas mais populares, e era verdade. Porém, tinha um fraco por um tipo de sapato preto de cadarço, com solado grosso. Era o único tipo que usava, por isso tinha seis pares. Embora jurasse, nos sermões, gastar cada minuto de seu tempo cuidando do Templo, costumava viajar com a família, quase sempre por uma ou duas semanas. Aos fiéis, era dito que o Pai tinha viajado para algum compromisso importante.[352] Essas viagens custavam dinheiro, e Jones não era remunerado pelo Templo: em tese, era o salário de Marceline no serviço público que sustentava a família. Acontece que Jones controlava as contas do Templo, e pelo menos em duas ocasiões chegou a sacar alguns milhares de dólares para pagar despesas pessoais.[353] Não chegava a ser desvio de verbas; as transações eram registradas na contabilidade do Templo. Mesmo assim, apenas Jones e algumas pessoas mais discretas de seu círculo tinham acesso aos registros. Ele certamente não queria que a igreja toda soubesse.

Chegou um ponto em que esses pequenos prazeres já não bastavam para contrabalançar as pressões crescentes. No início de 1971, Jones começou a recorrer regularmente a outra fonte de consolo. Só que a influência para o novo comportamento dessa vez não foi da mãe, e sim do pai.

Depois de ser atingido por gases tóxicos na Primeira Guerra Mundial, James Thurman Jones, o "Grande Jim", nunca mais teve um dia de conforto. Para aliviar a penúria física e psicológica, tomava comprimidos que lhe eram fornecidos durante tratamentos em hospitais regionais para veteranos. Quase quarenta anos depois, Jim Jones começou a seguir os passos do pai. Ainda em 1965, Garry Lambrev lembra-se de ver Jones parar no meio do sermão, vez ou outra, reclamando que precisava tomar um analgésico. Dizia que não gostava, mas que às vezes necessitava de alguns comprimidos para aliviar o desconforto que sentia com uma série de problemas nunca explicados. Naquela época, a congregação do Templo tinha menos de cem pessoas, e a maioria viera de Indiana com ele. Conheciam bem o pastor e não tinham nenhuma crença de que fosse um deus acima da necessidade humana de se medicar de vez em quando. Com o crescimento do Templo, Jones parou de falar que usava remédios para dor. Fosse verdade ou não, os fiéis, cada vez mais numerosos e crédulos, não podiam pensar que o Pai precisava de drogas — logo ele, que proibia os seguidores de usá-las. Seria uma contradição tão absurda que nem Jones conseguiria justificar.[354]

Por volta de 1971, a automedicação evoluiu para o abuso de substâncias: anfetaminas, tranquilizantes, pílulas e estimulantes líquidos para aumentar o nível de disposição ou, ao contrário, desacelerar a mente na hora de dormir. Quanto mais usava uma coisa, mais precisava da outra.[355] Não era difícil conseguir essas drogas. Médicos simpáticos à causa do Templo emitiam receitas para Jones ou para seguidores seus que, sob condição de sigilo absoluto, passavam os medicamentos ao pastor. Muitas vezes, ele sequer precisava de receita. Vários membros do Templo trabalhavam como enfermeiros e auxiliares em diversos hospitais e serviços de saúde. No tempo do controle de estoque feito com fichas de papel, não era difícil surrupiar o que Jones precisava. A esses "fornecedores", o pastor dizia que estavam ajudando o Templo de uma forma muito especial e particular.[356]

De modo geral, Jones conseguia esconder as oscilações de humor provocadas pelo uso indiscriminado de medicamentos. Na estrada, tomava os remédios no quarto privativo que tinha no ônibus nº 7, primeiro para aumentar a disposição para brilhar nos eventos, e depois, na volta, para conseguir dormir e dar conta do serviço acumulado que o aguardava no vale de Redwood. A agressão ao organismo provocava alguns sintomas, e alguns deles, como as crises de irritabilidade, nem sempre podiam ser atribuídos às drogas: o Pai sempre fora impaciente. Outros eram mais óbvios, como os olhos vermelhos e lacrimejantes.[357] Se antes usava óculos escuros de forma esporádica, a partir de então passou a recorrer às lentes escurecidas o tempo todo, com a desculpa de que seus poderes eram tão fortes que irradiavam dos olhos. Quem olhasse direto para eles podia acabar se queimando.[358]

Contudo, o mais deletério dos sintomas foi a exacerbação da paranoia, um efeito colateral típico do uso de anfetaminas. Jones já achava que era perseguido por pessoas e entidades, e fazia os seguidores acreditarem nisso também. Um dos aspectos do fascínio que exercia sobre seus seguidores era a crença — que ele alimentava citando as últimas manchetes — de que o governo dos Estados Unidos era um perigo para o Templo. Quanto mais abusava das drogas, mais perturbado Jones ficava. Começou a detalhar suas visões: teria descoberto que o FBI e a CIA tinham grampeado os telefones do Templo. O governo, sob a liderança de pessoas como o presidente Richard Nixon e o diretor do FBI J. Edgar Hoover, promovia uma nova caça às bruxas mirando sua igreja. O Templo Popular era visto como uma ameaça porque ajudava multidões e ilustrava de forma dramática como a generosidade socialista era superior à sanha sanguinária do capitalismo. O FBI planejava infiltrar espiões no Templo, se é que já não o fizera. Os membros deveriam tomar cuidado e suspeitar de todos, inclusive uns dos outros. Era preciso ficar de olho em condutas suspeitas e denunciar detratores que o criticassem de alguma forma. Era justamente o que um espião do FBI faria: tentar abalar a fé no Pai.[359]

Jones já tinha colocado vigias para patrulhar o terreno do Templo no vale de Redwood. Agora, alertava para uma nova ameaça. O governo dos Estados Unidos havia tentado matar Fidel Castro e podia muito bem estar envolvido no homicídio de Martin Luther King e John F. Kennedy — aliás, nos assassinatos de todos que tentavam fazer dos Estados Unidos uma nação melhor e mais igualitária. Jones sem dúvida seria um dos alvos. O governo temia e odiava o Templo Popular e, acima de tudo, seu líder. Por isso Jones montou uma equipe de guarda-costas, formada em sua maior parte por jovens negros de aparência ameaçadora. O que mais chamava atenção era o grandalhão Chris Lewis. Oriundo de uma gangue de rua, Lewis passou pelo programa de reabilitação de dependentes químicos do Templo e, movido por gratidão e lealdade a Jones, esforçava-se para conter seus impulsos violentos. Jones fazia de tudo por ele. Chegou a usar recursos do Templo para arcar com sua defesa em um processo por homicídio a que respondia em San Francisco e que nada tinha a ver com o Templo. O caso, concluído com a absolvição do réu, foi usado insistentemente por Jones como exemplo da perseguição do governo contra homens negros com atitude. Alguns membros do Templo se mostravam reticentes: tinham medo de Lewis. Mas não reclamavam, nem com Jones, nem entre si — afinal, alguém poderia acusá-los de serem espiões do FBI dedicados a semear a discórdia dentro da igreja.

Alguns guarda-costas de Jones andavam armados, mas só depois de preencherem os requisitos legais — Jones não queria sujeitar membros da igreja a processos por porte ilegal de armas de fogo. Quando a caravana de ônibus do Templo pegava a estrada, algumas armas ficavam guardadas no ônibus nº 7, por precaução.[360] Algumas vezes, os seguranças também andavam uniformizados: camisa, calça, gravata e boina combinando. Além de intimidar possíveis agressores, a ideia era impressionar a congregação do Templo: a presença deles era prova de que o Pai se preocupava em protegê-los. Esses guarda-costas, e também outras equipes de segurança menos militarizadas, que faziam rondas noturnas na igreja do vale de Redwood e outros prédios do Templo, começaram a notar uma estranha mudança no comportamento de Jim Jones, mas não comentaram com ninguém. Antes, se não estava viajando, o pastor costumava ficar trabalhando no escritório até bem depois da meia-noite, e às vezes até virava a madrugada trabalhando; vez ou outra, dava uma volta para animar os membros que também ficavam até tarde cuidando de assuntos do Templo, ou então para recriminar aqueles que faziam corpo mole e constrangê-los com seu próprio exemplo de dedicação. Agora, quase todas as noites, os vigias que guardavam a porta de seu escritório ouviam-no roncar alto. Depois de passar o dia inteiro esbanjando uma energia sobre-humana, o Pai dormia um sono pesado a maior parte da noite. Só não se sabia por quê.[361]

28
SEXO

Jones sempre foi muito franco e transparente sobre sexo. Até certo ponto, pelo menos.

Com jovens como Mike Cartmell e Bonnie Malmin, por exemplo, falava de masturbação e penetração com naturalidade e deixava claro que não havia nada de obsceno no tema. Até Ronnie Baldwin de apenas 10 anos, primo de Marceline, já tinha recebido do tio Jim palestras detalhadas sobre sexo, durante o tempo em que morava com o casal Jones. Depois, Ronnie, todo prosa, contava o que havia aprendido para os coleguinhas. Quando Marceline ficou impossibilitada de se manter sexualmente ativa, Jones contou aos filhos que era por isso que havia começado um caso com Carolyn Layton. O pastor do Templo Popular fazia questão de saber de tudo que acontecia na vida sexual dos seguidores e dizer com quem deviam ou não ir para a cama. Faltava pouco para proibir as pessoas de ter relações. "Ele não tinha como impedir completamente", lembrou Tim Carter, ex-membro do Templo. "É claro que as pessoas faziam. Mas ele pelo menos tentava dificultar ao máximo. Era uma das maneiras de nos controlar."

Apesar disso, alguns membros do Templo Popular eram um tanto reservados sobre sexo, recatados até. Em 1972 e 1973, o filme pornográfico *Garganta Profunda* virou sensação no país. A atriz principal, Linda Lovelace, chegou a ser uma das mulheres mais famosas dos Estados Unidos.

Linda Amos, uma das seguidoras mais fervorosas de Jones, tinha tanta vergonha da fama da atriz pornô que fazia questão de ser chamada de Sharon, seu nome do meio, só para se diferenciar. Mesmo o próprio Jones, que vivia falando do instinto sexual nos sermões — inclusive o dele, às vezes —, dava raras demonstrações de carinho por Marceline em público. Um dos motivos por que a maioria dos membros do Templo nunca desconfiou do caso com Carolyn Layton era que ele também nunca a tocava na frente de outras pessoas. Com exceção da noite que Jones passou com a mulher do embaixador, quando estava no Brasil, em troca de uma polpuda doação para um orfanato, história que adorava contar, o único indício de atividade sexual do Pai, pelo que a maioria dos seguidores do Templo sabia, era seu filho biológico Stephan.

Contudo, mais ou menos na mesma época em que começou a abusar das drogas, Jones também passou a ir para a cama com outras pessoas além de Carolyn Layton. Em certos aspectos, seu relacionamento com ela era como um casamento — o sexo, por exemplo, era cada vez mais esporádico. Jones se considerava acima de qualquer crítica; seu único freio era o autocontrole, que, por sinal, diminuía dia após dia. Dois anos antes, com os problemas de saúde de Marceline, havia procurado outra fonte de satisfação sexual, limitando-se a uma nova parceira. Mas dessa vez Carolyn Layton não foi trocada por outra mulher; Jones começou a ter encontros sexuais com várias pessoas. Basicamente, Carolyn tornou-se a principal concubina de um harém que só aumentava. Com ela e os seguidores mais próximos de Jones, não havia discrição nenhuma. Ele escolhia a pessoa desejada entre os membros da igreja, transava com ela e depois ficava contando vantagem para os mais chegados, como Beam e Ijames. Carolyn ficava magoada e furiosa, mas Jones não dava muita importância; acreditava que precisava fazer sexo com diversas parceiras. Seria bom para ele e, por conseguinte, para o Templo também. Assim como acontecera com Marceline, o pastor imaginava que Carolyn, mesmo relutante, acabaria aceitando. E estava certo. Ela ainda tinha lugar na cama de Jones e um papel importante no funcionamento do Templo. Se desaprovava a infidelidade de Jones, problema dela.

A dúvida de Jones era quem ele ia abordar primeiro. Limitava-se, claro, à congregação do Templo — se recriminava até amizades passageiras com pessoas de fora, era arriscado demais se envolver sexualmente com gente de fora da igreja. Mesmo assim, estava adentrando em um território novo. Não podia dar livre vazão aos impulsos sexuais e se atirar sem critério sobre as seguidoras do Templo, ou logo teria que se explicar sobre as investidas indesejadas. Por isso, começou com um alvo seguro.

Além da fé e devoção absoluta a Jim Jones, Karen Tow Layton, a segunda mulher de Larry Layton, tinha outra vantagem: era uma das jovens mais atraentes do Templo. Quando roubou a primeira esposa de Larry, Jones ajudou a convencer Karen a ocupar o lugar da outra. Era um belo prêmio de consolação. Para Larry, desfilar com a nova mulher, muito mais bonita, diante dos outros homens do Templo era uma massagem em seu ego ferido. Karen, porém, era mais leal a Jones que ao próprio Layton. Emplacar um caso com ela em 1971, além de gratificante, era cômodo. Devotada, a jovem se entregou ao Pai de bom grado, afastando qualquer risco de repercussão negativa. Além disso, Jones sabia que Larry não se oporia, ao menos não em público. Era totalmente submisso ao pastor. No começo, Carolyn não se preocupou muito, pois achava que o interesse que Karen sentia por Jones não era correspondido. Chegou até a escrever para os pais: "[Karen] já disse várias vezes [...] que é muito apaixonada por Jim", mas Jones deixou bem claro para a jovem que "jamais corresponderia dessa forma". Também escreveu que Larry Layton tinha uma paixonite por Jones, e que esse era um dos motivos que a levaram a se separar do marido.[362] Não há provas disso. Quando Carolyn se deu conta de que Jones também estava interessado em Karen, já era tarde.

Karen teve orgulho do relacionamento, no pouco tempo que durou: o Pai a desejava, *precisava* dela. Diplomaticamente, Ijames tentou avisar Jones para manter sua vida sexual em segredo: "Irmão Jones, acho que você confia demais nas pessoas".[363]

Saciado seu desejo por Karen, Jones partiu para outras mulheres do Templo. Tinha tanta confiança em seu poder de sedução que, a certa altura, achava que todas as mulheres, de qualquer idade, sentiam-se atraídas sexualmente por ele, ainda que não admitissem. O resultado foi uma mudança sutil, mas importante, na maneira como delegava as tarefas mais complicadas às fiéis do Templo. Para os homens, suas palavras de incentivo permaneceram as mesmas: "Você tem as qualidades necessárias para conseguir". Já para as mulheres, passou a dizer: "Você vai conseguir, porque me ama".

Jones começou a fazer sexo casual mais por capricho do que por interesse, ainda que passageiro. De forma consciente ou não, só escolhia moças mais jovens que já estavam fascinadas por ele ou, de tão inseguras, acabavam cedendo, lisonjeadas. No fim, conseguiu levar para a cama quase todas as mulheres de seu círculo mais próximo. Elas achavam que o sexo fazia parte de suas obrigações para com ele e com a causa, ou que era uma honraria por seus valorosos serviços. Jones frisava que era por elas também, que *precisavam* daquilo — fazer sexo com o Pai era bom para a autoestima.

Em quase todos os casos, as investidas de Jones pegavam as mulheres desprevenidas. Certa vez, durante um culto do Templo, Terri Buford estava trabalhando em um escritório ao lado, e, na hora das ofertas, Jones entrou na sala e perguntou: "Quem você acha atraente?". Buford, surpresa, citou alguns homens do Templo, ao que Jones respondeu, fazendo-se de ofendido: "E eu? Não me acha atraente?". Ela respondeu que nunca olhara para o pastor daquela forma. Ele continuou pressionando, e logo os dois transaram. Refletindo sobre a situação, décadas mais tarde, ela disse que não foi grande coisa, fora o fato de ser com Jones. Não lhe passou pela cabeça resistir — afinal, era o Pai.[364]

O relato de Debbie Layton em seu livro *Seductive Poison* [Veneno sedutor] indica que, pelo menos com ela, Jones foi às vias de fato do estupro. Aos 19 anos, Layton foi convidada por Jones para viajar com ele em seu quarto privativo no ônibus depois de um evento em San Francisco. Levou um susto quando o pastor a mandou desabotoar a blusa e murmurou: "Estou fazendo isso por você... para te ajudar". Ainda vestido, "com as calças abertas só o suficiente", Jones a empurrou para a cama, subiu em cima dela, saciou-se e levantou. Layton, confusa, achou que deveria se desculpar. Ao que ele respondeu: "Não se preocupe, minha filha. Você estava precisando". E lhe disse para não sair de lá. Na parada seguinte, mandou todos descerem do ônibus, de modo que ela pudesse sair e trocar de veículo sem que ninguém visse.

Jones atacou Debbie Layton outras vezes, uma delas no banheiro masculino do Templo, sempre sem pedir permissão nem dar tempo para Layton pensar. Acabou promovendo-a para cargos de mais responsabilidade dentro do Templo; ela se sentia lisonjeada por fazer parte de um grupo seleto com Carolyn Layton, Karen Tow Layton, Terri Buford, Sharon Amos, Tim Stoen e mais uma ou duas pessoas.[365]

Durante um tempo, enquanto Jones ainda conseguia manter seu longo caso com Carolyn Layton em segredo, algumas das mulheres com quem o pastor se relacionava acreditavam que tinham tomado o lugar de Marceline e que eram a nova "garota de Deus", como dizia Terri Buford. Mas logo quebravam a cara. Depois que Jones as levava para a cama, não fazia questão de esconder suas outras aventuras sexuais. A própria Terri descobriu que não era a única amante de Jones ao ouvi-lo transando com outra mulher na sala ao lado. Porém, nem ela, nem as outras amantes jamais fizeram escândalo, nem acusaram Jones de abuso sexual ou traição. Não levaram os casos a público dentro da igreja. Algumas se sentiam culpadas só de imaginar fazer alguma reclamação, dadas as frequentes pregações de Jones sobre picuinhas burguesas e egoísmo. Outras acreditavam que a maioria dos seguidores de Jones ficaria sempre do lado do Pai. Abandonar o pastor e a igreja estava fora de cogitação. Jones sempre encontrava uma maneira de fazer suas parceiras sexuais se sentirem ainda mais comprometidas com a causa, muitas vezes, como Debbie Layton, encarregando-as de novas e maiores responsabilidades. Nunca seu poder de manipulação ficou tão evidente. Jones não se envolvia emocionalmente com nenhuma dessas mulheres. Elas lhe davam prazer, e era essa sua recompensa.

Jones ainda deu um jeito de tornar sua vida sexual gratificante para uma ávida seguidora com quem não queria nada. Ninguém adorava Jim Jones mais que Patty Cartmell. Estava sempre pronta a obedecer ao pastor sem questionar; e satisfazê-lo sexualmente seria certamente uma honra. Mas ela era muito obesa; a pretensa motivação de Jones de elevar a autoestima das mulheres por meio do sexo não se aplicava a alguém tão pouco atraente. Assim que a sanha sexual de Jones chegou a um nível quase obsessivo — sempre havia uma mulher do Templo que ele precisava conseguir de qualquer jeito —, chegou a vez de Cartmell entrar no jogo: ficou encarregada da "agenda de trepadas" do pastor, um caderno que listava quem Jones levaria para cama, e quando.[366]

Na maior parte do tempo, Jones visava adultos, mas nem sempre. Havia adolescentes bem bonitas na congregação, e Jones teve relações sexuais com pelo menos uma delas, uma menina de 14 anos. A família descobriu e saiu do Templo, mas não revelou publicamente o motivo em respeito à causa. Jones enviou emissários para convencer a família a voltar, mas não adiantou.[367]

Jones também cruzou outro limite. Um jovem que havia aderido pouco tempo antes ao Templo foi logo alçado a um cargo de bastante responsabilidade, graças à capacidade de organização que o pastor viu nele. Certa vez, após o culto, Jones lhe disse em tom casual: "Posso te comer se você quiser". Estarrecido, o jovem balbuciou: "Não, obrigado". O pastor sorriu ironicamente e arrematou: "Bom, se quiser, já sabe".[368]

Vez ou outra, Jones também fazia sexo com seguidores homens. Nunca com tanta frequência como com as mulheres, mas o suficiente para que alguns de seus ex-parceiros alertassem os líderes mais jovens: "Se for pedir para o Pai te comer, não deixe de se lavar".[369] Sempre que falava, em seu círculo íntimo, sobre sexo com homens, Jones frisava que ele precisava "ser de tudo um pouco para todo mundo", que alguns seguidores precisavam de uma lição de humildade ou de um estímulo para se dedicar ainda mais à causa — e fazer sexo com o pastor surtiria tais efeitos.[370] Jones era claramente bissexual, embora preferisse não admitir isso em público. Por muito tempo, condenou relacionamentos entre seguidores do mesmo sexo. Para Garry Lambrev, que quase rompeu com o Templo diversas vezes, a gota d'água foi quando Jones lhe negou até a possibilidade de ter um parceiro fixo. "Ele afirmou que, se eu quisesse transar [com outro homem], que fosse a um bar em San Francisco para dar umazinha", contou Lambrev. "Eu queria mais do que isso, mas Jim não permitia." Assim como procedia com as mulheres, Jones limitava-se a abordar alguns poucos homens e, nos raros casos em que levava um fora, não insistia.

A maioria dos seguidores não fazia ideia de que Jones tinha relações sexuais com vários membros da congregação e, embora fosse impossível esconder totalmente suas ações dos líderes do Templo, cada vez mais numerosos, o pastor só foi questionado a respeito uma vez. Juanell Smart, mulher negra casada com David Wise, que era branco e trabalhava como ministro assistente do Templo, notou uma constante nas aventuras de Jones e disparou: "Jim, por que você só dorme com gente branca, nunca com gente negra?". Jones retrucou que os brancos precisavam se dedicar mais à causa do Templo e superar atitudes burguesas; transar com ele os ajudava a manter uma conduta apropriada como socialistas. Como os seguidores negros não tinham esse problema, não havia por que fazer sexo com eles.

No começo de 1971, provavelmente em março, Jones escolheu uma parceira sexual um tanto inesperada. Logo que o conheceu, Grace Stoen não gostou de Jones, embora acreditasse firmemente nas causas sociais que ele defendia. Seu marido, Tim Stoen, era, em determinados aspectos, o membro mais importante do Templo Popular depois de Jones. Cabia ao advogado manter dentro da lei tudo que o pastor planejava — em muitos casos *tramava* seria o termo mais adequado. Não seria prudente se indispor com Stoen, muito menos correr o risco de perdê-lo. Mesmo assim, Jones deu um jeito de ir para a cama com Grace.

O ano de 1970 chegava ao fim, e o casamento de Tim e Grace Stoen esfriava a olhos vistos. Sobreviventes da seita recordam que Grace reclamava do ego do marido e de sua mania de largá-la sozinha em casa para atender Jones a qualquer hora.[371] Em dado momento, deixou até escapar que ela e Tim não mantinham atividade sexual regular havia meses. Jones fazia questão de saber cada detalhe da vida pessoal de seus seguidores.

As fichas sobre membros em potencial eram atualizadas com frequência, assim como aquelas sobre os membros atuais. Assim que Grace Stoen começou a se queixar do marido, Jones ficou sabendo.[372]

Assim como Karen Layton, Grace era muito bonita. Jim Jones Jr. acredita que seu pai sempre quis levá-la para a cama. "Ele queria transar com ela de qualquer jeito. Simples assim." Porém, Jones precisava considerar os riscos. Tim Stoen não era manso como Larry Layton. Além do mais, era seu assessor jurídico e o homem que mais conhecia os segredos do Templo. Se resolvesse pular fora, seria um desastre. Jones, que normalmente já era paranoico, e estava ainda mais por causa das drogas, vivia atemorizado pela crença de que o FBI e a CIA andavam à espreita, loucos para descobrir os podres do Templo e seu líder. Traído, Tim Stoen poderia muito bem se vingar dele, e nesse caso não lhe faltaria munição.

Por outro lado, Jones acreditava ter o advogado na palma da mão. Tim Stoen era um crente fervoroso, e como tal tinha fé, senão na divindade de Jim Jones, certamente na causa do Templo. Poderia ter ganhado uma fortuna na advocacia ou como sócio de um escritório de grande reputação em San Francisco, mas abriu mão não só da prosperidade material como também do prestígio profissional para se contentar com um emprego ralé na promotoria pública de um condado nos cafundós da Califórnia. Os problemas conjugais deviam-se, pelo menos em parte, à sua devoção ao Templo. Stoen obviamente acreditava que ajudar Jones a liderar a transição para um mundo melhor valia todo o sacrifício.[373]

Outra característica do estilo de liderança do pastor estava em jogo. Jones fazia questão de que os líderes do Templo lhe fossem subservientes. A alguns privilegiados dava mais liberdade que a outros. Jack Beam às vezes contava histórias nada louváveis sobre o Pai nos velhos tempos e, vez por outra, até tirava um sarro de leve com a cara de Jones. Archie Ijames, por sua vez, dava seus alertas quando achava que o pastor falava mais do que deveria ou era ríspido demais. Já Marceline desfrutava de mais liberdade para questionar algumas decisões de Jones, e Carolyn Layton tinha expectativas que ele alimentava, embora nem sempre atendesse. Apesar disso, ninguém questionava a autoridade do pastor. Podiam fazer sugestões, pedidos, ou até objeções, mas sempre acabavam obedecendo. A relação com Tim Stoen era diferente. Por conta de seus conhecimentos jurídicos, que Jones não tinha, era preciso tratá-lo quase de igual para igual. Desde que Stoen entrara para o Templo Popular, Jones não achava jeito de enquadrá-lo na hierarquia do Templo. Stoen podia até estar acima dos outros membros, mas ainda estava abaixo de Jim Jones. E então surgiu uma oportunidade para lembrá-lo disso. Grace estava insatisfeita com o marido e recebera permissão dele para ter relações sexuais com outra pessoa. Stoen conta em seu livro, *Marked for Death* [Marcado para a morte], que "abriu o relacionamento" com Grace e até tirou proveito disso, relacionando-se com uma "mulher solitária com cinco filhos". Se em algum momento Grace também quisesse pular a cerca, ele "não queria ser hipócrita".[374] Até que, entre o fim de março e o início de abril de 1971, Grace Stoen engravidou.

29
FAMÍLIA

Até onde se sabia, a família de Jones estava bem. Marceline Jones tinha importantes atribuições no Templo: ajudava a organizar obras comunitárias, comandava o culto na ausência do marido no vale de Redwood e ficava por perto caso ele precisasse de auxílio no púlpito. O trato com o marido, em público, era sempre o mesmo. Como lembra Laura Johnston Kohl: "Era como se Marceline estivesse hipnotizada por Jim. Olhava para ele com aquele olhar derretido da Nancy Reagan".

Os filhos de Jones pareciam ótimos. Agnes ainda se mantinha distante boa parte do tempo, mas Suzanne havia se tornado uma mulher linda e autoconfiante. Stephan, Lew e Jimmy demonstravam a impetuosidade típica da adolescência. E havia também mais um menino: Tim Tupper, filho de um membro do Templo. Era mais ou menos da idade de Stephan, e tinha se apegado aos Jones. A adoção viria anos depois, mas o garoto já era tratado como se fosse da família.[375]

A família se permitia alguns luxos. Embora privasse a maioria dos membros de excursões de lazer, Jones tirava férias em família sempre que conseguia. Levava os rebentos para todas as exposições universais, viajava com eles ao Havaí e até chegou a dar um pulo com alguns deles na Alemanha. Os passeios eram sempre muito agradáveis. O único inconveniente era que, quando viajavam por duas semanas, em uma semana iam com Marceline e, na outra, com Carolyn.

Os filhos de Jones tinham cavalos e vários animais de estimação. Além dos cachorros, havia um chimpanzé chamado Mr. Muggs, que ficava em uma jaula no quintal da casa no vale de Redwood. Dizia-se que Jones havia salvado Mr. Muggs de morrer em testes de laboratório. Mais tarde, alguns membros começaram a suspeitar que o macaco havia sido comprado por Jones em um pet shop. Segundo Jim Jones Jr.: "Acho que Stephan viu [Mr. Muggs] ser testado, sei lá, e a gente acabou ficando com ele no lugar da jaguatirica que eu ia ganhar de aniversário". O chimpanzé acabou se tornando uma espécie de mascote não oficial do Templo.[376]

Os outros jovens da igreja foram vendo que quem andava com os meninos da família Jones fazia coisas diferentes. Os filhos de Jones e seus amigos podiam ir ao cinema e usar roupas e artigos esportivos. Essas regalias eram malvistas por uma parcela da congregação, já que as outras crianças e adolescentes da igreja precisavam levar uma vida frugal, como seus pais. Carolyn Layton viu-se obrigada a dar uma satisfação: os filhos de Jones precisavam de uma válvula de escape devido à constante pressão que sentiam por causa das ameaças que o pai recebia de fora.[377] De fato, viviam sob pressão constante, e não raro se sentiam sufocados; mas não por supostas ameaças externas, e sim pelo comportamento bizarro de Jones.

Um dos principais problemas era que ele vivia empurrando Carolyn para as crianças. Pedia para que lhe dedicassem o mesmo respeito com que tratavam Marceline, mas não adiantava. Carolyn enviou uma carta empolgada aos pais, dizendo que as crianças a amavam como a uma segunda mãe, mas a realidade era outra. Stephan não sentia o mesmo. Os dois não tinham como ser tão ligados como ela dizia, pois Carolyn sequer escrevia o nome dele direito: na carta, chamou-o de "Steven". Lew e Jimmy, que em muitos aspectos eram mais próximos do pai do que de Marceline, até suportavam Carolyn. Mas todos os filhos de Jones tomavam um pouco as dores da mãe, e nunca imaginaram Carolyn como uma pessoa que pudesse tomar seu lugar. Eram constantes os atritos causados pelo que Stephan chamava de "família forçada".

As outras aventuras sexuais de Jones não afetavam os filhos, porque só saberiam delas muito tempo depois. Já o uso de drogas teve efeito profundo. Os jovens logo perceberam que o pai não deitava para meditar; ele apagava porque estava drogado. Havia comprimidos em armários de remédios e ampolas com um líquido branco na geladeira.[378] Uma vez, viram-no de bruços no vestíbulo. Depois que Marceline o reanimou, Jones disse a Stephan: "Desculpa o susto, meu anjo. É muita pressão... Não aguento mais".[379]

Os outros filhos em geral abstraíam: Jim Jr. diz que só descobriu anos depois, na Guiana, o quanto o pai estava envolvido com drogas. Stephan, porém, era mais sensível à questão. Durante um tempo, sofreu de uma doença congênita que causava um estreitamento da uretra e teve até que operar e usar sonda. Jones explicou que não tinha como usar seu poder de cura para acabar com o problema, porque o sofrimento ajudaria o filho a crescer como líder. O consolo foi poder ter Jones e Marceline ao seu lado no hospital: "A gente parecia uma família de novo, parecia que ia ficar tudo bem".[380]

Mas não ficou.

Stephan Jones estava com 12 anos quando engoliu catorze cápsulas de Quaalude, um sedativo potente, que achou em um frasco na cômoda do pai. Queria parecer bem doente, para não precisar ir a um encontro de quarta à noite do Templo. Marceline levou o filho às pressas para o pronto-socorro do Hospital Geral de Ukiah. Ela e Jones foram submetidos a um interrogatório pela equipe de psiquiatria do hospital antes de Stephan receber alta. Em outras duas ocasiões, o menino tomou doses fortes de Quaalude e deixou bilhetes de suicídio. Em um artigo que escreveu décadas mais tarde, ponderou que não tinha intenção de se matar — só queria chamar atenção. Chegou a ser levado ao hospital de novo, dessa vez em San Francisco, para evitar escândalos. Stephan lembrou que, no caminho, os irmãos batiam no rosto dele para mantê-lo acordado, e os tapas eram "um pouco fortes demais".[381] Mesmo depois do primeiro incidente, e ainda do segundo e do terceiro, Jim Jones continuou a guardar suas drogas, fossem pílulas ou preparações líquidas, em lugares de fácil acesso. Marceline sempre acreditou que, apesar dos defeitos do marido, pelo menos bom pai ele era. Àquela altura, porém, Jones se dispunha inclusive a arriscar a vida dos filhos para não ter o trabalho de esconder suas drogas.

Dois anos já haviam se passado desde que o marido começara seu caso com Carolyn Moore, e Marceline ainda tinha esperanças de que, mais cedo ou mais tarde, ele se cansaria da outra. Enquanto isso, podia contar com os filhos e com um emprego no serviço público que a realizava, além de continuar trabalhando no Templo Popular, ainda que não fosse mais o braço direito de Jones. Não era fácil, mas ela ia levando. Quando sua irmã Sharon se divorciou, Marceline chamou-a para morar no vale de Redwood com os filhos — para Marceline, tê-la por perto seria um alento. Sharon chegou a visitá-la, mas, depois de ouvir o cunhado proclamar seus poderes divinos no culto, preferiu manter distância dele.[382] Marceline ainda suportava as dificuldades do casamento, talvez acreditando que, depois de Carolyn Moore e das drogas, a situação não teria como piorar. Mas piorou.

É possível que, no começo, Marceline não soubesse das aventuras sexuais de Jones com diversas outras seguidoras além de Carolyn. A esposa do pastor era muito querida no Templo, mesmo pelas mulheres que dormiam com ele. Ninguém se dispunha a soltar indiretas para vê-la sofrer. Sem dúvida, nos dois anos desde que Jones começou a dormir com Carolyn, Marceline aprendera a ignorar os sinais, para não aumentar sua mágoa. Já tinha problemas demais.

Até que, em 25 de janeiro de 1972, John Victor Stoen veio ao mundo, no Hospital de Santa Rosa. Na certidão de nascimento do bebê, que nasceu saudável, constavam os nomes da mãe, Grace Lucy Grech Stoen, então com 21 anos, e do pai, Timothy Oliver Stoen, de 34. Para todos os efeitos legais, os dois eram os pais legítimos da criança. Porém, no dia 6 de fevereiro, Tim Stoen assinou uma declaração, endereçada "A QUEM DE DIREITO":

> Eu, Timothy Oliver Stoen, declaro que, em abril de 1971, roguei ao querido pastor James W. Jones que tivesse um filho com minha esposa, Grace Lucy (Grech) Stoen, de quem, por minha insistência, obtive generosa anuência prévia, após vencer sua relutância inicial. James W. Jones, embora também relutante, concordou, tendo eu explicado meu enorme desejo de criar um filho, que não fui capaz de ter biologicamente, ao cabo de várias tentativas. O que motivou meu pedido foi o desejo de que meu filho tivesse como pai, se não a mim, o ser humano mais misericordioso, honesto e corajoso que há neste mundo.
>
> A criança, John Victor Stoen, nasceu em 25 de janeiro de 1972. Faltam-me palavras para descrever o privilégio que é ter a responsabilidade de cuidar dele, e assumo essa tarefa com humildade e a firme esperança de que há de se tornar seguidor devoto de Jesus Cristo, e contribuirá, tal como seu maravilhoso pai biológico, para instituir o reino de Deus na terra.
>
> Atesto, sob pena de perjúrio, a veracidade do exposto.[383]

Em seu livro, Tim Stoen explicou que, como advogado, acreditava que a declaração, que não tinha caráter oficial, "era desprovida de efeito jurídico, não poderia constituir perjúrio e jamais poderia ser usada em um tribunal" e que era tudo falso, a não ser o fato de ele realmente acreditar que Jones fosse o verdadeiro pai de John Victor.[384] E, ainda que tivesse alguma dúvida — ou esperança — de que não fosse verdade, não havia meio para comprovar a paternidade de uma criança em 1972. O teste de HLA (antígeno leucocitário humano) comparava os níveis de HLA no sangue do filho com o do suposto pai, mas não era capaz de descartar a paternidade. Havia também um exame de compatibilidade sanguínea — uma pessoa com sangue tipo O não poderia ter pai com sangue tipo AB. Mas o teste de DNA só surgiria uma década mais tarde.[385]

Stoen relatou que Jones foi procurá-lo uma semana antes do nascimento da criança. Foi nessa ocasião que revelou, para o espanto do advogado, que era o pai biológico de John Victor. Segundo contou Stoen, ele acreditava tanto em Jones que "não poderia conceber que uma pessoa de bem pudesse dizer uma coisa dessas se não fosse verdade". Assim, para garantir a Jones de que jamais "tentaria tomar" o filho dele, Stoen assinou a declaração "exageradamente laudatória", cujo "único objetivo possível [era causar a Stoen] o máximo constrangimento na hipótese muito remota de o advogado tentar algum dia tirar o menino de Jones".

Jones não exigiu a guarda imediata da criança. John Victor permaneceria aos cuidados de Stoen e Grace. Mas ele tinha uma declaração assinada por Stoen, com todas as suas humilhantes implicações. Embora o amor de Jones pelo bebê e o medo de que o impedissem de vê-lo tivessem pesado no pedido, obviamente havia outro fator em jogo. Tim Stoen estava reconhecendo que Jim Jones havia levado sua esposa para a cama e feito um filho com ela. A humilhação era proposital; a declaração não precisava ser tão constrangedora. Jones, porém, queria humilhar não apenas Stoen, mas outra pessoa também. No final da declaração, havia um espaço para a assinatura de uma testemunha. Entre os leais seguidores de Jones, muitos assumiriam de bom grado o papel. No entanto, o pastor já estava com alguém em mente, uma pessoa que, tal como Stoen, precisava ser mantida em posição subserviente. Sobre a linha de assinatura da testemunha, lia-se, em letra cursiva de caligrafia impecável: "Marceline M. Jones".

Não se sabe em que estado emocional Marceline assinou o documento, mas, a julgar por suas atitudes nos meses seguintes, sua paciência com Jones tinha se esgotado. Chegou a dizer a uma pessoa que, se pudesse ser um animal, seria uma tartaruga, para poder se esconder no casco.[386]

E acabou achando seu casco: alugou um apartamento em Santa Rosa, quase 100 km ao sul do vale de Redwood. Antes disso, costumava passar algumas noites durante a semana fora de casa: viajar fazia parte de seu trabalho como fiscal de saúde. Depois do acontecido, porém, só passava o fim de semana em casa, e cumpria religiosamente as obrigações no Templo, auxiliando Jones no culto ou cobrindo sua ausência quando ele viajava.[387] Nessas ocasiões públicas, sua postura em geral continuava a mesma: mostrava respeito ao marido e dava suporte ao Templo e a seus projetos em curso. Mas parecia distante em termos emocionais. Os novos membros do Templo tinham dificuldade em se aproximar dela; os mais antigos perceberam que Marceline já não mostrava a mesma disposição de outros tempos para promover iniciativas de cunho social.[388]

Para seus filhos, que já estavam acostumados a ficar longe dos pais — a família tinha uma empregada, Esther, que fazia a comida e tomava conta de todos —, não mudou muita coisa. "A gente vivia numa bolha, o que costumava ser bom", recorda Jim Jones Jr. Pelo que sabiam, o triângulo mãe-pai-Carolyn ainda estava de pé. Embora vissem menos a mãe, ela ainda era muito presente na vida deles. Acontece que, com o espaço que havia criado longe do vale de Redwood, Marceline já pensava na possibilidade de um futuro com os filhos, mas sem Jones. Ainda era bonita, inteligente e capaz. Jim Jones gabava-se para os homens do Templo de que tinha um magnetismo sexual irresistível para as mulheres. No entanto, esquecia que Marceline também tinha seus encantos. Até que surgiu um lembrete.

Um tempo depois do nascimento de John Victor Stoen, Marceline Jones voltou para a casa no vale de Redwood, que ficava próxima ao Templo, e comunicou ao marido que iria deixá-lo. Estava apaixonada por um psicólogo que conhecera no trabalho. Queria se divorciar, casar com o novo homem de sua vida, que morava em Fort Benning, no estado da Geórgia, e levar as crianças.[389]

Talvez esperasse que Jones fosse implorar para ela ficar, ou ao menos admitir que havia destruído o casamento com suas atitudes egoístas. Em vez disso, Jones convocou os filhos para uma reunião e tomou a ofensiva: "A mamãe quer separar a família". Acusou-a de ser egoísta e de colocar os próprios desejos acima do bem-estar de todos. O tal homem, médico ou o que quer que fosse, queria levar a mãe deles — e os *filhos* também — para Fort Benning, longe de tudo que tinham no vale de Redwood: os cavalos, os animais de estimação, os amigos, tudo de que gostavam. Deixando transparecer seu machismo de pai — Suzanne era menina, sua opinião não contava —, Jones interpelou Lew, Stephan e Jimmy: "Querem ir com a mãe de vocês?". Os três disseram: "Queremos ficar com você, pai".

Preferiram o familiar ao desconhecido. Jones sentiu-se vitorioso. Marceline, por sua vez, respondeu que iria embora, casaria com o psicólogo e levaria as crianças de todo jeito.

Na frente dos filhos, Jones bradou que, se Marceline tentasse levá-los, teria de se entender "com os vingadores da morte". Marceline Jones conhecia bem o marido, inclusive a mania que ele tinha de inventar superpoderes. A ameaça de invocar "vingadores da morte" poderia até amedrontar os fiéis mais ingênuos, mas ela não caía nessa. Jones resolveu ser mais direto: "Se levar meus meninos, está morta". O pastor tinha seguranças armados e fanáticos, que com certeza matariam a mando dele. Marceline levou a ameaça a sério e recuou. Jones deu a reunião por encerrada.

Marceline reassumiu seu lugar secundário no Templo e, com o crescimento da igreja, passou a ser mais requisitada para substituir Jones. Ainda por cima, com as constantes demandas do emprego público, não tinha tempo nem oportunidades para continuar o romance ou buscar outro fora do Templo. Décadas mais tarde, Stephan diria: "Acho que minha mãe fez o melhor que podia. Na situação dela, era só o que ela podia fazer... tinha um monte de coisas que seguravam ela lá".[390] O amor pelos filhos era o principal, além do sentimento de responsabilidade para com os seguidores de Jones, que, acreditava ela, eram boas pessoas e buscavam sinceramente tornar o mundo melhor. Porém, depois daquela reunião de família, talvez sua vida também estivesse em jogo. Ela conhecia a crueldade de Jones como ninguém. Por isso ficou, mas pagou o preço. Jim Jr. recorda: "É claro que a minha mãe não estava feliz depois daquilo. Ali ela murchou de vez".

A vida dos filhos de Jones continuou mais ou menos igual. Menos para Suzanne.[391] Alguns anos antes, tivera um namoro com Mike Cartmell, o filho adolescente de Patty Cartmell, que ajudava a organizar as atividades juvenis do Templo. Jones o via como o marido perfeito para Suzanne. Era filho daquela que talvez fosse sua seguidora mais fiel e já acumulava anos de dedicação ao Templo. Dono de uma inteligência marcante, tudo indicava que seguiria uma carreira na área jurídica. Jones chegou a dizer que adoraria adotá-lo. "Só não faço isso por causa da Suzanne. Porque aí você não poderia mais casar com ela." Na cabeça de Jones, Suzanne casaria com quem ele escolhesse.

Mas ela mostrava um espírito independente. Já havia namorado Cartmell no ensino médio. Estava no primeiro ano; ele, no último. E foi ela quem terminou tudo. O garoto ficou arrasado: era fascinado pela personalidade decidida de Suzanne, e também por sua beleza, que então começava a desabrochar. Jones não perdeu as esperanças. Passou os anos seguintes exaltando os incríveis feitos de Mike Cartmell para a filha.

Chegou a dizer que ele era o escolhido para sucedê-lo, dando a entender que Mike e Suzanne se casariam para manter a geração seguinte de líderes do Templo na família. Era tudo conversa; em segredo, Jones já tinha definido que, caso viesse a falecer, Marceline lideraria o Templo até Stephan ter idade para assumir o cetro. Mas Jones não era de deixar os fatos interferirem nas promessas que lhe convinham. Suzanne cedeu e reatou o namoro com Cartmell. Acabaram casando em junho de 1973. Depois do casamento, Cartmell notou uma mudança no comportamento de Marceline. Se antes o tratava com simpatia, passou a se irritar com ele quase sempre que se viam. Implicava com tudo que o genro dizia ou fazia. Ele foi se queixar com Jones, que respondeu: "Rapaz, Marceline não larga da sua cola. Eu é que não queria estar no seu lugar". Cartmell passou um bom tempo no escuro, até que enfim se deu conta do que estava acontecendo. Presa a um casamento com o líder do Templo Popular, e posteriormente traída por ele, Marceline Jones estava furiosa por ver a filha ser empurrada pelo mesmo caminho, correndo o risco de acabar como a mãe.

30
COMISSÃO DE PLANEJAMENTO

Embora a opinião de Jones sempre prevalecesse, ele tentava manter a ilusão de que considerava os pareceres dos membros das instâncias consultivas.[392] Quando o Templo se mudou para o vale de Redwood, o Conselho de Presbíteros era formado por pessoas ligadas a Jones que já tinham essa função em Indiana. O grupo era chamado de "Conselho", e presidido por Cleve Swinney. De seus integrantes, todos homens — apesar de haver mulheres com funções importantes no Templo, como Marceline, Carolyn Layton, Patty Cartmell e a tesoureira Eva Pugh —, apenas um era negro: Archie Ijames.[393]

Logo depois da realocação do Templo, alguns poucos recém-chegados foram convidados para integrá-lo, como Garry Lambrev e Sharon Amos, assistente social em saúde mental. Amos causou sensação em uma de suas primeiras reuniões. No afã de impressionar Jones, disse que, em gratidão à congregação e seu líder, alimentaria os filhos apenas com alpiste; o dinheiro economizado iria para as obras do Templo. Dessa vez, até Jones emudeceu. Por fim, Jack Beam quebrou o gelo: "Não precisa, querida. Tenho certeza de que Jim sabe como você é dedicada".[394]

Fosse com declarações estapafúrdias ou problemas relevantes de fato, o Conselho não tinha autoridade. Jones participava das reuniões, embora ouvisse mais do que falasse. Assim, podia sentir como andava o clima no Templo e saber o que acontecia.

Havia ainda outro conselho no Templo que tinha prerrogativas legais, mas também não mandava em nada. Para obter inscrição estadual e alvará de funcionamento na Califórnia, era preciso ter um conselho de administração e manter algum tipo de ata das reuniões. O Conselho de Administração do Templo Popular dos Discípulos de Cristo tinha apenas sete assentos, ocupados por Jones, Marceline, Tim Stoen, Ijames, Carolyn Layton, Mike Cartmell e Amos.[395] Todos os debates e deliberações registrados pelo conselho sempre refletiam a vontade do pastor.

Jones, no entanto, desejava outro sistema para acompanhar mais de perto e controlar todos os aspectos das atividades do Templo, dos projetos sociais às artimanhas escusas que lhe permitiam realizar curas milagrosas e ler pensamentos. Foi assim que surgiu a Comissão de Planejamento, ou CP, como logo ficou conhecida entre os membros do Templo. Por volta de 1972, ela substituiu o Conselho de Presbíteros como a junta consultiva oficial da igreja. Porém, assim como em seu antigo formato, o órgão existia apenas para fazer as vontades do pastor.

Ninguém além de Jones entendia como os integrantes da CP foram selecionados. As lideranças mais óbvias do Templo estavam lá: Jones queria Tim e Grace Stoen, Jack e Rheaviana Beam, Carolyn Layton, Terri Buford e Patty Cartmell sempre por perto. Grace comparecia às reuniões, mas Tim Stoen muitas vezes cuidava de outras questões do Templo. Os Mertle também faziam parte da CP, assim como Laura Johnston.[396] Marceline participava às vezes; Jones nem sempre considerava sua presença necessária.[397] Mas também escolhia alguns membros que não pareciam fazer tanto pelo Templo. Achava a CP a melhor forma de vigiar os seguidores de lealdade duvidosa, impressionar as mulheres que queria levar para a cama e recompensar os seguidores fiéis, que fariam qualquer coisa por ele.[398]

Desde o início, os integrantes da CP eram vistos pelas outras pessoas do Templo como os seguidores prediletos do Pai. Alguns dos que ficaram de fora da comissão, inconformados, dedicavam-se ainda mais. Da mesma forma que sabia quem lhe convinha nomear para a comissão, Jones também tinha ideia de quem tentaria mostrar serviço se não fosse escolhido. A CP, que no começo tinha cinquenta integrantes, acabou chegando à casa dos cem. O antigo Conselho de Presbíteros costumava se reunir na casa dos membros, mas a CP, grande demais para isso, usava a sede do Templo no vale de Redwood, espremida em uma sala que ficava em cima da lavanderia. Algumas reuniões aconteciam na própria igreja, antes ou depois do culto.

Onde quer que acontecessem, eram verdadeiras maratonas que se arrastavam por horas. Embora boa parte dos integrantes da CP trabalhassem fora durante o dia, não era incomum que Jones os segurasse até de manhã. Quase nunca era ele quem conduzia as reuniões. Grace Stoen foi designada conselheira-chefe e, quando o grupo discutia os próximos projetos do Templo — nos primórdios da comissão, havia planos de instalar igrejas do Templo em San Francisco e em Los Angeles —, Jones incentivava as pessoas a opinar e deixava que falassem bastante. Enquanto isso, ficava prestando atenção a possíveis sinais de falta de comprometimento com suas determinações, sempre à espera de um gesto ou palavra que deixasse escapar algum indício de deslealdade. Como as conversas se arrastavam madrugada adentro, os integrantes da CP ficavam acordados, até porque o desconforto físico normalmente não os deixava adormecer. Só conseguia cadeira quem tivesse sorte; o resto sentava no chão. Ir ao banheiro em geral era proibido; mas Jones esticava-se de forma confortável em um sofá cheio de almofadas. A comida era oferecida; Jones comia muito, e bebia a maior parte dos sucos e refrigerantes que via pela frente. Muitas vezes, ficava com um balão de oxigênio do lado do sofá, e toda hora colocava uma máscara no rosto para tomar um pouco de ar. Além disso, fazia suas necessidades sempre que precisava. Todos concordavam que o Pai precisava estar em boa condição física para dar conta de tantas responsabilidades.[399]

De início, dizia-se que o objetivo da Comissão de Planejamento era desenvolver, e depois dirigir, as atividades e a missão do Templo Popular. Entretanto, logo de cara, o assunto sexo entrou na pauta. Em uma das primeiras assembleias da comissão, Jones voltou a contar a história do encontro que tivera com a esposa do embaixador em troca de uma polpuda doação para um orfanato no Brasil. Marceline perguntou o motivo do assunto tão íntimo. Jones respondeu que desejava mostrar quanta confiança depositava naquelas pessoas e até onde era capaz de se sacrificar pela causa.

Marceline pediu a palavra para responder, e Jones autorizou. Ela então contou a todos que, em tempos passados, não aceitava "dividir o marido" com outra pessoa em nome da causa, e que essa intransigência o obrigara a exigir o divórcio. Mas ela amava e acreditava tanto em Jim Jones, e tinha tanto medo de perdê-lo, que aceitou "dividi-lo com as pessoas que precisavam se identificar com a causa em um nível mais pessoal". E confessou: "Isso tem sido uma provação na minha vida e já me provocou muita mágoa". Porém, depois de ouvir o marido na reunião, "percebi como estou sendo egoísta. Esta noite, quero comunicar a todos que não me importo de dividir meu marido pela causa e não alimentarei mais ressentimentos". Dito isso, retirou-se.

Assim que a esposa saiu da sala, Jones falou, envaidecido: "Espero que, depois dessa oferta inesperada da Marcie, não comecem a chover pedidos para mim. Já estou pra lá de sobrecarregado nessa área".

O sexo virou assunto corriqueiro nas reuniões da CP. Jones descrevia suas peripécias sexuais e desafiava os presentes a confessar seus desejos secretos. Cada novo integrante que entrava para a comissão logo constatava que a ideia de falar só dos assuntos mais importantes do Templo não funcionava na prática. Como recordou Hue Fortson: "[A nomeação] era para ser motivo de honra. E, na [minha] primeira reunião, todo mundo estava muito profissional e cordial. Na reunião seguinte, só se falava de quem comia quem".[400]

Além das discussões sobre assuntos do Templo e da fixação por sexo, a Comissão de Planejamento assumiu outra função: a de disciplinar.

As "sessões de catarse" já eram costume antigo no Templo. Os membros da igreja com desvios de conduta eram chamados na frente de todos, ouviam uma série de acusações e recebiam a oportunidade de corrigir seu comportamento. No começo, havia mais delicadeza: era mais uma discussão controlada do que propriamente um linchamento moral. Jones fazia uma reprimenda se necessário, e os fiéis tinham que se comprometer a melhorar. A ideia era que ninguém — com exceção de Jones e Marceline — era perfeito. As "sessões de catarse", que eram privadas, davam aos membros do Templo a oportunidade de aprender com críticas construtivas.

No vale de Redwood, costumavam acontecer nas noites de quarta--feira. Com o passar do tempo, as críticas endureceram, principalmente por parte de Jones. Ele andava bastante estressado, primeiro com a quase desintegração do Templo em 1968, e depois com o aumento vertiginoso do número de fiéis e, por consequência, da pressão em cima dele. Para extravasar, gritava com seguidores transgressores, desqualificando-os não só por problemas comportamentais específicos, mas também por defeitos pessoais. Whitey Freestone, alvo frequente, sempre ouvia que era burro, tanto antes como depois do terrível acidente de carro. Larry Layton também era visado. Não importava o que fizesse ou o quanto se esforçasse, Jones sempre achava uma brecha para dizer que ele estava em débito com o Templo e seu líder. Freestone acabou saindo do Templo, mas Layton ficou até o fim.

Com o crescimento do Templo, começaram a aparecer fiéis que já haviam cometido todo tipo de crime — de traficantes de drogas e alcoólatras a assaltantes e pedófilos. Quando um parente de algum membro do Templo era preso, às vezes Jones comparecia em pessoa ao tribunal para pedir ao juiz que transferisse a custódia do acusado ao Templo. Sua igreja pregava aceitação de todos os excluídos da sociedade. Se soava bonito na teoria, na prática era perigoso. Os novos membros supostamente se regeneravam com a influência do Templo, mas era inevitável que alguns tivessem recaídas.

Jones pregava, e os seguidores acreditavam, que o sistema penal dos Estados Unidos, além de corrupto, era contaminado pelo racismo. A polícia também não era confiável e obviamente estava ansiosa para cravar suas garras nos membros do Templo. Por isso, Jones instituiu uma regra: "Nunca procurar as autoridades. [...] Não denunciar fiéis do Templo à polícia, [principalmente] se forem negros, pois correm o risco de passar o resto da vida atrás das grades".[401] Para manter os fiéis longe de atividades que pudessem encrencá-los com autoridades externas — compra ou venda de drogas, roubo, agressão —, sempre que possível, a própria Comissão de Planejamento aplicava castigos. A pena era determinada pela própria comissão, sempre com a aprovação de Jones, e não raro incluía espancamento, às vezes com tábuas de madeira, outras com mangueiras.[402] Dizia-se que era melhor ser punido com rigor, mas de forma justa, dentro do Templo, do que cair nas mãos perversas da polícia e dos juízes.[403]

Os castigos eram mais leves para deslizes menores, em geral desacato às proibições internas do Templo. Ir escondido ao cinema, consumir bebidas alcoólicas, fumar um baseado ou mesmo um cigarro comum e, principalmente, cometer qualquer tipo de desrespeito ao Pai eram contra as regras do Templo. As violações eram denunciadas à CP por outros membros da congregação. Se o acusado fosse condenado por Jones e pela comissão, a pena podia ser uma ou duas pancadas, ou então horas extras de trabalho noturno, em geral em tarefas desagradáveis, como limpar banheiros ou fazer ronda no Templo.[404]

O sistema funcionava razoavelmente bem. Os membros do Templo pareciam — e costumavam ser — cidadãos dos mais obedientes à lei. Seus filhos eram exemplares dentro e fora da escola. Quando os pais de algumas crianças da região não deixavam seus filhos se misturar com as crianças do Templo, era por causa da desconfiança em relação ao Templo em si, e não alguma coisa contra as crianças. A maioria da população acabava vendo os membros do Templo como bons vizinhos ou, pelo menos, conformava-se com sua presença. Os seguidores de Jones estavam infiltrados na promotoria pública, nos órgãos municipais e regionais de assistência social, nos hospitais e serviços de saúde e em boa parte dos órgãos e estabelecimentos mais estratégicos.

Porém, em 1972, sete anos depois da mudança do Templo Popular para a Califórnia, as ambições de Jones já não cabiam no condado de Mendocino e no vale de Redwood. Não havia mais espaço para crescer, nem empregos e moradias suficientes para a enorme quantidade de seguidores que ele pretendia conquistar. Por ora, o pastor não pretendia mudar a sede do Templo, mas queria estabelecer outras bases permanentes de operação. Embora houvesse ampliado sua atuação pelo Meio-Oeste e Sudoeste, pregando em grandes metrópoles dessas regiões, estava de olho em duas cidades da Califórnia, cada uma com identidade cultural própria e oportunidades únicas para ele e para o Templo Popular. Jim Jones não via a hora de aproveitar tudo que elas poderiam oferecer.

31
LOS ANGELES

Em Los Angeles, o abismo socioeconômico entre brancos e negros era tão nítido como em qualquer outra grande cidade dos Estados Unidos. Os guetos de Los Angeles eram lugares precários; estimava-se que seis de cada dez famílias que viviam lá dependiam de serviços de assistência social. Os negros carentes ficavam praticamente confinados nas periferias. Na imensidão da cidade, que se esparramava por cerca de 1.300 km² e contava com um sistema de vias expressas, além de transporte público deficiente nas regiões mais pobres, era quase impossível chegar a algum lugar sem carro, um bem de consumo do qual muitos negros não dispunham. As crianças dos bairros distantes não conseguiam fugir daquele mar de miséria para passear na praia ou nas verdejantes colinas dos arredores da região urbana. Os adultos desempregados — em alguns anos, três quartos dos homens negros adultos da periferia de Los Angeles — não tinham como procurar emprego nos distritos com mercado mais aquecido. E, se arrumavam alguma coisa, o deslocamento diário para o trabalho era inviável. O desconforto constante vinha até do ar: as rotas aéreas para o movimentado Aeroporto Internacional de Los Angeles passavam bem acima de um gueto conhecido como Watts. Em 1972, a maioria da população dos Estados Unidos já tinha ouvido falar desse nome. A revolta de Watts, nos anos 1960, ainda estava viva na memória. Na cidade, os brancos esperavam uma invasão de agitadores negros em seus bairros nobres, mas, na verdade, de modo geral, os jovens negros descontavam sua indignação uns nos outros. Os guetos de Los Angeles viviam em pé de guerra com os conflitos entre gangues, adolescentes e jovens adultos que, sem esperança de mudar de vida e sair de lá, brigavam entre si para controlar cada quarteirão daquela área decadente. Não tinham acesso a praias e boas escolas, mas conseguir drogas e bebidas era fácil. Os pais se desesperavam pelos filhos e dariam tudo para que tivessem o mínimo de segurança.

Outra parcela expressiva da população negra da periferia de Los Angeles era de idosos, formada em grande parte por mulheres viúvas, sobreviventes da onda migratória que chegara à cidade para trabalhar na indústria bélica durante a Segunda Guerra Mundial. A maioria recebia benefícios de seguridade social que mal garantiam sua sobrevivência. Essa população estava cercada de violência por todos os lados e vivia com medo. Corriam o risco constante de perder até mesmo o parco dinheiro e os poucos bens materiais que possuíam: viciados desesperados por drogas andavam à espreita, e os mais velhos e frágeis eram presa fácil. Naturalmente, os idosos ansiavam por proteção — a polícia de Los Angeles se caracterizava pela demora em atender chamados vindos de Watts — e pela oportunidade de viver o final da vida com um mínimo de conforto.

Por tudo isso, os guetos de Los Angeles eram o lugar perfeito para arrebanhar fiéis para o Templo. Ali Jones dispunha de um público potencial disposto a acreditar que o governo estava contra eles, que a polícia branca era inimiga e que era mais que justo que os Estados Unidos distribuíssem a riqueza de forma mais igualitária. Para os jovens, os projetos do Templo eram uma alternativa às gangues. Os idosos, se quisessem, podiam entrar para o Templo, viver em moradias coletivas e ter um estilo de vida que lhes proporcionaria tudo de que precisassem. Desde suas primeiras pregações em Los Angeles, Jones atraía multidões que vibravam com seus discursos. Às vezes, faltava lugar nos auditórios alugados em escolas; era preciso buscar cadeiras dobráveis para colocar nos corredores e, mesmo assim, ainda sobrava gente de fora, implorando para entrar e ouvir Jones pregar a palavra.[405]

Embora o público fosse predominantemente negro, também havia brancos — alguns, também pobres e excluídos; outros, abastados e ávidos por aplacar a culpa de estar do lado privilegiado da desigualdade racial e financeira. A igualdade racial, na forma de acesso mais igualitário a emprego, moradia e justiça, estava se tornando a palavra de ordem entre os famosos de Los Angeles. Jane Fonda foi a um culto do Templo Popular com o marido Tom Hayden, ativista político que ajudou a fundar o movimento Students for a Democratic Society (SDS, Estudantes por uma Sociedade Democrática). Mais tarde, a atriz escreveu uma carta a Jones na qual tecia elogios entusiasmados ao Templo. O pastor ganhou assim prestígio imediato junto à elite artística e liberal de Los Angeles.

No verão de 1972, o Templo Popular comprou uma igreja e um edifício adjacente no nº 1.336 da South Alvarado Street. O imóvel era perfeito para os planos do Templo: a igreja, construída sessenta anos antes para outra denominação, tinha duas elegantes colunas na entrada e um charmoso campanário. Podia acomodar 1.200 pessoas sentadas, mas havia capacidade para 1.400 se fossem adicionadas mais cadeiras. Contava ainda com um estacionamento de tamanho razoável nos fundos.[406] O Templo pagou 129 mil dólares pelo imóvel; Jones se gabava de que, se não houvesse "guerras raciais e campos de concentração até 1980", o valor poderia chegar a 1 milhão.[407] O lindo prédio do Templo deixava no chinelo as instalações precárias das igrejas a que os moradores de Watts e South Central estavam acostumados. Só pelo visual imponente e pela boa localização, o Templo Popular já transmitia a impressão de ser superior, especial.[408]

Jones queria lotar os cultos de final de semana no novo prédio em Los Angeles, e a frota de ônibus do Templo praticamente garantia isso. Quando pregava em Los Angeles, nos fins de semana, o pastor enchia meia dúzia de ônibus com seguidores do vale de Redwood e os despachava para a cidade, em geral no sábado à tarde, a tempo de ministrar um culto no sábado à noite e outro no domingo de manhã, antes de voltar para o condado de Mendocino. Jones e algumas pessoas da comitiva passavam o domingo à noite nos apartamentos da South Alvarado Street. Os outros se distribuíam entre as casas dos seguidores que o Templo já havia conquistado na cidade.

Depois de deixar os passageiros do vale de Redwood no novo prédio do Templo, os ônibus iam buscar os fiéis nos bairros pobres de Los Angeles. A South Alvarado Street não ficava tão longe dos guetos — em outras cidades, seria possível fazer o trajeto a pé ou com uma rápida viagem de ônibus convencional —, mas naquele contexto a distância representava um desafio. Por isso, o Templo providenciava o transporte. Ir ao Templo Popular se tornava não apenas seguro, mas até cômodo para as pessoas que quase sempre corriam risco de vida só de andar um ou dois quarteirões.

Além dos longos sermões de Jones, ainda havia música e curas milagrosas, bem dramáticas e com vários participantes, e até uma ou outra ressuscitação — os revividos costumavam ser membros mais antigos do Templo que tinham feito alguma desfeita a Jones. Antes da encenação, Jack Beam instruía o morto da vez a cair no chão ao ser confrontado por Jones durante o culto e ficar imóvel até ser chamado de volta ao mundo dos vivos.[409]

E os atrativos do Templo iam além dos cultos animados. Nos fundos do salão principal, enfermeiras realizavam exames de hipertensão e diabetes. Assistentes sociais diplomados ajudavam a resolver problemas no recebimento de benefícios ou outras pendências com o governo. Também havia assistência jurídica; muitos membros do Templo em Los Angeles tinham familiares enrolados com a justiça, quando não eles mesmos. Jovens envolvidos com drogas eram levados para o programa de reabilitação do Templo no vale de Redwood.[410] "As pessoas recebiam ajuda concreta para todo tipo de problema", relata Laura Johnston Kohl.

Em momentos de descontração após o culto, era servido um lanche no estacionamento. "É isso que as pessoas hoje não entendem: a gente fazia muita coisa no grupo da igreja, era muito gostoso", lembrou Juanell Smart. "Às vezes, era como um parque de diversões, a gente ria e se divertia. Não era aquela coisa sisuda. A gente já enxergava naquela época, e hoje você há de convir: se não fosse Jim, essas pessoas todas nem teriam se conhecido."

De início, Juanell não queria pisar no Templo para assistir a um culto sequer. Funcionária pública, tinha quatro filhos e já enfrentara dois divórcios. A vida que levava em Los Angeles era estressante: havia muitos perigos para os filhos, e seu trabalho às vezes a obrigava a viajar com equipes de emergência que atendiam a vítimas de enchentes e outras catástrofes naturais. Em 1971, sua mãe, Kay Nelson, e seu tio, Jim McElvane, começaram a ir aos cultos sempre que o ministério itinerante de Jones fazia uma parada em Los Angeles. Kay, que cuidava dos netos durante a ausência de Juanell, começou a levá-los a alguns cultos. Mas a filha recusava seus convites para acompanhá-los: "Minha mãe e meu tio diziam que era o *máximo*, mas eu não queria saber de nenhum tipo de espiritualidade. Eu estava em outro relacionamento que não estava legal, e era isso que ocupava minha cabeça".

Um domingo, Kay levou Teri, a caçula de Juanell, para o culto. A celebração passou do horário, e ela precisava buscar a filha para ir a algum lugar. Foi a primeira vez que entrou na igreja. A filha estava sentada na galeria; Juanell teve que subir para buscá-la e acabou ouvindo a pregação de Jones no palco. "Ele não estava falando de Deus, nem de salvação, nada disso", contou ela. "Estava falando da vida, de como as mulheres sofrem quando escolhem mal os homens, parecia até que estava falando para mim... tudo que aquele homem dizia fazia sentido."

Juanell Smart se tornou o que costumava chamar de "fiel de semana sim, semana não": só ia ao templo de Los Angeles nas noites de sábado e manhãs de domingo em que Jones pregava. Começou a namorar David Wise, pastor auxiliar do Templo. Porém, pouco tempo depois que o Templo Popular se instalou em Los Angeles, na igreja da South Alvarado Street, teve uma discussão com Wise e saiu dirigindo embriagada. Acabou se envolvendo em um acidente e foi presa. Quando Kay Nelson chegou para pagar a fiança, estava acompanhada de vários conselheiros do Templo, que passaram um sermão em Juanell sobre os malefícios do álcool. Na visita seguinte de Jones à cidade, em um domingo, tomou bronca dele também. E não gostou nada: "[Eu] não era criança e [não] merecia ser tratada como uma". Depois que casou com Wise, o novo marido lhe contou alguns segredos do Templo, inclusive sobre a farsa das curas milagrosas: "David me levou para uma salinha no andar de cima da igreja, onde eles guardavam os miúdos de frango que Jim usava. Nas sessões de cura, Jim pedia para a gente fechar os olhos, mas depois disso nunca mais fechei, e às vezes via ele pegar um pedaço de frango e falar que era um tumor que ele tinha acabado de tirar". Após frequentar o Templo por cerca de um ano, Juanell Smart já estava bem desiludida com Jones e pensava em sair da igreja. Porém, seus quatro filhos adoravam estar lá e participar dos grupos e atividades da mocidade. Ela pesou sua insatisfação pessoal e o bem-estar dos filhos e decidiu: "Eles estão totalmente envolvidos; se eu sair, vão ficar arrasados. Pensei comigo: 'É bom eles terem uma igreja, é melhor do que ficar lá fora, na rua'. Continuei lá pelos meus filhos e apesar de Jim, e sei que eu não era a única nessa situação".[411]

Até nas ocasiões em que Marceline substituía Jones, as pessoas continuavam a aparecer — por causa da música, dos serviços de saúde e assistência jurídica, e pela oportunidade de confraternizar em um ambiente seguro. A cada fim de semana, as instalações em Los Angeles arrecadavam bastante dinheiro, muitas vezes chegando a 25 mil dólares ou mais. O Templo era bastante frequentado e lucrativo por lá. Mesmo assim, Los Angeles ainda não era o melhor lugar. A arrecadação era boa, a situação desesperadora dos moradores da periferia garantia a Jones uma base sólida de seguidores, mas a política e a própria geografia da cidade eram um empecilho para a ambição de expandir sua zona de influência. Tom Bradley, ex-tenente da polícia de Los Angeles, que era negro, já havia sido eleito para o Conselho Municipal e, logo após o Templo Popular abrir a igreja na South Alvarado Street, venceu uma eleição para prefeito, tornando-se o segundo negro eleito para governar uma grande cidade nos Estados Unidos. Os guetos continuavam estagnados, o que dava bastante o que falar nos sermões, mas Bradley não havia precisado de Jim Jones nem do Templo Popular para se eleger, tampouco necessitava de seu apoio para se manter no cargo, no qual permaneceu até 1993. O novo prefeito de vez em quando frequentava as atividades do Templo, e Jones mantinha com ele um relacionamento cordial, mas nada que lhe rendesse influência política. Além disso, embora o Templo Popular ajudasse bastante os moradores mais pobres dos guetos, os distritos de Watts e South Central ficavam tão isolados do resto da gigantesca cidade que os projetos jamais se expandiriam para todas as regiões da metrópole.

De qualquer forma, Jones não tinha a intenção de usar Los Angeles como vitrine de sua igreja; precisava de uma cidade grande onde os governantes o reverenciassem e nenhuma política pública importante fosse levada adiante sem o dedo do Templo Popular e a aprovação de seu pastor. Los Angeles tinha suas vantagens — dos guetos repletos de potenciais fiéis aos endinheirados que faziam doações para aplacar sua consciência social. Mas Jones tinha ambições maiores para o Templo e para si. Interlocutores poderosos que apreciavam o Templo e lhe pediam conselhos já não bastavam. Ele queria também um acesso direto aos bastidores do poder. Para se alçar à posição que almejava, Jones tinha outra cidade em mente. Los Angeles dava *dinheiro*; San Francisco prometia *influência*.

32
SAN FRANCISCO

San Francisco já era mais do que conhecida por atrair todo tipo de excêntrico: os beatniks dos anos 1950, os hippies do Verão do Amor de 1967. Não faltavam atrações culturais na cidade, e seus morros, suas ruas sinuosas e sua localização fizeram dela talvez a metrópole mais atrativa dos Estados Unidos.

Mas os consideráveis encantos visuais e a reputação de cidade colorida e liberal chocavam-se com a composição e a filosofia de suas estruturas de poder. O historiador David Talbot descreve a San Francisco dos anos 1960 como uma "cidade das tribos", mas só uma tribo — a dos brancos conservadores — tinha poder de verdade. Eles decidiram que o turismo seria o carro-chefe da economia local e que os turistas deveriam encontrar exatamente o que esperavam: uma cidade charmosa e compacta, que oferecesse opções irresistíveis para gastar dinheiro. Para isso, alguns bairros e grupos étnicos eram considerados aceitáveis. Chinatown era útil para a imagem que as lideranças da cidade desejavam, e por isso poderia continuar existindo. A classe operária irlandesa ajudava a erguer a estrutura urbana, e os italianos pescavam os peixes que abasteciam os mercados do bairro portuário de Fisherman's Wharf e as cozinhas dos restaurantes mais sofisticados. Já os gays contribuíam para a cultura de San Francisco.

No entanto, os negros, em especial os mais pobres — que formavam a grande maioria dessa população, que chegava a 13% dos 715 mil habitantes da cidade em 1972 — não tinham participação direta na atração de novos visitantes. Quando muito, eram considerados indesejáveis: os turistas endinheirados iam a San Francisco para ver lugares bonitos, não guetos. Não havia como esconder ou disfarçar o grande gueto negro de San Francisco, que era conhecido como Fillmore, por causa de uma das ruas que o delimitavam. Por isso, os governantes da cidade tramavam eliminar o distrito inteiro que estragava a bela paisagem. Passaram anos tentando, mas os moradores reagiram. Um grupo de líderes religiosos formou a Organização Comunitária do Western Addition (WACO, na sigla em inglês) para exercer sua resistência. De início, porém, a maioria dos organizadores da WACO era formada por brancos, que logo acabaram expulsos pelos negros. A atitude fazia sentido: a distribuição racial da população do bairro não estava representada. Por outro lado, as novas lideranças tinham pouquíssimas chances de convencer os governantes a ouvir as demandas da população negra.[412]

Em geral, os pastores negros das igrejas de Fillmore não tinham posições relevantes na WACO, tampouco em outras iniciativas de preservação do que havia restado de Fillmore. Como escreveu J. Alfred Smith, pastor de uma igreja negra politicamente engajada de Oakland: "[Foi] a idade das trevas para as igrejas negras em San Francisco. A maioria [...] havia se tornado pouco mais que clubes, que só sabiam fazer galinhadas e vender rifas. Após o culto do domingo de manhã, o pastor trancava a igreja, que ficava mais selada que tumba de faraó".[413]

Os poucos negros com voz na cidade eram eloquentes e aguerridos. Destacavam-se o deputado Willie Brown, da legislatura estadual, e o dr. Carlton Goodlett, um clínico geral que era dono de vários jornais publicados em comunidades negras, inclusive o *Sun-Reporter*, a publicação negra mais influente da região da baía de San Francisco.

Em 1972, havia espaço para que algum líder religioso despontasse como o porta-voz dos excluídos da cidade, não apenas para fortalecer a resistência à opressão do governo municipal, mas também para despertar um novo sentimento de orgulho comunitário. Jim Jones sentiu que estava na hora de agir — sem bater de frente ainda, mas já preparando o terreno. Comedido, foi aos poucos se inserindo com seus seguidores nas lutas políticas e sociais da cidade.

Ele começou pelas igrejas negras. Desde 1970, já caminhava com as próprias pernas em San Francisco, fazendo cultos fora dos domínios da Igreja Batista Macedônia. Seu espaço preferido era o auditório da escola

Franklin Junior High, entre as ruas Geary Boulevard e Scott, no distrito de Fillmore. As atividades do Templo muitas vezes não se chocavam com o culto de domingo da Igreja Macedônia e outras congregações negras. O sábado à tarde ou à noite ou o domingo à noite já bastava. Os fiéis que gostavam da pregação de Jones na Igreja Macedônia muitas vezes iam ouvi-lo de novo. Com eles, iam grandes levas de moradores que continuavam em Fillmore apesar das obras de reordenamento urbano — antes de cada evento na Franklin Junior High, Jones enviava um exército de seguidores ao bairro, com folhetos que prometiam revelações extraordinárias e "uma oportunidade de aprender os belos conceitos de justiça social apostólica". Se nem isso convencesse as pessoas a comparecer, Jones apelava para a barriga. Um folheto anunciava, em letras garrafais: "BANQUETE GRATUITO depois do culto!".[414]

Pouco antes de comprar o imóvel em Los Angeles, o Templo Popular adquiriu um velho prédio de vários andares no nº 1.859 da Geary Boulevard, em San Francisco, uma estrutura de tijolinhos amarelos no distrito de Fillmore. O prédio tinha um grande auditório, com capacidade para 1.800 pessoas, além de saguão de entrada e uma porção de cômodos no primeiro andar e nos andares superiores que podiam ser usados como apartamentos e escritórios. O Templo pagou 122.500 dólares pelo imóvel, e desembolsou mais 50 mil a 60 mil em reformas.[415] Durante as obras, os encontros na Franklin Junior High continuavam. A igreja da Geary Boulevard não era imponente como a de Los Angeles, mas a localização era perfeita. Jones se instalou lá, revezando-se entre Los Angeles e San Francisco nos cultos de fim de semana e passando a semana no vale de Redwood.

Jones sempre foi de roubar fiéis de outras igrejas. Foi assim no Tabernáculo de Laurel Street, em Indianápolis, e também na Igreja da Regra Áurea no condado de Mendocino. Agora, queria atrair novos membros da Igreja Batista Macedônia e outras congregações negras onde já era conhecido e com as quais aparentemente tinha laços de cooperação. Dessa vez, porém, foi um pouco mais sutil. Ao se instalar em caráter definitivo em San Francisco, em vez de conclamar de forma direta os membros dessas igrejas — agora concorrentes — a abandonar suas congregações, preferiu enfatizar em suas pregações tudo de bom que o Templo poderia oferecer: excelentes sermões, música, comunhão, curas milagrosas — e vários visitantes de outras congregações concordavam. Os pastores das igrejas negras da região começaram a perder fiéis, e muitos ficaram furiosos, em especial o reverendo George Bedford, da Igreja Macedônia. Eles foram em bando falar com Carlton Goodlett, talvez na esperança de que o médico e editor retrataria Jones e o Templo Popular como forasteiros gananciosos nas páginas do influente *Sun-Reporter.* Para seu espanto, porém, descobriram que Goodlett já havia se bandeado para o lado do Templo.[416]

Lynetta Jones se consultava com Goodlett, e foi por intermédio dela que ele conheceu Jim. Para o médico, foi uma grata surpresa descobrir tantas afinidades com Jones, em especial o desejo pela igualdade racial e econômica. Goodlett sempre acreditou que as igrejas negras da cidade precisavam se engajar mais nas causas sociais. Quando os pastores começaram a jogá-lo contra Jones e o Templo, ele respondeu, parafraseando a resposta de Abraham Lincoln aos comandantes militares da União, enciumados pela ascensão inesperada do general Ulysses S. Grant na Guerra de Secessão: "Tenho a impressão que esse homem consegue traduzir muito bem o Evangelho para a nossa realidade. Não sei que uísque é esse que ele toma, mas, se for alguma marca especial, acho que vocês deveriam beber".[417]

Embora montasse sua congregação de fiéis em San Francisco com seguidores que cooptava de outras igrejas, na política Jones não era tão agressivo. O controverso plano de habitação para famílias de baixa de renda não se limitava ao distrito de Fillmore. Sua implementação se deu de forma mais ampla no bairro de Western Addition, mas, por toda a cidade, casas, apartamentos e hotéis que eram considerados prejudiciais à paisagem estavam sendo demolidos em nome da reforma urbanística e do turismo. Nos primeiros tempos no condado de Mendocino, o Templo Popular havia feito um polêmico protesto contra a guerra passando pelas principais ruas de Ukiah. Na ocasião, Jones disse: "Já que estamos aqui, precisamos mostrar a que viemos". Em San Francisco, porém, o pastor ainda não estava pronto para fazer o mesmo. Naqueles primeiros meses, nenhum membro do Templo entrou na frente dos tratores da Agência de Revitalização Urbana junto dos manifestantes da WACO. O prefeito da cidade, Joseph Alioto, recebia muitas críticas dos negros, gays e outros marginalizados da cidade, por mais infrutíferas que fossem; os membros do Templo Popular, por sua vez, mandavam doces caseiros e chegaram até a comprar um lote de ingressos para um evento beneficente de Alioto.[418]

Jones mantinha uma fachada de humildade religiosa. Ele e seus fiéis estavam felizes de estar em San Francisco, promovendo boas obras inspiradas no exemplo de Jesus Cristo. Só queriam servir com amor. Em sua vida privada, porém, Jones soube tirar proveito da estabilidade recém-conquistada, e não perdia a chance de se esbaldar nos cinemas e restaurantes sofisticados da cidade grande. Carolyn Layton era sua companhia mais frequente. Às vezes, também levavam Lew, Stephan, Jimmy e Tim;

em outras ocasiões, deixavam os adolescentes aos cuidados de Mike e Suzanne Cartmell, que, por conveniência, moravam perto. O jovem casal não gostava muito: além de brigarem demais, os irmãos Jones estavam sempre esfomeados e acabavam com a comida da geladeira. Jones e Carolyn nunca perguntavam se os amigos se importavam de cuidar deles, nem se ofereciam para reabastecer a despensa.

Jones e Carolyn nem sequer fingiam culpa ao saírem a dois ou com os filhos do pastor a lazer, longe das pressões do Templo. Uma vez, Jones, Carolyn e os garotos saíram para jantar e acabaram esticando a noite. Os membros da Comissão de Planejamento ficaram esperando para começar uma reunião que havia sido convocada pelo próprio Jones. Quando um dos irmãos lembrou aos adultos que a reunião já deveria ter começado, "Carolyn deu risada", segundo contou Jim Jones Jr. "E acho que meu pai também."[419]

33

DESLIZES

Em San Francisco e Los Angeles, a tradição de reuniões públicas e fechadas do Templo foi mantida. Era nas fechadas que Jones desatava a praguejar contra os inimigos do Templo e a falar dos perigos que rondavam a igreja e sobretudo ele mesmo. As ameaças mais citadas eram guerra nuclear, o governo dos Estados Unidos de modo geral e, em específico, a CIA e o FBI. Às vezes, também advertia sobre outros perigos, não sem antes pedir à organista para tocar uma música suave. Então, com o dom da profecia, alertava os seguidores contra riscos mais comuns, que quase sempre envolviam atividades rotineiras.[420] A advertência podia ser evitar andar de moto por um mês — depois de uma visão de pneus girando, guidões tortos e corpos destroçados — ou, como recomendou de forma enfática uma vez, não usar pasta de dente da marca Crest: "A única pasta de dente que protege as gengivas da radiação atômica é a Phillips".[421]

Esses alertas serviam apenas para alimentar a devoção dos seguidores, ao fazê-los acreditar piamente que só Jim Jones, com seus poderes, podia impedir que fossem aniquilados pelos inimigos do Templo. As curas e ressuscitações durante os cultos não bastavam. Suas variações eram limitadas; embora ainda impressionassem os novatos, quem seguia Jones havia alguns anos, ou mesmo desde Indiana, já havia visto inúmeras vezes aqueles pretensos milagres. Era preciso arranjar alguma coisa nova para os mais antigos, algo que fosse inesquecível e dramático.

No início do segundo semestre de 1972, mesmo ocupado com a abertura das igrejas do Templo em Los Angeles e San Francisco, Jones ainda realizava alguns cultos aos finais de semana e sessões de catarse durante a semana no vale de Redwood. Era lá que muitos seguidores veteranos ainda moravam e frequentavam o Templo com assiduidade, quando não eram chamados para fazer número nas duas igrejas recém-inauguradas. Os encontros no vale de Redwood em muitas ocasiões eram comandados por Archie Ijames e Jack Beam e às vezes por Marceline, que também andava cada vez mais requisitada para assumir os cultos aos finais de semana em Los Angeles enquanto Jones pregava em San Francisco ou vice-versa.

Certa vez, os membros do Templo no vale de Redwood estavam fazendo um lanche colaborativo no estacionamento do Templo, no intervalo entre o culto da manhã e o da noite. Era um dia gostoso, e Jones estava presente. O número de presentes era menor que em Los Angeles e San Francisco — umas centenas de seguidores. Jones, vestido de camisa mostarda, parecia de bom humor. Quase todos tiveram a chance de dar um aperto de mão ou um abraço no Pai. Começou a escurecer e o burburinho e as risadas sumiram sob fortes estampidos — um, dois, três; cada um diz ter ouvido um número diferente. Alguém gritou que eram tiros de fuzil. Houve gritaria, e as pessoas dispersaram.

Jim Jones tombou no meio do estacionamento; a camisa amarela estava manchada de vermelho. Parecia morto, ou quase, tendo em vista a quantidade de sangue. Porém, quando o cachorro de Stephan Jones disparou em direção ao vinhedo de um lado do estacionamento, Jones ficou sentado, apontou para o lado oposto e, antes de cair de novo, falou, ofegante: "É pra lá, por ali". Os membros do Templo, que estavam correndo atrás do cachorro, mudaram de direção. Jones havia indicado um local onde ficava um morro, além do qual havia uma casa cujo dono era sabidamente hostil ao Templo. Lá em cima parecia tudo quieto. O grupo voltou para perto de Jones. Marceline Jones debruçou-se sobre o marido; Jack Beam ajudou a colocá-lo de pé. Diante dos olhares assustados dos demais membros da igreja, muitos aos prantos, Marceline, Beam e alguns outros ajudaram a levar Jones para casa, ao lado da igreja e do estacionamento. Fecharam a porta. Do lado de fora, os seguidores já aguardavam, agoniados, a inevitável morte do Pai.

Meia hora depois, alguém anunciou que o culto da noite começaria no horário normal. Pesarosas, as pessoas foram entrando na igreja em fila: decerto seria feito o anúncio oficial do falecimento do Pai. No entanto, Jones em pessoa veio andando até a frente da igreja, seguido de Beam, Marceline e os outros que o haviam carregado após o disparo. "Contem para eles", ordenou. Um de cada vez, eles relataram, entusiasmados, o milagre que acabara de acontecer: o Pai havia se curado sozinho! Jack Beam segurava a camisa ensanguentada. Jones convidou todos a verem de perto seu peito. Não havia ferida, apenas uma marca, semelhante a um pequeno sulco, por onde a bala teria entrado. Jones declarou que aquela tentativa de assassinato, que teria se consumado não fossem seus maravilhosos poderes de cura, provava que havia inimigos escondidos por toda parte, e dispostos a matar. Era imprescindível estar sempre vigilante. A segurança nas propriedades do Templo no vale de Redwood, em San Francisco e em Los Angeles seria reforçada — claro que todos compreendiam a dimensão do perigo.

Jones também explicou a razão de ter apontado para a direção contrária ao vinhedo depois de ser baleado. O cachorro de Stephan estava certo. Jones confirmou que o atirador estava lá. Porém, em sua infinita misericórdia, o pastor não podia permitir que uma turba de fiéis, cegos de fúria e tristeza, tentasse fazer justiça com as próprias mãos, como certamente teria acontecido. Por isso, mandou-os na direção oposta, para que o atirador pudesse fugir e se salvar. Estavam todos tão aliviados pelo livramento, tão eufóricos com aquela manifestação de poder, que ninguém nem sequer sugeriu denunciar a ocorrência à polícia. O templo no vale de Redwood ficava relativamente isolado da cidade, o que explicava em parte porque ninguém mais tinha ouvido o tiro ou pedido às autoridades para apurar o caso. Em San Francisco ou Los Angeles, isso jamais teria acontecido. Alguém teria chamado a polícia ou uma ambulância. A "ferida mortal" de Jones seria examinada ali mesmo por gente de fora. Na sede do Templo, porém, ninguém mais soube do incidente, uma manifestação inesquecível do dom de cura de Jones, que deixou boquiabertos os seguidores mais antigos. Depois disso, quase todos os seguranças do Templo passaram a andar armados; alguns, além de revólveres, portavam fuzis.[422]

Houve outro ataque a Jones em setembro de 1972, dessa vez por escrito, e bem real. Jones podia forjar um atentado a bala e uma ressurreição, mas não tinha como controlar o célebre colunista do *San Francisco Examiner* Lester Kinsolving.

No início dos anos 1970, os dois principais jornais diários de San Francisco disputavam a preferência do público com linhas editoriais bem diferentes. O *Chronicle* vestia a aura colorida — e até excêntrica — da cidade para agradar ao maior número possível de leitores. Além de cobrir todo o noticiário factual, quase todos os dias trazia alguma leitura mais descontraída.

Algumas das bandas de rock mais famosas da cidade, como o Jefferson Airplane, atribuíram parte de sua visibilidade ao crítico musical do *Chronicle*, Ralph Gleason. O colunista Herb Caen servia aos assinantes doses diárias de boatos do *show business*, bastidores da política e outras fofocas, para que o leitor se sentisse íntimo daquele universo. O *Chronicle* não deixava de se aventurar no jornalismo investigativo, mas nada muito além de, por exemplo, criar uma série de investigações para descobrir os motivos pelos quais o café servido na cidade era, em geral, de péssima qualidade, na época uma das reportagens mais aprofundadas do jornal. Era uma aposta arriscada em termos de conteúdo, mas funcionava. Sua circulação costumava ser menor que a do concorrente *Examiner*, mas, no final dos anos 1960 e início dos 1970, graças à abordagem mais leve, o *Chronicle* tinha conquistado com folga a liderança.

O *Examiner*, por sua vez, mantinha um tom mais sóbrio. Cobrir os acontecimentos de uma cidade grande não era brincadeira; as futilidades eram deixadas para as publicações inferiores. As lideranças empresariais e políticas de San Francisco preferiam de longe o *Examiner* ao *Chronicle*, e com uma boa razão: seu tom editorial refletia as ideias conservadoras de seus leitores. O *Chronicle* tinha Caen, que fofocava sobre quem havia sido visto bebendo umas depois do expediente e que parte da cidade havia apelidado de "Bagdá da Baía". Já o *Examiner* trazia o repórter e colunista de religião Kinsolving, da quarta geração de uma família de padres episcopais, que foi para o jornalismo depois de anos de carreira eclesiástica.[423]

Jones já tinha amigos no *Chronicle*, e achava que podia controlar a cobertura nos dois grandes diários de San Francisco como fizera em Ukiah, que era muito menor. Só não percebeu que, quando dois jornais disputam em uma cidade grande, estão sempre atrás de pautas bombásticas que possam superar a concorrência. No segundo semestre de 1972, Kinsolving achou uma.

Cindy Pickering, repórter do *Indianapolis Star*, resolveu ficar de olho em Jones e no Templo depois que o jornal publicou matérias sensacionalistas sobre declarações que Jones fizera em Indiana, um ano antes, alegando ser capaz de ressuscitar os mortos. Ao saber que o Templo estava abrindo uma igreja em San Francisco, escreveu para a redação do *Examiner* em busca de detalhes. Os editores de Kinsolving repassaram a carta para ele, que já havia ouvido boatos sobre o Templo Popular e ficou tão intrigado com as matérias do *Star* que resolveu procurar o *Ukiah Daily Journal* para perguntar o que sabiam sobre a igreja e o homem que se dizia milagreiro. O que o deixou com a pulga atrás da orelha foram as dezenas de cartas elogiosas a Jones e ao Templo que começaram a chegar ao

Examiner, e a informação de que a direção do *Daily Journal* havia alertado a um figurão do Templo que um jornalista de San Francisco estava de olho neles. Esse figurão era Tim Stoen. Kinsolving descobriu que ele trabalhava na promotoria pública do condado de Mendocino.

Depois de ter seu faro de jornalista atiçado, Kinsolving arregaçou as mangas e foi a um culto no vale de Redwood. O fotógrafo que o acompanhava foi barrado na porta, mas os dois viram muitos seguranças armados no estacionamento. Kinsolving foi a outro culto, dessa vez em San Francisco. Jones, que obviamente sabia que o repórter estava lá, deu um show, com direito a ressuscitação de dois seguidores que pareciam mortos, além de curas milagrosas. Mas, na hora de responder a uma seguidora que havia sido "curada" e que gritou que Jones era Jesus, foi uma saia justa: "Como assim? Se acredita que eu sou o Filho de Deus no sentido de que estou cheio de amor, eu aceito. Quem sou eu para dizer o que cada um pensa, não é? Só não quero ser interpretado como o criador do universo. Se disser 'esse cara é Deus', algumas pessoas podem achar que você é maluca. Elas não podem concluir isso. Fico feliz com a sua cura, mas sou um simples mensageiro de Deus com uma capacidade paranormal de curar".

Kinsolving começou a procurar fontes que não idolatrassem Jones e, além dos mesmos pastores das igrejas negras de San Francisco que já haviam reclamado com Carlton Goodlett, encontrou alguns ex-membros do Templo dispostos a abrir o bico. Para complicar, Tim Stoen, em nome de Jones, escreveu para Kinsolving, explicando por que ele não deveria fazer uma matéria sobre o pastor: "Sempre que há publicidade envolvida, os extremistas começam a aparecer". Na mesma carta, Stoen garantiu que, "por intermédio de Jim, quarenta pessoas foram literalmente trazidas de volta à vida este ano", e fez um relato bem detalhado das ressuscitações que já havia testemunhado.

Matérias desfavoráveis, em especial no conservador *Examiner*, eram exatamente o que Jones queria evitar enquanto se empenhava na delicada tarefa de formar um rebanho de fiéis com os excluídos de San Francisco sem se indispor com os brancos que detinham o poder. Mas, no dia 17 de setembro de 1972, um domingo, o caldo entornou. Uma série de oito reportagens prometia desmascarar supostas fraudes e até atos de violência por parte de Jones e do Templo. "O profeta que ressuscita os mortos", era a manchete naquela manhã. Em parágrafos curtos e dramáticos, Kinsolving pintou um retrato que tinha tudo para deixar qualquer leitor alarmado, e quase com certeza horrorizado:

VALE DE REDWOOD — Um homem tratado como "o Profeta" vem atraindo hordas de fiéis que encaram distâncias incríveis para vê-lo em sua Igreja Templo Popular (Discípulos) de Cristo em um vilarejo do condado de Mendocino.

Seguidores dizem que ele tem o poder de ressuscitar os mortos.

[...] E um dirigente alega que o Profeta já devolveu a vida a "mais de quarenta pessoas [...] que haviam caído duras e pálidas, com a língua dependurada, os olhos estatelados e sem nenhum dos sinais vitais".

Os relatos continuavam, com descrições de "seguranças fortemente armados [...] frequentadores [de] revólver na cintura". Kinsolving contou que o jornal de Ukiah parecia ser controlado pelo Templo e destacou que Timothy O. Stoen conciliava o trabalho de "assistente da promotoria" com o de "assistente do Profeta". A descrição de Kinsolving para as outras atividades do Templo além das "[supostas] ressuscitações" não passou de duas frases: "Um orfanato de dezesseis hectares, três asilos e três alojamentos estudantis. Outras atividades: uma casa de reabilitação para dependentes de heroína e, nas palavras de um dos três advogados do Templo, um 'sistema próprio de assistência social'".

Até esses serviços eram apresentados mais pelo dinheiro que aufeririam que pelo público que atendiam: "Declararam 'receitas totais' de 396 mil dólares para o exercício encerrado em 30 de junho de 1972". E, depois de reproduzir vários trechos da carta de Stoen sobre o excesso de modéstia de Jones, Kinsolving deu uma bela alfinetada no ego evidente do líder do Templo: "A declaração escrita de Stoen sobre a modéstia do Profeta não chega a explicar as três mesas na entrada principal do Templo Popular, cheias de fotos, colares e relicários — todos com a imagem do rev. Jones, à venda por preços que variam entre 1,50 e 6 dólares".

Kinsolving fechou a matéria de domingo, a primeira da série, com uma descrição das tentativas frenéticas do Templo de convencer o *Examiner* a não publicar o material, com Stoen garantindo que seu pastor "'só usa roupa de segunda mão e recolhe animais abandonados'. Ao mesmo tempo, os parrudos guarda-costas [de Jones] dão garantia concreta de que o Templo do Profeta é a casa de Deus mais bem armada da terra".[424]

Essa matéria representou um baque para Jones e o Templo. Mas também continha alguns erros de apuração, desde o nome do Templo — que foi grafado como "People's Temple", em vez de "Peoples Temple" — até a própria afirmação de que os seguidores de Jones o chamavam de "o Profeta". Embora ele com frequência se dissesse profeta, entre outras coisas, era sempre tratado por "Jim" ou "Pai". Havia outros problemas: Kinsolving citou onze ônibus de viagem, mas eram doze, e afirmou que "nada menos que 165 'templistas' de Indianápolis" foram com Jones para o vale de Redwood, sendo que o número real é pouco mais da metade disso. Dos jornais de renome das grandes cidades, esperava-se uma cobertura equilibrada até nas matérias investigativas mais críticas, e Kinsolving não escreveu uma linha sequer sobre as pessoas que o Templo efetivamente atendia em suas obras assistenciais. Quase um terço do texto se baseava em uma única carta de Tim Stoen. Dentro de certos limites, Jones teria o direito de reclamar com a redação do *Examiner* no mesmo dia e solicitar correções e publicação de erratas, embora não uma retratação completa, já que parte das coisas que Kinsolving escreveu se baseava no que havia visto com os próprios olhos, e também em uma carta que, Jones não podia negar, fora mesmo escrita por Tim Stoen.

Em vez de seguir por esse caminho e tomar providências imediatas, Jones entrou em pânico e esperou, cada vez mais angustiado, pela segunda reportagem, que o *Examiner* publicaria no dia seguinte. A promessa de uma série em oito partes e o tom da primeira indicavam que o repórter ainda devia ter na manga muitas outras informações com potencial para causar estragos. Jones sabia melhor do que ninguém — melhor inclusive que seus mais íntimos seguidores — de todas as coisas questionáveis que fizera. A pergunta era: o que Kinsolving tinha descoberto?

A matéria de segunda-feira, com a manchete "Profeta 'milagreiro' tratado como Deus em avivamento de SF", voltou a destacar as curas milagrosas realizadas por Jones nos cultos do Templo; mencionou uma seguidora que, curada pelo pastor, afirmou que ele era Deus; e informou sobre a presença de seguranças armados no estacionamento da igreja. Descreveu ainda um solo musical de Marceline: a "loira esbelta" cantou "My Black Baby" ao lado de Jimmy Jones ("um belo menino de 14 anos"). Era um número que o Templo guardava para ocasiões especiais. Os diretores musicais da igreja, onde era costume criar versões remodeladas de hits musicais, haviam reescrito algumas partes da letra de "Brown Baby", música popularizada na voz de Nina Simone.

A segunda reportagem também era preocupante, e dessa vez Jones resolveu tomar uma atitude. Na terça-feira de manhã, seus seguidores do vale de Redwood receberam ordens para se reunir no estacionamento do Templo. Até as crianças tiveram que faltar à escola para se juntar aos pais e embarcar nos ônibus que aguardavam a todos no ponto de encontro. Só dentro dos veículos, a caminho de San Francisco, veio a explicação: o *Examiner* publicara maldosas inverdades sobre o Pai e o Templo. Os membros do Templo não tinham feito passeatas nem protestos em San Francisco contra a demolição do distrito de Fillmore, nem em apoio a outras causas públicas, mas para *isso* foram convocados. Os seguidores de Jones desceram em frente ao prédio do *Examiner*; alguns receberam placas com dizeres como "Este jornal mentiu", e todos foram instruídos a "continuar a marcha e não conversar com ninguém". O protesto foi bastante noticiado. Kinsolving, exultante com a repercussão, fez questão de sair do prédio para receber os manifestantes, que passaram horas marchando e brandindo seus cartazes.[425]

Nessa terça-feira, o grupo foi engrossado também por um ônibus lotado de estudantes da Faculdade Comunitária de Santa Rosa, todos membros do Templo. A terceira reportagem da série, "Promotor celebra casamento de menor", era centrada no casamento da adolescente Mildred Johnson com outro membro da igreja, celebrado por Tim Stoen. Kinsolving questionava se Stoen tinha autoridade para tanto, e o procurador "respondeu: 'Preencho todos os requisitos do Código Civil do estado'", mas o repórter discordava. Kinsolving citava ainda o "sr. e a sra. Cecil Johnson", de Indianápolis, pais de Mildred e ex-membros do Templo, que haviam se mudado para o condado de Mendocino com Jones e, desiludidos, voltaram para Indiana. Os dois contaram do ataque nuclear previsto para acontecer em julho de 1967 e a promessa de que os fiéis só sobreviveriam caso se mudassem para o Oeste. Bem pior foi a descrição parafraseada sobre como Jones fazia seus seguidores acreditarem que era capaz de ler pensamentos: "Ele manda gente da igreja visitar possíveis membros e tomar nota de coisas pessoais na casa, como endereços em cartas, nomes de remédio ou fotos de família. Depois, quando [esses possíveis membros] aparecem no Templo, ele fala sobre sua doença e os remédios que tomam".

Na matéria, Stoen respondia em nome de Jones e do Templo: "Não me lembro de nada disso. Acredito no dom de Jones".

Ainda faltavam cinco reportagens, e os manifestantes do Templo não estavam nem um pouco dispostos a desistir. A cada dia apareciam em números maiores, assim como as notícias sobre os protestos em outros veículos da região da baía de San Francisco. Na quarta-feira, o *Examiner* publicou a quarta reportagem da série, "Solicitada investigação do Templo Popular", e John Todd, um dos editores do jornal, saiu para falar com Jones. A matéria daquele dia era de longe a mais fraca. Em suma, dizia que o reverendo Richard G. Taylor, ex-pastor da Primeira Igreja Batista de Ukiah e, àquela época, liderança regional da denominação, havia solicitado a um delegado e um procurador do condado de Mendocino a investigação de supostas ilegalidades praticadas pelo Templo, inclusive o possível envolvimento da igreja no suicídio de uma moradora local. Jones disse a Todd que Kinsolving devia ter algum problema pessoal com ele. Stoen foi mais ameaçador: insinuou que o material que o *Examiner* já havia publicado era "moralmente condenável e calunioso".[426] Ficou acertado entre Jones e Todd que o líder do Templo se reuniria com os repórteres do *Examiner*, sem a presença de Kinsolving. Mas Todd não concordou em eliminar das matérias seguintes certos elementos que Jones considerava inaceitáveis (como, por exemplo, o epíteto "o Profeta").

Jones nem tinha com que se preocupar. Os editores-chefes e os advogados do *Examiner* tomaram a decisão de cancelar as quatro últimas matérias, que assumiam um tom cada vez mais acusatório, afirmando que o Templo tinha se apropriado indebitamente de bens pertencentes a Maxine Hawpe e ameaçado "a sra. Cecil Johnson" por telefone em razão de sua família ter colaborado com a reportagem de Kinsolving. O jornalista havia tentado localizar Whitey Freestone, que, quando membro, era um dos alvos prediletos das agressões verbais de Jones. Whitey e sua esposa, Opal, tinham uma porção de coisas desagradáveis, embora não comprovadas, para relatar. O reverendo George Bedford, pastor da Igreja Batista Missionária Macedônia de San Francisco, contou que Jones e outros membros do Templo abusavam da confiança dos fiéis, e o reverendo L.S. Jones, da Igreja Batista Olivet da cidade, que havia perdido fiéis para o Templo, chamava Jones de "ladrão de ovelhas". Bedford alegou que, pouco tempo antes, havia enterrado "três [membros] que se envolveram com Jones e o Templo Popular". Kinsolving também escreveu que 4.700 das 10.300 pessoas que moravam em Ukiah eram membros do Templo, mas, na verdade, só restavam algumas poucas centenas de seguidores de Jones na cidade.

"O Templo Popular e Maxine Hawpe", "A reencarnação de Jesus Cristo (em Ukiah)", "Jim Jones difama pastor negro" e "Sexo, socialismo e tortura de crianças com o rev. Jim Jones" não chegaram a ser publicadas no *Examiner*, embora acontecimentos posteriores tenham comprovado a veracidade de algumas das acusações de Kinsolving, sobretudo a de que os membros eram submetidos a castigos bizarros e cruéis por pequenas transgressões.

Jones imaginou que Kinsolving não deixaria barato. Para se livrar dele, o pastor recorreu a um dos mais novos membros do Templo. No Brasil, Bonnie, a filha adolescente do missionário Ed Malmin, havia morado com a família Jones por uns tempos. Acabaram perdendo contato por alguns anos, mas, em 1971, Bonnie, já casada com um ex-estudante da Bíblia e morando na Califórnia, reaproximou-se da família Jones, frequentou alguns cultos do Templo e acabou se tornando membro. A amizade com Marceline também se reacendeu. Bonnie acabou nomeada para a Comissão de Planejamento. Quando soube das várias relações extraconjugais de Jones, ficou chocada, mas, posteriormente, escreveu que Jones "nunca tentou nada escuso" com ela.

Depois que as primeiras matérias de Kinsolving saíram no *Examiner*, Jones perguntou para Bonnie, que era muito atraente: "Você acha que poderia seduzir Kinsolving e tirar ele da nossa cola?".

Sentindo-se na obrigação de fazer de tudo para proteger a igreja, Bonnie prometeu tentar. No fim, não foi necessário: Jones encontrou um jeito melhor de tirar o repórter do caminho.[427]

Para contra-atacar as quatro matérias negativas publicadas pelo *Examiner*, Jones mandou reunir calhamaços de coberturas jornalísticas positivas sobre o Templo e enviar para várias publicações, inclusive revistas religiosas. Uma parte desse material vinha no papel timbrado de John V. Moore, pai de Carolyn e eminente líder da Igreja Metodista na região. Embora não houvesse nenhuma mensagem do reverendo, ficava implícito que era ele que havia reunido e enviado as matérias laudatórias, e não Jones e seus seguidores. Moore só ficou sabendo disso ao ser procurado pelo editor da revista *Christianity Today*, que queria saber por que ele estava apoiando o Templo Popular. Ficou enfurecido, ainda mais quando Lester Kinsolving ficou sabendo e o pressionou para dar entrevista. A contragosto, o reverendo concedeu a entrevista em casa, do outro lado da baía. Não deu muito certo. Kinsolving trabalhava com afinco em uma continuação da série investigativa sobre o Templo e sabia que duas das filhas de Moore também tinham envolvimento com a igreja. Como Moore relembrou: "A conversa não foi amistosa. Parecia que ele estava interessado nos fatos, mas, se não desse, também serviam insinuações. Pedi para ele se retirar. Só depois de sua saída, vi que ele tinha deixado uma pasta".

Moore decidiu que a devolveria ao dono. Antes disso, falou com as filhas Carolyn e Annie, que pediram que ele e a mãe delas, Barbara, fossem ao Templo tratar do assunto com urgência. Os dois foram, mas, por precaução, deixaram o material em casa. Na igreja do Templo em San Francisco, Jones e outros líderes exigiram que Moore lhes entregasse os papéis. Ele se recusou. Jones e os outros acabaram desistindo — ou pelo menos foi o que pareceu.

"Eles ficaram insistindo, insistindo, e de repente pararam", lembra o reverendo Moore. "Minha esposa e eu fomos para casa, e eu mandei o material de volta para o repórter. Só depois descobrimos que, enquanto estávamos ocupados no Templo, alguém, imagino que nossa filha Annie, entrou lá em casa e tirou cópias de tudo que havia na pasta. Depois disso, Jim Jones sabia exatamente com quem [Kinsolving] andava falando e o que sabia e não sabia sobre o Templo Popular."[428]

Depois de analisar as cópias do material da pasta, Jones achou que Kinsolving não havia descoberto o suficiente para escrever mais denúncias sobre o Templo, ou pelo menos não tinha provas tão contundentes para convencer a alta cúpula do *Examiner* a publicá-las. Mesmo assim, não queria ser pego de surpresa outra vez, e por isso decidiu criar um novo departamento no Templo, chamado Distrações, e colocou Terri Buford à frente dos trabalhos.

"Era 'Distrações' porque nós íamos desviar a atenção da imprensa", a encarregada explicaria mais tarde.

Ela e vários assistentes começaram a procurar informações sobre outros líderes religiosos controversos com grandes números de seguidores — em especial o reverendo Ike e o reverendo Sun Myung Moon. "Vasculhávamos jornais, revistas, fichas policiais, pegando tudo que parecia ruim e enviávamos cópias para a imprensa em todas as cidades onde Jim planejava pregar. Escrevíamos cartas aos editores dos jornais locais e ligávamos para as emissoras de televisão. Botávamos uma mulher para ligar para o pessoal da tv e dizer que tal pastor tinha tentado levá-la para a cama ou tido um filho bastardo com ela. Também começamos a vasculhar o lixo das revistas e jornais da região, para tentar descobrir o que os redatores andavam fazendo."

Nas reuniões da Comissão de Planejamento, Jones se gabava de que Terri Buford e o resto da equipe estavam tão craques em farejar escândalos que podiam dar munição para ele destruir quem quisesse. "Do jeito que ele falava, parecia até que éramos terroristas, sei lá, que se a gente quisesse pegar alguém, já era", contou Terri. "A coisa chegou a tal ponto que várias pessoas da Comissão de Planejamento ficaram com medo de mim. Achavam que, se fizessem qualquer coisa, por mínima que fosse, que contrariasse Jim, seriam as próximas vítimas."

34
NOVOS LAÇOS

As reportagens publicadas por Lester Kinsolving não fizeram o estrago que Jones e seus seguidores temiam. Até o prefeito de San Francisco, Joseph Alioto, parecia apoiar o pastor e sua igreja. Não chegou a frequentar os cultos do Templo, mas um de seus auxiliares, Joe Johnson, sim. Convidado por Jones a tecer algumas considerações, elogiou muito o trabalho do Templo. Alguns meses depois, Jones começou a preparar uma excursão pelo país, que chegaria ao ponto culminante em Washington. Na ocasião, Alioto enviou uma circular em papel timbrado, recomendando de forma insistente às autoridades policiais e governamentais de Houston, de Chicago, da Filadélfia e da capital federal para receber Jim Jones e seus fiéis com "toda a cortesia e consideração", ressaltando que suas obras sociais "ajudam muito as forças públicas locais".

A série de reportagens até rendeu alguns fiéis para o Templo. A intenção de Kinsolving era desmascarar o pastor que dizia ressuscitar os mortos, mas, em vez disso, o Templo começou a ser procurado por pessoas do país inteiro, algumas em estágio terminal e à espera de um milagre, outras apenas dispostas a seguir qualquer um que tivesse o poder de devolver a vida.[429]

Um desses potenciais fiéis que não foram dissuadidos pelas matérias do *Examiner* foi Tim Carter. Branco, veterano do Vietnã, Carter chegou a passar um tempo sem ter onde morar. Sua passagem pela guerra deixou cicatrizes emocionais, assim como a infância sofrida, órfão de mãe, nas mãos de um pai alcoólatra que lhe dava surras em vez de carinho. Depois da baixa do serviço militar, Carter passou anos vagando pelo Oeste atrás de líderes espirituais. Até que ouviu falar de Jim Jones e sua congregação e, em janeiro de 1973, ele e sua irmã, Terry, juntaram o pouco dinheiro que tinham e viajaram para conhecer o templo da Geary Boulevard. Na entrada, foram interceptados por Lee Ingram, membro negro do Templo — mais tarde, Carter soube que Jones achava que espiões do governo tendiam a ser brancos e do sexo masculino. Foram escoltados "para uma sala grande e interrogados. Se bem que parecia mais uma conversa, de tão bons que eles eram nisso". Ao longo de várias horas, Carter contou sobre sua vida. Durante os piores momentos da guerra, segundo revelou, teve uma epifania, na qual sentiu que havia poderes superiores atuando no mundo e grandes possibilidades para a humanidade.

Foi o suficiente para os interrogadores autorizarem os irmãos Carter a participar do encontro. Eles subiram para pegar lugar na galeria. Enquanto se acomodavam, Jones começou um sermão que, para Tim Carter, "resumia tudo aquilo em que eu acreditava, espiritual e politicamente". Fascinado, Carter queria muito contribuir com a bandeja da oferta, mas só tinha uns trocados no bolso. "Sussurrei para Terry: 'Espero que você tenha o dinheiro do cigarro, porque eu acabei de doar os 68 centavos que tinha'." Depois da oferta, Jones apontou para a galeria com um gesto dramático, esticando o dedo na direção de Tim Carter, e anunciou: "Você deu os 68 centavos que tinha. Isso conta mais do que [a oferta de] quem tem condições de doar cem dólares". Carter ficou pasmado. "Pensei comigo: 'Esse cara tem poderes paranormais'. Só não vi que o sujeito da fileira de trás anotou o que eu falei em um papelzinho e passou para uma pessoa entregar para Jones. Ao fim do culto, senti que tinha me encontrado."

Após o culto, Carter ficou admirado com a naturalidade com que brancos e negros interagiam no saguão do Templo. Estavam vendendo comida; a cara e o cheiro estavam maravilhosos. Como Jones havia contado a todos que Carter não tinha mais dinheiro, uma pessoa pagou um prato de couve refogada para o ex-combatente. Em seguida, o pastor se aproximou, estendeu a mão e falou: "Oi, eu sou Jim". Quando saíram do Templo Popular, Carter e a irmã ficaram discutindo quem Jim teria sido em vidas passadas. Seria Jesus? Um apóstolo?

Carter foi a outro encontro em Los Angeles, e lhe disseram: "O Pai quer saber se você gostaria de ir com a gente para o vale de Redwood". Ele respondeu que não tinha dinheiro para se mudar, mas garantiram que não precisaria de um tostão. Ele e Terry acabaram entrando para o Templo, assim como outro irmão deles, Mike.

No vale de Redwood, Carter foi trabalhar no setor de correspondências do Templo o dia todo, depois passava a maior parte da noite arquivando fichas. Morava no Bloco Leste, uma das comunas da igreja, com mais onze pessoas, e adorava. Pouco tempo depois, foi designado por Jones para organizar as viagens de ônibus do Templo. Eram muitos detalhes para resolver. Carter admitiu não ter experiência ou aptidão para o trabalho, mas asseguraram que o Pai acreditava nele. Acabou topando e, para seu espanto, descobriu que levava jeito para organização e planejamento. Jim Jones parecia conhecê-lo melhor do que ele mesmo se conhecia. Isso fortaleceu sua fé e devoção ao pastor, que claramente tinha um dom sobrenatural.[430]

Nem sempre o trabalho de recrutamento do Templo era tão fácil. Tim Carter apareceu na Geary Boulevard mais ou menos na mesma época em que Merrill Collett fez sua primeira visita. Merrill e a esposa moravam no Western Addition, a cerca de dez quarteirões de distância. Ele, que é branco, ficou curioso ao ouvir o vizinho negro falar a respeito dos cultos do Templo, e resolveu conferir. Assim como Carter e a irmã, os Collett foram parados no saguão e tiveram que conversar com membros do Templo. Na salinha onde seriam entrevistados, Merrill Collett reparou que havia uma mesa no corredor, com várias cópias de um artigo publicado em uma edição recente da revista *Psychology Today*. No texto, intitulado "Violência e poder político — Os fracos não chegam lá", o sociólogo William Gibson concluía que "na experiência dos Estados Unidos, os grupos que tendem a se sair melhor na busca por prestígio político são os grandes, centralizados e que sabem comprar a briga quando a situação aperta".

Volta e meia o interrogatório era abafado pela música alta do culto, celebrado no auditório ao lado. Collett ficou surpreso. O som estava mais para "uma banda de R&B do que um coral gospel". Por fim, o casal foi autorizado a sentar "em uma das fileiras no alto" da galeria do auditório. Logo de cara, os dois ouviram um discurso hostil da parte de um dos interrogadores, um jovem branco, que ao acompanhá-los, afirmou que iam "levar um banho de negritude", e apontou para a ala principal de fiéis no meio do salão, muitos deles mais velhos. A maioria, em pé, dançava ao som da música animada. Ele explicou que "o que temos de verdade são duas igrejas", uma de fiéis mais politizados, que querem transformar a sociedade, e outro formado principalmente por aposentados e pensionistas, "[que] não largam a Bíblia nem para cagar, mas são a espinha dorsal da igreja".

Collett sentiu uma forte aversão a Jim Jones, que "estava de óculos escuros [...] andando pelo palco, todo cheio de pose, completamente paranoico, vociferando contra uma cambada de conspiradores que queriam acabar com ele e com a igreja. Medonho". Quando o culto enfim terminou, contou Collett, "eu estava doido para ver a luz do sol e respirar ar puro". Os Collett não entraram para o Templo.[431]

Mas muita gente entrou. Em alguns desses novos fiéis, Jones encontrou qualidades especiais de que ele e sua igreja muito precisavam. Um dos pontos fortes do pastor era não atrair só um tipo de pessoa ou personalidade. Era como se, quase sem esforço nenhum, conseguisse se aproximar das comunidades que o cercavam e pinçar pessoas cujas aptidões e experiências seriam de grande valia para o Templo, cada uma a seu modo.

Antes de fazer parte do Templo, Jean Brown era do comitê do Partido Republicano no condado de Mendocino, posição que a colocava em contato direto com os políticos do partido. Ela acabou sendo uma das mais atuantes relações-públicas do Templo. Interagia com assessores de ocupantes de cargos eletivos e várias outras instâncias do governo. Jones tinha nela uma assessora que conhecia as melhores formas de divulgar os objetivos socialistas de sua igreja sem escandalizar os conservadores. Sandy Bradshaw trabalhava em Ukiah como supervisor de réus em liberdade condicional. Sua experiência era preciosa para o Templo, que tentava ressocializar menores infratores fora do sistema penal. Bob Houston era professor da escola pública onde Carolyn Layton trabalhava, no condado de Mendocino. Músico talentoso, escritor e educador arrojado, era a figura paterna perfeita para os adolescentes infratores tutelados pelo Templo. Gene Chaikin, advogado do condado de Shasta, também na Califórnia, frequentou alguns cultos no vale de Redwood e se ofereceu para trabalhar com Tim Stoen cuidando dos assuntos jurídicos do Templo. Pouco tempo depois, pediu exoneração do cargo e passou a trabalhar para Jones em tempo integral. Sua esposa, Phyllis, também queria contribuir com a causa. A pedido de Jones, formou-se em enfermagem para ajudar a gerir a rede de asilos do Templo. Dick Tropp era ex-professor universitário. Tinha uma perspicácia e uma capacidade de comunicação extraordinárias, que foram de grande proveito para Jones desde que entrou para a congregação. Dick levou junto sua irmã Harriet, uma articulada ex-estudante de direito, dotada de grande capacidade de resolver problemas organizacionais. Para Jones, o único problema dela era a audácia: tendia a ser mais franca com o pastor do que os outros membros do Templo; às vezes, era sincera até demais.

Michael Prokes era âncora de telejornal em Modesto, na Califórnia. No segundo semestre de 1972, leu as matérias de Lester Kinsolving sobre Jones e o Templo Popular e decidiu apurar a história, para um programa de televisão ou para virar livro. No entanto, quando conheceu Jones e outros membros do Templo, ficou tão comovido com a dedicação que demonstravam pela igualdade social que ingressou na igreja também. Talvez, de todos os seguidores de Jones, Prokes fosse o que mais se identificava com os aspectos políticos da igreja. Um dia, em San Francisco, Tim Carter falou de fé, e ele respondeu: "Larga essa besteira de Jesus. Somos socialistas". Prokes se tornou porta-voz do Templo. Emitia comunicados e lidava com a imprensa sempre que Jones não queria aparecer ou se posicionar publicamente. Edith Roller tinha formação de escritora e, antes de entrar para o Templo, passou pela Organização das Nações Unidas e pelo Escritório de Serviços Estratégicos dos Estados Unidos no exterior. Foi designada por Jones para manter um diário da vida no Templo. Ele pretendia usar os relatos de Roller em um livro sobre o Templo, a ser publicado pela gráfica da igreja.

Todas essas pessoas tiveram importância na história do Templo Popular, porém houve mais duas que tiveram destaque ainda maior.

Johnny Moss Brown, nascido no distrito de Fillmore, era um jovem negro de vinte e poucos anos, bom de briga e com vivência de mundo — exatamente o tipo de pessoa de que Jim Jones precisava para se aproximar dos moradores frustrados do Western Addition. Brown tinha credibilidade nas ruas e uma paixão por justiça que o tornavam um líder natural em qualquer situação. Pragmático e articulado, era leal ao Templo e a Jones, mas não se rendia à devoção cega. Alguns membros da igreja tinham medo dele, mas todos o respeitavam. Até mesmo Jones era bem direto com Brown; qualquer outra abordagem poderia fazer com que perdesse o interesse pela causa.[432]

Maria Katsaris adorava as crianças e os animais. Era filha de um ex-padre da Igreja Ortodoxa Grega que havia se tornado diretor da Escola Trinity de Ukiah. Maria e o irmão, Anthony, moravam com Steven, o pai, e a segunda esposa dele. Maria arranjou um emprego como professora auxiliar na escola de Steven, onde fez amizade com outra funcionária, Liz Foreman. Liz também fazia parte do Templo Popular e, como os outros seguidores de Jones, ficava falando o tempo todo dele e da igreja. Steven e Anthony Katsaris não acharam Jones e o Templo grande coisa, mas Maria se converteu.[433] A primeira responsabilidade que assumiu no Templo foi no setor de correspondências. Seu colega de setor, Tim Carter, lembra que ela "devia ter uns 19 ou 20 anos e era a pessoa mais tímida que eu tinha conhecido. Maria era um amor, mas não conseguia olhar as pessoas nos olhos, morria de vergonha".[434] Ainda assim, a dedicação da jovem ao Templo e seu líder era total. Steven Katsaris logo reparou que a filha não tinha mais tempo para ele, o irmão e a madrasta. Andava sempre ocupada com afazeres do Templo.

O final de 1972 e o começo de 1973 foram épocas boas para Jim Jones. As anfetaminas o deixavam com a corda toda, e as outras drogas o ajudavam a dormir à noite; mas, naquele momento, havia poucos sinais externos de deterioração física ou mental. Jones fazia sexo à vontade, com vários parceiros. Marceline continuava ao seu lado, pelo menos em público. O Templo vinha atraindo mais fiéis do que nunca, e a combinação de perfis era perfeita: idosos com benefícios previdenciários, brancos jovens com dinheiro e qualificações profissionais de sobra para colocar à disposição do Templo e, claro, as pessoas necessitadas, maltratadas ou excluídas pelo resto do mundo, mas que eram recebidas de braços abertos na congregação. O dinheiro também estava entrando; Jones usava uma parte para demonstrar que, apesar da recente rusga com o *Examiner*, ele e a igreja não só acreditavam como se engajavam na luta pela liberdade de imprensa. Além de sempre fazer doações substanciais para causas ligadas ao jornalismo, o Templo também era bastante atuante. Certa vez, quatro repórteres do jornal *The Fresno Bee* foram detidos porque se recusaram a revelar os nomes das fontes de suas matérias. Jones colocou quinhentos fiéis nos ônibus do Templo e foi com eles para uma passeata em apoio aos profissionais de imprensa.[435]

Às vezes, a irreverência ajudava a quebrar o clima pesado dos cultos reservados aos membros. Ao pregar apenas para seus seguidores, Jones costumava rechear os discursos com palavreado chulo. Os fiéis do Templo achavam o máximo ver o Pai falar como uma pessoa normal, e não todo empolado, como muitos pastores. Em uma ocasião, em um culto na Geary Boulevard, Jones começou a divagar sobre como falar palavrão ajudava a extravasar e a lidar com situações e sentimentos dolorosos. Ele sabia disso, acreditava que toda a congregação soubesse, e queria que o resto do mundo também se desse conta. Jones mandou abrir as janelas do auditório, e, sob seu comando, todos gritaram juntos: "Porra!". Jones insistiu que gritassem outra vez, e eles obedeceram. Por fim, ficaram repetindo o mesmo palavrão, aos berros, por um minuto. Quem passasse do lado de fora do Templo decerto ficava confuso, e provavelmente chocado. Do lado de dentro, todos morriam de rir. Às vezes, o socialismo apostólico chegava a ser *divertido*.[436]

Talvez Jones confiasse demais no próprio taco. Era sempre assim: quando tudo estava perfeito, ele metia os pés pelas mãos. Em janeiro de 1973, cometeu mais um deslize. Na hora, parecia que não ia dar em nada.

Jones ensinava como os seguidores deviam se comportar em caso de abordagem policial: "Mantenham a calma e o contato visual. Não deixem transparecer culpa nem medo, nem façam nada que possa ser visto como ameaça. Olhem nos olhos, tenham o controle da situação". O alvo da abordagem deveria ficar de braços cruzados, para demonstrar que não tinha intenção de reagir.[437] O próprio Jones agia dessa forma. Muitos seguidores se lembravam de um episódio, durante uma viagem por Chicago, em que a polícia encrencou com os membros do Templo. O Pai acalmou os ânimos. Olhou os policiais nos olhos, falou baixo, mas com firmeza, e cruzou os braços. Os policiais recuaram.

Mas não foi bem isso o que aconteceu na porta do Templo em Los Angeles em 7 de janeiro de 1973. Durante o culto de sábado à noite, uma mulher idosa desmaiou. Não era encenação. Marceline Jones examinou a senhora e pediu que chamassem uma ambulância.

Jones se preocupava menos com o mal-estar da seguidora que com a afronta que aquilo representava aos seus poderes. O Pai não precisava de médico para curar o piripaque. Em questão de minutos, porém, uma ambulância de sirenes ligadas parou em frente ao Templo. Os paramédicos entraram correndo na igreja, retiraram a mulher, ainda grogue, e levaram-na para a ambulância. Um grupo de membros do Templo foi atrás; muitos deles, preocupados com a amiga; alguns, furiosos de vê-la ser arrancada de lá por estranhos.

Naquele sábado, Johnny Brown estava trabalhando de segurança no Templo. Portava legalmente uma arma. Quando tentou impedir os socorristas de colocar a senhora atordoada na ambulância, um deles chamou a polícia pelo rádio, e as viaturas não tardaram a chegar. A polícia tentou remover do local tanto Brown como Clay Jackson, outro segurança armado do Templo, e os dois resistiram. Muitos fiéis que presenciaram a cena moravam no gueto e viviam em conflito com a polícia branca. Eles começaram a gritar em defesa de Brown e Jackson. A situação quase terminou em tumulto. No fim, Jones apareceu e pediu para todos se afastarem. A polícia prendeu Brown e Jackson, que foram algemados e levados de camburão. O pastor mandou os seguidores voltarem para o Templo e terminarem o culto sem ele, e foi embora com os policiais. Não ficou claro se também tinha sido preso ou se estava indo junto para ajudar a resolver a confusão.

Pouco tempo depois, Jones estava de volta e, mais tarde, Brown e Jackson. Os seguranças do Templo foram acusados de perturbação da ordem e acabaram condenados. Não se sabe que fim levou a senhora doente.[438] Embora Jones não tenha sido formalmente intimado a prestar esclarecimentos ou acusado de cometer algum delito, a história que contou nos sermões posteriores era que teria sido jogado em uma cela com os detentos considerados mais perigosos da cidade, e não só fez amizade com eles como se recusou a sair da cadeia até todos os outros também serem soltos.[439]

A polícia de Los Angeles, porém, não se esquecia facilmente desse tipo de coisa. Todos os seguranças armados do Templo tinham porte de arma, mas a imagem daqueles homens negros armados, formando um cordão em volta de uma turba hostil, deixou os policiais de orelha em pé. Seus superiores também tiveram essa reação quando leram relatos do incidente. Ainda por cima, os arruaceiros negros eram liderados — ou seria incitados? — por um pastor branco. Assim, Jim Jones ficou marcado pela polícia como um inimigo a ser vigiado. O governo municipal podia até gostar de Jones, mas a polícia de Los Angeles era uma instituição à parte. Antes desse episódio, Jones e o Templo Popular haviam passado incógnitos. Agora, mais um deslize e estariam na mira da polícia.[440]

Naquele momento, Jones nem sonhava que era vigiado. Mas acabaria descobrindo.

35
A TURMA DOS OITO

Os negros eram indispensáveis às ambições de Jim Jones. Não fosse por eles e as causas raciais que apoiava, talvez Jones terminasse como um pastor frustrado e anônimo de uma pequena congregação metodista nos cafundós de Indiana. A injustiça racial era a tônica dos sermões. Talvez a maioria dos brancos se achasse superior, pregava Jones, mas a verdade era que ser negro era mais *digno*: "Ser negro é uma índole, de ir contra o mal, de fazer o bem".[441] No entanto, embora o pastor vivesse proclamando aos quatro ventos seu amor e sua admiração, poucos negros ocupavam posições de real autoridade no Templo. Ao longo dos anos, o papel de Archie Ijames foi se tornando mais figurativo. Na ausência de Jones, Ijames presidia o culto, em vez de deixar o substituto ministrar a palavra, Jones mandava reproduzir uma fita gravada com um de seus sermões.[442] Com o passar do tempo, Johnny Brown também assumiu um cargo de liderança menos importante. Mas, ao entrar para o Templo, em San Francisco, foi colocado para fazer a segurança. Durante anos, nenhum seguidor questionou a desigualdade racial entre os líderes do Templo. Quando enfim aconteceu, tinha tudo para ser desastroso.

O Templo Popular mantinha uma gama de serviços assistenciais relevantes, voltados a melhorar as condições de vida da população. Talvez o mais inusitado, mas que era sempre motivo de orgulho, era a educação superior com tudo pago oferecida aos jovens seguidores que fizessem por merecer. A oportunidade não vinha de graça. Só trinta ou quarenta estudantes podiam participar de cada vez, a maioria de famílias que tinham membros de várias gerações no Templo — os pais, e às vezes também avós, irmãos e primos dos agraciados eram seguidores de Jones. A instituição escolhida pelo Templo era a Faculdade Comunitária de Santa Rosa. Mike Cartmell, filho de Patty Cartmell e genro de Jones, havia concluído os estudos por lá e se preparava para ingressar em um curso de direito. Várias jovens do Templo estudavam em Santa Rosa para trabalhar como enfermeiras na igreja.

O Templo comprou três apartamentos na cidade e transformou em alojamentos estudantis. Os estudantes do Templo moravam, comiam e estudavam com tudo pago, vivendo em coletividade. Não havia apartamentos individuais. Dividir saía mais em conta, e assim era possível bancar mais estudantes. Além disso, era mais fácil para Jones ficar de olho nos estudantes — pelo menos em teoria, se não na prática. Uma "comissão de faculdade", composta por membros adultos do Templo designados por Jones, ficava encarregada de visitar os estudantes toda terça à noite para prestar assistência em caso de problemas e, não por acaso, monitorar seu rendimento acadêmico. Quem não tivesse boas médias poderia comprometer a reputação do Templo Popular e, a critério de Jones, estava sujeito a perder a vaga a qualquer momento.

Além de frequentar as aulas religiosamente e estudar até tarde da noite, os jovens também precisavam frequentar os cultos no Templo e estar sempre à disposição. As únicas coisas mais importantes que as obrigações acadêmicas eram as atividades da igreja. Quando Jones mandou os seguidores protestarem na porta do *San Francisco Examiner*, o ônibus passou em Santa Rosa para buscar os estudantes. Nos fins de semana, havia treinamento de tiro: os jovens do Templo continuavam com a responsabilidade de defender os mais velhos em caso de uma guerra mundial ou outra situação com risco de morte. Jones esperava muito daqueles bolsistas. Para o pastor, eram eles que tinham a maior dívida de gratidão com a igreja.[443]

Às vezes, um deles se revoltava e largava a faculdade e o Templo. Foi o caso de uma jovem vegetariana que levou uma reprimenda de Jones. Os outros estudantes todos comiam carne, só ela era diferente, como se fosse melhor que os outros. Ela fugiu quando o pastor a obrigou a comer uns pedaços de frango. Não houve nenhuma tentativa de convencê-la a voltar. Estava claro que o Templo não era para ela.[444]

Já Jim Cobb teve um motivo diferente. O círculo mais próximo de Jones era formado apenas por brancos, e o jovem negro não se conformava. Durante alguns meses, embora assíduo na faculdade, chegou a boicotar os cultos no vale de Redwood, em protesto contra aquela situação que, a seu ver, era um exemplo de racismo. A família Cobb era uma das mais tradicionais do Templo — fazia parte da igreja desde os tempos de Indianápolis. De tanto a mãe insistir, Jim Cobb voltou para o Templo e pediu desculpas a todos. Mas continuava inconformado com o abismo racial na cúpula da igreja.[445] Havia outros estudantes que pensavam assim, e ele ficou sabendo. As queixas de uns encontravam eco nas dos outros e, no segundo semestre de 1973, oito estudantes de Santa Rosa — Cobb, Mickey Touchette, John e Vera Biddulph, Lena Flowers, Tom Podgorski, Wayne e Terri Cobb Pietila, quatro brancos e quatro negros — arrumaram as trouxas e foram embora sem mais nem menos, certos de que Jones mandaria seguidores atrás deles.

O grupo deixou uma carta para Jim, explicando o motivo da debandada: "Em uma palavra: cúpula. A verdade é que nós oito testemunhamos uma quantidade grotesca de atitudes sórdidas praticadas pela cúpula do Templo. Pregam uma coisa e fazem outra. É de uma desonestidade ridícula. Não temos estômago para isso".

Eles destacaram que a bronca não era com Jones ("para nós, você é o maior socialista e líder que este planeta já viu"), mas com as pessoas por quem se deixava influenciar: "Você disse que o foco da revolução, no momento, são os negros. De acordo com seu discurso, a população branca não tem potencial. Mas então onde estão as lideranças negras, onde estão os assistentes negros, e a atitude negra? [...] Quer dizer que os negros só servem para dar dinheiro, mais nada?".

Também lembraram a Jones que, embora pregasse o recato sexual, ele mesmo fazia bastante sexo — nesse caso, o problema, segundo o grupo, era o egoísmo das outras lideranças do Templo: "A CÚPULA [...] tem que mostrar a lealdade oferecendo sexo. [...] Exigir a intimidade e a dedicação de alguém a tal ponto é doentio".

Os estudantes prometeram que, alguma hora, iam "procurá-lo para conversar e, se achar por bem, trabalhar com você", mas o final da mensagem enfatizava que o socialismo era o único aspecto do discurso de Jones que eles aceitavam.[446]

A saída abrupta do grupo e o teor da carta foram uma grande dor de cabeça para Jones. Muitas daquelas pessoas eram de famílias importantes do Templo — principalmente os Cobb, os Touchette e os Biddulph —, e não dava para esconder a debandada, nem para tratá-la como um problema trivial. Todos os membros do Templo saberiam que eles tinham rompido com a igreja e iriam querer descobrir o motivo. A resposta habitual de Jones — que a máscara dos oito havia caído e eles deviam ser tratados como inimigos — podia não colar daquela vez. E se os familiares que continuavam na congregação ficassem ofendidos e resolvessem sair também? Jones acreditava na lealdade deles, mas até aí também havia pensado o mesmo sobre os oito estudantes de Santa Rosa. Criticar e condenar os jovens dissidentes só aumentaria o risco de novas perdas.

O conteúdo da carta também colocava Jones em uma situação delicada. Os estudantes poderiam ter conversado com outros em Santa Rosa ou com seus familiares sobre os assuntos que tratavam na carta. Até então, Jones tinha certeza de que suas aventuras extraconjugais eram um segredo restrito aos membros da Comissão de Planejamento e aos parceiros sexuais envolvidos. Mas aqueles estudantes estavam sabendo de tudo e até citavam nomes, entre os quais Carolyn Layton, Karen Tow Layton e Grace Stoen. Estava claro que algumas pessoas da confiança de Jones tinham dado com a língua nos dentes.

O desafio do pastor era comunicar a saída dos oito estudantes, resolver como responderia às acusações e deixar claro como esperava que os seguidores reagissem — tudo isso sem se indispor com os familiares dos jovens e, principalmente, sem dar o braço a torcer com relação à formação da cúpula do Templo, ou estaria admitindo que havia se deixado enganar. Um dos principais fatores por trás do controle que Jones tinha sobre seus seguidores era que muitos o consideravam infalível.

Alguns dias depois da saída dos estudantes — que viriam a ser chamados nos livros de "Turma dos Oito" e "Os Oito Revolucionários" —, em uma reunião fechada do Templo, Jones se dirigiu até o palco e, por quase duas horas, exibiu seus incomparáveis dons de oratória e persuasão. Boa parte do que disse foi de improviso. Em todo o discurso, ficou claro que Jones compreendia muito mais seus seguidores do que eles o compreendiam.

O pastor começou fazendo votos de paz para todas aquelas "lindas almas" e lembrou que, segundo os ensinamentos de Jesus, era importante agir sempre certo, sem esperar nada em troca. Era isso que ele, pessoalmente, fazia. "Não espero nada das pessoas. E *vocês*", complementou, com bastante ênfase, "também não devem esperar."

Todos imaginavam que Jones fosse falar sobre os oito estudantes dissidentes, mas relatou uma situação de dias antes, quando "nossos inimigos" tentaram tirar o "trabalho da irmã Jones" — pela primeira vez se referiu a Marceline como "irmã" em vez de "Mãe", o que a colocava, e a si mesmo por extensão, no mesmo nível que os demais, e não acima. Segundo Jones, os patrões de Marceline acharam que ela "protegia" demais os pobres nos hospitais estaduais e casa de saúde, e por isso pediram sua cabeça, alegando "conflito de interesses". Porém, graças à intervenção de Jim, que pôs os pingos nos is, a irmã Jones não só recuperou o emprego como foi promovida. Defender Marceline, fazer o certo, quase acabou com Jones: "[Aquela] gente quase me matou do coração, minha pressão subiu [...] estava com o coração na mão". Mas ele não fraquejou.

Marceline, que estava no palco, ao lado do marido, pediu a palavra: "Eu queria dizer uma coisa. Bom, nós podemos ficar sentados elogiando as virtudes do nosso líder, mas está na hora de sermos como ele [...] a única diferença entre nós e ele é que ainda não nos dispusemos a viver uma vida de abnegação para nos tornarmos o que ele se tornou".

Por fim, Jones entrou no assunto dos oito estudantes, em tom de pesar. Aqueles jovens agora estavam soltos em um mundo cruel: "A vida lá fora não vai ser legal". Assustados, desnorteados, acabariam procurando a família ou os amigos do Templo. "Então, se algum deles ligar para algum de vocês, digam: 'o Pai te ama e quer o seu bem, o Pai falou para você voltar'".

Caso retornassem, Jones queria que fossem recebidos com carinho, citando um caso famoso de redenção do Novo Testamento: "Lembremo-nos de que os Saulos de hoje podem ser os Paulos de amanhã. [...] Ainda podemos ajudá-los a se redimir, se eles permitirem. Guardaram bem esta mensagem na mente e no coração? [...] Se eles ligarem, digam que nós os amamos".

Jones não mencionou nenhuma das acusações da carta dos estudantes contra a cúpula do Templo, nem as referências a sua vida sexual, apostando que os poucos familiares com quem os jovens poderiam porventura ter comentado essas coisas não tinham contado para mais ninguém. Na verdade, o pastor até aliviou um pouco a barra dos membros desgarrados: observou que, embora tivessem acesso à conta universitária do Templo, não haviam levado o dinheiro. "Eles podiam muito bem ter feito um saque", afirmou Jones, acrescentando que fazia questão de deixar isso bem claro para todos, caso algum de seus seguidores estivesse achando que os traidores fossem de todo maus. Era importante "contar sempre todos os lados da história".

Jones previa que aqueles jovens perdidos acabariam sendo vencidos pela culpa, principalmente se percebessem a dor e o sofrimento que tinham causado ao pastor, às próprias famílias e aos outros membros do Templo. "Se algum desses meninos ligar, não falem da dor que sentimos, do nosso sofrimento. Acho que uma hora eles vão cair em si e tentar se redimir, descontando nos nossos inimigos. [...] Vão querer compensar de alguma forma. E não queremos que eles façam nada de errado."

A mensagem foi passada, e era clara: não alimentar rancor, não execrar, amar os jovens desgarrados, perdoá-los, aceitá-los de braços abertos se voltassem. Embora eles se comunicassem de vez em quando com a família, e tenham tido algumas conversas com o próprio Jones que não deram em nada, os oito não voltaram. Alguns inclusive se tornariam inimigos ferozes de Jones e do Templo.

Mais para o fim da reunião, enquanto Jones interagia com os fiéis, puxou sutilmente outro assunto, quase como quem não quer nada. O tema, que se tornaria cada vez mais recorrente, até dominar a pauta do Templo Popular, era abordado em público, ainda que de forma indireta, provavelmente pela primeira vez.

Jones disse: "Pois eu digo que cada um de vocês vai [contar] por mil [em vez de] um, porque para vocês já é chegado o fim dos tempos, onde quer que estejam, e vão fazer história. [...] É o destino. Vocês podem não gostar agora do tipo de história que vão construir, estamos talvez cruzando o céu numa corda bamba [...] mas prefiro ser lembrado como [o abolicionista] John Brown [que morreu na forca por liderar uma insurreição contra a escravidão, antes da Guerra de Secessão] a [ser lembrado como] — qual era o nome daquele que se vendeu? Nathan Hale?".

Alguém gritou: "Benedict Arnold!".

"Benedict Arnold. Agora, é claro, se os britânicos tivessem vencido, *ele* é que seria o herói. [...] Tinha até uma fala aqui. É importante. É ótima, de John Brown: 'Se necessário for que entregue minha vida para cumprir os desígnios da justiça, e misture meu sangue ao sangue de milhões de pessoas deste país escravagista, onde os direitos são desrespeitados por leis perversas, cruéis e injustas, que assim seja'. John Brown, do cadafalso, pronto para a execução após o ataque em Harpers Ferry, o arsenal federal, na Virgínia [...] em 16 de outubro de 1859. [...] Sobre a conduta dele, um conservador de Nova York escreveu no [...] diário: 'Quando alguém se dispõe a morrer na forca para combater algo, abala-se profundamente a crença de qualquer um no que está sendo combatido'. E podemos fazer. Podemos abalar a crença das pessoas no apego ao dinheiro e no racismo. Podemos abalar, de forma imensa e drástica, a crença delas nisso, se estivermos dispostos a morrer na forca pelo que acreditamos. Não acho que vamos para a forca, mas estou disposto. E vocês?".

Os fiéis aplaudiram de pé.[447]

36

AQUI SE FAZ, AQUI SE PAGA

Apesar das palavras brandas em público, a debandada da Turma dos Oito fez crescer em Jones a convicção de que era preciso controlar seus seguidores com rédeas ainda mais curtas. Traições como aquela nunca mais aconteceriam.

A era da mão de ferro começou no mesmo círculo interno que havia recebido críticas por ter brancos demais e influência demais. Jones deixou bem claro para Carolyn Layton, Terri Buford, Jack Beam, Tim Stoen e alguns membros mais importantes da Comissão de Planejamento o que esperava deles: deveriam redobrar a atenção e tratar os membros do Templo com pulso firme ao menor sinal de vacilo.[448] Para manter os próprios membros do grupo na linha, Jones arranjou um jeito bem eficaz de garantir sua lealdade. Foram distribuídas folhas de papel em branco — segundo relatos de algumas pessoas, foi Carolyn Layton quem as entregou —, e os membros da CP foram instruídos a assinar no final. Se alguém ali irritasse Jones, ele poderia preencher a parte em branco com alguma "confissão" acima das assinaturas e depois mostrar para o resto da congregação ou até para a polícia. Todos acataram. Segundo Tim Carter: "Era uma espécie de prova de lealdade, foi assim que encaramos". Os papéis com as assinaturas ficaram arquivados, prontos para serem usados se Jones julgasse necessário.[449]

Se antes Jones assumia uma postura de observador nas reuniões da CP, a partir de então passou a ser quem mais falava ou, em algumas noites, quase monopolizar a palavra. As obras e objetivos do Templo quase nunca eram o tema em questão. Jones preferia reclamar que estava sobrecarregado, ou então se gabar de seu desempenho sexual, mais precisamente sobre como as mulheres que tinham o privilégio de se deitar com ele encontravam um êxtase incomparável na conjunção carnal.[450] Para Jones, a ostentação funcionava como um lembrete de sua superioridade absoluta. Às vezes, as pessoas precisavam prestar contas da própria vida sexual e de suas fantasias, algumas vezes por escrito. A maioria entendia que o Pai desejava receber as respostas verbais e escritas sob forma de homenagem pessoal. Sandy Bradshaw escreveu: "A única pessoa com quem tive relações sexuais nos últimos oito anos foi J.".[451] Jones adorava esse tipo de reverência. É claro que ela não iria para a cama com mais ninguém. Depois de se deitar com ele, quem estaria à altura? Não por acaso, Sandy se tornou uma das auxiliares mais leais de Jones.

Para os demais membros, as mudanças vieram aos poucos. Eles não faziam ideia do que se passava nas assembleias da CP. Só ouviam falar que eram intermináveis. Ainda havia muita camaradagem, momentos agradáveis e oportunidades de ajudar os oprimidos, de vivenciar um ideal socialista que incentivaria outras pessoas a construir um mundo melhor e mais justo. Havia até a chance de fazer excursões pelo país, coisa que não fazia parte da realidade da maioria dos moradores do gueto. Quem tinha melhor condição financeira podia não gostar muito dos ônibus lotados, dos lanches insossos e de usar o banheiro dos postos de gasolina. Mas, para muitos seguidores de Jones, só a oportunidade de sair pela estrada e ver o que havia além dos destroços da Watts Street e dos cortiços infestados de ratos do Western Addition já parecia um milagre.[452]

Em agosto de 1973, a frota de ônibus do Templo, lotada dos corredores aos bagageiros de adultos e crianças animados, a maioria negros, partiu da Califórnia rumo a Washington, com paradas em Houston, Chicago e Filadélfia. Uma equipe partiu na frente espalhando panfletos pelas regiões mais pobres das cidades por onde ia passando a excursão. Os auditórios ficavam lotados; era sempre uma emoção ver a reação das pessoas quando assistiam ao Pai pela primeira vez. A capital federal, porém, foi especialmente marcante. Os idosos e as crianças do Templo andavam admirados pelo Capitólio e o National Mall e, para espanto de quem olhava, começaram a recolher o lixo de bom grado até deixar o local impecável — mas não antes de um repórter do *Washington Post* chegar. No dia 18 de agosto, uma pequena nota intitulada "Os turistas bem-vindos" apareceu no jornal:

Se houvesse um concurso de turistas do ano, em qualquer cidade, os 680 maravilhosos membros da Igreja Cristã Templo Popular, do vale de Redwood, Califórnia, ganhariam disparado: eles arregaçam as mangas para deixar os lugares que visitam mais bonitos do que quando encontraram. Como outros milhares de turistas, o grupo visitou o Capitólio esses dias. Porém, ao contrário dos demais visitantes que passam pela nossa cidade, deixando lixo para todo lado, essa turma animada saiu dos treze ônibus que a trouxeram e passou cerca de uma hora catando a sujeira.

Uma senhora de 82 anos, que estava observando o movimento em torno do Capitólio, explicou ao repórter Frank Jones que era assim que o grupo gostava de viajar pelo país. A igreja, que conta com membros negros, brancos e indígenas, já conquistou amigos em dezenas de cidades desde que a caravana saiu do vale de Redwood, em 8 de agosto, e ainda vai dar o ar da graça em outros lugares na volta.[453]

Era tudo armação. Jones mandou um membro do Templo ligar para a redação do *Post* fazendo-se passar por morador do Distrito de Colúmbia e falar da incrível cena que se desenrolava no Capitólio. O repórter Frank Jones foi direcionado para a seguidora de 82 anos, que já tinha sua fala ensaiada. Assim que a breve nota foi publicada, o Templo imediatamente anunciou que os viajantes da caravana tinham sido declarados "turistas do ano" na capital do país pelo prestigiado *Washington Post*.[454]

Mais adiante, o boletim do Templo cresceu e ficou mais profissional, sob o nome de *Fórum Popular*. Enquanto o Templo não tivesse gráfica, podia usar as dos jornais de Carlton Goodlett. Eram constantes os desentendimentos na equipe editorial do *Fórum Popular* sobre o conteúdo das edições, mas, antes do fechamento, todas as matérias precisavam ser aprovadas por Jones, que sempre pedia mudanças de última hora. Muitas cópias eram distribuídas gratuitamente, de porta em porta. Os membros do Templo que trabalhavam nos centros comerciais de San Francisco e Los Angeles eram obrigados a usar o horário de almoço para vender cópias na rua.

À medida que ia crescendo a determinação de Jones de não permitir traições, as punições foram ganhando espaço no Templo. A Comissão de Planejamento às vezes instituía castigos físicos como último recurso para os membros que cometessem delitos pelos quais, fora da tutela do Templo, responderiam na justiça. Era também assim que a congregação cuidava dos seus. Alguns membros da CP achavam que, em certos casos, os castigos iam longe demais, mesmo para os piores transgressores.

Peter Wotherspoon era pedófilo e, mesmo admitindo abertamente, foi aceito no Templo. Logo de início, disseram-lhe que não tolerariam abuso de crianças, mas ele não se conteve. Um menino do Templo, de 10 anos de idade, contou que foi envolvido por ele em um ato sexual. Wotherspoon teve de responder perante a Comissão de Planejamento. A saída mais óbvia seria entregar Wotherspoon à polícia, mas não era assim que o Templo resolvia as coisas. Em vez disso, levaram-no para um quartinho e o mandaram tirar a roupa e colocar os órgãos genitais na mesa. Jack Beam bateu com uma mangueira no pênis e no saco escrotal de Wotherspoon até incharem. Wotherspoon passou vários dias de cama, de sonda, sem conseguir se mexer. Apesar disso, foi autorizado a continuar no Templo, ciente de que, se voltasse a cometer a transgressão, a punição seria pior. Embora não questionassem a gravidade do crime de estupro de vulnerável, ou a necessidade de uma punição rigorosa, alguns membros da comissão ficaram abalados com a brutalidade do castigo.[455]

Ainda mais chocante para vários integrantes da CP foi a crueldade com que Jones tratou Laurie Efrein, fiel de longa data do Templo. Ao contrário de Wotherspoon, seu único crime foi adorar Jim Jones. Durante uma reunião da CP, ele resolveu humilhá-la por isso.

Jones reclamou que estava cansado de tanta gente querendo ir para a cama com ele e recriminou alguns membros da CP que haviam tido encontros com ele. Laurie Efrein não era uma dessas pessoas. Alguns membros do Templo achavam que ela se sentia atraída por Jones e esperava que, mais cedo ou mais tarde, os dois transariam. Então, virando-se para Laurie, Jones mandou-a ficar de pé e exigiu que explicasse, para o resto do grupo, o que achava que tinha a lhe oferecer no sexo. Em seguida, mandou que tirasse a roupa.[456]

Ela acatou — se desobedecesse, sua atitude poderia ser interpretada como traição. Quando já estava nua, Jones falou que ela andava "se insinuando [para ele]. [...] Se eu fizesse uma lista de pessoas com quem eu não quero trepar, você seria a primeira". O pastor também a forçou a confessar que queria que ele morresse. Depois de agredi-la verbalmente, obrigou-a continuar nua até o fim da reunião, que durou mais algumas horas. Algumas semanas depois, Sharon Amos chamou Laurie de canto e explicou que Jones sentia muito pelo acontecido; sua intenção era oferecer uma espécie de "terapia pessoal". Ela respondeu que "tudo bem" e continuou a ser uma seguidora fiel.[457]

Alguns membros da comissão ficaram estarrecidos com a atitude de Jones, mas nenhum deles o criticou — nem diretamente, nem em conversas particulares entre si. Era preferível deixá-lo extravasar, mesmo de formas tão questionáveis, a correr o risco de deixá-lo sucumbir ao estresse constante e acabar tendo um esgotamento nervoso. Portanto, elogiavam tudo que ele fazia e concordavam com tudo que dizia. Jones se apoiava nisso. Quase quarenta anos depois, em uma palestra na Universidade Bucknell, Stephan Jones declarou: "A autoimagem do meu pai dependia totalmente de como ele achava que era visto pelos outros [...] quando você está cercado de pessoas que [...] sempre dizem que você é legal, e mais do que isso, que você é a última bolacha do pacote, mesmo que não pensem assim, você não melhora". E Jones não melhorava.

Sua nova postura, mais rígida, se estendia aos outros membros do Templo. Os encontros públicos que batiam na tecla da justiça social continuavam iguais, mas os castigos aplicados nas sessões da Comissão de Planejamento começaram a extrapolar para as reuniões fechadas. O Pai repreendia os fiéis por transgressões relativamente leves —tabagismo, indisciplina na escola, atitudes burguesas — e anunciava um castigo. Poderia ser desde passar a noite em claro limpando os banheiros do Templo ou algumas horas extras em outros afazeres da igreja. Alguns eram até inusitados: um jovem que havia sido pego com cigarros teve de fumar um charuto na frente de toda a congregação; as pessoas acharam graça em vê-lo enjoado. Mas havia vezes em que "o transgressor" levava umas "lambadas", uma ou duas palmadas na bunda com uma tábua. A maioria dos seguidores de Jones eram brancos trabalhadores ou negros humildes, já acostumados com castigos físicos. "Para mim, uma pancada ou duas na bunda não era lá grande coisa", lembrou Alan Swanson. "Eu pensava: o que é que tem?".

Mas os castigos se intensificaram. Swanson não tinha medo das palmadas, mas ficou estarrecido quando, em um encontro fechado no vale de Redwood, Jones mandou amarrar as mãos de uma mulher acusada de infringir alguma norma e jogá-la na piscina. Ela passou um tempo se debatendo, ofegante, depois foi tirada da água. "Eu fiquei pensando: 'E se ele resolve fazer isso comigo um dia?'", relatou Swanson.

Mesmo assim, alguns ex-membros do Templo, que ficavam horrorizados com muitas das coisas que Jones fazia, ponderam que os castigos físicos só eram usados em último caso.

"Pelo menos 80% dos problemas do Templo não eram sequer abordados (nas reuniões públicas)", explicou Tim Carter. "O primeiro passo, se alguém pisasse na bola, era conversa. O segundo era mais conversa. O terceiro era uma bronca. Às vezes, uma reprimenda na frente de todo mundo era uma humilhação que surtia efeito se a conversa não resolvia. Lembro que um menino, de 11 ou 12 anos, tinha visto o pai matar a mãe. Esse garoto era muito antissocial, e se comportava como o típico valentão. Passou por acompanhamento psicológico durante anos; os especialistas do Templo tentaram de tudo, mas ele nunca se endireitou. E foi assim até 1976, quando levou uma surra em San Francisco. Cinco pancadas. Depois disso, ele mudou. O castigo fez o que o amor não tinha conseguido. Aquele menino só entendia a linguagem do medo."

Jones tinha o cuidado de não se comprometer legalmente com os castigos físicos das crianças. Se menores de 18 anos levavam punição, os pais (ou responsáveis legais no Templo) davam autorização por escrito para que apanhassem.

A certa altura, Jones começou a organizar lutas durante os cultos fechados. O transgressor tinha que colocar luvas de boxe e enfrentar outro membro da congregação, geralmente mais forte. Às vezes, a pessoa que estava sendo punida precisava encarar vários adversários, um depois do outro, até que, pelas contas de Jones, tivesse pagado pelo erro. Muitos vibravam diante da cena. Era a justiça do Pai que estava sendo cumprida. Os que não pensavam da mesma forma questionavam a própria reação.

"Nós, membros do Templo, não tínhamos autoridade real, mas também não éramos robôs sem vontade própria", explicou Tim Carter. "Espontaneamente abríamos mão de um pouco de liberdade em nome de um objetivo maior. Se alguém ficasse chateado com alguma coisa, com Jones, pelo menos ainda tinha os outros membros do Templo, que eram respeitados, e pensava: 'Se isso fosse errado, essas outras pessoas tão boas e inteligentes não estariam aqui; então quem deve estar errado sou eu'." As lutas de boxe e as surras de tábua ou mangueira continuaram — não em todas as reuniões fechadas, mas não eram nada incomuns.

Alguns membros tentavam sair, afugentados pela disciplina ferrenha ou por outras imposições de Jones — alguns avisos na parede terminavam com: "Nada deverá ser dito, em público ou em particular, contra esta norma instituída pelo Pai".[458] Para a maioria era difícil pular fora, por uma série de razões, a começar pelo dinheiro. Grande parte dos membros descontentes era composta de gente destituída. Os que moravam em comunas entregavam tudo de que dispunham, inclusive os salários, se trabalhassem fora. Todos tinham os pertences pessoais reduzidos ao mínimo, e contas bancárias eram desaconselhadas. Para sair do vale de Redwood ou morar em outros bairros de San Francisco ou Los Angeles, seria preciso pagar aluguéis adiantados e arcar com as despesas dos serviços de energia elétrica e outros. Pedir dinheiro ou abrigo para familiares muitas vezes era impossível. Jones fazia questão de desestimular o contato com pessoas de fora, principalmente familiares que tivessem optado por não entrar para o Templo. Muitos membros já haviam se afastado dos pais ou irmãos antes mesmo de decidirem seguir Jones.[459]

Boa parte dos membros da congregação que trabalhavam fora — sobretudo no vale de Redwood, mas também em Los Angeles e San Francisco — havia conseguido emprego por meio de contatos na congregação. Não raro, os chefes dessas pessoas também eram do Templo. Sair da igreja implicava risco de demissão. Muitos adultos que trabalhavam em tempo integral no próprio Templo não tinham noção de como era procurar emprego fora. Terri Buford contou que, na primeira entrevista de emprego que fez depois de sair do Templo, apareceu descalça, tomando uma casquinha de sorvete: "Eu não fazia a menor ideia de como deveria me portar".[460]

Mesmo quando alguém se desligava, a reação de Jones nem sempre era a mesma: dependia da pessoa e do quanto ele se sentia ameaçado por sua saída. As que ficavam pouco tempo e desistiam depois de algumas semanas ou meses, às vezes tinham liberdade para ir embora. Bonnie Burnham, frustrada com a disparidade entre o que Jones pregava e o que praticava, conseguiu sair sem muita resistência da parte dele. O pastor avisou que, se ela deixasse o Templo, provavelmente morreria. Como ela não voltou atrás, Jones enviou Marceline para tentar convencê-la a ficar. As explicações de Marceline foram bem protocolares: Jim amava Bonnie e se preocupava de coração com a segurança dela fora do Templo.[461] E ficou por isso mesmo. Depois disso, Marceline dormiu na casa dela "umas quinze ou vinte vezes". Elas riam e conversavam sobre coisas triviais. Era bom para Marceline espairecer das obrigações de "Mãe" do Templo. Às vezes, escreveu Bonnie Burnham em seu livro, "eu ouvia Marceline chorando baixinho no quarto. [...] Eu entrava e tentava consolá-la, mas não tinha muita coisa para dizer. Só o fato de ela poder chorar já era bom". Por mais infeliz que estivesse, escreveu Bonnie, Marceline "não criticava o marido", o que, sem dúvida, explica por que Jones permitiu que a amizade continuasse e até a deixava visitar a família Jones mesmo depois que abandonou a igreja.[462]

Em quase todos os outros casos, Jones não deixava os ex-membros do Templo se aproximarem dos outros seguidores. Chegou até a anunciar que quem abandonasse o Templo teria que morar a pelo menos 160 km de lá, distância que logo aumentou para 800 km. Os dissidentes que não respeitassem esses limites corriam risco de sofrer acidentes.[463]

As pessoas que saíam do Templo e não cumpriam as distâncias arbitrárias estabelecidas por Jones eram perseguidas pelos seguranças do Templo. Jones enviava patrulhas para intimidar os ex-membros. Jim McElvane e Chris Lewis quase sempre estavam no meio. Eram negros, grandalhões e ameaçadores. Tim Carter, veterano da Guerra do Vietnã, foi com eles uma vez. Segundo contou, quando Jones soube que David Wise, que chegou a ser pastor auxiliar do Templo, ainda morava em Los Angeles, "eu, McElvane e mais dois ficamos de dar um susto nele. Fomos até a casa dele e dissemos: 'É melhor você não abrir o bico sobre o Templo'. Não chegamos a bater nele. Ele ficou dentro de casa; e a gente, da porta para fora. A gente só foi lá para mostrar que Jones sabia onde ele estava, que ele podia ser encontrado assim que Jones quisesse. Não me senti bem fazendo isso; nunca mais me meti em coisas assim. Mas [Jones] tinha outras pessoas para fazer esse tipo de serviço".

Juanell Smart, que estava na reunião da Comissão de Planejamento em que Jones humilhou Laurie Efrein, ficou indignada com o incidente, e ainda foi ofendida em outra reunião: uma pessoa alegou que seu marido, David Wise, havia grampeado o telefone de Jones com plena ciência dela, ou até sua cooperação. "Comecei a chorar e disse para Jim que queria sair. Ele falou: 'Então, você vai ter que ir morar a 160 km de distância'. Eu respondi que não ia, que tinha morado em Los Angeles a maior parte da vida. Aí ele inventou outras condições."

Jones teria dito a Juanell que, antes de sair, ela precisaria entregar os quatro filhos para a igreja. "Me ocorreu que assinar uma coisa desse tipo não teria valor jurídico, então fui em frente", contou ela. "Aí ele mandou uma pessoa trazer uma arma, me fizeram colocar a mão nela e segurar. Depois que deixei minhas digitais na arma, eles a guardaram em um plástico e levaram. A ameaça era que, se eu saísse e fizesse ou dissesse alguma coisa contra Jones ou contra o Templo, a arma poderia ser usada em um crime e [a suspeita] seria eu."

Durante um tempo, seus três filhos mais novos moraram com o pai, e a filha de 19 anos, Tanitra, com a avó Kay. Os quatro continuaram bastante engajados no Templo. Juanell achava que "lá, pelo menos, eles ainda estavam longe das ruas e das drogas. Tanitra arranjou um namorado no Templo, chamado Poncho, e queria estar sempre com ele, claro. Então, eu pulei fora e eles ficaram."

Às vezes, Jones usava emissários para tentar convencer os dissidentes a voltar, principalmente os que em algum momento tiveram alguma serventia especial no Templo. Garry Lambrev foi a primeira pessoa na Califórnia a entrar para o Templo, onde tomou conta do antiquário da igreja e trabalhou na equipe do *Fórum Popular*. Tinha uma desavença antiga com Jones por querer ter um relacionamento amoroso sério com um homem, e havia saído do Templo e voltado várias vezes. Mas, em 1974, parecia que não tinha mais volta. Lambrev ainda mantinha contato com os amigos da igreja. Certa vez, confessou a Karen Layton, por telefone, que estava pensando em suicídio. Seu relacionamento amoroso fora do Templo não ia nada bem; em suas próprias palavras, era "como se o céu estivesse desabando". Layton lembrou-o dos ensinamentos de Jones sobre reencarnação: todas as pessoas passam por muitas vidas, e em todas elas tentam melhorar, até que, atingido o objetivo, a pessoa está pronta para ser "promovida" para um plano espiritual mais elevado e feliz. Se Lambrev se matasse, argumentou Layton, "pense só: você ia ter que voltar e começar tudo de novo... passar pela mesma merda de novo. Não vale a pena".

Na próxima encarnação, advertiu Layton, Jones "não vai estar aqui para ajudar. Vai ser um lugar horrível. Imagine passar esse inferno de novo". Mas, se Lambrev realmente estava decidido a se matar, podia pensar em uma alternativa: "Se você vai morrer, poderia pelo menos ser pela causa. Pelo menos sua morte seria nobre, e não covarde [...] faz alguma coisa para melhorar o mundo para os outros. Se a gente aguentar mais uns anos [no Templo] [...] aí vai todo mundo ser promovido".[464]

Lambrev não se matou, nem voltou para a igreja. Mas, alguns anos depois, lembraria horrorizado as palavras de Karen Layton.

Em meados de 1973, Jones apareceu com mais uma novidade.

Mesmo antes da saída da Turma dos Oito, Jones costumava deixar os seguidores em um estado que Hue Fortson, ex-membro do Templo, definiu como "regime de crise": o pastor avisava que, por piores que tivessem sido as coisas nos Estados Unidos, ainda iriam piorar. Em 1973 e na maior parte de 1974, Jones usou o escândalo de Watergate como mote da crise.

Nos sermões, começou a prever que, embora já se falasse em impeachment, o presidente Nixon não entregaria o cargo de bandeja; na verdade, sequer cairia. Aquele crápula, que representava tudo que o Templo Popular combatia, era capaz de qualquer loucura. Jones comparava o poder de Nixon ao de Hitler. Nixon e seus nazistas modernos odiavam os pobres, principalmente os negros. Os campos de concentração voltariam, e não precisava ser um gênio para saber quem seria mandado para lá. Claro que, se viessem atrás de seu povo, o Pai lideraria a resistência. Quem se metesse com os membros do Templo, em especial as crianças, compraria uma briga feia. Mas havia uma alternativa, mencionada por Jones em alguns de seus sermões na primeira metade de 1973.

Em abril daquele ano, Jones lembrou a todos que a guerra nuclear era inevitável — porém, havia um perigo mais iminente, também terrível: "Antes que essa profecia [nuclear] se concretize, pode vir aí uma ditadura [Nixon], que nos obrigue a nos exilar para salvar nossas vidas". Mas o Templo tinha um plano de fuga. "E o que estamos pensando em fazer quando [a lei marcial] chegar [...] Vamos trabalhar pelas pessoas lá fora. Vamos quietinhos fazer nossa peregrinação pelo deserto e fugir do Egito do Faraó, da Washington do Faraó, dos Estados Unidos do Faraó. Vamos sair quietinhos, cantarolando nossas músicas, nos nossos ônibus, até chegar à fronteira [...] e vamos construir uma clínica e arranjar um pedaço de chão para plantar, essa é a nossa esperança, e alguns animais."[465]

Em um sermão posterior, ele descreveu o local pretendido, mas não revelou onde era: "Eu conheço um lugar para onde posso levar vocês, onde não vai mais haver racismo, não vai mais haver divisão, não vai mais haver exploração de classe. Eu conheço o lugar perfeito. Ah, se conheço".[466]

Pelo menos essa parte não era exagero. Ainda se passariam quase seis meses até Jones especificar o lugar, mas ele costumava chamá-lo por outro nome, que tocava fundo no coração dos fiéis negros mais antigos: *A Terra Prometida*.

37

A TERRA PROMETIDA

Jim Jones havia estudado com afinco as religiões negras tradicionais nos Estados Unidos, e seus sermões acabaram assimilando um de seus temas recorrentes: em algum momento, de alguma forma, aqueles que tivessem a fé verdadeira se libertariam dos grilhões — a começar pelas próprias correntes da escravidão, e mais tarde as da pobreza e do racismo — e seriam guiados para um lugar de verdadeira igualdade e fraternidade. A Terra Prometida era um tema importante na tradição das igrejas afro-americanas.[467]

Os negros mais idosos compunham cerca de um terço da congregação do Templo Popular. A maioria aderiu à igreja em San Francisco e Los Angeles, mas vinha do Sul. Ainda se lembravam bem do visionário negro Marcus Garvey e o movimento da Volta à África que ele proclamou nos anos 1920, idealizando uma sociedade negra abençoada pela indústria e economia modernas. Garvey fracassou diante da forte oposição das forças coloniais, mas pelo menos o conceito tinha sido amplamente discutido. Para muitos negros dos Estados Unidos, o que Garvey descrevia era a Terra Prometida.[468]

O Pai Divino, que serviu de exemplo e guia para Jones, incorporou o tema da Terra Prometida em seu ministério. A Missão de Paz de Divino criou as comunidades agrícolas da Terra Prometida no condado de Ulster, estado de Nova York, e usou os alimentos cultivados por lá para alimentar os membros das comunas da Missão. Jones sabia tudo sobre as fazendas da Terra Prometida; havia estudado não só essas propriedades, mas também cada aspecto das atividades do Pai Divino, e escolhido a dedo os projetos que adotaria no Templo Popular.

O tema da Terra Prometida era atraente para Jones por outra importante razão. As influências externas ao Templo eram nocivas. A Turma dos Oito passava mais tempo no campus e nas salas de aula do que entre os membros da igreja. Era assim que surgiam *ideias*. Se as pessoas que poderiam traí-lo ficassem isoladas em alguma comunidade rural, longe de tudo, a submissão ao Templo — a Jim Jones — seria a única opção.

Ao falar da Terra Prometida para a Comissão de Planejamento e para a congregação, Jones já tinha um destino em mente. Mas queria transmitir a impressão de que poderia precisar da ajuda de todos para encontrar um lugar no mundo; assim, a decisão final seria coletiva, e não um desígnio seu — uma diferença importante, se quisesse que todos vestissem a camisa. Se fossem seguir a tradição de Marcus Garvey, faria mais sentido escolher um lugar na África, em algum país de população predominantemente negra. A América do Sul também oferecia suas possibilidades; Jones, inclusive, já havia tentado se estabelecer como pastor no Brasil. Elmer e Deanna Mertle foram orientados a preparar viagens exploratórias para o Quênia e para o Peru. Tim Stoen redigiu uma carta genérica solicitando auxílio e assistência por onde os Mertle passassem se fossem "procurar e investigar um local para estabelecer uma missão permanente a ser desenvolvida e mantida por esta igreja".[469] Os Mertle eram um dos poucos casais do Templo que ainda tinham grande patrimônio pessoal — em sua maioria, imóveis para locação. Quando se preparavam para partir, foram convencidos a ceder de forma temporária o controle dos bens para a cúpula do Templo durante sua ausência. Depois, na última hora, disseram para os Mertle desistirem: o Quênia estava passando por momento político complicado, e o estado de saúde do presidente do Peru tornava o governo pouco confiável. Mesmo assim, o Templo manteria controle sobre os bens do casal, pois eles eram pessoas importantes demais para a igreja para perder tempo com preocupações mesquinhas.[470]

No dia 10 de setembro de 1973, o Conselho de Administração do Templo, formado por sete pessoas (Tim Stoen era o presidente, e Sharon Amos, a secretária), autorizou oficialmente a busca por "terrenos para construir e locais para estabelecer uma missão agrícola".[471] Mas era só formalidade. Na reunião seguinte, no dia 8 de outubro, a diretoria votou, por unanimidade, que a "Guiana, na América do Sul, era o lugar mais adequado", e autorizou "James W. Jones, pastor e presidente [...] e todas as pessoas por ele designadas a tomar todas as providências cabíveis para a abertura de uma filial da igreja e de uma missão de desenvolvimento agrícola e rural na República Cooperativa da Guiana".[472]

Doze anos antes, durante uma extensa viagem em que visitou possíveis lugares para se mudar com a família, e talvez a igreja que tinha em Indianápolis, Jones conheceu a Guiana Inglesa. Um pouco maior que o estado do Kansas ou Idaho, e fazendo fronteira com a Venezuela, o Brasil, o Suriname e o oceano Atlântico, o país estava se separando do Império Britânico. Na prática, o Reino Unido ainda dava as cartas; mesmo assim, autorizou as primeiras eleições gerais em 1953. Para desespero do país colonialista, os guianenses elegeram um marxista declarado, Cheddi Jagan, como primeiro-ministro. Os serviços de inteligência britânicos e norte-americanos acreditavam que os países comunistas — Rússia e Cuba — estavam financiando em segredo Jagan e seu Partido Progressista do Povo (PPP). Jagan continuou no cargo até 1964, quando foi derrotado por Forbes Burnham. As afiliações socialistas de Burnham eram consideradas pelas duas potências anglo-saxônicas como um mal menor que o marxismo de Jagan. Por baixo dos panos, o Reino Unido e os Estados Unidos bancaram boa parte da campanha de Burnham. O dinheiro serviu para subornar os fiscais de urna — as fraudes eleitorais eram comuns na Guiana. Foi somente após a vitória de Burnham que o Reino Unido concedeu independência plena à Guiana. No entanto, como o partido de Burnham, o Congresso Nacional do Povo (PNC na sigla em inglês) dominava o parlamento, o resultado da eleição tornou a Guiana, na prática, um Estado socialista, atraindo o interesse de Jim Jones.

Outro atrativo da Guiana, para Jones, era a composição étnica da população de 850 mil pessoas, equivalente à de San Francisco: 40% dos guianenses eram negros, e 50% eram indianos, consequência da importação de mão de obra da Índia pelo governo britânico, o que casaria bem com o perfil de uma possível colônia do Templo. Além do mais, a Guiana era o único país sul-americano de língua inglesa. A localização também ajudava: de Miami, era possível chegar de navio à capital da Guiana, Georgetown, uma cidade portuária.

Jones queria que sua nova missão agrícola ficasse isolada, e a Guiana era perfeita para isso. Praticamente toda a população morava ao longo da costa atlântica. A imensa maioria da Guiana era coberta por mata fechada. O interior do país não era conectado por rodovias. Era preciso pegar um avião, passar por rios cheios de curvas, ou então desbravar a selva. Com exceção de alguns corajosos que moravam nas comunidades das reservas de extração de manganês, os únicos habitantes da região da floresta eram as tribos indígenas. O Templo poderia limpar alguns hectares de terra e ter um lugar razoavelmente fértil para plantar. Não devia ser muito difícil. Uma pequena, mas significativa, parcela dos membros da igreja era formada por ex-agricultores de Indiana, acostumados ao trabalho pesado. A selva da Guiana podia ser o lugar ideal para construir um novo lar.

Embora Jones descrevesse o local proposto para a missão da Terra Prometida como um refúgio contra a ditadura e os campos de concentração nos Estados Unidos (Marcelina falava em "êxodo"), Jones, pelo menos no começo, não pretendia levar todos os seguidores para a Guiana — em primeiro lugar, porque sabia que muitos não topariam. Como recordou Tim Carter: "Nas reuniões da Comissão de Planejamento, nós falávamos que muitas pessoas não iam querer morar em condições tão primitivas [na mata]. Pelos nossos cálculos, talvez umas quinhentas ou seiscentas topariam. Chegamos a esse número pela quantidade de pessoas [do Templo] que viviam em moradias coletivas. Achamos que seriam eles que estariam mais dispostos a tentar. A [igreja] principal continuaria na Califórnia".

Por ora, Jones evitava anunciar publicamente que a Guiana era o paraíso prometido. Embora a diretoria do Templo tivesse decidido pela Guiana, ainda era necessário consultar os guianenses. No início de dezembro de 1973, Tim Stoen levou um grupo de cinco pessoas para Georgetown. Cerca de dez dias depois, juntaram-se a eles Jones e mais outra dúzia de membros do Templo, entre os quais Marceline, Carolyn Layton, Archie Ijames, Dick Tropp e Johnny Brown.

A delegação do Templo foi até a sede do parlamento da Guiana, em Georgetown, e conseguiu audiência com Burnham e várias autoridades de alto escalão. Os norte-americanos apresentaram a ideia da missão — também eram socialistas e apoiariam o governo de Burnham; contribuiriam com a economia do país, consumindo nos mercados locais; eram cidadãos íntegros e de bem, que não causariam problemas. Por sorte, Burnham e seu pessoal foram receptivos. Tinham até um local para sugerir, e em questão de dias providenciaram um avião para levar Jones e sua comitiva para conhecê-lo. Tudo parecia fácil demais.[473] O que o grupo ainda não sabia, porém, é que a demanda do Templo se alinhava perfeitamente com uma necessidade urgente identificada pelo governo guianense.

Em dezembro de 1973, a Guiana passava por uma turbulência econômica. A cotação no mercado internacional do açúcar produzido pelo país estava caindo, e o recente embargo do petróleo nos países árabes fez disparar o preço de produtos essenciais para o jovem país. Sem dinheiro, o governo de Burnham não tinha muitas condições de manter suas forças armadas. Os poucos milhares de soldados da Guiana eram, em sua maioria, jovens inexperientes e mal equipados — o que, por sua vez, chamou a atenção da vizinha Venezuela, que dispunha de contingentes militares bem maiores e mais preparados. Durante décadas, o local exato da fronteira que separava o leste da Venezuela do noroeste da Guiana foi alvo de disputa. A Venezuela alegava que sua fronteira avançava centenas de quilômetros para dentro de territórios reivindicados pelos guianenses. Quando a Guiana estava sob proteção do Reino Unido, a Venezuela não tinha muito o que fazer. Mas, com a Guiana independente, e com uma defesa tão parca, os venezuelanos começaram a fazer demonstração de força. Os governantes da Guiana, embora contrariados, perceberam que, se a Venezuela invadisse o país, conseguiria levar os territórios que quisesse sem muito esforço. Os venezuelanos, porém, certamente temiam poderio militar dos Estados Unidos. Com um assentamento de cidadãos norte-americanos na região noroeste da Guiana, bem no meio da região em disputa, eles teriam de rever seus planos de invasão militar. Burnham e as outras autoridades guianenses receberam Jones e seus seguidores como correligionários socialistas, mas o que interessava mesmo era que essas pessoas eram *norte-americanas*.[474]

Os guianenses também vislumbravam outra vantagem em acolher a missão do Templo Popular no coração da selva. As principais cidades da Guiana ficavam na costa atlântica — e o solo por lá estava em processo de erosão. A capital e todas as outras cidades da Guiana eram cercadas de floresta. O governo havia usado seus parcos recursos para estabelecer comunidades no interior, mas elas não vingavam. A selva era inóspita, as pessoas que moravam no litoral não tinham interesse em se mudar para lá. No desespero, o governo havia montado um assentamento do Serviço Nacional no Distrito Noroeste, perto de Matthews Ridge, a cerca de 50 km do local onde queria que a igreja norte-americana construísse seu assentamento. O Serviço Nacional era um projeto de Burnham. Rapazes eram recrutados e treinados para o serviço militar. Como muitos jovens guianenses viviam em estado de miséria absoluta, acabavam se alistando mais pela comida e pelo lugar para dormir do que por amor à pátria. Havia cerca de 1.100 cadetes do Serviço Nacional no acampamento do Distrito Noroeste. Não era suficiente para deter o exército venezuelano, tampouco para inspirar outros guianenses a se juntar a eles e viver no meio da selva. Mas a ida dos religiosos norte-americanos para lá talvez resolvesse os dois problemas em uma tacada só.[475]

Em 21 de dezembro, os norte-americanos sobrevoaram 305 km de floresta para chegar a Matthews Ridge, um povoado que abrigava um polo de mineração no Distrito Noroeste. De lá, saía uma linha férrea que percorria mais 56 km, passando perto de um vilarejo bem menor, chamado Porto Kaituma, onde havia uma pequena pista de pouso e também um porto. O rio Kaituma ligava a cidade ao Atlântico: era possível chegar de barco saindo de Georgetown e contornando a costa, mas levava um dia inteiro. De avião, a viagem era questão de horas, e os guianenses tinham pressa para que seus amigos dos Estados Unidos — que, com sorte, logo seriam seus vizinhos — conhecessem o local sugerido para o assentamento.

Jones considerou tudo perfeito. Porto Kaituma não era grande coisa — havia sido criada como porto de escoamento das minas de manganês de Matthews Ridge, que estavam desativadas, e consistia basicamente de cinquenta ou sessenta choupanas malconservadas e alguns bares—, mas tinha porto e pista de pouso. O local sugerido para a missão ficava a alguns quilômetros de lá. Havia uma pequena clareira artificial de poucos metros quadrados, resquício de outras tentativas de povoamento. Apesar de pouco, era o suficiente para mostrar que derrubar aquela mata seria difícil, mas não impossível. As autoridades guianenses temiam que o isolamento do local pudesse esfriar o interesse, mas era justamente isso o que Jones buscava. O pastor bateu o martelo na hora: o Templo Popular fundaria o assentamento ali mesmo, no Distrito Noroeste. Na volta para Georgetown, alguém perguntou como se chamaria a colônia. Debateram um pouco, mas a escolha foi óbvia: Jonestown.[476]

Em Georgetown, faltava acertar os detalhes da negociação. O Templo Popular queria arrendar 10 mil hectares; os guianenses acharam muito. Acabaram chegando a um acordo: 1.200 hectares. Se o povoado vingasse, ficaria aberta a possibilidade do arrendamento de mais terras depois de cinco anos, mediante negociação entre as partes. O Templo pagaria 62 centavos de dólar anuais por hectare. O preço seria revisto e, se fosse o caso, reajustado a cada cinco anos. O Templo se comprometeu a investir, no mínimo, 400 mil dólares na construção e manutenção da missão durante os dois primeiros anos do projeto. Nos cinco primeiros anos, os membros do Templo teriam que cultivar e ocupar pelo menos metade das terras arrendadas. Essas negociações formais se arrastaram até 1977.

Os guianenses, no entanto, estavam mais preocupados em colocar os norte-americanos no Distrito Noroeste do que com os termos do arrendamento. Jones também não via a hora de começar a erguer sua Terra Prometida. Assim, em março de 1974, despachou meia dúzia de seguidores para a Guiana, onde começaram a vistoriar o local da missão. Meses depois, chegaram algumas dezenas de membros do Templo para desmatar e começar a construir, sob o comando de Charlie Touchette, homem da confiança de Jones, e seu filho Mike. Jones pretendia enviar os primeiros colonos até agosto. As autoridades locais prometeram providenciar abrigo temporário para os trabalhadores. Indígenas amistosos foram recrutados como guias. O Templo comprou um barco batizado de *Cudjoe* para que os membros se deslocassem entre o assentamento e Georgetown, e também para o transporte de suprimentos de Miami para Porto Kaituma.[477] Estava tudo nos conformes, menos em um aspecto: a selva havia sido subestimada.

A floresta da Guiana é muito densa. Vistas do alto, as imensas árvores se assemelham a um grande amontoado de cabeças de brócolis, cobrindo quilômetros quadrados de mata virgem cerrada e impenetrável, em uma grande área verde-escura entrecortada não por estradas, mas por rios sinuosos e barrentos. No solo, os grossos troncos das árvores se apertam como ripas em uma imensa cerca de estacas e, por entre as árvores, a vegetação baixa é crispada de espinhos. A luz do sol mal consegue penetrar, mas a chuva sim, principalmente na estação úmida. As gotas caem por entre as camadas de galhos e folhas das árvores, enlameando o solo. O ar fica denso com a umidade e o fedor de matéria vegetal em decomposição. Pássaros e outros animais são abundantes e, embora camuflados na penumbra, podem ser ouvidos pela movimentação constante. Os arrulhos e grasnidos dos pássaros se misturam aos guinchos dos macacos, criando uma grande cacofonia. Também é constante o zumbido dos insetos, e muitos deles picam. Aqui e ali, trilhas de formigas riscam o chão, algumas do tamanho da base de um polegar. Há cobras por todo lado: muitas são venenosas, e algumas matam na hora. Embora raramente vistos, felinos selvagens também rondam a floresta.[478]

O efeito é, a um só tempo, sinistro e deslumbrante; a natureza na forma mais crua — e bela. Nas clareiras e nos poucos espaços entre as árvores, as penugens coloridas dos pássaros contrastam com o frequente azul do céu. Mas a primeira leva de trabalhadores do Templo — conhecidos na igreja como os "Desbravadores" — estava na Guiana para construir, não para admirar a paisagem. Pelo menos no começo, ficaram mais desanimados que maravilhados com a floresta. Embora os guias indígenas ajudassem a transpor os vários quilômetros que separavam Porto Kaituma do local da missão, os recém-chegados se perdiam. Como contou Mike Touchette à dramaturga e roteirista Leigh Fondakowski: "No meio daquela mata, você vira 360 graus e se perde". Mas os Desbravadores precisavam aprender a se virar na selva, e depressa: os habitantes permanentes chegariam em breve.

As dificuldades começaram já na hora de limpar o terreno. Os Desbravadores pretendiam cortar as imensas árvores com motosserras, porém as ferramentas acabavam quebrando, porque a madeira era mais dura que o metal. Se não derrubassem as árvores, nada feito. Os indígenas os salvaram da enrascada. Ensinaram a montar um sistema de tração que consistia em amarrar cordas em torno de várias árvores, para depois arrancá-las do solo, uma a uma. Era um trabalho extenuante e demorado. Os norte-americanos contrataram mais indígenas; a mão de obra deles foi fundamental na fase inicial do projeto. Só depois de liberar espaço na mata e abrir uma estreita trilha de Porto Kaituma até Jonestown eles conseguiram transportar os primeiros equipamentos pesados. De início, eram todos alugados do governo da Guiana; aos poucos, foram sendo complementados, até serem totalmente substituídos por equipamentos comprados nos Estados Unidos. A selva, no entanto, impunha uma resistência feroz ao avanço dos colonizadores, e o maquinário vivia enguiçando. As peças de reposição eram caras. Havia meses, ou mesmo semanas, em que as despesas de manutenção somavam milhares de dólares. Muitas vezes, até as peças chegarem, as máquinas ficavam paradas.[479]

Mas os Desbravadores nunca paravam. Quando não estavam trabalhando na mata, estavam ocupados com outra coisa nas choupanas alugadas em Porto Kaituma. Jones exigia que contabilizassem todas as despesas diárias — de 963 dólares em vergalhões metálicos e caçambas a 6,50 dólares em chá e queijo.[480] Os Desbravadores também sofriam males físicos. Alguns eram previsíveis, como queimaduras, picadas de insetos, distensões musculares, cortes causados por ferramentas; outros eram inesperados, como lesões nos pés. O solo era cheio de larvas de vermes, que penetram na carne para se alimentar. Pé de atleta e outras afecções de pele também eram comuns.[481] Até nos dias mais frescos, o calor era de matar, e a umidade da floresta contribuía para aumentar a sensação de calor. Eventuais queimadas para eliminar raízes e vegetação rasteira geravam ainda mais calor. Os trabalhadores suavam tanto que até perdiam peso.[482]

Apesar das dificuldades, os Desbravadores perseveravam. Acreditavam no que estavam fazendo. A missão em Jonestown contribuiria com o grande exemplo socialista que o Templo Popular queria deixar para o mundo. Logo o terreno estaria pronto para plantar, e eles tinham certeza de que o solo fértil da floresta tropical, se bem cuidado, proporcionaria uma colheita farta, suficiente para alimentar os quatrocentos ou quinhentos habitantes do assentamento e ainda carregar o barco do Templo com excedentes que seriam distribuídos nas comunidades carentes ao longo da costa sul-americana.[483]

Nos Estados Unidos, Jones prometeu isso e muito mais. Ao voltar da Guiana, primeiro atiçou a curiosidade dos seguidores ao anunciar: "Nos próximos dias, vamos conseguir umas terras ao sul do equador". (A Guiana fica pouco acima da linha do equador.) Algum tempo depois, revelou: a "Terra Prometida" ficava na Guiana, um país que descrevia como um magnífico paraíso tropical.[484] Tinha certeza de que todos iam querer ir para lá, mas, antes de qualquer mudança, ainda era preciso construir Jonestown, o que custaria dinheiro. Já vinha cobrando insistentemente dos membros que se desapegassem de bens materiais; agora, exigia que todos que tivessem seguro de vida sacassem o dinheiro das apólices e entregassem para as obras de Jonestown.[485] A cada culto, os membros da igreja precisavam entregar "envelopes de compromisso" com pelo menos 25% do que ganhavam por semana — precisavam escrever o salário do lado de fora do envelope, para que se pudesse conferir se o valor da doação era apropriado.[486] A extensa lista de contatos do Templo também foi usada. A gráfica da igreja produziu um panfleto sucinto com o título "Operação Celeiro" , e foram enviadas cópias para centenas de milhares de apoiadores. Depois de serem informados sobre a nova missão agrícola do Templo no exterior, criada para alimentar "os famintos em todo o mundo", os destinatários eram instados a fazer doações em montantes sugeridos para destinações específicas, de 2 dólares para a compra de uma broca a 5 mil dólares para a aquisição de um gerador usado.[487] Conforme Jones ressaltava, nos sermões e no material impresso, cada centavo poderia ser decisivo para o sucesso de Jonestown.

Tudo aconteceu muito rápido, mesmo com todas as dificuldades que os Desbravadores enfrentaram. A primeira vez que Jones começou a falar na Terra Prometida foi no primeiro semestre de 1973 e, em dezembro, já estava visitando a Guiana. Em março, já estava com contratos de arrendamento provisórios e as obras em andamento. Da parte do Templo, o processo levou apenas um ano.

Para os guianenses, tudo pareceu ainda mais acelerado. Eles foram sondados pelo Templo no final de 1973 e emprestaram o maquinário pesado para a primeira leva de operários em março do ano seguinte. Mais de quarenta anos depois, o ex-ministro Christopher (ou "Kit") Nascimento admitiu que ele, o primeiro-ministro Burnham e outras autoridades da Guiana foram "precipitados. Mas achamos que devíamos usar os Estados Unidos para defender os interesses do nosso país, assim como os Estados Unidos adoram fazer com os outros. Frustrar a Venezuela — ótimo. Jones e seus seguidores serviam aos planos do nosso governo, de povoar o interior. Agora está mais do que claro que devíamos ter investigado Jonestown, Jones e os seguidores. Só não investigamos porque eles foram um verdadeiro achado".

Sorte de Jones. Até por causa de um episódio recente que os guianenses não iam gostar nada de saber.

Jim Jones saciava seu desejo sexual com várias pessoas da congregação. A maioria era de mulheres, mas também havia homens da Comissão de Planejamento. Uma vez ou outra, o pastor também pulava a cerca com outros fiéis. Pelo menos uma vez, chegou a estuprar uma adolescente.[488] Quando engravidava alguém, Jones esperava que a mulher abortasse. Grace Stoen foi um caso à parte.[489]

Em dezembro de 1973, Jones estava com a bola toda. A série de reportagens do *Examiner* não só havia sido suspensa, mas, ao que parecia, caíra no esquecimento. As lideranças políticas de San Francisco rasgavam elogios às boas ações do Templo Popular. A debandada da Turma dos Oito não havia feito o estrago que Jones temia. As famílias dos estudantes desertores continuavam na igreja e leais a Jones. As críticas ao perfil racial da cúpula do Templo e à vida sexual de Jones não deram em nada. O próprio Jones estava de partida para a Guiana, onde acreditava que fundaria uma missão agrícola de sucesso. Quer fosse divino ou simplesmente um ser humano superior, o fato é que os planos de Jim Jones iam de vento em popa. Nessas horas, ele costumava abusar da sorte, e dessa vez não foi diferente.

A polícia de Los Angeles vinha recebendo várias reclamações de homens gays oferecendo sexo no MacArthur Park e em um cinema vizinho, Westlake. Os dois ficavam a cerca de 2,5 km da igreja do Templo Popular. Policiais começaram a circular à paisana no parque e no cinema, onde sentavam nas partes mais vazias da galeria ou faziam hora no banheiro esperando a abordagem.

Na tarde de 13 de dezembro, um policial estava sentado na galeria, assistindo *Perseguidor Implacável*, estrelado por Clint Eastwood, quando viu um homem fazer sinal para se aproximar. O agente foi até o banheiro mais próximo. O homem o seguiu e, assim que começou a se masturbar na frente do policial, foi preso e levado para a delegacia de Rampart. James Warren Jones foi enquadrado por atentado ao pudor. No caminho da delegacia, Jones se identificou como pastor, talvez achando que seria liberado. Mas não colou. Na hora de registrar a ocorrência, Jones identificou a igreja da qual fazia parte como "Discípulos de Cristo", e não "Templo Popular". A fiança ficou em 500 dólares. Jones pagou imediatamente e conseguiu um médico para dar uma explicação para seu comportamento no banheiro: Jones tinha próstata aumentada e havia recebido recomendações médicas para correr ou pular para aliviar o desconforto. Era isso que ele estava fazendo, não se masturbando. Tudo não passava de um mal-entendido.

Uma semana depois, um juiz de um tribunal municipal aceitou arquivar o caso, desde que Jones assinasse uma declaração admitindo que seu comportamento suspeito justificava a detenção. Jones se safou, mas saiu arranhado do caso. A ocorrência constava em um registro público, e era um prato cheio para jornalistas ou representantes de governos estrangeiros que quisessem levantar sua ficha. Tim Stoen tentou interferir, mas foi informado de que só prisões e processos contra menores podiam ser protegidos por segredo de justiça. O advogado insistiu e, em fevereiro de 1974, o mesmo juiz que havia proferido a sentença mandou destruir os registros sobre o incidente. A barra estava limpa, ou quase, porque o policial responsável pelo flagrante ficou tão indignado que solicitou a abertura de uma sindicância contra o magistrado. O processo se arrastou. Por fim, o juiz foi instado a rever a decisão, mas não voltou atrás.[490]

Jones não tinha certeza se a prisão ainda constava em registro público. Tinha outros assuntos a cuidar, a maioria relacionada com a construção de Jonestown. Deixou uma explicação pronta para usar caso a história viesse à tona. A polícia de Los Angeles estava de olho nele desde a confusão com a ambulância na porta da igreja do Templo Popular na cidade, em janeiro. A explicação de Jones era que, como ele não baixou a cabeça, a polícia deu o troco, armando para prendê-lo com uma acusação falsa. Jones jurava de pés juntos sua completa inocência — todo mundo conhecia a fama da polícia de Los Angeles, de armar flagrantes contra seus desafetos. No mínimo, a história despertaria a compaixão dos fiéis negros provenientes de Los Angeles. Mais do que ninguém, eles sabiam como a polícia de Los Angeles era corrupta. Se os homens da lei da Guiana também iam comprar a história, Jones nunca precisou descobrir. O primeiro-ministro guianense e seus assessores tinham tanta pressa quanto Jones em fechar o acordo. As obras de Jonestown prosseguiram.

38

KIMO

Após sua prisão, Jones começou a bater cada vez mais em uma determinada tecla nos sermões e nas reuniões da Comissão de Planejamento: todo mundo é homossexual. A declaração não era novidade, mas vinha se tornando uma constante. Para Jones, praticar sexo heterossexual seria apenas uma forma de compensar os verdadeiros desejos carnais. Para baixar a crista de alguém, obrigava a pessoa a se levantar e admitir a própria homossexualidade. Quem se recusasse era intimidado até ceder. Stephan Jones achava que o pai "só estava tentando se sentir bem consigo mesmo [...] para que ele pudesse aceitar [a própria bissexualidade], os outros homens também precisavam ter os mesmos sentimentos sexuais".[491]

Tim Stoen foi o único que se recusou a confessar ao ser confrontado por Jones, dizendo: "Não, Jim, não sou [homossexual]". Jones não podia bater de frente com o advogado, então retrucou: "Bem, vamos deixar Tim pensar no assunto". Stoen pensou, e concluiu que "quando a oportunidade surgisse, mudaria para outro lugar e sairia anonimamente".[492] Por ora, ficaria — tanto por ainda acreditar nos projetos e objetivos do Templo como por sua ligação com o pequeno John Victor Stoen. Durante seus dois primeiros anos de vida, a criança morou com Tim e Grace Stoen. Após o segundo aniversário, o garotinho passou a ser criado de forma coletiva pela comunidade da igreja no vale de Redwood. Foi morar com Barbara

Cordell — integrante do Templo que tinha a custódia de vários menores. Os Stoen viam John Victor, a quem chamavam John-John, todos os dias. Ao criar os pequenos de forma coletiva, o propósito do Templo era incutir neles a essência do socialismo, com todos vivendo no mesmo contexto.[493]

Os possíveis efeitos da prisão não eram a única preocupação de Jones. Meses antes, a igreja do Templo Popular na Geary Boulevard, em San Francisco, havia pegado fogo. Terri Buford acreditava que o incêndio tinha sido proposital, o que reforçava a convicção dos membros de que inimigos externos continuavam tramando para destruí-los. "Antes do incêndio, a gente estava trabalhando [na Geary Boulevard] quando Jack Beam chamou todo mundo e declarou que precisávamos ir imediatamente para uma reunião importante no vale de Redwood", contou Bufford. "Fomos todos, exceto Jack Beam. Naquela noite, a igreja pegou fogo, e Jim deu a entender que o incêndio foi criminoso. Dali em diante a segurança foi reforçada, e todo mundo que entrava era revistado." O que transtornava Jones não era o incêndio em si, mas descobrir que o seguro não cobriria a reconstrução do imóvel. Tish Leroy, que administrava a igreja, tinha se esquecido de pagar a mensalidade, o que acarretou gastos imprevistos de centenas de milhares de dólares. Para arcar com a reconstrução, Jones pediu a todos os membros fisicamente aptos do Templo que viessem ajudar com as obras nas noites de semana e nos finais de semana. Como a empreitada se estendeu por vários meses, nesse meio-tempo os cultos em San Francisco voltaram a ser celebrados no colégio Benjamin Franklin Junior High.

Jones também precisava conciliar a delicada tarefa de manter seus seguidores contrários ao status quo político e cultural e cultivar boas relações com as lideranças e os veículos de imprensa de San Francisco. Quando Patty Hearst, herdeira do império jornalístico de seu avô, o magnata William Randolph Hearst, foi raptada no início de 1974 pela organização revolucionária Exército Simbionês de Libertação (sla, na sigla em inglês), seus sequestradores exigiram que o pai dela, Randolph Hearst, doasse milhões de dólares em alimentos para distribuir gratuitamente aos pobres.

Nos sermões fechados do Templo, Jones se mostrava sensível à causa do sla, cujos integrantes teriam sido levados a tomar medidas drásticas por racistas opressores.[494] Em público, ele primeiro se ofereceu para ficar como refém do grupo no lugar de Patty Hearst, depois fez uma doação de 2 mil dólares em nome do Templo para ajudar a financiar a distribuição de alimentos.[495] Era um gesto estratégico — Hearst era dono do *San Francisco Examiner* e também dirigia o jornal. Ao mesmo tempo, Jones mostrava que não guardava ressentimentos em relação à série de reportagens assinadas por Lester Kinsolving. Esperava assim conquistar a benevolência do jornal em futuros editoriais. (A doação de alimentos foi um fiasco, e Patty Hearst ainda aderiu ao SLA antes de a maior parte do grupo ser morta em um tiroteio; ela própria acabou capturada e presa.)

Jones não se esqueceu da missão na Guiana. Continuou exaltando as maravilhas do lugar, e em muitos cultos pedia aos seguidores que levantassem as mãos: quem queria ir viver na Terra Prometida? Como sempre havia diversos interessados, Jones deu por certo que conseguiria povoar Jonestown com o número previsto de quinhentos a seiscentos habitantes. Entretanto, a primavera de 1974 chegou ao fim, veio o verão, depois o outono, e Jonestown ainda não estava pronta para receber o primeiro contingente. As obras eram caras e demoradas. Jones enviou mão de obra adicional para ajudar os Desbravadores, que viviam em choupanas e desbastavam a selva quilômetro por quilômetro. Havia reveses — o solo arável era escasso, além de não ser compatível com certas plantas. Os habitantes de Jonestown teriam que abrir mão dos tomates, por exemplo. Seria necessário realizar rotação de culturas. Os indígenas ensinaram aos Desbravadores a extrair nutrientes do solo por meio da queima de árvores para criar potassa. Jones não tinha previsto tantas complicações.

Vistorias periódicas no local, a cargo de autoridades guianenses, eram parte obrigatória do acordo de arrendamento. Pelos menos nas vistorias, Jones não foi surpreendido. Um fiscal relatou, entusiasmado: "A colônia é prova viva e cabal do triunfo da perseverança, inventividade e determinação humana sobre as forças da natureza". O governo da Guiana estava tão ansioso quanto Jones pela chegada dos colonos.

Jones precisava ver tudo com os próprios olhos. Em dezembro de 1974, partiu de avião com sua comitiva para Georgetown. Planejava não apenas uma excursão ao assentamento, mas também participar de reuniões e eventos públicos na capital guianense para consolidar a presença de sua igreja no país. Alguns membros tinham aberto uma pequena sede do Templo Popular em Georgetown. Entre eles se destacava Paula Adams, uma mulher jovem e animada que Jones queria como a principal representante do Templo junto ao governo guianense. O pastor logo descobriu que ela havia levado sua missão longe demais ao se envolver com o embaixador dos Estados Unidos na Guiana, Laurence Mann, conhecido como "Bonny". Além de violar uma das regras impostas por Jones — a de evitar relacionamentos com gente de fora —, o caso amoroso era duplamente perigoso porque Mann era casado. E se houvesse um escândalo? Esperava-se de Paula Adams e das poucas mulheres do Templo em Georgetown que fossem sedutoras — elas promoviam bailes e paparicavam os altos funcionários da Guiana, em especial os mais velhos —, mas o sexo era proibido. Segundo Laura Johnston Kohl e Terri Buford, o ego de Jones não o deixaria dividir as mulheres do Templo com outros homens. Tim Carter contou que recebeu de Jones a ordem de não consumar o coito com mulheres que tivessem sido amantes do pastor: "Na cama, eu precisava parar antes da penetração, que era privilégio de Jim".[496]

No entanto, Jones resistiu ao instinto imediato de expulsar Paula Adams de Georgetown, ou pelo menos dar um basta no caso com o embaixador. Era sabido na capital guianense que Mann tinha uma relação bastante cordial com o primeiro-ministro Forbes Burnham, que o considerava "uma espécie de filho predileto", conforme lembra Kit Nascimento. "Burnham não tinha filhos, por isso Bonny conseguia fazer o que quisesse. Bonny era egocêntrico e abusava da afeição [de Burnham]." Contrariar Mann, arrancando Paula de seus braços, também podia aborrecer Burnham. Além disso, quanto mais ela se aproximava de Mann, mais acesso ganhava a Burnham e seus assessores. Jones inclusive já vinha se ressentindo de não ter acesso direto e irrestrito ao primeiro-ministro. Na maioria das vezes, era encaminhado ao vice, Ptolemy Reid, que também era ministro da Agricultura e Desenvolvimento e supervisionava as forças armadas do país. Assim sendo, Paula Adams recebeu autorização para continuar o romance, mas sabendo que devia lealdade exclusiva a Jones e ao Templo. Relataria qualquer coisa dita por Mann que tivesse relação, mesmo indireta, com a igreja e, sempre que surgisse oportunidade, vasculharia sua pasta de trabalho e documentos pessoais. Paula precisava, portanto, equilibrar sua missão com a vida privada. Por um lado, acreditava em Jones e no Templo. Por outro, seu envolvimento com o embaixador era genuíno. Mais tarde, por precaução, Jones recrutou Sharon Amos para ser seu principal contato com as autoridades guianenses caso houvesse dúvidas a respeito da lealdade de Paula Adams.[497]

Foi nessa visita à Guiana que Jones passou a se identificar como bispo. Na verdade, o título era autoconcedido, e nada tinha a ver com os Discípulos de Cristo. Jones deu um grande passo em falso quando tentou se entrosar com as entidades religiosas já estabelecidas em Georgetown. Em linhas gerais, o país era 40% cristão e 50% muçulmano. Havia na capital um conselho com representantes de diversas denominações cristãs. Jones rapidamente identificou o padre Andrew Morrison, da Igreja Católica do Sagrado Coração, como o clérigo mais influente. Pediu e recebeu permissão para realizar um culto como convidado em sua igreja no dia 30 de dezembro.

O culto estava lotado. Jones começou louvando a fraternidade entre todas as fés. Brincou sobre vestir terno e pediu uma túnica para cobri-lo: "Eu quase nunca uso [terno], e me sinto ridículo assim. [...] Eu só tenho um par de sapatos e acho conveniente, [já que] só tenho dois pés". Declarou que baseava sua modéstia pessoal e ministerial em uma filosofia de "vida cooperativa apostólica". Em uma oração, pediu a Deus que proporcionasse "um mover do Espírito Santo em nosso meio hoje, que fará com que as pessoas acreditem que há esperança. [...] É o que pedimos em nome de Cristo". Jones começou então a chamar os presentes enquanto descrevia as diversas enfermidades que as acometiam e prometia curá-las. A uma pessoa que reclamava de artrite nos joelhos, Jones recomendou "saltitar com alegria, que nem criança". Ela obedeceu e afirmou estar curada. "Acreditamos nos médicos, acreditamos na medicina, mas também acreditamos que quando nenhum homem pode te estender a mão, Deus pode", Jones advertiu. A uma outra pessoa, que sentia dores no peito, declarou: "Levanta as mãos. Tua dor vai sumir!". Depois de repetir a fórmula mais algumas vezes, informou o endereço de correspondência do Templo no vale de Redwood e garantiu à audiência que "a cura está ao alcance de todos, não importa qual seja sua religião ou crença".

O padre Morrison esperava um culto tradicional de oração. Posteriormente, descobriu que todas as pessoas curadas durante o culto eram membros do Templo Popular. Fez uma queixa formal sobre as falsas curas a Kit Nascimento, que era chefe de gabinete do primeiro-ministro Burnham. "Eu disse [ao padre] a verdade", contou Nascimento. "O primeiro-ministro queria que aquele homem e sua missão no país tivessem sucesso, então não adiantava reclamar." Mas a reputação de Jones entre outros líderes cristãos em Georgetown estava arruinada de vez. Não haveria mais iniciativas conjuntas ou novos convites.[498]

A visita de Jones ao Distrito Noroeste também foi desalentadora. Era inegável o progresso das obras: dali a poucos meses, as autoridades guianenses constatariam que mais de cem hectares de selva haviam sido arados e cultivados. Contudo, para seus seguidores na Califórnia, Jones falava de vastas plantações de legumes e frutas. Elmer Mertle, fotógrafo da viagem, recebeu a ingrata tarefa de tirar fotos que respaldassem as descrições. No fim das contas, Jones e Mertle compraram frutas em Porto Kaituma, levaram a Jonestown, e Jones posou em uma lavoura, exibindo com orgulho a maravilhosa colheita. Ninguém na Califórnia percebeu o truque, e quem estava com Jones na viagem não diria nada.[499]

A viagem de Jones à Guiana em dezembro de 1974 foi importante por outra razão. Além da tradicional comitiva de auxiliares próximos e integrantes da Comissão de Planejamento, o pastor trouxe consigo Maria Katsaris. Alguns se perguntavam por que Maria estava lá. Era uma seguidora dedicada e se esforçava no setor de correspondências, mas tímida demais. Também se sentia pouco à vontade com sua aparência. Steven, o pai de Maria, era um ex-padre da Igreja Ortodoxa Grega, e havia a percepção de que ele e Jones não se davam bem.

Nessa viagem, entretanto, Jones e Maria tornaram-se amantes, e não só por algumas semanas, como era praxe em outros casos amorosos do líder, com exceção de Carolyn Moore. Maria passou por uma transformação espantosa. Praticamente da noite para o dia, perdeu a timidez e ganhou autoconfiança, demonstrando não apenas considerável inteligência, mas também capacidade de liderança. "Jim sempre afirmou que quando fazia sexo com alguma mulher era para estimulá-la, para ajudá-la a se tornar melhor e mais forte", relatou Tim Carter. "Com Maria, isso de fato aconteceu. Depois que começou a transar com Jones, ela desabrochou."[500] Ao voltarem à Califórnia, continuaram a relação. Maria era uma amante zelosa, e defendia Jones em tudo. Acabou assumindo uma posição de liderança no Templo. Os membros da Comissão de Planejamento, acostumados com uma garota dócil e um tanto imatura, passaram a ter que lidar com uma mulher segura de si que conhecia as intenções do Pai e queria as coisas exatamente do jeito dele. A cúpula do Templo não tardou a aceitar que Maria Katsaris às vezes falava em nome de Jones, assim como Carolyn Moore.

Houve também uma grande mudança em relação a Carolyn. Em meados de 1974, seu relacionamento com Jones já durava cinco anos. Ela ainda o considerava um grande líder, mas o conhecia bem demais para acreditar que fosse alguma espécie de divindade. Era ao homem que estava ligada e, através dele, ao Templo e a sua missão. Para Carolyn, separar uma coisa da outra era impossível. Em público, era informalmente chefe de gabinete do pastor, o que já era uma responsabilidade e tanto, mas também precisava lidar com Jones na esfera privada. Cuidava dele se estava dopado, durante os episódios frequentes de hipocondria, e tomava conta de seus filhos indisciplinados — isso tudo além de tolerar que mantivesse relações com outras pessoas. Talvez ainda mais doloroso era aceitar o fato de que, quando Jones teve outro filho biológico, foi com Grace Stoen, e não com ela.

É possível que, por algum tempo, Carolyn tenha nutrido a esperança de que seus sacrifícios seriam um dia recompensados com o matrimônio. Casando com ela, Jones reconheceria seu valor para ele e para a igreja. Com o tempo, porém, Carolyn percebeu que isso jamais aconteceria. Após a tentativa fracassada de divórcio na década de 1970, Marceline aceitou a própria sina e não tentou mais ir embora. Jones não escondia, e chegou a declarar por escrito, que se viesse a morrer queria que Marceline, e não Carolyn, liderasse o Templo. (Especificou que Marceline seria sua sucessora imediata, e que Stephan seria o próximo na linha de sucessão "se assim desejasse". Mencionou ainda que Carolyn poderia assumir a Comissão de Planejamento.)[501] Marceline, por sua vez, também deixava claro que estava disposta a servir Jones em qualquer posição. Em fevereiro de 1974, enviou uma mensagem manuscrita ao marido:

> Querido Jim,
> Pensei em te mandar um presente de Dia dos Namorados, mas não encontrei nada que tivesse um significado verdadeiro para mim. Pensei em escrever sobre o que sinto por você, do fundo do meu coração, mas concluí que isso seria egoísta, já que você poderia se sentir na obrigação de me responder. Então, concluí que o que mais quero que você saiba é:
> 1. O quanto eu sou grata por tudo que aprendi sobre a vida desde que te conheci.
> 2. Apesar da forte ligação pessoal que nos une, caso o destino nos separe para sempre, eu usarei a força que me resta para defender os fracos e oprimidos.
> 3. Você foi o único homem que amei e jamais haverá outro. Desfrutei de nossa convivência íntima e viverei com alegria o resto da vida apenas com a lembrança dos momentos em que te amei antes de você ser "Deus", e guardarei para sempre no coração aqueles anos em que pensava em nós dois como duas pessoas que se amavam.
> 4. Meu amor por você hoje te deseja paz, descanso, e que realize seu sonho de um mundo melhor.
> Feliz Dia dos Namorados,
> Marceline[502]

Jones não menosprezava Carolyn, e queria mostrar o quanto a valorizava com um gesto especial. Então, no início do segundo semestre de 1974, Carolyn Moore Layton desapareceu do Templo Popular. Jones anunciou que ela havia partido em uma missão secreta e muito importante, e portanto se ausentaria por algum tempo. Não houve maiores detalhes. Alguns meses mais tarde, Jones deu péssimas notícias. A missão de Carolyn a levara ao México, onde tinha sido detida e presa. Estava sendo torturada e se recusava corajosamente a revelar os segredos do Templo. "A impressão que dava era que, se Carolyn podia fazer esse tipo de sacrifício, a gente também podia. Se achávamos nosso trabalho duro e exaustivo, devíamos nos lembrar do que Carolyn estava disposta a fazer", lembrou Tim Carter.[503] Jones enfeitava a história. Disse à Comissão de Planejamento que Carolyn fora ao México comprar componentes para fabricar uma bomba atômica para o Templo — se a igreja tivesse a bomba, o governo seria obrigado a respeitá-los. Antes de ser presa, segundo Jones, Carolyn conseguira adquirir todos os componentes necessários, a não ser um detonador, que os agentes secretos do Templo designados por ele continuariam tentando localizar e comprar. Os membros da CP acreditaram — com o Pai, tudo era possível.[504]

Então, no primeiro semestre de 1975, Carolyn voltou com um bebê a tiracolo.

De acordo com o reverendo John V. Moore, "em agosto de 1974, se não me falha a memória, Carolyn entrou em contato com a mãe e contou que estava grávida. Pediu para ir morar conosco em Berkeley até o bebê nascer. Sabíamos, claro, que Jim Jones era o pai. Independentemente dos nossos sentimentos, Carolyn era nossa filha, por isso aceitamos recebê-la".

Durante os seis meses que se seguiram, Jones passava algumas noites com Carolyn e os Moore. Portava-se como um genro. Porém, segundo lembra o reverendo Moore, Barbara perguntava: "Quando você vai se divorciar de Marceline e casar com a nossa filha?" e Jones murmurava "algo sobre Marceline não estar bem e não ser capaz de enfrentar um divórcio. Além disso, Carolyn sempre nos dizia que [Marceline] era emocionalmente instável, e que [Jones] continuava casado com ela por pena. Por isso, embora Barbara e eu desconfiássemos de Jim Jones, resolvemos dar a ele uma colher de chá. Afinal, ele seria o pai do nosso neto".

Em 31 de janeiro de 1975, Carolyn deu à luz um menino, que chamou de Jim Jon. Ainda convalescente do parto, surpreendeu o pai com um novo pedido: queria que oficiasse um casamento entre ela e Michael Prokes, o ex-jornalista que tinha aderido ao Templo e se tornado um de seus principais porta-vozes. "Quando questionei seus motivos, me afirmou que era o que ela e Jim queriam", explicou Moore. "Parecia que quem queria era ele, mas ela insistiu, então, mesmo relutante, eu oficiei a cerimônia." A criança foi registrada como Jim Jon Prokes.

No entanto, ao retornar ao Templo Popular com o filho recém-nascido, Carolyn não identificou Prokes como o pai. Começaram então a surgir relatos conflitantes sobre a origem de Jim Jon, logo apelidado de Kimo. Segundo alguns, o bebê era o filho indesejado de um dos primos de Carolyn. Outros diziam que era fruto de um estupro sofrido na prisão mexicana. Carolyn se mantinha reservada como sempre. Nenhum boato foi confirmado. Kimo foi acolhido no Templo e agraciado com uma permissão especial — ao contrário de toda a prole de membros da igreja que, uma vez superada a primeira infância, era criada comunitariamente, Kimo permaneceu com a mãe. Dessa forma, Jones reconhecia, ainda que em caráter extraoficial, o lugar especial de Carolyn em seu coração.

No entanto, Carolyn logo descobriu que Maria Katsaris ocupava um lugar quase equivalente. Não só dividia a cama com Jones, como também desempenhava atribuições importantes no Templo. Em certos aspectos físicos e pessoais, Maria parecia tanto com Marceline quanto com Carolyn. As três eram esbeltas, inteligentes e excepcionalmente meticulosas e eficientes. Aliás, era a capacidade executiva do trio que compensava as deficiências administrativas do próprio Jones. A diferença entre elas era que, enquanto Marceline tinha prestígio como esposa de Jones e Carolyn tinha um filho seu, Maria não desfrutava de nenhuma das duas coisas, mas apenas do que considerava a honra de ser amante e confidente do pastor. Para ela, naquele tempo e nos anos seguintes, foi o suficiente.

A chegada de Kimo aliviou um pouco a tensão entre Carolyn e os demais filhos de Jones. Suzanne continuou distante, mas Stephan se afeiçoou um pouquinho mais a Carolyn. Já Jimmy encontrou uma razão mais prática para gostar dela: "Quando ela e meu pai saíam, eu era o único com idade para cuidar dos pequenos, John-John [Stoen] e Kimo. Na volta, meu pai me dava 20 dólares, mas Carolyn me passava quarenta escondido".[505]

Jones e Marceline também pensavam em dinheiro. Em julho, assinaram testamentos que incluíam Johnny Brown entre seus filhos — eles sempre o consideraram como tal, embora nunca tenha sido adotado de maneira formal. Agnes, ainda vista como uma decepção — Marceline tinha ficado com a guarda da neta, Stephanie, que era criada comunitariamente —, receberia um montante único de 5 mil dólares, e todo resto seria dividido em partes iguais entre os outros. Carolyn Layton foi nomeada executora testamentária, e Michael Prokes e a irmã de Carolyn, Annie, os suplentes.[506]

Jones passou boa parte do início do segundo semestre de 1975 falando das maravilhas da Terra Prometida. Queria entusiasmar os fiéis ao ponto de eles pedirem para ir. Aqueles que o haviam acompanhado em viagens à Guiana competiam para ver quem fazia as descrições mais animadas. Sandy Ingram declarou, comovido, que o trecho irregular de terra aberto pelos Pioneiros no meio da selva parecia nada menos que "uma propriedade magnífica". Jones não se cansava de frisar que os membros do Templo nos Estados Unidos viviam sob a ameaça de serem confinados em campos de concentração da CIA ou do FBI. De acordo com o diário de

Edith Roller, em meados de julho, quando Jones perguntou durante um culto na Geary Boulevard quantos estavam dispostos a se mudar para a Guiana, "uns poucos gatos pingados" não levantaram a mão.[507]

A maioria dos fiéis acreditava que Jones contava de fato com a ida de todos. A portas fechadas, no entanto, ele era mais pragmático. O plano era restringir a população de Jonestown a quinhentas ou seiscentas pessoas. Essa era a capacidade máxima do conjunto de moradias que se planejava construir, e um número compatível com a quantidade de alimento produzido, pelo menos durante os primeiros anos, conforme os métodos de cultivo e de criação de gado eram testados. Jones estimava, porém, que metade dos 4 mil a 5 mil membros do Templo desejaria ir. Para o pastor, a concorrência era uma garantia de que os escolhidos mostrariam perseverança sob condições de vida que eram muito mais severas do que ele fazia crer aos fiéis.

Jones, Caroline, Maria e alguns outros começaram a elaborar "listas prioritárias" de membros que deveriam ir primeiro — homens e mulheres jovens e de boa saúde, capazes de aguentar o trabalho extenuante na selva, adolescentes encrenqueiros de San Francisco e Los Angeles, professores para dar aulas e, principalmente, membros mais velhos cujas pensões ajudariam na manutenção do projeto missionário. Leola Clark, que recebia cheques mensais de 223,10 dólares do governo por invalidez, foi considerada "muito desejável". Simon Elsey, com seus 130,10 dólares mensais, era um candidato ainda melhor, mas se mostrava relutante. E, embora Melvin Murphy recebesse uma pensão de 500 dólares, tinha "pendências jurídicas". Jones não queria que intimações da justiça norte-americana chamassem a atenção dos tribunais guianenses. Embora a Guiana não tivesse nenhum acordo oficial de extradição com os Estados Unidos, não valia a pena correr riscos desnecessários.[508]

Estivessem incluídos na lista ou não, todos os membros eram instados a doar ainda mais em apoio ao projeto missionário. Nenhuma lembrancinha era preciosa demais que não pudesse ser sacrificada. Espremia-se cada centavo dos negócios do Templo. Em geral, os moradores de comunas tinham autorização para preparar algumas refeições individuais. Naquela época, porém, todos que viviam coletivamente em San Francisco eram obrigados a ir ao templo da Geary Boulevard para comer o que era servido ali. Beam passou a se encarregar da aquisição e preparação de alimentos. Comprando sempre em grande quantidade e solicitando doações de alimentos de produção diária que tivessem sobrado nas padarias, em pouco tempo declarava, orgulhoso, que as refeições diárias custavam ao Templo apenas 16 centavos por dia para cada morador. Os cardápios não empolgavam: cereal umedecido com leite em pó desnatado, sanduíche de mortadela e manteiga de amendoim, refeições com muito amido e pouca proteína. Mesmo assim, Jones enfatizava em todo encontro que cada garfada naquela comida sem graça era em prol de um bem maior.[509]

Volta e meia, o pastor mencionava outro possível sacrifício. Com tantas forças malignas dedicadas a impedir o Templo Popular de implantar seu persuasivo exemplo socialista, era possível que nem todos chegassem à Terra Prometida. Se o assédio constante não fosse suficiente para intimidar o Templo, o governo norte-americano ordenaria à CIA e ao FBI que adotassem meios mais violentos. Jones pregava que deveriam dar a seguinte mensagem a essas agências inimigas: "Atacar um de nós é atacar a todos nós". Em um sermão em setembro, acrescentou: "Eu amo o socialismo, e morreria para torná-lo realidade. Mas, se eu morresse, levaria mil junto comigo".[510] Seus seguidores certamente presumiram que quis dizer mil inimigos, mas semanas depois Jones observou com severidade: "Um bom socialista não teme a morte. Essa seria a maior recompensa que poderia receber".[511] Os membros leais do Templo deviam estar dispostos a dedicar não apenas suas vidas, mas também suas mortes, à causa. Em diversas ocasiões, Jones fez menção específica a Massada, a fortaleza no topo de uma montanha em Israel onde quase mil revolucionários judeus, entre mulheres e crianças, se suicidaram em vez de se render a um exército romano prestes a invadir suas muralhas. Mais de dezenove séculos depois, a coragem e o sacrifício dessas pessoas ainda repercutiam entre todos os que se recusavam a ser subjugados. Suicídio individual era desperdício, mas o coletivo, que transmitia uma mensagem de resistência e incentivava gerações futuras a lutar até a morte contra a opressão, era admirável.

Naquele mesmo mês de setembro, Jones voltou a enfatizar essa questão na Comissão de Planejamento, e de forma aterrorizante. Começou com uma aparente ameaça. O Templo cultivava uvas em uma fazenda de sua propriedade no condado de Mendocino. A colheita nunca era grande, mas às vezes permitia a produção de um pouco de vinho. Em geral, Jones proibia o consumo de álcool, mas, certa noite, no templo da Geary Boulevard, disse aos membros da CP que daquela vez poderiam beber. Cada um tomou um pouco, e depois de esvaziarem os copos Jones anunciou que tinha colocado veneno no vinho — todos morreriam em pouco mais de 45 minutos. Não havia antídoto. Estavam condenados à morte.

Jones avisara previamente a dois membros da comissão sobre o que pretendia fazer. Feito o anúncio fatal, Patty Cartmell gritou de terror, contorceu-se na cadeira e tentou sair correndo da sala. Michael Prokes, usando uma pistola carregada com cartuchos de festim, fez vários disparos. Cartmell desabou no chão, e ali ficou, gemendo.

Jones só observava a cena. Todos os demais permaneciam sentados, alguns olhando para o nada, alguns falando de morte e outros ainda lamentando que não poderiam mais proteger os filhos do FBI, da CIA e de toda a maldade do mundo lá fora. Quinze minutos antes de uma hora completa se passar, vários disseram que começavam a sentir uma moleza no corpo. Jones deixou que descrevessem os sintomas por alguns minutos, e em seguida anunciou que o vinho não estava envenenado. Era tudo um teste de lealdade; agora eles sabiam que precisavam enfrentar a morte sem medo. Cartmell se levantou e se juntou ao grupo. Ninguém criticou Jones por enganá-los. Décadas mais tarde, vários dos então presentes declararam que sabiam da farsa o tempo todo — exatamente o tipo de gesto dramático que Jones gostava de fazer para provar seu ponto de vista. Ao relembrar o episódio, Terri Buford disse que ela e os outros não captaram a mensagem mais importante: "Sim, provamos que estávamos dispostos a morrer, mas o que aquela noite de fato provava era que [Jones] já tinha a intenção, ou pelo menos estava considerando a possibilidade de matar todos nós em algum momento".[512]

No decorrer do segundo semestre de 1975, os negócios da igreja seguiram sem grandes novidades. Jones exaltava a Terra Prometida na Guiana, pregava contra o racismo — em um culto, exigiu que todos os membros brancos do Templo jejuassem por cinco dias para compreender a fome que gerações de negros oprimidos haviam passado — e cuidava para que o Templo Popular fosse uma presença constante em reuniões e audiências públicas.[513] Em termos políticos, Jones nunca favorecia este ou aquele partido, mas se certificava de que o Templo e suas obras beneficentes fossem sempre lembrados pelas lideranças da cidade.

Em outubro, alguns membros do Templo abandonaram a congregação de forma inesperada. Elmer e Deanna Mertle fugiram da igreja com os filhos. Os Mertle sempre foram considerados valiosos no Templo. Eles mostravam talento para o marketing: por meio de cartas e folhetos bem elaborados, ajudaram a promover os programas comunitários do Templo. Além disso, sempre foram pais exemplares para as crianças criadas de maneira comunitária. Contudo, acabaram se desgastando com as incessantes exigências de Jones, que queria cada vez mais de seu tempo e dinheiro. Quando a filha dos dois foi espancada com violência diante de todos, os dois deram um basta. Temendo represálias — já haviam testemunhado em primeira mão a hostilidade do pastor para com desertores —, entraram na justiça e mudaram seus nomes para Al e Jeannie Mills.

Também decidiram, assim que tiveram a certeza de ter escapado das garras dos perseguidores do Templo, entrar em contato com representantes do governo para depor sobre todos os delitos praticados por Jones e companhia: as surras, os casos de assédio e, em especial, a apropriação ilícita de bens dos membros em nome do Templo Popular e sua causa socialista. O novo nome não apagou a memória do casal, inconformado também por ter perdido alguns de seus imóveis em manobras jurídicas orquestradas pelo Templo depois de serem convidados a viajar ao Peru e ao Quênia em busca da Terra Prometida.[514]

Elmer e Deanna, agora Al e Jeannie, eram inteligentes e determinados, e munidos de informações confidenciais sobre o Templo — talvez a pior espécie de inimigos que Jones poderia imaginar. Em praticamente qualquer outra época e contexto, ele não desistiria até reintegrá-los ou conseguir garantir seu silêncio. Porém, menos de três semanas depois que o casal partiu, a atenção de Jones se voltou para outro assunto, ainda mais premente. Não era uma emergência, mas uma oportunidade que dava a Jim Jones e ao Templo Popular a chance de se tornarem muito mais influentes — inclusive, pela primeira vez, na esfera política.

Em cinco de novembro, o deputado Willie Brown, da legislatura do estado da Califórnia, ligou para Tim Stoen e pediu ao advogado do Templo que providenciasse uma reunião entre Jim Jones e George Moscone, que disputava o segundo turno das eleições para prefeito de San Francisco.[515]

39
POLÍTICA MUNICIPAL

George Moscone era o exemplo clássico do menino pobre que vence na vida.[516] Nascido em 1929, foi criado em San Francisco por Lee, sua mãe, que botou o marido alcoólatra, George, para fora de casa quando o filho tinha 9 anos, e criou o menino com o minguado salário que ganhava como secretária, além de trabalhar em outro emprego aos finais de semana para ajudar a pagar as contas. O grande trunfo do jovem George era o carisma, que, aliado à aparência marcante, conquistava a simpatia das pessoas.

Moscone trabalhou em parques públicos para pagar sua educação no College of the Pacific, e continuou a formação superior com curso de direito no Hastings College of the Law, em San Francisco, que custeou como zelador de escola. Seu colega, Willie Brown, pobre e ambicioso como ele, também estudava em Hastings e se tornaram amigos inseparáveis. Moscone também fez amizade com John Burton, cujo irmão, Phil, se alçou como grande líder Democrata no Congresso dos Estados Unidos. Essa relação, além da amizade com Brown em meio à sua rápida ascensão na política californiana, ajudou a abrir caminho para as ambições políticas de Moscone, que logo pegou o jeito: apertos de mão, campanhas de arrecadação, imagem talhada para agradar os eleitores (Moscone e a bela esposa, Gina, tinham quatro filhos fotogênicos). Mas a paixão pelas causas sociais era sincera.

San Francisco era um caso à parte entre as metrópoles dos Estados Unidos: a estrutura administrativa era um híbrido entre município e condado. O prefeito também era o chefe do Poder Executivo do condado. O Conselho de Supervisores, órgão legislativo do condado, servia também de Conselho Municipal. As eleições de San Francisco eram sempre acirradas; o Conselho de Supervisores era eleito em sistema de colégio único — em que os mais votados eram escolhidos para representar a população de *todas* as regiões de San Francisco. Os candidatos que representavam os interesses das populações dos bairros negros, operários ou gays quase nunca tinham fundos de campanha suficientes para concorrer com os brancos conservadores, que representavam as elites empresariais. Moscone, porém, que estreou com uma derrota na campanha à Assembleia Estadual em 1960, fez uma campanha de rua tão intensa, de corpo a corpo com os eleitores, que foi eleito para o Conselho de Supervisores em 1963. Um ano depois, renunciou ao cargo para concorrer ao Senado estadual da Califórnia, e venceu. Pouco depois, foi eleito líder da maioria pelos colegas do Partido Democrata.

Willie Brown era o líder da bancada dos democratas na Assembleia Estadual. A sinergia entre os dois amigos na oposição à agenda do governador Ronald Reagan, do Partido Republicano, era impressionante. Também tinham bastante sucesso com as pautas que propunham, como o projeto de merenda gratuita para alunos de escolas de áreas carentes e a descriminalização de práticas sexuais consensuais entre adultos.

No começo dos anos 1970, quando Reagan começou a mirar a presidência, Moscone já era tido como um nome forte entre os democratas para concorrer ao governo estadual. Mas o secretário de Estado da Califórnia, Jerry Brown, era filho de um ex-governador e tinha cacife político para levar a melhor nas primárias. Com isso, Moscone resolveu se retirar da disputa e se concentrar em sua terra natal. Com Joseph Alioto prestes a sair da prefeitura, Willie Brown, que conhecia San Francisco como ninguém, aconselhou Moscone a lançar candidatura para prefeito. A população gay da cidade aumentava de forma vertiginosa, e sem dúvida apoiaria em peso um candidato disposto a lhe dar influência política efetiva. Os negros com certeza apoiariam Moscone. Se conseguisse apoio suficiente entre os brancos das classes média e operária, provavelmente teria chances de vencer. Assim, em dezembro de 1974, Moscone anunciou sua plataforma de governo: redistribuir o poder entre os cidadãos de forma mais justa. Já havia demonstrado suas qualidades no palanque. Podia esperar bons resultados.

Moscone, porém, não era o único nome forte para a sucessão de Alioto. A democrata Dianne Feinstein e o republicano John Barbagelata, ambos em pleno mandato no Conselho de Supervisores, também montaram campanhas bem estruturadas. Feinstein era uma candidata centrista que prometia uma representação mais equitativa no governo, mas não a guinada radical que viria com Moscone. Já Barbagelata tinha propostas conservadoras. Em 4 de novembro de 1975, Moscone foi o candidato mais votado, mas não o suficiente para ganhar no primeiro turno. No segundo, realizado em 11 de dezembro, enfrentou Barbagelata. Moscone era o favorito na disputa. Em eleições anteriores, sua vitória seria praticamente garantida.[517]

Mas não em 1975. O discurso de retomar a cidade, usado por Barbagelata, atraía outros eleitores além dos republicanos conservadores. Muitos cidadãos brancos e heterossexuais de classe média que costumavam votar no Partido Democrata estavam se sentindo ameaçados pelas pautas dos negros e dos gays, com medo de que acabassem com a qualidade de vida que eles haviam batalhado tanto para conquistar. Os que apoiavam Dianne Feinstein, em especial, consideravam-se liberais pragmáticos; Moscone era radical demais para o gosto deles. Se resolvessem não votar no segundo turno, Moscone perderia. Ele precisava da votação maciça entre os negros para conseguir vencer, e Willie Brown sabia quem poderia conseguir isso. Foi por isso que pediu para Tim Stoen ajudá-lo a aproximar Moscone de Jim Jones o quanto antes.

Os dois já se conheciam; volta e meia se esbarravam enquanto promoviam iniciativas para melhorar a vida da população das comunidades carentes de San Francisco. Tim Carter se lembra de ver, em várias atividades do Templo, Moscone e Harvey Milk, que era dono de uma loja de fotografia e, provavelmente, o mais conhecido ativista gay da cidade. Willie Brown também conhecia Jones. Antes das eleições municipais de 1975, Moscone e Brown consideravam Jones o pastor de igreja negra — ou majoritariamente negra — mais engajado na solução dos problemas sociais da cidade. O Templo Popular também parecia ser o tipo *certo* de igreja negra, com membros que eram também cidadãos exemplares, e cujo apoio a Moscone não afastaria os eleitores brancos receosos dos Panteras Negras e dos militantes aguerridos dos guetos. Moscone e Brown devem ter percebido que Jones almejava mais influência; era isso que tinham a oferecer em troca. Alguma contrapartida Jones iria querer. No começo, o pastor ficou se fazendo de difícil, para valorizar seu apoio. No dia 13 de novembro, sentou-se com Moscone na sede do comitê de campanha. Em seu livro, Tim Stoen escreveu que "Moscone não fez nenhuma proposta [a Jones]", mas não era ingênuo. Ele já sabia que o pastor esperaria não apenas um espaço de interlocução, mas influência de verdade: um cargo para si em um órgão importante e outros para seus seguidores em troca da ajuda no segundo turno.

Sobre a ajuda de fato prestada, até hoje há controvérsias. Um assessor da campanha de Moscone declarou mais tarde ao *San Francisco Examiner* que Jones e o Templo "arranjaram uns 150 cabos eleitorais para trabalhar no dia da eleição".[518] Especula-se muito que não era bem isso que Moscone queria; seu verdadeiro intuito era que Jones fizesse seus cerca de 1.500 fiéis de San Francisco comparecerem às urnas no dia 11 de dezembro e votarem nele. Porém, como Moscone e Brown deviam saber antes mesmo de solicitar a reunião, era possível contar nos dedos os membros do Templo que tinham registro de eleitor. E o que Moscone queria, e Jones conseguiu, foram pessoas, muito mais do que 150, para sair pelo Western Addition pedindo para todos os eleitores registrados do bairro votarem no segundo turno. O setor de correspondências do Templo também entrou na dança: Jones alardeava que seus seguidores escreviam 3 mil cartas por dia para os eleitores.[519] Esses serviços foram importantes, mas Jones dispunha de um recurso ainda mais valioso para Moscone: a frota de ônibus do Templo. No dia 11 de dezembro, os eleitores do Western Addition foram apanhados nos pontos combinados — ou até na porta de casa, se preferissem —, levados para os locais de votação e, depois, deixados de volta em seus bairros ou casas.

Jim Jones Jr. contou que alguns ônibus foram ainda mais longe: "Eu assisti a uma reunião do meu pai com Moscone. Eles estavam tentando achar pessoas em Los Angeles que votassem em San Francisco. No dia da eleição, mandaram nossos ônibus buscá-los. Tinha bastante gente, e foi tudo muito bem planejado. Quando meu pai pegava uma coisa para fazer, fazia direito".[520]

No dia 11 de dezembro, Moscone teve uma vitória apertada — 51% contra 49% para Barbagelata —, uma margem de apenas 4.400 votos, de um total de 198.741. Era pouco abaixo do número de pessoas que votaram no primeiro turno, em 4 de novembro, um total de 207.647, o que indicava que Barbagelata havia herdado uma porcentagem bem maior de votos dos outros candidatos do primeiro turno que Moscone. Foi a ajuda de Jones e do Templo Popular que pesou na vitória de Moscone, e o prefeito eleito e seu adversário sabiam disso. Barbagelata exigiu uma recontagem, o que só rendeu umas poucas dezenas de votos a mais. Por fim, Barbagelata acusou os membros do Templo Popular e outras pessoas sem registro eleitoral de falsificar votos para Moscone e pediu uma apuração rigorosa. Jones e o Templo não apenas trabalharam para eleger Moscone, mas também para que o liberal Joseph Freitas vencesse a eleição para promotor. Freitas e sua equipe — para a qual Tim Stoen acabou sendo contratado — fizeram uma auditoria e concluíram que não havia fraude. Stoen, em seu livro, escreve que o Templo Popular não foi alvo de investigações.

Cinco dias após o segundo turno, Jones recebeu uma ligação de Moscone e gravou a conversa. Uma secretária do Templo anotou: "Moscone basicamente reconhece que ganhamos a eleição para ele e promete um cargo para J".[521] Na cabeça de Jones, isso era só o começo. O Templo elaborou uma lista de membros que Jones considerava qualificados para "cargos assalariados" e "cargos em comissões", com breves descrições de cada um.[522]

Nem Jones, nem nenhum de seus seguidores ganharam cargos logo de cara, com exceção de Michael Prokes, indicado para uma comissão de 48 membros que tinha por objetivo selecionar candidatos para trabalhar no governo de Moscone.[523] Nenhum membro do Templo foi escolhido, o que, nos bastidores, gerou atritos entre o Templo e a prefeitura. Porém, Moscone deixou claro que considerava Jim Jones, do Templo Popular, um amigo íntimo e uma figura pública de respeito. A presença do prefeito nos encontros do Templo era revestida de solenidade. Freitas e o xerife liberal reeleito, Richard Hongisto, também frequentavam os cultos, ficavam em pé e cantavam junto do restante da congregação, mesmo quando as músicas eram descarados hinos socialistas. Enquanto se balançavam e cantavam, Jones filmava, às escondidas, sua entusiasmada participação. Talvez um dia precisasse lembrá-los da dívida que tinham para com o Templo.

Outros líderes locais também começaram a ir nos cultos; o mais importante era Harvey Milk. Ele havia sido derrotado uma vez na disputa da vaga no Conselho de Supervisores. No entanto, uma das prioridades do governo de Moscone era subdividir o distrito eleitoral, para que a composição do Conselho representasse de forma mais justa os vários setores do eleitorado. Pelo visto, seria assim nas eleições seguintes e Milk se preparava para concorrer de novo. Jones, por sua vez, estava bastante empolgado com a possibilidade de Milk designar Tim Carter e mais alguns como contatos de confiança no Templo para atender qualquer demanda sua — impressão de santinhos, cabos eleitorais para visitas de porta em porta. Carter, como quase todos os membros do Templo que conheceram Milk, gostou muito dele: "Antes de conhecê-lo, o que eu sabia de gays era que tinha urso e bicha velha. Mas Harvey e eu ficamos amigos, eu ia à casa dele, andava com ele e seu companheiro, e vi que casal gay é só isso, um casal. O Templo tinha isso de legal: lá a gente podia crescer como pessoa, de conviver, aprender a aceitar e dar valor a todos os tipos de pessoas".

A influência de Jones chegava ao Senado estadual, em Sacramento. O vice-governador Mervyn Dymally vinha de Trinidad e Tobago e foi um dos primeiros homens negros eleitos para cargos estaduais na Califórnia desde a Reconstrução. Ficou tão impressionado com Jones e o Templo que chegou a acompanhar o pastor em uma viagem à Guiana, onde garantiu aos governantes locais que Jim Jones era um homem muito importante. O governador Jerry Brown também não escondia seu apreço por Jones. Certa vez, em razão de um mal-entendido sobre o horário, não pôde comparecer a um culto do Templo no qual iria discursar, mas fez questão de ligar durante o culto para pedir desculpas. Jones atendeu ao telefonema em particular e o gravou para mostrar aos fiéis, que ouviram o governador da Califórnia pedindo humildes desculpas à congregação.[524]

Os membros do Templo em San Francisco adoravam ver o vice-governador Dymally, Willie Brown e o prefeito Moscone — políticos eleitos com poder para transformações políticas e sociais como as que a igreja buscava. Para os membros mais radicais, melhores ainda eram as visitas e os sermões de convidados como Angela Davis, ligada ao Partido Comunista e aos Panteras Negras; Dennis Banks, do Movimento Indígena Americano; e Laura Allende, cujo irmão marxista, o presidente do Chile, Salvador Allende, fora deposto e assassinado em golpe militar, segundo rumores, apoiado pelos Estados Unidos. Aquilo tudo passava a sensação de que os membros do Templo trabalhavam com os mais célebres ativistas da época. Jones alimentava esse sentimento. Os membros do Templo não viam essas pessoas inspiradoras apenas no noticiário; eles as *conheciam*. Jones havia prometido que o Templo entraria para a história. Tirando os aspectos mais incômodos de seu ministério — os achaques, as agressões físicas, a encenação —, a promessa estava se cumprindo. Os membros do Templo Popular estavam ajudando a construir um mundo novo e melhor. Se algum seguidor ainda tinha dúvidas, ali estava a prova.

40
MAIS DINHEIRO

No dia da votação do segundo turno das eleições municipais, Tim Stoen não estava em San Francisco.

Quando o Templo Popular foi criado, mal tinha dinheiro para se manter, mas em 1975 a situação financeira era bem mais confortável. Boa parte do dinheiro era devidamente registrada nos livros contábeis. Embora a igreja não pagasse imposto, Jones fazia questão de manter a contabilidade sempre em dia, para evitar surpresas desagradáveis em caso de fiscalização. Também tinha algumas contas bancárias particulares: embora proclamasse aos quatro ventos que nunca havia recebido salário como pastor do Templo e que a família era sustentada pelo salário que Marceline ganhava como funcionária pública, sempre precisava de um dinheiro disponível para as despesas pessoais, como as viagens de férias em família, das quais poucos membros da igreja sabiam. Jones também escondia dinheiro em poupanças no nome de familiares. As contas no nome de Marceline chegaram a somar 200 mil dólares (quase 800 mil dólares em valores atualizados).[525] A mãe de Jones, Lynetta, chegou a ter 89.584 dólares (380 mil dólares em valores atualizados) em oito bancos diferentes na Califórnia.[526] A julgar pela contabilidade oficial e pelas contas pessoais de Jones, dinheiro não faltava.

Mas nem isso tranquilizava o pastor — pelo contrário, a riqueza do Templo alimentava sua paranoia. Ainda que houvesse um quê de compulsão por trás de suas artimanhas para garantir que ninguém além de si mesmo soubesse quanto dinheiro havia, e onde estava guardado, isso também era parte de um plano deliberado.

Jones nunca aceitou dividir o que tinha — eram os filhos *dele*, a igreja *dele*, os seguidores *dele*, o dinheiro *dele*, que controlava tudo do jeito que bem entendia, sem dar satisfação a ninguém. Ainda em Indianápolis, falsificava descaradamente os relatórios anuais que enviava para a divisão regional dos Discípulos de Cristo, declarando o tamanho da congregação e a arrecadação anual muito abaixo dos valores reais. E, não satisfeito, contribuía com a denominação em um percentual muito menor que o das outras igrejas. Na Califórnia, parou de adulterar os números da congregação do Templo, que crescia cada vez mais, porém continuou enviando pouquíssimo dinheiro para a denominação.[527] Décadas mais tarde, o reverendo Scott Seay, estudando documentos empoeirados em um seminário dos Discípulos de Cristo em Indianápolis, comentou: "Era como se [Jones] dissesse: 'Mais do que isso eu não dou', quase desafiando as pessoas a contestá-lo, mas ninguém ousava".

Jones também não gostava da obrigação de se submeter a um processo de aprovação para obter isenção de impostos estaduais. Com o crescimento do Templo Popular na Califórnia, começou a ficar preocupado com a fiscalização e, cada vez mais paranoico, temia que o governo bloqueasse as contas bancárias do Templo alegando que a igreja estava usando o dinheiro para fins subversivos. Em certa época, incumbiu Terri Buford de maximizar as receitas do Templo. "Ele sempre me mandava fazer CDBs, com mais ou menos 1 milhão de dólares para resgatar em seis meses, outro para resgatar em um ano, e mais outro para resgatar em dois", lembrou ela. "Naquela época, as taxas de juros estavam na casa dos 10%, e [Jones] queria usar o efeito bola de neve dos juros para gerar renda." No entanto, esse tipo de rendimento, contabilizado e declarado pelas instituições financeiras, ainda estava sujeito ao escrutínio do governo. Jim Jones queria tirar sua grana do mapa. Por isso, em 1975, mandou Tim Stoen pesquisar formas de transferir o dinheiro do Templo para algum lugar fora da jurisdição tributária norte-americana. Stoen fez uma pesquisa e, por fim, recomendou que Jones abrisse contas no Panamá. O Templo constituiria empresas com sede por lá e mandaria dinheiro por meio de bancos panamenhos. Também alugaria cofres em bancos de outros países, "cujas chaves ficariam com membros de confiança do Templo".[528]

Jones aprovou. No início de dezembro, enviou Stoen ao Panamá para cuidar da parte jurídica. Depois disso, por ordem do pastor, outros membros do Templo começaram a fazer uma complicada série de viagens para lá, para depositar dinheiro nas contas criadas. Só Jones e talvez Carolyn Layton tinham conhecimento de todas as transações. Segundo Terri Buford: "Carolyn chegava com uns documentos financeiros e encobria a maioria das páginas, só mostrava a parte que eu precisava assinar, no final. Era meu nome que ia para várias delas; se desse algum problema, eu responderia na justiça. Na época, eu achava que sabia do dinheiro todo [que saía dos Estados Unidos], mas estava enganada".

Sob o comando de Carolyn ou Maria Katsaris, pequenos grupos de membros do Templo começaram a levar grandes montantes em dinheiro vivo dos Estados Unidos para os bancos panamenhos. Cheques administrativos ou transferências bancárias deixariam evidência documental. Jones até permitia algumas transações convencionais, mas dentro de certos limites. Na maior parte das vezes, os seguidores que enviava prendiam os pacotes de notas nas pernas com fita adesiva e usavam pochete debaixo da roupa. Chegavam ao Panamá de avião, levando malas cheias de coisas, que juravam para os fiscais aduaneiros que eram mantimentos para os missionários. Algumas, de fato, eram. Mas sempre havia malas com caixas de absorventes. Os fiscais panamenhos, quase todos homens, quando muito, passavam o olho nas caixas. Com isso, acabavam deixando passar embalagens vazias de produtos de higiene íntima feminina recheadas de dólares.

Logo, Jones começou a depositar dinheiro em bancos suíços também, mandando suas emissárias vestidas com tailleur de grife para despistar os agentes do governo norte-americano que, tinha certeza, tentariam segui-las.[529] Marceline também fazia essas viagens para o exterior, e o dinheiro que depositava nos bancos ia para contas em seu nome, no do marido ou mesmo no dos filhos. Ao que tudo indica, Carolyn sabia dessas contas, pois tinha autorização para sacar em pelo menos uma delas, assim como Stephan e Marceline.[530]

Também havia depósitos a fazer em bancos guianenses. Na Guiana, porém, as transações não eram feitas às escondidas, porque a ideia era mostrar às autoridades que o Templo Popular investia no país. O dinheiro chegava dos Estados Unidos para os bancos de Georgetown em transferências de 100 mil a 200 mil dólares, e era usado quase na mesma hora. Por mais que se matassem de trabalhar, os Desbravadores do Templo, que somavam algumas poucas dezenas, não conseguiam desbastar a mata sozinhos, por isso contrataram mão de obra indígena, entre cinquenta ou sessenta ajudantes por vez. O pagamento era relativamente baixo, cerca de 35 dólares por mês para cada um, e representava uma pequena fração das despesas de construção, que, alguns meses, chegavam à casa das centenas de milhares.[531] Para Jones, os gastos exorbitantes eram temporários. A ideia era que, assim que conseguissem limpar um bom trecho de floresta, e uns quinhentos membros do Templo fossem para lá, Jonestown se tornaria autossuficiente. Até lá, Jones toleraria a gastança, mas a contragosto.[532]

Com o volume das transações realizadas em vários países todo mês, ficou impraticável manter duas contabilidades paralelas — a oficial e a pessoal. Com o passar do tempo, foi desenvolvido um código para controlar as finanças complexas. Embora achacasse a Bíblia nos cultos, Jones começou a usar uma como livro contábil secreto: em páginas específicas, rabiscava dados codificados de contas na parte interna de uma dobra. Essa Bíblia ficava sempre no quarto privativo de Jones, onde só entravam, além dele, Carolyn e Maria. Terri Buford, que cuidava da contabilidade do Templo, calculava que as contas da igreja no exterior tivessem um saldo de 8 milhões de dólares. Na verdade, o total era por volta de 30 milhões.[533]

Mesmo assim, em vários cultos em San Francisco, Jones pedia que os fiéis tirassem o relógio de pulso e doassem para a causa: havia bastante procura por esse tipo de produto na Guiana e, se não entrasse mais dinheiro, o projeto corria o risco de fracassar. Cada centavo fazia a diferença, bradava Jones para os seguidores. Quando a meia dúzia de ofertas que os fiéis faziam todo culto não rendia o resultado esperado, Jones os repreendia e mandava passar as bandejas mais uma ou duas vezes.[534] Mal sabiam eles da imensa fortuna que a igreja já havia acumulado, nem a razão para o apetite insaciável do pastor por doações.

41
DISSIDÊNCIAS

Ao aceitar ajudar George Moscone no segundo turno das eleições municipais, realizado em dezembro de 1975, Jones esperava que o prefeito retribuísse prontamente o favor com um cargo de prestígio na administração municipal. Quando Moscone acenou com uma oferta, em março de 1976, Jones ficou decepcionado: era uma vaga na Comissão de Direitos Humanos de San Francisco. Anos antes, Jones abocanhou, feliz da vida, uma indicação para a então inócua Comissão de Direitos Humanos de Indianápolis, e lá conquistou grandes avanços na luta pela integração racial praticamente sozinho. Em San Francisco, porém, Jones seria só mais um na luta por avanços em uma cidade progressista. Não haveria espaço para se destacar. Por isso ele recusou o cargo, sinalizando que esperava uma oferta melhor em breve e recomendando Johnny Brown para a vaga. Brown não foi nomeado.

Dois meses depois, Michael Prokes, identificando-se como "pastor auxiliar" do Templo, escreveu para Moscone dizendo que havia uma grande decepção entre os membros da igreja, pois nenhum deles tinha sido indicado para comissões municipais ou ganhado cargo na prefeitura, apesar da extensa lista de candidatos entregue ao prefeito. Para eles, era "triste constatar" que outros indicados e contratados não tinham, nem de longe, apoiado Moscone como Jones e seus seguidores quando o ainda candidato corria o risco de perder no segundo turno. A congregação do Templo estava "com o moral lá embaixo" e "a sensação geral" era de que "[Jim] é um pouco sonhador demais para a política". Falando em nome dos presbíteros do Templo Popular, Prokes sugeriu ao prefeito "agilizar [ou garantir, com previsão de data] a indicação dos nomes da lista que [nós do Templo] enviamos para o senhor [...]. Solicitamos [...] resposta imediata para Jim ou Timothy Stoen, um dos pastores auxiliares do Templo que hoje tem um cargo de destaque na promotoria, uma posição que Jim certamente não pediu, mas que, sem dúvida, fortaleceu a estima de nossa congregação pela promotoria".

Moscone ainda aparecia nos cultos do Templo vez ou outra, porém a carta ficou sem resposta. Jones não gostou muito, mas por ora preferiu evitar novas exigências. Falava-se na possibilidade de convocar um referendo para revogar o mandato do prefeito e dissolver o Conselho de Supervisores. Ainda que Moscone deixasse de conceder os favores que devia, um homem com a sensibilidade política de Willie Brown certamente o lembraria de como precisava do apoio de Jones e do Templo Popular. Nesse meio-tempo, a preocupação maior de Jones era uma onda repentina de dissidências de membros importantes do Templo, a começar por Grace Stoen, em julho.

No início do segundo semestre de 1976, Grace andava desencantada com a igreja e seu líder. Jones tinha passado a esnobar as outras pessoas: "Vocês nunca terão o poder que eu tenho. É de nascença. Tem gente que canta. Eu nasci foi para rogar praga nos outros. É uma responsabilidade e tanto".[535] Ela não suportava mais o Templo, muito menos Jones, principalmente depois de se aproximar de outro membro, Walter Jones (que, apesar do nome, não era parente de Jim). Grace e Walter fugiram no dia 4 de julho, enquanto Jones cuidava da comemoração do feriado da Independência. Ela não levou o filho, John, então com 4 anos: o menino era criado pela comunidade, e levá-lo de repente chamaria muita atenção. Além do mais, não tinha dúvidas de que a criança estava sendo bem cuidada. No dia seguinte, Grace ligou para explicar a Jones por que tinha ido embora e acertar um plano de guarda compartilhada do filho. Jones disse que ser criado pelo Templo era o melhor para o menino, que Grace deveria voltar e que sua tentativa de deserção seria perdoada.

Ela não revelou a Jones onde estava, mas falou outras vezes com ele por telefone, e os dois chegaram a um acordo. Grace gravaria uma mensagem para os membros do Templo, explicando que havia partido em missão, e não saído da igreja. Em troca, teria permissão para visitar o filho em um culto em setembro, em Los Angeles, e poderia ir embora sem ser importunada, mas sem levar o menino. Assim foi feito. Mais tarde, Grace se reuniu com Jones e Tim Stoen. Não se sabe ao certo o que conversaram. Em seu livro, Tim Stoen mencionou apenas que "[Jones] tentou convencê-la a voltar para o Templo ou, pelo menos, revelar onde estava morando. Ela não cedeu".[536] Porém, mais tarde, em Jonestown, investigadores encontraram vários documentos sem data, com a assinatura de Grace Stoen, autorizando a ida do filho para a Guiana e isentando Jones e o Templo de "toda e qualquer responsabilidade ou demanda judicial".[537] O que certamente ficou acordado foi que, se o menino fosse para a Guiana, o Templo bancaria as viagens periódicas da mãe para visitá-lo. Ao que parece, Grace aceitou essa possibilidade e, para manter aberto o canal de negociação com Jones, assinou os documentos.

O papel de Tim Stoen em tudo isso era curioso. Já havia decidido largar o Templo, mas amava John Stoen e o via como filho, biológico ou não. Depois da saída de Grace, que nem Stoen esperava, segundo contou em seu livro, o melhor a fazer, se quisesse continuar a ter contato com o menino, era ficar na igreja e tentar fazer a ponte entre Jones e a ex-esposa.

Jones estava mais preocupado com a possibilidade de perder o controle sobre John Stoen do que com possíveis depoimentos comprometedores de Grace à justiça. O menino era um xodó seu, com cabelo preto e olhos escuros e expressivos iguais aos do pastor. Em setembro, quando as primeiras dezenas de pessoas começaram a se estabelecer em Jonestown, Jones foi pedir a autorização de Tim Stoen para levar John para a Guiana, onde continuaria aos cuidados das mesmas fiéis que já o criavam de maneira comunitária. Seria mais difícil para Grace levar o filho embora da Guiana caso os tribunais norte-americanos concedessem a ela a guarda da criança.

Em seu livro, Stoen explicou que concordou com a ida de John, "imaginando que seria um artifício de Jones para trazer Grace de volta para o Templo, e que [a permanência de John em Jonestown] seria por pouco tempo, já que Jones, assim como eu, ia querer ficar perto de John e, no auge como estava, não largaria tudo para ir à Guiana, pelo menos não tão cedo". John Victor Stoen foi levado para a América do Sul. A mãe só ficou sabendo em novembro.

Naquele verão, outras pessoas se desligaram do Templo. Fossem outros tempos, a significativa perda de fiéis teria abalado a igreja tanto quanto a saída da Turma dos Oito. Neva Sly fugiu, deixando para trás o marido, Don, e o filho. Já havia sido punida por fumar. Ao reincidir no erro, levou uma surra que a deixou machucada, e aceitou a ajuda dos colegas de trabalho para fugir. Foi seguida durante meses por gente da igreja, e chegou a ser interpelada em um restaurante. Disseram que o Pai sabia onde ela estava e que era melhor ficar de bico calado e não fazer nada contra ele ou o Templo. Neva não tinha essa intenção. Só queria ir embora, e isso a obrigou a se separar para sempre do marido e do filho, que continuaram fiéis ao Templo.[538]

Joyce Shaw também saiu. Depois de se tornar praticamente insubstituível como mãe adotiva de dezenas de crianças e adolescentes acolhidos pelo Templo, ficou ofendida por ser questionada pela Comissão de Planejamento. O ultraje foi maior porque, além das constantes responsabilidades como mãe, ainda trabalhava fora e doava todo o salário para o Templo. Em julho de 1976, menos de duas semanas depois da saída de Grace Stoen e Walter Jones, foi a vez de Shaw. Depois de sair, conversou algumas vezes com o marido, Bob Houston, e também com Jones, mas não cedeu aos apelos para voltar.[539] Bob Houston tinha dois empregos e também fazia parte da Comissão de Planejamento. Andava sobrecarregado demais. No dia 4 de outubro, o corpo de Houston foi encontrado no pátio ferroviário da Southern Pacific Railroad, estraçalhado como se tivesse deitado na linha férrea e sido atropelado por um trem. Imaginou-se que tinha cochilado ou desmaiado na ferrovia. Para alguns membros, a possibilidade de ele ter adormecido e caído nos trilhos bem no momento em que um trem passava era aterradora. Jones costumava usar os sermões para alertar sobre as coisas terríveis que podiam acontecer a quem perdesse sua proteção, e vivia pegando no pé de Bob. E se o tivesse usado uma última vez, para mostrar o que poderia acontecer com quem deixasse o Templo?[540]

O pai de Bob Houston, Sam, era fotógrafo da Associated Press. Tinha amizade com o deputado Leo Ryan, do Congresso dos Estados Unidos, cujo 11º distrito eleitoral incluía uma larga faixa da região da baía de San Francisco, ao norte de Oakland e Berkeley.[541] Ryan, que era do Partido Democrata, gozava de grande popularidade junto ao eleitorado, mas não tanta entre os colegas da Câmara dos Deputados. A maioria gostava dele como pessoa, mas desaprovava sua mania de fazer tudo para aparecer. Para investigar denúncias de corrupção no sistema penitenciário, deixou-se prender, com identidade falsa, e passou um tempo na

Penitenciária de Folsom. Na Terra Nova, no Canadá, interceptou caçadores que, segundo ele, pretendiam matar filhotes de focas. A cada novo episódio, o deputado ganhava os holofotes da imprensa. Alguns congressistas — "decerto mordidos de inveja do colega que sabia se dar bem nas manchetes", de acordo com o ex-presidente do Congresso, Jim Wright — especulavam qual seria a próxima patacoada midiática de Ryan.[542]

Quando Sam Houston comunicou suas suspeitas a Ryan, o deputado ficou intrigado. Tinha outros assuntos urgentes para resolver, mas prometeu ao amigo que, assim que possível, ele e seus assessores investigariam o caso. Muitos membros do Templo moravam no 11º Distrito, ou pelo menos vinham de lá. Ryan achou que deveria sondar o que andavam falando da igreja.

Jim Jones não tinha dúvidas de que ele e sua igreja estavam sendo vigiados de perto pelo governo, mas, ao mesmo tempo, se achava invencível. Era esperto demais, *especial* demais para ser subjugado por seus inimigos. Vivia inventando planos mirabolantes para contra-atacar os adversários do Templo no governo ou, dependendo da ameaça, fazer uma declaração revolucionária grandiosa que pudesse intimidar os adversários inimigos ou, pelo menos, ficar registrada como um histórico gesto de resistência. A ideia de suicídio coletivo, inspirada no cerco de Massada, já fora aventada na Comissão de Planejamento e em reuniões fechadas da igreja. Jones tinha mais algumas ideias.

O Departamento de Distrações, comandado por Terri Buford, havia sido criado para espalhar boatos sobre líderes evangélicos rivais e seus seguidores, mas começou a receber tarefas mais sinistras. "Jim queria que eu fosse para a Líbia e entrasse em contato com [Muammar al-] Gaddafi", contou Buford. "Ele queria juntar a gente com os revolucionários certos, fazer esse tipo de contato. Não cheguei a ir, mas essa era só uma das ideias. Tinha também uma conversa de envenenar a água de uma cidade como retaliação caso alguém fizesse algo contra a gente. Chegamos a pesquisar sobre isso."[543]

Neva Sly acrescentou: "A gente acreditava que ele tinha a tal da bomba atômica. A história era que estava no México, pertinho, se a gente precisasse. [Jones] às vezes falava nisso".

Um dos planos era ainda pior. "[Jones queria mandar] Maria Katsaris para uma escola de aviação em San Francisco para aprender a pilotar", revelou Terri Buford. "Ela ia arranjar um avião, meter uns duzentos membros do Templo e o derrubar, para mostrar que a gente preferia morrer a se corromper se curvando ao governo norte-americano. Ela disse que topava, só não queria fazer curso de aviação. Não ia ser igual ao 11 de setembro, jogar o avião em um prédio e matar gente inocente. Quem morreria seria só a gente, como sempre. [Jones] nunca poupava ninguém. O [plano de] suicídio coletivo não surgiu na Guiana."

Jim Jones se perdia em delírios. Mas queria que seus seguidores, principalmente os da Comissão de Planejamento, delirassem junto. Além de ceder bens pessoais, eram obrigados a redigir e assinar uma declaração manifestando a intenção de cometer atos terríveis (um dos mais frequentes era matar o presidente) ou confessando já os terem cometido.

Os sermões desconexos foram ficando ainda mais bizarros. Jones desafiava Deus ("Eu vim libertar, Ele veio esculhambar") e dizia que, em outra vida, havia observado Jesus, drogado e ainda com vida, ser tirado da cruz por discípulos leais ("Ele foi para a Índia e ensinou muitas coisas lá. [...] Pouco me importa se vocês acreditam ou não."). Algumas vezes, chegou a se proclamar extraterrestre: "Eu era o ser mais elevado de [outro] planeta, [e] só eu consegui descer aqui". Os seguidores teriam que amargar incontáveis encarnações na Terra até "desenvolverem a sensibilidade. Aí, vão se libertar dos grilhões terrenos e vão para um campo avançado de mestres em outro planeta. [...] É para isso que estou me desdobrando tanto".[544]

Lendo essas declarações décadas depois, o delírio de grandeza fica evidente. Só que muitos seguidores de Jones não encaravam a coisa dessa forma. Àquela altura, havia poucos fiéis recém-chegados. Jones já tinha números para impressionar os políticos e gente de sobra para despachar nos ônibus para passeatas pela liberdade de imprensa ou protestos contra alguma lei. Conseguir novos adeptos, pelo menos em San Francisco e Los Angeles, não compensava o trabalho de filtrar os que se entregariam de verdade. Entre os que já eram membros, poucos se lembravam dos tempos de Indianápolis, quando Jim Jones ainda não se autoproclamava Deus.[545] Já os que ingressaram depois de Ukiah foram se condicionando às pretensões do pastor, enquanto elas se tornavam cada vez mais ousadas. Nas palavras de Tim Carter: "Era como um sapo numa panela de água. Se for lançado em água fervente, ele pula para fora na hora. Mas, se o puser na água morna e for aumentando o fogo aos poucos, ele cozinha até morrer, mas não sai da panela". Alguns fiéis não acreditavam em nada daquilo, mas seguiam Jones porque queriam ajudar a promover o socialismo.

E havia muita gente entre um extremo e outro. Acreditavam no socialismo e não chegavam a ver Jones como Deus, mas achavam que ele tinha algum tipo de poder — ler pensamentos, prever o futuro, ou realizar curas milagrosas. Para quase todos os membros do Templo, Jones demonstrava ser especial, ainda que não soubessem definir em que sentido, e graças a ele muitas coisas boas estavam acontecendo. Apesar das dissidências aqui e ali, a grande maioria se mantinha leal.

O próprio Jones passou boa parte de 1976 mais contente do que preocupado. Em sua cabeça, as dissidências mais problemáticas já haviam sido contornadas. Grace Stoen estava sob controle, e John estava a salvo em Georgetown. Neva Sly e Joyce Shaw estavam bem intimidadas. Mesmo com as saídas de membros e a demora do prefeito Moscone em apresentar uma indicação decente, as conquistas de Jim Jones e do Templo Popular nos meses anteriores haviam sido tantas que já dava para considerar aquele ano um tremendo sucesso.

42

"O ANO DA NOSSA ASCENSÃO"

Marceline Jones sofreu um baque nas primeiras semanas de 1976. O marido comunicou que pretendia mudar-se para a Guiana e levar os filhos. Ela ficaria na Califórnia, tomando conta das coisas no Templo. Não houve conversa; não foi contemplada nem mesmo a opção de ir com a família para a Guiana e deixar outra pessoa cuidando dos assuntos do Templo nos Estados Unidos. Ela precisaria fazer o que Jones estava mandando.[546]

Arrasada, ela pediu para se consultar com um psiquiatra. Jones autorizou, mas, pelo jeito, o especialista escolhido não levava muito a sério o sigilo profissional, pois contava a Jones o que ouvia nas sessões, dando-lhe munição para manipular a saúde mental da esposa. À sogra, Charlotte Baldwin, Jones afirmou que o psiquiatra havia achado melhor afastar Marceline dos filhos com urgência, porque estava desequilibrada. Mas, como se sensibilizava com a situação da esposa, deixaria que ela ficasse com eles, pelo menos por ora. De qualquer forma, Jones já tinha mais uma arma para chantagear Marceline.

As notícias que chegavam da Guiana eram boas. As coisas em Jonestown estavam indo de vento em popa. Os Desbravadores do Templo estavam trabalhando firme na construção, embora o resultado demorasse um pouco para aparecer. E, segundo as cartas e os telefonemas, estavam todos se dando muito bem juntos. Algumas coisas ainda preocupavam Jones, principalmente as despesas exorbitantes. Maria Katsaris foi enviada para investigar. Chegando lá, informou que "depois que o dinheiro chega dos Estados Unidos, não dá para saber onde vai parar".[547] O jeito era adotar práticas mais rigorosas de contabilidade. Jones tinha certeza de que dava para resolver todos os problemas. O assentamento podia ainda não ser o paraíso tropical mencionado nos sermões, mas podiam chegar lá. Se — ou melhor, quando — isso acontecesse e Jonestown se tornasse a grande vitrine do socialismo, Jones teria um enorme palanque, um reino socialista para chamar de seu.

Em fevereiro, a mando de Jones, o conselho de administração do Templo deliberou que a missão da Guiana teria plena autonomia em relação à sede dos Estados Unidos. Tudo que mandassem para Jonestown — equipamentos, provisões — ficaria sob "controle total e irrestrito" da missão, assim como, no futuro, todos os recursos financeiros do povoado.[548] Quando Jones se mudasse para a Guiana, ficaria livre de interferências dos Estados Unidos.

Feito isso, chegou a vez de Jones colher os louros do sucesso. O dia em que o colunista Herb Caen escreveu sobre o pastor pela primeira vez no *San Francisco Chronicle*, em março, teve um gosto especial. A coluna era uma espécie de termômetro das celebridades na cidade. Caen não gastava tinta com qualquer um. Se alguém merecia espaço na coluna, era porque pertencia à elite de San Francisco. Por sinal, a estreia de Jones não poderia ter sido mais lisonjeira. Caen descreveu o líder do Templo descontraindo em um restaurante badalado, na companhia de Willie Brown e dois ex-prefeitos, e elogiou Jones e o Templo por apoiarem muitas causas importantes na cidade. Os poucos que conheciam Jim Jones de perto devem ter achado no mínimo risível a forma como Caen descreveu a personalidade do pastor — "fala mansa, humilde, não gosta de holofote, e não vai gostar de ver o nome dele no jornal" —, mas a grande maioria dos leitores acreditou piamente nessas palavras. Com isso, Jim Jones tornou-se não apenas uma liderança, mas uma personalidade de destaque em San Francisco.[549]

Caen passou a falar de Jones e do Templo com frequência. Ocasião não faltava. O pastor parecia onipresente, e não só em San Francisco. Embora não tivesse a menor chance de chegar a esse nível de projeção em Los Angeles, Jones fazia o suficiente na cidade para conquistar e manter certo grau de influência cívica e política. Em maio de 1976, o Templo Popular e os Muçulmanos Negros de Los Angeles organizaram um "Jubileu Espiritual" no centro de convenções da cidade. Foi um evento memorável, que contou com a presença de grandes nomes da política da Califórnia, como o vice-governador Dymally, Carlton Goodlett, Angela Davis e o prefeito de Los

Angeles, Tom Bradley.[550] Os laços entre Jones e Goodlett haviam se estreitado bastante. Os dois se tornaram sócios de uma empresa de importação e exportação, e investidores de um jornal negro de Norfolk, na Virgínia.[551]

No verão, Jones organizou outra excursão pelo país. Dessa vez, o roteiro incluía uma parada em Lynn, e já em clima de despedida. Seiscentos seguidores desceram em bando dos ônibus. Jones fez questão de reuni-los na porta da casa de Myrtle Kennedy, apresentando a desengonçada senhorinha como uma "segunda mãe".[552] Os membros do Templo acharam graça na descrição que a sra. Kennedy fez de Jim Jones na juventude como "um menino irrequieto e endiabrado". Depois, ela e Jones conversaram em particular. A sra. Kennedy contou à família que Jones a havia chamado para morar em Jonestown, onde tudo era perfeito e ela estaria bem cuidada. Mas recusou. De qualquer forma, o convite mostrava que Jones não havia esquecido a amiga que o havia ajudado em sua jornada.[553] Para ele, oferecer a oportunidade de viver em Jonestown era a forma mais generosa possível de agradecer. Pelo menos até certo ponto, Jones acreditava em seus próprios desatinos.

Após passar por Washington, Filadélfia, Cleveland, Detroit e Chicago, a caravana do Templo voltou para a Califórnia bem a tempo das comemorações do Bicentenário da Independência, em 4 de julho. As coisas transcorreram de maneira normal, apesar da saída de Grace Stoen, que Jones conseguiu abafar. Apesar do tom solene dos sermões ("se vocês se entregarem ao socialismo, não morrerão por acidente, nem de doença terminal; serão donos do seu destino e morrerão onde e quando for útil ao socialismo"[554]), os seguidores se sentiam cada vez mais realizados; achavam que os elogios que Jones recebia nos jornais se estendiam ao Templo e a eles. O contrário também acontecia: se o pastor era alvo de críticas, os fiéis tomavam as dores. Mas, em 1976, não saiu nada de ruim sobre o Templo na imprensa. Em geral, os membros comuns do Templo viam o melhor de Jones — carismático, brincalhão, *cuidadoso*. Não presenciavam os desvarios nas reuniões da Comissão de Planejamento, nem a crueldade constante, quase corriqueira, de Jones com a esposa. Por muitos anos, o pastor fez de tudo para manter o Templo em regime de crise. Sempre na defensiva, falava dos provincianos da cidade ou das agências governamentais que estavam na cola deles, de um mundo cão do qual só ele podia proteger os seguidores. Àquela altura, porém, estava na cara que o Templo e seu líder estavam conseguindo a influência que sempre almejaram. A conquista ficou ainda mais óbvia no segundo semestre daquele ano.

Os membros do Templo vibraram de alegria ao saber do jantar de gala em homenagem a Jim Jones, a ser realizado no sábado, 25 de setembro, na igreja do Templo em San Francisco. Estava confirmada a presença de uma série de personalidades ilustres do meio político para prestar homenagem ao líder da igreja. A fim de evitar mal-estar ou saia justa com as celebridades, Jones explicou que, naquela noite em especial, seus seguidores deveriam chamá-lo de "Jim", e não de "Pai".[555] Já o outro aviso não teve tanta graça: cada membro deveria pagar 20 dólares para entrar, e ainda sair às ruas para vender ingressos ao público de fora.[556] Jones queria a casa cheia. As vendas começaram fracas. No domingo, os fiéis levaram bronca de Marceline, que ministrava o culto na ausência do marido, pela má vontade: se sobrasse um lugar vazio, seria um desrespeito ao Pai. O apelo surtiu efeito. Na noite do banquete, todos os lugares estavam reservados.

Antes disso, Jones deu outra notícia excelente. A campanha presidencial de 1976 já estava a pleno vapor. O presidente em exercício, o republicano Gerald Ford, enfrentaria o democrata Jimmy Carter nas próximas eleições. A esposa de Carter, Rosalynn, ia a um evento na sede do comitê de campanha do marido em San Francisco, e havia marcado uma reunião particular com Jones. Embora tivesse dito aos seguidores que "ela não pensaria duas vezes antes de colocar a gente num campo de concentração", Jones pretendia ir ao encontro.[557] Na verdade, tinha sido procurado por lideranças do Partido Democrata na região, pedindo que levasse alguns membros do Templo para garantir a casa cheia. Ele topou, mas com uma condição: que houvesse um lugar para ele no palco, próximo à sra. Carter, e pudesse dizer algumas palavras. Os organizadores concordaram de bom grado — em uma época em que tantos norte-americanos brancos temiam os Panteras Negras e outros revolucionários negros com suas palavras de ordem, seria um alento para os meios que cobriam o evento toparem com uma plateia cheia de membros de uma importante igreja negra.

Em 14 de setembro, como combinado, Jones e vários ônibus com membros do Templo chegaram ao evento. Dessa vez, o pastor estava usando um terno de corte impecável. Havia sido arrastado para uma loja de roupas pelo filho Jimmy, que pagou o terno sem deixar o pai ver o preço, 150 dólares. "Ele não teria aceitado", recorda Jim Jones Jr.

O evento transcorreu bem. A sra. Carter foi recebida com aplausos calorosos — quase tão calorosos quanto os aplausos dos membros do Templo quando seu líder foi apresentado. Jones e a sra. Carter conversaram em particular por alguns momentos, o que para ela foi visto como mera cordialidade de época de campanha, e não propriamente um assunto de relevância.[558] Alguns dias depois, ela ligou para Jones, em um gesto de agradecimento. O pastor contou que tinha bastante influência entre as igrejas dos Discípulos de Cristo, e se ofereceu para ajudá-la com a campanha da forma que precisasse. A sra. Carter disse esperar que Jones um dia conhecesse sua cunhada, a evangelista Ruth Carter Stapleton.[559] Mal sabia a futura primeira-dama que Jones, em um dos sermões seguintes, anunciaria que Jimmy Carter estava pensando em indicá-lo como embaixador dos Estados Unidos na Guiana.[560]

Após a eleição de Carter, em novembro, Jones escreveu para a primeira-dama contando que havia acabado de visitar Cuba, e sugeriu a possibilidade de mudar a orientação da política externa dos Estados Unidos com relação ao país socialista. A resposta da sra. Carter foi curta, escrita de próprio punho. Ela agradecia pela carta, dizia que havia sido um prazer conhecê-lo durante a campanha e reiterava os votos de que o pastor e Ruth Carter Stapleton viessem a se conhecer.[561] Para o presidente e sua esposa, o contato com Jones parava por ali. Para Jones, o breve encontro e a mensagem ainda mais sucinta significavam que ele cultivava relações com os poderosos, e ele não perdeu a oportunidade de se gabar quando esteve de novo com as autoridades guianenses — que, é claro, certamente gostariam de cooperar com um amigo e importante conselheiro do presidente e da primeira-dama dos Estados Unidos. "Não tinha como a gente não se impressionar", explicou Kit Nascimento.

Chegou então o jantar de gala. Políticos de peso compareceram para prestigiar Jones — do prefeito Moscone ao militante negro Eldridge Cleaver, dos Panteras Negras. A casa estava lotada. Na apresentação do convidado de honra, Willie Brown descreveu Jones como "misto de Martin Luther King, Angela Davis, Albert Einstein e presidente Mao". O ponto alto foi a entrega de um "diploma de honra" no qual se lia: "Por ocasião de jantar em sua homenagem, em reconhecimento de sua liderança e inspiração na consolidação das inúmeras obras humanitárias do Templo Popular, e em profundo reconhecimento de suas contribuições incansáveis e inestimáveis a toda a população da região da baía de San Francisco".

Após o evento, depois que os convidados de fora do Templo foram embora, Jones reuniu seus seguidores, afirmou que o jantar havia corrido bem — as autoridades, principalmente o serviço de administração fiscal, não se atreveriam a "bater na nossa porta depois dessa prova de fraternidade". O Templo também tinha domado a imprensa: "Qualquer problema, os jornalistas livram a nossa barra".[562]

Algumas semanas depois, o prefeito Moscone ofereceu a Jones uma posição no Departamento de Habitação, e ele aceitou. À primeira vista, o cargo não parecia tão propício a uma atuação de destaque como a vaga na Comissão de Direitos Humanos que Jones dispensara. No entanto, ele percebeu algo que poucos no governo de San Francisco enxergavam: a cidade havia avançado bastante nas pautas sobre diversidade. Moscone estava cumprindo a promessa de dar voz às minorias éticas, aos gays e à população de baixa renda em espaços de liderança. Só que a influência política não tinha efeito sobre a questão de onde essas pessoas podiam morar. Desde as primeiras reuniões em que Jones esteve presente, o caráter do órgão mudou drasticamente. Antes, os debates eram mais reservados, porque poucos cidadãos ou jornalistas se davam ao trabalho de comparecer aos encontros. Jones chegou fazendo barulho, levando consigo um séquito de membros do Templo que aplaudiria qualquer coisa que ele dissesse, e rodeado de guarda-costas para evitar possíveis atentados. Os seguranças nunca tiveram muito trabalho, mas sua presença deixava o clima bem mais tenso. Os comunicados de imprensa do Templo alardeavam que os pobres e as minorias que não tinham condições de morar em lugares melhores eram destratados de forma descarada, e os repórteres começaram a acompanhar mais de perto o trabalho do Departamento de Habitação, sempre à espera das frases de impacto de Jones. Em questão de meses, Moscone alçou-o à liderança da pasta, que se tornou o feudo particular do pastor.

Logo de cara, o Departamento de Habitação aprovou o uso de mais de 1 milhão de dólares em fundos de desenvolvimento comunitário para a desapropriação do International Hotel, um prédio em péssimas condições que pertencia a uma incorporadora cuja intenção era demoli-lo para dar lugar a um empreendimento novo e mais lucrativo. Nos anos anteriores, vinha servindo de moradia para idosos carentes que não tinham outros recursos nem condições de morar em um lugar melhor e corriam o risco de ir para o olho da rua. O entendimento da justiça era que os proprietários tinham direito de fazer com o imóvel o que bem entendessem. Graças à publicidade que Jones atraiu, milhares de manifestantes em passeata cercaram o hotel e fizeram de tudo para impedir o despejo. Boa parte dos manifestantes eram membros do Templo. O esforço fracassou. Após várias audiências, o Departamento de Habitação teve o direito de desapropriação negado. Os moradores miseráveis foram despejados. Já Jones, mais uma vez, foi exaltado na imprensa como o porta-voz dos oprimidos.[563]

Apenas um mês após o banquete de honra em San Francisco, foi a vez do Senado da Califórnia, em Sacramento, render homenagem a Jones. A Comissão de Regimento aprovou uma resolução com menção honrosa a Jones e ao Templo Popular pelo "exemplo de dedicação e preocupação com seus semelhantes, não apenas neste estado e país, como pelo mundo". Em outubro, na breve passagem por San Francisco de Walter Mondale, o candidato do Partido Democrata à vice-presidência, Jones estava entre os dignitários convidados para um evento de campanha. Após o encontro, recebeu uma carta de Mondale, declarando que "saber do profundo engajamento de [sua] congregação nas questões sociais e constitucionais do nosso país [...] é uma imensa inspiração para mim". Quando a chapa Carter-Mondale foi eleita, Jones foi correndo mostrar a carta do novo vice-presidente para as autoridades guianenses.

Depois disso não demorou muito para Jones começar a pensar em um novo cargo. Mais comedido do que de costume, não declarou a nova ambição logo de cara, mas preparou o terreno com algumas entrevistas com declarações um tanto oblíquas. Uma matéria no *Ukiah Daily Journal* observava que, "apesar dos clamores, o rev. Jones foi taxativo e afirmou que não vai disputar eleições", porque o Templo Popular continuava a ser sua prioridade.[564] Jones não descartava uma candidatura no futuro. Para um homem que já se considerava Deus, ou no mínimo uma divindade, uma candidatura a deputado da Assembleia Estadual da Califórnia, a prefeito de San Francisco, a vice-governador ou governador da Califórnia ou quem sabe a um cargo mais alto não estava fora de cogitação. Se as coisas continuassem caminhando bem para o Templo Popular e para ele, era possível sonhar com uma carreira política.

A prepotência começou a falar mais alto nos sermões do pastor e nas intrigas da Comissão de Planejamento. Quando Steven Katsaris, ex-padre da Igreja Ortodoxa Grega, começou a se queixar com os amigos do condado de Mendocino de que Maria, sua filha, era praticamente refém do Templo Popular, Jones convocou a comissão para pensar numa resposta à altura. O consenso orquestrado por Jones foi que, se Katsaris recorresse a autoridades governamentais ou à imprensa, Maria faria um depoimento dizendo que havia sido molestada sexualmente pelo pai.[565] Não era verdade, mas Maria consentiu, porque era Jones quem estava pedindo. A manobra inflou ainda mais seu ego. Sua jovem amante estava disposta a inventar uma acusação devastadora sobre o próprio pai só para proteger Jones e o Templo.

Nas reuniões reservadas do Templo, o pastor chegou a desdenhar do presidente eleito, Jimmy Carter. Não se falou mais na suposta oferta de cargo político a Jones. No dia 12 de novembro, Jones declarou que Carter seria uma "fonte de preocupação. Ele não vai salvar nossa gente. Vai nos levar para o inferno. A perfídia e a maldade espreitam por todos os lados".[566]

Em geral, os membros do Templo aceitavam tudo que Jones dizia e fazia, arrebatados pelas sucessivas vitórias. A coisa chegou a um ponto em que Jones já deixava os filhos mais velhos e seus amigos verem os truques usados para encenar as curas milagrosas. Longe de se decepcionarem, os garotos gostavam de acompanhar o processo, e mais ainda de ver o momento em que se consumava a cura.

Os filhos mais velhos de Jones confiavam tanto no futuro do Templo Popular que chegaram a fazer planos de comandá-lo no futuro, apesar de nunca chegarem a conversar a respeito com o pai. "Depois [do nosso pai], achamos que Stephan podia ficar com o vale de Redwood, Lew com Seattle, eu ficaria com Los Angeles, e Tim com San Francisco", revelou Jim Jones Jr. "Tim era extremamente determinado, Stephan queria se aproximar das pessoas, o Lew era gente fina, mas quem se dava com todo mundo era eu. Agnes não andava muito com a família, apesar de estar no Templo, e Suzanne era inteligente, mas nada ficaria na mão de uma menina. [O nosso pai] tinha aquele papo de igualdade [entre os sexos], mas, para ele, tudo girava em torno dos meninos."

Em 1º de novembro, o conselho de administração do Templo decidiu transferir a sede do Templo do vale de Redwood para San Francisco. Oito dias depois, aprovou um orçamento de 310 mil dólares para compras de grande porte para Jonestown, entre as quais dois caminhões a diesel e um navio cargueiro.[567] Havia a certeza de que Jonestown logo geraria excedentes agrícolas, que poderiam ser distribuídos para comunidades carentes ao longo da costa sul-americana.

Pelo menos uma vez na vida, Jones parecia quase satisfeito, ou até um pouco atordoado com tanto sucesso. No culto de Ação de Graças em San Francisco, uma solista do coro cantou "[There's] A Place for Us" [Há um lugar para nós], do musical da Broadway *West Side Story*, remetendo a Jonestown como a Terra Prometida, e o coro todo emendou uma impactante versão de um clássico gospel, "Nobody Knows the Trouble I've Seen, Nobody Knows But Father" [Ninguém sabe o que eu penei, só o Pai sabe]. Jones prostrou-se, e, com o rosto nas mãos, desatou a chorar. Cheios de emoção, vários seguidores choraram com ele.[568]

Jones passou os últimos dias de dezembro na Guiana. Além de Tim Stoen, que teve um reencontro feliz, embora breve, com John Victor, Jones levou o vice-governador Dymally, que participou das reuniões com o primeiro-ministro Burnham. O pastor tinha a expectativa de ser tratado como se também fosse chefe de Estado; com as obras da missão Jonestown de vento em popa, e supondo que Jones fosse bem próximo do presidente dos Estados Unidos, Burnham recebeu-o com todas as honras. Quando, na noite de 31 de dezembro, Jones e sua comitiva chegaram de volta ao aeroporto de San Francisco, o pastor disse para Stoen, em um arroubo de otimismo: "Este foi o ano da nossa ascensão".[569]

O ano de 1976 marcou o apogeu do Templo Popular e de Jim Jones. Os doze meses seguintes seriam bem diferentes.

43

NEW WEST

Para as crianças do Templo Popular, o ano de 1977 começou como de costume: com presentes de Natal. Jones criticava a forma como as pessoas de fora que estavam bem de vida celebravam a ocasião: enchendo os filhos de presentes caros, quando tantas crianças pobres ficavam de mãos vazias. No Templo, cada criança ganhava um presente de 16 dólares, que só chegava depois do ano-novo, porque comprar depois do Natal ficava mais em conta. Mas não eram os pais ou responsáveis que os entregavam. Essa alegria era reservada a Jones, que chamava os pequenos durante um culto no início de janeiro e entregava um pacote embrulhado com jornal e amarrado com barbante a cada um. Papel de presente com laço de fita era frescura burguesa e custava caro.[570]

Aquela celebração anual não foi tão feliz para Jones quanto costumava ser. O ano já começava com um problema familiar. Sua filha Suzanne e seu genro Mike Cartmell tinham se separado. Andavam cada vez mais distantes do Templo, mas não tocavam no assunto, por medo de que um dedurasse o outro ao pastor. O casamento tinha sido arranjado por ele. Como ousavam não viver uma união perfeita? Era de Suzanne que Jones mais tinha raiva. Como sua filha, ela deveria fazer suas vontades. E sua vontade era que ela voltasse com o marido, mas Suzanne não queria.

Havia vários casais infelizes no Templo, muitas vezes por causa dos casamentos arranjados por Jones. Até mesmo as uniões mais felizes eram entre pessoas que tinham mais fidelidade ao pastor do que a seus cônjuges. O matrimônio com gente de fora do Templo nunca era aprovado. Jones esperava que Suzanne e Mike dessem um exemplo de união feliz, mas os dois eram uma decepção.

Sua própria esposa também lhe deu dois grandes desgostos. No começo de 1977, a saúde de Marceline se deteriorou. Durante uma visita aos pais, em Indiana, foi parar no hospital e passou semanas internada, com problemas respiratórios graves. Quando voltou a San Francisco, largou o emprego de inspetora de saúde, por insistência dos médicos.[571] A não ser por alguns poucos membros do Templo, todos achavam que a família Jones vivia apenas da renda de Marceline. Em assembleia, o conselho de administração aprovou, com urgência, um salário anual de 30 mil dólares para Jones, que aceitou a oferta com fingida relutância.[572]

Também ficou furioso quando Marceline ajudou Stephan a encontrar um apartamento para morar sozinho, sem outros colegas do Templo. Stephan já era independente demais para o seu gosto. O jeito foi mandá-lo para Jonestown. O que era para servir de lição acabou sendo muito importante para Stephan. Além de adorar Jonestown, o jovem sairia um pouco da esfera de influência do pai controlador.[573]

Ainda em janeiro, Jones fez uma viagem curta a Cuba, acompanhado do dr. Carlton Goodlett e outros dignitários considerados simpatizantes pelo governo da ilha. Visitaram fábricas e escolas, e Jones, para contar vantagem, afirmou que, na última vez em que estivera no país, apoiara Castro em plena revolução. O governante cubano recusou audiência particular com o líder do Templo, que ficou profundamente ofendido.[574]

O mês de fevereiro não foi melhor para Jones. Mike Cartmell abandonou o Templo no dia 18. Mais ou menos na mesma época, Grace Stoen pediu divórcio de Tim e requereu a guarda do filho, John Victor. Ela já havia avisado a Stoen que ia "tomar providências"; a resposta de Jones foi mandar Tim Stoen para Jonestown, onde ficaria perto do filho e bem longe da justiça dos Estados Unidos.[575] Suzanne também abandonou o Templo, cortando todo o contato com o pai. Ainda continuou a falar com a mãe de tempos em tempos, mas não cedeu aos seus apelos para voltar.[576]

As notícias que chegavam da Guiana ainda eram positivas. Os Desbravadores continuavam a desbastar a selva, plantar e construir chalés para a primeira leva de moradores. Havia apenas cerca de cinquenta membros por lá. Os chalés que construíram era um milagre da ergonomia, com capacidade para uma família de quatro pessoas no andar de baixo, mais um sótão onde dava para alojar mais uma pessoa, desde que não fosse claustrofóbica. Não havia necessidade de cozinha — as refeições seriam comunitárias, claro — e de banheiros, já que seriam utilizadas casinhas com fossas e chuveiros coletivos. Fiscais do governo guianense faziam inspeções periódicas para verificar se estavam sendo cumpridos todos os termos do contrato de arrendamento. Saíam de lá admirados, assim como as autoridades da embaixada dos Estados Unidos em Georgetown, que também se sentiam no dever de conferir como andava o assentamento de tempos em tempos. Como descreveu o chefe adjunto da embaixada, Wade Matthews: "As pessoas falavam do trabalho com empolgação, e pareciam bem felizes, olhando de fora. Tinha um monte de crianças, que agiam de forma normal e levaram meus filhos até uma jaula grande e firme, para ver o chimpanzé que trouxeram da Califórnia".[577] Mr. Muggs foi um dos primeiros moradores de Jonestown.[578]

De início, o propósito de Jonestown era ser uma missão agrícola autossustentável, mas, assim que se tornou habitável para uns poucos colonos, virou uma espécie de refúgio para os membros mais problemáticos do Templo, a maioria adolescentes, e alguns marginais de rua como Chris Lewis, que havia acabado de ser absolvido de uma acusação de assassinato na Califórnia. Tom Grubbs e Don Beck ficaram encarregados de montar uma escolinha em Jonestown. Mas ignoraram o fato de que, na Guiana, todas as escolas deviam seguir o modelo educacional do país — mais tarde, haveria graves consequências.[579] Sob a supervisão de Gene Chaikin, o advogado principal do Templo na ausência de Tim Stoen, o Templo fez pais biológicos e responsáveis legais em situação de miséria "assinarem autorização para as crianças irem para a TP [Terra Prometida] com a pessoa [do Templo] que estivesse cuidando delas". Os procedimentos judiciais exigiam que a cessão da guarda fosse submetida a reavaliações anuais. Para os menores que já estavam na Guiana, explicou Chaikin, "se o tribunal exigisse que a criança se apresentasse, [e] o responsável [legal] estivesse sem condições de mandar [a criança] para os Estados Unidos, a corte ia mandar o dinheiro? [Claro que não.] Àquela altura, mesmo que os pais não concordassem, que escolha teriam para conseguir a criança de volta se [ela não] quisesse ir?". Chaikin garantiu a Jones que "a possibilidade de responder por rapto de menores a essa altura é remota".[580]

Ledo engano. Um detetive particular de San Francisco chamado Joseph Mazor já havia sido procurado por pais que haviam deixado os filhos com o Templo de forma temporária e que depois descobriram que eles não iam voltar. No começo, Mazor não deu muita importância à história, mas, quando ficou sabendo de outros pais na mesma situação, viu que poderia estar diante de um caso graúdo. Começou a fuçar aqui e ali, e foi só questão de tempo até ficar sabendo do pedido de divórcio e de guarda movido por Grace Stoen.[581] A bomba-relógio judicial estava armada.

Elmer e Deanna Mertle também não ficaram parados. Não eram os primeiros membros desiludidos a abandonar o Templo com a certeza de que haviam sido despojados de seus bens por meio de apropriação indébita. Mas foram os primeiros a levar o caso às autoridades, e ainda denunciaram outros crimes. Por fim, falaram com um agente do Departamento do Tesouro, alegando — com razão — que o Templo estava contrabandeando armas para Jonestown, escondidas em compartimentos secretos dos caixotes de comida.[582] Não eram recentes as promessas de Jones aos fiéis de que eles lutariam se fossem atacados por forças externas. A promessa se mantinha na Guiana tanto quanto nos Estados Unidos. Elmer e Deanna Mertle também acusaram os membros do Templo de viajar com passaporte falso e outras contravenções. As acusações do casal coincidiram com uma época em que vários membros do Templo faziam pedidos de visto para a Guiana — Jonestown estava pronta para as primeiras centenas de colonos. Foi o suficiente para a alfândega dos Estados Unidos abrir uma investigação sigilosa. Algumas remessas do Templo para Jonestown foram abertas e vistoriadas, mas, ao que parece, Jones foi avisado sobre a operação, e não foram encontradas armas.[583] Encerrada a investigação, o contrabando voltou a funcionar.

John Barbagelata, que havia sido derrotado nas eleições para a prefeitura de San Francisco em 1975, mas que ainda fazia parte do Conselho de Supervisores, continuava a afirmar que a eleição havia sido decidida com votos fraudulentos do Templo. Tudo indicava que não desistiria tão cedo. Ficou sabendo que crianças sob a tutela da igreja estavam sendo mandadas para Jonestown, e o dinheiro público que deveria ser usado para mantê-las era gasto com outras coisas. Marshall Kilduff, repórter do *San Francisco Chronicle*, achou que valia a pena apurar a nova acusação de Barbagelata, mas o editor não topou, o que deixou o jornalista ainda mais determinado. O *Chronicle* permitia que seus profissionais trabalhassem como freelancers para outros veículos de imprensa e, em março de 1977, a revista *New West*, respeitada publicação regional, aceitou a proposta de Kilduff de fazer uma reportagem investigativa sobre Jim Jones e o Templo Popular. Mais uma vez, os informantes de Jones o avisaram. Membros do Templo conversaram com o editor da *New West* e o convenceram de que uma matéria negativa provocaria um estrago irreparável na reputação da igreja e comprometeria suas obras assistenciais. A pauta de Kilduff foi derrubada. Pouco depois, no entanto, esse editor foi substituído, e o que entrou no lugar achou que valia a pena fazer a matéria. A pauta foi retomada e, em abril, Kilduff já estava em plena atividade.[584]

Jones ficou preocupado, mas não perdeu o sono. A *New West* era uma revista mensal, não um jornal diário de grande circulação. Que diferença faria se Kilduff repetisse algumas das acusações de John Barbagelata? Ainda que sem perder de vista as apurações de Kilduff, Jones voltou a atenção para assuntos mais urgentes.

A igreja comprou um casarão na capital da Guiana, Georgetown. Para Jones, era fundamental ter acesso fácil às autoridades governamentais. O imóvel de alvenaria, localizado no nº 41 da Dennis Street, em Lamaha Gardens — um dos poucos bairros nobres de Georgetown —, tinha dois andares e era pintado de amarelo claro. Além de espaços para escritório e equipamento de radioamador, havia ainda meia dúzia de quartos, o suficiente para comportar mais de vinte seguidores. A ampla sala de estar era usada para recepções; muitos figurões do governo guianense, solteiros e casados, gostavam de conversar e dançar com as belas jovens do Templo — Jones procurava sempre manter várias delas por perto.[585] Em geral, a coisa não passava de um flerte, com exceção de Paula Adams, que continuava envolvida com o embaixador da Guiana nos Estados Unidos, Bonny Mann, e fazia de tudo para esconder de Jones e dos colegas do Templo que correspondia aos sentimentos do amante. Como Jones esperava, Mann se tornou fonte constante de informações privilegiadas sobre o primeiro-ministro Burnham e seu gabinete.

Durante o dia, os membros do Templo que moravam em Lamaha Gardens cuidavam de assuntos específicos de Jonestown — procurar e adquirir equipamentos, marcar consultas médicas e odontológicas em Georgetown para os moradores da missão agrícola ou comprar e despachar alimentos para a população de Jonestown, que não parava de crescer. O assentamento estava longe de ser autossustentável. Ainda estavam sendo feito testes para descobrir o que poderia ser plantado. Enquanto isso, os membros do Templo na capital compravam meias carcaças bovinas e sacas de laranja e embarcavam para Porto Kaituma, onde um caminhão buscava e levava até a missão. Também mandavam peixes. Os barcos pesqueiros que trabalhavam perto de Georgetown deixavam os membros do Templo recolher as sobras do pescado e levar. Esses peixes eram submetidos a um congelamento rápido em uma loja no porto e despachados para Jonestown com carne e frutas. O Templo montou ainda um brechó na capital, para vender roupas e outros artigos dos quais os fiéis recém-chegados não precisavam na selva.

Outro grupo de Lamaha Gardens saía todo dia para "coletar". Andavam de porta em porta em Georgetown e nos arredores da cidade pedindo donativos para o Templo Popular. Não era tarefa fácil em uma cidade com tanta pobreza. Mas o Templo exigia que os "coletores" de Georgetown arrecadassem uma média de 100 dólares por dia. Quem descumprisse com frequência a meta corria o risco de ser enviado para Jonestown e obrigado a encarar a enxada todos os dias. Os que levavam mais jeito para pedir dinheiro, como a filha de Sharon Amos, Liane, nunca mais saíam dessa função. "Os guianenses eram muito generosos", contou Laura Johnston Kohl. "Muito educados com a gente, mesmo se não tivessem dinheiro." Quando Laura caiu na besteira de se envolver com um homem de Georgetown, soube que Jones não admitia aquele tipo de generosidade e logo foi transferida para Jonestown.[586]

Os habitantes do assentamento estavam sempre precisando de atendimento médico. Viviam no limiar de uma insolação ou desidratação, levando picadas de insetos vetores de doenças, torcendo ou dando mau jeito nas articulações, e sofrendo de outros males causados pelo calor e pelo trabalho extenuante. Jones encontrou um médico para a missão quando conheceu Larry Schacht, um jovem de Houston que abandonou a escola, se acabou nas drogas, foi parar no Templo em San Francisco e se recuperou no projeto de reabilitação da igreja. Como o passado conturbado do rapaz lhe fechava as portas nas faculdades de medicina dos Estados Unidos, Jones intercedeu por ele junto ao dr. Carlton Goodlett, que acionou seus contatos fora do país e conseguiu uma vaga para Schacht no México. Depois, para obter registro como médico nos Estados Unidos, Schacht continuou os estudos na Faculdade de Medicina da Universidade da Califórnia. O Templo Popular pagou seus estudos em ambos os casos. Schacht tinha consciência de sua dívida de gratidão com a igreja; sua lealdade a Jim Jones era absoluta.[587] Em 1977, recém-formado, foi para Jonestown, onde as condições rudimentares seriam complicadas mesmo para um médico experiente. Schacht teve que aprender tudo na prática. Entre os primeiros livros que pediu para mandar de San Francisco para a Guiana estavam *Do-In: A Pressão Digital*, New Childbirth [O novo parto] e *How to Stay Alive in the Woods* [Como sobreviver na selva].[588] Para sorte dos moradores de Jonestown, o médico novato contava com a assistência de várias enfermeiras experientes, como Joyce Beam e Annie Moore, que por vezes faziam o trabalho por ele.

Tim Stoen se tornou uma preocupação. Poucas semanas antes de chegar à Guiana, foi acusado por Jones de ser um agente infiltrado da CIA.[589] É provável que tenha sido só uma jogada para fazê-lo negar as acusações e jurar lealdade eterna. Grace Stoen estava brigando pela guarda de John Victor, portanto era preciso ter certeza de que Tim continuava do lado do pastor. Stoen, porém, que já andava desencantado com Jones e o Templo Popular a ponto de pensar em abandonar o barco, não gostou nada da acusação. Em março, chegou a sumir de cena — passou uns dias em Londres sem autorização — após uma viagem para Barbados e Port of Spain, em Trinidad e Tobago, para tratar de assuntos do Templo. Quando voltou para a Guiana, em 3 de abril, Jones também estava lá. Os dois conversaram sobre uma mulher da região da baía de San Francisco, que não era do Templo; Stoen estava apaixonado por ela, e Jones falou que talvez pudessem se casar e morar juntos na Guiana. Quando Jones voltou para San Francisco, Stoen ficou frustrado, sobretudo por ter passado tão pouco tempo com John Victor em Jonestown.[590]

Em 12 de junho, Stoen fez mais uma viagem não autorizada, dessa vez para Nova York. Alguns dias depois, seguiu para a Califórnia. Ao passar por uma banca de jornais no aeroporto de Oakland, deparou-se com uma manchete no *San Francisco Chronicle*: "Invasão suspeita em revista de San Francisco". Segundo a matéria, o escritório da *New West* havia sido arrombado. Um arquivo contendo material para uma reportagem que seria publicada pelo repórter da revista Phil Tracy e o jornalista freelancer Marshall Kilduff estava fora do lugar, mas não chegaram a levar nada. Tracy suspeitava que alguém pudesse ter "tirado [...] e fotografado" o conteúdo do arquivo. Era sobre o reverendo Jim Jones e o Templo Popular.[591]

Os repórteres da *New West* formavam uma dupla intimidadora. Kilduff era um jornalista experiente e sagaz, que já cobrira Jones na presidência do Departamento de Habitação. Tracy havia sido repórter investigativo do jornal *The Village Voice*, de Nova York. Os dois trabalhavam rápido e não deixavam rastros.[592] Por mais que tentasse, Jones não teria como descobrir com quem andavam falando. Temia que seu ex-advogado, Tim Stoen, pudesse revelar o que sabia.

Seria do feitio de Jones mandar arrombar a *New West*, e quem sabe descobrir o que Kilduff e Tracy estavam tramando, mas ele e o Templo não tiveram envolvimento na invasão. A polícia de San Francisco foi acionada pela revista e não encontrou indícios de crime. Descobriu-se mais tarde que um funcionário da *New West* havia esquecido a chave em casa e entrado pela janela, e sem querer esbarrou em alguns arquivos, inclusive o que estava com o material da reportagem sobre a igreja de Jim Jones. Tracy e Kilduff, de tanto ver o Templo se safar nas histórias que apuravam, cismaram que a invasão tinha sido a mando de Jones, e resolveram pegar ainda mais pesado na matéria que ia desmascará-lo.[593]

Jones queria ter uma ação judicial pronta para ser impetrada quando a matéria saísse, mas Stoen havia se ausentado sem autorização, e Gene Chaikin estava ocupado com assuntos de Jonestown. O Templo acabou contratando aquele que era talvez o advogado mais polêmico da região da baía de San Francisco. Charles Garry era branco e fez fama defendendo os Panteras Negras. Gostava de se declarar cristão e comunista, combinação perfeita para representar o Templo. Contratá-lo seria um risco político para Jones: até os democratas mais liberais torciam o nariz para o advogado, tido como uma figura controversa.[594] Mas, no início do segundo semestre de 1977, Jones já não acreditava que o prefeito Moscone cerrasse fileiras ao seu lado. O referendo revocatório estava marcado para acontecer no começo de agosto. Se na época das eleições Moscone dependia do apoio do Jones e do Templo Popular, àquela altura já tinha conquistado a simpatia da população de San Francisco com seu governo aberto e inclusivo. Estava na cara que sua vitória seria esmagadora, com ou sem o apoio do Templo.

Jones já estava cansado de saber que os políticos podem declarar amizade eterna um dia e jurar de morte no outro. Qual seria a reação do governador Brown, do vice Dymally, do prefeito Moscone e do deputado da legislatura estadual Willie Brown se a matéria da *New West* revelasse os segredos sujos do Templo? Charles Garry, pelo menos, sempre defendia de forma pública seus clientes, mesmo quando acreditava que tinham culpa no cartório. Jones sabia disso porque, depois de ser contratado pelo Templo, Garry disse a Terri Buford: "Sou igual ao Perry Mason, só que meus clientes são todos culpados". Era de um advogado assim que Jim Jones precisava. O preço também era salgado: 5 mil dólares de adiantamento, além de muitas horas de trabalho.[595] Estava aí uma coisa em que Jones não economizava.

Em maio, por motivos que viriam à tona um mês depois, Jones agilizou a ida dos fiéis para Jonestown. O plano original era enviar poucas pessoas por vez, até chegar a uma população máxima de quinhentos ou seiscentos habitantes. A previsão era que o processo levaria uns dez anos. Com a mudança de planos, Jones despacharia essa gente toda em questão de semanas. Tim Carter e Karen Layton foram a Nova York com a tarefa de encontrar os membros do Templo que chegavam da Califórnia e colocá-los no único voo diário para Georgetown. Muitos deles, em especial os mais antigos, nunca tinham viajado de avião e estavam perdidos.[596] Outros fiéis voaram da Califórnia para a Flórida, e de lá pegaram um avião ou um navio para a Guiana. Na medida do

possível, Jones não queria que gente de fora soubesse quantos seguidores estavam saindo do país.[597]

Em San Francisco, Jones pregava muito sobre reencarnação, compa-
rando o momento da morte e da próxima vida a uma chama que passa de
uma vela a outra. O tema do suicídio continuava bastante presente. Jones
era contra o suicídio de indivíduos por motivos egoístas, e advertia aos
seguidores que "a pessoa [que faz isso] regride quinhentas gerações [e] 10
mil anos" na jornada para alcançar a iluminação e evoluir para um plano
espiritual superior.[598] No feriado do Memorial Day, Jones participou de
uma manifestação contra o suicídio na ponte Golden Gate, da qual muitas pessoas desenganadas costumam se atirar. Suas palavras assumiram
um tom profético: "O suicídio é sintoma de uma sociedade indiferente.
[...] O suicida é vítima de uma situação inaceitável". E acrescentou que
andava tendo tendências suicidas, pela primeira vez na vida.[599]

Jones queria descobrir o que sairia na matéria da *New West*. Talvez os
repórteres falariam alguma coisa sobre o Templo ser alvo de inquérito
federal, uma suspeita que atormentava Jones. A mando dele, seu fiel seguidor Richard Tropp escreveu para o Serviço de Receita Interna (IRS),
o FBI e o Departamento de Álcool, Tabaco e Armas de Fogo do Tesouro
(ATF), exigindo saber se estavam investigando o Templo. Os porta-vozes
dos respectivos órgãos responderam que não havia investigações em andamento "no momento", e era verdade — o inquérito do ATF sobre contrabando de armas havia sido encerrado.[600] Mas *alguma coisa* Tracy e
Kilduff deveriam ter descoberto.

Algumas semanas antes da publicação da edição de agosto da *New
West*, Jim Jones fugiu, com certeza por orientação de Charles Garry, que
não queria deixar seu cliente dando sopa para ser interrogado pelos repórteres da revista ou encarar o massacre midiático que na certa o aguardava quando a reportagem saísse. Jones já havia mandado Stephan para a
Guiana; os outros três meninos, Lew, Jimmy e Tim, foram pouco tempo
depois. John Victor também estava lá. Kimo iria com a mãe, Carolyn. Com
os filhos que amava em Jonestown, na calada da noite, Jones se mandou
para o aeroporto de San Francisco e partiu ao encontro deles. Marceline
ficou para tomar conta do Templo na ausência do marido, supondo que
a ida de Jones para Jonestown seria temporária, como o próprio Jones
talvez achasse. Porém, quando a revista enfim chegou às bancas, a coisa
ficou mais feia do que Jones imaginaria em sua pior paranoia.[601]

A matéria trazia a manchete "Os bastidores do Templo Popular" em letras garrafais, e uma chamada que perguntava de modo ameaçador: "Jim Jones é uma das lideranças com maior poder político do estado. Mas quem é ele? E o que se passa atrás das portas fechadas de sua igreja?". Seguiam-se seis páginas de conteúdo devastador. Sem desperdiçar nem uma linha, Kilduff e Tracy iam direto ao ponto: as manobras de Jones para se aproximar de Rosalyn Carter e figuras políticas da Califórnia e de San Francisco; a Comissão de Planejamento e os membros do Templo que "pagavam castigo" (isto é, sofriam punições corporais); as maracutaias imobiliárias e o assédio dos seguidores de Jones aos fiéis que largavam a igreja. Os repórteres haviam devassado o passado de Jones (reconhecendo, inclusive, sua "corajosa dedicação" à integração racial em Indianápolis), e os cultos a portas fechadas do Templo. Os primeiros parágrafos continham detalhes sobre o fluxo, ao que tudo indica, inesgotável de dinheiro da igreja e o rebanho eclético de seu pastor. Os autores indagavam como aquilo tudo era possível — e deixaram a resposta para ex-membros que haviam se desiludido com o Templo. Estavam todos identificados não apenas pelo nome, mas pelas fotos que ilustravam a matéria. Além de transmitir mais credibilidade aos leitores do que um punhado de rancorosos anônimos e invisíveis, era uma forma de proteger Tracy e Kilduff, pois evitaria que Jones e Charles Garry os acusassem de fabricar fontes.

Jones sem dúvida esperava que os Mertle estivessem metidos na história; também não surpreendia que Wayne Pietila, Mickey Touchette e Jim e Terri Cobb, da Turma dos Oito, tivessem colaborado. Mas Tracy e Kilduff também chegaram a Ross Case, o ex-pastor auxiliar do Templo que havia pulado fora logo que a igreja foi para a Califórnia, por não gostar da ideia de Jones ser venerado como um deus. Havia ainda Birdie Marable, fornecendo detalhes embaraçosos sobre as viagens nos ônibus lotados do Templo, e Laura Cornelious, revelando as descrições que Jones fazia dos campos de concentração iminentes nos Estados Unidos. Walter Jones dava informações bem específicas sobre o dinheiro público destinado às crianças sob a guarda de membros do Templo, que era desviado pela igreja para outros fins. Por fim, havia o devastador depoimento de Grace Stoen, que não disse uma palavra sobre a batalha pela guarda do filho, mas abriu o jogo sobre detalhes sutis e reveladores — como era a área privativa do ônibus de Jones, quanto dinheiro o Templo chegava a arrecadar em um único culto no fim de semana —, que davam aos leitores a certeza de que estavam mesmo por dentro do que acontecia nos bastidores do Templo.

Na última página, um segundo título em letras garrafais arrematava a reportagem: "Por que Jim Jones deve ser investigado". Os repórteres resumiram o que apuraram sobre as fraudes financeiras do Templo, maus-tratos aos fiéis e assédio persistente aos ex-membros. Deixaram assinalado que tentaram ouvir o outro lado: "[Jones] está na Guiana há três semanas e não conseguimos entrar em contato até a publicação desta matéria [...] dois porta-vozes do Templo, Mike Prokes e Gene Chaikin, negam todas as acusações feitas pelos ex-membros entrevistados por esta revista [...] negam ainda que os seguidores mais próximos a Jones estejam planejando se mudar para a Guiana em um futuro próximo".

A reportagem era fruto do trabalho de dois jornalistas investigativos experientes, que estavam seguros da apuração e certos de que ainda havia mais revelações a fazer: "A história de Jim Jones e seu Templo Popular não para por aqui. Na verdade, está só começando. Se há algum consolo na história de exploração da fraqueza humana relatada pelos ex-membros do Templo nestas páginas é que nem mesmo alguém com o poder de Jim Jones consegue controlar seus seguidores o tempo todo".

O prefeito Moscone emitiu uma nota sucinta em que se limitava a declarar que, se Jones e o Templo Popular haviam infringido alguma lei, "as autoridades competentes" deveriam investigar e tomar as devidas providências. Alguns dias após a publicação da matéria da *New West*, o prefeito obteve uma vitória esmagadora no referendo revogatório, com quase dois terços dos votos pela manutenção de seu mandato. Os eleitores também escolheram substituir o sistema vigente por eleições distritais, enfraquecendo o domínio dos conservadores na política da cidade. O apoio de Jim Jones e do Templo Popular não interessava mais a George Moscone. Um comunicado do gabinete do governador admitia que Jerry Brown chegara a cogitar dar a Jones um cargo no conselho penitenciário da Califórnia apenas porque alguém havia sugerido. Os dois jornais diários de San Francisco escalaram repórteres para fazer matérias investigativas. Era vergonhoso perder aquele furo para uma revista mensal.

Os ex-membros da igreja que cooperaram com Tracy e Kilduff continuaram a enfrentar Jones e o Templo Popular de forma pública. A retaliação já não parecia inevitável. Se Jones ou algum de seus seguidores fizesse alguma ameaça, a imprensa ganharia de bandeja material para novas reportagens. Os Mertle, a Turma dos Oito e Grace Stoen estavam dispostos a não deixar a peteca cair, só não sabiam ainda qual seria o próximo passo.

Mas nem todos os aliados de Jones o abandonaram. Willie Brown publicou uma enfática declaração de apoio ao pastor, e no dia 31 de julho discursou em uma manifestação organizada pelo Templo em defesa do líder ausente. Até a sogra de Jones, Charlotte Baldwin, declarou ao jornal local de Richmond, em Indiana: "Não tenho dúvidas de que Jim cometeu erros, mas nada que justifique isso. Acho que ele está sendo acusado injustamente".[602] Dez dias depois da publicação da matéria da *New West*, Marceline Jones, por meio do Templo, divulgou uma carta aberta, em que escreveu: "Ainda que eu não fosse casada com Jim, faria parte de sua congregação. A vida de altruísmo absoluto que ele leva é um exemplo para mim".

À amiga Bonnie Burnham, Marceline revelou que "Jim vai ficar na Guiana até as coisas esfriarem".[603] Ele nunca mais voltou.

Sunday Chronicle

SUNDAY NOVEMBER 26, 1978 — 25 CENTS

914 PERSONS DIE IN JONESTOWN DISASTER

BY COURTNEY GIBSON

Of 914 of the People's ... in the Jonestown ... government announcement ...

...cement ... after the ... of bodies ... Jonestown Settlement ... out to ... the U.S. ...nnel who recovering ... using the ... citizens to ... to the

Last night, a ... of the bodies ... placed in ... lying at ... waiting to be ... baskets to ... before ... back to the ... morgue in

...ess ... that the ... likely ... aboard ... Aircraft ... sometime

...ity

...the tragedy in ... er, Rev ... followers ... to have ... ass suicide ... had stated

82 ESCAPED

To date, it is known that there are some 84 members of the People's Temple who escaped the November 18 tragedy. These include, 46 members who were at the Temple's City Headquarters at the time of the tragedy, 32 survivors who were found either within the Jonestown Settlement or in the nearby forested area, and six members who were found

Jonestown Agricultural Mission. This was discovered from the information on their passports, and their last names were given as "Garcia" and "Briedenbach".

LIVESTOCK

In the meantime, an official government spokesman last night disclosed that in another day or two an administrative will be sent to the Jonestown settlement to make a detailed assessment of the facilities there. At present members of the Guyana Defence Force are said to be tending the livestock there.

It was also announced last night that Police Commissioner Lloyd Barker had sent a special team of policemen into the area yesterday to establish a fully equipped police station which was scheduled to go into operation at 2.00 p.m. No unauthorised persons will be allowed to enter the area, it was explained.

And, commenting on the future of Jonestown, the official government spokesman made it clear that Government has no intentions of allowing the People's Temple to continue operating in the area. In addition, the government does not intend to lease the lands in the area to any foreign group, the official explained.

The accused being escorted to court

Ex-marine charged with four murders

BY JULIAN MENDES

Forty-three year old Charles Edward Beikman, who has been a member of People's Temple for the past 20 years stood accused yesterday at the Georgetown Magistrate's Court of four murders, and one of attempted murder.

Beikman, an ex-Marine of Indiana, Indianapolis, in the United States is charged with

...and armed policemen."

Mr. McKay, who entered appearance for Beikman said that he was only allowed an

The lawyer observed that to his mind the accused's rights under the Constitution of Guyana had been violated

...charges of attempted murder.

Beikman will appear in court again on January 15 at Matthew's Ridge, the magisterial district where the murders were allegedly

PARTE III
GUIANA

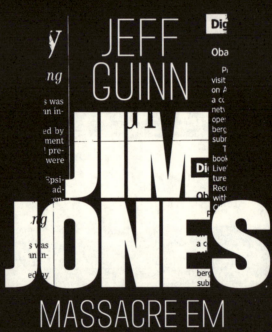

JEFF GUINN

JIM JONES

MASSACRE EM JONESTOWN

44
JONESTOWN

Até meados de junho de 1977, Jonestown era um lugar feliz. Em torno de sessenta pessoas viviam lá; madrugavam para trabalhar na selva e só voltavam ao escurecer — às vezes, o serviço se estendia por parte da noite, quando as fagulhas das queimadas feitas para limpar a vegetação pareciam chegar ao céu. Era cansativo, mas gratificante — dia após dia, o assentamento ganhava forma. A união dos Desbravadores do Templo era incrível. Livres da vigilância constante de membros ávidos por identificar transgressões e comunicá-las à Comissão de Planejamento, e sem ter que aturar Jim Jones por horas a fio em cultos intermináveis, gozavam de uma vida mais ou menos tranquila e sem complicações. E, à medida que se familiarizavam com a selva, podiam observar e apreciar seus encantos e perigos. Os macacos anunciavam o nascer do sol com bramidos matutinos. Com pios e grasnidos, os pássaros produziam uma música singular. Até a graça sinuosa e o colorido sutil das cobras os Desbravadores podiam admirar depois que aprenderam a identificar as venenosas. Os indígenas perambulavam pelo acampamento. Eram tratados como convidados, e muitos ficavam pasmos com as maravilhas que os Desbravadores consideravam triviais: comida enlatada, lâmpadas em gerador e, sobretudo, sapatos. Os norte-americanos logo aprenderam que, se não guardassem bem os calçados, eles desapareceriam à noite.[604]

Volta e meia chegavam mais colonos, poucos por vez, em geral adolescentes do Templo Popular que viviam arrumando encrenca na Califórnia, mas que em Jonestown não tinham escolha senão trabalhar na selva. Até que, em maio de 1977, novos membros começaram a chegar em maior número, às vezes dezenas de uma só vez, e a questão da moradia se tornou um problema. Os chalés eram projetados para acomodar com conforto umas seis pessoas no máximo, e erguer outros não era prioridade até então, já que os Desbravadores não esperavam tanta gente de uma vez. Foi necessário acelerar a construção de chalés, e assim outras tarefas cruciais, como abrir mais espaço na selva, acabaram prejudicadas. Dessa vez, nem todos os recém-chegados podiam ajudar, pois parte deles eram idosos e crianças pequenas que precisavam de supervisão constante. Dessa forma, quem estava apto ao trabalho teve que redobrar os esforços. Comida ainda não era problema. Embora as lavouras de Jonestown não estivessem produzindo fartas colheitas diárias, as provisões que chegavam de Georgetown no *Cudjoe* bastavam. Onde cabiam cem, com alguns ajustes podia-se acomodar duzentos. Ao contrário dos Desbravadores, alguns dos novos moradores não tiveram uma boa primeira impressão daquele ambiente selvagem. Em seus sermões, Jones prometera um paraíso tropical; em vez disso, depararam-se com um acampamento um tanto desorganizado. Mesmo assim, quase todos aceitavam bem a situação. À noite, mesmo exaustos depois de horas de trabalho braçal, os colonos de Jonestown se juntavam, riam e cantavam. Quase todos estavam lá porque queriam — a lista de espera na Califórnia era tão longa que as pessoas competiam pelo privilégio de estar entre as primeiras. Os que foram e não se adaptaram à vida na selva tampouco tinham por que se desesperar — em algum momento, com certeza receberiam permissão para regressar aos Estados Unidos.

"Eu me apaixonei depressa por Jonestown", revelou Laura Kohl. "A energia de lá era fantástica." Mas então Jim Jones chegou, e tudo mudou.

Jones poderia adotar a mesma postura paciente dos homens que tinha mandado na frente para construir Jonestown. Era uma tarefa complexa, que exigia uma abordagem de longo prazo — várias safras seriam necessárias só para testar o solo, aprendendo por tentativa e erro o que era ou não possível cultivar. O contrato de arrendamento com o governo da Guiana estipulava o prazo de cinco anos para colocar a missão em pleno funcionamento. O próprio Jones havia concordado. Mas as circunstâncias mudaram. Jones não tinha a menor intenção de abandonar uma posição de poder e destaque nos Estados Unidos para viver amontoado com uma dúzia de seguidores que pouco a pouco construíam um paraíso na selva. Apesar da polêmica em San Francisco, ou mesmo por causa disso, Jones chegou a Jonestown determinado a mostrar, já de cara, que não se sentia intimidado e que tinha um projeto extraordinário nas mãos. Era por isso que queria espremer de imediato o máximo possível de seguidores no assentamento. Seu papel era liderar uma multidão, como fazia na Califórnia. Não se preocupava com a falta de moradia, ou que fosse impossível alimentar tanta gente sem sobrecarregar a limitada produção nas lavouras de Jonestown. Com sua inspiração, o Templo Popular logo conseguiria criar uma utopia autossustentável, que daria ao mundo um exemplo socialista muito mais rápido, e ao mesmo tempo mostraria para os inimigos de Jones que, embora ele tivesse deixado San Francisco, não tinham conseguido derrubá-lo.

Assim, Jones assumiu o controle de tudo. Nenhuma tarefa era delegada, nada era plantado, e nenhuma ferramenta era comprada sem seu consentimento. Quem quisesse namorar precisava de permissão e, mesmo que a recebesse, precisava passar por um período probatório antes de oficializar o relacionamento. Até as separações precisavam ser aprovadas.[605]

Todas as correspondências que chegavam eram abertas e lidas antes de serem entregues ao destinatário. As que saíam eram censuradas antes do envio. Jones fazia questão que as cartas escritas pelos moradores de Jonestown deviam conter apenas descrições apaixonadas da vida bucólica na mata. Cartas com conteúdo inadmissível eram devolvidas com as alterações necessárias rabiscadas na margem.[606] Os auxiliares de Jones faziam a censura, enquanto Carolyn Layton e Maria Katsaris intermediavam as relações entre Jones e seus subordinados. As duas eram as únicas pessoas de fato próximas de Jones; só elas podiam executar suas ordens e prever o que ele gostaria quando estivesse indisposto. Encomendadas por Larry Schacht, o médico do acampamento, muitas drogas entravam em Jonestown, e boa parte ia para as mãos de Jones.

Privacidade em Jonestown era algo que quase não existia. Os chalés viviam superlotados, com oito, depois dez, e por fim doze ou mais ocupantes. Não paravam de chegar mais pessoas. Mesmo com dezesseis buracos para dejeções cada, os banheiros externos estavam sempre lotados. Papel higiênico era um luxo raro. Era muito mais comum usar papel de rascunho, e até folhas de árvore, depois que o papel se tornou tão escasso em Jonestown que era preciso guardar cada pedaço para manter registros e escrever cartas. Havia disponibilidade limitada de água em chuveiros rudimentares. Imundos depois de um dia de trabalho na lavoura, os trabalhadores tinham dois minutos para se lavar, e precisavam ficar de boca fechada: a água era poluída. Já as acomodações de Jones eram bem melhores. Morava com Carolyn, Maria, John Victor e Kimo em um chalé privativo com camas macias, latrina particular e um gerador que alimentava um ventilador e uma geladeira repleta de refrigerantes. Os aposentos de Jones se conectavam à central de rádio do acampamento. Ele não precisava sair para fazer ligações ou transmissões via rádio para os Estados Unidos e, se desejasse, podia até fazer anúncios para todo o acampamento no conforto de sua casa. Naqueles tempos, quando se drogava até quase perder os sentidos — o que acontecia com cada vez mais frequência com o passar dos meses —, Jones se afundava na cama e sumia de vista. As comodidades não se comparavam com as que tinha deixado para trás em San Francisco, mas, em relação ao restante do assentamento, Jones vivia no luxo.

E sem dúvida achava que merecia, considerando toda a responsabilidade depositada em suas costas. Não havia um minuto do dia em que Jones não estivesse às voltas com alguma emergência. Um problema constante era a saída de dinheiro. Tim Carter estima que, no auge de sua população de umas novecentas pessoas, a média das despesas mensais de Jonestown chegava perto dos 600 mil dólares. Um terço dos moradores era de pensionistas cujos benefícios, que somavam cerca de 40 mil dólares por mês, eram vitais para o orçamento de Jonestown. Porém, em 1977, por ordem das autoridades previdenciárias, o correio de San Francisco parou de enviar cheques à Guiana. Superar os entraves burocráticos levou tempo. Ao mesmo tempo, a Comissão Federal de Comunicações (FCC, na sigla em inglês) acusou os operadores de rádio do Templo, nos dois países, de violar as regras de uso de largura de banda. Temendo ações de espionagem por parte do FBI e da CIA, Jones queria que os operadores usassem sinais variados, além de códigos e senhas complicadas que mudavam a todo momento. Alguns operadores de fora estranharam as conversas e decidiram denunciá-las à FCC. Os operadores de rádio do Templo nos Estados Unidos tiveram que responder às acusações e por pouco não foram processados.[607] Jones não podia correr o risco de uma investigação mais aprofundada. O Templo ainda contrabandeava armas para a Guiana, poucas por vez, e nunca o suficiente para montar um grande arsenal. Jones temia ataques, tanto de agências federais norte-americanas quanto de mercenários contratados por inimigos, e queria armamentos para se defender. Por um bom tempo, o codinome usado em comunicações de rádio para "arma" foi "Bíblia". A ideia era que ouvintes externos não achariam incomum que uma colônia religiosa solicitasse à sua sede em San Francisco o envio de mais Bíblias para a selva.[608]

Jones esperava levantar a maior parte do dinheiro de que a colônia precisava vendendo excedentes da colheita, mas não havia nenhum. Sendo assim, os agentes do Templo em Georgetown foram pressionados a aumentar a arrecadação das doações que pediam de porta em porta. Era uma demanda impraticável. Eles já percorriam a maior parte da capital, e não havia outra cidade grande no país. Os colonos de Jonestown começaram então a fabricar brinquedos de excelente qualidade: carros e trens esculpidos em madeira e lindas bonequinhas com maria-chiquinha nos cabelos fabricadas com sobras de material. Os brinquedos eram enviados para Georgetown e vendidos em feiras a céu aberto e algumas lojas de departamento. A receita obtida — milhares de dólares por mês — ajudava, mas estava longe de ser o suficiente. Em San Francisco, cada vez menos moradores de comunas recebiam permissão para se mudar para Jonestown. Se tinham emprego em tempo integral, seus contracheques eram muito mais necessários do que a presença deles na Guiana.[609]

Todos que chegavam a Jonestown tinham as bagagens reviradas. Os passaportes eram confiscados e mantidos sob rígido controle por Jones e seus auxiliares. Joias e adereços eram separados para serem vendidos em Georgetown, e roupas sobressalentes foram adicionadas ao almoxarifado da missão. Na Califórnia, todos tinham muito pouco. Em Jonestown, restaram apenas as roupas do corpo. Alguns itens, em especial as meias, deterioravam-se tão depressa na selva úmida que era preciso encomendar caixas de reposição dos Estados Unidos todo mês — outra despesa imprevista.[610]

A comida era o aspecto mais preocupante. Alimentar algumas dezenas de Desbravadores não custava tanto. O preço para fornecer três refeições nutritivas por dia a novecentos colonos, porém, era proibitivo. Todos queriam carne; Jones calculou que servir frango ou porco em um único jantar em Jonestown custava 2 mil dólares. Os velhos lanchinhos alternativos com sanduíche de manteiga de amendoim e mingau de aveia que davam para o gasto nos Estados Unidos não eram suficientes na selva, onde tantos adultos e adolescentes davam duro o dia todo. Precisavam de muitas calorias, e em especial de proteína. Diante da impossibilidade de arcar com o custo dos alimentos, o arroz — que também precisava ser comprado, mas pelo menos era barato — tornou-se a base da alimentação em Jonestown. Embebido em um caldo aguado, salpicado com pedacinhos esparsos de carne, o grão estava presente na maior parte das refeições. A farinha de mandioca — plantada nas lavouras e moída no engenho construído em Jonestown— era preparada de várias maneiras. Havia galinheiros e um chiqueiro, mas as galinhas quase nunca viviam o suficiente para botar ovos. As bebidas também eram limitadas, e em geral se servia água ou um refresco em pó chamado Flavor Aid, similar mais barato do Kool-Aid.[611] Sobremesa quase não existia durante a semana. Uma vez a cada fim de semana, Jones fazia questão de recompensar seus seguidores com um único cookie, que entregava com cerimônia enquanto formavam fila.[612]

Para fazer face às despesas imprevistas, que aumentavam a cada mês, Jones dependia das ofertas arrecadadas nos cultos do Templo na Califórnia. Contudo, devido ao artigo da *New West* e à ausência de Jones, elas já não eram tão polpudas. A igreja do vale de Redwood estava à venda, assim como o edifício de Los Angeles. Em San Francisco, a frequência de fiéis caiu pela metade, e as ofertas dos cultos na Geary Boulevard, que outrora totalizavam mais de 5 mil dólares, não passavam de poucas centenas de dólares. Marceline, que lutava para manter abertas as portas do Templo, repassava os recados dos adeptos locais que ainda restavam: "Sou infinitamente grato a JJ. Tenho mais do que mereço. Faço o que for preciso". "Sinto falta de JJ e do nosso companheirismo, mas sei que ele está abrindo o caminho para nós na TP [Terra Prometida]."[613]

Mais que cartas de incentivo, Jones precisava de dinheiro. Nos melhores meses, a receita de Jonestown e as contribuições dos Estados Unidos, juntas, deviam chegar a uns 450 mil dólares, o que deixava um déficit mensal de cerca de 150 mil dólares.[614] A igreja dispunha de amplas reservas em bancos estrangeiros, o suficiente para cobrir a diferença por décadas, mas apenas Jones e alguns poucos seguidores sabiam disso. Subsidiar Jonestown por tempo indefinido ia contra todo o propósito da missão: demonstrar que uma comunidade socialista não só poderia ser igualitária, mas também autossustentável, em radical contraste com as crenças capitalistas. Os colonos precisavam trabalhar duro e dar sempre o melhor de si, mas continuavam aquém das expectativas de Jones. Muitos deixaram os Estados Unidos devendo aluguéis ou impostos. O escritório do Templo em San Francisco era inundado de telefonemas de cobrança. Jones estabeleceu novas diretrizes para todos os que trabalhavam lá. O pessoal da imprensa devia contatar Charles Garry. A mesma regra valia para os oficiais de justiça. Mas, acima de tudo, ninguém podia aceitar nenhum tipo de documento legal.[615]

Depois de chegar à Guiana, a maioria dos novos colonos passava alguns dias na sede do Templo em Lamaha Gardens, área residencial de Georgetown, para se adaptar ao clima úmido e se recuperar do jet lag. Muitos aproveitavam o último contato com a civilização para visitar bares e se embebedar. Não raro, o *Cudjoe* chegava a Porto Kaituma cheio de passageiros de ressaca. Jones reforçava a velha proibição do álcool no Templo, mas, para alguns colonos de Jonestown, levar aquela vida sofrida sem ao menos beber para desopilar se tornou impossível.[616] Alguns nativos que viviam perto do acampamento sabiam preparar umas bebidas fermentadas bem fortes, que os colonos chamavam de "suco da selva". Toda semana, pelo menos alguns habitantes de Jonestown eram encontrados desmaiados na cama ou nas cabanas dos nativos. Até os abstêmios eram flagrados vez ou outra fazendo corpo mole ou furtando um sanduíche ou uma fruta da cozinha.[617]

Em San Francisco, quem violasse as regras era espancado com uma tábua ou mangueira. Depois de chegar à Guiana, porém, Jones foi avisado por Marceline que a imprensa continuava batendo na tecla dos castigos físicos do Templo depois da reportagem da *New West*.[618] Ela sugeriu a Jones que adotasse um método novo em Jonestown, quem sabe alguma forma de pressão social. Jones criou então a "Turma de Aprendizado". Os transgressores dormiam e comiam isolados do restante dos colonos. Eram obrigados a correr por toda parte — para as lavouras, para o pavilhão central onde ocorriam as reuniões gerais e até para o banheiro. Ninguém podia falar com eles ou sequer olhá-los. Eram párias. Havia supervisores que apresentavam informes sobre o progresso de cada um. Não havia limite definido para o castigo. Jones decidia de forma arbitrária se e quando determinado indivíduo podia voltar ao grupo principal.[619]

Fizessem parte da Turma de Aprendizado ou não, todos em Jonestown eram obrigados a participar dos encontros noturnos no pavilhão central do assentamento — uma grande estrutura ao ar livre, construída com vigas de madeira e coberta de telhas de zinco ondulado. Os colonos se espremiam em compridos bancos de piquenique. De início havia lugar para todos, mas, conforme a população de Jonestown foi aumentando, até chegar a mais de novecentas pessoas, alguns precisavam ficar de pé. Jones tinha seu lugar em cima de um palco, recostado à vontade em uma cadeira de jardim. Logo atrás, pendia do teto uma tabuleta que citava de forma um tanto equivocada o filósofo George Santayana: "Quem não se lembra do passado está condenado a repeti-lo". Em algumas noites, havia diversões. Nos Estados Unidos, Jones desaconselhava ir ao cinema, mas o Templo enviava com frequência rolos de filme para Jonestown, e os colonos podiam assistir a minisséries de TV como *Raízes* ou filmes com ideologia aceitável, como *Pequeno grande homem*, *O candidato*, *O diário de Anne Frank* e *A execução do soldado Slovik*. O longa-metragem *Assassinato de um presidente*, que explora teorias da conspiração sobre o assassinato de John F. Kennedy, era um dos favoritos de Jones. Para agradar o público infantil, o pastor às vezes mandava exibir desenhos animados ou gravações de *Vila Sésamo*.

Na maior parte do tempo, porém, Jones falava. Vez ou outra, ainda pregava, mas em geral narrava a seu modo as últimas notícias dos Estados Unidos e do mundo, muitas colhidas de fontes soviéticas e sempre floreadas com detalhes imaginários. Em Washington, líderes militares ligados ao Pentágono haviam elaborado planos para matar negros. A adesão à Ku Klux Klan tinha aumentado 100% em tempos recentes, e até os filhos pequenos dos membros da organização usavam o uniforme branco em público. Idi Amin, de Uganda, na África, vinha se mostrando um grande líder: ele intimidava governantes brancos hostis de outros países agindo "como um crioulo doido". Os membros do Templo deveriam seguir seu exemplo. Quase todas as noites, Jones descrevia algo chocante que tinha acabado de acontecer, um grande mal do qual os colonos de Jonestown só haviam escapado porque ele os trouxera à Terra Prometida. Falava por horas, esquecendo ou ignorando o fato de que a maioria do seu público, exausto depois de um longo dia do trabalho, precisava se esforçar para não dormir. Oficialmente as luzes se apagavam às 23h em Jonestown, mas não era raro que o pastor discursasse até meia-noite ou ainda mais tarde. Podia acontecer de os colonos só serem liberados às duas ou três da manhã, a poucas horas do toque de alvorada, às 6h.[620]

Os dias de trabalho se estendiam até às 18h ou 18h30. Os domingos eram dias de meia jornada: o trabalho terminava ao meio-dia, mas, como nesse dia eram servidas apenas duas refeições em vez de três, todos ficavam ainda mais famintos que o normal. Durante o expediente, não importava em que parte do assentamento a pessoa estivesse, era impossível fugir de Jones, ou ao menos da voz dele. Às vezes, ficavam contentes de vê-lo. Para animar um grupo de trabalhadores suados, Jones podia inventar uma guerrinha de água, ou trabalhar ao lado deles por alguns minutos até ser chamado para cuidar de assuntos urgentes. Quase sempre, porém, as pessoas não tinham escolha senão ouvi-lo. Jonestown dispunha de um sistema de alto-falantes que cobria toda a parte central do assentamento, além de uma coleção eclética de fitas com artistas de jazz e blues, de B.B. King e Nat King Cole ao estilo pop de Percy Faith e Ray Conniff Orchestra, com direito a Earth, Wind and Fire e The O'Jays no meio. No entanto, Jones costumava interromper a música para dar recados, aprofundar algum assunto discutido na noite anterior ou até reproduzir uma fita com um de seus discursos anteriores.[621]

Antes mesmo da chegada do pastor, as autoridades guianenses se preocupavam com a quantidade de colonos que chegavam a um assentamento que claramente ainda não estava pronto para recebê-los. Em abril de 1977, John Blacken, chefe adjunto da missão norte-americana na Guiana, enviou uma mensagem ao secretário de Estado dos Estados Unidos: o Templo Popular havia informado à Guiana que estavam trazendo 380 colonos para o país. As autoridades guianenses queriam saber a razão desse deslocamento humano tão súbito. Havia hostilidade entre o Templo e o governo norte-americano? Se não fosse o caso, e como até então os guianenses consideravam Jonestown e os colonos que lá viviam "uma organização dedicada e trabalhadora", permitiriam o ingresso dos recém-chegados. O secretário não fez nenhuma objeção, e assim a primeira leva de colonos chegou a Jonestown.[622]

Entretanto, Kit Nascimento, que tinha trabalhado em diversos órgãos de imprensa nos Estados Unidos antes de ingressar no gabinete do primeiro-ministro Burnham na Guiana, ainda tinha contatos com jornalistas de lá. Quando Jones chegou ao país, em junho, e tudo levava a crer que ficaria por um bom tempo, Nascimento acionou seus amigos repórteres e soube da polêmica em San Francisco.

"Eu fui ver o primeiro-ministro e contei o que tinha descoberto", lembrou Nascimento. "Acho que [Desmond Roberts] já tinha falado com ele sobre a possibilidade de [Jonestown] estar contrabandeando armas. Mas, no entendimento do primeiro-ministro, nós já tínhamos contatado o governo dos Estados Unidos [por meio de Blacken], e eles não tinham nenhuma queixa. [Burnham] queria aquele lugar [Jonestown] entre nós e a Venezuela. Contanto que não infringissem nenhuma das nossas leis, podiam ficar ali. Eu falei: 'É melhor ficar de olho neles', mas ele não me deu ouvidos. Posso dizer que, depois disso, o primeiro-ministro e seus assessores raramente ou nunca mais voltaram a tocar no assunto."

Ao chegar à Guiana, em junho, Jones esperava acesso fácil e irrestrito a Burnham, como um chefe de Estado a se reunir com outro. Ficou surpreso ao constatar que, embora os dois houvessem se encontrado em certos eventos sociais, como o casamento do filho de Jones, Jimmy, em Georgetown, Burnham não tinha a menor intenção de manter relações oficiais com ele. O pastor e seus auxiliares eram encaminhados ao vice-primeiro-ministro Ptolemy Reid, um ex-veterinário. Reid discutia com toda a paciência os interesses de Jonestown com o próprio Jones ou seus representantes, mas nunca permitia o contato direto com o primeiro-ministro.[623] Jones não entendia o motivo — teria Burnham conchavo com a CIA e o FBI? O governo estaria envolvido com complôs contra a igreja? Jones usou Paula Adams, adepta do Templo e amante do embaixador Bonny Mann, para investigar, mas pouco descobriu além das suspeitas de Kit Nascimento de que o pastor e seus seguidores estavam sempre tramando algo ilícito.

Em Jonestown, frustrado pelo lento progresso do assentamento e por não conseguir ganhar acesso a Burnham em Georgetown, Jones foi se aborrecendo, e seu descontentamento se via nos inflamados discursos noturnos e nas demonstrações frequentes de irritação. Levando em conta o trabalho árduo, o ambiente primitivo, as porções limitadas de comida, as regras rígidas e os discursos intermináveis do líder, era inevitável alguns insatisfeitos com a vida em Jonestown. Os descontentes logo viam, porém, que ir embora era quase impossível. Seus passaportes estavam guardados a sete chaves e Jones deixava claro que, embora o Templo tivesse pagado todas as despesas de viagem para a Guiana, os desertores precisariam bancar do próprio bolso a viagem de volta. Como ninguém podia entrar em Jonestown sem entregar tudo que tinha e a maioria ou estava distante da família ou tinha contato apenas esporádico com parentes fora da igreja, poucos tinham condições de ir para casa.

Mesmo assim, alguns tentavam. Menos de uma semana após a chegada de Jones, Yolanda Crawford o convenceu a deixar que ela, a mãe e o marido voltassem para os Estados Unidos. Mas, além de pagar a viagem do próprio bolso, a família precisou ceder a algumas condições impostas por Jones para receber a permissão. Em um depoimento prestado um ano mais tarde, Crawford revelou quais foram as exigências:

> Jones me forçou a prometer que jamais falaria mal da igreja, e me avisou que, se eu descumprisse a promessa, perderia sua "proteção" e seria "apunhalada pelas costas". Além disso, me fez assinar diversos documentos comprometedores, inclusive um em que eu declarava ser contra o governo da Guiana. [...]. [Mesmo] antes de viajar para a Guiana, fui obrigada a inventar e assinar uma história dizendo que eu tinha matado uma pessoa e jogado o corpo no mar. Fui informada de que, se algum dia causasse problemas para Jim Jones, ele entregaria essa declaração à polícia.[624]

Chris Lewis e sua esposa também partiram. Jones deixou que fossem embora — Lewis era um tipo durão que tinha prestado bons serviços na Califórnia, fazendo cumprir suas determinações e intimidando desertores. Mas estava cansado de Jonestown, e Jones não era bobo de ameaçá-lo. Se pelo menos conservasse alguma lealdade a Jones e ao Templo, talvez ainda pudesse ser acionado em San Francisco.

Poucos meses depois, Leon Broussard fugiu escondido para a selva, até que um nativo o encontrou e o ajudou a chegar a Porto Kaituma.[625] Por coincidência, Richard McCoy, o recém-nomeado cônsul dos Estados Unidos, estava lá, preparando-se para sua primeira visita a Jonestown.[626] Broussard lhe contou que Jonestown era praticamente uma "colônia de escravizados", onde quem desobedecia às regras era espancado ou até enterrado vivo. Ele só queria voltar para os Estados Unidos, mas não tinha dinheiro, e Jones não o deixava sequer sair de Jonestown, muito menos ir para casa. McCoy prometeu interceder por ele. Jones chamou Broussard de mentiroso, mas concordou em devolver seu passaporte e pagar sua passagem de volta para os Estados Unidos. Para McCoy, aquilo abria um precedente. Sempre que alguém quisesse ir embora de Jonestown, teria permissão para isso e, caso a pessoa quisesse retornar aos Estados Unidos, o Templo pagaria a viagem. O novo cônsul ficou à espera de outros dissidentes, que também poderiam precisar de ajuda para tomar as devidas providências. Mas ninguém o procurou. De tempos em tempos, quando visitava Jonestown, McCoy entrevistava indivíduos cujas famílias ou amigos nos Estados Unidos se diziam preocupados e lhes oferecia ajuda para ir embora, caso quisessem. No entanto, todos garantiam que eram felizes onde estavam. E ninguém parecia coagido. O diplomata acreditava que estavam sendo sinceros — e, quase sempre, estavam mesmo. Por razões tão diversas quanto as próprias pessoas, ir embora não era uma opção. Não ter acesso aos passaportes e recursos para viajar era o de menos.

Um terço da população de Jonestown era composta de pensionistas, quase todos negros, que ingressaram no Templo atraídos pelas promessas de que seriam bem cuidados durante a velhice. Antes disso, suas vidas tinham sido uma luta. Quando Jones alertava a todos, no pavilhão, sobre a súbita expansão da KKK, ou sobre os planos do governo dos Estados Unidos de construir campos de concentração, essas pessoas se lembravam muito bem das cruzes queimadas e dos policiais brancos segurando mangueiras de incêndio e cães escancarando os dentes. Como o cenário descrito por Jones estava a apenas um passo ou dois de situações que já tinham vivenciado na pele, elas acreditavam no pastor. Em Jonestown, tinham camas — ainda que fossem beliches em alojamentos apertados —, refeições regulares e assistência médica imediata quando precisavam, em vez de passar intermináveis horas em salas de espera de hospitais públicos, sendo tratados de forma apressada e impessoal. Eram convocados a trabalhar, mas era coisa leve, como dar os últimos retoques em brinquedos e bonecas e cuidar de pequenas hortas. Jones se apropriava de suas aposentadorias, pensões ou qualquer outro dinheiro que tivessem a receber, claro, mas não era pouco o que recebiam em troca. Os idosos não queriam ir embora.

Havia quase trezentas crianças em Jonestown, a maioria muito nova para trabalhar. Estavam lá porque tinham sido trazidas por seus pais ou responsáveis. Por mais duras que fossem as condições para os adultos, os pequenos tiravam o melhor proveito possível da situação. Os recém-nascidos recebiam todo cuidado e carinho em um berçário confortável, e os maiorzinhos eram monitorados e criados com afeto. Da idade pré-escolar e até o ensino secundário, assistiam a aulas estruturadas e ministradas de forma competente que davam ênfase à instrução individual, ao contrário do curral que eram as escolas públicas onde muitos dos jovens tinham frequentado nos Estados Unidos. Esperava-se que estudassem muito e obedecessem aos professores. Além de leitura, redação e matemática, precisavam aprender sobre o socialismo. Mas havia tempo de sobra para montar esquetes e números musicais. Ninguém gritava com as crianças mais novas. Para os adolescentes, a disciplina era mais rígida. Quando faziam besteira, eram colocados na Turma de Aprendizado e, se reincidissem no erro, poderiam até passar um tempo na solitária, mas só com autorização dos pais. As crianças se adaptaram ao novo ambiente, e eram sempre lembradas de que Jonestown existia *para elas*. Eram queridas, e sabiam disso.

Ao grosso dos adultos, cabia fazer todo o trabalho sem reclamar, além de respeitar e obedecer a Jim Jones em tudo. Alguns tinham entrado para o Templo por causa das curas e dos milagres que aquele homem era capaz de realizar. Jones já não tentava praticar muitas curas — ao contrário das igrejas do Templo nos Estados Unidos, com banheiros privativos e auditórios imensos, as apertadas instalações de Jonestown não deixavam muito espaço para ilusões e jogos de cena. Mesmo assim, muitos colonos acreditavam que Jones era mais que um homem comum, quem sabe até um deus. Se ele os chamasse para viver na selva da Guiana, iriam de bom grado.

Havia uma crescente parcela de seguidores que, com o passar do tempo, tornava-se mais consciente das falhas e contradições de Jones. Não aceitavam de forma automática tudo o que ele dizia e se ofendiam com algumas de suas exigências bizarras. Contudo, estavam na Guiana com um propósito: implantar o supremo exemplo socialista para um mundo à beira do abismo. Assim como os mais velhos aplaudiam os discursos catastróficos de Jones porque tinham vivido atrocidades no passado, muitos adultos em Jonestown também testemunharam coisas terríveis — a Guerra do Vietnã, as revoltas que tomaram as ruas de inúmeras cidades norte-americanas, assassinatos, a renúncia de um presidente, atos comprovados de agentes governamentais contra cidadãos íntegros da oposição. Era fácil acreditar que a CIA e o FBI estivessem conspirando contra o Templo Popular e o que a igreja representava. Se trabalhavam tão duro e faziam tantos sacrifícios, era para construir um mundo melhor para a geração seguinte. Além do suor que escorria e dos músculos que doíam, das magras refeições e das latrinas fedorentas, no final, poderia ser necessário um sacrifício ainda maior — morrer na luta pelas crianças, ou então acabar com a própria vida em um derradeiro ato de rebeldia. Mas havia poucas chances de contemplar essa oportunidade. Essas pessoas, cuja idade variava dos 20 aos 60, ou até 70 anos, trabalhavam tanto e por períodos tão longos, e depois dormiam tão pouco graças a Jones e seus discursos noturnos, que em geral estavam cansadas demais para pensar. Já era difícil superar um único dia, que dirá refletir sobre o que o futuro lhes reservava. Só podiam se concentrar no básico: pegar pesado, descansar sempre que possível e se preparar para lutar contra os inimigos do Templo. Nos dias ruins, os excessos de Jones eram como o sol escaldante ou os insetos agressivos: mais um elemento a suportar pelo bem da causa.

Se ainda havia alguém entre eles — e Jones sabia que era inevitável — que, pelo menos de vez em quando, pensava em conseguir permissão para ir embora ou fugir, havia outros impedimentos além dos passaportes retidos e da falta de dinheiro. Havia relacionamentos interpessoais em jogo. Muitos tinham ido a Jonestown acompanhados de cônjuges, filhos, primos, pais ou outros parentes. Por isso, mais que nunca, Jones incentivava os seguidores a espionarem uns aos outros e a denunciarem qualquer indício de deslealdade. Mesmo para quem estava infeliz em Jonestown e pensava seriamente em fugir, era arriscado conversar a respeito com familiares ou amigos. Ninguém confiava por completo em ninguém, e se Jones descobrisse haveria punição. Poucos toleravam a ideia de ser considerados traidores por familiares ou fugir de Jonestown e deixar seus mesmos entes queridos para trás.

Além disso, havia uma última e maior barreira para a fuga: a própria selva. Uma trilha estreita e torta se estendia por uns 3 km de Jonestown até a entrada bem guardada do assentamento, e dali por mais uns 1,5 km até uma estrada um pouco mais larga que levava até Porto Kaituma. Em meio a arbustos espinhentos e infestados de cobras, havia árvores imponentes que formavam muralhas em ambos os lados do caminho. Mesmo que chegasse a Porto Kaituma, seria difícil um desertor seguir adiante. Não havia barcos saindo dali para Georgetown a intervalos regulares, e poucos aviões decolavam ou pousavam na estreita e esburacada pista que cortava a selva. Capangas enviados por Jones poderiam pegá-los com facilidade.

Outra opção era fugir por Matthews Ridge, mas para isso seria necessário atravessar a selva por 20 km, e depois seguir uma via férrea por outros 30 km. Se para adultos mais fortes chegar ao povoado seria uma tarefa difícil, que dirá para famílias com crianças ou idosos. Isso sem contar o risco de se perderem para sempre na selva.

Com isso, eles acabavam ficando, e à noite ouviam Jones recitar sua ladainha sobre as forças externas que conspiravam contra Jonestown — os meios de comunicação, a CIA, o FBI, e até o governo da Guiana. Contudo, uma nova força opositora estava surgindo, com potência letal, composta de antigos inimigos que conheciam muito bem Jim Jones e o Templo Popular, e que se juntaram com o objetivo de derrubá-lo para sempre.

45

PARENTES PREOCUPADOS E A PRIMEIRA "NOITE BRANCA"

Como não podia deixar de ser, o desligamento de alguns ex-membros do Templo não foi amigável. Algumas pessoas ou até famílias inteiras saíram horrorizadas com o discurso paranoico de Jones, as curas falsas e os castigos cada vez mais violentos, ou revoltadas por ter de entregar tudo para a igreja. Muitos se calaram, com medo de represálias do Templo; outros, por acharem que as pessoas não acreditariam. Outro receio era o grande número de seguidores de Jones: seria a palavra de um indivíduo contra a de centenas dispostas a defender o pastor de qualquer acusação.

Depois da reportagem publicada pela *New West* em agosto de 1977, as coisas mudaram. Vários ex-seguidores tomaram coragem de abrir o jogo e não só passaram ilesos como, de certa forma, saíram *vitoriosos*: embora o Templo tenha negado todas as acusações em uma série de comunicados de imprensa, Jones fugiu do país. Os dois jornais diários de San Francisco, que não queriam ficar a atrás da *New West*, começaram a publicar matérias sobre as negociatas imobiliárias do Templo e correr atrás de outros ex-membros que pudessem falar dos maus-tratos cometidos por Jones e seus comparsas. Nesse processo, muitos desses antigos fiéis se aproximaram uns dos outros, em encontros muitas vezes promovidos por Elmer e Deanna Mertle. Estavam todos no mesmo barco e, de cara, todos concordaram em um aspecto: Jones não podia se safar só porque estava na Guiana; eles não deixariam o escândalo na Califórnia esfriar. Era preciso continuar pressionando. O objetivo estava claro, mas os meios, nem tanto. Não adiantava apenas atirar para todos os lados e sair abordando repórteres ou políticos eleitos. Uma hora a onda de indignação contra o Templo suscitada pela matéria passaria, e o público se cansaria da mídia reprisando o mesmo assunto. *Jim Jones e o Templo Popular roubaram o patrimônio dos fiéis. Os seguidores às vezes apanhavam de forma violenta. O Templo tinha muito dinheiro, com certeza estava metido em falcatrua.* Havia a necessidade de sair do óbvio, de encontrar um enfoque capaz de prender o interesse por mais tempo e sensibilizar a opinião pública para pressionar as autoridades a dar um basta em Jones. Ex-membros sem papas na língua não faltavam, porém foi um dos mais reservados que precipitou o processo.

Grace Stoen estava decidida a recuperar a guarda do filho na justiça. Não disse nada sobre John Victor na matéria da *New West*, mas era dele que falava na reunião com outros antigos fiéis do Templo. A angústia daquela mãe e sua luta para trazer o filho de volta mexia com todos. Em agosto de 1977, os Mertle moveram um processo contra o Templo pedindo 1 milhão de dólares em indenização pelas casas que lhes haviam sido tomadas de forma fraudulenta.[627] Mas essa era uma causa material. Era óbvio que um menino de 5 anos mexeria muito mais com a opinião pública. A batalha de Grace para tirar seu filho das garras de Jones em outro país com certeza seria longa — quem conhecia Jones um pouco mais sabia que ele não desistiria do menino tão fácil —, mas era um assunto que poderia render bastante na imprensa. E Grace não era a única ex-seguidora de Jones que tentava de forma desesperada trazer o filho de volta da Guiana. Havia vários adolescentes e até crianças vivendo longe dos pais em Jonestown porque os responsáveis, quando ainda estavam no Templo, abriram mão da guarda e autorizaram que seus filhos fossem criados pela comunidade da igreja. Mais tarde, alguns desses pais contrataram Joe Mazor, um detetive particular de reputação questionável, para tentar trazer as crianças de volta. Até Grace chegou a se encontrar com Mazor, diante da incerteza de derrotar Jones nos tribunais.[628] Havia ainda outros ex-seguidores e desafetos de Jones cujos pais, irmãos, primos e outros familiares também estavam na Guiana. As cartas que recebiam desses parentes pareciam mecânicas demais; vinham recheadas de elogios a Jones e ao assentamento na selva, quase nunca respondiam diretamente às perguntas sobre as condições de vida, planos de voltar ou, pelo menos, visitar a família. Outra constante na correspondência que chegava de Jonestown eram os pedidos de dinheiro. Ainda por cima, os ex-seguidores com filhas moças em Jonestown descobriram, conversando entre si, que várias daquelas jovens contavam a mesma coisa: estavam noivas de Larry Schacht, médico da colônia. Só podia ser um artifício para aplacar os pais; afinal, quem não gostaria de casar a filha com um médico?

O grupo de dissidentes já tinha uma causa em comum: resgatar os familiares que estavam em Jonestown. Aliás, quem garantia que alguns deles, se não todos, não eram retidos contra a vontade em Jonestown? O grupo adotou um nome que tinha apelo: Parentes Preocupados. Nome e mensagem já tinham; faltava saber como usá-los contra Jones. Era preciso elaborar um plano bem específico e minucioso.[629] Para sorte dos ex-seguidores, em breve chegaria uma pessoa com a capacidade de organização, a audácia e o calculismo de que eles precisavam. Grace e Tim Stoen haviam voltado a se falar.

Em julho de 1977, antes mesmo de sair a matéria na *New West*, Tim Stoen encontrou-se com Grace em Denver. Ouvi-la dizer que estava envolvida com Walter Jones foi um balde de água fria, pois tinha esperança de reatar o relacionamento. Mas achava justo que ela tivesse, no mínimo, a guarda compartilhada de John Victor, e prometeu que, se fosse preciso, voltaria à Guiana para processar Jones.[630] Em um primeiro momento, o advogado não tomou partido dos outros ex-membros do Templo, embora soubesse deles e tivesse ideia de que poderiam vir a unir esforços.[631] Por ora, a preocupação de Stoen era ajudar Grace a trazer John Victor de volta; o resto podia esperar.

Em 18 de agosto, Grace Stoen protocolou o pedido de guarda do filho em um tribunal de San Francisco. Na peça, dizia que John Victor estava em Jonestown, citava várias das denúncias publicadas na matéria da *New West* e registrava que temia pela segurança do pequeno na Guiana. O juiz intimou Jones a comparecer em juízo no dia 9 de setembro para apresentar razões contrárias à concessão de uma liminar em favor de Grace.[632]

Jones já tinha se preparado para isso. No início de agosto, dezenas de seguidores escreveram depoimentos acusando Grace de maus-tratos a John Victor e de seduzir menores que se encontravam sob a tutela do Templo. Chegaram ao ponto de acusá-la de abusar do próprio filho, dizendo que o "abraçava de um jeito lascivo".[633]

Segundo o depoimento escrito de Jones, em 1971 Tim Stoen havia pedido ao pastor para "usar de expediente sexual" para segurar Grace no Templo — e Jones, por lealdade, teria concordado. Pelo trato, Grace deveria usar anticoncepcional e estar ciente de que a intimidade sexual "não teria caráter amoroso". Mais tarde, quando ela comunicou a gravidez a Jones, ele teria pedido que abortasse, mas Grace se negou, dizendo que "não havia tido relações com o marido, Tim Stoen, e o filho era [de Jones]". Depois de dar à luz John Victor, Grace teria se tornado emocionalmente instável e ameaçado suicídio. Estava claro que não tinha condições de ser mãe. Ela então fugiu com Walter Jones e abandonou a criança. Por fim, Jones alegou que ficaria "com John não por intenção de privá-la do filho, mas por acreditar que sua influência é extremamente nociva à criança em vista do longo histórico de desequilíbrio psicológico. [...] Devo admitir que toda essa situação com Grace foi um dos piores equívocos da minha vida".[634]

Os depoimentos foram redigidos para serem usados no tribunal se necessário, mas Jones não pretendia deixar a coisa chegar a esse ponto. Acreditava que, se ficasse na Guiana, estaria resguardado de quaisquer ordens judiciais dos Estados Unidos.[635] A intimação era só uma chateação a mais, não muito diferente das notícias de que o estado emocional de Marceline andava piorando depois de ficar em San Francisco para defendê-lo. Por volta da mesma época em que foi emitida a intimação, Terri Buford escreveu para Jones dizendo que "Marcie está bem; a não ser entre umas oito e dez da manhã, quando abre o berreiro e começa com aquele papo de que ela está em segundo plano na sua vida, que já faz doze anos que é sua esposa só no papel, e que sacrificou tudo pela causa. [...] Outro dia tomou estrogênio, então deve melhorar de humor, eu espero".[636]

Os problemas de Jones com a justiça norte-americana se agravaram. Grace Stoen estava se divorciando de Tim na época do processo para recuperar a guarda de John Victor. Donald King, o juiz que analisava o processo de divórcio, concedeu a guarda de John Victor a Grace e determinou que Jones apresentasse o menino ao tribunal no dia 6 de outubro. E acrescentou: "Caso o interessado, o rev. Jim Jones, não compareça ao local e horário designados, ficará sujeito a sentença desfavorável. [...] Declaro nulo e sem efeito todo e qualquer termo de declaração assinado anteriormente pela requerente [Grace Stoen] ou pelo reclamado [Tim Stoen] autorizando o interessado Jones a exercer a guarda do referido menor".[637]

Aquele adendo mudava tudo. O Templo considerava que os termos de autorização assinados pelos pais — que às vezes totalizavam seis formulários para cada filho — garantiam à igreja o direito à guarda das crianças em Jonestown, pois eram registrados em cartório (havia vários tabeliães na congregação) e arquivados em várias vias em San Francisco e Jonestown. Se prevalecesse a anulação dos documentos assinados por Grace concedendo a guarda do filho a Jones e à igreja, e se ela conseguisse tirar John Victor de Jones, haveria precedente para outros processos de guarda contra o Templo. Jones não só corria o risco de perder John Victor, que tanto amava, como também outras crianças de Jonestown. Em muitos casos, eram justamente os filhos que seguravam os seguidores adultos na Guiana. Jones sempre dizia que, além de exemplificar o socialismo para o resto do mundo, o principal motivo que os levava para lá era proteger aquelas crianças de uma sociedade capitalista predatória. Se a justiça as tirasse do Templo, muitos adultos de Jonestown perderiam uma razão para continuar no assentamento.[638] A batalha judicial de Grace Stoen para reaver a guarda do filho poderia acabar com Jonestown e, por conseguinte, com o Templo Popular e o próprio Jim Jones. Foi então que Grace, contando com o apoio de Tim Stoen, resolveu jogar duro, e o que já era paranoia para Jones se transformou em pânico.

Depois que o juiz King expediu sua ordem, Jeffrey Haas, advogado de Grace, escreveu para Charles Garry, advogado do Templo nos Estados Unidos: "Em cumprimento à determinação do juiz King, envio cópia da ordem judicial referente à audiência de 19 de agosto de 1977. [...] Venho por meio desta solicitar que V. S.ª, na qualidade de representante legal do Templo Popular e do sr. Jim Jones, restitua o menor John Victor aos cuidados da mãe, em cumprimento à ordem judicial. Contamos com sua cooperação".[639]

A carta, a princípio, não parecia motivo para desespero. Jones insistiu em sua estratégia: todas as determinações da justiça dos Estados Unidos seriam ignoradas, enquanto ele e John Victor Stoen, já com 5 anos, permanecessem na Guiana, e, portanto, fora da jurisdição norte-americana pelo menos enquanto não houvesse consentimento e cooperação do governo guianense. Haas e Grace Stoen, porém, resolveram levar a batalha judicial para lá também. Na primeira semana de setembro, Haas viajou a Georgetown para pedir à justiça guianense a execução da determinação judicial dos Estados Unidos de que Jones entregasse o menino. Sensibilizado, um ministro da Suprema Corte da Guiana, Aubrey Bishop, intimou Jones e John Victor a comparecer em juízo no dia 8 de setembro para apresentar defesa contra o pedido de Grace pela guarda. Na sequência, Haas viajou para Porto Kaituma levando uma cópia da intimação e, de lá, seguiu para Jonestown acompanhado de um oficial de justiça guianense para entregá-la a Jones.[640]

Graças à vasta rede de informantes do Templo, assim que Haas pôs os pés em Georgetown, Jones ficou sabendo. Para alavancar o apoio de seus seguidores em Jonestown e corroborar suas admoestações sobre inimigos à espreita, o pastor armou um atentado na véspera da ida do advogado norte-americano ao tribunal. Segundo o relato de Jim Jones Jr., seu pai disse que "as pessoas precisavam acreditar que a gente ia ser invadido, que era preciso algo que conseguisse mobilizá-las de verdade, e me pediu para ajudar". Jimmy pegou seu fuzil, ficou de tocaia em um ponto perto do chalé de Jones e, na saída do pai, fez alguns disparos que, conforme combinado, passaram bem longe: "Meu pai tinha me dito: 'Não se preocupe, eu não vou deixar ninguém reagir'. Só que naquela noite quem estava fazendo a segurança dele eram Tim [Tupper Jones] e Johnny [Cobb], e quando Jim saiu eu atirei. Ao dar por mim, Tim e Johnny estavam abrindo fogo para o meu lado e eu tive que fugir". Na confusão que se seguiu, Jones anunciou que os inimigos do Templo tinham chegado para assassiná-lo e recomendou atenção redobrada.

O clima ainda estava tenso quando Haas e o oficial de justiça guianense chegaram a Jonestown com a intimação de Bishop. Maria Katsaris foi até o portão e perguntou o que eles queriam. O oficial afirmou que estavam ali em nome da Suprema Corte da Guiana e pediu para falar com Jones. Katsaris argumentou que o líder de Jonestown não estava e que não sabia quando ele retornaria. Haas e o oficial de justiça voltaram para Porto Kaituma e aguardaram novas ordens do ministro Bishop para apresentar a intimação e fazer cumpri-la.[641]

Jones ficou apreensivo. Como se não bastasse Haas ir para a Guiana, o ministro Bishop parecia estar do lado dele e de sua cliente Grace Stoen. Para piorar, Haas fora de Georgetown a Porto Kaituma a bordo de um avião militar guianense. Teriam o primeiro-ministro Burnham e seu governo coragem de trair Jones e o Templo? Jones enviou mensagem de rádio para seu pessoal em Lamaha Gardens, na capital, com instruções para procurarem o vice-ministro Reid e pedir explicações. Pouco tempo depois, recebeu uma resposta dizendo que Reid estava fora do país, mais exatamente nos Estados Unidos, tratando de assuntos oficiais.

Uma das características da paranoia é a falta de senso de proporção. Para Jones, a presença de Reid nos Estados Unidos no exato momento em que o ministro Bishop expediu a intimação e Haas apareceu no portão de Jonestown só podia significar uma coisa: os governos dos Estados Unidos e da Guiana, que não tinham mais o que fazer a não ser destruir o Templo Popular, estavam tramando contra ele. Talvez o governo de Burnham tivesse até sido derrubado por um golpe militar e substituído por lideranças mais alinhadas com os norte-americanos e contrárias ao Templo. Essas elucubrações levaram Jones a um novo patamar de radicalismo com uma atitude que, em última análise, precipitaria sua derrocada.

No dia 7 de setembro, por volta das 16h30, um dia antes de o ministro Bishop ordenar que Jones apresentasse John Victor ao tribunal, trabalhadores que se encontravam nas lavouras e nas matas ao redor de Jonestown receberam instruções para voltar ao assentamento e, tendo cumprido uma longa e cansativa jornada de trabalho, pegaram suas pás e enxadas e puseram-se a caminho. De repente, ouviram gritos para voltar correndo e saíram em disparada, esbaforidos. Quando chegaram, toparam com idosos e crianças em uma fila confusa, carregando forquilhas, pás e alguns facões. Pelo alto-falante, Jones anunciava que estavam sendo atacados e mandou todos se prepararem para a luta iminente.[642] Tal qual um general no campo de batalha, Jones mandou Stephan e Tim Carter, que na ocasião encontrava-se em Jonestown e não na capital, reunirem todos os seguranças de Jonestown — ao todo, cerca de 25 homens, armados com fuzis, revólveres e balestras — no refeitório da missão, para terem uma boa visão da estrada que chegava do portão de Jonestown. Carter, um ex-fuzileiro naval que havia sobrevivido a combates na selva do Vietnã, disse a Jones: "É melhor não colocar todas as armas no mesmo lugar, porque [o inimigo] pode concentrar todo o poder de fogo lá". Jones reorganizou a defesa do perímetro e, feito isso, passou a se concentrar em outro fator logístico. Parte do patrimônio de Jonestown estava na forma de pequenas barras de ouro. Jones mandou o filho Jimmy e Johnny Cobb, outro adolescente da missão, colocarem o ouro em um saco e levarem para a selva. Se Jonestown caísse, os rapazes deveriam encontrar uma forma de levar as barras para a embaixada soviética em Georgetown. Seria um derradeiro gesto de resistência e reafirmação das convicções socialistas do Templo. Jimmy e Johnny carregaram a pesada carga para a mata e, após tomarem um pouco de distância da missão, aferraram-se ao tesouro, dispostos a lutar para defendê-lo com os fuzis que Jones lhes dera. Só depois souberam que as armas não estavam carregadas.

Em Jonestown, o pastor informou ao exército improvisado que adversários bem armados, entre mercenários e tropas guianenses, estavam vindo para levar não apenas John Victor Stoen, mas todas as crianças de Jonestown. Afirmou ainda que sabia quem estava por trás de tudo: Tim Stoen, o maior inimigo do Templo. Todos deveriam lutar. Entrincheirar-se. Ficar a postos. Havia uma ofensiva a caminho.

Passadas horas, crianças e idosos exaustos, e alguns dos adultos em idade de combate que haviam madrugado e encarado um dia pesado de labuta, começaram a esmorecer. Jones não deixou ninguém sair do posto. Distribuiu-se comida e água. Irrequieto, Jones pulava entre o alto-falante do assentamento, de onde instava vigilância total, e o rádio, que usava para se comunicar com Lamaha Gardens e a sede do Templo em San Francisco. Marceline e outros seguidores receberam ordens de revirar os Estados Unidos à procura de Ptolemy Reid e fazê-lo prometer que Jones não seria obrigado a acatar a determinação do ministro Bishop.

Dois dias depois, todos permaneciam em estado de alerta — àquela altura, Jones já dizia que estavam sitiados e, de tempos em tempos, advertia que diversas tropas se posicionavam perto dali prontas para atacar a qualquer momento. Reid ainda não tinha sido localizado. A data da audiência marcada por Bishop na intimação havia passado. Para o pastor, era sinal de que o ataque com certeza aconteceria em breve. Na segunda noite do cerco, Jones mudou de tática: anunciou que, na calada da noite, seriam todos levados de caminhão para Porto Kaituma, onde o *Cudjoe* estava ancorado. De algum modo, todos os habitantes de Jonestown se espremeriam no barco e navegariam até Cuba, onde pediriam asilo. Com certeza seriam acolhidos. Jones só não explicou por que os inimigos responsáveis pelo cerco deixariam os caminhões passarem, e estavam todos cansados demais para perguntar. O único consolo era que, de uma forma ou de outra, aquilo ia acabar. Os mais velhos formaram as primeiras levas a embarcar nos caminhões e, quando chegaram a Porto Kaituma, sem terem avistado nenhum adversário pelo caminho, começaram a subir na prancha de embarque, trôpegos. Estava muito escuro. Uma senhora de idade caiu e fraturou a bacia; ao receber essa notícia pelo rádio, em Jonestown, Jones chamou o grupo todo de volta para o assentamento. Não se falou mais da fuga marítima rumo ao exílio em Cuba.

Stephan Jones foi destacado para vigiar o portão de Jonestown e, na manhã de 9 de setembro, Jeffrey Haas voltou. O ministro Bishop havia determinado que, se as cópias da intimação fossem afixadas próximo ao assentamento, em local visível, Jones seria considerado ciente. Jones e John Victor se recolheram na selva, e Harriet Tropp e Joyce Touchette foram falar com Haas. Afirmaram que Jones havia sofrido um atentado e recusaram-se a aceitar a intimação em nome dele. O oficial de justiça que acompanhava o advogado afixou cópias da intimação em várias construções do assentamento. Os moradores rasgaram-nas. Haas voltou para Georgetown e, no dia seguinte, o ministro Bishop expediu um mandado de prisão contra Jones. O pessoal do Templo em Lamaha Gardens estava no tribunal e correu para avisar o pastor pelo rádio. O líder já tinha inventado um alerta sobre soldados virem atrás dele e de John Victor. Agora, a possibilidade era concreta. O estado de alerta que ele havia convocado já durava vários dias. Os seguidores estavam à beira de um colapso. Se as forças guianenses viessem, Jonestown não teria forças para resistir.

Jones passou um rádio para Marceline dizendo que ele e as outras pessoas de Jonestown estavam "dispostas a morrer". Marceline já estava achando que o marido convocaria um suicídio coletivo, ainda mais depois de ele ter colocado Stephan e Jimmy, já liberados da tarefa de vigiar o ouro na selva, para dizer à mãe que estavam de acordo. Ela implorou que Jones lhe desse mais um tempo para encontrar Ptolemy Reid. Debbie Layton e Terri Buford estavam com ela em San Francisco. Correndo contra o tempo, as três desataram a fazer telefonemas. Para ganhar tempo e evitar o comando fatal de Jones, Marceline pediu para Angela Davis e Eldridge Cleaver enviarem mensagens de rádio em apoio à causa do Templo. Carlton Goodlett, falando de San Francisco, pediu para Jones se acalmar; afinal, se o governo da Guiana havia convidado a igreja e seu líder para ficar no país, por que os abandonaria tão de repente?[643] Por fim, Marceline localizou a comitiva de Reid — que estava justamente em Indiana — e obteve a garantia de que nenhuma força guianense atacaria Jonestown ou prenderia Jones. Ao ouvir isso, o pastor de imediato convocou uma reunião em Jonestown e declarou vitória. Jeffrey Haas voltou para os Estados Unidos; o ministro Bishop marcou uma nova audiência para novembro. Por enquanto, Jones deixou os seguidores baixarem a guarda e voltarem à rotina normal. Mas ainda tinha medo de que Reid, incomodado por ter sido seguido pelos quatro cantos dos Estados Unidos, acabasse retirando o apoio, e, no começo de outubro, escreveu para o vice-ministro dizendo que havia entendido que o governo da Guiana seria "firme com situações como a do meu filho, John Stoen, limitando-se a dizer que não é jurisdição [dos Estados Unidos]. [...] Precisamos saber em que terreno estamos pisando. Sobretudo, estou tão farto do assédio político constante que não me importaria de me sacrificar, se tivesse garantia de que deixariam meu povo em paz. Mas tem gente na minha organização que não aceita; não querem trabalhar e construir sem a minha presença."[644] Reid prometeu que Jones não seria detido nem em Jonestown, nem em Georgetown, nem em qualquer outro lugar da Guiana. Jones não acreditou; se a audiência ainda estava marcada em Georgetown, era óbvio que a causa envolvendo John Victor não estava resolvida, e a guarda de seu menino e muitas outras crianças de Jonestown ainda estava em perigo. Aquela "noite branca" — como ficaram conhecidas aquelas convocações de emergência a pretexto de crises repentinas —, em setembro de 1977, seria apenas a primeira. Na cabeça de Jones, seus adversários eram mais ardilosos e numerosos que nunca. As conspirações contra ele já tinham dimensão internacional. Ele só estava reagindo à altura.

46

A MORTE SERÁ INDOLOR

Depois do que os colonos chamaram de "o cerco de seis dias", Jones reforçou a segurança de Jonestown. Ao menor sinal de perigo, seus guarda-costas agiam rápido. Mas foram tantas as reclamações de seguidores que se sentiram intimidados com a presença ostensiva de homens armados que Jones determinou à equipe que evitasse fazer rondas pelas trilhas e campos do assentamento com armas à mostra.[645] Os domingos de "open house" sempre foram uma tradição em Jonestown — durante a tarde, os nativos tinham livre acesso ao assentamento, onde recebiam tratamento médico na clínica e participavam de sessões de filmes e lanches coletivos. Jones suspendeu a prática, com receio de que os inimigos plantassem espiões entre os indígenas. Mas a admiração dos nativos pelas maravilhas modernas de Jonestown não diminuiu. De tempos em tempos, na calada da noite, depositavam um recém-nascido junto ao portão de Jonestown. As mães queriam que os filhinhos tivessem as mesmas oportunidades que os colonos, que sempre pegavam os bebês para criar. Essas crianças passavam a integrar uma legião crescente de recém-nascidos no assentamento, entre os quais Malcolm, filho de Tim Carter e Gloria Rodriguez; e Chaeoke, neto de Jones, cujos pais eram Lew Jones e Terry Carter, irmã de Tim Carter.

A prole de Jones ia muito bem. Os professores que acompanhavam John Victor Stoen e Kimo Prokes na pré-escola de Jonestown comentavam a precocidade dos dois meninos. Depois da noite branca em setembro,

Jones reconheceu-os como filhos em público. O sobrenome de John Victor Stoen permaneceu inalterado por mais alguns meses — Jones queria evitar novas complicações jurídicas. Na lista de chamada, no entanto, já constava o nome "Kimo Jones". Os dois meios-irmãos moravam com Jones, Carolyn Layton e Maria Katsaris, que assumiu o papel de mãe de John Victor e lhe disse que sua mãe biológica havia morrido. O menino estava sempre alegre, e todos no acampamento o adoravam. Alguns adultos, que ainda consideravam Jones um ser superior, também detectavam qualidades divinas em John Victor. O pequeno tinha dois apelidos em Jonestown — "John-John" e "Deus Menino".[646]

Jones aceitava e até recebia bem a visita de autoridades guianenses. Via como uma oportunidade para mostrar que todos estavam felizes em Jonestown e progrediam na criação de uma colônia agrícola autossustentável na selva. Cada inspeção era planejada e ensaiada com minúcias. Os guianenses eram levados a lavouras e edificações específicas, onde, como que por coincidência, encontravam colonos sorridentes, colocados ali de forma estratégica para papagaiar elogios sobre a vida no assentamento e seu líder. Em seguida, eram convidados para acompanhar os colonos no que diziam ser uma típica refeição em Jonestown: farta, com direito a muita carne e sobremesas deliciosas. Todos ansiavam por esses raros banquetes, a única chance que tinham de comer uma porção generosa que não fosse de arroz com molho aguado. Quase sempre se preparava alguma atração — um dos orgulhos de Jonestown era uma animada trupe de dançarinos mirins, além da tradicional banda e coro do Templo, de qualidade profissional, como nos velhos tempos. Os fiscais guianenses sempre se divertiam. Sorridente e alegre, Jones fazia o papel de bom anfitrião para os convidados. Para alguns, o único problema era o excesso de atenção que recebiam dos colonos. Como lembrou Gerald Gouveia, piloto militar que às vezes acompanhava os funcionários do governo a Jonestown: "Aonde quer que você fosse, um deles ia com você. Até se fosse ao banheiro, alguém vinha junto e ficava ali conversando enquanto você fazia suas necessidades. Mas pelo menos eram sempre simpáticos".

Já com os funcionários da embaixada dos Estados Unidos era diferente. Jones os considerava agentes inimigos e instruía seus seguidores a tratá-los como tais. Os auxiliares do Templo que moravam em Lamaha Gardens precisavam manter laços cordiais com representantes do governo norte-americano; assim pelo menos tinham com quem se queixar se Jones se sentisse perseguido. Mas, quando os funcionários da embaixada viajavam para Jonestown, os colonos pensavam que vinham com algum propósito nefasto. Com certeza tentariam levar algumas ou todas as crianças — Jones vivia martelando essa suspeita em seus inflamados discursos noturnos. Os colonos já ficavam nervosos com as visitas ocasionais, uma vez a cada três ou quatro meses, mas a partir do final de 1977 se tornaram mais frequentes. Nos Estados Unidos, os Parentes Preocupados já tinham começado a pôr em prática um novo plano. Dezenas de pais, avós e irmãos dos moradores de Jonestown ligavam ou escreviam para deputados ou senadores alegando ou que tinham familiares mantidos contra a vontade na selva da Guiana, ou denunciando que estavam sofrendo lavagem cerebral. Os políticos se sentiam no dever de repassar as queixas ao Departamento de Estado, que, por sua vez, ordenava que a embaixada em Georgetown investigasse. Os funcionários da missão diplomática tinham então que se deslocar de avião ou barco até Porto Kaituma e depois se embrenhar na floresta hostil até chegar a Jonestown, onde crianças ou adultos supostamente retidos contra a vontade se diziam bem e felizes. O assentamento não era cercado, e Jones tomava o cuidado de manter os guardas armados longe das vistas. Quando os norte-americanos voltavam a Georgetown, relatavam aos superiores que os colonos em questão afirmaram que estavam bem e de fato pareciam estar. Depois, os diplomatas mais graduados da embaixada recebiam a visita dos auxiliares do Templo em Lamaha Gardens, que se queixavam de perseguição e enfatizavam que o Templo Popular era uma igreja, com membros que exerciam o direito constitucional de servir a Deus e viver como bem entendiam. Havia ameaças veladas de ações judiciais.

A embaixada tinha plena ciência de que o representante legal do Templo era o polêmico Charles Garry. No outono, Garry fez uma viagem a Jonestown, e na volta descreveu o assentamento à imprensa de San Francisco como um "paraíso". Com certeza adoraria abrir um processo graúdo contra o governo dos Estados Unidos, alegando que o país estava perseguindo uma missão cristã no exterior. Assim, em janeiro de 1978, John Burke, embaixador recém-nomeado dos Estados Unidos na Guiana, enviou aos seus superiores do Departamento de Estado um memorando confidencial, intitulado "Condições de vida na Missão do Templo Popular":

> Depois de duas visitas à Comunidade Agrícola do Templo Popular, no noroeste da Guiana, conversas em particular com diversos habitantes, e averiguações do governo da Guiana, que visita Jonestown com frequência, o cônsul [Burke] está convencido de que é improvável que alguém esteja sendo retido em condições de escravidão ou contra a vontade na Comunidade do Templo Popular. O cônsul conheceu ou observou pessoalmente entre quinhentas ou seiscentas pessoas que [segundo estimou] ali residem. Parecem saudáveis, bem alimentadas e satisfeitas com suas vidas. [...]

As pessoas com quem falamos em particular — algumas em princípio retidas contra a vontade — pareciam conversar e responder às nossas perguntas de forma livre e espontânea. [...] Em suma, não há provas concretas que apoiem as numerosas alegações que foram feitas.

A embaixada acredita que o Departamento [de Estado] deve se basear no acima exposto ao responder a indagações do Congresso ou de outras partes interessadas nos EUA sobre as condições de vida em Jonestown. Acreditamos que retornar com frequência à comunidade para "investigar alegações de cidadãos norte-americanos retidos contra a vontade" poderia ensejar acusações criminais de perseguição contra a embaixada e o Departamento. Nesse sentido, salvo indicação ao contrário, planejamos designar um agente consular para fazer visitas trimestrais [a Jonestown] com o fim de prestar serviços consulares de rotina. Na ocasião da visita, o agente consular também poderá dar seguimento a consultas sobre o paradeiro e o bem-estar dos habitantes, transmitir saudações familiares etc.[647]

O Departamento de Estado encaminhou essa mensagem aos deputados e senadores envolvidos, que por sua vez continuaram a repassar demandas de familiares ao Departamento de Estado, mais por obrigação do que por alguma expectativa concreta de ação imediata. Leo Ryan era a única exceção. Como lembrou o ex-presidente do Congresso Jim Wright: "[Ryan] continuava a me dizer que tinha certeza de que o grupo religioso exercia atividades nefastas na Guiana, e que pretendia tomar uma providência após o término de sua campanha à reeleição [em 1978], e imaginei que fosse sugerir ao Congresso algum tipo de inquérito formal no final daquele ano".

Jones não sabia de nada disso, nem do memorando confidencial do embaixador Burke. Mas sem dúvida tinha ciência de que seu inimigo talvez mais temível o desafiara de forma direta. Em 17 de novembro de 1977, Tim Stoen endereçou uma carta a Jones, aos cuidados do Templo de San Francisco: "Peço a sua cooperação no sentido de entregar John Victor Stoen a mim e Grace Stoen".[648] A carta vinha no momento certo. No dia seguinte, o Tribunal Superior de San Francisco determinou que Jones devolvesse John Victor à mãe. A audiência de custódia ocorrida em novembro na Guiana, na corte presidida pelo ministro Bishop (à qual Jones não compareceu), foi inconclusiva, e a apreciação foi adiada. Porém, como Bishop não indeferiu o processo, Jones tinha razão para se preocupar com Tim Stoen em duas frentes legais.

Mais que ninguém, Jones conhecia a capacidade de Stoen para elaborar e pôr em prática planos de ataque costurados dentro da legalidade. O advogado empregara por muitos anos esse talento a favor de Jones e do Templo Popular. Agora estava não apenas em posição de usar todas as suas habilidades e informações privilegiadas contra eles, mas também era movido por uma premente causa pessoal. Queria John Victor de volta. Claro, também havia certa rivalidade entre os dois. Como declararia mais tarde Jim Jones Jr. : "Tim acreditou com muito fervor e por muito tempo em [Jones] e no Templo, diria até que amava meu pai, e meu pai resolveu magoá-lo da pior forma, engravidando a esposa dele". Jones se preparou para a guerra, mais obstinado em derrotar Stoen que a qualquer outro inimigo. Com a ajuda de Charles Garry, traçou um plano de ataque que centrava fogo exclusivamente no advogado. O primeiro passo era "escrever ou ligar para os jornais a respeito de TOS [Timothy O. Stoen]".[649]

O colunista do *San Francisco Chronicle* Herb Caen, que continuava defendendo Jones apesar da reportagem da *New West*, começou a escrever sobre a batalha judicial pela guarda de John Victor, informando os leitores de que Jones "fazia tanta questão" de ficar com o menino "porque, de acordo com fontes confiáveis, o verdadeiro pai da criança era o próprio Jim Jones". Jones mandou seguidores redigirem uma série de depoimentos bastante danosos à imagem de Stoen, afirmando que ele zombava do primeiro-ministro Burnham e do governo da Guiana. O pastor queria contar com a proteção dos guianenses caso o advogado conseguisse colocar as autoridades norte-americanas contra ele. Além disso, os membros remanescentes do Templo em San Francisco foram orientados sobre possíveis formas de intimidar Stoen. Uma lista sugeria "mandar folhetos de necrotérios", "[mandar] grinaldas de flores/ carros fúnebres/ ambulâncias etc. para a casa dele", "colocar açúcar no tanque [de gasolina]", "escrever no nome dele para revistas radicais/ revistas gays/ para senadores de direita manifestando apoio [assim seu nome seria associado a eles]", e "para deixar claro que sabemos onde ele mora etc. [...] [mandar] alguém fazer uma visitinha de vez em quando". Embora a maioria dessas ideias nunca tenha se concretizado, Stoen relatou em seu livro autobiográfico que era seguido com certa frequência e, em pelo menos uma ocasião, foi alertado de maneira categórica sobre um plano do Templo para matá--lo. Enquanto trabalhava na igreja, Stoen participou de reuniões da Comissão de Planejamento em que se discutia o possível assassinato de traidores e inimigos. Portanto, sabia que havia conversas semelhantes a seu respeito.

Jones fazia uso do medo que Stoen inspirava nos próprios seguidores. Durante o tempo em que serviu como principal estrategista jurídico do pastor, Stoen era temido pelos fiéis, que achavam que muitos dos aspectos mais desagradáveis da vida no Templo, em especial os castigos físicos, eram ideia dele, e não de Jones. Em certo sentido, quando Stoen foi a público manifestar seu apoio a Grace e, por consequência, sua oposição a Jones, os adeptos do Templo enfim puderam se fixar em um adversário específico, em vez de inimigos genéricos — racistas brancos, a elite capitalista, a CIA, o FBI. Jones explorou isso. Certa vez, durante uma reunião no pavilhão central de Jonestown, pediu que todos escrevessem as melhores formas de matar Tim Stoen. Quanto mais seus seguidores desprezavam o ex-advogado do Templo, mais Jones acreditava que contava com a lealdade deles.

O pastor também teve que colocar a mão no bolso para bancar as longas batalhas judiciais pela guarda de John Victor. Não era nada barato. Além do gordo adiantamento pago mensalmente a Charles Garry na Califórnia, Jones mobilizou o advogado guianense Lionel Luckhoo, talvez o mais famoso do país. Cada consultoria prestada por ele chegava a custar 2.500 dólares aos cofres do Templo.[650] Vários outros advogados de defesa em Georgetown cobravam bem menos, mas Jones pagaria o que fosse necessário. Tão valiosa como a destreza do veterano Luckhoo nos tribunais eram também suas conexões pessoais com o ministro Bishop e outros membros da Suprema Corte da Guiana.

Jones estava disposto a desembolsar ainda mais. Em setembro de 1977, encarregou Debbie Layton de encontrar Stoen em San Francisco e oferecer dinheiro para que deixasse Jones e o Templo em paz. Layton deveria propor a princípio 5 mil dólares, e chegar a 10 mil se necessário. Mas não foi fácil localizar o ex-advogado do Templo — Stoen tinha encoberto bem seus rastros. Em outubro, quando enfim conseguiu confrontá-lo em frente ao Tribunal Superior de San Francisco, Stoen recusou com veemência o suborno, avisando que estava disposto a sacrificar o que fosse para reaver John Victor, porque o lugar da criança era ao lado da mãe. Quando Layton falou com Jones pelo rádio, ele parecia mais estarrecido com a aparente sinceridade de Stoen do que com a recusa em si: "Tenha a santa paciência! Ele agora deu pra ser um homem de princípios?".[651]

Para qualquer pessoa, Tim Stoen e a batalha pela custódia já seriam estresse suficiente, mas para Jones eram só duas grandes preocupações entre muitas. Do final de 1977 ao início de 1978, parecia que tudo estava contra ele e Jonestown. Os Stoen não eram os únicos pais entre os Parentes Preocupados que tentavam reaver os filhos. Howard e Beverly Oliver tomaram providências para revogar a procuração que concedia ao Templo a guarda de Billy e Bruce, seus filhos adolescentes. Bruce havia completado 19 anos em Jonestown, mas Billy tinha 17 e ainda era menor de idade.[652] Os Oliver conseguiram uma liminar que lhes devolvia a custódia de Billy, e foram de avião à Guiana para buscá-lo. Jones não cedeu — Billy ficou em Jonestown, e a embaixada em Georgetown avisou ao casal que a questão cabia à justiça, e não aos diplomatas. Os Oliver ficaram sem dinheiro e retornaram aos Estados Unidos, declarando que voltariam. Era a última coisa que Jones queria enquanto tentava protelar a decisão da justiça guianense envolvendo John Victor. Uma contestação de guarda de menores em Jonestown já era ruim, mas duas?

E surgiu ainda uma terceira disputa, dessa vez envolvendo um adulto. Steven Katsaris estava determinado a resgatar Maria do domínio de Jones, ou pelo menos ter uma conversa cara a cara, já que as cartas da filha vinham se tornando cada vez mais impessoais, e ela sempre recusava suas ofertas de pagar uma viagem aos Estados Unidos para uma visita. Katsaris comunicou à filha que chegaria a Georgetown no dia 26 de setembro, esperando que ela fosse encontrá-lo lá. Maria não foi. Katsaris esperou alguns dias. Porta-vozes do Templo avisaram que Maria estava fora, viajando para a Venezuela com o namorado, identificado nas cartas ao pai como Larry Schacht, o médico de Jonestown. Como sua filha não apareceu, Katsaris voltou para casa, não sem antes prometer aos membros do Templo que voltaria.

Maria tinha 24 anos, e portanto desfrutava do direito de tomar as próprias decisões — a menos que estivesse sendo coagida ou drogada. Depois de conhecer pessoalmente Jones e a sede do Templo Popular no vale de Redwood, Steven Katsaris achava essas hipóteses bem plausíveis. Era um homem de natureza franca, que não seria intimidado por ameaças do Templo nem tranquilizado por uma carta conciliadora como a que recebeu de Maria logo após retornar aos Estados Unidos. Maria dizia que lamentava o desencontro, que tinha ficado sabendo que ele estava preocupado, mas que ficasse tranquilo: ela estava bem. Um mês depois, voltou a escrever, só que uma mensagem hostil. Os líderes do Templo permitiriam que se encontrasse com ela se voltasse à Guiana, mas (referindo-se aos Parentes Preocupados) "você tem cooperado com o pior tipo de gente, arrumando confusão. [...] [Se] não parar com isso agora, fim de papo: nunca mais vai me ver".[653]

Em Jonestown, Jones e o advogado do Templo, Gene Chaikin, prepararam Maria para um possível encontro com o pai, ou pelo menos uma entrevista com funcionários da embaixada norte-americana. Ela recebeu uma lista com dezenove possíveis temas e argumentos. Alguns eram pensados para direcionar a ira de Katsaris contra um inimigo do Templo, em vez da igreja em si: "Tim Stoen já chamou seu pai de babaca? Tim Stoen a aconselhava a não ver seu pai?". Se isso não funcionasse, Maria deveria lançar acusações que o pai podia até negar, mas não tinha como provar que eram inverídicas: "Você tinha medo do seu pai quando era criança? Seu pai, Steven A. Katsaris, já a molestou sexualmente?".[654]

No final de outubro, Steven Katsaris voltou. Como tinha prometido, Maria se encontrou com ele, mas estava acompanhada por Carolyn Layton e dois outros membros do Templo. Um funcionário da embaixada dos Estados Unidos também estava presente. O reencontro correu mal. Com uma expressão distante, Maria garantiu ao pai que estava bem e rejeitou a oferta de voltar com ele para casa. Por fim, Steven falou que deixaria uma passagem de avião na embaixada de Georgetown para o caso de ela mudar de ideia. Depois que a filha saiu, soube pelo corpo diplomático que ela o acusara de molestá-la quando criança. Com isso, Jones pretendia afugentar Katsaris, mas o efeito causado foi o contrário. Ele não só continuou determinado a resgatar a filha, como passou a cogitar a possibilidade de entrar com uma ação judicial contra o Templo por difamação.

Em outubro, um erro do passado de Jones voltou a assombrá-lo. Três anos antes, um juiz de Los Angeles ordenou que fossem apagados todos os registros da prisão de Jones por atentado ao pudor. Mas, embora estivessem vedados ao escrutínio público, os documentos ainda existiam, e o procurador-geral da Califórnia solicitava que a decisão fosse revogada, com a clara intenção de divulgá-los à imprensa.[655] Nem sempre a paranoia de Jones era injustificada. Jones mandou que Garry lutasse para manter os registros em sigilo. As manobras jurídicas de ambas as partes com certeza se estenderiam por meses, e Jones não teria um minuto de paz na Guiana. Ser descrito pela mídia como um transviado sexual daria ainda mais crédito ao pleito dos pais que queriam recuperar a custódia dos filhos. Que juiz, norte-americano ou guianense, permitiria que crianças pequenas vivessem na selva em um acampamento liderado por um pervertido?

Essa não era a única preocupação com respeito às crianças de Jonestown. Jones e o Templo tinham orgulho do sistema escolar que haviam concebido e implementado. As crianças da missão seguiam padrões elevados de escolaridade e conduta em sala de aula. O currículo era elaborado por educadores da igreja, e os professores também eram gabaritados. Mas esse tipo de ensino domiciliar não estava de acordo com os rígidos parâmetros educacionais da Guiana — na tentativa de criar um sentimento de orgulho nacional, o Ministério da Educação do governo Burnham exigia que toda criança estudasse a história e a cultura do país. Por um tempo, a impressão criada foi a de que todas as crianças do Templo precisariam ir à escola na capital. Se Jones já temia ser preso por desobedecer à ordem do ministro Bishop de comparecer em juízo, e por isso não colocava os pés fora do Templo, claro que não arriscaria uma visita a Georgetown. Sendo assim, foi obrigado a recorrer ao pessoal de Lamaha Gardens para se reunir com os funcionários do Ministério e defender os interesses da igreja.

Foi selado um acordo: o currículo da escola de Jonestown incluiria os estudos guianenses. Ao longo dos meses seguintes, Jonestown receberia a visita de fiscais do Ministério. Se concluíssem que a escola fornecia um ensino adequado, ela se tornaria certificada. Caso contrário, todas as crianças em idade escolar do assentamento teriam que frequentar escolas da Guiana e, dado o isolamento de Jonestown, precisariam morar fora da missão.[656] De novo, uma decisão definitiva levaria tempo.

E não era só isso. No início de outubro, Marceline Jones chegou a Jonestown, deixando Hue Fortson em seu lugar no comando do Templo de San Francisco. Estava esgotada, com os problemas de saúde agravados pela pressão de defender constantemente o marido e o Templo. Sua chegada criou uma situação delicada. Embora não fosse segredo que Jones vivia com Carolyn Layton e Maria Katsaris, a maioria dos colonos ainda a considerava "Mãe", tanto quanto Jones era "Pai". (Em Jonestown, ele era apelidado de "Paizinho".) Foi outro duro golpe para a mulher já tão sofrida, agora com 50 anos, saber que ficaria alojada em um chalé separado, mais bacana que a maioria dos outros, porém inferior àquele onde o marido vivia com suas amantes.[657] Jones ainda a usava como escudeira para defendê-lo de críticas nos Estados Unidos, e Marceline continuava viajando de um lugar para o outro, inclusive para Washington, onde intercedia a favor do Templo, fazendo a defesa do projeto de Jonestown para os parlamentares que tinham recebido queixas dos Parentes Preocupados. Em 1977, no dia de Ação de Graças, estava nos Estados Unidos, e enviou uma carta a Jones:

> Espero ansiosa o dia em que não precise mais dizer adeus. Sou grata pela [ilegível] beleza daí [...] aqui não há nenhuma.
> Fico o quanto for necessário. Só peço que reconheça meu valor em pensamento — já não sou a mulher que era. Dê um beijo nas crianças. Elas sempre foram a luz da minha vida, e quero que saibam disso.[658]

Mas, se Jones achava que ela havia entregado os pontos, estava enganado. Apesar da humilhação de viver separada do marido em Jonestown, sua estada no assentamento foi revigorante. A clínica do assentamento, gerida por Larry Schacht, estava uma bagunça, e Marceline usou sua formação para ajudar a reestruturá-la. Também passou muito tempo no berçário, ajudando na supervisão do local. Entre os bebês e crianças ali atendidos, estavam vários netos seus. Embora tivesse poucas chances de passar tempo com os filhos — Stephan e Tim tinham responsabilidades com a segurança, Lew estava sempre ocupado com tarefas menores, que realizava no lugar do pai, e Jones estava prestes a enviar Jimmy para Georgetown como seu novo representante na cidade —, Marceline começou de maneira discreta a transferir dinheiro de bancos estrangeiros para as contas dos filhos. Assim teriam ao menos uma reserva financeira, caso resolvessem deixar o Templo algum dia. Entre 3 de novembro de 1977 e 3 de fevereiro de 1978, ela movimentou pouco mais de 31 mil dólares.[659] Terri Buford, que em Jonestown estreitou relações com Marceline pela primeira vez, se referiu a essas contas como "pacote de saída". (Ela conta que, a dada altura, Marceline entregou em segredo a Stephan uma caderneta de banco, indicando uma gorda conta em seu nome. Stephan a escondeu do pai, mas alguém descobriu, e a caderneta foi parar nas mãos de Jones. Ao que parece, Jones não tomou nenhuma medida contra o filho ou a esposa.)

Em novembro surgiram novos problemas — que a essa altura pareciam vir em rápida sucessão. Dois adolescentes, Tommy Bogue e Brian Davis, tentaram fugir. Planejavam atravessar a selva até a Venezuela e de lá retornar para os Estados Unidos. Mas seu avanço era lento, e acabaram sendo alcançados pela guarda de Jonestown e trazidos de volta para a missão. Na frente de todos os outros colonos, Jones disse que a dupla teve sorte de não ser morta por animais selvagens ou patrulhas de fronteira. Como castigo, tiveram que andar com grilhões nos pés por várias semanas. Jones queria que a punição fosse severa o suficiente para desencorajar qualquer pessoa que também estivesse pensando em fugir.[660]

Em 13 de novembro, o *San Francisco Examiner* publicou uma matéria assinada por Tim Reiterman sobre a morte de Bob Houston e as suspeitas de Sam Houston e Joyce Shaw de que Jones e o Templo estivessem por trás da história. Cerca de 150 dos membros que ainda restavam em San Francisco organizaram uma passeata em protesto, mas sem repercussão.[661]

Cinco dias depois, quando Jones, conforme esperado, não entregou a guarda de John Victor Stoen, o Tribunal Superior da Califórnia emitiu uma ordem direcionada ao promotor de justiça de San Francisco Joseph Freitas, instruindo-o a "tomar todas as providências necessárias" para localizar Jones e "assegurar que cumprisse" a determinação de devolver a criança à mãe.[662] Freitas, que já tinha sido um dos maiores apoiadores de Jones, escreveu para o ministro de Relações Exteriores da Guiana solicitando ajuda. Ficou sem resposta: o governo da Guiana não queria se meter na confusão. Leo Ryan, que ainda não estava preparado para mover céus e terras, mas continuava preocupado, pediu ao secretário de Estado Cyrus Vance que usasse a influência de seu departamento com os guianenses. Um funcionário do Departamento de Estado informou a Ryan que só os tribunais dos Estados Unidos podiam pedir extradições. A consulta do deputado foi parar nas páginas do *Examiner* e caiu no radar de Jones, que, talvez pela primeira vez, enxergou em Ryan um adversário perigoso.

Lynetta Jones morreu em Jonestown em 9 de dezembro. Larry Schacht concluiu que a causa da morte foi parada cardíaca.[663] Lynetta foi enterrada próximo ao assentamento. Seu filho chorou, mas não a ponto de perder de vista as constantes preocupações financeiras de Jonestown. Sua mãe tinha uma pensão vitalícia mensal, e Jones entrou em contato com o banco que geria a conta nos Estados Unidos e requisitou o último pagamento: 81,68 dólares.

No dia seguinte, o ex-segurança do Templo Chris Lewis foi assassinado a tiros em San Francisco. Com o falecimento de Chris e Lynetta, pensamentos mórbidos povoaram a cabeça de Jones. Em um encontro vespertino no pavilhão, em 21 de dezembro, o pastor perguntou aos fiéis quantos tinham planejado a própria morte; quem não estivesse pronto para morrer tinha chances de "virar casaca". Em seguida, fez uma declaração bombástica: planejava "pedir asilo à Rússia", já que o governo dos Estados Unidos estava determinado a levar John Victor.[664] Nesse momento, Jones desfaleceu. Seu corpo deslizou da cadeira e tombou no chão. Larry Schacht saltou para o lado dele e se agachou sobre o líder caído no palco enquanto muitos na multidão choravam. Em seguida, de maneira dramática, Jones se levantou e continuou a falar. Declarou que tinha acabado de sofrer um "sangramento no cérebro", um mal doloroso desencadeado pela baixa concentração de açúcar no sangue, em decorrência de todos os fardos que precisava assumir em nome de seu povo. Contudo, já estava recuperado e tinha mais a dizer sobre a Rússia. O clima no país era rigoroso. Alguns idosos podiam não sobreviver. Se o governo viesse atrás das crianças antes que todos em Jonestown estivessem prontos para partir, os adultos poderiam ficar para lutar enquanto os pequenos fugiriam para a Rússia: "Nós construímos esta terra, e não desistiremos fácil".[665]

O impacto imediato dos novos planos foi que os colonos passaram a ter mais uma atribuição diária: além de todos os deveres ao longo do dia e da presença em todas as noites no pavilhão, Jones esperava que estudassem russo para conseguir se comunicar quando fossem para o exílio. Não houve debate nem votação para saber quem era a favor de deixar a Terra Prometida, nem mesmo uma data prevista de partida. A única certeza era a de que, em algum momento, eles iriam. Jones diria quando. Enquanto isso, era mais um segredo a ser escondido do mundo exterior.

Havia outro segredo novo, que o pastor compartilhou apenas com alguns poucos seguidores de confiança: Schacht, Carolyn Layton, Maria, Gene Chaikin e sua esposa, Phyllis. Em face dos últimos acontecimentos, Jones sentiu que era hora de investigar os meios mais convenientes de cometer o ato de rebeldia a que vinha aludindo havia tanto tempo.

Jones tinha uma pergunta para Schacht. O jovem médico, que Jones libertara do vício das drogas e matriculara na faculdade de medicina, respondeu em um bilhete: "Há uma boa chance de que eu consiga desenvolver agentes germicidas. Posso muito bem providenciar o aspecto suicida + ir até o fim + tentar criar envolvimento + afeto durante todo o suplício".[666] Em outro bilhete, Phyllis Chaikin sugeriu como alternativa que todos fossem fuzilados. Jones preferiu o veneno.[667]

Nos meses que se seguiram à primeira noite branca, em setembro de 1977, Jones vez ou outra os acordava ou os tirava das lavouras e salas de aula para que se reunissem no pavilhão e ouvissem sobre a emergência da vez — mercenários chegando à Guiana para atacar Jonestown ou um novo atentado a sua vida. Assim, na madrugada de 16 de fevereiro de 1978, quando soaram ordens para que todos corressem para o pavilhão, todos esperavam mais do mesmo.

E, no começo, até que foi. Jones anunciou que o governo da Guiana, ao que parecia, estava passando por uma reestruturação. Era possível que os novos governantes fossem paus-mandados da CIA. Soldados guianenses foram avistados em Porto Kaituma. Havia ameaça de ataque iminente. O que fariam? Alguém sugeriu que fugissem para a Rússia. Jones contestou que não estavam preparados para isso ainda. Algum idoso ou criança podia se perder na confusão, e o pastor se recusava a deixar quem quer que fosse para trás. Não, todo mundo ficaria em Jonestown.

Orientados a permanecer no pavilhão, os colonos não foram trabalhar aquele dia, e a cada hora que passava ficavam mais apreensivos. Jones saía de vez em quando para receber informes pelo rádio. Por fim, anunciou que destacamentos armados estavam a caminho. Atacariam dentro de poucas horas. Vinham com a intenção de matar todo mundo, inclusive as crianças. Em vez de se render, todos deveriam tirar as próprias vidas, para não dar o gostinho da vitória aos inimigos. Houve alguns murmúrios de discordância, mas ninguém questionou abertamente a proposta. O sentimento geral era de que enfim havia chegado o grande momento. Alguns dos fiéis estavam satisfeitos — fariam um verdadeiro gesto revolucionário. Outros, esgotados depois de meses de tensão, queriam apenas acabar logo com aquilo. Foram trazidos vários tonéis com um líquido escuro. Todos foram orientados a formar fila, encher um copo e beber. Estariam mortos dentro de 45 minutos. Nesse momento, alguns protestaram. Foram empurrados pelos guardas e forçados a beber primeiro. Jones prometeu que morreriam em paz. Enquanto estava na fila, Edith Roller pensou na ironia de não poder registrar o evento em seu diário. Alguns membros do Templo, que estiveram presentes na reunião da Comissão de Planejamento em San Francisco quando o líder afirmou ter envenenado o vinho que tinham acabado de beber, suspeitaram que aquilo era mais um teste, e estavam certos. Depois que todos esvaziaram os copos, Jones declarou: "Não tinha nada na bebida". Havia sido um teste para saber se eles estavam dispostos a dar a vida pela causa, e todos foram aprovados. Como recompensa, estavam liberados do trabalho pelo resto do dia.

Ninguém se levantou para repreender Jones por fazê-los passar por uma experiência tão aterrorizante. Os verdadeiros seguidores do Pai confiavam no que ele fazia. Os insatisfeitos, que continuavam leais à causa socialista do Templo, não deram muita importância à experiência, por considerá-la apenas mais um exemplo do comportamento cada vez mais bizarro de Jones. Muitos, privados de sono e emocionalmente exaustos, só queriam voltar para a cama.[668]

Jones queria saber se seus seguidores obedeceriam a uma ordem de suicídio coletivo, e agora sabia. Com esse conhecimento, veio a certeza. Em Jonestown, na Rússia ou onde quer que ele e os fiéis se vissem ameaçados por um futuro incerto e não houvesse mais esperança, poderiam executar um gesto grandioso, que garantiria a Jim Jones um merecido lugar na memória da humanidade e nos livros de história. A possibilidade sempre esteve lá, mas, depois daquela noite branca, a questão não era mais *se*, e sim *quando*.

Sob as ordens de Jones, Larry Schacht encomendou meio quilo de cianureto, o suficiente para 1.800 doses letais. A compra custou 8,85 dólares.[669]

47
TRAIÇÕES

No dia seguinte, Jones convocou todos ao pavilhão central e mandou que redigissem um texto com o tema "o que eu faria se esta fosse a última noite branca". As respostas foram espantosas. Alguns sugeriram que seria melhor morrer lutando, e levar junto o maior número possível de inimigos. Uma mulher escreveu que estava disposta a tomar veneno, mas "só depois de colocar as crianças para dormir. Seria difícil para mim, porque não gostaria de encarar o fato de matar meus próprios filhos". Outra admitiu: "Tenho medo de uma morte lenta e dolorosa. [...] Não acredito que depois de tanta luta e sofrimento vamos todos morrer". Todo mundo escreveu algo e, embora ninguém tenha contestado a aparente certeza do suicídio coletivo, alguns demonstravam dúvidas de que Jones estivesse decidido a ordenar um ato tão extremo. Podia ser apenas mais uma tática para testar a fidelidade dos seguidores. Eram tantos os colonos que pensavam assim que Dick Tropp enviou um memorando para Jones: "Gente com bom senso e inteligência [está começando a acreditar que] as noites brancas são mesmo um ritual elaborado que serve de teste".[670] Certo de que o 16 de fevereiro tinha cumprido seu propósito, Jones não respondeu.

Suas preocupações eram outras. Em janeiro, Tim e Grace Stoen foram a Georgetown para uma audiência com o ministro Bishop. Não saíram satisfeitos. Bishop adiou as deliberações sobre a custódia de John Victor e fez queixas amargas a respeito dos telefonemas intimidadores que recebeu de norte-americanos que diziam estar do lado de Stoen. O casal, por sua vez, acreditava que os autores das chamadas eram na verdade membros do Templo — mais um exemplo das tramoias de Jones. O governo guianense tampouco colaborou. Os Stoen tinham visto para permanecer três semanas, mas poucos dias após sua chegada foram informados de que deviam deixar o país de imediato, sem mais explicações. Fizeram uma reclamação por meio do consulado dos Estados Unidos e, no último minuto, foram autorizados a ficar. Mas logo o dinheiro acabou, e eles voltaram para casa. Tim passou vários dias em Washington se reunindo com funcionários do Departamento de Estado para expor seu caso e pedir ajuda.[671] Embora o advogado tenha recebido mais manifestações de solidariedade e promessas vagas que auxílio efetivo, a movimentação do casal preocupou Jones a tal ponto que mandou Marceline falar com as mesmas autoridades em nome do Templo e apresentar outra versão dos fatos. O resultado foi, na prática, um empate.

Jones também temia perder apoio no governo guianense. Sharon Amos mandou avisar ao primeiro-ministro Burnham que Jones estava doente e poderia não resistir ao estresse da disputa judicial. O pastor escreveu de próprio punho uma longa carta ao vice-primeiro-ministro Reid, desculpando-se pelo contato assíduo dos membros do Templo em Georgetown: "[Mas] precisamos de uma posição de vocês".[672] Para as autoridades guianenses, Jones e sua Jonestown tinham se tornado um estorvo, mas a conveniente presença do assentamento perto da fronteira com a Venezuela ainda compensava o aborrecimento. "Nós aturávamos", explicou Kit Nascimento. "É a melhor forma de descrever nossa relação." Burnham e seus ministros não sabiam que Jones cogitava se mandar para a Rússia. Se soubessem, segundo Nascimento, "Burnham os expulsaria do país na hora. Apenas mantínhamos nosso trato com Jones. Ele sempre exigiu muito de nós, e só o que pedíamos era que ele e sua gente ficassem onde estavam".

Em março, porém, Sharon Amos e outros membros do Templo em Georgetown visitaram as embaixadas de países socialistas com representação diplomática na capital guianense — Rússia, Cuba e Coreia do Norte. Depois de retirar todas as referências à igreja e ao cristianismo do papel timbrado do Templo, Jones mandou cartas para os líderes de outros países socialistas, anexando panfletos sobre Jonestown e encorajando "qualquer tipo de contato ou consulta". As cartas suscitaram apenas respostas educadas, formais. Os diplomatas cubanos e norte-coreanos pareceram interessados em Jonestown, mas não a ponto de considerar uma permissão para que a missão se mudasse para seus países. O embaixador russo Feodor Timofeyev foi mais receptivo. Concordou em repassar a seus superiores em Moscou uma carta do Templo sobre uma possível transferência, e prometeu uma visita a Jonestown para ver o assentamento com os próprios olhos. Jones não tomou o gesto como um primeiro passo, mas como um compromisso, e comunicou a todos que a mudança para a Rússia era certa. Quando alguns colonos protestaram — tinham trabalhado muito para construir um lar na selva —, Jones vociferou: se não queriam ir para a Rússia, que voltassem aos Estados Unidos, para as garras dos inimigos. E, nesse caso, "eles que [fossem] nadando. Não vamos pagar porra nenhuma".[673]

Embora acreditasse na suposta promessa dos russos, Jones não apostou todas as fichas nisso. Mais ou menos na época em que esteve com Timofeyev, Sharon Amos enviou uma carta ao primeiro-ministro Burnham perguntando "como nós [em Jonestown] podemos melhorar. [...] Estamos aprendendo um novo estilo de vida, e erros acontecem, mas queremos progredir".[674] Ela também sugeriu a Ptolemy Reid que Jonestown podia se tornar uma atração turística e assim contribuir com a economia da Guiana: os colonos poderiam criar um lago artificial, abastecê-lo com peixes e também fazer expedições de caça com os turistas.[675]

Ao mesmo tempo em que Sharon Amos propunha melhorias no assentamento, Jones considerava meios de produção mais primitivos para reduzir os gastos com reparo de equipamentos. Passou um rádio para os funcionários do Templo em San Francisco pedindo que encontrassem livros sobre "métodos de fabricação dos séculos XVIII e XIX". Especificamente, queria saber se o arado puxado por cavalos poderia substituir o trator.

Às vezes, parecia que Jones era onipresente no assentamento. Durante o dia, perambulava pelas lavouras, exortando todos a trabalhar mais, e tagarelava horas a fio pelos alto-falantes. À noite, dava palestras no pavilhão que varavam a madrugada, e presidia intermináveis reuniões dos comitês convocados depois que todos os outros por fim eram liberados para dormir. Era capaz de se vangloriar de sua disposição física e no minuto seguinte reclamar que estava debilitado de tanto trabalhar sozinho. Jones era uma presença tão constante para os colonos como a própria selva que os rodeava e, assim como a paisagem natural, causava ora inspiração, ora desconcerto.

Em outras ocasiões acontecia de Jones desaparecer por dias, trancado em seu chalé, recebendo apenas Annie Moore, que lhe servia de enfermeira pessoal. Carolyn Layton, Maria Katsaris e os filhos mais velhos de Jones sabiam que ele estava incapacitado de trabalhar, em um estupor induzido pelas drogas, e que só recobraria parte de sua pseudocoerência depois de se dopar com anfetaminas. Pelo menos por enquanto, Jones conseguia se manter um pouco lúcido e sóbrio durante as visitas de autoridades guianenses e diplomatas norte-americanos. Nesse meio-tempo, satisfazia-se com drogas, refrigerantes, doces e, vez ou outra, sexo. A essa altura, como lembra Jim Jones Jr. , Carolyn Layton era mais colega de quarto que amante de Jones. Mas o pastor ainda esperava que outras seguidoras estivessem dispostas a satisfazê-lo sempre que quisesse. Como Marceline e Carolyn, Maria acabou tendo que aceitar.[676]

Na Califórnia, Jones podia manter os vícios sem que a maioria dos seguidores soubesse. Mas não em Jonestown. O pastor tinha mais privacidade que qualquer outra pessoa, mas, dadas as reduzidas dimensões do acampamento, era inevitável que os colonos observassem pelo menos parte de sua rotina desregrada. O homem que havia se mostrado um verdadeiro deus agora pingava de suor e engordava a olhos vistos (o pessoal de San Francisco mandava camisas novas, mais largas, para disfarçar a barriga) e não parava de se queixar de dor — ao que parecia, seus poderes já não podiam curar nem a si mesmo nem a ninguém mais. Pouco depois que Debbie Layton e Lisa, sua mãe, chegaram à Guiana, Lisa se consultou com um médico em Georgetown e descobriu um câncer inoperável. Jones havia passado décadas extraindo com estardalhaço tumores de gente enferma. Em Jonestown, apenas providenciou para que Lisa tivesse todo conforto possível enquanto aguardava a morte.

Embora a maioria acreditasse em Jones como líder e como porta-voz contra o racismo, o capitalismo e o elitismo que eles tanto abominavam, muitos já haviam abandonado a adoração religiosa. "Em Jonestown, Jim Jones acabou perdendo a divindade", confirmou Laura Johnston. "As pessoas viam muita coisa." E ouviam também. O telefone no quarto de Jones era conectado ao rádio e aos alto-falantes do acampamento. Deitado na cama, ainda não de todo entorpecido, Jones enchia os ouvidos dos colonos com grunhidos e resmungos incompreensíveis. Um dia, esgotados depois de horas de baboseira, os operadores do galpão do rádio desligaram o telefone de Jones.[677] Bendito silêncio.

Muitos se solidarizavam com o Paizinho: o estresse que sofria sem dúvida tinha a ver com os seguidores que não respeitavam as regras e não viviam como perfeitos socialistas. Com Jones tantas vezes acamado, eles mesmos começaram a se disciplinar na esperança de que, ao saber que estavam se esforçando tanto para viver da maneira correta, o pastor pudesse se sentir um pouco melhor. Certa vez, uma adolescente que tinha acabado de retornar a Jonestown, depois de trabalhar um tempo na capital, admitiu ter sucumbido à tentação da bebida. Confessou a Jones em um bilhete: "Sei que te decepcionei. Acho que [como castigo] devo ficar de jejum. Vou jejuar por uma semana. Ficar sem comer com certeza vai me dar disciplina".[678]

Havia também momentos fugazes que lembravam às pessoas o que as havia atraído no pastor: seu jeito brincalhão e espontâneo de começar guerrinhas de água nas lavouras, ou os finais de tarde cada vez mais raros quando, em vez de vociferar contra os inimigos ou se queixar dos sacrifícios que fazia, falava em tom comovido da necessidade de compaixão e igualdade de direitos, e explicava por que Jonestown devia ser o exemplo para o mundo. Alguns colonos o seguiam havia tanto tempo que já tinham desistido de pensar por conta própria; dezenas de seguidores mais novos não conheciam outra coisa senão a vida no Templo Popular e a obediência a Jim Jones. Mesmo quem tinha restrições em relação ao líder havia de concordar que o mundo exterior estava repleto de inimigos.

A começar pelo governo norte-americano e todos os seus órgãos. Em 14 de março de 1978, Pam Moton, uma das moradoras de Jonestown, sem dúvida com a bênção de Jones, por cuja aprovação passava toda comunicação escrita do Templo, enviou uma carta contundente a todos os membros do Congresso, dizendo: "Nós do Templo Popular temos sido assediados por diversos órgãos do governo dos Estados Unidos e falta pouco para nossa paciência esgotar". De acordo com Pam, as mentiras de dissidentes haviam provocado injustiças por parte da administração previdenciária, do Serviço de Receita Interna, do Departamento do Tesouro e da FCC. A perseguição tinha que parar: "É inaceitável que o assédio e a impertinência continuem indefinidamente [...] que não se acatem as alternativas apresentadas. Posso dizer sem hesitar que estamos convictos de que é melhor morrer do que sofrer essa perseguição incessante de um continente ao outro. Espero que os senhores examinem o caso e preservem o direito de mais de mil cidadãos norte-americanos a viver em paz".[679]

Graças aos Parentes Preocupados, muitos senadores e congressistas já tinham conhecimento do Templo Popular, e a imagem que tinham não era positiva. A dura carta de Pam Moton não mudou a opinião das autoridades em Washington, mas deu novo ímpeto à campanha dos parentes para jogar a opinião pública contra o Templo. Com certeza havia em Jonestown crianças inocentes, idosos indefesos e pessoas de todas as idades que queriam ir embora, e ali estava a promessa escrita de que morreriam se não deixassem o Templo Popular fazer o que bem entendesse. Encarada sob esse prisma, a carta de Pam parecia indicar não suicídio em massa, mas assassinato, e na Califórnia Tim Stoen e os Parentes Preocupados souberam explorar as entrelinhas.

Stoen e Steven Katsaris foram os principais redatores de um documento de 48 páginas intitulado "Denúncia de violações de direitos humanos perpetradas pelo rev. James Warren Jones contra nossos filhos e familiares no acampamento do Templo Popular na selva da Guiana, América do Sul". O documento, cujos 25 signatários se identificavam como os "pais e parentes angustiados de 37 pessoas em Jonestown", era uma engenhosa mistura de depoimentos e vívidas descrições dos horrores que acreditavam ocorrer em Jonestown. Os horrores vinham ainda em uma lista de tópicos para quem quisesse saber a essência sem muitos detalhes. O trecho da carta de Moton que falava da morte como melhor opção era a parte mais comprometedora do documento.[680]

No dia 11 de abril, depois de convocar amigos e a mídia, o grupo saiu em marcha até o Templo Popular em San Francisco e, parado em frente à cerca de alambrado que rodeava a propriedade, exigiu falar com o responsável. Hue Forston se apresentou, acompanhado de auxiliares. Não abriu as portas, mas aceitou uma cópia da denúncia. Em seguida, os Parentes Preocupados distribuíram panfletos resumindo as acusações para o público e a imprensa e pedindo aos apoiadores que escrevessem para o primeiro-ministro da Guiana Forbes Burnham e para o secretário de Estado dos Estados Unidos Cyrus Vance, cujos endereços postais estavam incluídos no material.[681]

O manifesto e os panfletos foram pensados não apenas como forma de chamar atenção e conseguir apoio, mas também como provocação — um meio de alfinetar Jones e colocá-lo contra a parede. Funcionou. Fortson logo entrou em contato com o pastor pelo rádio, que em poucas horas convocou outra noite branca. Dessa vez, o veneno estava apenas nas palavras. Primeiro, criticou Fortson por aceitar o documento dos Parentes Preocupados, depois descarregou sua ira em Tim e Grace Stoen, prometendo "estourar os miolos" dos dois se ousassem algum dia pisar em Jonestown.

Dias depois, o gabinete do primeiro-ministro Burnham recebeu uma cópia da denúncia. Jones ficou sabendo por meio de uma de suas fontes, com certeza o embaixador Bonny Mann, e como era de seu feitio partiu no mesmo momento para o contra-ataque. Uma semana após o protesto dos Parentes Preocupados, Harriet Tropp leu por rádio a resposta oficial do Templo a membros da imprensa reunidos no escritório de Charles Garry, em San Francisco. Harriet já era uma figura importante em Jonestown, não só por sua inteligência e senso de organização, mas porque era um dos poucos membros que ousava fazer críticas diretas ao pastor. Um dia, no início de março de 1978, cansada de ouvir Jones se queixando da falta de organização em todos os aspectos da administração do assentamento, ela disparou um memorando para o líder no qual dizia sem rodeios que "a essência do [nosso] problema, ou pelo menos um aspecto dele, é que ninguém tem coragem de contrariar sua opinião em certos assuntos, e de verdade acredito que às vezes você está errado, e ninguém tem coragem de dizer isso". Foi do mesmo modo franca quando Jones pediu às mulheres do assentamento, durante uma reunião no começo da noite, que explicassem — por escrito — por que o achavam atraente. Harriet Tropp escreveu que não achava: "Você tem 47 anos e está gordo". Ainda assim, reiterou sua devoção à causa e sua disposição de dar a vida pelo que acreditava, acrescentando: "Não tenho ilusões românticas. Dizem que a morte é o maior orgasmo. Então espero que tenhamos o grande prazer de morrer juntos".[682]

Agora, Jones queria que Harriet Tropp explicasse a carta de Pam Moton de uma forma que não fosse encarada pela imprensa como uma promessa de suicídio coletivo. Em sua fala pelo rádio, ela primeiro contestou os motivos dos parentes, depois discorreu sobre o sucesso do Templo na criação de "uma presença construtiva" no exterior. Só então tratou da carta de Pam:

> Se as pessoas não conseguem compreender [nossa] disposição a morrer, se necessário, em vez de abrir mão do direito de viver livres do assédio e das afrontas que temos sofrido, nunca entenderão a integridade, a honestidade e a bravura do Templo Popular, nem o comprometimento de Jim Jones e os princípios pelos quais lutou por toda a vida. Não é nosso propósito morrer. Acreditamos profundamente na celebração da vida. A intenção de Jim Jones é, como sempre foi, acender velas, e não amaldiçoar a escuridão; buscar e pôr em prática soluções

construtivas, e não reclamar dos problemas. Mas, diante desses ataques ultrajantes, tomamos a decisão de defender a integridade e o compromisso de nossa comunidade. Estamos certos de que os que têm discernimento e caráter compreendem nossa posição. Não pedimos desculpas.[683]

No dia seguinte, o Templo em San Francisco divulgou uma transcrição impressa da fala de Harriet Tropp. Embora o texto tenha surtido pouco efeito — os relatos negativos sobre Jones e o Templo continuaram a aparecer em jornais da região, com exceção dos jornais da comunidade negra editados por Carlton Goodlett —, para Jones, o mais importante era dar uma resposta. Na Guiana, o pastor delineou um novo plano de ação para o caso de Jonestown ser invadida: os sobreviventes poderiam se juntar aos nativos para fugir para o Peru. Enquanto isso, daquele momento em diante ninguém podia transpor "os limites do [assentamento]" ou sequer adentrar alguns metros na selva sem a permissão de Jones.

Jones esperava elevar o moral dos colonos com notícias sobre a transferência para a Rússia, mas não havia nenhum avanço nesse sentido. Na embaixada soviética em Georgetown, Feodor Timofeyev respondeu às insistentes cobranças de Sharon Amos dizendo que, depois de repassar a carta do Templo a Moscou, não havia o que pudesse fazer até receber resposta.[684] As perspectivas melhoraram em 16 de abril, quando um repórter da agência de notícias soviética TASS fez uma extensa visita guiada por Jonestown. Ao final, escreveu no livro de visitas: "Muito, muito impressionante". Mas acabou não publicando nada a respeito. Edith Roller observou em seu diário que o repórter da TASS fez uma única pergunta: "Onde estão as TVs?".[685] Amos insistiu que Timofeyev visitasse Jonestown também e, apesar de prometer que iria, o embaixador sempre acabava adiando a viagem por causa dos compromissos em Georgetown.

Em 10 de maio, o cônsul dos Estados Unidos Richard McCoy chegou de Georgetown para uma inspeção de rotina. Como de costume, circulou pelo assentamento escoltado por alguns colonos e falou com todas as pessoas que queria. Depois, observou em relatório oficial que "de um modo geral, as pessoas parecem saudáveis, bem alimentadas e alojadas de maneira adequada, satisfeitas com a vida nessa grande fazenda".[686] Mas esses memorandos de órgãos governamentais pouco faziam para apaziguar os Parentes Preocupados, que continuavam empenhados em dar o máximo de publicidade ao caso. Jones decidiu que o melhor seria induzir outros parentes a fazer relatos positivos sobre Jonestown. Carolyn

Layton escreveu aos pais insistindo que fossem visitá-la. Como lembra o reverendo John V. Moore, "Barbara [Moore] e eu estávamos desconfortáveis com algumas atitudes de [Jones], mas queríamos dar nosso apoio à gente do Templo e às nossas filhas. Além disso, queríamos ver nosso neto [Kimo]". Os Moore foram recebidos no aeroporto de Georgetown por Debbie Layton — nem de longe a pessoa mais indicada. Nos tempos de rebeldia adolescente, Debbie tinha passado parte dos anos de ensino médio na casa dos Moore, que na época eram sogros de seu irmão Larry, então casado com Carolyn. Durante sua estada, segundo lembra o reverendo Moore, Debbie causou tantos problemas que acabaram mandando-a de volta para os pais. Recepcionados por ela na Guiana, eles se sentiram constrangidos. O casal foi levado a Jonestown, aproveitou o tempo com Carolyn, Annie e Kimo, e tolerou as curtas e esporádicas visitas de Jones, que, nas palavras de Moore, "parecia angustiado, um pouco desorientado até".[687]

Não sem razão. Em geral ele vivia inventando crises para atemorizar os colonos e testar sua lealdade, mas dessa vez o problema era bem real. Assim que deixou os Moore aos cuidados de quem os levaria a Jonestown, Debbie Layton dirigiu-se à embaixada dos Estados Unidos em Georgetown e solicitou proteção e ajuda para retornar ao país natal. Assinou uma sucinta declaração alegando que Jones tinha planos para um suicídio coletivo em Jonestown e, depois de alguns contratempos — chegou a fazer um breve retorno à casa do Templo em Lamaha Gardens e conversou ao telefone com membros que tinham ficado sabendo do seu plano —, ela enfim embarcou em um avião para Nova York acompanhada do cônsul McCoy.[688]

Além de Jones, apenas Carolyn Layton, Maria Katsaris e Terri Buford sabiam tanto quanto Debbie Layton das finanças do Templo. Isso por si só já tornava sua saída perigosa, mas também havia fortes suspeitas de que fosse colaborar com os Parentes Preocupados, somando-se ao coro de acusações que continuavam a ser feitas de maneira pública contra Jones e o Templo. Mais uma vez, Jones convocou uma reunião de emergência no pavilhão e anunciou que uma pessoa — cujo nome não diria — tinha abandonado o Templo. Alguém que poderia vir a ser mais perigoso que Tim Stoen. A segurança do assentamento seria reforçada. Em razão da presença de convidados — os Moore, que não estavam no pavilhão —, não haveria nenhuma outra ação imediata. Quase todos adivinharam a identidade da desertora. Debbie Layton não era muito benquista no assentamento; aliados de Jones não ficaram surpresos ao descobrir que ela havia traído o Pai.[689] Depois de dispensar os fiéis, Jones deu uma nova ordem: Larry Layton, que fora deixado na Califórnia, deveria ser trazido para Jonestown logo, de preferência antes que descobrisse o que a irmã tinha feito: "Se ele souber, pode acabar saindo também. Tragam-no para cá de qualquer maneira, mesmo que precisem drogá-lo". Somente ao chegar a Jonestown Larry ficou sabendo não só que a irmã tinha ido embora, mas que a mãe deles, Lisa, estava morrendo de câncer.[690]

Os Moore ficaram em Jonestown por alguns dias. Em uma refeição na companhia de Jones, Carolyn, Annie e outros integrantes da cúpula do Templo, o pastor começou a falar em conspirações. Estava exaltado. O reverendo Moore ficou impressionado com a prontidão com que os demais compraram as queixas e acrescentaram outras. "Eles alimentavam os medos uns dos outros. Parece que não havia ninguém com objetividade para questionar a veracidade desses temores. Jim falava e falava, e eles concordavam com tudo e o encorajavam a falar mais." Depois de voltar para os Estados Unidos, Moore escreveu para as filhas sugerindo que mantivessem "contato com gente que pensa diferente".

Nessa época, eram raras as ocasiões em que Marceline Jones falava pessoalmente com o marido. Ela se manteve afastada de propósito durante a visita dos Moore, para evitar que sua presença deixasse os pais de Carolyn desconfortáveis. No dia 15 de maio, após a saída de Debbie Layton e a partida dos Moore, Marceline mandou um bilhete para Jones incentivando-o a sair da Guiana (ao que tudo indica rumo à Rússia) enquanto podia, que levasse consigo as crianças do assentamento "se fosse possível providenciar algum tipo de asilo político", e também "adultos de sua escolha". Ela e Larry Schacht ficariam em Jonestown com seguidores que já estavam velhos e fracos demais para enfrentar a mudança: "Já vivi o bastante. [...] Prometo fazer tudo ao meu alcance para aliviar o sofrimento deles". Certa de que pelo menos Stephan, Lew, Tim e Jimmy estariam protegidos por fazerem parte do conselho mais próximo do pai, Marceline acrescentou: "Não peço pela vida dos meus filhos caso você não os julgue merecedores". Sem dúvida se referia a Agnes, que vivia em Jonestown, mas não fazia parte do núcleo familiar. Marceline concluiu a mensagem dizendo: "Eu imploro que me deixe fazer isso. Seria um prazer".[691]

Nesse mesmo dia, Tim Stoen e Steven Katsaris lançaram uma nova ofensiva judicial contra Jones e o Templo. Ajuizaram uma ação no Tribunal Superior de Mendocino na qual responsabilizavam Jones "e seus agentes" pelas falsas alegações de que Katsaris havia molestado sexualmente a filha e pediam uma indenização de 15 milhões de dólares por calúnia. Stoen não parou por aí. Nas cinco semanas seguintes, entrou com mais duas ações; uma pedindo 18,5 milhões em nome dos idosos Wade e Mabel Medlock, segundo os quais o Templo havia subtraído todos os seus bens, e outra pedindo 22,9 milhões em nome de Jim Cobb, da Turma dos Oito, vítima de comentários injuriosos e de "inflição deliberada de sofrimento".[692] Para se defender dos processos judiciais, Jones seria obrigado a retornar aos Estados Unidos e se apresentar ao tribunal, e poderia ser preso por desacatar determinações anteriores para devolver John Victor Stoen — a essa altura já chamado de "John Jones" em Jonestown — à custódia da mãe. Se o pastor não contestasse as acusações, um novo ciclo de publicidade negativa se desencadearia. Ao mesmo tempo, Stoen enviou uma mensagem a Jones por meio do membro Walter Duncan, que estava prestes a viajar para Jonestown, dizendo que "se Jim Jones for esperto, vai devolver John Stoen para mim, e então eu largo do pé dele".[693]

Jones não tinha a menor intenção de fazer isso. Renunciar à custódia de John Victor poderia levá-lo a perder várias outras crianças sob a guarda do Templo. Além disso, continuava convicto de que era pai do menino, e acreditava que, enquanto a Justiça guianense não agisse, os dois estavam a salvo em Jonestown. Charles Garry recebeu ordens para tomar medidas protelatórias a fim de ganhar tempo nos três novos processos — inclusive uma ação de 150 milhões contra Stoen. Com sorte, Jones, o menino e todos os habitantes de Jonestown se mudariam para a Rússia em breve, e então Stoen, caso se atrevesse, poderia tentar a sorte nos tribunais soviéticos, notoriamente intransigentes.

Mas, durante a maior parte de junho, Tim Stoen passou a ser uma preocupação secundária em comparação ao pânico gerado pelo silêncio de Debbie Layton, de quem não se ouvia falar desde sua saída, um mês antes. Ficava claro que ela andara ocupada nesse meio-tempo, reunindo-se com funcionários do Departamento de Estado, a mídia e os Parentes Preocupados. Respaldada pelo advogado Jeffrey Haas — que representava Grace Stoen na batalha para reaver a custódia de John Victor —, Debbie Layton forneceu às autoridades e à imprensa uma declaração juramentada de onze páginas com todos os podres que sabia sobre Jones e o Templo Popular. Não apenas falava de quantias específicas (mais de 65 mil dólares mensais em cheques da previdência direcionados aos idosos que viviam em Jonestown), como também revelava detalhes sobre a jornada excessiva de trabalho, a alimentação inadequada e a possibilidade de suicídio coletivo. Mencionou inclusive a noite branca de 16 de fevereiro, quando Jones induziu todos a pensarem que estavam bebendo veneno letal.[694]

O depoimento foi entregue aos jornalistas, que não hesitaram em partir para o ataque. Em 15 de junho, uma manchete do *San Francisco Chronicle* dizia: "Relato macabro da selva". A extensa matéria vinha acompanhada de uma foto igualmente grande de Debbie Layton. É possível que muitos não tivessem dado muito crédito às afirmações de um dissidente como Leon Broussard, que era negro e obeso, mas Debbie Layton era jovem, branca e bastante atraente. O jornalista do *Chronicle* Marshall Kilduff — coautor da reportagem investigativa sobre o Templo na *New West* que precipitou a ida de Jones para a Guiana — teve o cuidado de equilibrar o tom do texto apresentando também alguns comentários de Lisa e Larry Layton, que falaram com ele de Jonestown via rádio. Lisa Layton afirmou que as mentiras da filha eram "ridículas demais para refutar". Larry Layton, por sua vez, se limitou a dizer: "Somos muito bem tratados". O repórter não obteve resposta de Jones. Concluiu a notícia com a afirmação de Debbie Layton de que os depósitos nas contas bancárias do Templo na Europa, na Califórnia e na Guiana somavam "pelo menos 10 milhões de dólares".

Jones estava determinado a impedir novas saídas, fosse de gente de sua estrita confiança ou de quaisquer outras pessoas. Disse aos colonos que Debbie Layton abandonou Jonestown depois de roubar pelo menos 15 mil dólares, e que ela estava "envolvida de maneira ativa na conspiração" contra o Templo. Usou Lisa Layton, que sofria de câncer, para atrair a filha de volta, com cartas escritas com a intenção de fazê-la se sentir culpada ("Fui para a terapia intensiva [...] depois que soube que você nos deixou, e como nos deixou. Na verdade, o que você fez vai apressar a minha morte") e até para oferecer perdão ("Outras pessoas já nos deixaram antes e foram trazidas de volta e recebidas com carinho pelo Jim e todos nós").[695] Debbie Layton, por sua vez, ao lado de Tim Stoen, estava ligando para outros ex-membros da igreja, tentando arregimentá-los para a causa anti-Jones. John e Barbara Moore foram contatados por ambos e instados a se unir aos Parentes Preocupados em uma campanha para resgatar as filhas e o neto. A recusa do reverendo Moore foi categórica: "Nossos encontros anteriores com Tim Stoen e Debbie Layton não foram nem um pouco positivos. Não confiamos neles".

Jones já não confiava em ninguém, com exceção de Carolyn, Maria e, até certo ponto, dos filhos mais velhos. Jimmy estava prestes a se casar com a namorada, Yvette. Os dois planejavam cursar medicina juntos. Mas Jones tinha outros planos para o filho: queria que Jimmy se mudasse para Georgetown e atuasse como seu principal emissário. Jimmy,

414

que nunca gostou da vida na selva, estava contente com isso até saber que Yvette precisaria ficar em Jonestown. "Aquilo começou a me colocar contra meu pai, e me lembro do dia em que a coisa desandou de vez. Depois de ir a Georgetown, tive que voltar [ao assentamento] com alguém [do governo da Guiana] que queria fazer uma inspeção e também falar com Jim. Chegamos lá, e nada dele. Fui até o [chalé] dele e o encontrei deitado, inconsciente por causa das drogas. Aí eu fui lá, arrastei meu pai para o chuveiro, escorando ele debaixo da água, tentando deixá-lo em condições de sair para falar com a visita." Com Jones fazendo um uso cada vez mais pesado de drogas incapacitantes, aos poucos Carolyn Layton e Maria Katsaris assumiam de fato a liderança de Jonestown. Enquanto as duas davam ordens, Annie Moore passava a maior parte do tempo ao lado do pastor, administrando medicamentos e monitorando seus sinais vitais.[696] Embora sua irmã mais velha considerasse, já há muito tempo, que Jones fosse apenas um ser humano imperfeito, ainda que talentoso, Annie ainda o venerava e ficava ressentida quando seu tempo e suas obrigações como enfermeira eram requisitados e ela era obrigada a sair do lado dele. Certa tarde, antes de se ausentar para cuidar de alguma questão, Annie deixou um bilhete na cabeceira de Jones: "Prefiro estar com você a qualquer outra pessoa no mundo. [...] Você me deu tudo. Qualquer coisa que eu possa fazer por você não é mais do que justo".[697] Annie adotou uma atitude bastante protetora em relação a Jones e suspeitava que várias pessoas no acampamento conspiravam contra ele. "Antes [de meados de 1978], Annie era um doce, mas depois ficou escrota", lembrou Jim Jones Jr. "Ela se tornou uma daquelas pessoas capazes de fazer qualquer coisa que [Jones] quisesse, bastaria ele dizer."

Não era assim com todo mundo. Pela primeira vez, alguns seguidores começaram a ignorar as ordens mais descabidas do pastor. "Teve uma noite em que ele não devia estar conseguindo dormir, talvez matutando alguma coisa ruim, porque me passou um rádio em Georgetown bem depois da meia-noite", contou Tim Carter. "Ele me falou para ligar imediatamente para um ministro [guianense]. Queria mandar uma mensagem. Eu falei que o homem devia estar dormindo, e [Jones] falou que não queria saber, que ligasse e pronto. Não liguei. Imaginei que no dia seguinte ele já teria esquecido o assunto, e foi o que aconteceu. Eu não era o único que fazia isso."

Jones recorria às drogas não só para aliviar o estresse, mas para controlar certos seguidores. Em uma cabana designada como "Unidade de Tratamento Estendido", colonos que manifestavam comportamentos inadequados — reclamando demais, ou demonstrando tensão excessiva — eram confinados e sedados. Gene Chaikin fugiu de Jonestown e ficou escondido por um tempo na ilha de Trinidad, no Caribe, sem intenção de voltar. Mas deixou a esposa Phyllis e os dois filhos para trás, e cometeu o erro de escrever uma longa carta a Jones explicando por que tinha ido embora — desencanto generalizado, segundo ele — e pedindo permissão para que a família o acompanhasse. Phyllis se manteve leal a Jones. A pedido dela, o marido voltou para que pudessem conversar. Gene foi agarrado por agentes de segurança de Jones, drogado e colocado por um tempo na Unidade de Tratamento Estendido.[698] Mais tarde, retomou seu antigo posto de consultor jurídico, mas voltava a ser medicado e confinado sempre que havia visitantes no assentamento, por medo de que ele fosse abordá-los para pedir ajuda em uma segunda tentativa de fuga. Em geral, Chaikin não fazia ideia de que estava sendo drogado. Às vezes, Maria Katsaris lhe servia sanduíches de queijo com barbitúricos. O lanche era tão raro no cardápio que Chaikin pelo visto nunca os associou com seus períodos de confinamento.[699]

O mês de julho trouxe novos problemas. Gordon Lindsay, repórter do tabloide *National Enquirer*, chegou à Guiana para levantar informações para o que prometia ser um especial explosivo sobre Jonestown. O jornalista não teve a cooperação do escritório do Templo em Georgetown e acabou expulso do país pelas autoridades guianenses antes de chegar ao assentamento. Mas ficou por tempo suficiente para que Jones acreditasse que alguma matéria seria escrita — o pastor encasquetou que Lindsay tinha fretado um avião para sobrevoar Jonestown e tirar fotos. Queria impedir a publicação, mas não sabia como. Uma advertência de Charles Garry não funcionaria — ações judiciais eram um prato cheio para o *National Enquirer*.[700]

Bonny Mann encaminhou a Jones, "com saudações", uma carta que tinha recebido da norte-americana Clare Bouquet, cujo filho adulto, Brian, vivia em Jonestown. Na mensagem, que continha anexa uma cópia da reportagem sobre Debbie Layton publicada pelo *San Francisco Chronicle*, a sra. Bouquet advertia o embaixador da Guiana nos Estados Unidos do perigo que corriam todos os habitantes de Jonestown.[701] Jones e Garry acreditaram ser sinal de que os Parentes Preocupados tentavam se aproximar de autoridades consulares dos Estados Unidos e da Guiana. Decerto, seria questão de tempo até o governo guianense ceder à crescente pressão norte-americana. A transferência para a Rússia parecia a única opção viável, mas, a cada vez que Sharon Amos se reunia com

Timofeyev em Georgetown, o russo tinha uma nova desculpa para a estagnação. A mais recente foi que precisava de mais informações; queria uma lista detalhada com nome e idade de todos os colonos que pretendiam migrar. Além disso, ouvira rumores de que Jim Jones estava muito doente, e suspeitava que o líder de Jonestown não estivesse sequer em condições de viajar, quanto mais de sobreviver a uma nova e árdua experiência pioneira na Rússia.[702] Jones poderia ter apaziguado essas preocupações com uma visita a Timofeyev na embaixada, mas ainda estava certo de que seria preso tão logo pusesse os pés fora de Jonestown. Embora tivesse a garantia de Reid de que isso não aconteceria, Jones insistia para que o vice-primeiro-ministro fizesse uma promessa por escrito. Reid se negava, por julgar que era um pedido bobo e que refletia falta de confiança da parte de Jones, o que era verdade.

A chegada de uma boa notícia — a escola de Jonestown fora aprovada pelo governo guianense, que reconheceu sua conformidade com os requisitos nacionais de educação — foi ofuscada por um novo questionamento legal. Jones foi notificado de que Larry Schacht não podia praticar medicina no país sem antes estudar e se graduar em uma instituição certificada pelo Estado. Além de seus serviços serem diariamente necessários em Jonestown, Schacht era parte essencial nos planos de Jim Jones de realizar uma derradeira noite branca, que poderia acontecer a qualquer momento. Enviá-lo para a faculdade estava fora de cogitação. Os dois propuseram ao Ministério da Saúde guianense que, como médico do assentamento, Schacht tivesse permissão para fazer o curso por correspondência. O assunto seria analisado pelo governo — mais uma fonte de incerteza e estresse.[703]

Jones tentou cair nas graças do governo guianense usando a tática que havia funcionado tão bem em San Francisco. O partido de Burnham, o Congresso Nacional do Povo (PNC, na sigla em inglês), diante da reiterada oposição do ex-primeiro-ministro Cheddi Jagan, do Partido Progressista do Povo (PPP), convocou um referendo nacional para o dia 10 de julho de 1978 que, se aprovado, garantiria por tempo indefinido a então maioria do PNC no Parlamento da Guiana. Jones ofereceu colocar todos os membros do Templo no país à disposição do PNC para atuarem como voluntários de campanha. Por várias semanas antes da eleição, Georgetown fervilhou com fiéis do Templo distribuindo panfletos do partido. Depois, no dia da votação, ajudaram na fiscalização e na contagem de votos. O PNC teria manipulado a eleição mesmo sem a ajuda de Jim Jones, mas os voluntários norte-americanos facilitaram as coisas. O resultado anunciado foi de 97% para o PNC, o que garantia a permanência de Burnham no poder. Uma semana depois, Sharon Amos e Tim Carter se reuniram com o ministro do Interior Vibert Mingo. Quando indagaram sobre a posição da gestão de Burnham em relação a Jonestown, Mingo disse que, com a conclusão do referendo, "a política envolvendo o Templo Popular teria que ser discutida", uma resposta nebulosa que deixou Jones bastante inquieto. Sharon Amos tentou acalmar o pastor explicando que "[Mingo] não falou isso de forma negativa".[704]

Em Jonestown, houve alguns momentos de insurreição contra o controle absoluto de Jones. Um deles foi desencadeado pela constante falta de carne. Jones esperava que todos aceitassem as porções racionadas — socialista bom é o que come o que tem. Em alguns encontros, o pastor permitia que os colonos fizessem comentários sobre a vida em Jonestown. Certa noite, a idosa Helen Snell reclamou que queria mais carne e se recusou a aceitar a explicação de Jones de que era muito caro. Helen continuou a se queixar, e o pastor anunciou de maneira dramática que daquele momento em diante, sempre que se servisse carne, ele daria sua minguada porção para a mulher, embora tal sacrifício fosse sem dúvida causar ainda mais danos à sua saúde já debilitada. Conforme Jones esperava, houve uma erupção de protestos. Pelo bem de todos! O Paizinho precisava de força! Tinha, sim, um coração generoso, mas não podia arriscar a própria vida para satisfazer a gula de uma velha egoísta. Peter Wotherspoon, cujos órgãos genitais quase tinham sido moídos de pancadas por ordens de Jones, foi quem colocou um ponto final na discussão. Pediu a Jones que "por favor o deixasse" dar suas porções de carne à senhora "pelo bem da coletividade". Pediu ainda que perdoasse Snell por reclamar: a culpa era "da idade". O pastor concordou de maneira solene.[705]

Sem a permissão de Jones, um grupo de jovens começou a usar uma laje de concreto em Jonestown como quadra de basquete. Penduraram cestas improvisadas nas extremidades e jogavam com animação depois do trabalho e nas meias folgas que tinham aos domingos. Os filhos mais velhos de Jones também participavam das partidas, junto dos amigos, muitos dos quais faziam a segurança do acampamento. Jones sempre rejeitara a ideia de equipes desportivas do Templo, sobretudo a possibilidade de enfrentarem outras de fora. A competitividade, segundo seu conceito, era antissocialista. Quando mandou parar com os jogos, Marceline interferiu, argumentando que os homens precisavam se divertir. Inclusive, deveriam arranjar uniformes e, como um time organizado, disputar amistosos pelo país. Era um gesto de boa vontade, que demonstraria ao governo que o Templo tinha a intenção de se integrar à nação anfitriã. Relutante, Jones concordou, e até permitiu que Sharon Amos falasse com Desmond Roberts, que supervisionava diversos programas juvenis patrocinados pelo governo. Roberts decidiu que os times desportivos do Templo "não poderiam participar dos nossos campeonatos nacionais, mas sua equipe de basquete poderia jogar amistosos com nossa seleção se quisesse — isso seria apropriado".[706]

Mais refeições com carne e um time de basquete pareciam pequenas concessões aos moradores, mas, para Jones, pesaram muito. Qualquer perda de controle poderia levar à perda total. A reação dos seguidores quando ofereceu abrir mão de suas porções de carne em favor de Helen Snell foi talvez o que o inspirou a anunciar, no dia 8 de agosto, que sofria de câncer de pulmão e estava em estado terminal. Afirmou que seu desejo era viver o bastante "para dar às [novas] lideranças tempo para desenvolver o altruísmo e aprender a não depender de reconhecimento e, menos ainda, de aplausos". Enquanto isso, ele suportaria o sofrimento, e sua já curta sobrevida seria ainda mais reduzida sempre que os fiéis lhe causassem aborrecimentos. Jones acrescentou que, apesar de todas as curas que já tinha realizado no passado, tinha "esquecido o dom". Tentaria lembrar, e então curaria a si mesmo, mas a prioridade era seu povo.[707]

A maioria dos colonos ficou horrorizada com a notícia. Marceline pediu a Carlton Goodlett que viesse o mais rápido possível a Jonestown para examinar seu marido. Larry Schacht tinha feito o diagnóstico, mas Marceline queria uma segunda opinião. Goodlett examinou Jones e revelou ao casal que não havia encontrado indício de câncer ou qualquer outra doença grave. Seu palpite, já que Jones se recusava a deixar Jonestown para ser examinado em um hospital de verdade, com equipamento apropriado, era que se tratava de uma infecção pulmonar causada por fungos, que podia ser tratada com repouso e antibióticos.[708] Jones não compartilhou o diagnóstico de Goodlett com o resto dos colonos, nem mesmo com os filhos. Todos em Jonestown continuaram acreditando que o Paizinho estava morrendo de câncer, e que deveriam obedecê-lo em tudo, sob o risco de agravar sua condição. Foi levantada a possibilidade de constituir um triunvirato para gerenciar as atividades do dia a dia e aliviar o fardo de Jones: Harriet Tropp e Johnny Brown eram escolhas óbvias, acompanhados de Tish Leroy, que cuidava de parte da contabilidade do assentamento. Carolyn Layton e Maria Katsaris continuariam exercendo o papel de assessoras-chefes de Jones. Mas a mobilização não deu em nada — mesmo que tivesse de fato uma doença terminal, Jones jamais abriria mão do controle total sobre o Templo e seus seguidores.

Em agosto de 1978, para rebater a alegação dos Parentes Preocupados de que ninguém tinha permissão de visitar Jonestown e verificar por conta própria se os familiares estavam bem, Jones decidiu convidar uma pessoa: Juanell Smart. Quando os quatro filhos dela lhe disseram um ano antes que queriam ir para Jonestown, a reação imediata de Juanell foi dizer não: "Mas minha mãe e meu tio Jim McElvane estariam lá. Eu pensei, bem, é um lugar primitivo, meus filhos não vão se adaptar. Se eu deixar eles morarem um tempo lá, pode ser que acabem querendo voltar. Mas parecia que eles adoravam o lugar e, ao me perguntarem se eu queria visitá-los, tirei uma licença de três semanas do trabalho e fui conferir. Fiquei surpresa, porque cheguei lá e não vi nada de errado".

Juanell Smart ficou duas semanas. Comia com os colonos, ia aonde quisesse e, com todo mundo, ouvia as palestras noturnas de Jones no pavilhão: "Ele parecia meio aéreo às vezes; pensei que devia estar drogado. Não falava de religião, pelo menos que eu tenha ouvido. Falava de coisas dos Estados Unidos, de San Francisco, política. Não vi nem ouvi nada sobre o plano de suicídio coletivo. Teve uma noite que montaram um musical com várias pessoas cantando e dançando — era um show de talentos. Poncho, namorado da minha filha Tanitra, cantou uma música com uma estrofe sobre encontrar um lugar especial, e eu pensei comigo mesma: 'Pois foi isso que eles fizeram'". Depois de alguns dias, Juanell tinha se enturmado tanto com os colonos que até soube de algumas fofocas. Não era só ela que vinha se perguntando se Jones estava usando drogas. Terri Buford, que já fazia algum tempo queria se mandar do Templo, se sentiu tão à vontade com Juanell Smart que perguntou se ela queria tomar uns goles de Johnnie Walker Red. Terri tinha uma garrafa escondida em seu chalé. Juanell aceitou feliz o convite.

"Uma noite, me perguntaram que filme eu gostaria que a gente assistisse, e minha mãe me falou: 'Jim ia gostar de ver aquele favorito dele', então eu respondi: 'Então vamos assistir'. Meus filhos saíram na mesma hora, mas antes de ir Tanitra me disse: 'Ele sempre escolhe esse, e a gente nunca consegue ver o que quer'. Na minha última noite, Jim me deu um abraço e falou: 'Vê se não some'. Achei simpático eles me convidarem assim, mas, não muito depois que cheguei em casa, Marceline me ligou. Queria que eu ligasse para os outros pais dizendo que tinha visto os filhos deles em Jonestown e que estava tudo bem. Foi aí que saquei por que eles tinham me deixado ir, e não liguei para ninguém."

O fascínio de Jones pelo filme *Assassinato de um presidente* levou-o a convidar mais um hóspede: Donald Freed, um dos roteiristas. Jones queria um livro que contasse em detalhes todos os complôs contra o Templo, e achava que Freed era a pessoa mais indicada para escrevê-lo. O escritor gostou tanto da visita que concordou em investigar possíveis conspirações. De volta aos Estados Unidos, Freed pediu ajuda a um amigo, o advogado Mark Lane. Ex-parlamentar pelo estado de Nova York e escritor de sucesso, Lane era um dos mais notórios teóricos de conspiração do país. Seu livro *JFK Kennedy: O crime e a farsa*, um relato cético da investigação oficial sobre o assassinato de John F. Kennedy, foi um best-seller. Mais tarde, trabalhou como advogado para James Earl Ray, o homem acusado de matar Martin Luther King Jr. Assim como no caso do assassinato do presidente, Lane acreditava que o governo dos Estados Unidos era de alguma forma cúmplice na morte de King, ou pelo menos encobria alguns aspectos do crime. Isso lhe valeu o respeito de Jones, que, sob fortes protestos de Charles Garry, contratou Lane para investigar possíveis intrigas do governo norte-americano contra o Templo Popular. Garry e Lane se tornaram rivais — cada um se achava mais profissional que o outro, e eram tão vaidosos que não gostavam da ideia de dividir os holofotes.

Uma das primeiras coisas que os dois advogados fizeram foi se encontrar com o detetive particular Joe Mazor. Em 5 de setembro, em San Francisco, Mazor alegou que a campanha ofensiva de Tim Stoen contra Jones e o Templo estava sendo financiada por órgãos hostis do governo, entre os quais a CIA. Também garantiu que tinha recrutado o ditador de Uganda Idi Amin para servir como intermediário junto ao primeiro-ministro Burnham, enquanto agia em nome de clientes para "resgatar" crianças em Jonestown.[709] Freed e Lane passaram a informação por rádio a Jones — naquela noite, no pavilhão do assentamento, o pastor anunciou, triunfal, que enfim tinha provas de que Tim Stoen era um agente da CIA: "Conseguimos desmascará-lo". Lane e Freed levaram Mazor a Jonestown para que pudesse falar pessoalmente com Jones. O detetive deixou o líder em parafuso ao afirmar que tinha sido seguido até os arredores do assentamento por um bando de mercenários armados que planejava sequestrar as crianças e devolvê-las para suas famílias nos Estados Unidos. "A cada palavra que ele dizia, [Jones] ficava mais agitado, e muitos [colonos] passaram a acreditar em uma conspiração", relatou Tim Carter. "Depois da visita de Mazor, os guardas foram orientados a ficar de olho na linha de árvores, porque era de lá que um possível ataque viria."

Embora Gordon Lindsay tenha sido expulso da Guiana sem nunca pisar em Jonestown, Lane afirmou que o *National Enquirer* publicaria em breve uma reportagem negativa, e se ofereceu para abafá-la — Jones achou ótimo. Pouco tempo depois, Lane informou ao líder que, graças à sua intervenção, a reportagem não seria publicada. "[Jones] andava bem frustrado com Garry", contou Terri Buford. "Ele achava que [Garry] não tinha feito o que podia quanto às ações judiciais [contra o Templo] e todas as conspirações que acreditava estarem rolando. Lane concordava com tudo que Jones dizia. Foi assim que se tornou a pessoa em quem [Jones] mais confiava."

No final de setembro, chegou uma enxurrada de contas — 44 mil dólares referentes à compra de um trator novo, 22 mil em telas de alumínio para remendar telhados, 16 mil em ração para alimentar o gado, 3.500 por cem caixas de sabão.[710] Jones voltou sua atenção para questões financeiras. Pelos seus cálculos, cerca de trezentos membros do Templo ainda viviam nos Estados Unidos, quase todos em San Francisco — o dinheiro arrecadado nos cultos era pífio. Nomeou então uma comissão para estudar formas alternativas de arrecadação e outra para determinar se era factível que Jonestown se tornasse uma colônia completamente autossustentável. Timofeyev continuava evasivo quanto à transferência de Jonestown para a Rússia — Jones queria um exame mais minucioso dessa possibilidade também, a começar por uma lista de lugares para onde poderiam ir naquele país gigantesco.

Enquanto assuntos como conspirações, dinheiro e Rússia dominavam os pensamentos de Jones, outra ameaça sinistra se aproximava. Jones não sabia, mas, nos Estados Unidos, o congressista Leo Ryan finalmente se preparava para fazer a tão prometida visita de inspeção a Jonestown.

48
FECHANDO O CERCO

No começo de setembro de 1978, Leo Ryan discutiu a viagem investigativa à Guiana com Jim Wright, líder do Partido Democrata no Congresso. "A intenção dele era dar ao público mais informações sobre Jim Jones e o Templo Popular", lembrou Wright. "[Ryan] não contava com a cooperação de Jones. Se fosse à Guiana e a Jonestown, acreditava que os jornais de San Francisco mandariam repórteres para registrar a intransigência do pastor, e também torcia para que jornalões como o *Washington Post* fizessem o mesmo. A cobertura pressionaria Jones a abrir Jonestown à visitação e a liberar quem quisesse partir."

Ryan pretendia levar alguns membros dos Parentes Preocupados, além de outros parlamentares, para mostrar que as suspeitas sobre Jonestown não se restringiam ao seu distrito eleitoral, a região da baía de San Francisco. Também ajudaria se os jornais locais mandassem repórteres. Porém, quando o deputado começou a consultar de maneira informal os colegas para ver quem estaria disposto a acompanhá-lo na viagem, ninguém se prontificou.

"A fama que ele tinha de caçar holofotes atrapalhava", explicou Wright. "A percepção geral era de que quem [do Congresso] fosse com ele ficaria relegado a escanteio na cobertura da imprensa."

Apesar disso, o Congresso enquadrou a viagem de Ryan como uma investigação parlamentar sobre Jonestown, o que lhe conferia a chancela de assunto oficial do governo norte-americano. O parlamentar queria fazer a expedição em novembro. De início, seus planos não foram informados ao Templo Popular, mas Ryan promoveu várias reuniões com os Parentes Preocupados e pediu orientação ao Departamento de Estado. Os funcionários do órgão não ajudaram muito. Ainda receavam dar a impressão de que havia perseguição a uma organização religiosa e desencorajaram a viagem de Ryan. O congressista não gostou, achou que eles não estavam querendo cooperar e prometeu aos Parentes Preocupados que "tomaria providências" quando voltasse da Guiana.[711]

Enquanto Ryan batia cabeça em Washington, Mark Lane fazia uma volta triunfal a Jonestown. A recepção já efusiva de Jones ficou ainda mais calorosa quando o advogado e escritor concordou em seguir buscando provas de que o governo dos Estados Unidos estava metido em uma conspiração contra o Templo. Alguns moradores de Jonestown repararam que Lane só tinha olhos para Terri Buford. Tim Carter mandou mensagem para Jones sugerindo que a paixonite de Lane "podia ser usada a nosso favor".[712] Já Terri, que buscava um jeito mais seguro de ir embora que não fosse fugir pela selva, achou que podia explorar a situação. Procurou Jones e insinuou que Lane repassaria a sua própria equipe tudo que descobrisse. Para proteger os segredos do Templo de vazamentos, propôs voltar com Lane aos Estados Unidos, onde não só faria a ponte entre o advogado e o Templo como lhe daria assessoria pessoal até que a investigação estivesse concluída. Jones concordou. Quando Mark Lane enfim partiu para San Francisco, Terri Buford foi junto e, enquanto planejava sua fuga, ficou trabalhando na sede do Templo na Geary Boulevard.[713]

Lane trabalhava rápido. Em 27 de setembro, apresentou a Jones um documento intitulado "CONTRAOFENSIVA", no qual planejava um ataque do Templo aos inimigos na mídia e nos tribunais. Desde a primeira frase — "Até um exame superficial mostra que há uma campanha bem articulada em curso para destruir o Templo Popular e colocar em dúvida a reputação de seu líder, o bispo Jim Jones" —, as dez páginas corroboravam de forma gritante com a paranoia de Jones. A última ideia de Lane, em especial, alimentou a certeza do pastor de que o Congresso dos Estados Unidos era um antro de inimigos: "As investidas dos membros do Congresso estão criando um problema e devem ser enfrentadas com coragem".[714]

Com o aval de Jones, Lane lançou a "contraofensiva publicitária" descrita no texto com uma coletiva de imprensa convocada para o dia 3 de outubro, em San Francisco. A maioria dos veículos da região enviou repórteres e cinegrafistas. O evento foi demorado — a transcrição preencheu 33 páginas — e Lane se comportou de maneira exuberante. Anunciou que estava "plenamente convicto" de que todas as denúncias e acusações contra Jones e o Templo Popular tinham o apoio de "órgãos de inteligência norte-americanos. [...] É lamentável". Depois, abriu espaço para perguntas e se apoiou nelas para fazer ilações. A um questionamento sobre tiros em Jonestown, respondeu com uma história pitoresca e intrincada sobre possíveis ataques de mercenários de posse de lança-foguetes e bazucas. Um repórter retorquiu: "Você está tentando criar uma narrativa verossímil, e nós estamos pedindo detalhes", pressionando-o a apresentar provas documentais de envolvimento da CIA. Lane saiu pela tangente: "Onde ela não esteve antes de Jonestown?".[715]

Como Lane pretendia, a imprensa repercutiu suas acusações mais bombásticas. Jones vibrou. Pouco tempo antes, o ministro Aubrey Bishop, da Suprema Corte da Guiana, havia se retirado do caso Stoen, e o presidente do tribunal, Harold Bollers, anunciou que o processo teria que começar do zero.[716] Pela primeira vez, parecia haver motivos para otimismo. Nem a ameaça insolente de Charles Garry de "se demitir em dez dias se [Lane] continuar falando com a imprensa" o desanimou. Jones mandou avisar ao advogado de San Francisco que Lane tinha conquistado grandes avanços para o Templo.[717]

Em compensação, as negociações para transferir Jonestown para a União Soviética não avançaram nada. Dois dias antes da coletiva, Feodor Timofeyev por fim visitou Jonestown. Em um jantar opulento, Jones se referiu à União Soviética como "mãe espiritual de Jonestown". Timofeyev disse a Tim Carter que "[Jonestown é] mais socialista que nós. Somos nós que temos que aprender com vocês". Mas, ao voltar para Georgetown, repetiu que ainda não tinha resposta do governo de seu país para o pleito de Jonestown.[718] Sharon Amos perguntou se pelo menos Jones e John Victor podiam emigrar. Timofeyev respondeu que era preciso decidir primeiro sobre o Templo, para depois pensar nos casos particulares.

Em meados de outubro, Marceline Jones visitou a família em Indiana. Durante sua estada em Richmond, convidou os pais para irem conhecer Jonestown. Eles aceitaram, e Marceline entrou em contato com a sede do Templo em San Francisco solicitando que transmitissem a Jonestown um pedido pessoal seu: queria que fosse dito aos pais que seu motivo para dormir em um chalé separado do marido era que ela trabalhava de dia e ele varava a noite trabalhando.[719] De seu ponto de vista, manter as aparências ainda era importante.

Durante a ausência de Marceline, Jones elegeu Shanda James, de 19 anos, como amante. Dessa vez, a escolha de Jones foi uma novidade: ela era negra. Havia ainda outra diferença: Shanda ficou lisonjeada pelo interesse do Paizinho, mas confessou que gostava de outra pessoa. Jones reagiu ordenando que Shanda fosse drogada e confinada na Unidade de Tratamento Estendido. Às vezes, mandava que levassem a garota grogue para seu chalé. "Ele a comia sempre que tinha vontade", diria Tim Tupper Jones a Lawrence Wright, da revista *The New Yorker*.[720]

Com Lane à frente da ofensiva publicitária nos Estados Unidos, em seus momentos de sobriedade, Jones dedicava especial atenção às finanças de Jonestown e aos planos de reassentar a colônia na Rússia. Nomeou um Comitê de Levantamento de Fundos formado por Harriet Tropp, Jack Beam, Michael Prokes, Johnny Brown e Gene Chaikin.[721] Pouco depois, em nome do grupo, Chaikin — que não estava internado na Unidade de Tratamento Estendido, já que nesse momento não havia visitas em Jonestown — escancarou o dilema financeiro da colônia em uma mensagem. Foi tão incisivo que nem Jones tinha como distorcer suas palavras: "Acreditamos que, da forma como está estruturada, esta comunidade jamais virá a ser autossuficiente [...], e constatamos que, historicamente, comunidades pequenas e fechadas nunca deram certo. [...] Não poderemos ser [autossustentáveis] enquanto passarmos a maior parte do tempo apagando incêndios [...] enquanto tivermos que nos proteger de todos os lados, enquanto nossa imagem pública for mais importante que produzir".

Juntos, Jones e os membros do comitê contemplavam novas formas de arrecadar dinheiro. Quem sabe o Templo Popular, que pregava a abstinência alcoólica para seus membros, pudesse administrar uma rede de boates. Uma ata de reunião dizia: "pista de dança, jukebox [...] música ao vivo. Aqui não tem nada disso. O povo da Guiana é festeiro, eles têm muito dinheiro e nenhum lugar [para gastar]".[722] Outro grupo, o Comitê Diretor de Jonestown, foi incluído nas novas deliberações. Como lembrou Tim Carter: "Ficou decidido que Jonestown poderia começar a comprar empresas. Também planejamos abrir dois restaurantes em Georgetown, e Patty Cartmell e Rheaviana Beam montaram um bazar. Era irônico: a única perspectiva de sobrevivência dos grandes socialistas era virarem capitalistas".

Ainda assim, as contas não fechavam. Estimava-se que as boates e outros empreendimentos poderiam gerar um faturamento líquido de 25 mil a 40 mil dólares por mês, o que ainda implicaria um déficit mensal de 100 mil dólares, no mínimo. Em suas várias contas no exterior, Jones tinha recursos para cobrir a diferença, mas nem esse dinheiro — um total estimado de 30 milhões de dólares ou mais — seria suficiente para manter as contas no azul por mais de 25 ou trinta anos. Jim Jones estava com 47 anos e, apesar de viver reclamando de problemas de saúde, podia viver para ver Jonestown, sua grande prova de ideal socialista e grandeza pessoal, definhar até falir. Ele seria lembrado, quando muito, como um grande fracasso. Era inconcebível. O comitê previa que, "da forma como é [era] estruturada", Jonestown viveria em estado de permanente insolvência. Isso na economia da Guiana. A União Soviética era diferente. Lá, o apoio do Estado faria diferença. Chaikin, Richard Tropp e Tom Grubbs receberam uma nova incumbência: terminar a lista de possíveis lugares para onde migrar na Rússia. Assim que o governo soviético aceitasse o Templo Popular, podiam começar a negociar não só a data, mas o local. Em 25 de outubro, saiu o parecer, sugerindo "a costa leste do Mar Negro, ao sul da cordilheira do Cáucaso" como a localidade ideal, e listando várias outras opções. Assim que a mudança fosse autorizada, Jonestown enviaria uma equipe para vistoriar os lugares sugeridos e avaliar se eram "adequados para o nosso povo".

Porém, nas reuniões em Georgetown, Timofeyev não tratava mais Sharon Amos com a mesma cordialidade. Em resposta ao mais recente pedido de informações sobre o andamento da autorização de mudança, reclamou que a questão havia se tornado "uma grande dor de cabeça".[723] O número de colonos que teriam permissão para imigrar poderia ser limitado; o governo soviético temia que a CIA pudesse infiltrar um espião no grupo. Consternada, Sharon avisou que a decisão estava demorando tanto que Jones poderia interpretá-la como um "não". Timofeyev disse que não era para tanto; seus superiores só precisavam de mais tempo. Enquanto isso, Jones continuava dizendo aos seguidores que a mudança para a Rússia estava garantida.

No dia 26 de outubro, Marceline chegou com a família em Jonestown. Tim Carter partiu no mesmo dia para San Francisco, a fim de entregar documentos que Charles Garry usaria contra os Parentes Preocupados. Enquanto estava nos Estados Unidos, Carter recebeu permissão para visitar o pai em Idaho, e aproveitou para comer hambúrguer, beber vinho e fumar. Fugir da vida regrada era bom, mas, depois de alguns dias, já queria voltar para Jonestown. "Gloria e nosso filho Malcolm estavam lá, por isso decidi que minha vida era lá, o resto não importava." Porém, em vez de pegar um avião para a Guiana, Carter recebeu ordens para retornar rápido a San Francisco: Terri Buford tinha acabado de romper com a igreja.[724]

Quando Mark Lane voltou para casa, em Memphis, no Tennessee, depois da coletiva de imprensa em San Francisco, Terri ficou na cidade, morando e trabalhando no templo da Geary Boulevard, prestando serviços à distância para Lane e cuidando de outras tarefas para o Templo sempre que preciso. Em sigilo, reservou um voo para Nova York em 30 de outubro e disse aos colegas do Templo que tinha consulta no dentista no dia e hora do voo. Chegando a Nova York, ligou para Lane, que, segundo desconfiava, não era totalmente leal a Jones. Conforme ela relatou: "[Lane] falou que me esconderia em Memphis em troca de ajuda para escrever um livro sobre o Templo. Eu só queria sumir do mapa e topei. Mark tinha um apê em Washington e me deixou ficar lá um tempo antes de ir para Memphis".[725]

Depois de Debbie Layton abandonar o Templo e se tornar uma das principais fontes de matérias negativas na imprensa, Jones estava disposto a fazer de tudo para que outras seguidoras jovens e bem informadas como ela não fossem pelo mesmo caminho. Tim Carter foi encarregado de descobrir o paradeiro de Terri Buford. Naquele ano, Jones tinha cogitado mandar Carter fingir que tinha saído do Templo e se infiltrar no grupo dos Parentes Preocupados. Aquela ideia parecia um ótimo jeito de achar Terri, já que, tal como fizera Debbie Layton, ela poderia ter procurado o grupo logo depois de sair. Carter logo descobriu que ela não estava com os Parentes Preocupados, mas mesmo assim disse a eles que tinha saído do Templo. Também falou com Suzanne Cartmell, filha de Jones, que cortara relações com o pai. "Naquele dia, saiu uma matéria no [*San Francisco*] *Chronicle* dizendo que Leo Ryan estava planejando uma expedição a Jonestown", contou Carter. "Suzanne ficou apavorada, não era para divulgar ainda. Não queriam que Jones soubesse." Logo que ele descobriu — por uma pessoa da sede do Templo em San Francisco que o contatou na mesma hora —, Jones mudou a tarefa de Carter: agora, era para descobrir tudo que pudesse sobre a visita que o tal Ryan pretendia fazer.

"Fui encontrar Elmer e Deanna Mertle em Berkeley", lembrou Carter. "Eles faziam parte dos Parentes Preocupados, mas pareciam mais interessados em destruir o Templo do que em resgatar pessoas. Supunha-se que o plano oficial de Ryan era ir sozinho, sem ninguém dos Parentes Preocupados ou da imprensa, mas estava na cara que levaria um monte de gente. Ele tinha falado [para os Parentes Preocupados] que imaginava que seria barrado no portão de Jonestown, voltaria para os Estados Unidos e marcaria audiências [no Congresso] sobre Jonestown a partir de fevereiro de 1979. E que o governo só poderia intervir se cidadãos norte-americanos estivessem sendo retidos contra a vontade no assentamento. Assim, se não permitissem sua entrada, ele poderia usar esse argumento, e se permitissem, e ao menos uma pessoa fosse embora com ele e testemunhasse que os moradores não eram livres para sair, [Ryan] teria provas. De qualquer jeito, ele ganhava."

Jones não gostou nada das notícias que Carter lhe passava. Sua sogra, Charlotte Baldwin, ainda estava em Jonestown quando ele soube os detalhes do plano de Ryan. Mais tarde, ela contou que o genro parecia "à beira de um colapso nervoso". A situação degringolou muito rápido. Em 1º de novembro, Ryan notificou Jones por escrito sobre sua intenção de visitar Jonestown, explicando que fora procurado por "eleitores que fazem parte de sua igreja e manifestaram preocupação com pais, filhos e irmãos que resolveram ajudar o senhor no desenvolvimento de sua igreja na Guiana. [...] Desnecessário dizer que estou muito interessado numa visita a Jonestown". Pediu a Jones que respondesse ao embaixador Burke em Georgetown, "porque ainda estamos cuidando dos detalhes da viagem", e acrescentou que falava na qualidade de membro da Comissão de Assuntos Internacionais da Câmara.[726]

Cinco dias depois, Mark Lane enviou uma resposta em nome de Jones e do Templo, acusando "vários órgãos do governo dos Estados Unidos" de perseguir de forma insistente a igreja, e salientando que havia dois países interessados em acolher Jonestown, dando a entender que se tratava da União Soviética e de Cuba: "Os senhores podem imaginar, portanto, as importantes implicações que podem resultar no surgimento de uma situação bastante constrangedora para o governo dos Estados Unidos". Ainda assim, Lane não descartou por completo a possibilidade de Ryan visitar Jonestown. "Podemos discutir uma data que seja conveniente para todos."

A resposta de Ryan, por escrito, foi áspera: "Sr. Lane, não há nenhuma intenção de perseguição, como o senhor diz. Mas saiba que sua vaga alusão ao surgimento de uma situação bastante constrangedora para o governo dos Estados Unidos não me impressiona nem um pouco". A viagem de Ryan estava programada para o meio do mês. Lane deixou claro que queria se reunir com o congressista com antecedência e acompanhá-lo a Jonestown se a entrada dele fosse autorizada.

O governo da Guiana estava quase tão aborrecido quanto Jones com a possível chegada de Ryan. "Achávamos a vinda de Ryan uma tremenda aporrinhação", revelou Kit Nascimento. "Parecia só um parlamentar norte-americano caçando publicidade. A embaixada dos Estados Unidos nos procurou para pedir proteção para ele enquanto estivesse na Guiana. Nossa resposta foi: 'Proteção de quê?'. A posição de Burnham era a de que o povo de Jonestown não tinha infringido nenhuma lei da Guiana, e se [o deputado e sua comitiva] queriam entrevistar os moradores, que pedissem a permissão deles. Vocês não podem aparecer aqui do nada, exigir que nosso governo faça tudo que mandarem e forçar a entrada [em Jonestown]. Burnham se recusou [...] a fazer qualquer tipo de intervenção."

No dia 7 de novembro, Jones autorizou a entrada de um visitante: o cônsul norte-americano Douglas Ellice. Era a quarta vez no ano que recebiam uma inspeção de autoridades dos Estados Unidos, e não aconteceu nada fora da rotina. Ellice foi recebido com um almoço suntuoso, falou com moradores cujos familiares haviam manifestado preocupação — todos lhe garantiram que estavam felizes — e voltou para Georgetown sem saber em que acreditar. As acusações que chegavam dos Estados Unidos eram estridentes, mas Jonestown parecia no mínimo funcional, apesar do ambiente simples.[727]

Mais ou menos na mesma época, os cerca de doze integrantes do time de basquete de Jonestown foram de barco de Porto Kaituma para Georgetown, onde jogariam algumas partidas amistosas contra a seleção da Guiana nas semanas seguintes. De início, Jones não tinha permitido, mas Stephan e Jimmy, que estava passando uns tempos no assentamento, pediram para a mãe interceder. Marceline argumentou com o marido que os jogos dariam mais provas ao governo da Guiana de que estava tudo bem em Jonestown. Os jogadores estavam empolgados com a oportunidade de fugir do clima de tensão no assentamento. "Cada vez que a gente saía de lá e ia para Georgetown parecia um sonho", contou Jim Jones Jr. "Podíamos ir ao cinema e sair para comer. Íamos nos divertir e jogar bola."[728] A ida deles provocou uma mudança importante na composição das equipes responsáveis pela segurança pessoal de Jones e do assentamento. Os filhos do pastor e outros jogadores formavam grande parte da liderança dos dois grupos. Já o restante da segurança armada era constituído por alguns dos seguidores mais fervorosos de Jones, homens que se sentiam honrados por servir ao líder e cumpririam suas ordens sem pensar duas vezes.[729]

Antes de o time partir, Jones ofereceu palavras de incentivo aos jogadores diante dos outros colonos, e emendou: "Fiquei sabendo que tem um parlamentar querendo vir para cá. Acho que vou mandar ele para aquele lugar".[730] Em particular, a esposa e os advogados estavam suando para dissuadi-lo da ideia. Em uma mensagem enviada pelo rádio, os advogados "aconselhavam de maneira fervorosa que a entrada de Ryan fosse autorizada". Caso contrário, "ele convocaria audiências, aquela coisa toda". O argumento de Marceline era mais simples: Jonestown não tinha nada a esconder. Se alguns moradores decidissem ir embora com Ryan, que fossem.

Jones ainda não estava convencido. Mandou o pessoal de Lamaha Gardens preparar uma resolução declarando que os moradores de Jonestown "não estavam interessados em receber ou se comunicar" com o deputado "Ryan, nem com membros do grupo que se intitula 'Parentes Preocupados' ou pessoas ligadas a qualquer um deles". Além disso, segundo a resolução, "a comunidade de Jonestown requisitou reforço policial ao governo da Guiana para protegê-la de invasões". Carolyn Layton também instruiu o pessoal de lá a se reunir com o ministro Mingo para solicitar que entregasse a resolução ao parlamentar e recusasse acesso a Jonestown e qualquer "assistência do governo da Guiana".[731] Mingo só foi encontrar Sharon Amos no dia 14 de novembro e, ainda assim, gritou com ela, dizendo que tinha mais o que fazer do que ficar pajeando Jim Jones e Jonestown.[732]

Os moradores de Jonestown não tinham certeza se Ryan viria. A maioria estava apreensiva. Os avisos constantes de Jones sobre as crianças serem arrancadas de lá surtiram efeito. Mas alguns enxergaram na visita de Ryan, ou pelo menos na preocupação de Jones a respeito, uma oportunidade. Parte das famílias Parks e Bogue estava agoniada e queria ir embora. Os jovens Monica Bagby e Vern Gosney já estavam fartos. Se Ryan viesse e oferecesse proteção para saírem de lá, era provável que aceitassem. Outras duas famílias vinham planejando uma fuga pela selva. Se o congressista chegasse a Jonestown e virasse o centro das atenções, aproveitariam para tentar sair escondidos. Uma ou duas pessoas arriscaram falar do plano com outros moradores descontentes.[733] Embora correspondesse a uma ínfima porcentagem dos mais de novecentos moradores de Jonestown, o número de possíveis dissidentes motivados pela visita de Ryan aumentava.

Além do amor por Jim Jones, Carolyn Layton tinha absoluta devoção à causa do Templo. Chegava a ser calculista, fria até, e achava que era chegada a hora de abraçar de vez o pragmatismo. Preparou e apresentou a Jones uma "Análise de perspectivas futuras" muito bem datilografada, declarando de maneira sucinta que não havia mais esperança de futuro para Jonestown em sua forma atual. Ações judiciais e investigações de órgãos governamentais acabariam com as reservas financeiras do Templo. O único consolo era que, apesar da aparente má vontade das autoridades guianenses, ainda era conveniente ao governo do país apoiá-los enquanto Jonestown servisse para proteger a fronteira da Venezuela. Porém, a CIA parecia acreditar que Jones estava prestes a liderar uma revolução armada na Guiana: "Os traidores podem tê-los convencido disso [...] é por isso que eles nos veem como uma ameaça tão perniciosa que precisam destruir". Uma possibilidade era Jones ir embora para Cuba, levando "as crianças" (John Victor e Kimo) enquanto Carolyn ficava "para segurar as pontas do projeto. [...] Eu só queria encontrar um jeito de os meninos terem um pai por algum tempo".

Havia uma subseção intitulada "ÚLTIMO RECURSO, CASO ASSIM DECIDIDO". Nessa parte, Carolyn ponderava que, se Jones optasse por uma atitude extrema, o momento e a forma da morte coletiva eram fundamentais.

Ela questionava: "Como vamos saber a hora certa? [...] Entregamos pílulas para todo mundo? [...] Teria que ser uma coisa meio de última hora, imagino". Seu receio era que um suicídio coletivo não recebesse o devido valor como uma manifestação histórica e sincera: "Sei que não podemos nos preocupar em como [o que fizermos] será interpretado [...] pode ser que daqui a uns cinquenta anos alguém entenda e até se inspire em nós. Não tenho muitas ilusões a respeito. Só acho horrível tudo isso não valer de nada".[734]

Jones ligou para a casa do Templo em Lamaha Gardens e mandou a equipe de basquete voltar a Jonestown. Os rapazes não queriam ir embora; vinham sendo derrotados nos jogos contra a seleção guianense e queriam tentar pelo menos uma vitória. Além disso, estavam aproveitando a cidade. Jones insistiu. Stephan, que falava em nome dos jogadores, por fim se negou: ficariam mais um tempo em Georgetown. Irritado, Jones disse ao filho que toda a equipe deveria evitar Leo Ryan e quem mais estivesse com ele. O pastor temia que um possível confronto entre o deputado e os jogadores pudesse gerar mais uma onda de escândalos na imprensa norte-americana.[735]

No dia 13 de novembro, Jones falou que estava tão preocupado com a visita de Ryan que tinha passado oito noites sem dormir. Era mais provável que estivesse sob efeito de anfetaminas. Qualquer que fosse o motivo, estava de péssimo humor, proferindo ameaças sem parar contra o parlamentar, que a essa altura quase alcançava o patamar de Tim Stoen como seu pior inimigo: "Se Ryan entrar nesta comunidade de forma ilegal, não sairá com vida. [...] Quero dar um tiro na fuça dele". Jones era seguido pelos guarda-costas aonde quer que fosse, todos armados e cada vez mais contagiados por sua agressividade.

Richard Tropp achou prudente preparar Jonestown para a chegada de Ryan. Jones podia não o querer lá, mas, se conseguissem segurar a onda e permitissem a entrada do congressista e sua comitiva, talvez criassem uma boa impressão. Tropp enviou mensagem para os líderes dos comitês de Jonestown mandando recolher todo o lixo e expor os trabalhos artísticos das crianças que "[mostrassem] variedade e criatividade para desmentir o que andam espalhando, que a gente sofre lavagem cerebral [...] a ideia é não só mostrar uma Jonestown limpa e arrumada e nos defender das mentiras, mas CONSCIENTIZAR esse deputado, abrir os olhos dele para o que fazemos aqui [...] não essa besteira de sermos controlados, programados sem resistir".[736] Enquanto os colonos começavam a arrumação, os pais de Marceline partiam de Jonestown de volta a Indiana. Charlotte Baldwin escreveu no livro de visitas: "Aqui é mais do que podíamos imaginar. Fizeram tanto em tão pouco tempo. As pessoas estão tão felizes e bem adaptadas. De fato, não queríamos ir embora!".[737]

Na Califórnia, Leo Ryan teve uma última reunião com os Parentes Preocupados e os dissidentes de Jonestown. Repassou todas as denúncias, escolhendo as melhores para levar para as autoridades da Guiana, e os nomes das pessoas com quem tentaria falar se o deixassem entrar em Jonestown. Ainda esperava ser barrado.[738]

Tim Carter voltou da Califórnia para Jonestown em 14 de novembro, uma terça-feira. Naquele mesmo dia, Leo Ryan pegou um voo para a Guiana. Viajava acompanhado de dois assessores, Jackie Speier e James Schollaert, e nove jornalistas: o repórter Tim Reiterman e o fotógrafo Greg Robinson, do *San Francisco Examiner*; Ron Javers, do *San Francisco Chronicle*; o produtor Bob Flick, o cinegrafista Bob Brown, o técnico de som Steve Sung e o repórter Don Harris, da NBC; Charles Krause, do *Washington Post*, e Gordon Lindsay, do *National Enquirer*, que esperava que estar na comitiva de Ryan o ajudaria a conseguir acesso a Jonestown na segunda tentativa. Os Parentes Preocupados tinham seu próprio grupo, todos com familiares em Jonestown: Tim e Grace Stoen; Howard e Beverly Oliver; Steven Katsaris e seu filho Anthony; Sherwin Harris, ex-marido de Sharon Amos e pai de Liane Harris, a filha mais velha de Sharon; Nadyne Houston e a filha Carol Houston Boyd; Jim Cobb, Mickey Touchette e Wayne Pietila, da Turma dos Oito; e Clare Bouquet. Embora não tivesse parentes em Jonestown, Bonnie Burnham também foi; acreditava-se que sua amizade com Marceline poderia amenizar o clima e convencer Jones a cooperar.[739] Os parentes esperavam que pelo menos alguns deles teriam permissão para entrar em Jonestown. Mas ninguém sabia o que ia acontecer. Sabiam apenas que tudo dependeria de Jim Jones.

49
ÚLTIMOS DIAS

Na noite de 15 de novembro, uma quarta-feira, os auxiliares do Templo em Lamaha Gardens levaram um susto: um homem de meia-idade estava pulando o muro de blocos de concreto no fundo do quintal. O deputado Leo Ryan chegou sem ser convidado, depois de um dia longo e frustrante. As autoridades guianenses deixaram claro que não se envolveriam em sua visita. Na embaixada dos Estados Unidos, em Georgetown, o embaixador John Burke lhe disse que estava por conta própria. Burke e sua equipe haviam ido algumas vezes a Jonestown e não viram sinais de que houvesse moradores sendo retidos contra a vontade. Se Ryan forçasse a entrada, nada impedia que Jones e sua igreja o denunciassem por constrangimento ilegal. Os advogados do Templo Charles Garry e Mark Lane também estavam na capital da Guiana, e as primeiras reuniões de Ryan com os dois também não foram produtivas. Em nome de Jim Jones, informaram que o parlamentar não tinha permissão para entrar em Jonestown. Mesmo que sua entrada viesse a ser autorizada, a imprensa e os Parentes Preocupados com certeza seriam barrados. Saturado com aquela embromação e intransigência, Ryan decidiu aparecer sem aviso em Lamaha Gardens para tentar a sorte com os membros do Templo que ali viviam.[740]

Não adiantou muito. Sharon Amos avisou ao deputado que estava invadindo propriedade privada e pediu para que se retirasse. Ryan apelou para o charme, dizendo a ela que estava cansado de negociar com advogados e jurando que não queria prejudicar Jones nem o Templo. Se todos em Jonestown estivessem bem, e se lá estivessem de livre e espontânea vontade, então seus familiares ficariam mais tranquilos e o assunto estaria resolvido. Ryan conseguiu falar com mais alguns seguidores na casa; Laura Johnston Kohl garantiu que também estavam "bem". Sharon baixou um pouco a guarda e comentou que Jones estava doente e não podia receber Ryan naquele momento, deixando a possibilidade de uma visita em aberto. O deputado teve que se contentar com essa resposta.[741]

Os integrantes da comitiva de Ryan também enfrentaram contratempos. Ao pousarem na Guiana, por volta da meia-noite, o congressista e seus dois assessores foram recebidos por funcionários da embaixada norte-americana e seguiram em carros oficiais para a capital. Todos os demais tiveram que ficar no aeroporto. Alguns jornalistas tiveram problemas com os vistos de permanência e corriam o risco de serem expulsos do país. Ron Javers, do *Chronicle*, chegou a ser detido por funcionários da imigração. Quando o restante do grupo enfim chegou ao hotel Pegasus, foi informado de que houvera um problema na reserva e que não havia quartos disponíveis. Achar outro lugar para ficar levou horas; não havia muitos hotéis em Georgetown. Depois, o grupo teve que esperar o dia todo, torcendo para que Ryan avisasse que as providências tinham sido tomadas e que em breve estariam todos a caminho de Jonestown. Mas o sinal verde não veio.[742]

Jones não tardou a descobrir quem viera à Guiana com Ryan. Ficou furioso. O fato de ter trazido a imprensa já era péssimo e, embora os Parentes Preocupados estivessem oficialmente ali por conta própria, pagando as passagens do bolso, e não como convidados ou colaboradores do governo dos Estados Unidos, para Jones, todos faziam parte da mesma tropa de invasores. O pior de tudo era que Tim e Grace Stoen estavam lá. Eles não entrariam em Jonestown de jeito nenhum. O que Ryan não sabia era que Garry e Lane estavam gastando tanta saliva com Jones quanto com ele. Tentavam convencer seu cliente de que receber uma visita incômoda era melhor que outro escândalo midiático. A imprensa estava na Guiana com Ryan. *Alguma coisa* ia sair nos jornais e na televisão; melhor seria que Jim Jones permitisse o ingresso do parlamentar em Jonestown para conversar com quem quisesse. Alguns moradores podiam pedir para ir embora, mas e daí? O que poderiam dizer aos repórteres que fosse pior que o depoimento de Debbie Layton?

Jones bateu o pé: nada de visitas. Depois, fechou-se em seu chalé, onde ficou se comunicando por telefone com o galpão de rádio de Jonestown, que, por sua vez, o conectava com os advogados em Georgetown.[743]

No dia seguinte, enquanto Ryan e os advogados voltavam a discutir, alguns representantes dos Parentes Preocupados foram por conta própria a Lamaha Gardens. Bonnie Burnham e Clare Bouquet não foram recebidas. A Sherwin Harris, cuja filha Liane, de 21 anos, trabalhava na casa, disseram que os dois poderiam se ver em breve.[744] A visita de Harris mexeu com Sharon Amos. Qualquer contato com o ex-marido "a deixava paranoica", conforme lembrou Tim Carter. "Ela já estava uma pilha de nervos por conta de Ryan. A presença de [Harris] a deixou ainda pior."

Naquela tarde, o embaixador Burke aceitou receber os Parentes Preocupados, contanto que a imprensa não estivesse presente. A audiência foi improdutiva. Conforme escreveria Bonnie Burnham, o embaixador "não demonstrou o menor sinal de compaixão" com os familiares, que abriram seus corações em vão. Antes de saírem, Burke entregou-lhes cópias de um comunicado de imprensa que declarava: "A embaixada não tem poder de exigir que membros do Templo Popular sejam colocados em contato com pessoas que não queiram receber. Os membros do Templo Popular encontram-se protegidos pela Lei de Privacidade de 1974, assim como todos os cidadãos norte-americanos".[745]

As negociações entre Ryan e os advogados do Templo prosseguiram pela quinta-feira até a manhã de sexta. Em Lamaha Gardens, o deputado apelou: "Não tinha uma única imagem religiosa na parede, ninguém rezando. Eu [não ouvi] ninguém falar em Deus".[746] Quando voltasse para Washington, Ryan poderia investigar se o Templo Popular realmente fazia jus à isenção fiscal para igrejas. A ameaça deu um novo argumento para Garry e Lane tentarem convencer Jones: havia mais em jogo do que a publicidade ruim e a possível perda de alguns colonos. Jones não cedeu de todo, mas concordou em discutir condições para uma visita de Ryan. Se o congressista pegasse um avião para Porto Kaituma na sexta, passasse a noite para entrevistar algumas pessoas e partisse no sábado, Jones se livraria dele em questão de 24 horas. Nem mesmo Ryan tinha sugerido que a visita de inspeção durasse mais que isso. Sem consultar Lane e Garry, Jones decidiu que, se o parlamentar viesse, a estada dele deveria ser ainda mais curta. Na sexta-feira de manhã, enviou Jim McElvane, Michael Prokes e Johnny Brown para Porto Kaituma, com ordens de usar árvores e arbustos para bloquear a pequena e primitiva pista de pouso. Com Porto Kaituma inacessível por via aérea, Ryan seria obrigado a pousar em Matthews Ridge e pegar um trem para Porto Kaituma, um desvio de rota que atrasaria bastante a excursão e faria com que tivesse no máximo umas poucas horas em Jonestown antes de retornar a Georgetown no sábado à tarde. Os três saíram para executar as ordens de Jones, mas voltaram algumas horas depois avisando que não tinham conseguido. Pelo visto, um avião militar guianense tinha enguiçado na pista de aviação, e alguns soldados estavam vigiando a aeronave. O trio do Templo não podia deliberadamente obstruir a pista debaixo do nariz dos militares. No fim das contas, se viesse, Ryan não teria problemas para pousar em Porto Kaituma.

Na manhã de sexta-feira, Marceline se envolveu nas negociações. Jones continuava trancado no chalé, enquanto, da sala do rádio, a esposa batia boca com ele pelo telefone, sem se importar com a presença de Tim e Mike Carter, que escutavam tudo. "Ela falou que tínhamos de nos orgulhar do que havíamos construído e mostrar isso [para Ryan]", lembrou Tim Carter. "Marceline ficou uma fera [com Jones]: 'Fui eu que segurei isso aqui em pé, não você', ela dizia. Eu convivia com os dois havia anos e nunca tinha presenciado uma briga como aquela. Ver Marcie confrontando o marido na frente de outras pessoas era bem atípico."[747] Embora Jones não tenha chegado a concordar em absoluto com a visita do parlamentar, a bronca de Marceline fez toda a diferença. Fazia anos que ninguém discutia de forma tão veemente com ele. E, naquele momento, sua esposa e seus advogados apenas não aceitavam sua decisão de não receber Ryan.

Lane e Garry deram sinal verde ao deputado. Disseram que podia levar quem quisesse, mas não havia garantia de que autorizariam a entrada de outras pessoas. Ryan encarou a resposta como uma promessa indireta. Entrou em contato com o embaixador Burke e solicitou ajuda para conseguir um avião que o levasse junto de sua comitiva a Porto Kaituma naquela tarde e ficasse de prontidão para trazê-los de volta a Georgetown no sábado à tarde. O avião teria que acomodar várias pessoas: a assessora de Ryan, Jackie Speier, nove jornalistas e alguns dos Parentes Preocupados, que queriam ir junto na esperança de que Jones também os deixasse entrar. O bimotor Otter providenciado pela embaixada acabou comportando, além do piloto, dezenove passageiros: Ryan e Speier; a comitiva de imprensa; Mark Lane e Charles E. Garry, os dois advogados de Jonestown; o chefe adjunto da missão diplomática dos Estados Unidos em Georgetown, Richard Dwyer; Neville Annibourne, encarregado do serviço de informações da Guiana, e quatro representantes dos Parentes Preocupados: Beverly Oliver, Jim Cobb, Carol Boyd e Anthony Katsaris. O avião decolou de Georgetown às 14h30 de sexta-feira. Durante o voo, que durou uma hora, quem nunca tinha sobrevoado a floresta da Guiana ficou desconcertado com a vastidão da mata fechada. Quando o Otter parou com um solavanco na pista de Porto Kaituma, os passageiros foram recebidos de cara fechada por diversos membros do assentamento. Depois de conversar com os colonos, Lane informou ao grupo de passageiros que apenas ele, Garry, Ryan, Speier e Dwyer poderiam seguir de caminhão para Jonestown.

Os jornalistas e os Parentes Preocupados teriam que aguardar em Porto Kaituma; Lane e Garry prometeram que continuariam insistindo para que Jones os deixasse entrar na comunidade.

Marceline Jones recebeu os primeiros visitantes e ofereceu uma rápida visita guiada por Jonestown, que Ryan a princípio dispensou, pois queria falar com Jim Jones primeiro. Depois de quase uma hora e meia, o pastor apareceu usando seus característicos óculos escuros. Ryan voltou a explicar que a melhor maneira de acabar com o falatório de que Jonestown seria um campo de prisioneiros era liberar a entrada do resto da comitiva que ficara em Porto Kaituma. Jones consentiu o ingresso de todos, com exceção de Gordon Lindsay, do *National Enquirer*. Com a anuência de Ryan, o caminhão retornou à pista de pouso para buscar os demais. Lindsay, por sua vez, teve que embarcar de volta para Georgetown no mesmo avião que trouxera todos e que, segundo combinado, voltaria para pegá-los em Porto Kaituma no sábado à tarde. Todos os outros foram para Jonestown.

Os colonos tinham passado boa parte do dia cuidando dos preparativos para a visita. Na cozinha do assentamento, trabalharam dobrado para preparar pães e quitutes frescos para os convidados.[748] Além disso, varreram passagens, capinaram o mato, limparam os chalés; Jones queria deixar uma boa impressão. "Nunca tinha visto Jonestown tão bonita", recordou Tim Carter. Quando estava tudo pronto, Marceline Jones dirigiu-se aos moradores pelo alto-falante, dizendo que "ficassem tranquilos".[749]

Enquanto o caminhão trazia o restante da comitiva, Ryan e Jackie Speier começaram a entrevistar membros do Templo que tinham familiares entre os Parentes Preocupados. Ninguém fez nenhuma queixa. Davam a impressão de que estavam contentes, e as respostas pareciam até bem espontâneas. A princípio, o parlamentar e sua assessora não encontraram nenhum indício de que aquelas pessoas estivessem presas em Jonestown.

Jones foi receber a segunda leva de visitantes no pavilhão. Com o cair da noite, foi servido o jantar: carne de porco, legumes, batatas e biscoitos caseiros. Havia bastante fartura, para surpresa de alguns forasteiros e alegria geral dos moradores, muitos dos quais continuavam desconfortáveis com a presença das visitas, porém gratos pela comilança. Em seguida, houve uma festa, com direito à banda de Jonestown em plena forma e moradores cantando solo. Durante parte da apresentação, Jones ficou sentado em um canto e respondeu a perguntas dos repórteres. Sua fala era coerente, mas um tanto inconstante. Ponderou que poderia um dia voltar aos Estados Unidos e chamou John Victor para mostrar como a criança se parecia com ele. Quando perguntou ao menino se queria retornar para os Estados Unidos e morar com Grace, ele falou apenas: "Não".[750]

Mais cedo, Jack Beam tinha sugerido a Jones que Leo Ryan fosse convidado a dizer algumas palavras aos moradores após o jantar. Jones não dissera nem que sim, nem que não, mas à noite, quando Beam perguntou de novo, o líder assentiu. Ryan transparecia bom humor. Estava em Jonestown, com a equipe de filmagem da NBC captando tudo, e, pelo menos até então, todos passavam momentos agradáveis. O deputado tinha anos de política; antes disso, era professor. Sabia captar o estado de humor dos ouvintes; aqueles eram acolhedores, mas desconfiados. Disse que viera a Jonestown, "como bem sabiam", para conduzir uma investigação parlamentar, mas que já podia "adiantar que, pelas poucas conversas que tive esta noite, que, sejam quais forem [as acusações], há pessoas aqui que estão convencidas de que isto é a melhor coisa que já lhes aconteceu na vida". Na mesma hora, a multidão se pôs de pé e o ovacionou. Ryan brincou: "Que pena que vocês não votam no condado de San Mateo", seu distrito eleitoral, e todos riram quando Jack Beam berrou: "A gente vota por procuração!".[751]

Jones tinha um pronunciamento a fazer. Naquela noite, em Georgetown, o time de basquete de Jonestown disputara outra partida contra a seleção guianense. Mais uma vez, perderam o jogo, mas por uma diferença de apenas dez pontos. Orgulhosos, foram correndo dar a notícia para o assentamento pelo rádio, e a informação correu até chegar a Jones, no pavilhão. O líder não resistiu e exagerou, dizendo que o time de Jonestown tinha massacrado a seleção guianense por dez pontos, e a multidão irrompeu em mais aplausos.[752]

A música continuou a tocar por um tempo, até que o espetáculo cessou. Os repórteres tinham presumido que passariam a noite em Jonestown, e não gostaram de saber que não havia acomodação para eles. Com Jim Cobb e Anthony Katsaris, da ala masculina dos Parentes Preocupados, e Neville Annibourne, representante do governo guianense, foi a mesma conversa. Teriam que ficar em Porto Kaituma. O caminhão do Templo levou o grupo para a cidadezinha, e o motorista prometeu buscá-los pela manhã. Integrantes da equipe de reportagem da NBC pareciam preocupados.[753] Don Harris, esperando um furo de reportagem, não contou para os outros repórteres que, durante a noite festiva, um homem lhe passou um bilhete dizendo: "Somos Vernon Gosney e Monica Bagby. Por favor, ajudem-nos a sair de Jonestown".[754] Mas uma pessoa da equipe entregou o segredo, e os repórteres foram para um bar em Porto Kaituma e ficaram bebendo até tarde, imaginado o que poderia acontecer se Ryan tentasse tomar alguma atitude em relação ao pedido.

O deputado já tinha um plano. Além de passar o bilhete para Harris, Gosney cochichou com Dwyer que os dois queriam sair de Jonestown naquela noite. Ele receava que, se alguém contasse a Jones que tinha falado com Dwyer, os dois "correriam sério perigo", conforme escreveria o diplomata em seu relatório oficial. Dwyer disse a Gosney que não tinha como levá-lo agora, porque ele e Ryan passariam a noite em Jonestown. Mas prometeu a Gosney que ele e Bagby poderiam ir embora com a delegação de Ryan na tarde seguinte.

Quando estavam a sós no chalé onde ficariam alojados durante a noite, em Jonestown, Ryan e Dwyer decidiram que, de manhã, o deputado incluiria Gosney e Bagby na lista de moradores que pretendia entrevistar. Ryan afirmou que estava guardando os "casos mais documentados" para o dia seguinte, e que mais pessoas podiam querer ir embora. Seria melhor esconder a identidade de quem pedia para deixar Jonestown até o último minuto, para evitar que o líder do Templo ficasse tentado a descumprir a promessa de liberar todos que quisessem partir com o parlamentar.[755]

Mas Jones com toda certeza sabia sobre Vernon Gosney e Monica Bagby. Décadas depois, Gosney contou à dramaturga e roteirista Leigh Fondakowski que fora visto passando o bilhete para Don Harris. Pego de surpresa, Harris deixou cair o pedaço de papel; Gosney apanhou-o do chão e o devolveu ao repórter da NBC, e nisso "uma criancinha me viu", segundo a lembrança de Gosney. Mal aprendiam a andar e falar, e os pequeninos do Templo já eram ensinados a denunciar transgressões. Gosney lembra que a criança começou a repetir: "Ele passou um bilhete pro outro, ele passou um bilhete pro outro". Alguns moradores abordaram Gosney e começaram a "fazer perguntas".[756] Ele ficou tão nervoso que acabou se expondo ainda mais ao pedir ao diplomata que o tirasse imediatamente de Jonestown.

De todas as pessoas que interpelaram Gosney, é muito pouco provável que nenhuma o tenha dedurado para Jones ou um de seus assessores, como Carolyn Layton ou Maria Katsaris, ainda mais diante do clima de extrema desconfiança provocado pela visita de Ryan. Também seria incomum que Jones não tomasse uma atitude assim que ficasse sabendo que Gosney pretendia fugir. Se não tomou, das duas, uma: ou começou a se drogar até apagar após se recolher ao chalé, uma vez findadas as atividades programadas para a noite; ou então ele, Carolyn e Maria estavam preocupados com algo que julgavam ainda mais sério que uma deserção.

A equipe de Lamaha Gardens não via a hora de receber notícias da visita de Ryan a Jonestown. Por volta da meia-noite, chegou um curto informe pelo rádio, de apenas três palavras: "Correu tudo bem".[757]

50

"UM LUGAR SEM ESPERANÇA"

No sábado, 18 de novembro, pouco antes do amanhecer, nove colonos saíram às escondidas de Jonestown e se embrenharam na selva. No grupo havia três crianças que tinham tomado ponche misturado com Valium para não ficarem inquietas. Com razão, os adultos deduziram que, com todos em Jonestown ocupados com a visita do deputado Ryan, levaria horas para que sua ausência fosse notada. O plano era atravessar a floresta até a linha de trem, depois seguir os trilhos até Matthews Ridge. Dali, entrariam em contato com a embaixada dos Estados Unidos para pedir ajuda. Era difícil atravessar a mata fechada, e os colonos ficaram surpresos ao encontrar mais dois que tinham deixado o assentamento naquela manhã com o mesmo plano. Os onze desertores caminharam até o anoitecer, quando o maquinista de um trem que seguia na mesma direção parou e ofereceu carona ao grupo.

No assentamento, todos formavam fila para o café da manhã. Herbert Newell e Clifford Gieg não chegaram a comer. Foram retirados da fila e receberam ordens de descer o rio no *Cudjoe* para buscar suprimentos. O motorista que os levou a Porto Kaituma em um dos caminhões do Templo previu que seria um dia conturbado em Jonestown. Newell deu risada: "Não vai acontecer nada".[758]

Jones não apareceu para o café da manhã com Ryan. Mandou Tim Carter e alguns outros em seu lugar. Ryan comeu depressa e sem demonstrar interesse em conversa fiada. Queria iniciar logo a rodada seguinte de entrevistas com os colonos que imaginava serem os que mais gostariam de ir embora. Enquanto Ryan e Speier começavam as abordagens, os moradores foram instruídos pelos alto-falantes a retornar aos chalés a menos que tivessem atribuições específicas. Era uma forma de garantir ao parlamentar que estavam todos disponíveis para o diálogo. Só o pessoal da cozinha e o da segurança continuavam a postos. Era um dia quente, típico de meados de novembro na Guiana. A estação chuvosa começava mais para o fim do mês, embora não fosse incomum uma ou outra tempestade antes do tempo. O calor úmido afetava bem mais os visitantes, os colonos já estavam acostumados. Os insetos eram espantados aos tapas.

Às 7h, em Porto Kaituma, os jornalistas, Annibourne e a ala masculina dos Parentes Preocupados já estavam de pé. Foram avisados na noite anterior de que um caminhão do Templo iria buscá-los às 8h30 para a viagem de cerca de 45 minutos até Jonestown, mas o transporte só apareceu pouco antes das 10h. Os repórteres estavam irritados. Precisavam retornar a Porto Kaituma por volta das 14h para pegar o avião de volta a Georgetown. Levando em conta o tempo para chegar a Jonestown e voltar, só teriam umas três horas no assentamento.

Quando os visitantes chegaram de volta à colônia, Marceline Jones os recebeu e anunciou que conduziria uma excursão guiada, logo depois de um café da manhã com panquecas. Ninguém queria comer. Dava para ver Ryan e Speier em um canto do pavilhão, falando com alguns colonos, bem sérios. Tim Reiterman, do *Examiner*, foi conversar com Carol Boyd, dos Parentes, que tinha passado a noite em Jonestown. Ela contou ao jornalista que fora autorizada a ver Judy e Patricia Houston, suas sobrinhas, mas que sempre havia adultos do Templo por perto, e ao que parecia as meninas repetiam frases ensaiadas de elogio a Jim Jones e Jonestown. De Jones, ainda não havia sinal. E a paciência dos repórteres estava acabando. Por isso, de maneira diplomática, Don Harris, da NBC, sugeriu que pelo menos bebessem um pouco de café. As xícaras foram servidas, e ninguém fez desfeita. Por volta das 11h, Marceline aceitou dar início à excursão. Levou os visitantes primeiro ao berçário, sua menina dos olhos. Charles Krause, do *Washington Post*, escreveria mais tarde que todos ficaram impressionados com as instalações, que contavam com "uma incubadora, uma câmara de oxigênio, uma sala de recreação, uma enfermaria, berços e outros equipamentos modernos". Talvez Jonestown não fosse tão rudimentar como se dizia.

A parada seguinte foi na escola. Marceline explicou que um dos edifícios era reservado às crianças com necessidades especiais. Uma professora estava lá para responder aos repórteres. Antes que pudessem formular alguma pergunta, a mulher desandou a falar, explicando que o ensino de Jonestown era diferente, e que podiam dar atenção especial à dificuldade de cada criança, ao contrário do que acontecia na Califórnia, onde tinha lecionado. Os jornalistas e a equipe de televisão se inquietavam. Tudo muito perfeito — ensaiado, sem dúvida. Pediram para dar uma volta e falar com outras pessoas por conta própria. Marceline disse que todos deviam acompanhá-la. Os repórteres viram que havia muitas crianças no pavilhão vendo *A Fantástica Fábrica de Chocolate*. Ryan e Speier ainda conduziam suas entrevistas. Os jornalistas, em sua maioria, não queriam se distanciar do pavilhão — se mais pessoas pedissem ajuda para fugir, poderiam entrevistá-las na mesma hora. Mas a excursão de Marceline afastava o grupo do pavilhão, e mais gente apareceu para acompanhá-los: Jack Beam, Johnny Brown, Garry e Lane. Alguns colonos tinham saído dos chalés e perambulavam perto do pavilhão. Os repórteres sentiam o clima pesado — só mais tarde saberiam que a notícia dos que fugiram de madrugada já começava a se espalhar. Jim Jones ainda não tinha aparecido. Alguém se aproximou e cochichou no ouvido de Marceline. "O semblante dela fechou", registrou Reiterman.

Carrancuda, Marceline seguiu em frente. Krause e alguns outros repórteres pararam em um prédio identificado como "Jardins Jane Pittman". As janelas estavam fechadas por completo, mas dava para ouvir gente falando e tossindo lá dentro. Os jornalistas ficaram com a pulga atrás da orelha: seria ali que estavam sendo mantidas as pessoas que ameaçassem sair? Eles pediram para entrar, mas foram informados de que o prédio era um alojamento para idosas, que não queriam ser incomodadas. Os repórteres insistiram, e Johnny Brown bateu à porta. Uma senhora pôs a cabeça para fora da porta e disparou: "Estamos sem roupa. Ninguém quer ser entrevistado, não". Garry entrou por um momento, e voltou dizendo que a recusa das mulheres estava "bem clara". Os jornalistas argumentaram que, se não pudessem entrar, concluiriam que Jonestown tinha algo a esconder. A discussão se acirrou. Por fim, a entrada da imprensa foi autorizada. Lá dentro, todos ficaram chocados com a superlotação: a maior parte das mulheres estava deitada em beliches empilhados até o teto. Mas sujo o lugar não estava. E nenhuma das moradoras parecia doente ou malcuidada. Lane confessou que no início tinham barrado a entrada dos repórteres porque estavam constrangidos com a superlotação — que era inevitável, já que a população de Jonestown crescia a um ritmo mais rápido do que a construção de novos alojamentos. No entanto, havia sido criado um clima claro de antagonismo entre os repórteres e alguns dos seguidores mais fervorosos de Jones.

Com isso, Marceline deu por concluída a excursão, e a imprensa retornou ao pavilhão, onde Ryan posava para fotos com Carol Boyd, Judy e Patricia Houston, e a mãe das meninas, Phyllis. Anthony Katsaris estava sentado perto da irmã, Maria, e parecia tenso. Beverly Oliver parecia ter mais sorte com os dois filhos, que conversavam bem à vontade. Pela primeira vez, os repórteres interagiam com os colonos. Mas não houve tempo de fazer muitas perguntas — os interlocutores só davam respostas mecânicas, com elogios ensaiados a Jonestown e seu líder, e negavam que alguém estivesse retido contra a vontade ou impedido de manter contato com a família e amigos fora do Templo. Foi então que tudo parou. Era quase meio-dia, e Jim Jones enfim deu as caras.

O líder de Jonestown vestia calça cáqui, camisa vermelha para fora da calça e seus sapatos pretos favoritos. Estava de óculos escuros e o cabelo bem penteado. Mas seu rosto estava pálido, e ele apertava o maxilar como costumava fazer em momentos de tensão. Alguns assistentes cochicharam em seu ouvido — com certeza foi quando o pastor ficou sabendo dos onze desertores. Em seguida, Ryan e Richard Dwyer foram até ele e informaram que havia outros que desejavam ir embora. Jones sem dúvida já sabia de Gosney e Bagby, mas os outros nomes eram novidade, e o aborreceram. Edith Parks fazia parte do Templo desde Indiana, mas estava dizendo ao parlamentar que era mantida em cativeiro. O filho dela, Jerry, também queria partir, embora a esposa dele, Patricia, estivesse decidida a ficar. Jackie Speier perguntou aos filhos de Jerry — Dale, Brenda e Tracy — se preferiam ir com o pai ou ficar com a mãe. As crianças queriam deixar Jonestown com o pai e a avó. Então, Patricia Parks disse: "Se minha família está indo, tenho que ir junto". Em seguida, Chris O'Neal, um rapaz de 20 anos que namorava Brenda Parks, de 19, também declarou que ia embora.

Aos que tinham fome foi servido sanduíche de queijo. Enquanto comiam, Jones foi falar com os dissidentes, não sem antes pedir um momento de privacidade aos jornalistas. Com toda ternura que podia, Jones pousou os braços sobre os ombros de cada membro da família Parks e frisou que todos em Jonestown também eram de sua família. Marceline Jones prometeu a Vern Gosney que, se ele ficasse, as coisas iam melhorar, porque "a gente vai fazer um monte de reformas". Ninguém mudou de ideia. Ryan e Speier se ofereceram para acompanhar os dissidentes enquanto recolhiam no alojamento o pouco que tinham. Gosney pediu para Ryan se apressar. O tom era de urgência. O deputado o tranquilizou: "Não precisa se preocupar. Não vai acontecer nada".

Os jornalistas e a equipe da NBC encurralaram Jones, que encarou todos como uma fera acuada por cães de caça, e afirmou que aqueles que estavam saindo "nunca estiveram comprometidos por inteiro. [...] A escolha é deles. Se tivessem se manifestado antes, já poderiam ter ido".[759]

Foi quando desabou um temporal. Pancadas de chuva eram comuns na selva, mesmo antes da estação mais úmida, mas aquilo era uma verdadeira tempestade. Nuvens escuras pairavam no céu, e um vento cortante fustigava o acampamento. Grossos pingos de chuva martelavam os telhados. Ninguém se lembrava de um pé d'água tão forte desde a derrubada das primeiras árvores na fundação da colônia. Como lembrou Tim Carter: "Era como se soprasse um vento maligno em Jonestown". A terra vermelha, já úmida da chuva recente, transformou-se em uma lama funda e pegajosa. Pegos de surpresa pela tormenta, desertores, colonos e visitantes não tiveram outra escolha senão ficar encolhidos dentro do pavilhão. A proximidade dos corpos molhados só fez exaltar ainda mais os ânimos. Segundo o relato de Carter, em dado momento, "membros da família Bogue disseram [a Ryan] que queriam ir embora. Eram Edith, Jim, Teena, Juanita e Tommy. Harold Cordell também. Ele e Edith já estavam juntos havia muito tempo. Mas Harold tinha um filho de 12 anos que morava em Jonestown e também se chamava Tommy. Imagine a cena: pai e filho, o garoto batendo o pé que não vai, gritando e chorando porque não quer que o pai vá, e Harold chorando também. Merilee Bogue começou a gritar com as irmãs: 'Traidores!' Tudo isso em um espaço apertado, com Jones e o deputado bem ali. Jones apertava ainda mais a mandíbula. O clima geral em Jonestown já estava ruim, imagine depois disso".

Ryan pediu e recebeu os passaportes de todos que partiriam com ele. Garry deu o dinheiro para as despesas de viagem de cada um. O parlamentar tinha vindo à Guiana com uma missão: visitar Jonestown e sair de lá com todos que desejassem ir embora, e estava quase conseguindo. Faltava apenas levar os dissidentes a Georgetown e depois agilizar a viagem até os Estados Unidos. Porém, o grupo agora era de quinze pessoas — sem contar o próprio Ryan, Speier, Dwyer, Annibourne, os nove jornalistas e os quatro Parentes —, e o avião que os trouxera até Porto Kaituma no dia anterior, e que voltaria para buscá-los naquela tarde, contava com apenas dezenove lugares. Seria necessária uma segunda aeronave. O deputado pediu que transmitissem o pedido por rádio a Georgetown. Chegariam atrasados a Porto Kaituma, mas com certeza o mau tempo também deteria os aviões. Por enquanto, Ryan e os demais nada podiam fazer além de esperar, abrigados no pavilhão, até que o temporal passasse e pudessem enfim iniciar a viagem de dez quilômetros de Jonestown até Porto Kaituma. Embora Jones e alguns colonos estivessem contrariados, pois não queriam que ninguém fosse embora, Ryan e os próprios advogados do pastor concordaram que a saída de tão pouca gente não prejudicaria a imagem de Jonestown. Ryan pensava que eram quinze pessoas no total; só os advogados sabiam dos outros onze que partiram antes mesmo de o congressista se levantar naquela manhã. Inclusive somados esses onze, o número total de desertores ainda era muito inferior ao previsto — no voo de sexta à tarde a Porto Kaituma, Lane disse a Krause, do *Washington Post*, que esperava que 90% dos colonos ficassem. Ou seja, por essa estimativa, pelo menos noventa moradores pediriam para ir embora. Se nada mais acontecesse, era bem possível que Ryan, após regressar aos Estados Unidos, declarasse que tinha oferecido a todos os moradores de Jonestown a oportunidade de ir embora, e menos de 2% — os quinze colonos dos quais o congressista sabia — haviam aceitado a oferta. Portanto, ficaria complicado os Parentes Preocupados continuarem insistindo que o assentamento era um acampamento de prisioneiros.

Mas, onde os advogados viam redenção, Jones via catástrofe. O pastor do Templo, para quem uma só deserção já era uma traição descomunal, sentiu-se bastante injuriado com as 26 deserções e, ainda que correspondessem a uma percentagem insignificante da população de Jonestown, aquelas pessoas serviriam de exemplo aos colonos remanescentes de que um dia poderiam se cansar da vida na selva ou da liderança imprevisível de Jones. Haveria outros, e isso era inevitável. Depois do episódio, o que os impediria de esperar uma próxima visita consular para anunciar que também queriam partir?

E isso era só parte do perigo. A custódia de John Victor ainda estava em aberto. Depois de humilhar Jones levando mais de vinte seguidores do Templo, era bem possível que Tim Stoen e seus comparsas concentrassem todos os seus esforços para levar John Victor, e, depois, outras crianças de Jonestown. Jones conhecia a história. Sabia que impérios desmoronam devagar a princípio, mas, uma vez iniciada, a desintegração avança depressa e a destruição total é inevitável. Para o pastor, a saída daqueles 26 era o começo do fim. Já havia pregado muitas vezes sobre Massada; sobre como, depois de um cerco prolongado, seus defensores em desvantagem numérica fizeram um grande gesto final de resistência ao inimigo. Jonestown não estava cercada por um exército, mas Jones acreditava que logo estaria e, enquanto a tempestade baixava naquela tarde, decidiu não esperar. O pastor passara a noite e a manhã ocupado, dando instruções a seus seguidores mais leais. Antes do temporal, não sabia se daria novas ordens. Mas queria tudo pronto caso as circunstâncias o obrigassem a agir.

Quando a chuva passou e o sol reapareceu, essa hora chegou.

Um tumulto desencadeou uma sequência de eventos trágicos que se desdobraria por horas. Os visitantes e os dissidentes estavam prontos para partir. O caminhão do Templo havia chegado. Bastava subir na caçamba e aguentar os solavancos da viagem até Porto Kaituma. Enquanto embarcavam, Al Simon chegou agitado, com uma criança pequena em cada braço. Disse a Ryan que queria ir junto e que levaria os dois filhos. Instantes depois, Bonnie, sua esposa, apareceu correndo e começou a puxar as crianças, gritando que os filhos também eram dela e que o marido não tinha o direito de levá-los. Ryan e os advogados do Templo tentaram mediar a situação, mas estava claro que o casal não chegaria a um acordo. O parlamentar decidiu ficar em Jonestown para tentar resolver a divergência entre Al e Bonnie Simon. Um avião poderia voltar para buscá-lo em Porto Kaituma pela manhã. Quem sabe até lá mais alguns colonos não decidiriam ir embora também e voltariam com ele para Georgetown?

Jones assistia a tudo, ao lado de vários de seus seguidores mais leais — Patty Cartmell, Jack Beam, Jim McElvane e Maria Katsaris —, que não paravam de cochichar entre si. Alguns colonos gritavam insultos aos desertores que embarcavam no caminhão. A caçamba era alta, e alguns subiram com dificuldade. Já com todos a bordo e o motorista pronto para partir, um homem baixo e magro vestindo um poncho pulou sobre o veículo. Era Larry Layton. Declarou aos outros que tinha decidido ir embora também. Os dissidentes ficaram desconfiados e cochicharam com os jornalistas que havia algo errado; Larry Layton era um grande devoto de Jones e jamais o deixaria. Mas eram quase 15h e, se os aviões já tivessem pousado em Porto Kaituma, por quanto tempo ainda aguardariam os passageiros? Layton teve permissão para ficar no veículo. O motorista ligou o motor e o pesado caminhão arrancou, mas não foi longe. Poucas centenas de metros à frente, ainda na estreita estrada que saía de Jonestown, as rodas ficaram presas na lama espessa. Minutos depois surgia um trator barulhento para desatolar o caminhão. Foi quando se ouviu uma nova gritaria vinda do assentamento.

Enquanto Leo Ryan conversava no pavilhão com Lane e Garry, um homem chamado Don Sly o atacou por trás. Sly era querido em Jonestown, e havia se adaptado tão bem à vida na selva que, para abandonar a identidade norte-americana, passou a se chamar Ujara. Tinha um temperamento amável e tranquilo. Naquele momento, porém, encostava uma faca na garganta do deputado e dizia: "Você vai morrer, filho da puta!". Garry, Lane e Tim Carter aproveitaram um instante de hesitação do homem e conseguiram afastá-lo antes que cortasse a traqueia do deputado. Na confusão, Sly se feriu com a própria faca, e o sangue esguichou na roupa de Ryan, cujo reflexo foi se encolher todo. Seguranças do Templo agarraram o agressor e o afastaram. Jones se aproximou do parlamentar e, em vez de averiguar se estava bem, perguntou: "Isso muda tudo?". Abalado, o político respondeu: "Não muda tudo, mas muda [alguma] coisa".[760] Os advogados estavam preocupados com o que Ryan poderia dizer à polícia. Ryan afirmou que bastava que entregassem o homem às autoridades para que respondesse pelo atentado.

Para Tim Carter, que viu e ouviu tudo o que foi dito, Don Sly nunca teria atacado Ryan sem ordens diretas de Jones: "Óbvio que o plano era matar Ryan ali mesmo, mas não foi o que aconteceu". Jones estava improvisando. Para garantir que todos fizessem o que ele em breve mandaria, era preciso convencê-los de que tinham embarcado em um caminho sem volta, e que os moradores de Jonestown já estavam condenados. O plano original de Jones era que Ryan morresse em Porto Kaituma ou a bordo do voo de regresso a Georgetown. Mas, como Al Simon apareceu na hora errada, Ryan não iria embora de Jonestown conforme o previsto, e por isso o pastor mandou Don Sly assassiná-lo. No entanto, Carter e os advogados frustraram seus planos.

Se Ryan tivesse ficado em Jonestown após o ataque, Jones poderia ter mandado alguém tentar de novo, mas o deputado queria ir embora. O político seguiu cambaleando pela estradinha de barro até o caminhão, que enfim se desvencilhava da lama. Quando contou aos demais sobre o que havia acontecido, ficou decidido que ele partiria de imediato. O cônsul Richard Dwyer seguiria com o grupo até Porto Kaituma e garantiria que todos embarcassem em segurança nos dois aviões, que, com sorte, estariam à espera na pista de pouso. Depois, Dwyer retornaria a Jonestown para resolver a confusão da família Simons e ver se ninguém mais queria abandonar o assentamento. No domingo, o cônsul poderia pegar outro avião para Georgetown com os dissidentes e os jornalistas que não conseguissem lugar nos voos de sábado à tarde e outros desertores que surgissem. Ajudaram Ryan a subir na carroceria, e o veículo arrancou em direção a Porto Kaituma. Eram por volta de 15h e, como as estradas estavam enlameadas, a viagem de dez quilômetros levaria pelo menos uma hora.

Jones ficou observando o caminhão se afastar, com os braços cruzados e os lábios trêmulos. Quase todos tinham sido orientados a retornar aos chalés. Jones murmurou: "Nunca vi esse lugar tão quieto". Minutos depois, comentou: "Acho que Larry Layton vai fazer alguma coisa. Ele é muito leal a mim". Um dos advogados lhe disse que, tirando o ataque a Ryan, as coisas tinham corrido bem. Pouquíssimas pessoas haviam pedido para ir embora. Jones retrucou: "Se hoje levam vinte, amanhã levam sessenta". E saiu pisando duro na direção de seus aposentos.

A uns trinta metros dali, sete ou oito homens armados subiam a bordo de uma carreta puxada por um trator e saíam de Jonestown.

Os jogadores do time de basquete de Jonestown sabiam que teriam que retornar para o assentamento em breve, por isso queriam aproveitar o máximo do tempo que restava na capital. Na tarde de sábado, a equipe quase inteira foi ao cinema. Jimmy Jones ficou em Lamaha Gardens e contou que, "por volta das 15h ou 16h", Sharon Amos chamou na sala do rádio, dizendo que seu pai queria falar com ele. "Meu pai disse: 'Você vai encontrar o sr. Frazier', que significava 'todo mundo vai morrer' no nosso código. Perguntei: 'Não podemos tentar outra coisa?', e o meu pai respondeu: 'Os anjos vingadores vão cuidar das coisas', e gritou: 'Você precisa ser o líder agora!'. Eu não ia fazer nada daquilo. Mandei buscarem meus irmãos e o restante do time, que estavam no cinema."

Os jogadores voltaram correndo para Lamaha Gardens. Sharon Amos estava no rádio, recebendo uma mensagem de Jonestown. Eram as orientações de como cada um deveria morrer. Amos soletrava em voz alta a palavra transmitida em código: "F-A-C-A...".

Stephan Jones, então com 19 anos, tinha certeza de que Sharon Amos faria tudo que seu pai mandasse. Como não sabia se ela já havia transmitido instruções a San Francisco para que também cometessem suicídio, e na tentativa de protelar ações imediatas em Lamaha Gardens, Stephan sugeriu: "Calma, pessoal. [...] Precisamos de um plano, ou não vamos conseguir nada. Vamos usar o quê? Faca de manteiga?".

Além de Amos e dos jogadores de basquete, ninguém mais em Lamaha Gardens sabia do que estava acontecendo, a não ser que Amos e os irmãos Jones tinham se trancado na sala do rádio. Alguns minutos depois, Stephan saiu, dizendo que ia com mais alguns ao hotel Pegasus para falar com os Parentes Preocupados que se hospedavam lá. Antes de ir, disse a Lee Ingram, treinador do time, que passasse um rádio para San Francisco dizendo que não fizessem nada antes de falar com ele.

Também pediu a Ingram que ficasse de olho em Sharon Amos. Apesar das mensagens de Jonestown, Stephan acreditava que nem tudo estava perdido. Em um ensaio escrito décadas mais tarde, lembraria: "Achei que ainda dava tempo de parar meu pai".[761]

O caminhão que transportava Ryan e os outros chegou a Porto Kaituma por volta das 16h15. Para tristeza do grupo, não havia sinal de avião a não ser a aeronave militar avariada, guardada por vários soldados. Enquanto os outros aguardavam na pista, Dwyer e Annibourne pediram ao motorista do caminhão que os levasse à sede do governo distrital, onde poderiam usar o rádio para perguntar o que tinha acontecido com os aviões. Enquanto falavam com o encarregado, que Dwyer depois identificou como sr. Thomas, escutaram o ronco dos aviões baixando em direção à pista. O motorista do Templo correu para o caminhão e partiu na mesma direção. Dwyer e Annibourne tiveram que pedir carona ao sr. Thomas. Quando chegaram à pista, constataram que os aviões — o Otter, com capacidade para dezenove passageiros, e um Cessna, com cinco lugares — já tinham aterrissado. Os viajantes que embarcariam estavam parados entre as duas aeronaves. Havia uma discussão. Ryan e Jackie Speier assumiram a responsabilidade de decidir quem partiria de imediato e quem precisaria pernoitar ali. Como havia 33 pessoas e apenas 24 assentos, nove teriam que ficar. Estava decidido que Dwyer, que já pretendia retornar a Jonestown, seria uma delas. Ryan e sua assessora julgavam que o restante das vagas devia ser preenchido pelos Parentes Preocupados e os jornalistas. Mas os repórteres da NBC queriam voltar logo — precisavam editar as filmagens e preparar a transmissão. Os jornalistas dos meios impressos argumentaram que também tinham matérias a enviar. Os dissidentes, por sua vez, queriam sair de Porto Kaituma o quanto antes. Alertavam que Jones podia mudar de ideia a qualquer momento, e insistiam que Larry Layton não era confiável.

Em meio ao bate-boca, o caminhão do Templo estacionou do outro lado da pista, a cerca de trezentos metros de distância. O trator veio logo atrás. Alguns homens pularam do veículo e, junto do motorista, ficaram observando o grupo de longe. Ryan e Speier decidiram que, depois dos desertores, seria a vez dos jornalistas com prazos mais urgentes. O Cessna, o avião menor, estava em um ponto mais afastado da pista, não muito longe da aeronave avariada dos guianenses, a uns trinta metros do Otter. A equipe da NBC pediu para gravar uma rápida entrevista com Ryan antes do embarque, e o deputado assentiu. Enquanto isso, Jackie

Speier fazia sinal para que um grupo de cinco pessoas embarcasse no Cessna. Larry Layton começou a discutir com ela, insistindo que também queria ir no avião menor, que ao que tudo indicava decolaria primeiro. Diante da recusa de Jackie, Layton apelou para Ryan, que determinou à assessora que deixasse Layton embarcar no Cessna. Então, antes de dar a entrevista, Ryan pediu que todos os passageiros fossem revistados — queria acalmar os desertores, que ainda teimavam que Layton estivesse aprontando alguma. Alguns dos homens que chegaram de trator se aproximaram sem pressa, e um deles apertou a mão de Layton. Ryan revistou Layton, não encontrou nada, e autorizou que subisse a bordo do Cessna logo atrás de Vern Gosney, Monica Bagby e Dale e Tracy Parks. Os demais desertores, em sua maioria, formavam fila perto do avião maior. Ao lado do avião, Ryan começou a gravar a entrevista com a equipe da televisão. Nesse momento, Don Harris olhou por cima dos ombros do parlamentar e viu que o trator cruzava a pista na direção deles. "Acho que aí vem problema", comentou.

O plano original de Jones era simples. Infiltraria um de seus homens de confiança no grupo de dissidentes, que ao chegar em Porto Kaituma embarcaria com Leo Ryan em um avião com destino a Georgetown. Com a aeronave já no ar, Layton usaria a pistola que trazia escondida sob o poncho para atirar no piloto e morreria com os demais passageiros quando a aeronave caísse na selva quase impenetrável. Layton era a escolha mais óbvia: reverenciava Jones e não perdia uma chance de mostrar sua devoção. Layton deve ter se sentido honrado quando seu querido líder o convocou na noite de sexta, ou em algum momento do sábado, para lhe confiar uma missão tão importante. Sacrificar a própria vida importava menos que a emoção de saber que o pastor depositava tamanha confiança nele.

Contudo, durante o temporal que atingiu Jonestown, mais moradores decidiram partir, e agora haveria dois aviões saindo de Porto Kaituma. Layton não tinha como derrubar ambos. A solução de Jones foi enviar mais assassinos para matar Ryan e os outros na pista de pouso. Quando revistou Layton, o deputado não notou a pistola. Mas, mesmo que tivesse encontrado a arma e tentado tirá-la de Layton, de nada adiantaria. Desde o momento em que o trator chegou à pista, enquanto era decidido quem embarcaria em qual avião, a morte de Leo Ryan já estava certa.

Logo depois de Harris dar o alerta, outra pessoa gritou: "Para o chão!". Mas já era tarde demais. A bordo do Cessna, Layton sacou a pistola e começou a atirar, ferindo Vern Gosney e Monica Bagby. Dale Parks conseguiu desarmar Layton e tentou atirar nele, mas a arma emperrou. Na pista, os homens de Jonestown, armados com fuzis e escopetas, disparavam saraivadas de tiros.[762] Patricia Parks, que estava na escada de embarque do Otter, foi atingida na parte de trás cabeça e caiu morta no asfalto rachado. Leo Ryan, Jackie Speier, Don Harris, o fotógrafo do *Examiner* Greg Robinson, Anthony Katsaris, o cinegrafista da NBC Bob Brown e o técnico de som Steve Sung tombaram todos, mortos ou com ferimentos graves. Charles Krause, com machucados leves, se fazia de morto no meio deles. Tim Reiterman, Richard Dwyer e Beverly Oliver, dos Parentes Preocupados, também foram alvejados, mas conseguiram fugir para o matagal à beira da pista. Alguns dos desertores que já tinham embarcado no Otter fecharam a porta.

Os atiradores avançaram e dispararam de novo contra as vítimas no chão. Nada os impedia de invadir o Otter e o Cessna para matar os ocupantes que ainda estivessem vivos, ou de se embrenhar na mata para caçar os fugitivos. Em vez disso, porém, retornaram aos veículos e foram embora. Os quatro soldados guianenses que guardavam o avião avariado do exército observavam de longe. Mais tarde, declararam que acharam melhor não intervir, porque poderiam levar a culpa por um conflito que se dava apenas entre norte-americanos.

Aos poucos, os sobreviventes no matagal e no Otter começaram a aparecer. Examinaram os corpos caídos no asfalto e verificaram que Ryan, Bob Brown, Harris, Greg Robinson e Patricia Parks estavam mortos. Anthony Katsaris, Steve Sung e Jackie Speier ainda estavam vivos, mas com ferimentos graves, talvez mortais. Nesse momento, houve uma movimentação fora da pista e alguém gritou: "Estão voltando!". Jim Bogue mandou os filhos, Tommy e Teena, correrem para a selva. Eles obedeceram, e foram seguidos por Tracy Parks, Brenda Parks e Chris O'Neal, namorado de Brenda. Os cinco correram tanto, e por tanto tempo, que se perderam. Mas os assassinos não retornaram — ao que tudo indicava, depois de matar Ryan e, de quebra, alguns jornalistas, deram a missão por cumprida. O tiro que atingiu Patricia Parks foi acidental. O trem de pouso e a fuselagem do Otter tinham sido destroçados pelos disparos; sem dúvida a aeronave estava inutilizável. Mas o avião menor estava em perfeito estado. Prova disso foi que, enquanto alguns sobreviventes se curvavam sobre os mortos e feridos na pista e outros ressurgiam hesitantes do matagal, o piloto do Cessna alçou voo com destino a Georgetown, levando consigo o piloto do Otter e deixando para trás todos os passageiros exceto Monica Bagby. Durante o trajeto, o piloto enviava relatos desconexos via rádio sobre o sangrento massacre.

Alguns moradores de Porto Kaituma apareceram na beira da pista. Larry Layton estava entre Dale Parks e Richard Dwyer, que portava a arma usada no ataque. Um grupo de moradores se ofereceu para levar Layton para a cadeia da cidade. Ele não mostrou resistência. Pouco depois, o sr. Thomas, o encarregado do Distrito Noroeste que havia oferecido carona a Dwyer e Neville Annibourne, saiu do matagal onde tinha se escondido. Prometeu que chamaria um avião de Georgetown para evacuar os feridos. No entanto, estava escurecendo, e pousar em Porto Kaituma já era um desafio em plena luz do dia. O homem se ofereceu para acender latas com óleo e posicioná-las ao longo da pista, mas Dwyer deduziu pelo seu tom que nenhuma aeronave chegaria antes do amanhecer. Não havia nada mais a fazer a não ser cobrir os cinco cadáveres e providenciar abrigo para os feridos com mais gravidade, torcendo para que sobrevivessem até a chegada do socorro.

Por volta das 16h, Lew, filho de Jim Jones, convocou todos os habitantes de Jonestown para uma reunião no pavilhão central. Nada em seu tom de voz indicava se tratar de uma emergência — era o mesmo Lew boa-praça de sempre —, e ninguém se surpreendeu. Em um dia tenso e movimentado como aquele, era de se esperar que o Pai quisesse falar sobre os últimos acontecimentos. A maior preocupação era que o pastor fosse divagar até de madrugada. Ninguém foi correndo até lá. Gloria Rodriguez mandou Tim Carter na frente com o filho Malcolm, de 1 ano e 3 meses, dizendo que a reunião com certeza seria longa, e que por isso precisava pegar mais fraldas.

Carter não foi se sentar no mesmo instante. Carregando Malcolm nos braços, contornou o pavilhão e viu Jones falando com Marceline, Lane, Garry, Johnny Brown e Jim McElvane. Richard Tropp estava por perto. Jones olhou para Tropp e Carter e rosnou: "Que porra é essa? Uma convenção?". Gloria Rodriguez, com fraldas na mão, foi até Carter e levou o bebê para dentro. Carter acompanhou de onde estava o desfecho da conversa entre Jones e os demais. Passados alguns instantes, o pastor virou-se para Tropp, e os dois começaram uma discussão. Harriet Tropp se juntou aos dois. Levantando a voz, Richard Tropp falou: "Deve ter outro jeito". Jones retrucou: "Então me diz qual". Harriet Tropp se irritou com o irmão: "Ah, Dick, deixa de ser babaca. Você tá é com medo de morrer".

Enquanto isso, Lane e Garry saíam pela lateral do pavilhão escoltados por guardas armados. Jones havia ordenado que os dois advogados fossem mantidos em um chalé. Outros guardas, todos portando fuzis ou escopetas, começaram a rondar o pavilhão e o perímetro do acampamento. Era uma situação atípica. De dentro do pavilhão, muitos notaram a movimentação, e ficaram na expectativa de que Jones subisse no palco para dar explicações. Mas o líder conversava com Maria Katsaris, que cochichava no seu ouvido. À espreita, Carter ouvia a conversa. Jones contraía o rosto e perguntava à mulher: "Tem como deixar o gosto menos amargo?". Katsaris fez que não com a cabeça. Em algum lugar do assentamento, cobaias humanas tinham provado a poção mortífera. "É rápido?", indagou o pastor. "É sim, bem rápido, e você não sente nenhuma dor", respondeu a mulher. Jones assentiu e respondeu: "Ok, faça o que puder para melhorar o gosto". Larry Schacht vinha desenvolvendo a mistura perfeita de Flavor Aid, calmantes e cianureto fazia meses. Mesmo nos momentos finais, Jones esperava que seu fiel médico e químico fizesse mais alguns ajustes.

A demora de Jones em subir ao palco preocupava a multidão. Primeiro os guardas, agora aquilo. O que estava acontecendo? O clima crescente de tensão afetou a seguidora do Templo Shirley Smith, que saltou para o palco e começou a gritar: "Uhuuu! Vou lutar contra a opressão!". Ela pulava sem parar de um lado para o outro, repetindo a frase aos berros. Às vezes, Jones levava a multidão a tal estado de frenesi durante os encontros que alguém pulava do banco e começava a gritar, sem conseguir se conter. Em geral, a pessoa era levada embora na mesma hora para se acalmar. Mas não dessa vez.

Carter sabia o que estava prestes a acontecer. Pensando apenas em resgatar a esposa e o filho, abordou Jones fora do palco: "Deixa eu levar a Gloria e o Malcolm, e depois dou cabo de Tim Stoen, para ele pagar pelo que vamos fazer agora". Jones olhou para Carter e perguntou: "Pode cuidar de [matar] Malcolm primeiro? Vou pensar." Com isso, o pastor deu as costas e enfim se dirigiu ao palco. Atordoado, Carter começou a andar pelo pavilhão, à procura da família, mas logo deu de cara com Maria Katsaris, que pousou a mão em seu ombro e disse: "Vem comigo, tenho uma tarefa para você". Mike, irmão de Carter, acabava de chegar do galpão do rádio, e Maria pediu que viesse junto também. Enquanto os três se afastavam do pavilhão, Jones chegou ao centro do palco e começou a falar.

Quase todos os sermões e discursos de Jones durante os encontros, inclusive essa última fala, eram gravados. "Fiz de tudo para dar a vocês uma boa vida", começou o pastor, com voz nítida, em tom de resignação. Uma catástrofe estava para ocorrer com o avião do deputado Leo Ryan, explicou. "Uma das pessoas no avião [vai] atirar no piloto e o avião vai cair no meio da selva." Não seria culpa de ninguém em Jonestown, garantiu Jones. "Eu não planejei isso, mas sei que vai acontecer." De qualquer forma, eles levariam a culpa. Em breve, os inimigos do Templo desceriam "de paraquedas aqui para pegar a gente".

Jones propunha uma solução que pouparia as crianças da escravidão e os idosos de um massacre: "Acho que devemos ser bondosos com as crianças e os idosos, tomar a poção, como se tomava na Grécia antiga, e partir tranquilos, porque não se trata de suicídio. É um ato revolucionário. Não tem mais volta. Não nos deixariam em paz. Eles estão voltando agora para contar mais mentiras, o que quer dizer que vão mandar mais políticos. E não tem como, não tem como a gente sobreviver".

Na plateia, alguns tinham certeza de que o Pai os levava até a beira do abismo só para testá-los de novo. Sem dúvida recuaria no último segundo, como já fizera tantas vezes. Outros, não estavam tão certos. Don Sly, liberado assim que Ryan deixou o assentamento, se levantou e perguntou: "Se me entregar, ajuda a gente?". Um coro de vozes gritou: "Não", e Jones reforçou: "Você não vai a lugar nenhum. Não posso viver assim. Vivi por todos e vou morrer por todos".

Christine Miller, uma corretora de imóveis bem-sucedida da Califórnia, indagou: "E a Rússia? É tarde demais?". Jones falou que sim, e ela retrucou. Tinha perguntado aos russos? Que sentido havia em matar "1.200 pessoas" por causa da saída de tão poucos? Jones mencionou de novo o avião que estava prestes a cair, e Christine respondeu que a solução em que estava pensando era uma aeronave que levaria todos para a Rússia. Jones perguntou se Miller achava mesmo que "a Rússia iria querer a gente depois do estigma" do assassinato de Ryan. Ela respondeu: "Bem, eu não vejo a coisa dessa forma. Quer dizer, esperança é a última que morre. Essa é a minha fé". Jones sempre alimentava a união da congregação pela esperança, garantindo que não havia caso perdido. Agora, querendo que aceitassem a própria morte, e capaz não apenas de captar o estado de espírito, mas também a disposição da plateia nesses minutos finais, o pastor se apropriou das próprias palavras de Miller para se justificar: "Bem, todos morrem um dia, existe um lugar sem esperança, porque todos morrem. Ainda não vi ninguém [que] não tenha morrido. E eu gostaria de escolher meu próprio tipo morte, para variar. Estou é cansado de ser infernizado, isso sim".

A plateia respondeu em peso com gritos de aprovação.[763]

Os irmãos Carter ouviam a voz amplificada de Jones enquanto Maria Katsaris os conduzia a uma sala ao lado do galpão do rádio. Havia dois catres no aposento. Os irmãos se sentaram em um e Katsaris no outro. Ela disse: "Mike Prokes vai levar dinheiro para a embaixada soviética em Georgetown. São três malas cheias, e estão pesadas. Vocês ajudam?". Ambos concordaram, e a mulher mandou que esperassem ali enquanto consultava Jones a respeito. Depois que ela saiu, os dois ficaram ouvindo a longa discussão entre Jones e Christine

Miller. Houve uma pausa rápida — Maria devia ter chamado o pastor para a lateral do palco a fim confirmar o arranjo das malas. Então, os irmãos ouviram Jones dizer, pelo visto apenas para acalmar Christine: "Alguém por favor pode entrar em contato com os soviéticos para ver se eles aceitam a gente?".

Em seguida, Maria Katsaris voltou dizendo que Jones tinha concordado com o plano. Os irmãos foram levados para seus chalés para trocar de roupa, e depois para o Bloco Oeste, onde Jones morava. Ali, Mike Prokes e Carolyn Layton estavam escrevendo cartas. A irmã dos dois, Terry Carter, também estava lá. Eles viram três malas de plástico, duas bem grandes, todas atulhadas de dinheiro. Antes também havia algumas barras de ouro metidas no meio, que depois foram tiradas. O ouro era pesado demais, e estouraria o fundo das malas. As barras estavam empilhadas logo ao lado. Merilee Bogue brincava com John Victor e Kimo, para distraí-los. Annie Moore folheava papéis, procurando documentos. Todos os adultos pareciam muito calmos, como se não soubessem que estavam prestes a morrer. Alguém trouxe os passaportes de Prokes e Mike Carter. Tim Carter, que tinha voltado da Califórnia poucos dias antes, ainda estava com o seu. Maria Katsaris entregou pistolas a Prokes e aos irmãos e os instruiu a entregar as malas na embaixada soviética em Georgetown. Não explicou como chegariam lá. Eles presumiram que iriam de Jonestown a Porto Kaituma a pé e lá encontrariam transporte. Maria falou que depois da entrega estariam livres: "Aproveitem a vida. Mas não deixem que peguem vocês. Se forem capturados, se matem. Entenderam?". Os três assentiram. "Os seguranças não vão implicar com vocês", acrescentou, com votos de boa sorte.

Tim Carter tentava raciocinar. Queria encontrar Gloria e Malcolm. Ainda achava que podia ser só mais um teste de Jones. Quando Prokes sugeriu a Carolyn Layton que os três fossem levados de caminhão com as malas à estrada principal para Porto Kaituma, para economizar tempo, Carter se ofereceu para consultar Jones a respeito. Ao sair, ouviu Kimo e John Victor chorando. Terry e Maria tentavam acalmá-los.

Enquanto os três recebiam instruções no Bloco Oeste, Jones encerrava o bate-boca com Christine Miller e retomava sua fala. Alguém da plateia perguntou se o pastor não pouparia nem John Victor. Jones afirmou que não: "Para mim, ele não é diferente de nenhuma criança aqui". Mas a criança era especial para ele, claro: a insistência em manter sua custódia e as batalhas judiciais com Tim e Grace Stoen haviam ajudado a precipitar aquela crise final. Mas Jones preferia que o menino morresse a devolvê-lo à mãe biológica, porque, se o fizesse, Grace e Tim Stoen sairiam, de certa forma, *vitoriosos*.

Carter seguia depressa para o pavilhão quando irromperam novos aplausos. O trator acabava de voltar de Porto Kaituma. Os homens saltaram do veículo e entraram no pavilhão gritando: "Pegamos o deputado!". Bob Kice, um dos atiradores, virou para Carter e declarou: "O deputado e mais uns outros. Estão todos mortos".

Jones fez o anúncio formal: "Está tudo acabado. O deputado foi morto". Schacht e as enfermeiras de Jonestown se posicionaram na lateral do palco. Traziam embrulhos com seringas já cheias. Havia chegado a hora. Jones queria que os bebês e crianças fossem primeiro. "É simples, é simples", prometeu aos pais. "Venham logo pegar, por favor, antes que seja tarde demais. O exército da Guiana vai aparecer já, já. Andem logo."

Aos pais que não mostraram a presteza desejada, Jones advertia: "Eles vão torturar nossas crianças". Alguns guardas entraram em ação. Todos precisavam participar. Não havia escolha. Jones ordenou aos homens armados que deixassem os pais que queriam morrer com os filhos entrar com eles na fila: "Quem quiser morrer com os filhos tem esse direito... Acho que é um gesto humanitário".

Não há nada de humanitário no envenenamento por cianureto. Como meio de suicídio, sua única vantagem é a eficácia. O cianureto impede as células do corpo de absorver o oxigênio do sangue. A asfixia é certa — e lenta. Em *The Poisoner's Handbook* [Manual do envenenador], Deborah Blum descreve: "Os últimos minutos de uma morte por cianureto são brutais, marcados por convulsões, uma falta de ar desesperadora, uma espuma sangrenta de vômito e saliva que sai pela boca, e por fim o alívio da perda de consciência". Enquanto as enfermeiras esguichavam veneno na boca dos primeiros bebês com as seringas, às vezes os pais, que vinham logo em seguida na fila, vacilavam, sobretudo depois que os pequenos começavam a espumar pela boca e convulsionar.

Jim McElvane assumiu o microfone, dando a Jones tempo para recuperar o fôlego e acompanhar o processo. No momento em que McElvane começava a descrever com alegria os prazeres da morte — "É uma sensação gostosa... Não tem sensação melhor para a gente" —, Tim Carter tentava chegar até o pastor, mas antes de conseguir viu a enfermeira Sharon Cobb despejando o veneno na garganta de seu filho, que tinha apenas 1 ano e 3 meses de vida. "Gloria estava de pé do lado dele, e ela seria a próxima. Vi aquilo e me senti culpado por não os salvar. Naquele último dia, tive a impressão de estar afundando numa areia movediça na minha mente. Acho que todos estávamos um pouco dopados, vai ver colocaram alguma coisa na comida. Colocavam droga no sanduíche de queijo para sedar Gene Chaikin, e foi mesmo sanduíche de queijo que almoçamos em Jonestown naquele dia." Questionado mais tarde sobre o motivo para não ter corrido para derrubar o tonel com o veneno, Carter respondeu: "O tonel não estava lá ainda, só as seringas".

Por fim, Carter abordou Jones e perguntou sobre o caminhão que levaria o dinheiro e os emissários para a estrada principal. O pastor respondeu que não era uma boa ideia, segurou-o pelo braço e disse: "Meu filho, lamento que tenha que acabar assim. Eu te amo". Carter se desvencilhou dele e foi ao encontro de Gloria e Malcolm, a uns dez metros. Uma dezena de outras mães e bebês jaziam ao redor. Todos espumavam pela boca, alguns estremecendo. Gloria segurava Malcolm, já morto. A mulher tinha espuma nos lábios, lágrimas no rosto, e não conseguia falar. Carter se ajoelhou ao lado da esposa, tomou-a nos braços, junto do bebê, e ficou repetindo "Amo tanto vocês", até que ela se foi também. Os guardas começaram a apressar as crianças e os pais que ainda estavam na fila. Apavoradas, várias crianças berravam. Alguns adultos também, mas o microfone do palco estava virado para o outro lado, e os gritos não ficaram audíveis na gravação. Quem se recusava a prosseguir era empurrado pelos guardas. Carter diz: "A essa altura, todas as pessoas no pavilhão já tinham se dado conta de que estavam rodeadas por homens armados e que só tinham duas opções — resistir e tomar [o veneno] à força, e eu sei que aconteceu isso com algumas, ou pensar 'É o fim', seguir em frente e tomar o veneno".

Maria Katsaris, que voltava do Bloco Oeste, tomou o microfone de McElvane e tentou consolar a multidão: "Não há motivo para preocupação. Mantenham a calma e tentem acalmar seus filhos". Logo depois, ao ouvir os gemidos agonizantes das crianças, ela acrescentou: "Não estão chorando de dor. É o gosto que é um pouco amargo".

Jones voltou para a frente do palco e pediu pressa: "Rápido, andem logo". Quem não se mexia, entretanto, era sua esposa. Marceline estava parada em um canto, no fundo do pavilhão; se Jones esperava que ela fosse ajudar, estava enganado. Em vez disso, gritava: "Você não pode fazer isso!". Até os seguidores mais fiéis de Jones também amavam Marceline. Afinal, ele era o Pai, e ela, a Mãe. Sem a ajuda de mais ninguém, a resistência dela podia gerar oposição suficiente para arruinar o derradeiro gesto de resistência de Jones. Ele precisava detê-la, ou ao menos silenciá-la, e sabia como. Marceline falou com Jones antes de ele subir no palco, e com certeza o marido contou que, além do suicídio coletivo prestes a se consumar em Jonestown, já tinha passado um rádio para Lamaha Gardens ordenando o mesmo a todos que estavam lá, inclusive os três filhos do casal. Marceline escrevera para o marido certa vez que vivia para os filhos. E Jim Jones esperava que ela obedecesse e morresse com eles. Para lembrá-la disso, falou com rispidez: "Marceline, você tem quarenta minutos", mais ou menos o tempo que o pessoal de Lamaha Gardens levaria para formar fila e se matar. Nas palavras de Jim Jones Jr.: "Minha mãe estava sozinha lá. Como a gente [Tim, Stephan e Jimmy] estava em Georgetown, ela não estava com os aliados que poderiam tentar ajudar a impedir aquilo. Tinha acabado de saber da boca de [Jones] que seus filhos haviam morrido ou iam morrer. Por que desejaria continuar viva? [Jones] conhecia ela. Conhecia direitinho".

Marceline sabia que sua perda não se limitaria a seus três filhos em Georgetown. Lew e Agnes estavam em Jonestown, bem como Chaeoke — o filho pequeno de Lew — e os quatro filhos de Agnes. Eles também morreriam. Angustiada, viu as últimas das mais de duzentas crianças ingerirem o veneno das seringas. Entre 17h30 e 18h, quase todas as crianças estavam mortas. Era a vez dos adultos.

Tim Carter largou Gloria e Malcolm onde estavam e seguiu de volta para o Bloco Oeste, onde seu irmão e Mike Prokes o aguardavam com as malas. "Eu estava pouco me lixando para o plano", contou. "Eu só pensava: 'Mataram meu filho'. Mas também tinha uma voz na minha cabeça dizendo: 'Você não pode morrer', e tomei uma decisão naquele dia. Queria me matar ali mesmo, mas pensei que poderia contar o que aconteceu de verdade." No caminho, passou por Carolyn Layton, que, por força do hábito, perguntou se havia algo errado. "Mataram meu filho", respondeu, e ela falou: "Ah, Tim, não tivemos escolha."

Cada um com uma mala, os três homens atravessaram o assentamento em direção à estradinha que levava ao portão de entrada. Era uma caminhada difícil, ainda mais carregando as malas, que, segundo lembra Carter, "pesavam entre 20 kg e 25 kg cada". Uma camada de lama de 15 cm a 20 cm cobria todo o chão. Eles largaram as malas antes mesmo de sair de Jonestown. Enterraram uma em um descampado na mata e outra no chiqueiro do assentamento, tomando o cuidado de registrar os pontos exatos para quem quer que fosse recuperá-las mais tarde. Os três não falavam muito — o que havia a dizer? —, e se revezavam com a mala restante, a menor, enquanto se arrastavam em direção a Porto Kaituma. A última coisa que ouviram em Jonestown foi a voz já distante de Jones no alto-falante dizendo: "Mãe, Mãe, Mãe".

Prokes e os irmãos Carter não eram os únicos que deixavam Jonestown. Em meio à confusão no pavilhão, Odell Rhodes e Stanley Clayton conseguiram, cada um por si, fugir para a selva. Grover Davis nem precisou se esgueirar. Assim que o envenenamento começou, foi até um dos guardas que patrulhavam o perímetro — era Ray Jones, marido da filha do pastor, Agnes —, e, quando indagado aonde ia, respondeu apenas: "Não quero morrer". Em vez de detê-lo, Ray desejou-lhe "uma boa vida" e abriu passagem. Davis, por sua vez, caminhou até a extremidade do assentamento e se escondeu em uma vala. Garry e Lane também conseguiram levar na conversa os homens armados que os mantinham no chalé e circularam pela selva até encontrar a estrada para Porto Kaituma.

Outra pessoa que escapou da morte, apesar de ter permanecido em Jonestown, foi Hyacinth Thrash. Alguns colonos mais idosos, deitados nos alojamentos, nem chegaram a ir ao pavilhão. Por isso, guardas e enfermeiras levaram seringas e copos e administraram o veneno lá mesmo. Hyacinth, porém, estava dormindo. Pensando que já estivesse morta, não tocaram nela.

Enquanto os emissários partiam do Bloco Oeste com as malas de dinheiro, os adultos no pavilhão começavam a entrar na fila.[764] Alguns davam a vida com orgulho. Veneravam Jim Jones, acreditavam no grande gesto revolucionário e não viam a hora de adquirir nova consciência em algum plano superior. Outros aceitavam o veneno como alternativa preferível ao massacre das forças inimigas que acreditavam estar a caminho de Jonestown. Quer fosse a morte um sono sem sonhos, reencarnação ou transferência espiritual para um lugar melhor, estavam prontos. Já os outros, em sua maioria, estavam cansados ou desgostosos demais para passar os últimos momentos enfrentando guardas armados. Quando lhe perguntaram, décadas mais tarde, o que teria feito se estivesse em Jonestown, Jim Jones Jr. disse que não tinha dúvidas: "Minha esposa e minha mãe estariam mortas, depois de obedecer e beber [o veneno]. Se eu estivesse com o resto da equipe de segurança, nunca teríamos ido atirar em Leo Ryan. Mas se eu estivesse lá [no pavilhão]? Consigo me imaginar dizendo: 'Cansei dessa merda. Tá bom, eu bebo essa droga, vai'".

Mas houve focos de resistência. Alguns não saíram de onde estavam, outros gritavam, e outros ainda choravam por misericórdia. Jones exortava: "[Entreguem] a vida com dignidade. [...] Sem histeria. Não é assim que socialista ou comunista de verdade morre".

Marceline deve ter começado a berrar outra vez, porque na fita, Jones, usando o nome pelo qual a maioria dos membros do Templo a chamava, pede: "Mãe, Mãe, Mãe, por favor. Por favor, Mãe, por favor. Não faz isso. Entregue a vida com seu[s] filho[s], mas não faça isso, não".

Algumas pessoas na fila agradeciam a Jones por tudo que tinha feito por elas. A resposta do líder era pedir mais do veneno que iria matá-los: "Onde está o tonel, o tonel, o tonel? Onde está o tonel com um c verde grande? Tragam o tonel com um c verde para cá, por favor, tragam aqui para os adultos poderem começar".

O tonel foi trazido e, enquanto uma mulher que estava prestes a morrer gritava "Vamos para Sião. Obrigada, Paizinho", Jones começou um monólogo desconexo: "Pensávamos que este mundo não era nosso lar. Bem, com certeza não é. [...] Dizíamos ser mil pessoas que falavam 'Não gostamos do mundo como ele é'". O pastor interrompeu a si mesmo para dizer a alguém da fila: "Tome um pouco", e continuou: "Tire nossa vida. Nós a entregamos. Estamos cansados. Não cometemos suicídio. Trata-se de um ato de suicídio revolucionário contra as condições de um mundo desumano".

Nesse momento, a fita acabou.

Sherwin Harris, dos Parentes Preocupados, passou boa parte da tarde de sábado e o início da noite em Lamaha Gardens. De volta ao hotel Pegasus, contou satisfeito que tinha visitado a filha, Liane, e que ela aceitara vê-lo de novo no domingo. A maior parte dos Parentes Preocupados passou o sábado no saguão do hotel ou na piscina. Estavam todos na expectativa de que Leo Ryan e sua comitiva regressassem da viagem a Jonestown por volta das 15h. Do aeroporto, Ryan seguiria de imediato para uma reunião com o primeiro-ministro Burnham, enquanto Jim Cobb, Beverly Oliver, Carol Boyd e Katsaris, os quatro membros do grupo que acompanhava o parlamentar na viagem, retornariam para o Pegasus e colocariam todos a par do que tinham visto e descoberto. Porém, na hora em que Ryan e os outros deveriam chegar, alguém ligou para o Pegasus dizendo que o voo de Porto Kaituma estava atrasado e chegaria a Georgetown por volta das 17h. Não explicaram a razão, nem deram motivo para alarme. Então fizeram contato uma segunda vez. A hora prevista de chegada seria 19h, e o deputado estava trazendo outras nove pessoas com ele. Os Parentes vibraram. Quem estava vindo? Que familiares estariam entre esses nove?

Pouco depois das 19h, um grupo de rapazes irrompeu no saguão do hotel. Eram Stephan, Tim e Jimmy Jones, além de um ou dois jogadores do time de basquete de Jonestown. De olhos arregalados, exigiram que os Parentes

Preocupados dissessem o que estava acontecendo em Jonestown. Ninguém tinha informações a dar. Alguns parentes pensaram que os membros do Templo tinham vindo ao hotel para matá-los em algum plano macabro, e ficaram aliviados quando eles foram embora às pressas. No entanto, surgia uma nova preocupação: o que tinha de fato acontecido em Jonestown? Stephan Jones disse a Tim Stoen algo sobre seu pai querer que todos morressem. Por que o avião havia atrasado tanto em Porto Kaituma? Enquanto especulavam, alguém da gerência do hotel mandou que subissem para os quartos. No mesmo instante.

A parada seguinte dos irmãos Jones foi a embaixada dos Estados Unidos. "A gente achava que ainda dava tempo, que chegando rápido em Jonestown a gente podia parar o que quer que meu pai estivesse fazendo", contou Jim Jones Jr. "Imaginamos que a embaixada poderia arranjar um avião para levar a gente lá. Mas, quando chegamos, a embaixada já estava fechada e só ia abrir de manhã. Conseguimos falar com alguém pelo interfone e tentamos contar o que estava acontecendo, mas mesmo assim não nos deixaram entrar. Aí pegamos o carro e voltamos [para Lamaha Gardens]."

Com exceção de Sharon Amos e Lee Ingram, a quem Stephan Jones encarregara de vigiá-la, ninguém em Lamaha Gardens — mais de quarenta membros do Templo, sem contar os demais integrantes do time de basquete — tinha a mínima noção do que estava acontecendo. Pouco depois das 19h, policiais bateram à porta. Queriam saber se estava tudo bem. Um grupo de membros garantiu aos policiais que sim. Lee Ingram foi perguntar quem havia batido na porta, e Sharon aproveitou a brecha. Primeiro, reuniu os filhos — Liane, de 21 anos; Christa, de 11; Martin, de 10; e Stephanie Morgan, de 9. Depois, levou os quatro para um banheiro, junto do membro do Templo Chuck Beikman, um sujeito um tanto ingênuo, semianalfabeto, ex-fuzileiro naval que sempre fazia o que mandavam. Ela fechou a porta. Sons estranhos começaram a sair do banheiro, e logo uma poça de sangue começou a escorrer por baixo da porta.

Stephan, Tim e Jimmy Jones saltaram do carro e correram para o portão de Lamaha Gardens. Foram informados de que Sharon tinha matado os filhos e se suicidado. Ingram e os irmãos Jones foram às pressas para o banheiro. Foi difícil abrir a porta — o corpo de Sharon Amos estava na frente, do outro lado. Conseguiram arrombar. Liane, Christa e Martin estavam esparramados no chão coberto de sangue. Chuck Beikman, com uma faca na mão, segurava Stephanie, cujo pescoço sangrava, cheio de cortes. Ingram livrou a menina das mãos do agressor. Martin e Christa estavam mortos. Liane agonizava, e morreu logo em seguida. Todos os quatro estavam com a garganta cortada. Os ferimentos de Amos e Liane Harris foram infligidos por elas mesmas. Ao usar facas, Sharon seguiu as determinações de seu líder até na escolha da arma.

A polícia de Georgetown foi chamada. Os policiais levaram os corpos em sacos mortuários e prenderam Chuck Beikman. Atordoados, alguns membros do Templo tentaram limpar o sangue no banheiro e no corredor adjacente, com pouco sucesso. Não conseguiram contatar ninguém em Jonestown. Logo depois de enviar as últimas mensagens a Lamaha Gardens, Jones fechou o canal de comunicação com Georgetown. Exaustos e assustados, sem saber o que tinha acontecido no assentamento, apenas que não poderia ser nada de bom, todos em Lamaha Gardens tentaram dormir. Como lembrou Jim Jones Jr.: "Acordei algumas horas depois, quando um soldado enfiou uma arma na minha boca. Fomos todos levados para fora, e eles nos disseram que mais gente tinha morrido".

Em Porto Kaituma, os sobreviventes do atentado tiveram uma noite longa e agitada. Pouco depois da meia-noite, uma mensagem de rádio de Georgetown enfim chegou à sede do governo distrital, prometendo que a ajuda estava a caminho. Mas as tropas só chegariam horas mais tarde, já que pegariam um avião até Matthews Ridge, fariam de trem parte do trajeto até Porto Kaituma, e percorreriam a pé os quilômetros restantes. Até lá, todos deviam ficar onde estavam. Abrigados em casebres da cidade ribeirinha, alguns sobreviventes estavam gravemente feridos e quase inconscientes. Outros, ilesos ou com machucados leves, se assustavam com o menor barulho no meio da noite, temendo que os assassinos do Templo estivessem de volta para terminar o serviço. Tommy e Teena Bogue, Tracy e Brenda Parks e Chris O'Neal continuavam desaparecidos e se supunha que estivessem escondidos na selva.

Em Jonestown o silêncio era total, exceto pelos ruídos das criaturas noturnas que vinham da floresta — pequenos animais que de dia se escondiam dos predadores, mas que aproveitavam a escuridão para ir à cata do que comer. Foi uma noite de banquete.

51
O QUE ACONTECEU?

A primeira notícia de que havia acontecido algo muito grave na Guiana chegou ao Departamento de Estado dos Estados Unidos no sábado, por volta das 21h: era uma mensagem urgente de Georgetown, "na África [sic]", avisando que o congressista Leo Ryan e oito ou dez pessoas tinham sido atacadas "por um caminhão cheio de brancos" quando tentavam embarcar em um avião de pequeno porte. Não havia confirmação de mortes.[765] Os repórteres que cobriam o Departamento de Estado logo souberam da mensagem, e agências de notícias nacionais e internacionais começaram a pedir mais informações. No dia seguinte, quando a morte de Ryan foi divulgada — o primeiro caso na história dos Estados Unidos de assassinato de um parlamentar em serviço e, pelo que constava, pelas mãos de uma seita cristã formada por cidadãos norte-americanos no meio da selva —, uma profusão de jornalistas e equipes de reportagem começou a chegar a Georgetown, cobrando informações dos porta-vozes do governo guianense, que tinham muito pouco a oferecer. Confirmavam apenas que cinco pessoas haviam morrido em Porto Kaituma no sábado à tarde: o deputado Leo Ryan; Don Harris e Bob Brown, da NBC; o fotógrafo do *San Francisco Examiner* Greg Robinson, e Patricia Parks, que fugia de Jonestown. Várias outras pessoas com ferimentos graves haviam sido levadas de avião para Porto Kaituma no domingo de manhã e evacuadas para uma base naval dos Estados Unidos em Porto Rico. Esperava-se que conseguissem se recuperar, e de fato todas as pessoas feridas em Porto Kaituma sobreviveram. Cinco pessoas que haviam se perdido na selva depois do ataque foram localizadas. De resto, ainda não havia detalhes sobre o ocorrido. "As notícias estavam repercutindo no mundo inteiro, mas não tínhamos informações mais concretas", lembrou Kit Nascimento. "Não tínhamos ideia do que poderia estar acontecendo."

Havia duas questões prementes: o que tinha acontecido em Jonestown e qual era o número de mortos?

As tropas guianenses da GDF que chegaram a Jonestown no domingo de manhã, comandadas por Desmond Roberts, só enviavam relatos vagos. Havia corpos para todo lado. Indígenas corriam pelo assentamento pegando tudo que viam pela frente e, por mais que Roberts tentasse controlar seus homens, alguns soldados estavam lá mais para saquear do que para investigar. Skip Roberts, o comissário de polícia de Georgetown, foi enviado para assumir o controle da situação. Ao chegar a Porto Kaituma, recrutou auxiliares hesitantes. Após deixarem a última mala de dinheiro e as armas junto à ferrovia nas proximidades da cidade, Mike Prokes e Tim e Mike Carter foram presos pela polícia de Porto Kaituma. Ficaram detidos em um engenho de mandioca, porque na cadeia local só havia uma cela, e estava ocupada por Larry Layton. Skip Roberts pediu aos policiais que ajudassem no reconhecimento dos corpos em Jonestown.[766] Os advogados também chegaram. Quando viu os irmãos Carter e Prokes, Charles Garry exclamou: "Tem jeitos melhores de dispensar um advogado!".[767]

Ao chegarem a Jonestown, os soldados e investigadores se depararam com uma cena de horror indescritível. Ficaram em choque quando Hyacinth Thrash saiu cambaleando de seu chalé e perguntou o que estava acontecendo. A senhora de idade estava desidratada e confusa, mas, de resto, parecia bem. Todos os outros moradores estavam mortos, assim como os cachorros e o chimpanzé de estimação do assentamento, Mr. Muggs. Os animais tinham sido mortos a tiros. Os soldados andavam com cautela entre os mortos. Devido ao calor, à umidade e à proliferação de vermes e larvas, os cadáveres já estavam em estágio avançado de decomposição, muitos deles com cavidades expostas. Tim Carter e outros sobreviventes que também haviam conseguido chegar a Porto Kaituma reconheceram alguns corpos. Encontraram Jones esparramado no palco do pavilhão. "A barriga dele estava inchada e saltava para fora da camisa", lembrou Carter. Até na morte Jones estava diferente, porque parecia ter morrido de tiro na cabeça e não de veneno. Pouco depois, Annie Moore, que também fora morta com um tiro, foi encontrada no chalé de Jones. Não havia ferimentos de bala nos outros corpos, mas em alguns deles se viam estranhos abscessos que, segundo atestou um patologista guianense, eram marcas de agulha. A impressão era de que as vítimas tinham se recusado a beber o veneno e por isso foram contidas e receberam injeções à força. Tim Carter também viu abscessos em diversos corpos. Seria preciso que todos morressem para que o derradeiro manifesto de Jones tivesse o efeito pretendido. Por causa da putrefação dos corpos, não havia condições de fazer uma contagem exata de quantos tiveram o veneno injetado contra a própria vontade. As estimativas variavam entre vinte indivíduos e um terço das vítimas do massacre.

O total de mortos informado oscilou por dias. O primeiro número anunciado foi de 383, com base em uma contagem superficial feita pelos primeiros soldados da GDF que chegaram ao local. A informação foi divulgada pelo governo guianense e amplamente noticiada pelos meios de comunicação. Os Parentes Preocupados em Georgetown, os membros do Templo em prisão domiciliar em Lamaha Gardens e os familiares de moradores de Jonestown nos Estados Unidos tiveram esperanças de que seus entes queridos estivessem vivos. Se havia mais de novecentas pessoas em Jonestown no sábado e apenas 383 corpos, talvez os demais ainda continuassem vivos. Mas onde estariam? Era o que também se perguntava o governo guianense, embora o motivo fosse outro. Se houvesse quinhentos ou seiscentos sobreviventes na selva, talvez ainda formassem um exército de rebeldes. Na primeira contagem oficial de corpos, concluída na segunda-feira, o número de mortos subiu para 408 — ainda menos da metade da população do assentamento.

Na terça-feira, a GDF foi substituída por tropas norte-americanas, que descobriram que os nomes nas etiquetas dos primeiros corpos identificados estavam ilegíveis, com a tinta desbotada pela água da chuva. O trabalho teve que ser refeito e, para espanto dos militares, os corpos já verificados eram só uma primeira camada. Mais abaixo havia outra, e em alguns casos, uma terceira debaixo da segunda. A maior parte dos cadáveres na última camada era de bebês e crianças, que, pelo jeito, tinham sido os primeiros a morrer. Os corpos recém-descobertos estavam em estado de decomposição ainda pior que os primeiros. O comandante norte-americano requisitou ao governo em Washington que enviasse pás de neve para remover os restos mortais. Era impossível fazer uma identificação imediata da maioria dos corpos. Então, foram enviados de avião para a base da Força Aérea dos Estados Unidos em Dover, no estado de Delaware, onde uma equipe de patologistas militares e civis tentaria descobrir os nomes por meio das impressões digitais cadastradas nos Estados Unidos e na Guiana e a partir de registros odontológicos.

O número oficial subiu para setecentos na terça-feira, 780 na sexta, e, por fim, uma semana depois da tragédia, 909. Contando Sharon Amos e seus três filhos, mais Ryan e as outras quatro pessoas mortas em Porto Kaituma, a contagem final em 18 de novembro de 1978 ficou em 918 mortos.

A magnitude e a causa das mortes despertaram, a um só tempo, o horror e o fascínio do público. As pessoas queriam saber mais, queriam saber *tudo* sobre Jonestown e o Templo Popular, e a imprensa fez o melhor que podia para atender a esses anseios. Os jornalistas ocuparam todos os quartos que encontraram nos hotéis de Georgetown, apinharam-se na embaixada norte-americana e nas repartições públicas guianenses, cobrando informações que ninguém sabia dar, e rondavam os saguões dos hotéis Pegasus e Park, onde os Parentes Preocupados e vários sobreviventes de Jonestown ainda se hospedavam. Enquanto isso, as autoridades locais tentavam apurar responsabilidades. Mais de quarenta membros do Templo continuavam em prisão domiciliar em Lamaha Gardens. Larry Layton foi transferido para uma cadeia de Georgetown, onde estava Chuck Beikman. Mike Prokes e os irmãos Carter também passaram um tempo detidos, depois foram autorizados a se instalar no hotel Park, sob os protestos de alguns Parentes Preocupados, que os julgavam perigosos e pediam proteção. Corriam histórias de que havia bandos armados de membros do Templo decididos a vingar Jim Jones, não apenas na Guiana como em San Francisco. Esse medo ganhou força em 27 de novembro, quando um vingativo ex-membro do Conselho de Supervisores matou a tiros o prefeito George Moscone e o supervisor Harvey Milk. Embora a polícia tenha logo concluído que o assassino, Dan White, agira por conta própria, houve inicialmente uma suspeita generalizada de que o Templo Popular estivesse envolvido no crime. Se mais de novecentos membros desmiolados tinham chegado ao ponto de tirar a própria vida a mando de líderes sinistros, nada impedia que alguns fiéis que restavam em San Francisco tentassem assassinar o prefeito e um supervisor.

Nas semanas que se seguiram à tragédia na Guiana, os meios de imprensa competiram para ver quem descrevia Jim Jones e o Templo Popular da maneira mais provocativa. Antes da era da internet, quando os fatos — e as elucubrações sem provas — não estavam a apenas alguns cliques de distância, os repórteres de televisão, rádio e jornal precisavam correr atrás das fontes, cujos depoimentos, não raro floreados, eram publicados no mesmo instante, em meio à concorrência entre os canais, estações e jornais para dar o furo de reportagem. A apuração deixava a desejar; qualquer ligação com Jones ou com o Templo credenciava a pessoa a aparecer em um programa ou ser citada em uma matéria e, quanto maior o exagero, melhor. Jim Jones queria impressionar o mundo todo com seu gesto grandioso e, nesse sentido, conseguiu. Mas as mortes de Jonestown logo entrariam para a história não como um grande gesto revolucionário de resistência, mas como um exemplo de até onde podia chegar a credulidade humana.

Antes, as reportagens investigativas sobre Jim Jones e o Templo Popular em geral se limitavam aos repórteres de Indianápolis e San Francisco. Apesar das excursões de ônibus e cultos itinerantes pelo país, a fama de Jones e do Templo era mais regional. Naquele momento, porém, os maiores veículos de comunicação brigavam por informações, alguns deles preferindo os escândalos às informações relevantes — e encontraram muito das duas coisas. Em Lynn, Richmond, Indianápolis, bem como no condado de Mendocino, em Los Angeles e San Francisco, Jones e o Templo tinham causado tanto impacto que muitas pessoas se apressaram a engrossar o coro, cada vez maior, dos que diziam que o grupo e seu líder estavam desvirtuados desde o princípio. Em sua maior parte, os figurões da política que tinham buscado de forma ávida o apoio do Templo agora tentavam se desvencilhar, negando qualquer contato com Jones ou seus seguidores. Apenas Willie Brown e Carlton Goodlett chegaram a mencionar as várias obras benéficas do Templo. Em Georgetown, os sobreviventes de Jonestown eram instados a dar detalhes sórdidos. Um famoso jornalista televisivo pediu a Tim Carter, que ainda estava abalado com a perda da esposa e do filho, para contar sobre sua vida sexual em Jonestown — alguns repórteres imaginavam que Jonestown era uma comuna e que o amor livre era o principal passatempo.

Houve até um equívoco que acabou se disseminando na cultura popular. De início, a maioria das notícias dizia, com razão, que os moradores de Jonestown haviam morrido depois de ingerir cianureto diluído em um tonel de Flavor Aid, um refresco em pó, similar mais barato do Kool-Aid. Por ser uma marca mais conhecida, o Kool-Aid acabou sendo citado em alguns relatos e assimilado pelo público no lugar da outra marca.[768] "Não beba o Kool-Aid" tornou-se uma espécie de chavão jocoso usado sempre que se pedia para não embarcar na onda de líderes alucinados. "Ainda dói toda vez que escuto isso", admitiu Juanell Smart, que perdeu quatro filhos, a mãe e o tio em Jonestown. "Detestava ver as pessoas falando isso e rindo, como se o que aconteceu tivesse alguma graça."

O que os investigadores encontraram em Jonestown não era nada engraçado. Além do número de mortos, que não parava de subir, descobriram que algumas das pessoas mortas em Jonestown tinham deixado mensagens explicando sua atitude. Os relatos comprovam que muitos estavam dispostos a morrer. Em um caderno de estenografia encontrado ao lado de seu corpo, Annie Moore defendia Jones: "Ele amava as pessoas como ninguém, e muita gente que ele acolheu com amor e confiança o abandonou e o apunhalou pelas costas". Annie achava que alguém "de mentalidade fascista" acharia o caderno e jogaria fora, mas queria que o mundo inteiro soubesse que "nós morremos porque vocês não nos deixaram viver em paz!". Um documento sem assinatura, que costuma ser atribuído a Richard Tropp, dizia: "Reúnam todas as fitas, todos os escritos, toda a história. A história deste movimento, desta ação, deve ser examinada a fundo. [...] Peço desculpas pela falta de eloquência nestas que são minhas últimas palavras. Estamos decididos, mas tristes por não termos expressado com clareza a verdade de nosso testemunho". A adolescente Candace Cordell escreveu um recado a tinta no braço, enquanto aguardava na fila para morrer: "Por que não nos deixaram em paz?".[769]

Foram encontradas armas: dez revólveres, quatorze fuzis e oito escopetas, o suficiente para municiar os assassinos da pista de pouso de Porto Kaituma e os homens que faziam a segurança do assentamento, mas bem menos do que se esperava.[770] Mesmo com a possibilidade de que soldados guianenses ou nativos tivessem roubado as outras armas, o arsenal ainda era insuficiente para armar um grupo grande de rebeldes. Não havia motivo para o governo da Guiana temer uma rebelião.

Já os documentos arquivados eram muito mais abundantes do que os investigadores tinham imaginado. No chalé de Jones e em várias instalações de Jonestown, havia pilhas de cartas, faturas, fichas e outros documentos. Era tanta coisa que, depois que o FBI retirou o sigilo da maioria, totalizaram quase 60 mil páginas impressas, além de centenas de fitas com os sermões de Jones e transmissões radiofônicas que, se transcritas, poderiam adicionar outras 20 mil ou 30 mil páginas à conta. Foi necessário analisar documento por documento, ouvir fita por fita — o FBI precisou de incontáveis horas de trabalho; era determinar o que era relevante no meio de tantas coisas triviais.

Também foi encontrada uma quantidade espantosa de dinheiro. Ainda antes de as forças norte-americanas chegarem, policiais guianenses e tropas da GDF, conduzidos por Prokes e os irmãos Carter, confiscaram as três malas cheias de dinheiro que Jones pretendia mandar para a embaixada soviética. O governo da Guiana demorou para devolver aos Estados Unidos o dinheiro, estimado em 300 mil dólares. Acharam outros 635 mil na cabana de Jones, além de dinheiro em moeda guianense, que somava o equivalente a 22 mil dólares. Ninguém parecia saber o paradeiro das barras de ouro. Havia também maços de cheques da previdência não descontados. Investigações subsequentes do governo dos Estados Unidos descobriram cerca de 7 milhões de dólares em bancos no exterior. Terri Buford tentou cooperar com o FBI, mas não tinha conhecimento de diversas contas em bancos internacionais. A bíblia com a lista de contas em códigos secretos, que ficava nos aposentos de Jones, nunca foi recuperada. As páginas podem ter sido usadas para tampar buracos nas paredes das cabanas dos indígenas ou trazido consolo espiritual para algum soldado da GDF que não tenha se dado conta da importância das anotações a lápis ao longo da lombada.[771]

O maior mistério, porém, envolvia os corpos. Nos quatro meses e meio que se seguiram à tragédia, especialistas militares e civis se desdobraram para identificar o máximo de mortos. Era uma tarefa tensa e ingrata, dada a grande quantidade de corpos e a constante pressão dos entes queridos, parentes e amigos dos falecidos que queriam receber os restos para velar e enterrar. As fotografias eram inúteis; os rostos estavam decompostos. As vestes também não ajudavam: como os moradores de Jonestown costumavam trocar roupas uns com os outros, os nomes costurados nas camisas e calças não serviam de nada. Os registros odontológicos eram esparsos. Muitos moradores não iam ao dentista fazia anos, se é que já tinham ido. Algumas identidades foram reconhecidas por registros de impressões digitais, mas, em centenas de casos, a pele dos dez dedos estava destruída. Dos bebês e crianças, os mais decompostos, mais de dois terços nunca foram reconhecidos. No total, 409 corpos não puderam ser identificados. Após uma busca exaustiva por um local que aceitasse enterrá-los, o cemitério Evergreen, de Oakland, cedeu espaço para uma vala comum, onde os cadáveres foram sepultados em 11 de maio de 1979.[772]

Os restos mortais de Jim e Marceline Jones foram um problema à parte. Em 30 de novembro, os patologistas ainda não haviam identificado o corpo de Marceline. Quando por fim conseguiram, Walter e Charlotte Baldwin quiseram enterrar a filha e o resto do núcleo familiar no cemitério Earlham, em Richmond. Nenhum dos bisnetos dos Baldwin havia sido identificado, mas eles pelo menos tinham Marceline, Jim, Lew e Agnes. O casal procurou uma funerária da região para organizar a logística com a base da Força Aérea em Dover. Ao tomarem conhecimento disso, veículos da imprensa de todo o país começaram a se mobilizar para cobrir o funeral, exigindo saber a data e a hora. Mais preocupante era o alerta do FBI quanto à possibilidade de que seguidores do Templo Popular cometessem algum ato de violência durante o enterro. Por sua vez, moradores locais reclamavam que os restos mortais de Jim Jones profanariam a cidade. A funerária e a família Baldwin decidiram cremar o corpo de Jones e jogar as cinzas no oceano Atlântico. Marceline, Lew e Agnes foram sepultados sem grandes problemas no cemitério Earlham.[773]

Nenhum dos filhos sobreviventes de Marceline compareceu ao enterro. Suzanne tinha rompido laços com os pais, e Stephan, Jimmy e Tim ainda estavam tentando sob custódia das autoridades da Guiana. Os guianenses estavam decididos a processar alguém pela tragédia, nem que fosse para mostrar ao mundo que se tratava de um país pautado por leis, e não um refúgio para fanáticos religiosos e assassinos. Larry Layton foi preso, mas ninguém acreditava que fosse julgado por assassinato, muito menos condenado. Ele atirou em algumas pessoas na pista de pouso, mas nenhum de seus alvos tinha morrido. Chuck Beikman era um candidato mais óbvio a bode expiatório. Estava no banheiro onde quatro pessoas morreram, e precisou ser contido para não cortar a garganta de uma menina de 9 anos. As audiências para decidir o crime pelo qual responderia começaram pouco depois de sua detenção e, quando Stephan Jones foi chamado a depor, por pouco também não foi acusado de homicídio.

Stephan, então com 19 anos, estava em um sufoco tremendo desde a tarde de 18 de novembro, quando tentou de maneira desesperada impedir os suicídios ordenados pelo pai, em Jonestown e Georgetown. A luta para convencer os membros do Templo em San Francisco a não se matar teve mais resultado. Laura Johnston Kohl recordou que, durante boa parte da noite fatídica, "Stephan ligava [para o Templo em San Francisco] de meia em meia hora, dizendo para as pessoas não cometerem suicídio. Se não fosse por ele, teriam mesmo se matado. Ele foi um verdadeiro herói".

Nos dias que se seguiram, Stephan assumiu a liderança do grupo de sobreviventes do Templo em Georgetown. O crescente remorso pela atitude do pai chegou ao ápice durante os interrogatórios a que Beikman foi submetido. Furioso por ver o ex-fuzileiro naval, um homem simplório e ingênuo, ser tratado como um assassino cruel e calculista, e na esperança de salvá-lo, Stephan não se segurou e assumiu a culpa pela morte das crianças no banheiro da casa em Lamaha Gardens. Foi logo trancafiado em uma cela abafada, e lá ficou por semanas, até que a justiça guianense, a contragosto, concluísse que ele era inocente.[774] Layton e Beikman continuaram presos, e, em dezembro, os demais sobreviventes começaram a receber autorização para voltar para os Estados Unidos. A maioria, exausta e enojada de tudo pelo qual tinha passado, só queria mesmo voltar para casa — eles só não sabiam que os problemas estavam longe de acabar.

Com tudo que saiu em revistas, jornais e televisão sobre o Templo, os membros sobreviventes ficaram estigmatizados nos Estados Unidos. Muitos os julgavam capazes de qualquer loucura. Um piloto da companhia aérea Pan American não queria decolar do aeroporto de Georgetown por achar que havia homens do Templo a bordo. Quando o avião pousou nos Estados Unidos, foram todos interrogados por agentes do FBI, que cismavam que esquadrões da morte do Templo andavam pelo país, prontos para atacar. Antes de serem liberados, tiveram os passaportes confiscados e foram informados de que só os receberiam de volta quando ressarcissem o erário norte-americano pelos gastos com viagem e estadia. Como todos os sobreviventes só tinham a roupa do corpo, o governo pagou a passagem aérea e as despesas de alimentação e hospedagem deles em Georgetown enquanto prestavam esclarecimentos às autoridades guianenses.[775]

O governo dos Estados Unidos também queria reembolso de cada centavo gasto com o transporte dos corpos da Guiana para a base da Força Aérea de Dover, e todas as despesas acumuladas durante o longo processo de identificação. Ao todo, a conta foi estimada em 4,3 milhões de dólares. Os cerca de oitenta sobreviventes não tinham como arranjar sequer uma pequena fração dessa quantia. Investigadores e procuradores do Estado foram então bater à porta do que restava do Templo Popular em San Francisco. Àquela altura, já se sabia que havia bastante dinheiro nas contas da igreja no país e no exterior, além de imóveis e investimentos financeiros que sem dúvida somavam um valor considerável. Uma matéria do *San Francisco Examiner* estimava o patrimônio do Templo em 26 milhões de dólares — o suficiente para ressarcir o governo se o FBI encontrasse o dinheiro, mas não para saldar todos os processos movidos contra a igreja pelos parentes das pessoas que haviam morrido em Jonestown e por ex-membros que agora bradavam ter sido vítimas de fraude. Em outubro de 1979, havia 695 processos, totalizando 1,78 bilhão de dólares.[776]

O governo norte-americano localizou e reivindicou cerca de 7,3 milhões de dólares em contas do Templo no exterior. Todos os bens da igreja, de terrenos a gráficas, foram confiscados e leiloados em hasta pública. Os membros que restavam em San Francisco acenaram com 295 mil dólares provenientes de contas do Templo no país. Ao todo, cerca de 13 milhões de dólares foram recuperados. Os credores tinham certeza de que havia mais dinheiro, e pretendiam pressionar o Templo Popular para consegui-lo, mas não puderam, porque a igreja não existia mais.

Na sequência da tragédia de 18 de novembro, o Templo em San Francisco foi cercado por manifestantes e também por amigos e familiares de moradores de Jonestown querendo saber se seus entes queridos estavam entre os quatrocentos mortos reportados de início pelas autoridades guianenses. Tinham a certeza de que alguém na igreja devia saber quem ainda estava vivo, mas as poucas dezenas de membros entrincheirados dentro do edifício não tinham maiores informações. Quando o total de mortos aumentou, até o anúncio final de que não havia sobreviventes, a consternação dos manifestantes se transformou em fúria. Eles fizeram muitas ameaças antes de enfim se dispersarem. Os assassinatos de George Moscone e Harvey Milk agravaram a sensação de perplexidade e desespero que tomava a cidade, mas que nem chegava perto do sentimento de perda e impotência dentro do prédio cercado na Geary Boulevard. Naqueles dias sombrios, houve um ato de bondade. Dianne Feinstein, prefeita em exercício de San Francisco, apareceu por lá — não para atormentar os membros do Templo pedindo dinheiro, nem para ameaçá-los, mas para perguntar se estavam bem e levar alguns deles para tomar café da manhã.[777] Por meio de Charles Garry (que tinha voltado a salvo junto de Mark Lane), alguns membros chegaram a declarar que o Templo Popular continuaria, e que dariam prosseguimento à missão de alimentar os famintos e vestir os despidos, apesar dos acontecimentos na Guiana. O bom senso, no entanto, falou mais alto que o orgulho. No dia 3 de dezembro, apenas trinta pessoas compareceram ao culto de domingo no Templo.[778] Três dias depois, foi protocolado o pedido formal para extinguir a organização conhecida como Templo Popular.[779]

Jim Jones se foi e, com ele, sua igreja.

52
DESDOBRAMENTOS

Depois da tragédia de Jonestown e da extinção do Templo Popular, o Congresso dos Estados Unidos abriu um inquérito oficial. Mais de novecentas pessoas haviam morrido, inclusive um parlamentar, Leo Ryan. Entre as vítimas, estavam quase trezentas crianças. A julgar pela cobertura na imprensa, bem antes de 18 de novembro tudo indicava que a história de Jim Jones e do Templo Popular terminaria em tragédia. Quem não viu, ou pior, não quis enxergar o óbvio? Era preciso apurar responsabilidades e punir os culpados.

"O governo da Guiana estava decidido a não sair como o vilão nessa história", contou Kit Nascimento. "O governo dos Estados Unidos, o público e a imprensa norte-americana acharam que éramos um alvo fácil, e claro que isso não era justo. Tínhamos uma pessoa responsável pelas informações oficiais, mas ela estava sobrecarregada, e [o primeiro-ministro] Burnham me pediu para tomar a frente."

A defesa que Nascimento elaborou foi simples: os guianenses foram induzidos a receber uma colônia religiosa de norte-americanos com o endosso de autoridades de seu país, entre as quais a primeira-dama Rosalynn Carter e o vice-presidente Walter Mondale. O governo da Guiana não tinha culpa do acontecido em Jonestown, na pista de pouso de Porto Kaituma e na casa de Lamaha Gardens, em Georgetown. A declaração oficial foi categórica: "O envolvimento da Guiana não foi muito maior do que teria sido se uma equipe de Hollywood tivesse vindo aqui fazer um filme sobre algum aspecto da vida norte-americana. Os atores eram norte-americanos, o enredo era norte-americano. A Guiana era o palco, e o mundo era a plateia". Nascimento foi enviado para os Estados Unidos, onde apareceu em vários noticiários de televisão, sempre declarando que seu país também foi vítima de Jones e do Templo Popular. "Nosso país caiu muito no conceito do resto do mundo", admitiu ele. "Mas como íamos saber o que estava se passando na selva? Se Jones era tão ruim, por que o governo do país dele não fez nada para detê-lo antes mesmo de ele ir para o nosso?".

Essa era uma pergunta que o Departamento de Estado dos Estados Unidos e o FBI queriam evitar. O governo abriu uma sindicância e apurou que os funcionários da embaixada tinham ido até os limites que a lei permitia. Faziam viagens periódicas para Jonestown e falaram com moradores que, segundo suas famílias nos Estados Unidos, estariam em cativeiro. Nenhum deles deu algum sinal de que estivesse lá contra a vontade, tampouco pediu ajuda para sair. De acordo com a legislação, não havia mais o que o Departamento de Estado pudesse fazer. O órgão não tinha autoridade para interferir em uma "instituição religiosa norte-americana".[780] Os cidadãos dos Estados Unidos tinham direito de cultuar quem eles quisessem, até um líder lunático no meio da selva. Se Jones ou algum de seus seguidores estivesse cometendo algum crime, o problema seria da alçada do FBI.

O FBI também tirou o corpo fora. O órgão alegou que a única advertência que recebeu envolvendo o Templo foi em junho de 1978, quando o gabinete do senador Samuel Ichiye Hayakawa, da Califórnia, repassou uma carta de um eleitor segundo o qual havia norte-americanos mantidos como prisioneiros em Jonestown. Após investigar e concluir que "as pessoas em questão eram adultos que foram à Guiana por livre e espontânea vontade", o FBI encaminhou as informações para o Departamento de Estado, para que fossem tomadas as providências necessárias.[781]

Em 21 de maio de 1979, os investigadores do FBI apresentaram um parecer oficial à Comissão de Relações Exteriores do Congresso dos Estados Unidos. Segundo o parecer, os funcionários da embaixada norte-americana na Guiana tinham sido negligentes e faltado com o bom senso. As leis sobre direitos e liberdades religiosas eram mal interpretadas com frequência, e faltou comunicação entre o Departamento de Estado em Washington e a embaixada na Guiana. O pessoal do Departamento de Estado não estava muito disposto a questionar o Templo Popular em razão das "inclinações litigiosas" da igreja, e também porque seus membros conseguiam mobilizar "grande pressão popular" sempre que se sentiam ameaçados. O Departamento de Estado também se sentiu intimidado pela influência de Jones na prefeitura de San Francisco. Os guianenses tinham "feito vista grossa"; era possível que o Templo tivesse subornado algumas autoridades do país e era "provável" que existisse um caso entre uma representante não identificada do Templo e um alto funcionário guianense. Porém, não foi citada nenhuma responsabilidade individual, apenas erro de julgamento dos representantes do governo como um todo.[782]

Os guianenses elaboraram seu próprio parecer, intitulado "Confidencial: Inventário do Assentamento Agrícola do Templo Popular, Jonestown, Distrito Noroeste", que, em alguns parágrafos curtos, eximia o governo Burnham de responsabilidade, depois listava ao longo de centenas de páginas tudo que havia sido encontrado na colônia e por fim concluía que Jonestown ainda poderia ter algum proveito para o país se transformada em atração turística ou mesmo em um shopping.

Os governos dos dois países concordavam que alguém teria que responder na justiça por todas as mortes, e as opções mais óbvias eram Larry Layton e Chuck Beikman; ambos continuavam presos na Guiana. Até nisso houve divergência. Os guianenses queriam lavar as mãos e se livrar do caso Jonestown, extraditando os dois para julgamento em tribunais de seu próprio país. Porém, pela legislação norte-americana, os crimes cometidos na Guiana não estavam sob jurisdição dos Estados Unidos, a não ser no caso do assassinato de um de seus parlamentares. Leo Ryan fora morto em 18 de novembro, mas não por Layton nem Beikman. Os responsáveis tinham todos morrido no mesmo dia em Jonestown.

Beikman estava no banheiro quando Sharon Amos matou os próprios filhos e foi condenado pela justiça guianense a cinco anos de cadeia pelo envolvimento no crime. Cumpriu a sentença e voltou para sua antiga casa em Indiana, onde morreu em 2001. Quanto a Layton, tudo indicava que escaparia impune. Os guianenses fizeram sua parte e o levaram a julgamento. Ele foi absolvido. Naquele 18 de novembro, na pista de pouso de Porto Kaituma, Layton atirou em pessoas que fugiam de Jonestown, mas nenhuma delas morreu. E ninguém o acusou de matar Leo Ryan.[783]

Para as autoridades dos Estados Unidos, porém, Layton deveria pagar por algum crime. Ele foi extraditado a pedido do governo norte-americano e respondeu na justiça por associação criminosa para assassinar um parlamentar. Layton jurava não se lembrar de muita coisa, e o primeiro julgamento terminou com o júri indeciso. Houve um segundo julgamento, e ele foi condenado. Embora na cadeia tenha cooperado com a justiça e até exibido comportamento exemplar, o que lhe permitia pleitear o direito de liberdade depois de cinco anos de prisão, Layton cumpriu dezoito anos da pena e só obteve liberdade condicional em 2002. Mudou-se então para o norte da Califórnia, onde leva uma vida de quase anonimato, sem falar com a imprensa. Mantém contato esporádico e superficial com ex-colegas do Templo dos tempos do condado de Mendocino, San Francisco e Jonestown.

Para as pessoas que fizeram parte do Templo Popular, não foi fácil se reintegrar à sociedade. Mesmo as que saíram da igreja antes de Jonestown eram vistas com desconfiança. Se a pessoa tinha seguido Jim Jones, ainda que por pouco tempo, com certeza não regulava bem da cabeça. Incidentes violentos alimentavam a sensação de que o Templo Popular era sinônimo de morte. No dia 13 de março de 1979, Michael Prokes convocou uma coletiva de imprensa em um motel em Modesto, na Califórnia, prometendo revelações bombásticas aos repórteres. Após dar uma declaração defendendo Jones e o Templo Popular, foi ao banheiro e se matou com um tiro. Deixou uma mensagem de várias páginas pedindo que fossem abertas novas investigações sobre Jonestown — só dessa forma o mundo enfim saberia das conspirações que minaram uma organização e uma causa louváveis.[784] Em fevereiro de 1980, Elmer e Deanna Mertle, que tinham mudado o nome para Al e Jeannie Mills com medo de retaliações do Templo, dissidentes da igreja e co-organizadores da associação Parentes Preocupados, foram encontrados mortos em casa. O crime não foi esclarecido, mas os investigadores de polícia garantiram ao FBI que não havia indícios de envolvimento de ex-membros ou esquadrões da morte ligados ao Templo.

Livros também não faltaram. Tim Reiterman, do *Examiner* (com o colega John Jacobs), Charles Krause, do *Washington Post*, Debbie Layton, Mark Lane, Jeannie Mills (ainda em vida), Bonnie Burnham Thielmann e vários outros publicaram relatos a respeito do Templo Popular. Alguns poucos foram objetivos; outros, sinceros, mas parciais, e alguns bastante tendenciosos. Nenhum se tornou um grande *best-seller*, mas, em conjunto, serviram para não deixar o assunto Jim Jones e o Templo Popular esfriar, assim como fizeram diversos filmes sensacionalistas. Em Indiana, os familiares de Jones viviam se esquivando da imprensa. Não gostavam nada de serem retratados nos livros e jornais, na televisão e no cinema como simplórios e racistas, mas, com medo de represálias dos familiares dos mortos na tragédia, preferiam preservar o anonimato. Em Richmond, os Baldwin se esforçavam ao máximo para receber a imprensa e, com toda a paciência, explicar que Marceline Baldwin Jones era uma ótima pessoa e que o que aconteceu em Jonestown foi um choque para eles também.[785]

Os sobreviventes de Jonestown voltaram para os Estados Unidos e tentaram reconstruir suas vidas. Alguns teriam finais trágicos. Em Georgetown, Paula Adams estivera dividida entre a lealdade a Jones e o romance com Laurence Mann, o embaixador conhecido como "Bonny". Na sequência do 18 de novembro, Adams, junto de Stephan Jones, fez o papel de principal porta-voz do Templo Popular em Georgetown. Mann divorciou-se da esposa e casou com Paula Adams. Os dois se mudaram para Washington, mas acabaram se separando, e, em outubro de 1983, Mann assassinou Paula e o filho que tinha com ela e em seguida cometeu suicídio.

Suzanne Jones reencontrou os irmãos depois que eles enfim foram autorizados a sair da Guiana e voltar para a Califórnia. No entanto, continuou a renegar os laços com Jim Jones e o Templo Popular — tanto que, quando se casou de novo e teve filhos, não contou sobre o passado da família e, nas raras ocasiões em que Stephan, Jimmy e Tim deram entrevistas para jornais ou televisão, ameaçou nunca mais falar com eles.[786] Ela morreu de câncer de mama em 2006.

Stephan, Jimmy e Tim Jones fizeram de tudo para superar o que viveram na Guiana. Não foi nada fácil — todos eles tiveram muitos problemas pessoais. Mesmo assim, conseguiram levar vidas dignas e continuaram próximos. Tim Jones hoje evita dar declarações públicas, mas Stephan e Jimmy às vezes concedem entrevistas. Stephan também escreve artigos esporádicos para o site do Jonestown Institute, que se tornou um espaço quase terapêutico para os ex-membros do Templo, familiares e amigos se expressarem e relembrarem as histórias. Quem cuida do site, cujo nome oficial é "Alternative Considerations of Jonestown and Peoples Temple" [Considerações alternativas sobre Jonestown e o Templo Popular], é Rebecca Moore, irmã de Carolyn Layton e Annie Moore, com o marido, Fielding McGehee. Além de artigos, o site traz informações sobre todos os aspectos do Templo Popular nos Estados Unidos e na Guiana, cronologias detalhadas e transcrições da maioria das gravações dos sermões e discursos de Jim Jones, além do diário minucioso da ex-seguidora Edith Roller sobre a vida no Templo Popular.

Durante anos, Moore e McGehee também fizeram a ponte entre membros do Templo que haviam perdido contato ou não se falavam mais. Fora das reuniões do Jonestown Institute, o restante da "família" do Templo — não há forma melhor de descrevê-los — também se reúne todo dia 18 de novembro para prestar homenagens no cemitério Evergreen, em Oakland. Grandes lajes no chão marcam o local da vala comum. Nelas foram gravados os nomes de todos os que faleceram naquele fatídico dia na Guiana, inclusive o de Jim Jones. A inclusão do nome do pastor foi motivo de polêmicas na imprensa e rusgas entre alguns sobreviventes e familiares dos mortos. Porém, predominou a opinião de que todos foram, em algum sentido, vítimas, inclusive o próprio Jones, cujos delírios, compulsões ou mente criminosa — não há consenso até hoje — custaram sua vida.

Esses sobreviventes representam a mesma diversidade de raça, origem, personalidade, escolaridade e trajetória profissional que caracterizava o Templo Popular em seu apogeu. O grupo diminui a cada ano. Mas a dor e a frustração continuam vivas. Eles são os únicos capazes de compreender o que foi o Templo Popular, uma família arco-íris unida por Jim Jones e ligada para sempre por perdas e dores compartilhadas.

Persiste uma questão central, que eles debatem entre si ou com entrevistadores, que talvez possam lançar uma nova perspectiva sobre o caso: Jim Jones era uma pessoa de má índole ou foi aos poucos corrompido por um misto de ambição, drogas e vaidade? Não há resposta pronta: Jones foi um homem complicado, que pouco revelava para alguém todas as suas facetas, muitas vezes contraditórias.

Ao que tudo indica, em certa medida, Jones de fato detestava a desigualdade racial e econômica. Na adolescência, pregava contra esses males em bairros humildes de Richmond, sem ganhar nada a não ser ofensas e surras. Em Indianápolis, lutou, muitas vezes sozinho, para promover a integração racial em uma cidade extremamente segregada, e teve bastante êxito. Sob a liderança de Jones, o Templo Popular praticou o preceito bíblico de alimentar os famintos e vestir os despidos. Os projetos de reabilitação de dependentes salvaram vidas. As bolsas estudantis deram formação educacional a jovens que de outra forma estariam entregues à influência perniciosa das ruas. Em uma das florestas mais densas e perigosas do mundo, mil norte-americanos, muitos dos quais moradores da periferia das grandes cidades, que nem sequer sabiam o que era usar um cortador de grama, construíram e mantiveram, durante quase quatro anos, uma colônia agrícola que chegou bem perto de ser autossustentável. Não fosse pela tragédia de 18 de novembro de 1978, Jonestown poderia ter continuado. Ao longo dos anos, o governo da Guiana tentou várias vezes criar comunidades rurais semelhantes no inóspito Distrito Noroeste. Nenhuma dessas tentativas vingou. Jim Jones foi, não se pode negar, um homem de muitos predicados, alguém que, durante boa parte de sua vida e de seu ministério, obteve resultados invejáveis em nome dos oprimidos.

Ao mesmo tempo, foi um demagogo que acabou traindo todos os seus seguidores — fosse sua intenção o tempo todo ou não. As iniquidades estão presentes em todas as sociedades e, nos Estados Unidos, as mais óbvias afetam negros e pobres. Os demagogos arregimentam pessoas desiludidas com determinadas situações e prometem usar a religião, a política ou as duas coisas para promover uma mudança legítima. Os que têm os talentos de Jones usam injustiças reais, e não imaginárias, como isca — o racismo e o abismo econômico nos Estados Unidos, propalados por Jones, eram uma realidade, e ainda são. Depois, retratam as ameaças de forma exagerada, até os seguidores perderem por completo a dimensão das coisas. Em Indiana, sob o ministério de Jones, o Templo Popular lutou contra a pobreza, o preconceito e a segregação. Em San Francisco, Jones começou a falar em campos de concentração para negros e o estado policial que se avizinhava. Depois de se isolar em Jonestown, onde não havia vozes dissonantes, e levar consigo novecentos membros do Templo, Jones subiu o tom de suas advertências e começou a profetizar o massacre iminente pelas mãos de agentes do governo norte-americano, soldados guianenses e mercenários. Absorvendo de forma gradativa o discurso do pastor, muitos fiéis acreditaram nele a ponto de, a seu comando, tirar a própria vida.

A mudança gradual de comportamento de Jones em relação aos seguidores foi bem característica. Em Indiana e nos primeiros anos no condado de Mendocino, a postura era mais protetora: talvez a maioria dos fiéis fosse ingênua, mas ele era o pastor, e portanto precisava zelar pelo bem-estar dos fiéis. Com o crescimento da fama do Templo Popular e da influência e ambição de Jones, as coisas mudaram de figura. Na cabeça de seu líder, os membros do Templo Popular se transformaram em soldados, e ele, em general. Todos os generais admitem que, na guerra, pelo menos algumas tropas possam ser sacrificadas. Jones se acreditava refém de uma luta mortal contra o governo dos Estados Unidos, a justiça norte-americana e a guianense e os Parentes Preocupados. Não se sujeitaria de maneira alguma — jamais abriria mão da guarda de John Victor Stoen, nem permitiria que cerca de 25 moradores saíssem de Jonestown e de seu controle —, nem que, para isso, precisasse morrer, em um derradeiro gesto de resistência que só causaria o impacto desejado se todos fossem com ele: os soldados se sacrificariam pela vitória final de Jim Jones. Naquela tarde em Jonestown, quando afirmou aos seguidores que não tinham outra saída, Jones acreditava no que estava dizendo. Se ele não tinha mais escapatória, os seguidores também não.

No caso de Jones e das pessoas que escolheram segui-lo, havia uma peculiaridade. Os demagogos costumam se dar bem despertando os sentimentos mais mesquinhos das pessoas: se me seguirem, serão mais prósperos; ou se me seguirem, eu protejo o que vocês já têm dos que querem despojá-los.

Jim Jones atraiu seguidores apelando para o que tinham de melhor, o desejo de que todos compartilhassem tudo por igual. Fora os mais pobres da sociedade, que ganhavam roupas e comida e eram tratados com respeito, ninguém obtinha nenhum ganho material por fazer parte do Templo Popular. A maioria dos membros abdicava de todos os seus pertences — de roupas e contas-correntes a carros e casas — pelo privilégio de ajudar o próximo. Davam muito mais do que recebiam. Nunca foi objetivo do Templo derrubar governos ou obrigar os outros a viver como seus membros achavam correto. Como escreveu Juanell Smart: "Não quero que pensem que nos achávamos melhores. Longe disso, tínhamos consciência dos nossos defeitos. Só queríamos mostrar que era possível conviver em verdadeira igualdade e harmonia".[787] Assim, esperavam eles, as outras pessoas ficariam tocadas e seguiriam seus passos.

Jack Beam, um dos seguidores mais antigos e mais devotos de Jones, que morreu com o pastor em Jonestown, descreveu bem o Templo Popular em um depoimento mal escrito, mas sincero, em algum momento de 1978: "[Os membros do Templo] acreditam que a melhor expressão da servidão à Diedade [sic] é a servidão ao próximo, que deve — em um imperitavo [sic] religioso-filosófico — mais do que falar de bondade, demonstrar, e que essa demonstração deve sempre fazer parte da vida cotidiana".[788]

Essas intenções não foram o suficiente. O Templo Popular conseguiu, sim, virar exemplo, mas não em um sentido positivo: para o mundo, é lembrado mais pelo Kool-Aid do que pela igualdade. O único alento dos sobreviventes é que eles têm uns aos outros, e até se orgulham da sinceridade com que tentaram. Jim Jones Jr. suspira, sorri e conclui: "O que eu diria sobre o Templo Popular é que, sim, fracassamos, mas ah, como tentamos!".

O local onde ficava Jonestown está quase irreconhecível, outra vez recoberto pela vegetação densa e espinhenta. Meses depois da tragédia, os indígenas levaram quase tudo que conseguiram aproveitar. Nas décadas que se passaram, a selva voltou a tomar conta do local. Só restaram partes do engenho de mandioca; um mapa rudimentar de como era o assentamento; um pequeno monumento branco em memória dos mortos e várias carcaças enferrujadas de caminhões e tratores, todas atravessadas por enormes trocos de árvores. O mato também engoliu parte da estrada, o que torna impossível completar de carro a viagem de nove quilômetros entre Porto Kaituma e a antiga colônia. Dessa forma, não há outro jeito para acessar o local senão abrindo a facões uma trilha no último trecho do caminho.

Enquanto demagogos arrastam seguidores bem-intencionados para a tragédia, a selva resgata o que lhe pertence.

Sunday Chronicle

SUNDAY NOVEMBER 26, 1978 — 25 CENTS

914 PERSONS DIE IN JONESTOWN DISASTER

BY COURTNEY GIBSON

A TOTAL of 914 of the People's Temple died in the Jonestown an official government announcement announced

Announcement shortly after the count of bodies at Jonestown Settlement has been put to say the U.S. personnel who are recovering are taking the dead citizens to back to the U.S.

Last night, of the bodies were placed in a waiting to be put in caskets or boxes before taken back to the local morgue in

Sources say that the odds are likely that aboard a super aircraft this afternoon

GUYANA

The tragedy in Guyana, Rev. Jim's followers and 'to have a mass suicide had stated

AWARD —

being offered missioner of those who can information discovery of persons from the body,

were well over at Jonestown. But the original count the death

Jonestown Agricultural Mission. This was discovered from the information on their passports and their last names were given as "Stoen" and "Briedenbach."

LIVESTOCK

In the meantime, an official government spokesman last night disclosed that in another day or two an administrator will be sent to the Jonestown settlement to make a detailed assessment of the facilities there. At present members of the Guyana Defence Force are said to be tending the livestock there.

It was also announced last night that Police Commissioner Lloyd Barker had sent a special team of policemen into the area yesterday to establish a fully equipped police station which was scheduled to go into operation at 2.00 p.m. No unauthorised person will be allowed to enter the area, it was explained.

And, commenting on the future of Jonestown, the official government spokesman made it clear that Government has no intentions of allowing the People's Temple to continue operating in the area. In addition, the government does not intend to lease the lands in the area to any foreign group, the official explained.

ESCAPED

To date, it is known that there are some 84 members of the People's Temple who escaped the November 18 tragedy. These include 46 members who were at the Temple's City Headquarters at the time of the tragedy, 33 survivors who were found either within the Jonestown Settlement or in the nearby forested area, and six members who were found

Forty-three year old Charles Edward Beikman, who has been a member of People's Temple for the past 20 years stood accused yesterday at the Georgetown Magistrate's Court of four murders, and one of attempted murder.

Beikman, an ex-Marine of Indiana, Indianapolis, in the United States is charged with

The accused being escorted to court

Ex-marine charged with four murders

BY JULIAN MENDES

and armed policemen.

Mr. McKay, who entered appearance for Beikman said that he was only allowed an

The lawyer observed that to his mind the accused's rights under the Constitution of Guyana had been violated

charges of attempted murder.

Beikman will appear in court again on January 15 at Matthew's Ridge the magisterial district where the murders were allegedly

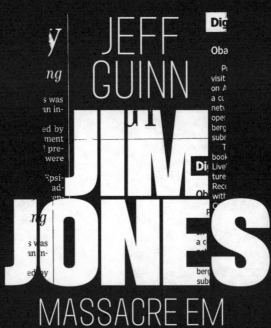

FOTOS

1 Myrtle Kennedy (no centro, em pé) participa de batismo da Igreja do Nazareno em um rio perto de Lynn, Indiana. Jim Jones dizia que ela era sua "segunda mãe". (Crédito: imagem cedida por Jim Jones Jr.)

2 Marceline Baldwin, pouco antes de se tornar estudante de enfermagem e conhecer Jim Jones. (Crédito: imagem cedida por Bill Manning.)

3 A "família arco-íris" posa para foto em um aeroporto de Indiana. No sentido horário: Jim Jones, Marceline Jones, Suzanne, Jim Jr., Stephan e Lew. Agnes, filha mais velha de Jones e Marceline, não aparece na foto, como de costume. (Crédito: acervo de Avelyn Chilcoate.)

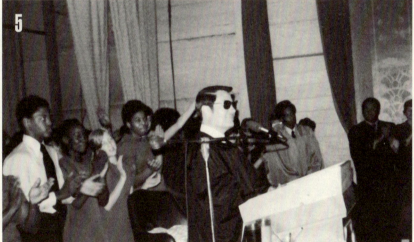

4 Jim Jones ministrando culto no Templo Popular, junto de Marceline. Jones deixava um recipiente atrás do púlpito, onde urinava com discrição, pois os cultos duravam horas. (Crédito: biblioteca e serviço de informação da Universidade San Diego State.)

5 Todos os cultos do Templo incluíam apresentações musicais com orquestra e vários coros. A música de qualidade ajudava a atrair novos membros para a igreja. (Crédito: biblioteca e serviço de informação da Universidade San Diego State.)

1 Pai Divino, cuja Missão de Paz inspirou os planos de Jones para o Templo Popular. Após a morte de Divino, Jones tentou se apossar do ministério dele, mas não conseguiu. (Crédito: AP Photo.)

2 Templo Popular no vale de Redwood, na Califórnia. Os membros do Templo apelidaram a região de "Vale dos Jecas", devido ao conservadorismo de muitos moradores locais, que não acolhiam bem a congregação multirracial da igreja. (Crédito: imagem de Diana Andro/ 24 Words.)

3 Jim Jones, em uma rara foto sem óculos escuros. Foto dos tempos de ministério no Templo Popular no vale de Redwood, Califórnia. (Crédito: biblioteca e serviço de informação da Universidade San Diego State.)

1 O prefeito de San Francisco, George Moscone, cumprimenta Jones em solenidade de nomeação do pastor para a comissão municipal de habitação. (Crédito: AP Photo.)

2 A congregação do Templo viajava pelo país em uma frota de ônibus de segunda mão comprada pelo Templo. Às vezes, os fiéis dormiam na beira de estradas, porém o mais comum era dormirem espremidos nas poltronas, bagageiros e nos compartimentos de carga. (Crédito: biblioteca e serviço de informação da Universidade San Diego State).

3 Foto de Marceline e Jim Jones no cartão comemorativo da família. As expressões sorridentes escondem o fato de que Jones morava com outra mulher quatro dias por semana. (Crédito: imagem cedida pelo California Historical Society.)

4 Placa no portão de entrada de Jonestown. Os dizeres variavam conforme o sentimento de Jones em relação ao visitante. (Crédito: AFP/ Getty Images.)

1 A selva entre Jonestown e Georgetown, capital costeira da Guiana, é quase impenetrável. Mesmo assim, algumas dezenas de "desbravadores" do Templo conseguiram erguer uma missão agrícola quase autossustentável em seu interior. (Crédito: imagem de Ralph Lauer/ 24 Words.)

2 Para subsidiar Jonestown, os moradores do assentamento confeccionavam bonecas de pano e brinquedos de madeira que vendiam em Georgetown em lojas e feiras a céu aberto. (Crédito: imagem cedida pelo California Historical Society.)

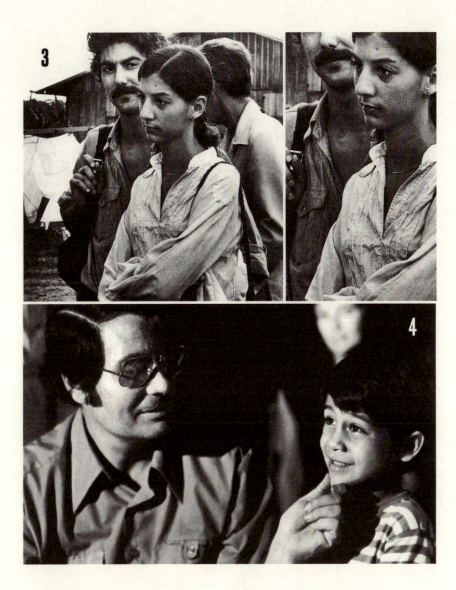

3 A expressão da amante e confidente de Jones, Maria Katsaris, não esconde o desdém pelo irmão, Anthony, na fatídica visita dele a Jonestown, em novembro de 1978. (Crédito: imagem cedida pelo Ukiah Daily Journal.)

4 Na noite de 17 de novembro de 1978, Jim Jones apresentou John Victor Stoen aos repórteres norte-americanos que obtiveram permissão para entrar em Jonestown. No dia seguinte, o menino morreria por ordem de Jones. (Crédito: imagem cedida pelo Ukiah Daily Journal.)

1 O parlamentar Leo Ryan, em Jonestown. Depois de ser quase esfaqueado no assentamento, morreu baleado durante o atentado em Porto Kaituma. (Crédito: AP Photo/ STR.)

2 Imagem da pista de pouso de Porto Kaituma após o ataque de 18 de novembro. Soldados guianenses que estavam no local se negaram a intervir: "eram brancos matando brancos". (Crédito: Bettman/ Getty Images.)

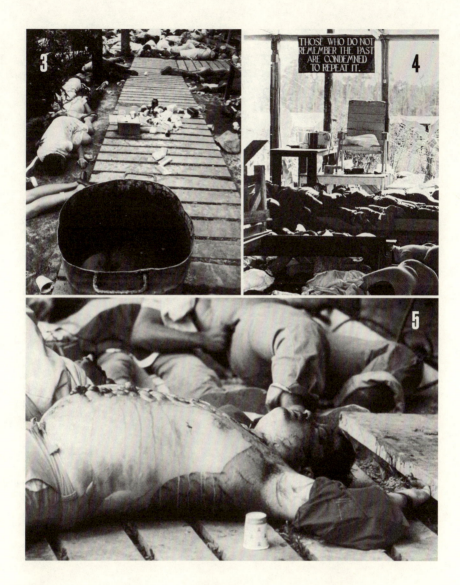

3 Bebês e crianças foram envenenadas por via oral. Os outros moradores tomaram um copo da mistura venenosa que foi preparada em um tonel. Aqueles que resistiram foram imobilizados pelos guardas e receberam injeções à força. (Crédito: The Washington Post/ Getty Images.)

4 Cadáveres em volta da cadeira de Jim Jones. Os seguidores se espremiam em bancos para ouvir o pastor, que pregava e praguejava até de madrugada. (Crédito: The Washington Post/ Getty Images.)

5 Corpo de Jim Jones, encontrado no palco do pavilhão de Jonestown. Em vez de tomar veneno, morreu com um tiro na cabeça. (Crédito: David Hume Kennerly/ Getty Images.)

1. Vista aérea de Jonestown após a tragédia. Os pontinhos ao redor do pavilhão do assentamento, no centro da foto, são os corpos das vítimas. (Crédito: imagem cedida por Gerald Gouveia.)

2. Jonestown após o suicídio coletivo/massacre. Alguns cadáveres estavam em estado tão avançado de decomposição, que os militares norte-americanos encarregados da remoção tiveram que usar pás de neve para colocá-los nos sacos mortuários. (Crédito: David Hume Kennerly/ Getty Images.)

3 Quando os primeiros socorristas militares da Guiana chegaram a Porto Kaituma, em 19 de novembro, ficaram chocados com a carnificina na pista de pouso. (Crédito: imagem cedida por Gerald Gouveia.)

4 Larry Layton foi preso em Porto Kaituma em 18 de novembro, mas acabou absolvido pela justiça guianense. Extraditado para os Estados Unidos, foi condenado por envolvimento no assassinato de um parlamentar e passou quase duas décadas na prisão antes de obter liberdade condicional. (Crédito: David Hume Kennerly/ Getty Images.)

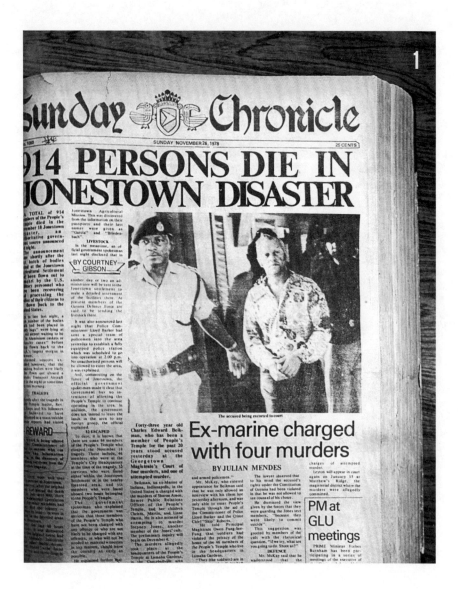

1 O número total de mortos na tragédia de 18 de novembro em Jonestown só seria conhecido depois de vários dias. As autoridades guianenses queriam garantir que algum sobrevivente pagasse, ao menos em parte, pelo massacre. Chuck Beikman, fiel discípulo de Jones, era a escolha mais óbvia. (Crédito: imagem de Ralph Lauer/ 24 Words.)

2 Corpo de Jim Jones é preparado para ser enviado para os Estados Unidos junto dos demais. Apesar dos esforços das equipes médicas, centenas de corpos ficaram sem identificação. (Crédito: New York Times Co.)

3 Gerald Gouveia, que pilotou o primeiro avião para Porto Kaituma em 19 de novembro de 1978, mostra onde os militares guianenses encontraram a maioria dos corpos naquela mesma manhã em Jonestown. (Crédito: imagem de Ralph Lauer/ 24 Words.)

1 Na sequência da tragédia, o ex-ministro guianense Kit Nascimento foi nomeado pelo então primeiro-ministro Burnham como porta-voz da Guiana. (Crédito: imagem de Ralph Lauer/ 24 Words.)

2 À exceção de uns poucos metros quadrados, a selva voltou a tomar conta do espaço antes ocupado pela colônia. Carcaças enferrujadas de veículos e parte do engenho de mandioca foram tudo o que sobrou do povoado original. (Crédito: imagem de Ralph Lauer/ 24 Words.)

3 Foto recente de Stephan Jones e Jim Jones Jr. Apesar dos percalços que sofreram na vida adulta, os três irmãos, incluindo Tim, continuam próximos. (Crédito: AP Photo/ Jeff Chiu.)

4 Monumento em memória dos mortos, no antigo local do assentamento. (Crédito: imagem de Ralph Lauer/ 24 Words.)

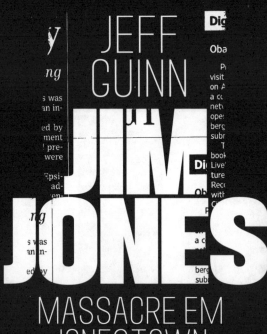

JEFF GUINN

JIM JONES

MASSACRE EM JONESTOWN

EXTRAS

NOTAS

Os arquivos do FBI dos trágicos acontecimentos em Jonestown e Porto Kaituma e a história do Templo Popular começam com a designação RYMUR (de "Ryan Murder"), acompanhada pela numeração 89-4286. Seguem-se números e letras adicionais de identificação para cada documento, e às vezes para cada página de documento, tudo à mão. A legibilidade varia — no mínimo dezenas e talvez centenas de indivíduos diferentes fizeram as notações.

Além disso, muitos dos arquivos do FBI com base no Freedom of Information Act (Lei de acesso à informação) acabaram desbotados com o tempo, desfigurados por extensas e irregulares marcas de edição ou danificados ao ponto de alguns códigos se tornarem ilegíveis ou ficarem parcial ou inteiramente ausentes. Todos os arquivos RYMUR citados incluem a maior parte possível do código de identificação. Espero que os leitores não fiquem muito frustrados; eu e meus pesquisadores com certeza ficamos.

Um ex-membro do Templo Popular só concordou com a entrevista para este livro caso tivesse a identidade preservada. Como essa pessoa tinha informações essenciais a oferecer, eu aceitei.

PRÓLOGO

A maior parte das informações provém de entrevistas com Desmond Roberts, Gerald Gouveia (o piloto do exército que conduziu o primeiro avião de resgate até Porto Kaituma na manhã de 19 de novembro de 1978) e Kit Nascimento, que na época integrava o gabinete do primeiro-ministro Forbes Burnham. Os detalhes sobre a reunião entre Burnham e o embaixador dos Estados Unidos John Burke, na noite de 18 de novembro, foram retirados de um relatório enviado por telex pelo diplomata ao Departamento de Estado em Washington logo após o encontro. O relatório deixou de ser sigiloso por decisão do governo norte-americano em 2014.

O avião Cessna que pousou em Porto Kaituma foi ora descrito como tendo capacidade máxima de cinco passageiros, ora de seis. Na tarde de 18 de novembro, esse dado não importava — apenas três pessoas estavam a bordo durante o voo de Porto Kaituma a Georgetown. Segundo afirma Tim Reiterman em *Raven*, a terceira pessoa era Monica Bagby, que fugira de Jonestown e ficou ferida no ataque à pista de pouso. (Tim Reiterman, *Raven: The Untold Story of the Rev. Jim Jones and His People* [Nova York: Tarcher Perigee, 2008], p. 535.)

1. LYNETTA E JIM

Na maioria dos casos, é impossível saber ao certo o que alguém estava sentindo: frustração, ciúme, rancor. Mas Lynetta escrevia e falava muito sobre sua infância e sua vida em Crete e Lynn. Exagerava seus feitos e adorava narrar suas tribulações nas mãos de supostos inimigos, mas podia ser, e em geral era, bastante explícita ao descrever suas impressões cotidianas.

Cópias de registros relativos ao esgotamento nervoso de James Thurman Jones e sua subsequente hospitalização me foram fornecidas pela historiadora Joyce Overman Bowman, de Indiana. Ela encontrou esses registros por meio da Ohio Historical Society, há pouco tempo rebatizada de Ohio History Connection.

Em vários casos, informações dos arquivos RYMUR do FBI foram transcritas por Fielding McGehee III e publicadas no site Alternative Considerations of Jonestown & Peoples Temple [Considerações alternativas sobre Jonestown e o Templo Popular], do Jonestown Institute, disponível em <http://jonestown.sdsu.edu/>. Como acredito que a maioria dos leitores

achará mais fácil consultar o site do Jonestown Institute do que solicitar arquivos ao FBI por meio do Freedom of Information Act, nesses casos citarei a fonte do instituto.

1. Entrevistas 1 & 2 com Lynetta Jones, Jonestown Institute.
2. Rebecca Moore, Anthony B. Pinn, Mary R. Sawyer (Orgs.). *Peoples Temple and Black Religion in America*. Bloomington: Indiana University Press, 2004, p. 123-24.
3. Entrevistas 1 & 2 com Lynetta Jones, Jonestown Institute.
4. Entrevista com Joyce Overman Bowman.
5. Em suas memórias de Jonestown, Lynetta declarou que "conhecia [Jim] havia muito tempo", e que rejeitou "uns oito" pedidos de casamento dele antes de firmarem o compromisso. Considerando seu histórico de dois matrimônios fracassados nos seis anos anteriores, o mais provável é que tenha se casado com Jim logo depois de conhecê-lo (Entrevistas 1 & 2 com Lynetta Jones, Jonestown Institute).
6. Entrevista com Jeanne Jones Luther.
7. Em 12 de julho de 1973, um incêndio destruiu grande parte do edifício do National Personnel Records Center, em St. Louis, onde estava armazenada a maioria dos registros militares da Primeira Guerra Mundial. Não havia reproduções desses documentos, e eles não foram copiados em microfilme. Estima-se que 80% tenham sido perdidos no incêndio — inclusive, ao que parece, os arquivos relativos a James Thurman Jones. Sendo assim, é impossível saber ao certo quando e onde foi atingido por gases tóxicos, que tratamento recebeu após o incidente e a quantia exata da pensão por invalidez a que teve direito. Os 30 dólares aqui sugeridos são uma estimativa baseada em informações fornecidas pelo Exército dos Estados Unidos.
8. Entrevista com Roberta Horne.
9. Ibid.
10. Entrevista com Monesa Wisener.
11. Entrevista com Linda Black.
12. Entrevista com Larry McKissick.
13. RYMUR 89-4286-FF-1-71 E 72.
14. Ibid.
15. Entrevista com Jeanne Jones Luther.
16. RYMUR 89-4286-EE-1-L-100.
17. Entrevista com Joyce Overman Bowman.
18. RYMUR 89-4286-FF-1-72.
19. Entrevista com Jeanne Jones Luther.
20. Ibid.

2. LYNN

21. Entrevistas com Bob Hayes, Joyce Overman Bowman e Bill Townshend.

22. Entrevistas com Roberta Horne e Bill Cox.

23. Entrevistas com Bill Townshend e Richard Grubbs.

24. Entrevista com Bill Townshend.

25. James H. Madison, *Lynching in the Heartland: Race and Memory in America* (Nova York: Palgrave Macmillan, 2001), pp. 38-39; Leonard J. Moore, *Citizen Klansmen: The Ku Klux Klan in Indiana, 1921-1928* (Chapel Hill: University of North Carolina Press, 1997), pp. 17, 27, 58, 81; entrevistas com James H. Madison, Gregory Hinshaw e Kay Straley.

26. Entrevistas com Gregory Hinshaw, Monesa Wisener, Jeanne Jones Luther, Bill Cox e Richard Grubbs.

27. Entrevista com Bill Townshend.

28. Entrevista com Bob Hayes.

29. Entrevista com Bill Townshend.

30. Entrevista com Jeanne Jones Luther.

31. Entrevistas com Jeanne Jones Luther e Joyce Overman Bowman.

32. Entrevistas com Bill Cox e Bill Manning.

33. Entrevista com Bob Hayes.

34. Entrevista com Chuck Willmore.

35. Entrevistas com Linda Black e Monesa Wisener.

36. Entrevistas com Bill Townshend, James H. Madison e Jeanne Jones Luther.

37. RYMUR, 89-4286-FF-7-E-1 E 2.

38. Entrevistas com Roberta Horne, Rachel Sheeley, Chuck Willmore e Bill Manning.

3. JIMMY

39. Entrevista com Max Knight.

40. Entrevista com Joyce Overman Bowman.

41. Entrevista com Jeanne Jones Luther.

42. Entrevista com Chuck Willmore.

43. Entrevista com Joyce Overman Bowman.

44. Entrevista com Bill Manning.

45. Entrevista com Bill Townshend.

46. Entrevista com Bill Manning.

47. Ibid.

48. RYMUR 89-4286-o-1-b-1.

49. RYMUR 89-4286-o-1-b-7.

50. Entrevista com Max Knight.

4. JUVENTUDE

51. James H. Madison, *The Indiana Way* (Bloomington: Indiana University Press, 2000), p. xiii; entrevista com James H. Madison.

52. Entrevista com Jeanne Jones Luther.

53. Entrevista com Chuck Willmore.

54. Ibid.

55. Entrevistas com Bob Hayes e Jeanne Luther Jones.

56. Entrevista com Chuck Willmore.

57. Entrevista com Jeanne Jones Luther.

58. Entrevista com Chuck Willmore.

59. Entrevistas com Bill Townshend, Bill Cox, Bob Hayes e Jeanne Jones Luther.

60. Entrevista com Jeanne Jones Luther. Quando adulto, Jones declarou que nutrira grande admiração pelos russos durante a Segunda Guerra Mundial, e que foi em parte por esse fascínio que passou a acreditar no socialismo. Mas sua prima Jeanne se lembra de ser açoitada por ele nas panturrilhas quando não marchava direito em passo de ganso.

61. Entrevista com Lester Wise.

62. Entrevista com John Mutchner.

63. Entrevistas com Kay Straley, Max Knight e Chuck Willmore.

64. Entrevista com Linda Black.

65. Entrevistas com Bill Manning, Joyce Overman Bowman e Richard Grubbs.

66. Entrevista com Monesa Wisener.

67. Entrevistas com Bill Townshend e Bob Hayes.

68. Entrevistas com John Mutchner e Bill Cox.

69. Entrevista com Jeanne Jones Luther. Perguntei a vários moradores mais antigos de Lynn sobre o caso de Lynetta. Dois deles reconheceram, meio a contragosto, que ouviram falar do assunto, mas não quiseram entrar em detalhes e não me autorizaram a citar seus nomes. A própria Jeanne Luther me disse: "Eu sei o nome do homem, mas não vou dizer porque eu acho que ele ainda tem família por aqui e não quero prejudicá-los". Em *Raven*, Tim Reiterman identifica o amante de Lynetta como Shorty Beverly.

70. Entrevista com Richard Grubbs. Gostaria muito de perguntar a Sara Lou pessoalmente sobre Jim Jones, mas ela morreu há muito tempo após complicações de parto.

71. Entrevistas com Joyce Overman Bowman, Bill Townshend, Linda Black, Roberta Horne e Bob Hayes.

72. RYMUR 89-4286-bb-1b-z-12.

73. Entrevistas com Monesa Wisener e Gregory Hinshaw.

74. Entrevista com Rachel Sheeley. Embora em Lynn haja muitas pessoas dispostas a falar abertamente e em detalhes sobre Jim Jones, o mesmo não se pode dizer sobre os que conheceram Jim Jones (ou, pelo menos, tinham ouvido falar dele) em Richmond. Com certa relutância, alguns moradores mais antigos admitiram que, quando crianças, ouviram algo sobre um adolescente chamado Jim que pregava para negros desamparados. No entanto, ninguém ia muito além disso.

75. Entrevista com Bill Cox.

76. Entrevista com Phyllis Willmore Zimmerman.

5. RICHMOND

77. Supõe-se que o namorado de Lynetta mudou-se para Richmond antes dela e Jimmy, então é possível, até provável, que no verão de 1948 ela tenha ido deliberadamente atrás dele para tentar continuar a relação. Se foi essa sua intenção, tudo indica que não deu certo. Reiterman, *Raven*, p. 26.

78. Entrevista com Max Knight.

79. Entrevista com Joyce Overman Bowman.

80. O túmulo de James T. Jones pode ser visitado no cemitério de Mount Zion, nos arredores de Winchester, no condado de Randolph. Embora o nome dos dois esteja marcado na lápide, Lynetta não está enterrada lá com ele.

81. Entrevista com Janice L. Beach.

82. Entrevista com Richard Stadelmann.

83. O espaço deste livro não permite listar e contradizer cada uma das declarações exageradas de Lynetta sobre sua vida. Daqui em diante, mencionarei apenas as mais gritantes.

84. A falecida esposa de Max Knight era supervisora no hospital Reid e fez relatos entusiasmados para o marido sobre o desempenho brilhante de seu jovem amigo como servente noturno no estabelecimento.

85. Entrevista com Phyllis Willmore Zimmerman.

6. MARCELINE

Para informações gerais sobre a história de Richmond, ver *Richmond: A Pictorial History*, de Gertrude Luckhardt Ward (St. Louis: G. Bradley Publishing, 1994). É uma bela cidade com pessoas simpáticas. Ao contrário de Lynn, no entanto, pouquíssimos moradores confirmam que Jim Jones morou por lá. Eles o consideram uma mácula na história da cidade.

86. Entrevista com Janet L. Jackson.

87. Entrevista com Ruth Townshend.

88. Entrevista com Bill Jackson. Bill, que casou com a neta de Charlotte, Janet, acabou desistindo de uma carreira de sucesso no setor bancário para fundar seu próprio ministério. Charlotte Baldwin disse a Bill que sonhou que ele faria isso.

89. Entrevista com Janet L. Jackson.

90. RYMUR 89-4286-FF-1-95-C.

91. Entrevista com Janice L. Beach.

92. Entrevista com Avelyn Chilcoate.

93. Entrevistas com Janice L. Beach e Avelyn Chilcoate.

94. Entrevista com Avelyn Chilcoate.

95. Ibid.

96. Ibid.

7. JIM E MARCELINE

Grande parte das informações foi obtida a partir de uma longa entrevista com Ronnie Baldwin, o primo de Marceline Jones que, quando menino, morou por quinze meses com ela e Jim em Indianápolis.

Richmond Arquette, cuja família é famosa na indústria do entretenimento, está desenvolvendo um documentário centrado nos antigos membros do Templo Popular. Depois que conseguimos localizar Ronnie por meio de contatos em Indiana, Richmond e eu concordamos que poderia ser intimidador para ele falar ao mesmo tempo com pessoas envolvidas em dois projetos diferentes, ainda que complementares. Por isso, entreguei a Richmond uma série de perguntas, e ele se encarregou de entrevistar Ronnie. Depois, com o consentimento de Ronnie, Richmond compartilhou a transcrição da entrevista comigo.

97. RYMUR 89-4286-BB-1B-Z-63.

98. Entrevista com Janice L. Beach.

99. RYMUR 89-4286-BB-1B-Z-63.

100. Reiterman, *Raven*, p. 33.

101. California Historical Society, MS 4126, Caixa 3, Pasta 12.

102. RYMUR 89-4286-O-I-B-4.

103. RYMUR 89-4286-FF-1-95b.

104. RYMUR 89-4286-O-I-B-4.

105. RYMUR 89-4286-FF-I-95a.

106. Entrevista com Avelyn Chilcoate.

107. Entrevista com Janet L. Jackson.

108. Entrevista com Ronnie Baldwin.

109. Ibid.

110. Rebecca Moore, *Understanding Jonestown and Peoples Temple* (Westport, CT: Praeger, 2009), p. 12.

111. Entrevista com Scott Seay.

112. Entrevista com Ronnie Baldwin.

113. Moore, *Understanding Jonestown and Peoples Temple*, p. 12; Reiterman, *Raven*, p. 41.

8. PRIMEIROS PASSOS

114. "Mom's Help for Ragged Tramp Leads Son to Dedicate His Life to Others", *Richmond Palladium-Item*, 15 mar. 1953.

115. Entrevista com Ronnie Baldwin.

116. RYMUR 89-4286-O-1-B-8. Todas as reminiscências de Jones contidas no capítulo 8 baseiam-se nesse documento e em RYMUR 89-4286-O-1-B-9.

117. RYMUR 89-4286-BB-18-Z-64.

118. RYMUR 89-4286-1304-67c.

9. A IGREJA DA RECOMPENSA IMEDIATA

Muitas das informações deste capítulo provêm da minha entrevista com Ron Haldeman, que hoje em dia mora em um lar de idosos em Indianápolis.

119. Até o momento de nossa entrevista, Ron Haldeman acreditava no que Jim Jones lhe dissera sobre ter sido um quacre devoto a vida toda. Sua reação quando lhe contei que isso não era verdade diz muito sobre o charme pessoal de Jim Jones. Depois de dar risada, Haldeman falou: "Bem, não estou muito surpreso. Era típico dele, deixar eu pensar o que eu queria, me induzir a entender errado as coisas, para me fazer querer ajudá-lo. Esse era Jimmy. Com certeza me convenceu."

120. Richard B. Pierce, *Polite Protest: The Political Economy of Race in Indianapolis, 1920-1970* (Bloomington: Indiana University Press, 2005), p. 11.

121. Randy Roberts, *But They Can't Beat Us: Oscar Robertson and the Crispus Attucks Tigers*. Indianápolis: Indiana Historical Society/Champaign, IL: Sports Publishing, 1999, p. 39.

122. Emma Lou Thornbrough, *Indiana Blacks in the Twentieth Century*. Ed. De Lana Ruegamar. Bloomington: Indiana University Press, 2000, p. 112-13.

123. Entrevista com Ron Haldeman. Após tantos anos, o rev. Haldeman não conseguia se lembrar de qual era a reclamação específica (e o teor da carta referente a essa demanda) que foi objeto de discussão nesse primeiro culto da União Comunitária ao qual compareceu. Ele citou o exemplo da idosa negra e da companhia de eletricidade, mas o incidente pode ter ocorrido em alguma de suas visitas posteriores.

124. Ibid. Haldeman e sua primeira esposa tornaram-se amigos próximos de Jim e Marceline Jones.

125. Reiterman, *Raven*, p. 46; entrevistas com Avelyn Chilcoate e John Mutchner.

126. Entrevista com Ron Haldeman.

10. TEMPLO POPULAR

127. Entrevista com Ron Haldeman.

128. Denise Stephenson, *Dear People: Remembering Jonestown*. Berkeley: Heyday Books, 2005, p. 10-11.

129. RYMUR 89-4286-O-1-B-9.

130. Entrevista com Ron Haldeman.

131. Entrevista com Scott Seay.

132. RYMUR 89-4286-FF-1-95d.

133. Entrevista com Avelyn Chilcoate.

134. Moore, *Understanding Jonestown and Peoples Temple*, p. 12-15; entrevista com Rebecca Moore.

135. Garrett Lambrev, "Joe Phillips: A Reflection", *Jonestown Report* (v. 15, nov. 2013), modificado pela última vez em 20 mar. 2014. Garrett era conhecido como Garry pelos membros do Templo Popular, por isso o chamo assim neste livro.

136. Entrevistas com Juanell Smart e Jim Jones Jr. Discuti as curas de Jones com dezenas de pessoas, a maioria ex-membros do Templo Popular que as testemunharam pessoalmente. Juanell Smart era casada com David Wise, que trabalhou por um tempo como pastor assistente de Jones e foi um de seus principais cúmplices no uso de miúdos de frango para encenar curas de câncer. Wise explicou todo o processo para Juanell, que anos depois o descreveria para mim. Jim Jones Jr. confirmou o uso dos miúdos e contou uma história divertida, que aparece em um capítulo posterior.

137. Entrevista com Garrett Lambrev.

138. RYMUR 89-4286-O-1-B-9.

139. Entrevista com Ron Haldeman.

11. CONQUISTANDO INFLUÊNCIA

140. Entrevista com Ron Haldeman.

141. Ibid.

142. Moore, *Understanding Jonestown and Peoples Temple*, p. 17.

143. Entrevista com Scott Seay.

144. Reiterman, *Raven*, p. 50-53.

145. Entrevista com Jim Jones Jr.

146. Moore, *Understanding Jonestown and Peoples Temple*, p. 17.

147. RYMUR 89-4286-BB-1B-Z-77.

148. RYMUR 89-4286-FF-I-95d.

149. Entrevista com Juanell Smart.

150. Jill Watts, *God, Harlem U.S.A.: The Father Divine Story*. Berkeley: University of California Press, 1992, p. 48.

12. PAI DIVINO

Embora eu tenha lido dezenas de artigos e livros e conduzido diversas entrevistas sobre o Pai Divino enquanto escrevia este capítulo, recorri repetidas vezes a duas fontes. O livro *Peoples Temple and Black Religion in America*, organizado por Rebecca Moore, Anthony B. Pinn e Mary R. Sawyer (Bloomington: Indiana University Press, 2004) foi essencial não só por me ajudar a entender os paralelos entre o Movimento de Paz do Pai Divino e o Templo Popular, mas também certos elementos da religiosidade afro-americana que influenciaram de maneira muito mais profunda o ministério de Jim Jones que aquilo que ele seletivamente absorveu do Pai Divino.

Informações recolhidas de *God, Harlem U.S.A.: The Father Divine Story*, de Jill Watts (Berkeley: University of California Press, 1992) podem ser encontradas em quase todos os parágrafos deste capítulo. Referências específicas foram extraídas das páginas 1-5, 30, 31, 86, 105, 107-12, 113, 119, 125, 137, 153-59, 160-66 e 167-71. Se, assim como eu, você considerou o Pai Divino fascinante, recomendo muito a leitura do livro de Jill Watts.

151. Entrevista com Ron Haldeman.
152. Ibid.
153. Entrevista com Max Knight.
154. Entrevista com Ron Haldeman.
155. California Historical Society, MS 4124, Caixa 1, Pasta 10. Esse panfleto possui 32 páginas. O Pai Divino é mencionado pela última vez na página 27. Jones queria que seus seguidores jamais esquecessem quem era seu verdadeiro líder.

13. "TODAS AS RAÇAS UNIDAS"

156. David Halberstam, *The Fifties* (New York: Ballantine, 1994), p. 428-41. Esse livro é um exemplo magistral de como contar as histórias essenciais de uma década de forma bastante clara e agradável.
157. Reiterman, *Raven*, p. 54.
158. Moore, Pinn e Sawyer (Orgs.), *Peoples Temple and Black Religion in America*, p. 152.
159. RYMUR 89-4286-HH-6-A-2.
160. Entrevista com Ron Haldeman.
161. RYMUR 89-4286-FF-1-95-e.
162. Entrevista com Jim Jones Jr.
163. Entrevista com Ron Haldeman.
164. Entrevista com Jim Jones Jr.
165. Ibid.
166. Reiterman, *Raven*, p. 66-68.

167. Entrevista com Scott Seay. Historicamente, existem várias ramificações dos Discípulos de Cristo; de todas, a "Igreja Cristã" é a mais liberal e também a que mais atraiu e foi atraída por Jim Jones. Aqui, me refiro a eles apenas como "Discípulos" ou "Discípulos de Cristo".
168. Ibid.
169. Moore, *Understanding Jonestown and Peoples Temple*, p. 17; Reiterman, *Raven*, p. 68-69.

14. UM HOMEM DE RESPEITO

170. David Halberstam, *War in a Time of Peace: Bush, Clinton, and the Generals*. Nova York: Scribner, 2002, p. 105.
171. Os policiais de Los Angeles eram obrigados a frequentar seminários em que palestrantes garantiam que isso era verdade. Jeff Guinn, *Manson: The Life and Times of Charles Manson* (Nova York: Simon & Schuster, 2014), p. 114.
172. Rick Perlstein, *Before the Storm: Barry Goldwater and the Unmaking of the American Consensus* (New York: Nation Books, 2009), p. 114-19.
173. Madison, *A Lynching in the Heartland*, p. 245.
174. Entrevista com Ron Haldeman.
175. RYMUR 89-4286-BB-1B-Z-68; fita do FBI Q 775.
176. RYMUR 89-4286-A-36-C-12.
177. Entrevista com Ron Haldeman.
178. Reiterman, *Raven*, p. 66. Segundo Reiterman, Jones não conseguiu impressionar os muçulmanos contando que tinha adotado uma criança negra.
179. California Historical Society, Ms. 4126, Caixa 3, Pasta 12.
180. Entrevista com Jim Jones Jr.
181. RYMUR 89-4286-EE-1-I&J-73.

15. COLAPSO

182. Entrevista com Max Knight.
183. Entrevista com Ron Haldeman.
184. Ibid.
185. Moore, *Understanding Jonestown and Peoples Temple*, p. 32.
186. RYMUR 89-4286-1099.
187. Entrevista com Scott Seay.
188. Entrevista com Ron Haldeman.
189. Tive a oportunidade de examinar cópias dos relatórios anuais dos Discípulos durante um seminário da denominação em Indianápolis. As falsificações eram flagrantes.
190. Lambrev, "Joe Phillips: A Reflection".

191. Antes de sua morte, em 2015, realizei várias entrevistas para este livro com o ex-presidente do Congresso dos Estados Unidos, Jim Wright. Ele discorreu por um longo tempo sobre a "paranoia da bomba atômica" no país nas décadas de 1950 e 1960.

192. Richard Norton Smith, *On His Own Terms: A Life of Nelson Rockefeller*. New York: Random House, 2014, p. 363.

193. Perlstein, *Before the Storm*, p. 142-43.

194. Entrevista com Garrett Lambrev; Lambrev, "Joe Phillips".

195. Moore, *Understanding Jonestown and Peoples Temple*, p. 18.

196. Reiterman, *Raven*, p. 77.

197. California Historical Society, Ms. 4126, Caixa 3, Pasta 12.

198. Caroline Bird, "9 Places in the World to Hide", *Esquire*, jan. 1962.

16. BRASIL

199. Entrevista com Garrett Lambrev; Reiterman, *Raven*, p. 78.

200. Stephenson, *Dear People*, p. 59.

201. Bonnie Thielmann com Dean Merrill, *The Broken God* (Colorado Springs: David C. Cook, 1979), p. 23. A autobiografia de Thielmann é o melhor registro da passagem de Jim Jones pelo Brasil.

202. Ibid., p. 19-22, 24-25, 27.

203. Moore, *Understanding Jonestown and Peoples Temple*, p. 19-15; entrevista com Rebecca Moore.

204. Thielmann, *The Broken God*, p. 25.

205. Moore, *Understanding Jonestown and Peoples Temple*, p. 19; Reiterman, *Raven*, p. 82-83.

206. RYMUR 89-4286-FF-1-66.

207. RYMUR 89-4286-O-1-B-12 até 18.

208. Thielmann, *The Broken God*, p. 34-35.

209. Entrevista com Ron Haldeman.

17. RUMO AO OESTE

210. Reiterman, *Raven*, p. 86-87.

211. Entrevista com James H. Madison; Thornbrough, *Indiana Blacks in the Twentieth Century*, p. 169-70.

212. Entrevistas com Scott Seay e Juanell Smart.

213. Moore, *Understanding Jonestown and Peoples Temple*, p. 19.

214. RYMUR 89-4286-FF-1-95a.

215. Diário de Edith Roller, 7 jul. 1975, Jonestown Institute.

216. Reiterman, *Raven*, p. 93.

217. Ibid., p. 92.

218. Entrevista com Scott Seay.

219. Ibid.

220. Entrevista com Ron Haldeman.

221. Entrevista com Jim Jones Jr.

222. Lambrev, "Joe Phillips"; RYMUR 89-4286-FF-1-96a até c.

223. Reiterman, *Raven*, p. 98-99.

224. Ibid., p. 94-95.

225. Entrevista com Ron Haldeman.

226. Entrevista com Jim Jones Jr.

227. Entrevistas com Alan Swanson e Garrett Lambrev.

18. O VALE DOS JECAS

228. "Messiah from the Midwest", *Time*, 4 dez. 1978.

229. 89-4286-A-31-a-5b, 5c e 5d; RYMUR 89-4286-A-32-A.

230. Entrevista por e-mail com Dan McKee.

231. Entrevista com Alan Swanson.

232. Entrevista com Teri Buford O'Shea. Em uma fase posterior da vida, ela mudou a grafia de seu nome de "Terri" para "Teri". Em 2015, quando mantivemos várias conversas, já era "Teri". Isso explica a diferença de grafia entre o texto do livro e as notas dos capítulos.

233. Stephan Jones, Griot Institute, Universidade Bucknell, 10 abr. 2013.

234. Entrevista com Alan Swanson.

235. California Historical Society, Ms. 3800, Caixa 2, Pasta 38.

236. Entrevista com Colleen Rickabaugh.

19. SEM SAÍDA

237. Entrevista com Garry Lambrev.

238. Entrevista com Jim Jones Jr.

239. *Dear People*, p. 21; Garry Lambrev, "A Peoples Temple Survivor Remembers", *Jonestown Report* (v. 8, nov. 2006), modificado pela última vez em 6 mar. 2014, Jonestown Institute; e Garry Lambrev, "Questions That Remain", *Jonestown Report* (v. 5, ago. 2003), modificado pela última vez em 14 mar. 2014, Jonestown Institute.

240. Entrevista com Garry Lambrev.

241. Ibid.

242. RYMUR 89-4286-1-1&J-2; Lambrev, "Joe Phillips"; entrevista com Garry Lambrev.

243. RYMUR 89-4286-1-96a.

244. Entrevistas com Alan Swanson e Jim Jones Jr.

245. Robert L. Winslow seguiu uma carreira de sucesso na advocacia privada. Em seu caso mais famoso, defendeu Doris Day em um processo por fraude e erro médico que rendeu à atriz um acordo extrajudicial de 22,8 milhões de dólares. Winslow morreu em 1996.

20. RESSURREIÇÃO

246. Entrevista com Garry Lambrev.

247. Entrevista com Alan Swanson.

248. Entrevista com Garry Lambrev.

249. David Talbot, *Season of the Witch: Enchantment, Terror, and Deliverance in the City of Love*. Nova York: The Free Press, 2012, p. 277.

250. Entrevistas com Laura Johnston Kohl e Teri Buford O'Shea.

251. Entrevista com Garry Lambrev.

252. Entrevista com Jim Jones Jr.

253. Fita Q 612, Jonestown Institute.

254. Entrevista com Scott Seay.

255. Há muitas descrições de como os membros do Templo recebiam visitantes no vale de Redwod. Encontrei a melhor em *Six Years with God: Life Inside Rev. Jim Jones's Peoples Temple* (New York: A&W Publishers, 1979, p. 114-29), de Jeanne Mills, que se chamava Deanna Mertle quando ingressou no Templo.

256. Entrevistas com Laura Johnston Kohl e Tim Carter. Ambos entraram para o Templo depois de 1969, mas os métodos de extrair informações de visitantes para que Jones pudesse usá-las ainda eram sobretudo os mesmos.

257. Entrevista com Garry Lambrev.

21. CAROLYN

258. Entrevista com Janet L. Jackson.

259. Entrevista com Avelyn Chilcoate.

260. Entrevista com Janice L. Beach. Marceline confidenciou o problema apenas à mãe, mas Charlotte Baldwin tocou no assunto com algumas outras pessoas, inclusive Janice, amiga de longa data de Marceline.

261. Entrevistas com Garry Lambrev e Alan Swanson.

262. RYMUR 89-4286-1099.

263. Entrevistas com Laura Johnston Kohl e Jim Jones Jr.

264. Entrevista com Jim Jones Jr.

265. Entrevistas com Juanell Smart e Fielding McGehee.

266. Entrevista com John V. Moore.

267. Entrevistas com Fielding McGehee e Rebecca Moore.

268. Entrevista com John V. Moore e Rebecca Moore.

269. Entrevista com John V. Moore.

270. Quem me contou isso foi um antigo membro do Templo que testemunhou a conversa entre Patty Cartmell e Carolyn Layton, e que insistiu em não ser identificado.

271. Entrevista com Jim Jones Jr.; Stephan Jones, "Like Father, Like Son", *Jonestown Report*, (v. 5, ago. 2003), modificado pela última vez em 14 mar. 2014, Jonestown Institute.

272. Stephenson, *Dear People*, p. 59-60.

22. EXEMPLO SOCIALISTA

273. Entrevistas com Neva Sly Hargrave e Laura Johnston Kohl.

274. Entrevista com Garry Lambrev. ·

275. Mills, *Six Years with God*, p. 131-33.

276. Entrevistas com Laura Johnston Kohl e Hue Fortson; Neva Sly Hargrave, "A Story of Deprogramming", *Jonestown Report*, (v. 6, out. 2010), modificado pela última vez em 8 mar. 2014, Jonestown Institute.

277. *Ukiah Daily Journal*, 27 out. 1975.

278. Entrevista com Neva Sly Hargrave.

279. RYMUR 89-4286-QQ-2-H-1 até 4.

280. Quando procurei Tim Stoen para lhe pedir uma entrevista para este livro, ele respondeu com uma recusa categórica, ainda que muito bem-educada, citando uma política pessoal de não comentar sobre o Templo Popular que já seguia havia dez anos. Existem muitos documentos públicos e arquivos do FBI que descrevem várias das ações de Stoen, e outros sobreviventes do Templo compartilharam comigo memórias e opiniões a respeito dele. Diversos livros anteriores sobre Jim Jones e o Templo Popular, em especial *Raven*, de Tim Reiterman, e *Awake in a Nightmare: Jonestown, the Only Eyewitness Account* (Nova York: W.W. Norton, 1981), de Ethan Feinsod, dedicaram considerável espaço a Stoen. Mas eu sempre prefiro saber as coisas pela própria pessoa. Em 2003, Stoen deu uma longa entrevista a Hank Sims, do *North Coast Journal*, e eu garimpei muitas informações do texto do jornalista, "Standing in the Shadows of Jonestown", publicado na edição de setembro de 2003 do periódico.

Até que, em dezembro de 2015, Stoen publicou, de forma independente, seu livro *Marked for Death: My War with Jim Jones the Devil of Jonestown* (Charleston: CreateSpace, 2015) . Embora toda autobiografia seja em certo grau tendenciosa (de forma inconsciente, ao lembrar de coisas importantes, procuramos nos apresentar sob uma luz mais favorável), *Marked for Death* é de grande valia para quem busca entender os meandros do Templo Popular. Ainda gostaria que Tim Stoen tivesse falado comigo, mas foi bom que em *Marked for Death* ele tenha contado a história de seu próprio ponto de vista, muitas vezes fornecendo datas específicas que faltavam em crônicas anteriores do Templo e nos registros da igreja. A descrição que o advogado faz de seu primeiro contato com o Templo Popular foi em especial muito valiosa.

281. Stoen, *Marked for Death*, p. 62-68.

282. Entrevistas com Jim Jones Jr., Garry Lambrev, Laura Johnston Kohl e Tim Carter.

283. Stoen, *Marked for Death*, p. 24, 117.

284. Ibid., p. 59.

285. Reiterman, *Raven*, p. 106-13.

286. Stoen, *Marked for Death*, p. 81.

287. Entrevistas com Rebecca Moore e Laura Johnston Kohl.

288. RYMUR 89-4286-FF-2-17-A e B.

23. DINHEIRO

289. Entrevistas com Laura Johnston Kohl, Tim Carter, Garry Lambrev e Alan Swanson.

290. Entrevista com Laura Johnston Kohl.

291. RYMUR 89-4286-X-3-f-38.

292. Entrevistas com Garry Lambrev e Alan Swanson.

293. RYMUR 89-4286-B-4-a-54 até 61.

294. *San Francisco Chronicle*, 21 set. 1968.

295. Entrevista com John V. Moore.

296. Entrevistas com Teri Buford O'Shea, Laura Johnston Kohl, Rebecca Moore e Fielding McGehee.

297. Moore, *Understanding Jonestown and Peoples Temple*, p. 24-26.

298. Entrevista com Laura Johnston Kohl.

299. Laura Johnston Kohl, *Jonestown Survivor: An Insider's Look*. Bloomington: iUniverse, 2010, p. 51.

300. Entrevista com Hue Fortson.

301. Kohl, *Jonestown Survivor*, p. 52-53.

302. California Historical Society, Ms. 4124, Caixa 1, Pasta 3.

303. Entrevista com Alan Swanson.

304. Entrevistas com Juanell Smart e Tim Carter.

305. Entrevista com Scott Seay. O rev. Seay também me concedeu acesso aos registros denominacionais dos Discípulos de Cristo, o que me permitiu ser mais exato quanto ao número de membros e à receita anual declarados pelo Templo Popular desde sua fundação em Indianápolis.

24. ABELHAS OPERÁRIAS

306. Entrevistas com Teri Buford O'Shea e Laura Johnston Kohl.

307. Mills, *Six Years with God*, p. 147.

308. Entrevista com Hue Fortson.

309. Ibid.

310. California Historical Society, Ms. 3800, Caixa 4, Pasta 57.

311. Entrevista com Alan Swanson.

312. Ibid.

313. Palestra de Stephan Jones na Universidade Bucknell.

314. Entrevista com Alan Swanson.

315. Entrevistas com Laura Johnston Kohl, Garry Lambrev e Hue Fortson.

316. Entrevista com Hue Fortson.

317. Entrevista com Garry Lambrev.

318. Entrevista com Hue Fortson.

319. Entrevista com Laura Johnston Kohl.

25. NA ESTRADA

320. RYMUR 89-4286-B-4-a-33. A empresa em questão era a Greyhound Lines.

321. Entrevista com Neva Sly Hargrave. Alguns ex--membros se lembram de haver treze ônibus. Para outros, eram dez ou onze. Neva Sly Hargrave, que recebeu treinamento e trabalhou como motorista, afirma que eram doze, mais o ônibus amarelo de menor porte que era usado para transportar equipamento.

322. Entrevista com Alan Swanson.

323. Entrevista com Neva Sly Hargrave.

324. Ibid.

325. Entrevistas com Tim Carter e Laura Johnston Kohl; Kohl, *Jonestown Survivor*, p. 54-56.

326. Entrevista com Neva Sly Hargrave.

327. Entrevistas com Tim Carter e Hue Fortson.

328. Entrevista com Laura Johnston Kohl.

329. California Historical Society, Ms. 4214, Caixa 1, Pasta 9.

330. Entrevistas com Alan Swanson, Neva Sly Hargrave, Tim Carter e Laura Johnston Kohl.

331. Entrevista com Neva Sly Hargrave.

332. Perlstein, *Before the Storm*, p. 590-92.

333. Jules Witcover, *Very Strange Bedfellows*, p. XVI.

334. Entrevista com Laura Johnston Kohl.

26. FRACASSOS

335. Entrevistas com Tim Carter, Laura Johnston Kohl, Rebecca Moore e Garry Lambrev.

336. Deborah Layton, *Seductive Poison: A Jonestown Survivor's Story of Life and Death in the Peoples Temple*. Nova York: Anchor, 1999, p. 51.

337. Entrevista com John V. Moore.

338. Entrevista com Neva Sly Hargrave.

339. Entrevista com Joyce Overman Bowman.

340. Reiterman, *Raven* p. 209-10. A descrição de Reiterman, em *Raven*, de Jones curando um suposto câncer é clássica: "[Ele] mandou que [o tumor] fosse exibido à plateia como a relíquia de um santo". Ver também Julia Scheeres, *A Thousand Lives: The Untold Story of Jonestown* (Nova York: Free Press, 2012), p. 52.

341. Watts, *God, Harlem U.S.A.*, p. 173.

342. Minha descrição da viagem e suas consequências imediatas provém de quatro fontes: Leslie Wagner-Wilson, *Slavery of Faith* (Bloomington: iUniverse, 2009), p. 27-28; Reiterman, *Raven*, p. 139-41; Mills, *Six Years with God*, pp. 176-79; e Watts, *God, Harlem U.S.A.*, p. 174-75.

343. Em janeiro de 2014, fiquei sabendo, para meu grande espanto, que a Mãe Divina não só continuava viva, mas, pelo menos no papel, ainda comandava o que havia restado do ministério da Missão de Paz. Entrei em contato com o escritório da Missão de Paz para solicitar uma entrevista. Embora não tivesse permissão oficial, o porta-voz da Missão, Roger Klaus, respondeu às minhas perguntas por e-mail e anexou cópias de documentos encontrados nos arquivos da organização. É com base no material fornecido por Klaus que cito a carta de Simon Peter para a Mãe Divina (e a resposta dela), e reproduzo o comentário que ela fez sobre Jones, seu carisma e os perigos das ilusões espirituais. Aliás, é difícil discordar dela nesse ponto.

344. California Historical Society, Ms. 4124, Caixa 1, Pasta 9.

345. RYMUR 89-4286-1776 e 1777.

346. Entrevista com Juanell Smart.

27. DROGAS

347. Entrevistas com Jim Jones Jr., Rebecca Moore e Laura Johnston Kohl.

348. Entrevista com Ron Haldeman.

349. Entrevistas com Tim Carter, Teri Buford O'Shea e Garry Lambrev.

350. Entrevista com Hue Fortson.

351. Entrevista com Jim Jones Jr.

352. Ibid.

353. RYMUR 89-4286-A-2-A-31. Houve um saque de 2 mil dólares e outro de 4 mil dólares.

354. Entrevista com Garry Lambrev.

355. Lawrence Wright, "The Orphans of Jonestown", *The New Yorker*, 22 nov. 1993; Stephan Jones, "Like Father, Like Son"; entrevista com Jim Jones Jr.

356. Entrevista com Garry Lambrev.

357. Entrevista com Laura Johnston Kohl.

358. Entrevista com Hue Fortson.

359. Entrevistas com Laura Johnston Kohl, Teri Buford O'Shea e Tim Carter.

360. Reiterman, *Raven*, p. 202-3.

361. Entrevista com Hue Fortson.

28. SEXO

362. California Historical Society, Ms. 3802, Caixa 1, Pasta 3.

363. Reiterman, *Raven*, p. 172.

364. Entrevista com Teri Buford O'Shea.

365. Layton, *Seductive Poison*, p. 73-83.

366. Entrevista com Tim Carter.

367. Entrevistas com Fielding McGehee e Laura Johnston Kohl.

368. Entrevista com Tim Carter.

369. Entrevista com Hue Fortson.

370. Ibid.

371. Entrevista com Rebecca Moore.

372. Ibid.

373. Entrevista com Jim Jones Jr.

374. Stoen, *Marked for Death*, p. 85.

29. FAMÍLIA

375. Entrevista com Jim Jones Jr.

376. Ibid.

377. Entrevista com Alan Swanson.

378. Talbot, *Season of the Witch*, p. 297.

379. Wright, "The Orphans of Jonestown".

380. Stephan Jones, "Like Father, Like Son".

381. Ibid.

382. Entrevista com Janet L. Jackson.

383. RYMUR 89-4286-FF-4-A-175.

384. Stoen, *Marked for Death*, p. 86.

385. Em suas memórias, Stoen não diz se perguntou de maneira direta a Grace se Jim Jones era o pai biológico de John Victor. Grace Grech Stoen nunca se pronunciou de forma conclusiva sobre o assunto. Ela tampouco respondeu ao meu pedido de entrevista. Vários ex-membros do Templo me disseram que, em 1972 e nos anos seguintes, Grace afirmou que Jim Jones era o pai de seu filho.

386. Thielmann, *The Broken God*, p. 89.

387. Entrevista de Jim Jones Jr.

388. Entrevista com Juanell Smart.

389. Essa informação e minha descrição da reunião da família Jones são baseadas em uma entrevista com Jim Jones Jr.

390. Palestra de Stephan Jones na Universidade Bucknell.

391. Entrevista com Jim Jones Jr. Baseei boa parte da descrição do namoro e subsequente casamento de Suzanne Jones com Mike Cartmell em artigos que Cartmell escreveu para o site do Jonestown Institute.

30. COMISSÃO DE PLANEJAMENTO

392. Entrevista com Ron Haldeman.

393. Garry Lambrev, "The Board (of Elders)", *Jonestown Report* (v. 9, nov. 2007), modificado pela última vez em 4 mar. 2014, Jonestown Institute.

394. Ibid.; entrevista com Garry Lambrev.

395. Moore, *Understanding Jonestown and Peoples Temple*, p. 35-36.

396. Entrevistas com Laura Johnston Kohl e Hue Fortson.

397. Reiterman, *Raven*, p. 162.

398. Entrevista com Juanell Smart.

399. Ibid.

400. Mills, *Six Years with God*, p. 244.

401. Diário de Edith Roller, 27 out. 1976, Jonestown Institute. Como será descrito em capítulo posterior, Jones encarregou Edith Roller de manter um diário, que seria usado no futuro em um livro sobre o Templo Popular. Até sua morte em Jonestown, Roller reuniu anotações sobre quase todos os dias de sua vida no Templo, às vezes com pormenores desnecessários, como o que ela comia em cada refeição e o funcionamento irregular de seu intestino. Mas há também uma grande quantidade de informações fascinantes, incluindo detalhes sobre a vida comunal em San Francisco e descrições dos cultos do Templo. Embora transcrições de seu diário constem em arquivos fornecidos pelo FBI, a melhor transcrição se encontra no site do Jonestown Institute; recomendo aos leitores interessados que acessem esse material.

402. Entrevistas com Alan Swanson, Neva Sly Hargrave e Garry Lambrev.

403. Entrevista com Tim Carter.

404. Entrevista com Garry Lambrev.

31. LOS ANGELES

405. Entrevista com Hue Fortson.

406. Para quem estiver interessado, a igreja continua de pé. Em 1978, foi vendida pelo Templo Popular aos Adventistas do Sétimo Dia por 378 mil dólares. Embora não esteja atualmente aberta ao público, é possível estacionar do lado de fora.

407. Fita Q 612, Jonestown Institute.

408. Entrevista com Juanell Smart.

409. Entrevista com Tim Carter. Carter conta uma história fascinante de sua experiência como cadáver. Depois de ser "revivido", recebeu muitas críticas por sua atuação.

410. Entrevistas com Rebecca Moore, Laura Johnston Kohl e Teri Buford O'Shea.

411. Muitas das reminiscências de Juanell Smart sobre o tempo em que fez parte do Templo Popular se originam de duas entrevistas que fiz com ela. Algumas de suas falas são retiradas de "My Life in — and After — Peoples Temple", *Jonestown Report* (v. 6, out. de 2004), modificado pela última vez em 13 mar. 2014, um ensaio que ela escreveu para o Jonestown Institute e se encontra disponível no site do instituto.

32. SAN FRANCISCO

Para obter informações sobre a história e a política de San Francisco, recorri com frequência ao best-seller de David Talbot, *Season of the Witch*, de 2012. É um excelente livro, e eu o recomendo a qualquer pessoa que esteja interessada em saber mais sobre a cidade ou apenas em busca de uma história empolgante sobre pessoas exóticas fazendo coisas interessantes, absurdas e às vezes chocantes.

412. Talbot, *Season of the Witch*, p. xv-xvii.

413. Moore, Pinn, e Sawyer, eds., *Peoples Temple and Black Religion in America*, p. 139.

414. Moore, *Understanding Jonestown and Peoples Temple*, p. 27; California Historical Society, Ms. 4124, Caixa 1, Pasta 9.

415. Moore, *Understanding Jonestown and Peoples Temple*, p. 26.

416. Reiterman, *Raven*, p. 264. Em *Marked for Death*, Tim Stoen atribui essa anedota ao "escritor Kenneth Wooden".

417. Carlton B. Goodlett, "Notes on Peoples Temple", modificado pela última vez em 21 nov. 2013, Jonestown Institute.

418. Talbot, *Season of the Witch*, p. 276.

419. Entrevista com Jim Jones Jr.

33. DESLIZES

420. Entrevista com Teri Buford O'Shea.

421. Mills, *Six Years with God*, p. 136.

422. Para descrever esse evento, recorri a Reiterman, *Raven*, p. 201-2; Scheeres, *A Thousand Lives*, p. 27; RYMUR 89-4286-FF-1-106-d (relato de Stephan Jones); e minhas entrevistas com Alan Swanson e Jim Jones Jr., que estavam ambos presentes no estacionamento do Templo no vale de Redwood quando Jones foi supostamente baleado.

423. Talbot, *Season of the Witch*, p. 76-83.

424. Este detalhe e quase todos os outros citados sobre Kinsolving e sua série de reportagens investigativas foram extraídos das próprias matérias do *Examiner*: "The Prophet Who Raises the Dead", "'Healing' Prophet Hailed as God at S.F. Revival", "D.A. Aide Officiates for Minor Bride", e "Probe Asked of People's Temple", publicadas entre 17 e 20 set. 1972, e também "The People's Temple and Maxine Harpe", "The Reincarnation of Jesus Christ — in Ukiah", "Jim Jones Defames a Black Pastor", e "Sex, Socialism, and Child Torture with Rev. Jim Jones", que foram engavetadas pelo periódico depois que as quatro primeiras partes foram impressas. Todos os oito textos podem ser lidos no site do Jonestown Institute.

425. Reiterman, *Raven*, p. 212-13; Mills, *Six Years with God*, p. 181-82; Thielmann, *The Broken God*, p. 82-83.

426. Em 2005, Lester Kinsolving sofreu um ataque cardíaco. Tim Stoen, que há décadas evitava qualquer envolvimento com o Templo Popular, ficou sabendo do problema de saúde do jornalista e escreveu uma carta para seu antigo adversário, na qual pedia desculpas por ter se oposto à publicação da série de reportagens sobre o Templo e reconhecia que Kinsolving estava certo e que ele "estava totalmente errado". De acordo com o jornal *Santa Rosa Press Democrat*, para o qual Kinsolving encaminhou uma cópia da carta, o ex-jornalista teria dito: "Fiquei profundamente emocionado com a carta [de Stoen] e muito grato por ele ter me escrito. [...] Céus! Eu sou cristão. Não temos escolha senão perdoar". Em sua autobiografia de 2015, *Marked for Death*, Stoen não faz nenhuma referência a Kinsolving ou à série de reportagens investigativas do *Examiner*.

427. Thielmann, *The Broken God*, p. 82-83.

428. Entrevista com John V. Moore.

34. NOVOS LAÇOS

429. Mills, *Six Years with God*, p. 183.

430. Entrevista com Tim Carter.

431. Conheci Merrill Collett durante um festival literário em 2013. Depois do evento, ele me mandou um e-mail contando sobre sua experiência desagradável no Templo Popular. Em seguida, a meu pedido, me forneceu mais detalhes, também por e-mail.

432. Entrevistas com Laura Johnston Kohl e Tim Carter.

433. Entrevistas com Rebecca Moore e Fielding McGehee; Reiterman, *Raven*, p. 188-98.

434. Entrevista com Tim Carter.

435. Diário de Edith Roller, 9 dez. e 19 set. 1976, Jonestown Institute.

436. Entrevista com Tim Carter.

437. Entrevista com Hue Fortson.

438. Mills, *Six Years with God*, p. 203-4; Reiterman, *Raven*, p. 230-31. É possível que o desmaio da mulher idosa tenha sido encenado por Jones a fim de que pudesse demonstrar seus poderes de cura. De acordo com Jeannie Mills em *Six Years with God*, antes de a senhora desmaiar, Jones teria dito à congregação: "Tive uma revelação de que algo estranho pode acontecer esta noite. Aconteça o que acontecer, não quero que ninguém chame uma ambulância". Entretanto, após examinar a mulher desacordada, Marceline Jones, que era enfermeira, acabou fazendo o que Jones não queria. É bem pouco provável que ela tentasse sabotar de forma deliberada o plano do marido, já que vinha colaborando ativamente com ele nessa época. Talvez ele não tenha conseguido avisá-la com antecedência. Minha opinião é a de que, quer Jones pretendesse ou não encenar uma "ressuscitação" aquela noite, Marceline acreditava de verdade que a mulher precisava de socorro médico e, no exercício de seu julgamento profissional, decidiu chamar uma ambulância. Tratou-se de emergência médica genuína, que teve consequências duradouras e desastrosas para Jim Jones.

439. Fita Q 612, Jonestown Institute.

440. Entrevista com Joe Domanick. Na entrevista, Domanick, que ganhou um prestigioso Edgar Award por seu trabalho investigativo sobre a polícia de Los Angeles, falou sobre o longo histórico de vinganças executadas pela corporação. A opinião de que o departamento acabou agindo por um sentimento revanchista contra Jim Jones é minha. Gostaria de acrescentar que concordo com a visão de Domanick de que em tempos recentes a administração da polícia de Los Angeles tem conseguido cultivar com eficácia uma atmosfera mais progressista e uma atitude mais positiva entre os policiais da cidade.

35. A TURMA DOS OITO

441. Moore, Pinn e Sawyer (Orgs.), *Peoples Temple and Black Religion in America*, p. 174.
442. Entrevista com Tim Carter.
443. Mills, *Six Years with God*, p. 210-14.
444. Ibid., p. 214-15.
445. Reiterman, *Raven*, p. 219-25.
446. Há cópias disponíveis para consulta na California Historical Society em San Francisco e no site do Jonestown Institute. É um documento longo. Na CHS, sua localização oficial é CHS Ms. 3802, Caixa 11, Pasta 70.
447. Fita Q 1057-3, Jonestown Institute. A data desse culto é desconhecida, mas com certeza ocorreu logo após a saída da Turma dos Oito, e é a primeira vez que Jones aborda em público o assunto. Não se limite a ler a transcrição. Separe um tempo e ouça tudo. Jones precisava estar em sua melhor forma naquele dia, e estava.

36. AQUI SE FAZ, AQUI SE PAGA

448. Entrevistas com Alan Swanson e Teri Buford O'Shea.
449. Entrevistas com Juanell Smart, Hue Fortson, Teri Buford O'Shea e Tim Carter.
450. Entrevista com Tim Carter.
451. RYMUR 89-4286-BB-6-JJJJJJJ.
452. Entrevistas com Laura Johnston Kohl e Rebecca Moore.
453. RYMUR 89-4286-I-1-a-6-g.
454. Stoen, *Marked for Death*, p. 98.
455. Entrevistas com Neva Sly Hargrave e Tim Carter.
456. Entrevistas com Fielding McGehee e Juanell Smart.
457. Laurie Efrein Kahalas, *Snake Dance: Unravelling the Mysteries of Jonestown*. Toronto: Red Robin Press, 1998, p. 150-57.
458. Diário de Edith Roller, 4 jan. 1977, Jonestown Institute.
459. Entrevista com Alan Swanson.
460. Entrevista com Teri Buford O'Shea.
461. Thielmann, *The Broken God*, p. 93-95.
462. Ibid., p. 100-101.
463. Entrevista com Garry Lambrev; Diário de Edith Roller, 17 ago. 1975, Jonestown Institute.
464. Fita Q 775, Jonestown Institute.
465. Fita Q 1057-4, Jonestown Institute.
466. Fita Q 958, Jonestown Institute.

37. TERRA PROMETIDA

467. Moore, Jandira e Sawyer (Orgs.), *Peoples Temple and Black Religion in America*, p. 19, 76.
468. Entrevista com McGehee Fielding.
469. Mills, *Six Years with God*, p. 227.
470. Ibid., p. 224-30.
471. RYMUR 89-4286-A-32-A (restante indecifrável).
472. RYMUR 89-4286-A-32 (restante indecifrável).
473. Stoen, *Marked for Death*, p. 5-7.
474. Entrevista com Kit Nascimento.
475. Entrevistas com Desmond Roberts e Kit Nascimento.
476. Entrevista com Gerald Gouveia.
477. RYMUR 89-4286-C-4-a-7; Reiterman, *Raven*, p. 275-76.
478. Entrevista com Tim Carter. Muitas das descrições adicionais são baseadas na minha experiência pessoal. Em novembro de 2014, eu e o fotógrafo Ralph Lauer pegamos um avião para Porto Kaituma e fomos guiados de lá até o local onde ficava Jonestown. A selva já retomou quase toda a área, então muito do que vimos — e do difícil trajeto que fizemos — deve ter sido similar à primeira experiência dos Desbravadores de Jonestown e dos indígenas que os guiaram.
479. Entrevista com Tim Carter.
480. RYMUR 89-4286-A-3-B-13 e QQ-8-d-1.
481. RYMUR 89-4286-EE-1-S-178.
482. Entrevista com Jim Jones Jr.
483. Leigh Fondakowski, *Stories from Jonestown*. Minneapolis: University of Minnesota Press, 2012, p. 197-98, 202-3.
484. Fita Q 1057-4, Jonestown Institute.
485. Mills, *Six Years with God*, p. 217-18.
486. Ibid., pp. 216-18.
487. California Historical Society, Ms. 4124, Caixa 1, Pasta 3.
488. Fita Q 775, Jonestown Institute.
489. Quem me disse isso foi uma mulher que fazia parte do Templo e abortou um filho de Jones. Ela pediu para que seu nome não fosse divulgado.
490. Reiterman, *Raven*, pp. 231-33. *Raven* traz de longe a melhor e mais completa descrição que pude encontrar sobre a prisão de Jones e seus desdobramentos imediatos.

38. KIMO

491. Palestra de Stephan Jones na Universidade Bucknell.

492. Stoen, *Marked for Death*, p. 114.

493. Ibid., p. 90.

494. Reiterman, *Raven*, p. 235-36.

495. RYMUR 89-4286-l-1-a-6c.

496. Entrevista com Laura Johnston Kohl.

497. Entrevistas com Teri Buford O'Shea e Laura Johnston Kohl.

498. Stoen, *Marked for Death*, p. 109; Reiterman, **Raven**, p. 247-50; Eileen Cox, "A Guyanese Perspective of Jonestown, 1979", *Jonestown Report* (v. 15, nov. 2013), modificado pela última vez em 13 dez. 2013, Jonestown Institute.

499. Mills, *Six Years with God*, p. 282.

500. Entrevista com Tim Carter.

501. RYMUR 89-4286-1099.

502. RYMUR 89-4286-EE-4-AAC.

503. Entrevista com Tim Carter.

504. Mills, *Six Years with God*, p. 275-78.

505. Stephan Jones, "My Brother's Mother", *Jonestown Report* 11 (nov. 2009), modificado pela última vez em 14 mar. 2014, Jonestown Institute.

506. RYMUR 89-4286-B-1-i-1a até 1i; RYMUR 89-4286-B-1-k-1a até 1i.

507. Diário de Edith Roller, 9 set. 1975, Jonestown Institute.

508. RYMUR 89-4286-A-40-a-42b.

509. Garry Lambrev, "My Friend Teresa King: From the Avenue of Fleas to Jonestown", *Jonestown Report* (v, 12, out. 2010), modificado pela última vez em 28 dez. 2013, Jonestown Institute.

510. Entrevista com McGehee Fielding.

511. Diário de Edith Roller, 6 set. 1975, Jonestown Institute; Scheeres, *A Thousand Lives*, p. 47.

512. Ex-integrantes da Comissão de Planejamento têm diferentes recordações da data aproximada. Com base na minha pesquisa, o final de setembro de 1975 parece mais provável. Entrevistas com Tim Carter, Teri Buford O'Shea e Laura Johnston Kohl.

513. Diário de Edith Roller, 9 ago. 1975, Jonestown Institute.

514. Mills, *Six Years with God*, p. 12-16.

515. Stoen, *Marked for Death*, p. 117.

39. POLÍTICA MUNICIPAL

516. Grande parte da história citada neste capítulo é baseada em *Season of the Witch*, de Talbot. Para economizar uma infinidade de notas com "Ibid", remeto o leitor a Talbot, páginas 143-54, 233-34, 248-54 e 278-80. Considero impossível compreender as experiências de Jim Jones e seus seguidores em San Francisco sem entender a cidade em si e, para isso, é necessário ler o livro de Talbot de cabo a rabo. As opiniões expressadas neste capítulo, no entanto, são minhas.

517. Todos os números da eleição de 4 nov. 1975 e do segundo turno em 11 dez. me foram fornecidos pelo governo de San Francisco.

518. *San Francisco Examiner*, 19 nov. 1978.

519. Fondakowski, *Stories from Jonestown*, p. 166.

520. Entrevista com Jim Jones Jr.

521. RYMUR 89-4286-X-3-i-22.

522. California Historical Society, Ms. 4126, Caixa 2, Pasta 9.

523. Reiterman, *Raven*, p. 268.

524. Diário de Edith Roller, 6 jun. 76, Jonestown Institute.

40. MAIS DINHEIRO

525. RYMUR 89-4286-A-37-a-31.

526. RYMUR 89-4286-RR-1-F-3.

527. Entrevistas com Jeanne Jones Luther e Ron Haldeman.

528. Stoen, *Marked for Death*, p. 118.

529. Layton, *Seductive Poison*, p. 83-84.

530. RYMUR 89-4286-RR-1-A.

531. RYMUR 89-4286-A-26-d-16dd, A-26-e-1b.

532. Entrevistas com Laura Johnston Kohl e Teri Buford O'Shea.

533. Entrevistas com Tim Carter e Teri Buford O'Shea. Essa soma também foi mencionada por outro ex-membro do Templo que teve envolvimento com essas transações no exterior e pediu para não ser identificado.

534. Diário de Edith Roller, 13 abr. 1976, Jonestown Institute.

41. DISSIDÊNCIAS

535. Diário de Edith Roller, 22 maio 1976, Jonestown Institute.

536. Reiterman, *Raven*, pp. 286-93; Stoen, *Marked for Death*, p. 125-26.

537. RYMUR 89-4286-B-3-h-3, 4 e 6.

538. Entrevista com Neva Sly Hargrave.

539. Ibid.; Reiterman, *Raven*, p. 298-300.

540. Um ponto de discórdia entre os sobreviventes do Templo Popular é a hipótese de Bob Houston ter sido assassinado por ordem de Jim Jones. Sem dúvida, tratando-se de Jones, tudo era possível. Ainda assim, apesar das ameaças dirigidas a todos que deixavam o Templo e das repetidas intimidações verbais que esses desertores sofriam por parte de capangas do Templo como Chris Lewis, não há nenhum caso em que se tenha recorrido à violência física, muito menos a um ataque que resultou em morte. Apesar de Bob Houston ter mesmo datilografado e assinado uma carta de desligamento na manhã do dia em que morreu, Jones não tinha nenhuma razão imediata para matá-lo. Embora eu possa compreender que outras pessoas próximas a Jones acreditem no contrário, minha opinião é a de que, ao ficar sabendo da morte de Houston, Jones julgou que podia muito bem tirar proveito da situação. Assim, mandou datilografar uma carta de desligamento em uma folha de papel em branco, contendo apenas a assinatura de Houston embaixo, e anunciou que ele havia morrido poucas horas depois de deixar o Templo — um exemplo do que podia acontecer a qualquer membro que decidisse abrir mão da proteção do pastor.

541. Reiterman, *Raven*, p. 1-3.

542. Entrevista com Jim Wright. Na época, Wright era o líder da maioria no Congresso. Assim sendo, costumava ouvir queixas que os parlamentares faziam uns sobre os outros. Wright enfatizou em diversas ocasiões que, embora gostasse de Leo Ryan, também acreditava que o deputado da Califórnia estava "mais interessado que a maioria" em publicidade pessoal.

543. Entrevista com Teri Buford O'Shea.

544. Diário de Edith Roller, 22 maio 1976, 3 nov. 1976, 14 nov. 1976, Jonestown Institute; Fitas Q 962, Q 353, Q 1018, Jonestown Institute.

545. Entrevista com Garry Lambrev.

42. "O ANO DA NOSSA ASCENSÃO"

546. RYMUR 89-4286-615 (restante ilegível).

547. RYMUR 89-4286-QQ-2-A-1.

548. RYMUR 89-4286-A-32-a-147 até 149.

549. Stoen, *Marked for Death*, p. 122.

550. Ibid., p. 125.

551. Reiterman, *Raven*, p. 265.

552. *Richmond Palladium-Item*, 29 jun. 1976.

553. Entrevista com Bill Manning.

554. Diário de Edith Roller, 26 maio 76, Jonestown Institute.

555. Ibid., 3 set. 1976.

556. Ibid.

557. Ibid., 11 set. 1976.

558. Ibid., 15 set. 1976.

559. Reiterman, *Raven*, pp. 303-5.

560. Diário de Edith Roller, 19 out. 1976, Jonestown Institute.

561. California Historical Society, Ms. 3800, Caixa 2, Pasta 36.

562. Layton, *Seductive Poison*, p. 65; Reiterman, *Raven*, p. 306-8.

563. Reiterman, *Raven*, p. 268-70.

564. *Ukiah Daily Journal*, 25 fev. 1977.

565. RYMUR 89-4286-S-1-F-1a.

566. Diário de Edith Roller, 12 nov. e 26 nov. 1976, Jonestown Institute.

567. RYMUR 89-4286-A-33-a-201.

568. Diário de Edith Roller, 25 nov. 1976, Jonestown Institute.

569. Stoen, *Marked for Death*, p. 2.

43. NEW WEST

570. Entrevista com Hue Fortson; Diário de Edith Roller, 1 jan. 1977, Jonestown Institute; Mills, *Six Years with God*, p. 168-69.

571. RYMUR 89-4286-615 (restante ilegível).

572. RYMUR 89-4286-A-32-a-175 até 178.

573. Entrevista com Jim Jones Jr.; Wright, "The Orphans of Jonestown".

574. RYMUR 89-4286-bb-b-7c; Goodlett, "Notes on Peoples Temple"; Reiterman, *Raven*, p. 284.

575. RYMUR 89-4286-B-1-c-1e; Stoen, *Marked for Death*, p. 2, 135.

576. Entrevista com Fielding McGehee.

577. Moore, *Understanding Jonestown and Peoples Temple*, p. 44.

578. Laura Johnston Kohl, "Oral History Interview: Don Beck", *Jonestown Report* (v. 17, nov. 2015), Jonestown Institute.

579. Ibid.

580. RYMUR 89-4286-B-2-c-1.

581. RYMUR 89-4286-S-1-F-1a.

582. Mills, *Six Years with God*, p. 57-63.

583. RYMUR 89-4286-2180 (restante ilegível).

584. Reiterman, *Raven*, p. 325.

585. Stoen, *Marked for Death*, p. 32; entrevista com Laura Johnston Kohl.

586. Entrevista com Laura Johnston Kohl.

587. RYMUR 89-4286-x-6-a-2; Goodlett, "Notes on Peoples Temple".

588. RYMUR 89-4286-QQ-5-A-13.

589. Stoen, *Marked for Death*, p. 1.

590. Ibid., p. 18-19.

591. Ibid., p. 36-37.

592. Fondakowski, *Stories from Jonestown*, p. 111-13.

593. Ibid., p. 112-13.

594. Reiterman, *Raven*, p. 372-73.

595. RYMUR 89-4286-1681 (restante ilegível).

596. Entrevista com Tim Carter.

597. Entrevista com Laura Johnston.

598. Diário de Edith Roller, 21 abr. 1976, Jonestown Institute.

599. Reiterman, *Raven*, p. 321.

600. RYMUR 89-4286-MM-5-20 e 21, MM-6-4 e 5.

601. No livro de Debbie Layton, *Seductive Poison*, ela descreve uma ligação que Jones recebeu do editor da *New West*, que teria lido a matéria para o pastor em meados de julho, semanas antes de ser publicada. Contudo, na reportagem, Kilduff e Tracy dizem que não encontraram Jones para comentar o caso até o fechamento da edição, e que foram informados de que o pastor estava na Guiana já havia três semanas. Após um breve contato inicial, Layton não respondeu aos meus e-mails solicitando um entrevista, por isso não pude questioná-la a respeito dessa aparente contradição.

602. *Richmond Palladium-Item*, 23 out. 1977.

603. Thielmann, *The Broken God*, p. 109-11.

44. JONESTOWN

604. Entrevista com Teri Buford O'Shea.

605. Entrevista com Laura Johnston Kohl.

606. RYMUR 89-4286-EE-5-A E B; EE-1-H-48; C-7-e-1a; entrevista com Tim Carter.

607. RYMUR 89-4286-E-5-A-28 até 41.

608. Entrevista com Teri Buford O'Shea.

609. Diário de Edith Roller, 15 ago. 1977, Jonestown Institute.

610. Ibid., 28/1/78; Fondakowski, *Stories from Jonestown*, p. 89-92, 201; Wagner-Wilson, *Slavery of Faith*, pp. 68-76; entrevista com Laura Johnston Kohl.

611. Diário de Edith Roller, 5 fev. 1978, Jonestown Institute.

612. Layton, *Seductive Poison*, p. 5.

613. RYMUR 89-4286-x-7-a-5a.

614. Entrevista com Tim Carter.

615. California Historical Society, Ms. 3800, Caixa 4, Pasta 57.

616. Feinsod, *Awake in a Nightmare*, p. 110-13.

617. Ibid., p. 116-17.

618. Stephenson, *Dear People*, p. 79-80.

619. Moore, *Understanding Jonestown and Peoples Temple*, p. 48-49; Wagner-Wilson, *Slavery of Faith*, p. 84-85; Stephenson, *Dear People*, p. 82; Scheeres, *A Thousand Lives*, p. 123.

620. Entrevistas com Tim Carter, Teri Buford O'Shea e Laura Johnston Kohl; Moore, Pinn e Sawyer (Orgs.), *Peoples Temple and Black Religion in America*, p. 117; Diário de Edith Roller, 28 jul. 1978, Jonestown Institute; RYMUR 89-4286-EE-1-H-58; Scheeres, *A Thousand Lives*, p. 128-29.

621. Entrevistas com Jim Jones Jr. e Tim Carter.

622. Stephenson, *Dear People*, p. 72-73.

623. Entrevista com Kit Nascimento.

624. RYMUR 89-4286-FF-I-107 a-d.

625. Reiterman, *Raven*, p. 355-60; Scheeres, *A Thousand Lives*, p. 89-90.

626. No âmbito do serviço norte-americano de relações exteriores, os cônsules são diplomatas que se reportam ao embaixador dos Estados Unidos.

45. PARENTES PREOCUPADOS E A PRIMEIRA "NOITE BRANCA"

Há certa discordância entre os sobreviventes do Templo sobre a expressão "noite branca". Alguns insistem que nunca foi usada em Jonestown e foi inventada mais tarde como um termo descritivo. Outros lembram que seu uso era comum: "noite" porque Jones costumava convocar reuniões de emergência após o término da jornada de trabalho, e "branca" em oposição a "negra", já que, tradicionalmente, a palavra "negro" era usada para se referir a algo ruim e, portanto, na cabeça dos membros da igreja, era sinal de racismo.

627. Mills, *Six Years with God*, p. 71.

628. RYMUR 89-4286-S-1-b-1a, B-2-d-5.

629. Entrevista com Fielding McGehee.

630. Stoen, *Marked for Death*, p. 137-39.

631. Jeanne Mills (Deanna Mertle) conta em *Six Years with God* que Stoen acabou se tornando vizinho dela e do marido.

632. RYMUR 89-4286-B-1-c-1r.

633. RYMUR 89-4286-FF-1-30.

634. RYMUR FF-I-111-b.

635. Como Jones não compareceu em juízo para contestar as acusações de Grace Stoen, o Templo Popular não chegou a divulgar os documentos, que foram encontrados entre os arquivos de Jonestown recuperados após 18 nov. 1978.

636. RYMUR 89-4286-BB-7-d-7.

637. RYMUR 89-4286-B-1-c-1k.

638. Entrevista com Rebecca Moore.

639. RYMUR 89-4286-B-1-c-1n.

640. Reiterman, *Raven*, p. 361.

641. Ibid., p. 362.

642. Meu relato dessa primeira noite branca deriva em grande parte de entrevistas com Tim Carter e Jim Jones Jr., que estavam ambos presentes em Jonestown nesse dia. Também me baseei nos textos de Wright, "The Orphans of Jonestown"; Fondakowski, *Stories from Jonestown*, p. 211-12; Moore, *Understanding Jonestown and Peoples Temple*, p. 75-80; Scheeres, *A Thousand Lives*, p. 92-99; e Wagner-Wilson, *Slavery of Faith*, p. 88-91.

643. Goodlett, "Notes on Peoples Temple".

644. RYMUR 89-4286-BB-3-a-5.

46. A MORTE SERÁ INDOLOR

645. RYMUR 89-4286-C-7-c-12a.

646. Entrevista com Rebecca Moore.

647. Todos os documentos oficiais que cito no livro foram obtidos por meio do Freedom of Information Act, com exceção deste, adquirido por meio do WikiLeaks, que de maneira conveniente o disponibilizou na Internet enquanto eu escrevia o livro.

648. Stoen, *Marked for Death*, p. 146.

649. RYMUR 89-4286-B-3-g-3.

650. RYMUR 89-4286-A-25-c-3.

651. Layton, *Seductive Poison*, p. 131-32.

652. RYMUR 89-4286-B-i-i-14a.

653. Reiterman, *Raven*, p. 384-89.

654. RYMUR 89-4286-B-3-j-1.

655. RYMUR 89-4286-EE-1-I e J-143.

656. RYMUR 89-4286-EE-1-K-17, BB-17-jjj-1.

657. Entrevista com Hue Fortson.

658. RYMUR 89-4286-EE-1-I&J-164.

659. RYMUR 89-4286-A-14-a-3 até 12.

660. Scheeres, *A Thousand Lives*, p. 106-13.

661. Diário de Edith Roller, 15-16 nov. 1977, Jonestown Institute; Reiterman, *Raven*, p. 377-78.

662. RYMUR 89-4286-L-1-a-1; Scheeres, *A Thousand Lives*, p. 125; Reiterman, *Raven*, p. 378.

663. RYMUR 89-4286-B-2-d-1.

664. RYMUR 89-4286-C-11-d-11c.

665. RYMUR 89-4286-C-11-d-14c.

666. *Houston Press*, 30 jan. 2013.

667. Ibid.

668. Diário de Edith Roller, 16-17 nov. 1977, Jonestown Institute; Scheeres, *A Thousand Lives*, p. 148-51; RYMUR 89-4286-1206 (restante ilegível); RYMUR 89-4286-1576 (restante ilegível); RYMUR 4286-C-5-a-33; Layton, *Seductive Poison*, p. 178-81.

669. RYMUR 89-4286-2233-00-3-E2.

47. TRAIÇÕES

670. RYMUR 89-4286-C-5-a-33.

671. Stoen, *Marked for Death*, p. 153-82.

672. RYMUR 89-4286-BB-17-ee.

673. Diário de Edith Roller, 18 mar. 1978, Jonestown Institute.

674. RYMUR 89-4286-BB-2-44.

675. RYMUR 89-4286-BB-17-xx-2 e 3.

676. Entrevistas com Jim Jones Jr. e Teri Buford O'Shea.

677. Entrevista com Tim Carter.

678. RYMUR 89-4286-1-O-15-a.

679. O texto completo pode ser encontrado no site do Jonestown Institute.

680. Stoen, *Marked for Death*, p. 195-200.

681. Ibid. entrevista com Hue Fortson.

682. Stephenson, *Dear People*, p. 89-90.

683. O texto completo pode ser encontrado no site do Jonestown Institute.

684. RYMUR 89-4286-GG-1-E-1.

685. Diário de Edith Roller, 16 abr. 1978, Jonestown Institute; RYMUR 89-4286-c-6-1-m.

686. Scheeres, *A Thousand Lives*, p. 168.

687. Entrevista com John V. Moore.

688. Layton, *Seductive Poison*, pp. 213-68. A autobiografia de Layton narra em pormenores sua saída do Templo. Procurei me ater ao essencial.

689. Entrevistas com Tim Carter, Laura Johnston Kohl e Teri Buford O'Shea.

690. Entrevista com Teri Buford O'Shea.

691. Stephenson, *Dear People*, p. 103.

692. Stoen, *Marked for Death*, p. 205-6.

693. Ibid., p. 212-13.

694. O texto completo do depoimento pode ser encontrado no site do Jonestown Institute.

695. RYMUR 89-4286-FF-11-A-1 até 55.

696. Entrevistas com Tim Carter, Jim Jones Jr., Laura Johnston Kohl, Fielding McGehee e Teri Buford O'Shea.

697. California Historical Society, MS 3802, Caixa 1, Pasta 1.

698. Reiterman, *Raven*, p. 449-50; RYMUR 89-4286-1722 (restante ilegível).

699. Entrevista com Tim Carter.

700. Scheeres, *A Thousand Lives*, p. 172.

701. RYMUR 89-4286-D-3-A-3b.

702. RYMUR 89-4286-G-1-a-8c.

703. RYMUR 89-4286-D-A-A-1 até 5.

704. Entrevista com Kit Nascimento; *Guyana Journal*, abr. 2006; RYMUR 89-4286-D-2-a-11a, D-A-A-1 até 5.

705. RYMUR 89-4286-EE-2-uv-12A.

706. Wright, "The Orphans of Jonestown"; Fondakowski, *Stories from Jonestown*, p. 219-20; entrevista com Desmond Roberts.

707. Diário de Edith Roller, 8 ago. 1978, Jonestown Institute.

708. Carlton Goodlett, "Notes on Peoples Temple".

709. RYMUR 89-4286-S-1-G-2-1 até 77.

710. RYMUR 89-4286-A-26-a-3 até 13.

48. FECHANDO O CERCO

711. *San Francisco Examiner*, 20 nov. 1978.

712. RYMUR 89-4286-C-7-g-4a.

713. Entrevista com Teri Buford O'Shea.

714. RYMUR 89-4286-NN-6-A-1 até 9.

715. RYMUR 89-4286-X-3-m-3a até 32; x-4-m-3u e 3v.

716. *Washington Star-News*, 6 dez. 1978.

717. RYMUR 89-4286-PP-9-1.

718. Reiterman, *Raven*, pp. 446-47; RYMUR 89-4286-Q-352 (restante ilegível).

719. RYMUR 89-4286-BB-7-A-37.

720. Wright, "The Orphans of Jonestown"; entrevista com Jim Jones Jr.

721. RYMUR 89-4286-C-7-h-10; C-7-h-7.

722. RYMUR 89-4286-GG-1-C-1 E 2.

723. RYMUR 89-4286-G-1-f-3 e 6e.

724. Entrevista com Tim Carter.

725. Entrevista com Teri Buford O'Shea.

726. Stephenson, *Dear People*, pp. 107-8; RYMUR 89-4286-AA-1-F-6; AA-1-f-1.

727. Reiterman, *Raven*, p. 470-71.

728. Entrevista com Jim Jones Jr.

729. Ibid.

730. RYMUR 89-4286-Q-161 (restante ilegível).

731. RYMUR 89-4286-AA-1-Q-1 e 2.

732. RYMUR 89-4286-E-3-A-2.

733. Reiterman, *Raven*, p. 472-73.

734. RYMUR 89-4286-X-3-a-32a.

735. Entrevista com Jim Jones Jr.

736. RYMUR 89-4286-AA-1-k-1.

737. RYMUR 89-4286-c-6-a-2-i.

738. Moore, *Understanding Jonestown and Peoples Temple*, p. 91.

739. Thielmann, *The Broken God*, p. 113-22.

49. ÚLTIMOS DIAS

740. Entrevista com Laura Johnston Kohl.

741. RYMUR 89-4286-E-3-A-2-13; E-3-A-2-11.

742. Thielmann, *The Broken God*, p. 123-35; Reiterman, *Raven*, p. 481-84; Charles Krause, *Guyana Massacre: The Eyewitness Account* (Nova York: Berkley, 1978), p. 13-20.

743. Feinsod, *Awake in a Nightmare*, p. 171.

744. RYMUR 89-4286-E-3-A-2-4.

745. *San Francisco Chronicle*, *San Francisco Examiner*, 17 nov. 1978; Thielmann, *The Broken God*, p. 125-27.

746. *San Francisco Examiner*, 24 nov. 1978.

747. Entrevista com Tim Carter.

748. Ibid.

749. Ibid.

750. Reiterman, *Raven*, p. 492-94.

751. Entrevista com Tim Carter.

752. Stephan Jones, "Death's Night", *Jonestown Report* (v. 12, out. 2010), modificado pela última vez em 29 mar. 2016, Jonestown Institute.

753. Reiterman, *Raven*, p. 503.

754. Fondakowski, *Stories from Jonestown*, p. XIII.

755. Stephenson, *Dear People*, p. 118-19.

756. Fondakowski, *Stories from Jonestown*, p. 224-25.

757. RYMUR 89-4286-1304 (restante ilegível).

50. "UM LUGAR SEM ESPERANÇA"

Este capítulo contém material de entrevistas que fiz com Tim Carter, Jim Jones Jr., Laura Johnston Kohl, Kit Nascimento, Desmond Roberts, Gerald Gouveia e de uma troca de e-mails com Tracy Parks.

Entre os autores cujos livros forneceram informações essenciais estão Tim Reiterman (*Raven*, p. 503-70); Denise Stephenson (*Dear People*, p. 110-42); Charles Krause (*Guyana Massacre*, p. 65-107); Laura Johnston Kohl (*Jonestown Survivor*, p. 74-78); Leigh Fondakowski (*Stories from Jonestown*, p. 221-34); Bonnie Thielmann (*The Broken God*, p. 131-36); Tim Stoen (*Marked for Death*, p. 233-35); Mark Lane (*The Strongest Poison* [Charlottesville, VA: The Lane Group, 1980], p. 142-69); Rebecca Moore (*Understanding Jonestown and Peoples Temple*, p. 92-102); Leslie Wagner-Wilson (*Slavery of Faith*, p. 96-102); e Julia Scheeres (*A Thousand Lives*, p. 212-34).

Várias descrições do ataque à pista de pouso de Porto Kaituma são extraídas de artigos do *San Francisco Examiner* (20 e 24 nov. 1978) e da *Newsweek* (4 dez. 1978).

758. Herbert Newell, "The Coldest Day of My Life", *Jonestown Report*, (v. 12, out. 2010), modificado pela última vez em 18 dez. 2013, Jonestown Institute; RYMUR 89-4286-1842.

759. *Los Angeles Times*, 27 nov. 1978.

760. *Washington Post*, 26 nov. 1978.

761. Aqui, como em grande parte das minhas descrições dos eventos ocorridos em Georgetown no dia 18 nov. 1978, uso informações de "Death's Night", um ensaio emocionante de Stephan Jones gentilmente cedido pelo Jonestown Institute.

762. Há certa dúvida sobre as identidades dos atiradores de Porto Kaituma. RYMUR 89-4286-1681-C-1 e 2 listam indivíduos postumamente indiciados pelo ataque, como Wesley Karl Breidenbach, Ronnie Dennis, Stanley Gieg, Eddie James Hallmon, Ronald De Val James, Earnest Jones, Robert Kice, Thomas Kice, Anthony Simon, Ron Tally, Albert Touchette e Joe Wilson. Com certeza alguns, ou a maioria, tiveram envolvimento. De qualquer forma, todos os homens mencionados pelo FBI morreram mais tarde naquele dia, em Jonestown, depois de tomar veneno.

763. Fita Q 042, Jonestown Institute.

764. Parte dos fatos que narro aqui se baseia em comentários feitos por Stephan Jones durante sua palestra na Universidade Bucknell.

51. O QUE ACONTECEU?

765. RYMUR 89-4286-1.

766. Entrevista com Tim Carter.

767. Ibid.

768. *Omaha World-Herald*, 7 ago. 2015.

769. RYMUR 89-4286-1894 x-1-a-50 até 54; Stephenson, *Dear People*, pp. xv-xvii; Fondakowski, *Stories from Jonestown*, p. 251; entrevista com Tim Carter.

770. RYMUR 89-4286-2334.

771. Entrevistas com Teri Buford O'Shea, Fielding McGehee e Tim Carter; *Washington Post*, 29 nov. 1978; "How Much Did Peoples Temples Have in Assets?", ed. de Fielding McGehee, modificado pela última vez em 24 maio. 2014, Jonestown Institute.

772. Rebecca Moore, "Last Rights", modificado pela última vez em 31 ago. 2014, Jonestown Institute.

773. Entrevista com Ernie Mills.

774. Entrevista com Jim Jones Jr.; Stephan Jones, "Chuck", *Jonestown Report* (v. 12, out. 2010), modificado pela última vez em 18 dez. 2013, Jonestown Institute.

775. Entrevistas com Laura Johnston Kohl e Tim Carter.

776. RYMUR 89-4286-915; 1780, 2164 e 2195; *New York Times*, 11 out. 1979; Stephenson, *Dear People*, pp. 142-43; Fondakowski, *Stories from Jonestown*, p. 301; entrevistas com Teri Buford O'Shea e Laura Johnston Kohl.

777. Entrevista com Tim Carter.

778. *New York Times*, 4 dez. 1978.

779. RYMUR 89-4286-2164.

52. DESDOBRAMENTOS

780. RYMUR 89-4286-1961.

781. RYMUR 89-4286-2124.

782. RYMUR 89-4286-2180.

783. *New York Times*, 27 nov. 1978; RYMUR, 89-4286-1936, 2164.

784. RYMUR 89-4286-1992, 2006, 2035.

785. Entrevista com Jeanne Jones Luther.

786. Entrevista com Jim Jones Jr.

787. Smart, "My Life in — And After — Peoples Temple".

788. RYMUR 89-4286-FF-2-15c.

Todas as demais opiniões expressadas neste capítulo são minhas e se baseiam em fartas entrevistas, inclusive durante a Reunião do Dia do Trabalho do Jonestown Institute, realizada em San Diego, em 2014.

LISTA DE ENTREVISTADOS

Baldwin, Ronnie
Beach, Janice L.
Black, Linda
Bowman, Joyce Overman
Carter, Tim
Chilcoate, Avelyn
Cox, Bill
Domanick, Joe
Fortson, Hue
Gouveia, Gerald
Grubbs, Richard
Haldeman, Ron
Hargrave, Neva Sly
Hayes, Bob
Hinshaw, Gregory
Horne, Roberta
Jackson, Janet L.
Jackson, Bill
Jones Jr., Jim
Knight, Max
Kohl, Laura Johnston
Lambrev, Garrett
Luther, Jeanne Jones
Madison, James H.
Manning, Bill

McGehee, Fielding
McKee, Dan
McKissick, Larry
Mills, Ernie
Moore, Rebecca
Moore, rev. John V.
Mutchner, John
Nascimento, Kit
O'Shea, Terri Buford
Rickabaugh, Colleen
Roberts, Desmond
Seay, Scott
Sheeley, Rachel
Smart, Juanell
Stadelmann, Richard
Straley, Kay
Swanson, Alan
Townshend, Bill
Townshend, Ruth
Willmore Zimmerman,
Phyllis
Willmore, Chuck
Wise, Lester
Wisener, Monesa
Wright, Jim

BIBLIOGRAFIA

LIVROS

ATWOOD, Craig; Hill, Samuel S.; Mead, Frank S. *Handbook of Denominations in the United States*. 13. ed. Nashville: Abingdon, 2010.

BLUM, Deborah. *The Poisoner's Handbook*. Nova York: Penguin, 2010.

BRAILEY, Jeff. *The Ghosts of November*. Publicação independente, 1998.

BROWN, Willie. *Basic Brown: My Life and Our Times*. Nova York: Simon & Schuster, 2008.

BURROUGH, Bryan. *Days of Rage: America's Radical Underground, the FBI, and the Forgotten Age of Revolutionary Violence*. Nova York: Penguin, 2015.

COX, Bill. *Snippets*. Publicação independente.

DALTON, David. *James Dean: The Mutant King*. Atlanta: A Cappella, 2001.

DIDION, Joan. *Slouching Towards Bethlehem: Essays*. Nova York: Farrar, Straus & Giroux, 1968. (Reimpressão em brochura, 2008.)

_____. *The White Album: Essays*. Nova York: Farrar, Straus & Giroux, 1979. (Reimpressão em brochura, 2009.)

DOMANICK, Joe. *To Protect and Serve: The LAPD's Century of War in the City of Dreams*. Nova York: Pocket, 1994.

ELIADE, Mircea (Ed.). *The Encyclopedia of Religion, vol. 4*. Nova York: Macmillan, 1987.

FEINSOD, Ethan. *Awake in a Nightmare: Jonestown, the Only Eyewitness Account*. Nova York: W.W. Norton, 1981.

FERM, Vergilius. *An Encyclopedia of Religion*. Westport, CT: Greenwood Press, 1976.

FONDAKOWSKI, Leigh. *Stories from Jonestown*. Minneapolis: University of Minnesota Press, 2012.

GUINN, Jeff. *The Life and Times of Charles Manson*. Nova York: Simon & Schuster, 2014. [Ed. bras.: *Manson: A biografia definitiva*. Rio de Janeiro: DarkSide, 2014.]

HALBERSTAM, David. *The Fifties*. Nova York: Ballantine, 1994.

_____. *War in a Time of Peace: Bush, Clinton, and the Generals*. Nova York: Scribner, 2002.

KAHALAS, Laurie Efrein. *Snake Dance: Unravelling the Mysteries of Jonestown*. Toronto: Red Robin, 1998.

KOHL, Laura Johnston. *Jonestown Survivor: An Insider's Look*. Bloomington: iUniverse, 2010.

KRAUSE, Charles. *Guyana Massacre: The Eyewitness Account*. Nova York: Berkley, 1978. [Ed. bras.: *O massacre na Guiana: Testemunho completo do repórter que viu tudo acontecer*. Rio de Janeiro: Record, 1978.]

LANE, Mark. *The Strongest Poison*. Charlottesville, VA: The Lane Group, 1980.

LAYTON, Deborah. *Seductive Poison: A Jonestown Survivor's Story of Life and Death in the Peoples Temple*. Nova York: Anchor, 1999.

MADISON, James H. *A Lynching in the Heartland: Race and Memory in America*. Nova York: Palgrave Macmillan, 2001.

_____. *The Indiana Way*. Bloomington: Indiana University Press, 2000.

MILLS, Jeanne. *Six Years with God: Life Inside Rev. Jim Jones's Peoples Temple*. Nova York: A&W, 1979.

MOORE, Leonard J. *Citizen Klansmen: The Ku Klux Klan in Indiana, 1921-1928*. Chapel Hill: University of North Carolina Press, 1997.

MOORE, Rebecca. *Understanding Jonestown and Peoples Temple*. Westport, CT: Praeger, 2009.

MOORE, Rebecca; PINN, Anthony B.; SAWYER, Mary R. (Orgs.). *Peoples Temple and Black Religion in America*. Bloomington: Indiana University Press, 2004.

PERLSTEIN, Rick. *Before the Storm: Barry Goldwater and the Unmaking of the American Consensus*. Nova York: Nation Books, 2009.

PIERCE, Richard B. *Polite Protest: The Political Economy of Race in Indianapolis, 1920-1970*. Bloomington: Indiana University Press, 2005.

REITERMAN, Tim. *Raven: The Untold Story of the Rev. Jim Jones and His People*. Nova York: Tarcher Perigee, 2008. (Originalmente publicado por Dutton Adult, 1982.)

ROBERTS, Randy. *But They Can't Beat Us: Oscar Robertson and the Crispus Attucks Tigers*. Indianapolis: Indiana Historical Society; Champaign, IL: Sports Publishing, 1999.

SCHEERES, Julia. *A Thousand Lives: The Untold Story of Jonestown*. Nova York: Free Press, 2012.

SMITH, Richard Norton. *On His Own Terms: A Life of Nelson Rockefeller*. Nova York: Random House, 2014.

STEPHENSON, Denise. *Dear People: Remembering Jonestown.* Berkeley: Heyday Books, 2005.

STOEN, Timothy Oliver. *Marked for Death: My War with Jim Jones the Devil of Jonestown.* Charleston: CreateSpace, 2015.

TALBOT, David. *Season of the Witch: Enchantment, Terror, and Deliverance in the City of Love.* Nova York: Free Press, 2012.

THIELMANN, Bonnie; MERRILL, Dean. *The Broken God.* Colorado Springs: David C. Cook, 1979.

THORNBROUGH, Emma Lou. *Indiana Blacks in the Twentieth Century.* Ed. de Lana Ruegamar. Bloomington: Indiana University Press, 2000.

WAGNER-WILSON, Leslie. *Slavery of Faith.* Bloomington: iUniverse, 2009.

WARD, Gertrude Luckhardt. *Richmond: A Pictorial History.* St. Louis: G. Bradley, 1994.

WATTS, Jill. *God, Harlem U.S.A.: The Father Divine Story.* Berkeley: University of California Press, 1992.

ARTIGOS

BIRD, Caroline. "9 Places in the World to Hide." *Esquire*, jan. 1962.

COX, Eileen. "A Guyanese Perspective of Jonestown, 1979." *Jonestown Report*, v. 15, nov. 2013. Modificado pela última vez em 13 dez. 2013. Jonestown Institute.

GOODLETT, Carlton B. "Notes on Peoples Temple." Modificado pela última vez em 21 nov. 2013. Jonestown Institute.

HARGRAVE, Neva Sly. "A Story of Deprogramming." *Jonestown Report*, v. 6, out. 2004. Modificado pela última vez em 8 mar. 2014. Jonestown Institute.

"How Much Did Peoples Temple Have in Assets?". Modificado pela última vez em 24 maio 2014. Jonestown Institute.

JONES, Stephan. "Chuck." *Jonestown Report*, v. 12, out. 2010. Modificado pela última vez em 18 dez. 2013. Jonestown Institute.

_____. "Death's Night." *Jonestown Report*, v. 12, out. 2010. Modificado pela última vez em 29 mar. 2016. Jonestown Institute.

_____. "Like Father, Like Son." *Jonestown Report*, v. 5, ago. 2003. Modificado pela última vez em 14 mar. 2014. Jonestown Institute.

_____. "My Brother's Mother." *Jonestown Report*, v. 11, nov. 2009. Modificado pela última vez em 21 nov. 2013. Jonestown Institute.

KINSOLVING, Lester. "D.A. Aide Officiates for Minor Bride." *San Francisco Examiner*, 19 set. 1972.

_____. "'Healing' Prophet Hailed as God at S.F. Revival." *San Francisco Examiner*, 18 set. 1972.

_____. "Jim Jones Defames a Black Pastor." *San Francisco Examiner*, set. 1972. Não publicado.

_____. "Probe Asked of People's Temple." *San Francisco Examiner*, 20 set. 1972.

_____. "The People's Temple and Maxine Harpe." *San Francisco Examiner*, set. 1972. Não publicado.

_____. "The Prophet Who Raises the Dead." *San Francisco Examiner*, 17 set. 1972.

_____. "The Reincarnation of Jesus Christ — in Ukiah." *San Francisco Examiner*, set. 1972. Não publicado.

_____. "Sex, Socialism, and Child Torture with Rev. Jim Jones." *San Francisco Examiner*, set. 1972. Não publicado.

KOHL, Laura Johnston. "Oral History Interview: Don Beck." *Jonestown Report*, v. 17, nov. 2015. Jonestown Institute.

LAMBREV, Garret [Garry]. "A Peoples Temple Survivor Remembers." *Jonestown Report*, v. 8, nov. 2006. Modificado pela última vez em 6 mar. 2014. Jonestown Institute.

_____. "The Board (of Elders)." *Jonestown Report*, v. 9, nov. 2007. Modificado pela última vez em 4 mar. 2014. Jonestown Institute.

_____. "Joe Phillips: A Reflection." *Jonestown Report*, v. 15, nov. 2013. Modificado pela última vez em 20 mar. 2014. Jonestown Institute.

_____. "My Friend Teresa King: From the Avenue of the Fleas to Jonestown." *Jonestown Report*, v. 12, out. 2010. Modificado pela última vez em 28 dez. 2013. Jonestown Institute.

_____. "Questions That Remain." *Jonestown Report*, v. 5, ago. 2003. Modificado pela última vez em 14 mar. 2014. Jonestown Institute.

"Messiah from the Midwest." *Time*, 4 dez. 1978.

MOORE, Rebecca. "Last Rights." Modificado pela última vez em 31 ago. 2014. Jonestown Institute.

NEWELL, Herbert. "The Coldest Day of My Life." *Jonestown Report*, v. 12, out. 2010. Modificado pela última vez em 18 dez. 2013. Jonestown Institute.

SIMS, Hank. "Standing in the Shadows of Jonestown." *North Coast Journal*, set. 2003.

SMART, Juanell. "My Life in — And After — Peoples Temple." *Jonestown Report*, v. 6, out. 2004. Modificado pela última vez em 13 mar. 2014. Jonestown Institute.

TREML, William B. "Mom's Help for Ragged Tramp Leads Son to Dedicate His Life to Others." *Richmond Palladium-Item*, 15 mar. 1953.

WRIGHT, Lawrence. "The Orphans of Jonestown." *The New Yorker*, 22 nov. 1993.

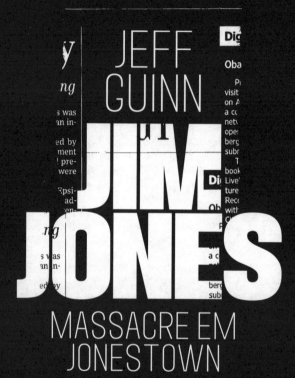

JEFF GUINN

JIM JONES

MASSACRE EM JONESTOWN

ÍNDICE REMISSIVO

A

Adams, Paula 314, 315, 355, 376, 478
Aeroporto de Ogle 11
África 301, 302
afro-americanos 134
as ambições de Jones e os 285, 287
em Indianápolis 78, 79, 83, 88, 90, 92, 93, 103, 104, 111, 127, 132, 134
em Richmond 58
em San Francisco 166, 167, 168, 169, 170, 171, 172, 261, 262, 263, 264, 326, 327
idosos, no Templo Popular 301
igrejas de 69, 72, 79, 88, 90, 92, 104, 132, 166, 167, 168, 169, 170, 212, 262, 263, 264, 327
na liderança do Templo Popular 217, 285, 286, 287, 288, 305
no condado de Randolph 52
Alioto, Joseph 264, 277, 326
Allende, Laura 330
Allende, Salvador 330
América do Sul 123, 302
Amin, Idi 374, 421
Amos, Liane 356, 462
Amos, Linda (Sharon) 156, 234, 236, 249, 250, 295, 302, 315, 404, 405, 410, 416, 418, 419, 433, 434, 435, 436

no suicídio coletivo 449, 450, 462, 467, 476
Annibourne, Neville 437, 439, 442, 445, 450, 453
apostólicos 51, 52
Arnold, Benedict 290
Arquette, Richmond 507
asilos 94, 95, 96, 118, 123, 125, 128, 141, 194, 195, 197
Asoka 121
Assassinato de um presidente 373

B

Bagby, Monica 11, 431, 439, 440, 444, 451, 452, 505
Baldwin, Charlotte 59, 63, 64, 65, 66, 67, 105, 118, 342, 362, 470, 477
visita a Jonestown de 425, 429, 432
Baldwin, Dean 73
Baldwin, Eloise 59, 60, 64
Baldwin, Ronnie 67, 68, 69, 72, 73, 507
Baldwin, Sharon 59, 66, 243
Baldwin, Walter 59, 60, 63, 64, 65, 66, 67, 118, 139, 470, 477
visita a Jonestown de 427
Banks, Dennis 330
Barbagelata, John 326, 327, 328, 354, 355
Beach, Janet L. 64
Beam, Jack 88, 89, 105, 122,

130, 138, 139, 150, 161, 211, 226, 234, 239, 249, 250, 258, 267, 268, 291, 294, 313, 426, 439, 443, 447, 481
Beam, Joyce 155, 356
Beam, Rheaviana 88, 89, 90, 105, 130, 138, 250, 426
Beck, Don 353
Bedford, George 263, 274
Beikman, Chuck 462, 463, 467, 471, 476
Belo Horizonte, Brasil 124, 125, 126, 127, 128, 129, 130, 131, 132, 137
Bíblia 38, 39, 53, 82, 83, 104, 119, 121, 126, 128, 131, 160, 169, 176, 213, 227, 279, 334
críticas de Jones à 135, 161, 169, 173, 227
livro contábil secreto de Jones na 334, 470
Biddulph, John 287
Biddulph, Vera 287
Bird, Caroline 124
Bishop, Aubrey 385, 386, 387, 388, 389, 393, 395, 397, 404, 425
Blacken, John 375
Blakey, Phil 217
Blum, Deborah 457
Bogue, Jim 452
Bogue, Merilee 445, 456
Bogue, Teena 452
Bogue, Tommy 399, 452
boicote dos ônibus em Montgomery 103
Bollers, Harold 425

Bouquet, Brian 416
Bouquet, Clare 416, 433, 436
Bowman, Joyce Overman 23
Boyd, Carol Houston 433,
437, 442, 444, 461
Bradley, Tom 260, 344
Bradshaw, Sandy 280, 292
Brasil 124, 133, 135, 164, 178, 302
Belo Horizonte 124, 137
Rio de Janeiro 130, 131, 132
Broussard, Leon 377, 414
Brown, Bob 433, 452, 464
Brown contra o Conselho de
Educação 103
Brown, Jean 280
Brown, Jerry 326, 330, 361
Brown, John 290
Brown, Johnny 281, 283, 285,
304, 320, 335, 419,
426, 436, 443, 453
Brown, Willie 262, 324, 325,
326, 327, 328, 330, 336,
343, 346, 362, 468
Buda 121, 136
Buford, Terri 200, 201, 202,
203, 208, 236, 250, 276,
291, 297, 313, 315, 323,
332, 333, 339, 358, 384,
389, 399, 411, 420, 422,
424, 427, 428, 470
deserção de 427
Burke, John 13, 14, 392, 393,
429, 434, 436, 437
Burnham, Bonnie 297, 362,
433, 436, 477
Burnham, Forbes 12, 13, 14,
303, 304, 305, 309,
315, 316, 350, 355,
375, 376, 386, 394, 404,
405, 408, 409, 417, 421,
429, 461, 474, 476
Burros, Dan 115
Burton, John 325
Burton, Phil 325

C

Caen, Herb 269, 343, 394
Califórnia 117, 124, 138
Eureka 124, 138, 142
Carolyn, Moore Layton
relacionamento de Jones com
179, 180, 181, 182, 183,
184, 226, 233, 234, 235,
236, 241, 242, 243, 246
Carter, Jimmy 345, 346, 348, 349
Carter, Malcolm 390, 427,
454, 456, 458, 459
Carter, Mike 278, 437, 456,
459, 465, 467
Carter, Rosalynn 345, 360, 474
Carter, Terry 278, 390, 456
Carter, Tim 233, 277, 278, 279,
281, 296, 298, 304, 315,
317, 319, 327, 340, 358,
370, 387, 390, 415, 418,
421, 424, 425, 426,
427, 428, 429, 433, 436,
437, 438, 442, 445
ataque à pista de pouso e 448
Milk e 329
prisão de 465
suicídio coletivo e 453,
455, 456, 457, 458,
459, 467, 468
Cartmell, Mike 150, 155,
157, 159, 160, 161,
233, 250, 265, 286
casamento de Suzanne
com 247, 248
deserção de 352
divórcio de Suzanne e 351
Marceline e 247
Cartmell, Patty 108, 129, 135,
150, 154, 159, 168, 173,
182, 211, 237, 247, 249,
250, 286, 322, 426, 447
Cartmell, Suzanne Jones (filha
adotiva) 108, 178,
183, 241, 246, 265,
349, 428, 471, 478
casamento com Mike 247
deserção de 352
divórcio de Mike 351
morte de 478
Case, Ross 109, 118, 122, 131,

137, 138, 140, 360
Castro, Fidel 122, 231
Central High School de
Little Rock 104
Chaikin, Gene 280, 353,
358, 361, 396, 400,
416, 426, 427, 457
Chaikin, Phyllis 280, 401
Chicago, Illinois 115,
211, 277, 292
Chilcoate, Avelyn 60, 177
Chile 330
Christianity Today 275
cia 160, 230, 239, 266, 320,
322, 323, 356, 370,
375, 379, 380, 395, 401,
421, 425, 427, 431
cianureto 402, 454, 457
circuito de avivamento 73,
74, 80, 99
Jones no 74, 75, 84, 88, 89,
92, 108, 128, 135, 137,
141, 153, 160, 209
Clark, Leola 321
Clayton, Stanley 460
Cleaver, Eldridge 346, 389
Cobb, Christine 90
Cobb, Jim 91, 287, 288, 413,
433, 437, 439, 461
Cobb, Johnny 386, 387
Cobb, Sharon 457
Cobb, Terri 287, 360
Collett, Merrill 279
Comissão de Direitos Humanos
de Indianápolis 134, 135
Jones como diretor da 110
Comissão de Planejamento (cp)
250, 251, 252, 253, 265,
275, 276, 288, 291, 294,
295, 298, 302, 304, 310,
312, 317, 318, 319, 322,
338, 367, 394, 402
comunismo 55, 68, 185, 330
cristão 55
Jones e 68, 173
socialismo e 68, 185
condado de Mendocino 185
conflitos raciais 134, 213, 255
Congresso Nacional do Povo
(pnc) 303, 417, 418
Conselho de Cidadania de
Indianápolis 79

Cordell, Barbara 313
Cordell, Candace 469
Cordell, Edith 88
Cordell, Harold Jr. 139, 445
Cordell, Rick 105
Cornelious, Laura 360
Crawford, Yolanda 376
Crete, Indiana 26, 27
Crispus Attucks High
  School 79, 104
Cuba 122, 303, 346, 352,
  388, 404, 429, 431
  crise dos mísseis em 129
Cudjoe 307, 368, 372, 388, 441
curas 74, 75
  realizadas por Jones 80, 84,
    85, 87, 88, 89, 90, 102,
    104, 141, 159, 160, 168,
    169, 173, 174, 175,
    177, 184, 191, 201, 203,
    209, 212, 213, 219,
    222, 225, 227, 250, 258,
    259, 266, 268, 269, 270,
    271, 272, 277, 283, 316,
    349, 406, 419, 508

D

Davis, Angela 330, 343, 346, 389
Davis, Brian 399
Davis, Grover 460
Detroit, Michigan 137, 211
Dickson, Cecil 22
Discípulos de Cristo 39, 77, 109
  Jones como pastor
    dos 109, 116
  Templo Popular e os 119,
    120, 138, 172, 199,
    315, 332, 346
Domanick, Joe 515
Driver, Lee 30
Duncan, Walter 413
Dwyer, Richard 437, 440, 444,
  445, 448, 450, 452, 453
Dymally, Mervyn 329, 330,
  343, 350, 358

E

Edith, Parks 445
Efrein, Laurie 204, 294, 298, 524
Eisenhower, Dwight D. 104
Ellice, Douglas 430
Elsey, Simon 321
Esquire 124, 137, 150
Estados Unidos, governo
  dos 359, 375, 407,
  421, 424, 429, 481
  cia 160, 230, 239, 266,
    320, 322, 323, 356,
    370, 375, 379
  Departamento de Estado 392,
    399, 413, 424, 475
  fbi 76, 160, 230, 239, 266, 320,
    322, 359, 370, 375, 379,
    469, 470, 472, 475, 477
  visão de Jones sobre o 160,
    204, 214, 218, 230,
    266, 340, 377, 480
Eureka, Califórnia 124, 138, 142
Exército Simbionês de
  Libertação (sla) 313

F

FBI 76, 160, 230, 231, 239, 266,
  320, 322, 323, 359, 370,
  375, 379, 380, 395, 469,
  470, 472, 475, 477, 504,
  505, 509, 511, 514, 522
Feinstein, Dianne 326, 327, 473
Filadélfia, Pensilvânia 292
Flick, Bob 433
Flowers, Lena 287
Fonda, Jane 257
Fondakowski, Leigh 307
Fondakows, Leigh 440
Força de Defesa da Guiana (gdf)
  11, 13, 14, 465, 466, 469
Ford, Gerald 345
Foreman, Liz 281
Fortson, Hue 252, 299, 398, 408
Fórum Popular 293, 299
Freed, Donald 420

Freestone, Marion (\ 159,
  252, 274
Freestone, Opal 159, 274
Freitas, Joseph 328, 329, 399
Fresno Bee, The 282

G

Gaddafi, Muammar al- 339
Garganta Profunda 233
Garry, Charles 358, 359, 360,
  372, 385, 392, 394, 395,
  397, 409, 413, 416, 421,
  422, 425, 427, 434, 435,
  436, 437, 443, 447
Garvey, Marcus 301, 302
Georgetown, Guiana 304, 306,
  314, 315, 316, 353, 355,
  368, 392, 415, 430, 437,
  442, 445, 447, 448
  morte da família Amos
    em 463, 466, 474
  sede do Templo em 355,
    371, 372, 375
Gibson, William 279
Gieg, Clifford 441
Gleason, Ralph 269
Goodlett, Carlton 262, 263, 264,
  270, 293, 343, 344, 352,
  356, 389, 410, 419, 468
Gosney, Vern 431, 439, 440,
  444, 445, 451
Gouveia, Gerald 391
Grande Depressão 21, 69, 78
Grant, Ulysses S. 264
Grubbs, Dick 50
Grubbs, Sylvia 163
Grubbs, Tom 163, 353, 427
Guerra Fria 55, 122
guerra nuclear 122, 123, 124,
  132, 266, 300, 339
  caverna como proteção
    contra a 149, 150, 157
  Crise dos Mísseis em
    Cuba e a 129
  visão de Jones sobre a 122,
    123, 126, 127, 129,
    137, 138, 141, 148,
    149, 150, 160, 273

Guiana 11, 12, 314, 329, 431, 479
bancos na 333
Burnham eleito primeiro-
ministro da 303
composição étnica da 303, 306
costa atlântica da 303, 305
economia da 13, 304
e desdobramentos das
mortes em Jonestown
474, 475, 476
equipe do Templo
enviada à 304
escolhida como destino para
Jonestown 303, 304, 305
Estados Unidos e a 305, 309
forças armadas da 305
independência da Grã-
Bretanha 123, 303, 305
isolamento da 303
Matthews Ridge 14, 305, 306,
380, 436, 441, 463
Partido Progressista do
Povo 303, 417
primeira visita de Jones à 123
proveito da missão do Templo
Popular para a 12, 309
selva da 14, 303, 304, 305,
306, 307, 308
Serviço Nacional da
13, 14, 305
sistema educacional da
12, 353, 397, 417
socialismo na 13, 303, 304, 305
Venezuela e a 12, 304, 309
visita de Ryan à 429, 430,
431, 432, 433, 434
Guiana Inglesa 123, 303, 304

H

Haas, Jeffrey 385, 386,
388, 389, 413
Haldeman, Ron 77, 78, 80,
86, 87, 90, 101, 112,
117, 118, 508
Hargrave, Neva Sly 163, 187,
338, 339, 341
Harlan, Sara Lou 50

Harpe, Maxine 274
Harris, Don 433, 439, 440,
442, 451, 452, 464
Harris, Liane 433, 436, 461
Harris, Sherwin 433, 436, 461
Havaí 123, 241
Hayakawa, Samuel Ichiye 475
Hayden, Tom 257
Hearst, Patty 313
Hearst, Randolph 313
Hildebrand, Bonnie 157
Hitler, Adolf 45, 46, 115, 185, 299
Hongisto, Richard 329
Hoover, J. Edgar 230
hospital Reid Memorial 56,
58, 60, 62, 65
Houston, Bob 280, 338, 399, 518
Houston, Judy 442, 444
Houston, Nadyne 433
Houston, Patricia 442, 444
Houston, Phyllis 444
Houston, Sam 338, 339, 399
Houston, Texas 211, 218, 292
Howard, Audrey E. 123

I

Igreja Batista Olivet 274
Igreja Católica do Sagrado
Coração 315
Igreja da Encruzilhada 123
Igreja de Cristo da Regra
Áurea 139, 140, 148,
155, 162, 163, 263
Igreja Metodista de Somerset
70, 80, 87
Igreja Missionária Macedônia
196, 262, 263
igrejas
em espaços comerciais
alugados 77
negras 69, 72, 79, 81, 88,
90, 93, 104, 132, 166,
167, 168, 169, 170, 212,
262, 263, 264, 327
Ijames, Archie 94, 95, 118, 122,
126, 128, 131, 135, 137,
139, 147, 149, 150, 155,

161, 164, 198, 217,
226, 234, 235, 239, 249,
250, 267, 285, 304
Ike, reverendo 276
Indiana 42
Comissão de Direito Civis 133
comunistas em 68
condado de Randolph
28, 29, 30, 52
Conselho de Psicologia do
Estado 219, 220
Crete 25, 26, 27
escolas em 30, 47, 52
Ku Klux Kan e 29
Indianápolis, Indiana 77, 88,
117, 125, 128, 129, 151
Câmara de Comércio 114
comunidade negra em 78,
83, 88, 90, 92, 93, 104,
111, 127, 132, 134
Conselho Municipal 134
eleições em 95
fuga branca em 91
integração em 78, 117,
120, 134, 479
restaurantes em 112, 113, 134
retorno de Jones à 218,
219, 220
saída de Jones de 141
segregação em 112, 114
Templo Popular em
147, 340, 479
visão de Jones sobre ataques
nucleares 122, 123,
141, 148, 149, 273
Indianapolis Recorder 104
Indianapolis Star 82, 219, 269
Ingram, Lee 278, 449, 462
Ingram, Sandy 320
integração 104, 120
de restaurantes 113
em Indianápolis 78, 117,
120, 134, 479
International Hotel 347
Jones e 75, 76, 78, 86, 104,
109, 133, 218, 335, 479
serviço de colocação
profissional e 113

J

Jackson, Clay 283
Jackson, Earl 118
Jackson, Janet L. 176
Jacobs, John 477
Jagan, Cheddi 303, 417
James, Shanda 425
Javers, Ron 433, 435
JFK Kennedy
  O crime e a farsa (Lane) 421
John Birch Society 111
Johnson, Joe 277
Johnson, Mildred 273
Johnson, sr. e sra. Cecil 273, 274
Jones, Agnes (filha adotiva) 73,
  87, 106, 178, 183, 241,
  320, 349, 412, 459, 470
Jones, Chaeoke (neto de
  Jones) 390, 459
Jones, Frank 293
Jones, James Thurman (pai de
  Jim) 23, 24, 25, 26, 27,
  31, 32, 33, 34, 38, 43,
  47, 49, 54, 55, 56, 62
  casamento de 24
  colapso nervoso 47
  colapso nervoso de 27
  como fazenda de 26
  como veterano de guerra
    inválido 24, 25, 26,
    27, 31, 32, 33, 42, 43,
    47, 49, 55, 229, 505
  fazenda de 25, 26
  morte de 55
  partida de Jim e Lynetta e 54
  rumores sobre 47, 54
Jones, James Warren, Jr. (filho
  adotivo) 108, 127, 171,
  179, 183, 192, 239, 242,
  243, 246, 247, 265, 272,
  328, 345, 349, 359, 375,
  385, 387, 394, 398, 406,
  412, 414, 415, 430
  suicídio coletivo e 449,
    459, 471, 478, 481
Jones, John Henry (avô de
  Jim) 23, 25, 26
Jones, Lew (filho adotivo) 106,
  178, 183, 241, 242, 246,
  264, 349, 359, 390,
  398, 453, 459, 470

Jones, L.S. 274
Jones, Lynetta Putnam (mãe
  de Jim) 31, 32, 33, 34,
  37, 38, 39, 40, 43, 46,
  47, 48, 49, 54, 57, 63,
  64, 85, 106, 123, 125,
  161, 218, 224, 505
  apostólicos e 52
  casamento de 21, 22, 23, 24
  caso extraconjugal de 49,
    50, 54, 179, 506
  contas bancárias de 331
  empregos de 33, 34, 37, 42,
    49, 54, 55, 56, 105, 147
  Goodlett e 264
  início da vida de 21, 22
  Marceline e 64, 105
  morando com Jim e
    Marceline 105
  morte de 400
  mudança para Richmond 54
  poemas de 224
  sítio de 25, 26
Jones, Marceline Mae Baldwin
  (esposa de Jim) 73, 76,
  85, 87, 89, 112, 114,
  115, 118, 123, 130,
  147, 176, 177, 178, 179,
  180, 181, 182, 193, 206,
  226, 239, 241, 242,
  243, 245, 320, 345, 352,
  373, 389, 398, 404, 412,
  418, 420, 430, 477
  adoções e 73, 106,
    107, 108, 241
  apatamento alugado por 246
  ataque a tiros encenado
    por Jim e 267
  bilhete de Dia dos Namorados
    para Jim 318
  Bonnie Burnham e
    297, 362, 433
  Bonnie Malmin e 127, 275
  carta aberta de 362
  casamento de Jim com
    62, 63, 64, 176, 182,
    183, 184, 248
  casos extraconjugais de
    Jim e 175, 182, 183,
    226, 243, 244, 252
  conta bancárias de 331,
    333, 399
  deterioração do estado

emocional de 384
divórcio cogitado por 66,
  87, 246, 317
e caráter divino de
  Jim 137, 176
e Jim trazendo convidados
  para casa 105
empregos na área de
  enfermagem e saúde
  65, 94, 147, 172, 197,
  283, 289, 331, 352, 398
e mudança de Jim para
  Jonestown 342
e mudança para a Guiana 304
encontro de Jim com
  57, 61, 62
enterro e morte de 459,
  460, 470
filhos de 73, 87, 106, 107,
  108, 127, 178
gravidez de 177
incidente da ambulância
  e 283, 515
início da vida de 59,
  60, 61, 182
Jonestown e 342, 389, 398
Lynetta e 64, 105
nascimento de John Victor
  Stoen e 244
na União Comunitária
  80, 81, 82
no Brasil 124, 126,
  127, 128, 130
no Hospital Reid Memorial
  60, 62, 65, 66
pregação de Jim e 75, 177, 178
problemas de saúde de
  177, 179, 352, 398
psiquiatra consultado por 342
romance de Jim com 62, 63, 64
Ronnie e 67, 68, 69, 70, 72, 73
suicídio coletivo e 453,
  458, 459, 460
testamento de 320
trabalho com Jim e papel no
  Templo 93, 147, 177,
  198, 226, 241, 243,
  246, 247, 248, 249, 250,
  259, 267, 272, 282, 317,
  318, 359, 372, 398
visão profética de 108
visita de Ryan e 438, 442,
  443, 444, 445, 446

Jones, Ray 460
Jones, Stephan (filho) 107, 150,
176, 177, 179, 183, 205,
234, 241, 242, 243, 246,
247, 248, 264, 267, 268,
295, 312, 318, 333,
349, 352, 471, 478
em Jonestown 352, 359, 387,
388, 389, 398, 399, 412
na viagem do time de
basquete 430, 432, 461
suicídio coletivo e 449,
450, 459, 461
tentativas de suicídio de 243
Jones, Stephanie (filha adotiva)
106, 107, 108
Jones, Stephanie (filha de
Agnes) 320
Jones, Tim Tupper (filho adotivo)
241, 264, 349, 359,
386, 398, 412, 426,
459, 461, 471, 478
Jonestown 12, 367, 368, 369,
370, 403, 404, 405,
406, 407, 479, 480
agricultura em 303, 304, 306,
309, 314, 316, 321, 349,
352, 353, 355, 368, 369
aposentos de Jones
em 369, 398
arsenal de 14, 354, 359,
370, 375, 469
brinquedos fabricados em 371
cerco de seis dias 387,
388, 389, 390
chegada de Jones a 343, 360,
361, 368, 369, 375, 376
chegada de Marceline 398
comida em 316, 355, 368,
371, 391, 418
como comunidade socialista
369, 372, 379, 385,
387, 425, 426
como Terra Prometida
300, 301, 302, 303,
309, 313, 320
construção de 306, 309, 311,
314, 316, 320, 352, 367
contrato de arrendamento de
306, 309, 314, 353, 368
controle de Jones sobre
369, 418, 419, 481
crianças em 353, 354, 367,

368, 378, 382, 384, 387,
389, 390, 395, 396, 397,
398, 414, 421, 446
custos e financiamento de
309, 321, 342, 343, 349,
370, 371, 372, 422, 426
Desbravadores de 307, 308,
309, 314, 333, 342,
352, 367, 368, 371
dificuldades financeiras
de 427, 431
domingos de 390
drogas usadas para
controlar os membros
de 415, 426, 457
encontros noturnos em
373, 374, 391, 400,
405, 411, 453
e plano de migrar para a
Rússia 400, 401, 404,
405, 410, 412, 413, 416,
422, 425, 427, 429, 455
escolas em 12, 353, 378,
397, 398, 417, 443
Guiana escolhida como
local para 303
ideia de suicídio coletivo
e 379, 389, 401, 402,
403, 407, 408, 409, 411,
413, 420, 431, 432,
446, 447, 449, 450
idosos pensionistas em 370
independência de 343
membros indo embora
de 377, 379
membros prioritários e 321
moradias em 352, 368,
369, 443, 444
noites brancas 389, 390, 401,
402, 403, 408, 413, 417
nome de 12, 306
obstáculos para sair de
376, 377, 379, 380
o que restou de 482
Parentes Preocupados e 12, 13
planos de Ryan de visitar
423, 424, 428, 429,
430, 431, 432, 433
população de 321, 358, 367,
368, 369, 370, 373, 374,
375, 377, 443, 444
primeiro colonos em 337,
354, 355, 368

problemas e serviços de
saúde em 12, 356, 398
processo de custódia de
Stoen e 352, 354, 357,
382, 383, 384, 385, 386,
387, 388, 393, 394, 395,
396, 399, 400, 404, 412,
425, 446, 456, 480
recém-nascidos em 390
relacionamentos em 369, 379
selva em 12, 303, 304, 305,
306, 307, 308, 314, 316,
320, 334, 352, 367, 368,
371, 378, 410, 482, 516
sistema de alto-falanto
em 374, 387, 405,
406, 453, 459
tentativa de fuga de
adolescentes 399
time de basquete de 418,
430, 432, 439, 449, 461
trabalho em 374, 376, 377,
378, 379, 380, 381, 382
transmissões de rádio 370
Turma de Aprendizado
em 373, 378
visita de autoridades
guianenses a 314,
352, 353, 391, 406
visita de Ryan a 12, 13, 14,
441, 442, 443, 444,
445, 446, 447, 448,
449, 450, 451, 461
visita dos pais de Marceline
425, 427
visitas da embaixada dos
Estados Unidos
a 391, 392, 430
Jonestown Institute 478
Jones, Walter 336, 338,
360, 383, 384

K

Katsaris, Anthony 281, 433, 437, 439, 444, 452, 461
Katsaris, Maria 281, 316, 320, 333, 334, 343, 348, 369, 386, 391, 398, 406, 411, 412, 415, 416, 419, 440
relação de Jones com 317, 320, 348
suicídio coletivo e 454, 458
tentativa do pai de resgatar 396, 397
Katsaris, Steven 281, 317, 348, 396, 408, 412, 433
processo de calúnia contra Jones 412
tentativa de salvar Maria 396, 397
Kennedy, John F. 122, 129
assassinato de 132, 231, 374
Kennedy, Myrtle 37, 38, 39, 40, 46, 219, 344
Kennedy, Orville 37
Kennedy, Robert F. 164, 178
Kent, Katharine 123
Kice, Bob 457
Kilduff, Marshall 354, 355, 357, 359, 360, 361, 414, 519
King, Donald 384
King Jr., Martin Luther 103, 166
assassinato de 164, 231, 421
King Jr., Martin Luther 167, 168, 196, 346
Kinsolving, Lester 268, 269, 270, 271, 272, 273, 274, 275, 276, 277, 280, 313
Klingman, Dale 64
Klingman, Eloise Baldwin 59, 60, 64
Knight, Max 35, 36, 40, 54, 101, 117, 124
Kohl, Laura Johnston 179, 187, 241, 258, 356, 435, 471
Krause, Charles 433, 442, 443, 446, 452, 477, 521, 522
Ku Klux Klan 29, 218, 374, 506, 524

L

Lambrev, Garry 154, 155, 156, 157, 158, 161, 164, 169, 174, 190, 191, 207, 229, 238, 249, 298, 299
Lane, Mark 421, 424, 427, 429, 434, 437, 473, 477
Lauer, Ralph 516
Layton, Carolyn 236, 239, 249, 250
Layton, Carolyn Moore 275, 288, 291, 359, 369, 391, 397, 398, 400, 406, 411, 412, 414
contas em bancos estrangeiros 333, 334
filhos de Jones e 241, 242, 320
história de viagem ao México envolvendo 317, 318, 319, 320
Jonestown e 304, 321
maternidade 319, 320
relacionamento com Jones 317, 318, 319, 320
suicídio coletivo e 431, 432, 456, 459
Layton, Carolyn Moore 304, 317, 318, 319, 320
Layton, Debbie 217, 236, 237, 389, 395, 406, 411, 477, 519
depoimento de 413, 414, 428, 435
deserção de 411, 412, 413, 414, 428
Layton, Karen Tow 183, 235, 236, 239, 288, 299, 358
Layton, Larry 156, 180, 181, 183, 217, 235, 239, 252, 412, 414, 447, 449, 450
no atentado em Porto Kaituma 451, 452, 453, 465, 467, 471, 476
Layton, Lisa 217, 406, 412, 414
Lei Seca 29
Lênin, Vladimir 160, 227
Leroy, Tish 313, 419
Lewis, Chris 231, 298, 353, 377, 400, 518
Líbia 339
Lincoln, Abraham 264

Lindsay, Gordon 416, 421, 433, 438
Los Angeles, Califórnia 254, 343
Bradley eleito prefeito de 259
distrito de Watts em 255, 256, 257, 260, 292
favelas em 256, 260
polícia em 283, 310, 311, 515
propriedade do Templo Popular em 257, 263
Templo Popular em 197, 202, 203, 209, 210, 251, 254, 263, 267, 283, 372
Lovelace, Linda 233
Lucientes, Christine 156
Luckhoo, Lionel 395
Luther, Jeanne Jones 64
Lynn, Indiana 25, 27, 35, 36, 37, 38, 39, 40, 54, 64, 101
apostólicos em 51
nazarenos em 37, 38, 39, 40
visita de Jones a 218

M

Madison, James H. 42
Mãe Divina 100, 101, 220, 221, 222, 223, 513
Malcolm, Carter 453
Malmin, Bonnie 127, 233, 275
Malmin, Ed 127, 130, 131, 133, 139, 275
Mann, Laurence (\ 314, 315, 355, 376, 409, 416, 478
Manson, Charles 185
Marable, Birdie 360
Marked for Death (Stoen) 240, 337, 394, 511
Massada 322, 339, 446
Matthews, Wade 353
Mazor, Joseph 353, 382, 421
McCoy, Richard 377, 410, 411
McElvane, Jim 258, 298, 420, 436, 447, 453, 457, 458
McGehee, Fielding 478
McPherson, Aimee Semple 127
Medlock, Wade e Mabel 413
Mertle, Elmer e Deanna 186, 200, 201, 202, 250, 302, 316,

323, 354, 360, 361, 381, 382, 428, 477, 511, 520
acusações de 354
assassinato de 477
metodistas 39, 59, 64, 66, 68, 69
Milk, Harvey 327, 329
assassinato de 467, 473
Miller, Christine 455, 456
Mills, Jeannie 323
Mingo, Vibert 418, 431
Mondale, Walter 348, 474
Moon, Sun Myung 276
Moore, Annie 180, 217, 275, 276, 320, 406, 411, 412, 415, 456, 465, 469, 478
Moore, Barbara 180, 181, 217, 275, 319, 411, 412, 414
Moore, John V. 180, 181, 217, 275, 276, 319, 411, 412, 414
Moore, Rebecca 180, 217, 478
Morrison, Andrew 315, 316
mortes em Jonestown
Amos e filhos 462, 463, 467, 476
animais em 465
atentado na pista de pouso de Porto Kaituma 12, 13, 14, 451, 452, 453, 454, 455, 456, 460, 463, 464, 466, 522
atentado na pista de pouso de Porto Kaituma 11
bebês e crianças em 458, 459, 466
descoberta das 15
dissidentes e 441, 443, 444, 445, 446, 447, 448, 449, 451, 455
focos de resistência em 460
homenagens prestadas a 478
identificação de corpos 466, 467, 470
injeções em 465, 466
investigações após 467, 468, 469, 470, 474, 475, 476, 477
Jones e 453, 454, 455, 456, 457, 458, 459, 460, 461, 465
livros sobre 477
malas cheias de dinheiro e 456, 459, 460, 469
mensagens deixadas por

vítimas 468
mídia e 468
morte de Jones 465, 478
número de vítimas 465, 466, 468
processos judiciais
depois de 472
responsabilidade por 474, 475
transporte aéreo de corpos 472
veneno nas 454, 457, 458, 459, 460, 461, 468
mortes em Jonetown 453, 454, 455, 456, 457, 458, 459, 460, 461, 462, 463, 481
Moscone, George 324, 325, 326, 327, 328, 329, 330, 335, 336, 341, 346, 347, 358, 361, 490
assassinato de 467, 473
Moscone, George (pai) 325
Moscone, Gina 325
Moscone, Lee 325
Moton, Pam 407, 408, 409
movimento dos direitos civis
comunismo e 111
movimento Missões de Paz 99, 100, 101, 102, 114, 136, 139, 194, 224, 513
movimento pelos direitos
civis 103, 105, 111, 134, 148, 170
violência e 120, 129
muçulmanos negros 115, 343
Mueller, Esther 94
Muggs, Mr. 242, 353, 465
Murphy, Melvin 321
Muskie, Edmund 213

N

Nação do Islã 115
Nascimento, Christopher (\ 309, 315, 316, 346, 375, 404, 429, 465, 474
National Enquirer 416, 421, 433, 438
nazarenos 37, 38, 39, 40
nazistas 45, 46, 115, 299

negros
na Guiana 303
Nelson, Kay 258, 259
Newell, Herbert 441
New West 354, 355, 357, 358, 359, 361, 362, 372, 373, 381, 382, 383, 394, 414, 519
New Yorker, The 426
New York Times 166
Nixon, Richard 214, 230, 299, 300
Norgard, Sterling 152

O

Oliver, Beverly 395, 433, 437, 444, 452, 461
Oliver, Howard 395, 433
O'Neal, Chris 444, 452, 463
Organização Comunitária do Western Addition (waco) 262, 264

P

Pai Divino 96, 109, 114, 118, 136, 137, 220, 301
colônia agrícola Terra Prometida do 100, 139, 301
Movimento Missão de Paz do 98, 99, 100, 101, 114, 136, 139, 194, 220, 221, 222, 223, 301, 513
tentativa de Jones de herdar fiéis do 101, 102, 220, 221, 222, 223
Palladium-Item 71, 72
Parentes Preocupados 12, 381, 383, 392, 395, 396, 398, 407, 408, 409, 410, 411, 413, 414, 416, 420, 423, 424, 427, 428, 430, 433, 434, 435, 436, 437, 438, 439, 442, 446, 449, 450, 452, 461, 462,

466, 467, 477, 480
Parker, Lewis 22
Parks, Brenda 444, 452, 463
Parks, Dale 444, 451, 452
Parks, Edith 444
Parks, Jerry 444
Parks, Patricia 444, 452, 464
Parks, Rosa 103
Parks, Tracy 444, 451, 452, 463
Partido Progressista do Povo (ppp) 303, 417
pentecostais 51
Peru 302, 324, 410
Peter, Simon 222
Phillips, Clara 89, 162
Phillips, Danny 89
Phillips, Joe 89, 121, 139, 150, 162
Pickering, Cindy 269
Pietila, Terri Cobb 287
Pietila, Wayne 360, 433
Pietila, Wayne Cobb 287
Plessy contra Ferguson 103
Podgorski, Tom 287
Poisoner's Handbook, The (Blum) 457
polícia 253, 282
em Los Angeles 283, 310, 311, 515
Porto Kaituma, Guiana 306, 307, 308, 316, 355, 372, 376, 377, 380, 388, 430, 436, 437, 438, 439, 441, 446, 447, 448, 449, 450, 463, 482
ataque a tiros na pista de pouso de 11, 12, 13, 14, 16, 440, 441, 451, 452, 453, 455, 456, 460, 466
Price, John L.. 88
Prokes, Jim Jon (\ 319, 320, 359, 370, 390, 391, 411, 431, 456
Prokes, Michael 280, 281, 319, 320, 322, 329, 335, 336, 361, 426, 436, 455, 456, 459, 460, 465, 467, 469, 477
Psychology Today 279
Pugh, Eva 189, 249
Pugh, Jim 174
Putnam, Jesse 21, 22
Putnam, Mary 21, 22

Q

quacres 39, 77, 78, 80
União Comunitária e 86, 87, 109
Quênia 302, 324

R

racismo 94, 103, 154, 155, 214
em Ukiah 148
Indianápolis 78
Ku Klux Klan 29
Marceline e o 176
oposição de Jones ao 52, 63, 65, 69, 78, 88, 105, 135, 160, 171, 172, 214, 217, 218, 228, 479
Ray, James Earl 421
Reagan, Ronald 326
Reid, Daniel G. 56, 58
Reid, Ptolemy 315, 375, 386, 388, 389, 404, 405, 417
Reiterman, Tim 399, 433, 442, 443, 452, 477
Restaurante Livre 95
Rhodes, Odell 460
Richmond, Indiana 53, 54, 55, 56, 57, 58, 63, 71
afro-americanos em 58
escola Richmond High em 55, 58, 60, 62, 65
Hospital Reid Memorial em 56
Rickabaugh, Colleen 152
Rio de Janeiro 130, 131, 132
Roberts, Desmond 13, 14, 375, 419, 465
Roberts, Oral 87
Roberts, Skip 465
Robinson, Greg 433, 452, 464
Rodriguez, Gloria 390, 453
Roller, Edith 281, 321, 401, 410, 478, 514
Rússia 122, 129, 142, 160, 207, 303, 374, 387
como possível destino 161, 400, 404, 405, 410, 412, 413, 416, 422,

426, 427, 455
Ryan, Leo 338, 339, 518
assassinato de 12, 13, 15, 451, 452, 453, 455, 456, 460, 464, 467, 474, 476
atentado de Sly contra 447, 449
Jones e 12, 13, 439, 441, 444, 445, 447
Templo Popular como preocupação de 338, 393, 399
visita a Jonestown 12, 13, 14, 441, 442, 443, 444, 445, 446, 447, 448, 449, 450, 451, 461
visita a Jonestown planejada por 422, 423, 424, 429, 430, 431, 432, 433

S

Sacramento, Califórnia 348
San Francisco, Califórnia 138, 139, 149, 156, 166, 167, 168, 254, 260, 261, 310, 313
Bradley eleito prefeito de 324, 325, 326, 327, 328, 329, 330, 335
Comissão de Direitos Humanos 335, 347
Departamento de Habitação 347
Distrito de Fillmore em 262, 264, 273
Igreja Batista Missionária Macedônia 166, 196, 262, 263
jantar de gala em homenagem a Jones em 345, 346
Jones como celebridade de 334
manifestação contra o suicídio 359
negros em 166, 167, 168, 169, 170, 171, 261, 262, 263, 264, 265, 326, 327
propriedade do Templo Popular em 263,

313, 321
Templo Popular em 196, 197, 203, 209, 210, 211, 251, 253, 260, 285, 321, 372, 422, 471, 472, 481
San Francisco Chronicle 196, 343, 354, 357, 394, 414, 416, 433
San Francisco Examiner 268, 269, 282, 286, 310, 313, 328, 399, 400, 433, 442, 464, 472, 477
série de Kinsolving no 268, 269, 270, 271, 272, 273, 274, 275, 276, 277, 280, 281, 313
Santa Rosa, Faculdade Comunitária de 273
Santayana, George 373
Schacht, Larry 356, 369, 383, 396, 398, 400, 401, 412, 417, 419, 454
e cianureto 402
Schollaert, James 433
Seattle, Washington 197, 209, 211
Seay, Scott 332
Seductive Poison (Layton) 236, 519
segregação
em Indianápolis 112
em San Francisco 170
Segunda Guerra Mundial 45
Serviço Nacional (Guiana) 13, 14, 305
Shaw, Joyce 338, 341, 399
Simon, Al 447, 448
Simon, Bonnie 447
Sly, Don 163, 338, 447, 448, 455
Sly, Neva 163, 187, 338, 339, 341
Smart, Juanell 223, 238, 258, 259, 298, 420, 468
Smart, Tanitra 298, 420
Smith, J. Alfred 262
Smith, Shirley 454
Snell, Helen 418, 419
socialismo 104, 185
comunismo e 68, 112, 185
Jones e 40, 63, 65, 66, 68, 77, 83, 85, 88, 89, 104, 108, 110, 118, 122, 123, 124, 125, 129, 130, 131, 135, 159, 185, 198, 199, 274, 303
Jonestown e 369, 372, 379,

385, 387, 425, 426
na Guiana 13, 304, 305
Templo Popular e 96, 128, 129, 130, 152, 164, 165, 166, 185, 186, 187, 189, 190, 198, 199, 201, 204, 206, 208, 217, 221, 238, 280, 281, 292, 308, 322
Sociedade da Juventude Cristã 55
Speier, Jackie 433, 437, 438, 442, 443, 444, 445, 450, 451, 452
Stahl, Carol 162, 163
Stálin, Joseph 207
Stapleton, Ruth Carter 346
Stephens, Elmer 22
Stoen, Grace Grech 192, 238, 239, 240, 250, 251, 288, 310, 312, 317, 336, 341, 361, 391, 408, 433, 435, 438
deserção de 336, 337, 338, 344
nascimento de John Victor Stoen e 244, 245
nascimento e John Victor Stoen e 383
New West e 360
processo de divórcio e custódia do filho 352, 354, 357, 360, 361, 382, 383, 384, 385, 386, 393, 394, 395, 396, 399, 400, 404, 412, 413, 425, 446, 456, 480
Stoen, John Victor 244, 245, 312, 320, 336, 337, 341, 350, 357, 370, 391, 425, 431, 438
batalha pela custódia de 357, 360, 382, 383, 384, 385, 386, 387, 388, 393, 394, 395, 396, 399, 400, 404, 412, 413, 425, 446, 456, 480
Jones como pai de 290, 513
nascimento de 244, 245
no suicídio coletivo 456
Stoen, Tim 190, 191, 192, 193, 197, 202, 220, 236, 238, 239, 240, 250, 273, 291, 311, 312, 324, 328, 331, 332, 337, 350, 353, 383, 384, 391, 393, 394, 395, 396, 404, 408, 411, 414, 421, 432, 433, 435, 446, 511, 515

autobiografia de 239, 337, 394, 511, 515
desenvolvimento de Jonestown e 302, 304
divórcio de 352
Kinsolving e 270, 271, 272, 273
Moscone e 327
nascimento de John Victor Stoen e 244
opinião dos membros do Templo sobre 395
plano de ataque focado exclusivamente em 394, 395
processo de calúnia contra Jones 412
processo do Templo contra 413
suicídio coletivo e 454, 462
tentativa de suborno de 395
Students for a Democratic Society (sds) 257
Sung, Steve 433, 452
Sun-Reporter 262, 264
Suprema Corte 103
Swanson, Alan 193, 194, 199, 295
Swinney, Cleve 249
Swinney, Joyce 218

T

Tabernáculo de Laurel Street 88, 104, 108, 263
Talbot, David 261
Tatum, Billy 188
Taylor, Richard G. 274
Templo Popular 12, 65, 91, 102, 115, 127, 128, 480, 481
armas contrabandeadas para Jonestown pelo 13, 354, 359, 370, 375, 469
artigos de Kinsolving sobre o 277, 280, 313
asilos do 94, 95, 96, 118, 123, 125, 128, 141, 194, 195, 197
Brasil como possível destino para o 124, 127, 129, 132, 164

caravanas de ônibus do 218,
219, 227, 230, 231,
257, 273, 292, 328
casamentos arranjados
de Jones no 352
ciclos de perigo anunciados
no 159, 217
Comissão de Planejamento
(cp) 250, 251, 252,
253, 265, 275, 276, 288,
291, 294, 295, 298, 302,
304, 310, 312, 316, 317,
318, 319, 322, 338,
339, 340, 344, 348, 360,
367, 394, 402, 517
comunhão no 139
Conselho de Administração
do 250
Conselho de Presbíteros
do 249, 250
contas em bancos estrangeiros
do 333, 334, 372, 399
controle de Jones sobre os
fundos 189, 226, 229
contrução da igreja o vale
de Redwood 163
crianças criadas no 312
Departamento de
Distrações do 339
desejo de Jones de transferir o
123, 124, 125, 137, 138
deserção da Turma dos Oito
288, 291, 299, 302, 310,
338, 360, 361, 413, 433
disciplina no 252, 253, 294,
295, 296, 297, 373, 395
Discípulos de Cristo e o 109,
119, 120, 138, 172, 173,
199, 211, 315, 332
dissolução do 472, 473, 474
dízimo dos membros e
o 194, 195, 196
doações de membros para
o 194, 195, 196,
197, 203, 321, 334
em Indianápolis 147, 340, 480
emissários tentavam convencer
desertores a voltarem
para o 298, 299
em Los Angeles 197, 202,
203, 209, 210, 251, 254,
263, 267, 283, 372
empresas administradas

pelo 197
em San Francisco 196, 197,
202, 203, 209, 210, 211,
251, 253, 260, 285, 321,
372, 422, 471, 472, 481
em Seattle 197, 209, 211
e o relacionamento de Jones
com Carolyn Layton 234
escritórios do 203
ex-membros do 298, 360,
380, 381, 382, 383,
477, 478, 479
expectativas dos membros
do 118, 205, 217, 286
filosofia socialista do 96, 128,
129, 130, 152, 164, 165,
166, 185, 186, 187, 189,
190, 198, 199, 201, 204,
206, 208, 217, 221, 238,
280, 281, 292, 308, 322
finalidade do 185
Fórum Popular 293, 298
ideia de suicídio coletivo e
o 290, 322, 339, 340
idosos negros no 301
igreja d Regra Áurea e o 139,
140, 158, 162, 163
impostos e o 147, 199,
205, 331, 332, 372
incidente da ambulância
no 283, 311, 515
interesse de Ryan em investigar
o 339, 393, 399
lazer e o 205
linha telefônica especial
do 203
lutas de boxe no 296
marcha de protesto contra
a guerra 158, 264
matéria da New West sobre
o 354, 357, 358, 359,
360, 361, 372, 373, 381,
382, 383, 414, 519
membros abastados do
196, 206, 292
membros escolarizados
do 206, 208
membros indo embora do
118, 119, 127, 128, 129,
131, 132, 133, 135, 174,
237, 286, 287, 288, 289,
290, 291, 296, 297, 298,
310, 323, 324, 352, 353

membros sobreviventes
do 472
Missão de Paz e o 220,
221, 222, 223
Moscone e o 327, 328, 329,
335, 336, 358, 361
na região do vale de
Redwood-Ukiah 138,
139, 140, 141, 142,
185, 186, 187, 227, 231,
258, 263, 264, 287
Natal no 351
negros na liderança 217, 283,
285, 286, 287, 288, 310
nome do 91
número de membros do 120,
157, 199, 321, 332
obstáculos para sair
do 296, 297
Pai Divino e o 100
papel de Marceline no 93,
147, 177, 198, 226, 241,
243, 246, 247, 248, 249,
250, 259, 267, 272, 282,
317, 318, 359, 372, 398
pastores auxiliares 109, 118,
121, 122, 125, 126,
129, 131, 133, 135
patrimônio do 472
políticos e membros
proeminentes e o 330
preocupação com a
segurança de 204,
205, 231, 232, 268
problemas dos membros
resolvidos por Jones
104, 105, 134, 135, 141
processo de avaliação para
membros 216
programa e reabilitação de
dependentes químicos
do 172, 231, 258, 479
programas juvenis 95, 418
programa universitário
do 198, 199, 202,
285, 286, 289, 479
receita e levantamento de
fundos do 203, 214,
226, 271, 282, 356
recrutamento de membros
para o 152, 156, 172,
183, 184, 216, 277, 278,
279, 280, 281, 340

refeições comunais no
    204, 321, 353, 371
relacionamentos de Jones
    com membros do
    141, 186, 206, 233
relacionamentos românticos
    no 205, 233, 238, 351
Restaurante Livre do 95
restaurantes e 113
retorno de Jones do Brasil para
    o 133, 134, 135, 136, 137
Rússia como possível destino
    para o 161, 400, 404,
    405, 410, 412, 413, 416,
    422, 426, 427, 455
serviço de recolocação
    profissional do 114,
    186, 189, 297
sessões de catarse no 252, 267
Tabernáculo de Laurel
    Street e o 104
Terra Prometida e o
    300, 301, 302
teste de lealdade com
    vinho envenenado
    323, 401, 413
transgressões de membros
    do 118, 159, 252,
    253, 294, 295, 296
Ukiah Daily Journal e o 148,
    187, 212, 219, 269, 348
viagem para Washington
    277, 292
vida comunal no 204,
    296, 304, 321
Teri, Smart 258
Terra Prometida
    colônia agrícola da Missão
    de Paz 100, 139, 301
    Guiana como 300, 301, 302,
    304, 309, 314, 320
    tema da 300, 301, 302
Thielmann, Bonnie Burnham 477
Thrash, Hyacinth 460, 465
Timofeyev, Feodor 405, 410,
    417, 422, 425, 427
Todd, John 274
Touchette 287
Touchette, Charlie 307
Touchette, Joyce 388
Touchette, Mickey 360, 433
Touchette, Mike 307
Tracy, Phil 357, 359, 360, 519

Treml, William B. 71
Tropp, Harriet 280, 388, 409,
    410, 419, 426, 453
Tropp, Richard \ 280, 304, 359,
    403, 427, 432, 453, 469
Turma dos Oito 288, 291, 299,
    302, 310, 338, 360,
    361, 413, 433, 516

U

Ukiah Daily Journal 148, 187,
    212, 219, 269, 348
União Comunitária 78, 80, 81,
    82, 83, 84, 85, 86, 87,
    88, 89, 90, 91, 92, 109
    curas na 90, 91, 102
    estratégias de recrutamento
    de Jones para a
    88, 89, 90, 91
    mudança de nome da 91
    quacres e a 87, 109
    Tabernáculo de Laurel
    Street e a 88
Universidade Bucknell 150, 295
Universidade Butler 109, 116
Universidade de Indiana
    64, 67, 72, 109
Universidade Estadual
    de Kent 214

V

Vale de Redwood e Ukiah 138,
    139, 140, 141, 142, 185,
    186, 187, 227, 231,
    258, 263, 264, 287
Vance, Cyrus 399, 408
Venezuela 11, 305, 309
Vietnã, Guerra do 196, 213
Vietnã, protestos contra a
    Guerra do 148, 157,
    180, 196, 213
    promovidos pelo Templo
    Popular 164, 277

W

Wallace, George 214
Washington 222
    viagem do Templo
    para 277, 292
Washington Post 292, 293, 423,
    433, 442, 446, 477
Welch, Robert 111
White, Dan 467
Willmore, Chuck 43, 44
Willmore, Johnny 43, 44
Willmore, Phyllis 51, 57
Wilsey, Janice 156
Winberg, Russell 88, 108,
    118, 122, 125, 126,
    128, 129, 131
Winslow, Robert L. 158, 164, 178
Wise, David 238, 259, 298
Wise, Lester 46
Witcover, Jules 214
Wotherspoon, Peter 294, 418
Wright, Jim 339, 393, 423
Wright, Lawrence 426

Y

Yvette, Jones (esposa de
    Jim Jr.) 414

AGRADECIMENTOS

Meus sinceros agradecimentos a Jim Donovan, meu agente, pela paciência e pelo apoio. Da Simon & Schuster, agradeço a Jon Karp, Leah Johanson, Cary Goldstein, Julia Prosser, Dana Trocker e Stephen Bedford (e vou sentir falta de Maureen Cole). O trabalho dos pesquisadores foi fundamental; em ordem alfabética de sobrenome, são eles: Diana Andro, Anne E. Collier, Jim Fuquay, Andrea Ahles Koos, Marcia Melton e Sara Tirrito. Carlton Stowers, James Ward Lee e Doug Swanson leram o livro ainda inacabado; suas sugestões me permitiram melhorá-lo. Recebi grande apoio de Rebecca Moore e Fielding McGehee, fundadores e administradores do site do Jonestown Institute, e de Marie Silva, da California Historical Society, em San Francisco. Sou grato a todos aqueles que tiveram alguma ligação com Jim Jones, o Templo Popular e/ou Jonestown e me concederam entrevistas para este livro, bem como àqueles que se recusaram a falar comigo, mas que foram úteis de outras formas.

Tudo o que escrevo é sempre para Nora, Adam, Grant e Harrison. Um agradecimento especial a Cash.

JEFF GUINN é autor do best-seller *Manson: A biografia definitiva*; *The Last Gunfight: The Real Story of the Shootout at the O.K. Corral — And How It Changed the American West*; e do finalista do prêmio Edgar Award *Go Down Together: The True, Untold Story of Bonnie & Clyde*. Guinn tem longa experiência no jornalismo e já ganhou prêmios nacionais, regionais e estaduais por suas reportagens investigativas, especiais e críticas literárias. Escreveu dezenove livros, inclusive best-sellers do *New York Times*. É membro do Hall da Fama da Literatura, no Texas. Mora em Fort Worth.

JEFF GUINN
JIM JONES
MASSACRE EM JONESTOWN

CRIME SCENE®
DARKSIDE

"Sigamos esta procissão da imaginação humana até sob seu último e mais esplêndido repositório, até a crença do indivíduo em sua própria divindade."
— CHARLES BAUDELAIRE —

DARKSIDEBOOKS.COM

Personal

PEOPLES NURSING HOME
2356 NORTH COLLEGE AVE.
INDIANAPOLIS, INDIANA

MAILING ADDRESS
ine JONES R. N., SUPERINT...
356 N. COLLEGE AVE,
INDIANAPOLIS, INDIANA

ALL INFORMATION CONTAINED
HEREIN IS UNCLASSIFIED
DATE _____ BY ____

b7C

P. S.
Called
night
here
I'll b
by pers
with y
my pray
God all

Bro Jackson—,

My beloved brother in Chris
concern for you kept me up
praying the entire night!
going to speak sincerely an
frankly! God sent you to
People's Temple and you m
not release yourself! I kne
there are things about the Me
that you may not see fut
is fed. As long as we l
Christ we have unity and und
standing to compensate for a
the little things you & I mis